国家出版基金项目
NATIONAL PUBLICATION FOUNDATION

中華博物通考

總主編 張述錚

科技卷

本卷主編
王立華 張維軍

上海交通大學出版社

圖書在版編目（CIP）數據

中華博物通考. 科技卷 / 張述錚總主編 ; 王立華,
張維軍本卷主編.—上海 : 上海交通大學出版社, 2024.1
　ISBN 978-7-313-29828-7

　Ⅰ.①中… Ⅱ.①張… ②王… ③張… Ⅲ.①百科全
書—中國—現代②科學技術—技術史—中國 Ⅳ.
①Z227②N092

中國國家版本館CIP數據核字(2023)第237829號

責任編輯：王化文
裝幀設計：姜　明

中華博物通考·科技卷

總　主　編：張述錚
本卷主編：王立華　張維軍
出版發行：上海交通大學出版社　　　　地　　址：上海市番禺路951號
郵政編碼：200030　　　　　　　　　　電　　話：021-64071208
印　　製：蘇州市越洋印刷有限公司　　經　　銷：全國新華書店
開　　本：890mm×1240mm　1／16　　印　　張：35.25
字　　數：756千字
版　　次：2024年1月第1版　　　　　　印　　次：2024年1月第1次印刷
書　　號：ISBN 978-7-313-29828-7
定　　價：426.00元

《中華博物通考》編纂委員會

名譽主任：匡亞明

主　　任（按姓氏筆畫排序）：王春法　　張述錚

副 主 任：和　龑　韓建民　顧　鋒　張　建　丁鵬勃

委　　員（按姓氏筆畫排序）：

丁鵬勃	丁艷玲	王　勇	王元秀	王午戌	王立華	王青梅	王春法
王素芳	王栩寧	王緒周	文啓明	孔令宜	石　磊	石永士	白建新
匡亞明	任長海	李　淳	李西寧	李延年	李紅霞	李峻嶺	吳秉鈞
余志敏	沈江海	宋　毅	武善雲	林　彬	和　龑	周玉山	胡　真
侯仰軍	俞　陽	馬　巖	耿天勤	華文達	徐建林	徐傳武	高毅清
高樹海	郭砥柱	唐桂艷	陳俊強	陳益民	陳萬青	陳聖安	黃笑山
盛岱仁	婁安良	崔淑雯	康戰燕	張　越	張　標	張小平	張太龍
張在德	張述錚	張維軍	張學鋒	董　巍	焦秋生	謝冰冰	楊秀英
賈秀麗	賈貴榮	路廣正	趙卜慧	趙宗來	趙連賞	鄭小寧	劉世敏
劉更生	劉景耀	賴賢宗	韓建民	韓品玉	鍾嘉奎	顧　鋒	

《中華博物通考》總主編
張述錚

《中華博物通考》副總主編
韓品玉　　陳益民　　俞　陽　　賴賢宗

《中華博物通考》編務主任
康戰燕　　盛岱仁

《中華博物通考》學術顧問

（按姓氏筆畫排序）

王　方	王　釗	王子舟	王文章	王志強	仇正偉	孔慶典	石雲里
田藝瓊	白庚勝	朱孟庭	任德山	衣保中	祁德樹	杜澤遜	李　平
李行健	李克讓	李德龍	李樹喜	李曉光	吳海清	佟春燕	余曉艷
邱永君	宋大川	苟天林	郝振省	施克燦	姜　鵬	姜曉敏	祝逸雯
祝壽臣	馬玉梅	馬建勛	桂曉風	夏興有	晁岱雙	晏可佳	徐傳武
高　峰	高莉芬	陳　煜	陳茂仁	孫　機	孫　曉	孫明泉	陶曉華
黃金東	黃群雅	黃壽成	黃燕生	曹宏舉	曹彥生	常光明	常壽德
張志民	張希清	張維慎	張慶捷	張樹相	張聯榮	程方平	鈕衛星
馮　峰	馮維康	楊　凱	楊存昌	楊志明	楊華山	賈秀娟	趙志軍
趙連賞	趙榮光	趙興波	蔡先金	鄭欣淼	寧　強	熊遠明	劉　静
劉文豐	劉建美	劉建國	劉洪海	劉華傑	劉國威	潛　偉	霍宏偉
魏明孔	聶震寧	蘇子敬	嚴　耕	羅　青	羅雨林	釋界空	釋圓持
鐵付德							

導　論

——縱論中華博物學的沉淪與重建

引　言

在中國當代，西方博物學影響至巨，自鴉片戰争以來，屈指已歷百載。何謂“西方博物學”？“西方博物學”是以研究動植物、礦物等自然物爲主體的學科，但不包含社會領域的社會生活，至 19 世紀後期已完成學術使命，成爲一種保護大自然的公益活動，但國人却一直承襲至今。中華久有自家的博物學，已久被忘却，無人問津，這一狀況實是令人不安。前日偶見《故宫裏的博物學》問世，精裝三册，喜出望外，以爲我中華博物學終得重生，展卷之後始知，該書是依據清乾隆時期皇室的藏書《清宫獸譜》《清宫鳥譜》《清宫海錯圖》（“海錯”多指海中錯雜的魚鱉蝦蟹之類）繪製而成，其中一些并非實有，乃是神話傳説之物。其内容提要稱“是專爲孩子打造的中華文化通識讀本”，而對博物院内琳琅滿目的海量藏品則隻字未提。這就是説，博物院雖有海量藏品，却與故宫裏的博物學毫不相干，或曰并不屬於博物學的研究範圍。此書的編纂者是我國的著名專家，未料我國這些著名專家所認定的博物學仍是西方的博物學。此書得以《故宫裏的博物學》的名義出版，又證我國的出版界對於此一命題的認同，竟然不知我中華久有自家的博物學。此書如若改稱《故宫裏的皇室動物圖譜》，則名正言順，十分精彩，不失爲一部别具情趣的兒童讀物，但原書名却無意間形成一種誤導，孩子們可能會據此認定：唯有鳥獸蟲魚之類才是中華文化中的大學問，故而稱之爲"博物學"，最終會在其幼小心靈裏留下西方博物學的深深印記。

何以出現這般狀况？因爲許多國人對於傳統的中華博物及中華博物學，實在是太過陌生！那麽，何謂"博物"？本文指稱的"博物"，是指隸屬或關涉我中華文化的一切可見或可感知之物體物品。何謂"中華博物學"？"中華博物學"的研究主體是除却自然界諸物之外，更關涉了中國社會的各個方面各個領域，進而關涉了我中華民族的生息繁衍，關涉了作爲文明古國的盛衰起落，足可爲當代或後世提供必要的藉鑒，是我國獨有、無可替代的學術體系。故而重建中華博物學，具有歷史的、現實的多方面實用價值。我中華博物學起源久遠，至遲已有兩千年歷史，祇是初始没有"博物學"之名而已。時至明代，始見"博物之學"一詞。如明楊士奇《東里續集》卷一八評述宋陸佃《埤雅》曰："此書於博物之學蓋有助焉。"此一"博物之學"，可視爲"中華博物學"的最早稱謂。又，《四庫全書總目提要》卷一三六評清陳元龍《格致鏡原》曰："〔此書〕分三十類：曰乾象，曰坤輿，曰身體，曰冠服，曰宮室，曰飲食，曰布帛，曰舟車，曰朝制，曰珍寶，曰文具，曰武備，曰禮器，曰樂器，曰耕織器物，曰日用器物，曰居處器物，曰香奩器物，曰燕賞器物，曰玩戲器物，曰穀，曰蔬，曰木，曰草，曰花，曰果，曰鳥，曰獸，曰水族，曰昆蟲，皆博物之學。"此即古籍述及的"中華博物學"最爲明確、最爲全面的定義。重建的博物學於"身體"之外，另增《函籍》《珍奇》《科技》等，可以更全面地融匯古今。在擴展了傳統博物學天地之外，又致力於探索浩浩博物的淵源、流變，以及同物異名與同名異物的研究，致力於物、名之間的生衍關係的考辨。"博物學"本無須冠以"中華"或"中國"字樣，在當代爲區別於西方的"博物學"，遂定名爲"中華博物學"，或曰"中華古典博物學"。"中華博物學"，國人本當最爲熟悉，事實却是大出所料，近世此學已成了過眼雲烟，少有問津者，西方博物學反而風靡於中國。何以形成如此狀况？何以如此本末倒置？這就不能不從噩夢般的中國近代史談起。

一、喪權辱國尋自保，走投無路求西化

清王朝自鴉片戰争喪權辱國之後，面對列强的進逼，毫無氣節，連連退讓，其後又遭甲午戰争之慘敗，走投無路，於是由所謂“師夷之長技”，轉而向日本求取西化的捷徑，以便苟延殘喘。日本自 19 世紀始，城鄉不斷發生市民、農民暴動，國内一片混亂。1854 年 3 月，又在美國鐵艦火炮脅迫之下，簽訂《神奈川條約》。四年後再度被迫與美國簽訂通商條約。繼此以往，荷、俄、英、法，相繼入侵，條約不斷，同百年前的中國一樣，徹底淪爲半封建半殖民地社會，當權的幕府聲威喪盡。1868 年 1 月，天皇睦仁（即明治天皇）下達《王政復古大號令》，廢除幕府制度，但值得注意的是仍然堅守“大和精神”，并未全部廢除自家原有傳統。同年 10 月，改元明治，此後的一系列變革措施，即稱之爲“明治維新”。維新之後，否定了“近習華夏”，衝决了“東亞文化圈”，上自天皇，下至黎民，勠力同心，在“富國强兵、置産興業”的前提之下，遠法泰西，大力引入嶄新的科學技術，從而迅速崛起，廢除了與列强的一切不平等條約，成爲令人矚目的世界强國之一。可見“明治維新”之前，日本内憂外患的遭遇，與當時的中國非常相似。在此民族存亡的關鍵時刻，中國維新派代表人物不失時機，遠渡東洋，以日本爲鏡鑒，在引進其先進科技的同時，也引進了日本人按照英文 natural history 的語意翻譯成的漢語“博物學”，雖并不準確，但因出於頂禮膜拜，已無暇顧及。況且，自甲午戰争至民國前期，日源語詞已成爲漢語外來語詞庫中的魁首，遠超英法俄諸語，且無任何外來語痕迹，最難識别。如“民主”“科學”“法律”“政府”“美感”“浪漫”“藝術界”“思想界”“無神論”“現代化”等，不勝枚舉。國人曾試圖自創新詞，但敗多勝少，祇能望洋興嘆。究其原因，并非民智的高下，也并非語種的優劣，實則是國力强弱的較量，國强則國威，國威則必擁有强勢文化，而强勢文化勢必涌入弱國，面對强勢文化，弱國豈有話語權？西方的“博物學”進入中國，遒勁而又自然。

那麼，西方博物學源於何時何地？又經歷了怎樣的發展變化？答曰：西方博物學發端於古希臘亞里士多德（公元前 384—前 322）《動物志》之類著述，又經古羅馬老普林尼（公元 23—79）的《自然史》，輾轉傳至歐洲各國。其所謂博物除却動植物外，更有天文、地理、人體諸類。這是西方的文化背景與知識譜系，西人習以爲常，喜聞樂見。在歐洲文藝復興和美洲地理大發現之後，見到别樣的動物、植物以及礦物，博物學得到長足發展。至 19 世紀前半期，博物學形成了動物學、植物學和礦物學三大體系，達於鼎盛。至 19 世紀後期，動物學、植物學獨立出來，成爲生物學，礦物學則擴展爲地質學，博物學已被架空。至 20 世紀，博物學已不再屬於什麼科學研究，而完全變成一種生態與環境探索，以供民衆休閑安居的社會活動。其時，除却發端於亞里士多德的"博物學"之外，也有後起的"文化博物學"（Cultural Museology），這是一門非主流的綜合性學科，旨在研究人類一切文化遺産，試圖展示并解釋歷史的傳承與發展，但在題材視野、表達主旨等方面與中華傳統博物學仍甚有差異。面對此類非主流論説，當年的譯者或視而不見，或有意摒弃，其志在振興我中華。

在尋求救國的路途中，仁人志士們目睹了西方先進文化，身感心受，嚮往久之。"試航東西洋一游，見彼之物質文明，莊嚴燦爛，而回首宗邦，黯然無色，已足明興衰存亡之由，長此以往，何堪設想？"（吳冰心《博物學雜誌》發刊詞，1914 年 1 月，第 1～4 頁），此時仁人志士們滿腔熱血，一心救國。但如何救國，却茫茫然，如墮五里霧中。這一救國之路從表象上觀察似乎一切皆以日本爲鏡鑒，實則迥别於"明治維新"之路，未能把握"富國强兵、置産興業"之首要方嚮，而當年的執政者却祇顧個人權勢的得失，亦無此遠大志嚮。仁人志士們雖振臂疾呼，含淚吶喊，祇飄摇於上層精英之間，因一度失去民族自信、文化自信，而不知所措，矛頭直指孔子及千載儒學，進而直指傳統文化。五四運動前夜，北京大學著名教授錢玄同即正告國人"欲驅除一般人之幼稚的野蠻的頑固的思想"，就必須要"廢孔學"，必須要"廢漢文"（錢玄同《中國今後的文字問題》，載 1918 年 4 月 15 日《新青年》第 4 卷第 4 號）。翌年，五四運動爆發，仁人志士們高舉"德謨克拉西"（民主）、"賽因斯"（科學）兩面大旗，掀起反帝反封建的狂濤巨瀾，成爲中國近現代史上的偉大里程碑，中國人民自此視野大開。這兩面大旗指明了國家强弱成敗的方嚮。但與此同時，仁人志士們又毫不猶豫，全力以赴，要堅決"打倒孔家店"。於是，孔子及其儒家學説成了國弱民窮的替罪羊！接踵而至的就是對於漢字及其代表的漢文化的徹底否定。偉大革命思想家魯迅也一直抨擊傳統觀念、傳統體制，1936 年 10 月，在他逝世前夕《病中答救亡情報訪員》一文中，竟然斷言："漢字不滅，中國必亡！"而新文化運動的主要人物之一胡適更是語出驚人："我們必須承認我們自己百事不如人，不但物質機械上不如人，不但政治制度不如人，并且道德不如人，知識不如人，文學不如人，音樂不如人，藝術不如人，身體不如人。"中華民族是"又愚又懶的民族"，是"一分像人，九分像鬼的不長進民族"（胡適《介紹我自己的思想》，1930 年 12 月亞東圖書館初版《胡適文選》自序）。這是五四運動前後一代精英們的實見實感，本意在於革故鼎新，但這些通盤否定傳統文化的主張，不啻是在緊要歷史關頭的一次群情失控，是中國文化史中的一次失智！在這樣的歷史背景、這樣的歷史氣勢之下，接受西方"博物學"就成了必然，有誰會顧及古老的傳統博物學？

在引進西方博物學之後，國人紛予效法，試圖建立所謂中華自家的博物學，於是圍繞植物學、動物學兩大方面遍搜古今，窮盡群書，着眼於有關動植物之類典籍的縱橫搜求，但這并非我中華的博物全貌，也并非我中華博物學，況且在中華古典博物學中，也罕見西方礦物學之類著作，可見，試圖以西方的博物學體系，另建中華古典博物學，實在是削足適履、邯鄲學步。自 1902 年始，晚清推行學制改革，先後頒布了"壬寅學制""癸卯學制"。1905 年，根據《奏定學堂章程》，已將西方博物學納入中學的課程設置。其課程分爲植物、動物、礦物、人體生理學四種，分四年講授。1912 年中華民國成立後，江浙等地出現過博物學會和期刊，稍後武昌高等師範學校設立了博物學系，出版過《博物學雜誌》，主要研究動物學、植物學及人體生理學，隨後又將博物學系改稱生物學系，《博物學雜誌》也相應改稱《生物學雜誌》，重走了西方的老路。北京高等師範學校也有類似經歷，甚爲盲目而混亂。至 30 年代，發現西方博物學自 20 世紀始，已轉型爲生態與環境探索，國人因再無興趣，對西方博物學的大規模推廣、學習在中國遂告停止，但因影响至深，其餘風猶存。

二、中華典籍浩如海，博物古學何處覓？

應當指出，中國古代典籍所載之草木、鳥獸、蟲魚之類，亦有別於西方，除却其自身屬性特徵外，又常常被人格化，或表親近，或加讚賞，體現了另一種精神情愫。如動物龜、鶴，寓意長壽（其後，龜又派生了貶義）；豺、狼、烏鴉、猫頭鷹，或表殘忍，或表不祥；其他如十二生肖，亦各有象徵，各有寓意。而那些無血肉、無情感的植物，同樣也被賦予人文色彩。如漢班固《白虎通·崩薨》載："《春秋含文嘉》曰：天子墳高三仞，樹以松；諸侯半之，樹以柏；大夫八尺，樹以欒；士四尺，樹以槐；庶人無墳，樹以楊、柳。"足見在我國古老的典制禮俗中，松、柏、欒、槐、楊、柳，已被賦予了不同的屬性，被分爲五等，楊、柳最爲低賤；就連如何埋葬也分爲五等，嚴於區別，從墳高三仞到無墳，成爲天子到庶人的埋葬標志。實則墳墓分爲等級，早在公元前 3300 年至公元前 2300 年的良渚古城遺址已經發現。這些浩浩博物，廣泛涉及了古老民族和古老國度的典制與禮俗，我國學人也難盡知，西方的博物學又當如何表述？

可見西方博物學絕難取代中華古典博物學，中華古典博物學的研究範圍，遠超西方博物學，或可說中華古典博物學大可包容西方博物學。如今，這一命題漸引起國内一些有識之士、專家學者的關注。那麽，中華古典博物學究竟發端於何時何地？有無相對成型的體系？如何重建？答曰：若就人類辨物創器而言，上古即已有之，環宇盡同。若僅就我中華文獻記載而言，有的學者認爲當發端於《周易》，因爲"易道廣大，無所不包"（《四庫全書總目提要》卷九），或認爲發端於《書·禹貢》，因爲此書廣載九州山河、人民與物産。《周易》《禹貢》當然可以視爲中華博物學的源頭。而作爲中華博物學體系的領銜專著，則普遍認爲始於晋代張華《博物志》。而論者則認爲，中華博物學成爲一門相對獨立的學科體系，當始於秦漢間唐蒙的《博物記》，此書南北朝以來屢見引用，張華《博物志》不過是續作而已。對此，前人久有論述。如《四庫全書總目提要》卷一四二曰："劉昭《續漢志》注《律曆志》引《博物記》一條，《輿服志》引《博物記》一条，《五行志》引《博物記》二條，《郡國志》引《博物記》二十九條……今觀裴松之《三國志》注（《魏志·太祖紀》《文帝紀》《吳志·孫賁傳》等）引《博物志》四條，又於《魏志·涼茂傳》中引《博物記》一條，灼然二書，更無疑義。"再如宋周密《齊東野語·野婆》曰："《後漢·郡國志》引《博物記》曰：'日南出野女，群行不見夫，其狀肅且白，裸袒無衣襦。'得非此乎？《博物記》當是秦漢間古書，張茂先（張華，字茂先）蓋取其名而爲《志》也。"再如明楊慎《丹鉛總録》卷一一："漢有《博物記》，非張華《博物志》也，周公謹云不知誰著。考《後漢書》注，始知《博物記》爲唐蒙作。"如前所述，此書南北朝典籍中多有引用，如僅在南朝梁劉昭《續漢志》注中，《博物記》之名即先後出現了三十三次之多。據有關古籍記載，其内包括了律曆、五行、郡國、山川、人物、輿服、禮俗等，盡皆實有所指，無一虛幻。故在明代有關前代典籍分類中，已將唐蒙《博物記》與三國魏張揖《古今字詁》、晋吕静《韻集》、南朝梁阮孝緒《古今文詁》、唐顔元孫《干禄字書》、宋洪适《隸釋》等字書、韵書并列（見明顧起元《説略》卷一五），足見其學術地位之高，而張華《博物志》則未被録入。

至西晋已還，佛道二教廣泛流傳，神仙方士之説大興，於是張華又衍《博物記》爲《博物志》，其書内容劇增，自卷一至卷六，記載山川地理、歷史人物、草木蟲魚，這些當是紀要考訂之屬，合乎本文指稱的名副其實的博物學系統。此外，又力仿《山海經》的體例，旨在記載异物、妙境、奇人、靈怪，以及殊俗、瑣聞等，諸多素材語式，亦幾與《山海經》盡同，若"羽民國，民有翼，飛不遠……去九嶷四萬三千里"云云，并非"浩博實物"，已近於"志怪"小說。張華自序稱其書旨在"博物之士覽而鑒焉"，張序指稱的"博物之士"，義同前引《左傳》之"博物君子"，其"博物"是指"博通諸種事物"，虛虛實實，紛紛紜紜，無所不包。此類記述，正合世風，因而《博物志》大行其道，《博物記》則漸被冷落，南北朝之後已失傳，其殘章斷簡偶見於他書，可輯佚者甚微。後世輾轉相引，又常與《博物志》混同。《博物志》至宋代亦失傳，今本十卷爲采摭佚文、剽掇他書而成，真僞雜糅，亦非原作。其後又有唐人林登《續博物志》十卷，緊接《博物志》之後，更拓其虛幻內容，以記神異故事爲主，多是叙述性文字，其條目篇幅較長，宋代之後也已亡佚。再後宋人李石又有同名《續博物志》十卷，其自序稱："次第仿華書，一事續一事。"實則并不盡然，華書首設"地理"，李書改增爲"天象"，其他內容，間有與華書重複者，所續多是後世雜籍，宋世逸聞。此書雖有舛亂附會之弊，仍不失爲一部難得的繼補之作。李書之後，又有明人游潛《博物志補》三卷，仍係補張華之《志》，旨趣體例略如李石之《續志》，但頗散漫，時補時闕，猥雜冗濫。李、游一續一補，盡皆因仍張《志》，繼其孑遺。以上諸書之所謂"博物"，一脉相承，注重珍稀之物而外，多以臚列奇事異聞爲主旨，同"浩博實物"的考釋頗有差异。游潛稍後，明董斯張之《廣博物志》五十卷問世，始一改舊例，設有二十二類，下列子目一百六十七種，所載博物始於上古，達於隋末，不再因仍張《志》而爲之續補，已是擴而廣之，另闢山林，重在追溯事物起源，其中包括職官、人倫、高逸、方技、典制，等等。其後，清人陳逢衡著有《續博物志疏證》十卷、《續博物志補遺》一卷，對李石《續志》逐條研究探索，并又加入新增條目，成爲最系統、最深入的《續》説。其後，徐壽基又著有《續廣博物志》十六卷，繼董《志》餘緒，於隋代之後，逐一相繼，直至明清，頗似李石之續張華。但《廣志》《續廣志》之類，仍非以專考釋"浩博實物"爲主旨。我國第一部以"博物"命名而研究實物的專著，當爲明末谷應泰之《博物要覽》。該書十六卷，惜所涉亦不過碑版、書畫、銅器、窑器、瑪瑙、珊瑚、珠玉、奇石等玩賞之器物，皆係作者隨所見聞，摭録成帙；所列未廣，其中碑版書畫，尤爲簡陋，難稱浩博，其影響遠不及前述諸《志》，但所創之寫實體例，則非同尋常。而最具權威者，當是明末黃道周所著《博物典彙》，該書共二十卷，所涉博物，始自遠古，達於當朝，上自天文地理，下至草木蟲魚，盡予囊括，并以其所在時代最新的觀點、視野，對歷代博物著述進行了彙總研究。如卷一關於"天文"之考釋，下設"渾天""七曜"，"七曜"下又設"日""月""五星"，再後又有"經星圖""緯星圖""二十八宿"。又如卷七關於"后妃"，下設"宮闈內外之分""宮闈預政之誡"，緊隨其後的即教育"儲貳"之法，等等，甚爲周嚴。

以上諸書就是以"博物"命名的博物學專著。在晚清之前，代代相繼，發展有序，幷時有新的建樹。

與這些博物學專著相幷行，相匹配，另有以"事"或"事物"命名，旨在探索事物起源的博物學專著。初始之作爲北魏劉懋《物祖》十五卷，稍後有隋謝昊《物始》十卷，是對《物祖》的一次重大補正。《物始》之後，有唐劉孝孫等《事始》三卷，又有五代馮鑑《續事始》十卷，是對《事始》的全面擴展與開拓。《續事始》之後，另有宋高承《事物紀原》十卷，此書分五十五個類目，上自"天地生植"，中經"樂舞聲歌""輿駕羽衛""冠冕首飾""酒醴飲食"，直至"草木花果""蟲魚禽獸"，較《物祖》《物始》尤爲完備，遂成博物學的百代經典。接踵而來者有明王三聘《古今事物考》八卷，效法《紀原》之體，自古至今，上至天文地理，下至昆蟲草木，中有朝制禮儀、民生器用、宮室舟車，力求完備，較之他書尤得要領，類居目列，條理分明，重在古今考釋，一事一物，莫不求源溯始，考核精審。此書載錄服飾資料尤爲豐富，如卷一有上古禮制之種種服式，非常全面，卷六所載後世之巾冠、衣、佩、帶、襪、履舄、僧衣、頭飾、妝飾、軍服等百餘種，考證多引原書原文，確然有據，甚爲難得。就全書而言，略顯單薄。明徐炬又有《古今事物原始》三十卷，此書仿高承《紀原》之體，又參《事物考》之章法，以考釋制度器物爲主，古今上下，盡考其淵源，更有所得，凡日月星辰、山川草木，亦必確究其淵源流變，但此與天地共生之浩浩博物，四百餘年前的一介書生，豈可臆測而妄斷？爲此而輾轉援引，頗顯紛亂。且鳥獸花草之起首，或加偶語一聯，或加律詩二句，而後逐一闡釋，實乃蛇足。其書雖有此瑕疵，却不掩大成。與王、徐同代的還有羅頎《物原》二卷（《四庫》本作一卷），羅氏以《紀原》不能黜妄崇真，故更訂爲十八門，列二百九十三條，條條錘實。如，刻漏、雨傘、鋦子（用於連合破裂器物的兩腳釘）、酒、豆腐之類的由來，多有創見。惜違《紀原》明記出典之體，又背《事物考》之道，凡有考釋，則涵集衆說爲一。如，烏孫公主作琵琶，張華作苔紙，皆茫然不知所本。不過章法雖有差失，未臻完美，但其功業甚巨，《物原》成爲一部研究記述我國先民發明創造的專著。時至清代，陳元龍又撰

《格致鏡原》一百卷。何謂"格致鏡原"？意即格物致知，以求其本原。此書的子目多達一千七百餘種，明代以前天地間萬事萬物盡予羅致，一事一物，必究其原委，詳其名號，廣博而精審，終成中華古典博物學的巔峰之作。

以上兩大系列專著，自秦漢以來，連續兩千載，一脉相承，這并非十三經、二十六史之類的敕編敕修，無人號令，無人支持，完全出自一種無形的力量，出自文化大國、中華文脉自惜自愛的傳承精神，從而構成浩大的博物學體系。在我國學術研究史中，在我國圖書編纂史中，乃至於世界文化史中，當屬大纛獨立，舉世無雙！本當如江河之奔，生生不息，終因清廷喪權辱國、全盤西化而戛然中斷。

三、博物古學歷磨難，科技起落何可悲！

回顧我國漫長的文化史可知，中華博物學是在傳統的"重道輕器"等陳腐觀念桎梏下，以强大的民族自覺精神、民族意志爲推動力，砥礪前行，千載相繼，方成獨立體系，因而愈加難得，愈加可貴。

"重道輕器"觀念是如何出現的？何謂"道器"？兩者究竟是何關係？《周易·繫辭上》曰："形而上者謂之道，形而下者謂之器。"何謂"道"？所謂道乃"先天地生"，無形無象、無聲無色、無始無終、無可名狀，爲"萬物之所然也，萬理之所稽也"（見《韓非子·解老》），是指形成宇宙萬物之本原，是形成一切事理的依據與根由。何謂"器"？器即宇宙間實有的萬物，包括一切科技發明，至巨至大，至細至微，充斥天地間，而盡皆不虛，或有實物可見，或有形體可指。器即博物，博物即器。"道器關係"本是一種有形無形、可見與不可見的生衍關係，并無高下之分，但在傳統文化中却另有解釋。如《周禮·考工記序》曰："坐而論道，謂之王公；作而行之，謂之士大夫；審曲面埶，以飭五材，以辨民器，謂之百工。"又曰："智者創物，巧者述之，守之世，謂之百工。百工之事，皆聖人之作也。"此文突顯了"道"對於"器"的指導與規範地位。"坐而論道"，可以無所不論，民生、朝政、國運、天下事，當然亦在所論之中。"道"實則是指整體人世間的一種法則、一種定律，或説是我古老的中華民族所創造的另一種學説。所謂"論道者"，古代通常理解爲"王公"或"聖人"，實則是代指一代哲人。《考工記序》却將論道與製器兩者截然分開，明確地予以區別，貶低萬衆的創造力，旨在維護專制統治，從而確定人們的身份地位。坐而論道者貴爲王公，親身製器者屬末流之百工（"審曲面埶，以飭五材、以辨民器"，謂觀察金、木、皮、玉、土之曲直、性狀，據以製造民人所需之器物）。《考工記序》所記雖名爲"考工"，實則是周代禮制、官制之反映，對芸芸衆生而言，這種等級關係之誘惑力超乎尋常，絕難抵禦，先民樂於遵從，樂於接受，故而崇敬王公，崇敬聖人，百代不休。因而在中國古代，科學技術大受其創。

"重道輕器"的陳腐觀念，在中國古代影響廣遠，"器"必須在"道"的限定之下進行，不得隨意製作，不得超常發揮，"道"漸演化爲統治者實施專政的得力手段。"坐而論道"，似乎奧妙無盡。魏晉時期，藉儒入道，張揚"玄之又玄"，乃至於魏晉人不解魏晉文章，本朝人爲本朝人作注，史稱"玄學"。兩宋由論道轉而談理，一代理學宗師應運而生，闡理思辨，超乎想象，就連虛幻縹緲的天宮，亦可談得妙理聯翩，後世道家竟繪出著名的《天宮圖》來。事越千載，五四運動時期，那些新文化運動主將們聯手痛搗"孔家店"，却不攻玄理，"論道""崇道""樂道""惜道"，滾滾而來，遂成千古"道"統，已經背離《易》《老》的本義。出於這樣的觀念，如何會看重"形而下"的博物與博物學？

那麼，古代先民又是如何看待與博物學密切相關的科學技術？《書·泰誓下》載，殷紂王曾作"奇技淫巧，以悦婦人"，爲百代不齒，萬世唾駡。何謂"奇技淫巧"？唐人孔穎達釋之曰："奇技謂奇異技能，淫巧謂過度工巧……技據人身，巧指器物。"所謂"奇技淫巧"，今大底可釋爲超常的創造發明，或可直釋爲科學技術。論者認爲，"百代不齒，萬世唾駡"者并不在於"奇技淫巧"這一超常的創造發明，而在於紂王奢靡無度，用以取悦婦人的種種罪孽。至於紂王是否奢靡無度，"以悦婦人"，今學界另有考證。紂王當時之所以能稱雄天下，正是由於其科技的先進，軍事的強大，其失敗在於大拓疆土，窮兵黷武，導致內外哀怨，決戰之際又遭際叛亂。所謂"以悦婦人"之妲己，祇是戰敗國的一種"貢品"而已，對於年過半百的老人并無多大"媚力"。關於殷商及妲己的史料，最早見於戰國時期成書的《國語·晋語一》，前後僅有二十七字，并無"酒池肉林""炮烙之刑"之類記載，後世史書所謂紂王對妲己的種種寵愛，實是一種演繹，意在宣揚"紅顏禍水"之説（此説最早亦源於前書。"紅顏禍水"，實當稱之爲"紅顏薄命"）。在中國古代推崇"紅顏禍水"論，進而排斥"奇技淫巧"，從而否定了科技的力量，否定了科技強弱與國家強弱的關係。時至周代，對於這種"奇技淫巧"，已有明確的法律限定："作淫聲、異服、奇技、奇器以疑衆，殺！"（見《禮記·王制》）這也就是說，要杜絕一切新奇的創造發明，連同歌聲、服飾也不得超乎常規，否則即犯殺罪！此文自漢代始，多有注疏，今擇其一二，以見其要。"淫聲"者，如春秋戰國時鄭、衛常有男女私會，謳歌相引，被斥爲淫靡之聲；"奇技"者，如年輕的公輸班曾"請以機窆"，即以起重機落葬棺木，因違反當時人力牽挽的埋葬禮節，被視爲不恭。一言以蔽之，凡有違禮制的新奇科技、新奇藝術，皆被視爲疑惑民衆，必判以重罪。這就是所謂"維護禮制"，其要害就是維護統治者的統治地位，故而衣食住行所需器物的質材及數量，無不在尊卑貴賤的等級制約之中。如規定平民不得衣錦綉，不得鼎食，商人、藝人不得乘車馬，就連權貴們娛樂時選定舞蹈的行列亦不可違制，違制即意味着不軌，意味着僭越。杜絕"奇技淫巧"，始自商周，直至明清而未衰。我國著名的四大發明，千載流傳，未料却如同國寶大熊猫一樣，竟由後世西方科學家代爲發現，實在可悲！四大發明、大熊猫之類，或因史籍隱冷，疏於查閱，或因地處山野，難以發現，姑可不論，但其他很多非常具體的發明創造，雖有群書連續記載，也常被無視，或竟予扼殺。如漢代即有超常的"女布"，因出自未嫁少女之手而得名（見《後漢書·王符傳》），南北朝時已久負盛名，稱"女子布"（見南朝宋盛弘之《荆州記》）。宋代又稱"女兒布"，被贊爲"布帛之品……其尤細者也"（見宋羅濬《寶慶四明志·郡志四》）。其後歷代製作，不斷創新，及至明清終於出現空前的妙品"女兒葛"。"女兒葛"爲細葛布的一種，其物纖細如蟬翼紗，又如傳説中的"蛟女絹"，僅重三四兩，捲其一端，整匹女兒葛便可出入筆管之中，精美絕倫，明代弘治之後曾發現於四川鄰水縣，但却被斷然禁止。明皇甫録《下陣記談》卷上："女兒葛，出鄰水縣，極纖細，必五越月而後成，不減所謂蟬紗、魚子纈之類，蓋十縑之力也。予以爲淫巧，下令禁止，無敢作者。"對此美妙的"女兒葛"，時任順慶府知府的皇甫録，并沒給予必要的支持、鼓勵，反而謹遵古訓，以杜絕"奇技淫巧"爲己任，堅決下達禁令，并引以爲榮。皇甫録乃弘治九年（1496）進士，爲官清正，面對"奇技淫巧"也如此"果斷"！此後清代康熙年間，"女兒葛"再現於廣東增城縣一帶，其具體情狀，清屈大均《廣東新語·貨語·葛布》中有翔實描述，但其遭遇同樣可悲，今"女兒葛"終於銷聲匿迹。在中國古代，類似的遭遇，又何止"女兒葛"？杜絕"奇技淫巧"之風，一脉相承，何可悲也。

　　但縱觀我華夏全部歷史可知，一些所謂的"奇技淫巧"之類，雖屢遭統治者的禁弃，實則是禁而難止，況統治者自身對禁令也時或難以遵從，歷代帝王皇室之衣食住行，幾乎無一不恣意追求舒適美好，爲了貪圖享樂，就不得不重視科技，就不得不啓用科技。如

"被中香爐"（爐內置有炭火、香料，可隨意旋轉以取暖，香氣縷縷不絕。發明於漢代）、"長信宮燈"（燈內裝有虹管，可防空氣污染。亦發明於漢代）的誕生，即明證。歷代王朝所禁絕的多是認定可能危及社稷之類的"奇技淫巧"，并未禁止那些有利於民生的重大發明，也沒有壓抑摧殘黎民百姓的靈智（歷史中偶有以愚民爲國策者，祇是偶或所見的特例而已）。帝王們爲維護其統治地位，以求長治久安，在"重道輕器"的同時，也極重天文、曆算、農桑、醫藥等領域的研究，凡善於治國的當權者，爲謀求其國勢得以强盛，則必定大力倡導科技，《後漢書·和熹鄧皇后紀》所載即爲顯例。和熹皇后鄧綏（公元81—121），深諳治國之道，兼通天文、算數。永元十四年（102），漢和帝死後，東漢面臨種種滅頂之災，鄧綏先後擁立漢殤帝和漢安帝，以"女君"之名親政長達十六年，克服了有史以來最嚴重的十年天災，剿滅海盜，平定西羌，收服嶺南三十六個民族，將九真郡外的蠻夷夜郎等納入版圖，恢復東漢對西域的羈縻，征服南匈奴、鮮卑、烏桓等，平息了内憂外患，使危機四伏的東漢王朝轉危爲安。正是在這期間，鄧綏大力發展科技，勉勵蔡倫改進造紙術，任用張衡研製渾天儀、地動儀等儀器，并製造了中尚方弩機，這一可以連續發射的弩機，其射程與命中率令時人驚嘆，成爲當時世界上最具殺傷力的先進武器（此外，鄧綏又破除男女授受不親的陳腐觀念，創辦了史上最早的男女同校學堂，并通過支持文字校正與字詞研究，推動了世界第一部字典《説文解字》問世）。這就爲傳統的博物研究提供了巨大的空間，因而先後出現了今人所謂的"四大發明"之類。實際上何止是"四大發明"？天文、曆算等領域的發明創造，可略而不論。鄧綏之前，魯班曾"請以機窆"的起重機，出現於春秋時期，早於西方七百餘年。徐州東洞山西漢墓出土的青銅透光鏡，歐洲和日本人稱其爲"魔鏡"，當一束光綫照射鏡面而投影在墻壁上時，墻上的光亮圈內就出現了銅鏡背面的美麗圖案和吉祥銘文。這一"透光鏡"比日本"魔鏡"早出現一千六百餘年，而歐洲的學者直到19世紀纔開始發現，大爲驚奇，經全力研究，得出自由曲面光學效應理論，將其廣泛運用於宇宙探索中。今日，國人已能够恢復這一失傳兩千餘載的原始工藝，千古瑰寶終得重放异彩！鄧綏之後，又創造了"噴水魚洗"，亦甚奇妙，令人大開眼界。東漢已有"雙魚洗"之名（見明梅鼎祚《東漢文紀》卷三二引《雙魚洗銘》），未知當時是否可以噴水。"噴水魚洗"形似現今的臉盆。盆内多刻雙魚或四魚，盆的上沿兩側有一對提耳，提耳的設置，不祇是爲了便於提動，同時又具有另外一個功用，即當手掌撫摩時，盆内還能噴射出兩尺高的水柱，水面形成一片浪花，同時會發出樂曲般的聲響，十分神奇。今可確知，"噴水魚洗"興起於唐宋之間（見宋王明清《揮麈前録》卷三、宋何薳《春渚紀聞》卷九），當是皇家或貴族所用盥洗用具。魚洗能夠噴水，其道理何在？美國、日本的物理學家曾用各種現代科學儀器反復檢測查看，試圖找出其導熱、傳感及噴射發音的構造原理，雖經全力研究，但仍難得以完整的解釋，也難以再現其效果。面對中國古代科技創造的這一奇迹，現代科學遭遇了空前挑戰，祇能"望盆興嘆"。

中華民族，中華博物學，就是在這樣複雜多變的背景之下跌宕起伏，生存發展，在晚清之前，兩千餘年來，從未停止前進的步伐，這又成爲中華民族的民族性與中華博物學的一大特點。

四、西化流弊何時休，誰解古老博物學？

自晚清以還，中華博物學沉淪百年之久，本當早已復蘇，時至今日，幸逢盛世，正益修典，又何以總是步履維艱？豈料經由西學東漸之後，在我國國內一些學人認定科學決定一切，無與倫比，日積月纍，漸漸形成了一種偏激觀念——"唯科學主義"，即以所謂是否合於科學，來判定萬事萬物的是非曲直，科學擁有了絕對的話語權。"唯科學主義"通常表現爲三種態度：一、否認物質之外的非物質。凡難以認知的物質，則稱之爲"暗物質"。這一"暗"字用得非常巧妙，"暗"，難見也！於是"暗物質"取代了"非物質"；二、否認科學之外的其他發現。凡是遇到無從解釋的難題，面對別家探索的結論，一律斥爲"僞科學"。三、否認科學範圍以外的其他一切生産力，唯有科學可以帶動社會發展，萬事萬物必須以科學爲推手。

何謂"科學"？中國古代本有一種認識論的命題，稱之爲"格致"，意謂"格物致知"，指深究事物原理以求得知識，從而認識各種客觀現象，掌握其變化規律。這種哲學我國先秦諸子久已有之，雖已歷千載百代，但却未得應有的重視，終被西方科學所取代。自 16 世紀始，歐洲由於文藝復興，掙脱了天主教會的長期禁錮，轉向於對大自然的實用性的探索，其代表作即哥白尼的"日心説"與伽利略天文望遠鏡的發明，同時出現牛頓的力學，這是西方的第一次科技革命。這一時期已有"科學"其實，尚無後世"科學"之名，起始定名爲英語 science 一詞，源於拉丁文，本意謂人世間的各種學問，隸屬於古希臘的哲學思想，是一種對於宇宙間萬事萬物的生衍關係的一種想象、一種臆解，原本無甚稀奇，此時已反響於歐洲，得以廣泛流傳。至18世紀，新興的資産階級取得政權，爲推行資本主義，又大力發展科學，西方科學已處於世界領先地位。時至19世紀60年代後期及20世紀初，歐洲發生了以電力、化學及鋼鐵爲新興産業的第二次科技革命，英語science一詞迅速擴展於北美和亞洲。日本明治維新時期，赴歐留學的日本學者將science譯成"科學"，學界認爲是藉用了中國科舉制度中"分科之學"的"科學"一詞，如同將英文natural history的語意翻譯成漢語"博物學"一樣，也并不準確，中國的變法派訪日時，對之頂禮膜拜，欣然接受，自家固有的"格致"一詞，如同國學中的其他語詞一樣被弃而不用，"科學"一詞因得以廣泛流傳。"科學"當如何定義？今日之"科學"包括了自然科學、社會科學、思維科學以及交叉科學。除却嚴謹的形式邏輯系統之外，本是一種具體的以實踐爲手段的實證之學。實踐與實證的結果，日積月纍，就形成了人類關於自然、社會和思維的認知體系，成爲人類評斷事物是非真僞的依據。但科學不可能將浩渺無盡的宇宙及宇宙間的萬事萬物盡皆予以實踐、實證，能够實踐、實證者甚微，因而科學總是在不斷地探索，不斷地補正，不斷地自我完善之中，其所能研究的領域與功能實在有限。當代科學可以在指甲似的晶片上，一次性地裝載五百億電晶體，可以將重達六噸以上的太空船射向太空，并按照既定指令進行各種探索，但却不能造出一粒原始的細胞來，因爲這原始細胞結構的複雜神秘，所蘊含的奇妙智慧，人類雖竭盡全力，却至今無法破解。細胞來自何處？是如何形成的？科學完全失去了話語權！造不出一粒原始的細胞，造一片樹葉尤無可能，造一棵大樹更是幻想，遑論萬千物種，足證"科學"并非萬能的唯一學問。況且，"暗物質"之外，至少在中國哲學體系中尚有"非物質"。何謂"非物質"？"非物質"是與"物質"相對而言，區別於"暗物質"的另一種存在，正如前文所述，它"無形無象、無聲無色、無始無終、無可名狀"，在中國古代稱之爲"道"。"道"可以不遵循因果關係，可以無中生有，爲"萬物之所然也，萬理之所稽也"，可以解釋萬物的由來，可以解釋宇宙的形成。今以天體學的的視野略加分析，亦可見"唯科學主義"的是非。人類賴以生存的地球，其直徑約爲12742公里，是太陽系中的第三顆小行星。太陽系的直徑約爲2光年，太陽是銀河系中數千億恒星之一，銀河系的直徑約爲10萬光年，包括1千億至4千億顆恒星，而宇宙中有一千至兩千億銀河系，宇宙有930億光年。一光年約等於9.46萬億公里。地球在宇宙中祇是一粒微塵，如此渺小的地球人能創造出破解一切的偉大科學，那是癡人説夢！中華先賢面對諸多奧妙，面對諸多不可思議的現象，提出這一"無可名狀"之"道"，當然并非憑空想象，自有其觀測與推理的依據，這顯然不同於源自西方的科學，或曰是西方科學所包容不了的。先賢提出的"無可名狀"的"道"，已超越物質的範圍，或曰"道"絕非"暗物質"所能替代的。這一"無可名狀"的"道"，在當今的別樣的時空維度中已得到初步驗證（在這非物質的維度中滿富玄機）。論者提出這一古老學說，旨在證明"唯科學主義"排斥其他一切學說，過分張揚，不足稱道，絕無否定或輕忽科學之意。百年前西學東漸，尤其是西方科學的傳入，乃是我中華民族思維與實踐領域的空前創獲，是實踐與思維領域的一座嶄新的燈塔，如今已是家喻户曉，人人稱贊，任誰也不會否認科學的偉大，但却不能與偏激的"唯科學主義"混同。後世"科學"一詞，又常常與"技術"連稱爲"科學技術"，簡稱"科技"。何謂"技術"？"技術"一詞來源於希臘文"techs"，通常指個人的技能或技藝，是人類利用現有實物形成新事物，或改變原有事物屬性、功能的方法，或可簡言之曰發明創造。科學技術不同於科學，也不同於技術，也不是科學與技術的簡單相加。科學技術是科學與技術的有機結合體系，既是人類認識世界和改造世界的成果或產物，又是人類認識世界和改造世界最有力的工具或手段，兩者實難分割。某些技術本身可能祇是一種技法，而高深技術的背後則必定是科學。

　　出於上述"唯科學主義"偏激觀念，重建中華博物學就遭致了質疑或否定，如有學者認爲，中國古代祇有技術而没有科學，哪有什麽中華博物學？中華博物學被看作"前科學時代的粗糙的知識和技能的雜燴"，是一種"非科學性思考"，没有什麽科學價值，當然也就没有重建的必要，因爲西方博物學久已存在，無可替代。中國古代當真"祇有技術而没有科學"麽？前文已論及"科學"與"技術"很難分割，在中國古代不祇有"技術"，同樣也有"科學"。回眸世界之歷史長河，僅就中西方的興替發展脉絡略作比較，就可以看到以下史實：當我中華處於夏禹已劃定九州、建有天下之際，西方社會多處於尚未開化的蠻荒歲月；當我中華已處於春秋戰國鋼鐵文化興起之際，整個西方尚處於引進古羅馬文明的青銅器時代；當我宋代以百萬册的印數印刷書籍之際，中世紀的西方仍然憑藉修士們成年纍月在羊皮卷上抄寫複製；著名的火藥，指南針等其他重大發明姑且不論，單就中國歷朝歷代任何一件發明創造而言，之於西方社會也毫不遜色，直至清代中葉，中國的科技一直處於世界領先地位。英國科學家李約瑟主編的七卷巨著《中國科學技術史》，即認爲西方古代科學技術85%以上皆源於中國。這是西方人自發的没有任何背景、没有任何色彩的論斷，甚爲客觀，迄今未見异議。此外又有學者指出，中華傳統博物學不祇擁有科技，又超越了科技的範疇，它是"關於物象（外部事物）以及人與物的關係的整體認知、研究範式與心智體驗的集合"，"這種傳統根本無法用科學去理解和統攝"，中華古典博物學"給我們提供的'非科學性思考'，恰恰是它的價值所在"（余欣《中國博物學傳統的重建》，載《中國圖書評論》，2013 年第 10 期，第 45 ～ 53 頁）。這無疑是對"唯科學主義"最有力的批駁！是的，本書極重"科技"研究，又不拘泥於"科技"，同樣重視"非科學性思考"。

中華古典博物學的研究主體是"博物"，是"博物史"，通過對"博物""博物史"的探索，而展現的是人，是人的生存、生活的具體狀況，是人的直觀發展史。中華傳統博物學構成了物我同類、天人合一的博大的獨立知識體系，是理解和詮釋世界的另一視野，這種視野中的諸多"非科學性思考"的博物，科學無法全面解讀，但却是真真切切的客觀存在。所謂傳統博物學是"前科學時代的粗糙的知識和技能的雜燴"，是"非科學性思考"的評價，甚是武斷，祇不過是一種不自覺的"唯科學主義"觀念而已。另將"科學"與"技術"分割開來，強調什麼"科學"與否，這一提法本身就不太"科學"。對此，本書前文已論及，無須複述。我國作爲一個古老國度，在其漫長的生衍過程中，理所當然地包容了"粗糙的知識和技能"。這一狀況世界所有古國盡有經歷，并非中國獨有。"粗糙的知識"的表述似乎也并不恰當，"知識"可有高下深淺之分，未聞有粗糙細緻之別。這所謂"粗糙"，大約是指"成熟"與否，實際上中華傳統博物學所涉之"知識和技能"，并非那麼"粗糙"，常常是合於"科學"的，有些則是非常的"科學"。英國科學家李約瑟等認定古代中國涌現了諸多"黑科技"。何謂"黑科技"？這是當前國際間盛行的術語，即意想不到的超越科技之科技，可見學界也是將"科學"與"技術"連體而稱，而并非稱"黑科學"。認定中國古代"祇有技術而没有科學"，傳統博物學是"前科學時代的粗糙的知識和技能的雜燴"之說，頗有些"粗糙"，準確地說頗有些膚淺！這位學者將傳統博物學統稱爲"前科學時代"的產物，亦是一種妄斷，也頗有些隨心所欲！何謂"前科學時代"？"前科學時代"是指形成科學之前人們僅憑五官而形成的一種感知，這種感知在原始社會時有所見，但也并非全部如此，如鑽木取火、天氣預測、曆法的訂立、灸砭的運用等，皆超越了一般的感知，已經形成了各自相對獨立的科學。看來這位學者并不怎麼瞭解中國古代科技史，并不太瞭解自家的傳統文化，實屬自誤而誤人。

中華博物學的形成及發展歷程，與西方顯然不同。西方博物學萌生於上古哲人的學説，其後則以自然科學爲研究主體，遍及整個歐洲，全面進入國民的生活領域。在這樣的文化背景之下，西方日益强大，直接影響和推動了社會的發展，因而步入世界前列。我中華悠悠數千載，所涉博物，形形色色，浩浩蕩蕩，逐漸形成了中華獨有的博物學體系，但面臨的背景却非常複雜，與西方比較是另一番天地，那就是貫穿數千載的"重道輕器"觀念與排斥"奇技淫巧"之國風，這一觀念、這一國風，其表現形式就是重文輕理，且愈演愈烈。如中國久遠的科舉制度，應試士子們本可"上談禮樂祖姬孔，下議制度輕雛玄"（見明高啓《送貢士會試京師》詩），縱論古今國事，是非得失，而朝廷則可藉此擇取英才，因而國家得以强盛。時至明代後期，舉國推行的科舉制度竟然定型爲千篇一律的八股文，泯滅了朝廷取才之道，一代宗師顧炎武稱八股之禍勝似"焚書坑儒"（見《日知録·擬題》）。清代後期爲維護其獨裁統治，手段尤爲專横强硬，又向以"天朝"自居，哪裏會重視什麼西方的"科學技術"？"科學技術"的落伍最終導致文明古國一敗塗地，這也就是"李約瑟難題"的答案！"科學"之所以成爲"科學"，是因爲其出自實踐、實證，實踐、實證是科學的生命。實踐、實證又必須以物質爲基礎，這正與我中華博物學以浩浩博物爲研究主體相合！但中華博物學，或曰博物研究，始終被置於正統的國學之外，這一觀念與國風，極大地制約了中華博物學的發展。制約的結果如何？可以毫不誇張地説，直接阻礙了中國古代社會的歷史進程。

五、中華博物知多少，皓首難解千古謎

中華博物如繁星麗天，難以勝計，其中有諸多別樣博物，可稱之爲"黑科技"者，令人百思不得其解。如八十餘年前四川廣漢西北發現的三星堆古蜀文化遺址，距今約四千八百年至三千年左右，所在範圍非常遼闊，遠超典籍記載的成都平原一帶，此後不斷探索，不斷有新的發現，成爲 20 世紀人類最偉大的考古發現之一。該遺址内三種不同面貌而又連續發展的三期考古學文化，以規模壯闊的商代古城和高度發達的青銅文明爲代表的二期文化最具特點。二期文化中青銅器具占據主導地位，極爲神奇。衆多的青銅人頭象、青銅面具，千姿百態。還有舉世罕見的青銅神樹，該樹有八棵，最高者近 4 米，共分三層，樹枝上栖息有九隻神鳥，應是我國古籍所載"九日居下枝"的體現；斷裂的頂部，當有"一日居上枝"的另一神鳥，寓意九隻之外，另一隻正在高空當班。青銅樹三層

九鳥，與《山海經・海外東經》中所載"扶桑""若木""九日居下枝，一日居上枝"正同。上古時代，先民認爲天上的太陽是由飛鳥所背負，可知九隻神鳥即代表了九個太陽。其《南經》又曰："有木，其狀如牛，引之有皮，若纓、黃蛇。其葉如羅，其實如欒，其木若藘，其名曰建木。"何謂"建木"？先民認爲"建木"具有通天本能，傳説中伏羲、黃帝等盡皆憑藉"建木"來往神界與人間。由《山海經》的記載可知，這神奇物又來源於傳統文化，大量青銅文化明顯地受到夏商文明、長江中游文明及陝南文明的影響。那些金器、玉器等禮器更鮮明地展現出華夏中土固有的民族色彩。如此浩大盛壯，如此神奇，這一古蜀國究竟是怎樣形成的？又是怎樣突然消失的？詩人李白在《蜀道難》中曾有絕代一問："蠶叢及魚鳧，開國何茫然？"意謂蠶叢與魚鳧兩位先帝，是在什麼時代開創了古蜀國？何以如此茫茫然令人難解？今論者續其問曰："開國何茫然，失國又何年？開失兩難知，千古一謎團。"三星堆的發掘并非全貌，僅占遺址總面積的千分之一左右，只是古蜀文化的小小一角而已，更有浩瀚的未知數，國人面臨的將是另一個陌生的驚人世界。中華民族襟懷如海，廣納百川，中外文化相容并包，故而博大精深。這些百思不得其解的神奇之物，向無答案，確屬於所謂"非科學性思考"，當代專家學者亦爲之拍案。"唯科學主義"面臨這些"黑科技"的挑戰，當然也絕難詮釋。以下再就已見出土，或久已傳世之實物爲例。上世紀 80 年代，臨潼始皇陵西側出土了兩乘銅車馬，其物距今已有兩千二百餘年，造型之豪華精美，被譽爲世界"青銅之冠"，姑且不論。兩輛車的車傘，厚度僅 0.1～0.4 厘米，一號車古稱"立車"或"戎車"，傘面爲 1.12 平方米，二號車傘面爲 2.23 平方米，而且皆用渾鑄法一次性鑄出，整體呈穹隆形，均勻而輕薄，這一鑄法迄今亦是絕技，無法超越。而更絕的是一號立車的大傘，看似遮風擋雨所用，實則充滿玄機，此傘的傘座和手柄皆爲自鎖式封閉結構，既可以鎖死，又可以打開，同時可以靈活旋轉 180 度，隨太陽的方位變化而變化，亦可取下插入野外，遮烈日，擋風雨，賞心隨意。令人尤爲稱奇的是，打開傘柄處的雙環插銷，傘柄與傘蓋可各獨立，傘柄就成了一把尖鋭的矛，傘蓋就成了盾，可攻可守。這一 0.1～0.4 厘米厚的盾，其抗擊力又遠勝今人的製造技術，令今人望塵莫及，故國際友人贊之爲罕見的"黑科技"。此外分存於西安與鎮江東西兩方的北宋石刻《禹迹圖》，尤爲奇异。此圖參閲了唐賈耽《海内華夷圖》，并非單純地反映宋代行政區劃及華夷之間的關係，而是上溯至《禹貢》中的山川、河流、州郡分布，下至北宋當世，已將經典與現實融爲一體。此圖長方約 1 平方米，宋朝行政區劃即達三百八十個之多，五個大湖，七十座山峰，更有蜿蜒數千里的長江、黃河等江川八十餘條；不祇是中原的地域，尚有與之接壤的大理、吐蕃、西夏、遼等區域，這些區域的山野江河亦有精準的繪製。作爲北宋時代的製圖人，即使能够遍踏域内、域外，也絕難僅憑一己的目力俯瞰全景。此圖由五千一百一十個小方格組成，每一小方格皆爲一百平方公里，所有城市、山野江河的大小距離，盡包容在這些格子裏，全部可以明確無誤地測算出來，其比例尺與今世幾無差异。如此細密精準，必須具有衛星定位之類的高科技纔能繪製出來，九百年前的宋人是憑藉什麽儀器完成的？此一《禹迹圖》較之秦陵銅車馬，更超乎想象，詭异神奇，故而英國學者李約瑟評之爲“世界上最神秘、最杰出的地圖”，美國國家圖書館將一幅19世紀據西安圖打製的拓本作爲館藏珍品。中國古代“黑科技”，又何止臨潼銅車馬與《禹迹圖》？

　　除却上述文獻記載與出土及傳世之物外，另一些則是實見於中華大地的奇特自然景觀，這些百思不得其解的神奇之物，散處天南海北，自古迄今，向無答案，亦屬於所謂“非科學性思考”，當代專家學者亦爲之拍案。“唯科學主義”面臨這些“黑科技”的挑戰，當然也絕難詮釋。我中華大地這些神奇之物，在當世尤應引起重視，國人必須迎接“超科技時代”的到來。如“應潮井”，地處南京市東紫金山南麓定林寺前。此井雖遠在深山之間，却與五公里外的長江江潮相應，江水漲則井水升，江水退則井水降，同處其他諸井皆無此現象。唐宋以來，已有典籍記載，如《江南通志·輿地志·江寧府》引唐段成式《酉陽雜俎》：“蔣山有應潮井，在半山之間，俗傳云與江潮相應，嘗有破船朽板自井中出。”《景定建康志·山川志三·井泉》：“應潮井在蔣山頭陁寺山頂第一峰佛殿後。《蔣山塔記》云：‘梁大同元年，後閣舍人石興造山峰佛殿，殿後有一井，其泉與江潮盈縮增减相應。’”何以如此，自發現以來，已歷千載，迄今無解。以上的奇特之物，多有記載，名揚天下，而另一些奇物，却久遭冷落，默默無聞。如“靈通石”，亦稱“神石”“報警石”，俗稱“猪叫石”。該石位於太行大峽谷林縣境内高家臺輝伏巖村。石體方正，紫紅色，裸露於地面約4立方米，高寬各3米，厚2米，象是一頭體積龐大的臥猪，且能發聲如猪叫。傳聞每逢大事（包括自然灾害、重大變革等）來臨之前，常常“鳴叫”不止，大事大叫數十天，小事則小叫數日，聲音忽高忽低，一次可叫百餘聲，百米之内清晰可聞。但其叫聲祇能現場聆聽，不可録音。何以如此怪异？同樣不得而知！中華博物浩浩洋洋，漫漫無涯，可謂無奇不有，作爲博物之學，亦必全力探究，這也正是中華博物學承担的使命。

六、中華博物學的研究範圍與狀況，新建學科的指嚮與體式如何？

中國當代尚未建立博物學會，也没有相應的報刊，人們熟知的則是博物院館，而博物院館的職責在於收藏、研究并展出傳世的博物，面對日月星辰、萬物繁衍以及先民生息起居等數千年的古籍記載（包括失傳之物），豈能勝任？中華博物全方位研究的歷史使命祇能由新興的博物學承擔。古老中華，悠悠五千載，博物浩茫，疑難連篇，實難解讀，而新興的博物學却不容迴避，必須做出回答。

本書指稱的博物，包括那些自然物，但并不限於對其形體、屬性的研究，體現了博物古學固有的格致觀念，且常常懷有濃厚的人文情結，可謂奧妙無窮，這又迥别於西方博物學。

如"天宇"，當做何解釋？在中國傳統文化中是與"宇宙"并存的稱謂，重在强調可見的天體和所有星際空間。前已述及，天體直徑可達930億光年以上，實際上可能遠超想象。這就出現了絶世難題：究竟何謂天體？天體何來？戰國詩人屈原在其《天問》篇中，曾連連問天："上下未形，何由考之？""馮翼惟象，何以識之？""明明闇闇，惟時何爲？"千古之問，何人何時可以作答？天宇研究在古代即甚冷僻，被稱爲"絶學"。中國是天宇觀測探索最爲細密的文明古國之一，天象觀測歷史也最爲悠遠，殷墟甲骨、《書》《易》諸經，盡有記載，而歷代正史又設有天文、曆律之類專志，皇家設有司天監之類專職機構，憑此"觀天象、測天意"，以決國策。於是，天文之學遂成諸學之首。天宇研究的主體是天空中的各種現象，這些現象又以各種星體的位置、明暗、形狀等的變化爲主，稱之爲星象。星象極其繁複，難以辨識。於是，在天空位置相對穩定的恒星就成爲必要的定位標志。在人們目力所及的範圍内，恒星數以千計，簡單命名仍不便查找和定位，我華夏先民又將天空劃分爲若干層級的區域，將漫天看似雜亂無章的恒星位置相近者予以組合并命名，這些組合的星群稱之爲星宿。古人視天上諸星如人間職官，有大小、尊卑之分，故又稱星官，因而就有了三垣二十八宿，成爲古天宇學最重要理論依據，這一理論西方天文學絶難取代。

再如古代類書中指稱的"蟲豸"，當代辭書亦少有確解。何謂"蟲豸"？舉凡當今動物學中的昆蟲綱、蛛形綱、多足綱，以及爬行動物中的綫形動物、扁形動物、環節動物、軟體動物中形體微小者，皆爲蟲豸之屬。蟲豸形雖微小，然其生存之久、種類之繁、分布之廣、形態之多、數量之巨，從生物、生態、應用、文化等角度，其意義和價值都大異於其他各類動物，或説是其他各類動物所不能比擬的。蟲豸之屬，既能飛於空，亦能游於水，既能潛於土，亦能藏於山，形態萬千，且各具靈性，情趣互異，故古代典籍遍見記叙，不僅常載於詩文，且多見筆記、小説中。先民又常憑藉其築穴或搬遷之類活動，以預測氣象變化或靈異別端，同樣展現了一幅具體生動的蟲文化畫卷，既有學術價值，又充滿趣味性。自《詩》始，就出現了咏蟲詩，其後歷代從蝶舞蟬鳴、蟻行蛇爬中得到靈感者代不乏人，或以蟲言志，或以蟲抒懷，或以蟲爲比，或以蟲爲興，甚至直以蟲名入於詞牌、曲牌，如僅蝴蝶就有“蝴蝶兒”“玉蝴蝶”“粉蝶兒”“蝶戀花”“撲蝴蝶”“撲粉蝶”等名類。唐歐陽詢《藝文類聚》收集有關蟬、蠅、蚊、蝶、螢、叩頭蟲、蛾、蜂、蟋蟀、尺蠖、螳、蝗等蟲類的詩、賦、贊等數量浩繁，後世仿其體例者甚多，如《事物紀原》《五雜俎》《淵鑑類函》《古今圖書集成·禽蟲典》等，洋洋大觀。不僅詩詞歌賦，在成語、俗語中，言及蟲豸者，亦不可勝數，如莊周夢蝶、蠑首蛾眉、金蟬脱殼、螳螂捕蟬、螳臂當車、蚍蜉撼樹、作繭自縛、飛蛾撲火（詞牌名爲“撲燈蛾”）等；不僅見諸歷代詩文，今世辭章以蟲爲喻者，仍沿襲不衰，如以蝸喻居、以蝶喻舞、以蟬翼喻輕薄、以蛇蠍喻狠毒等，比比皆是，不勝枚舉。

本博物學所指稱博物又包括了人類社會生活的各方面、領域，自史前達於清末民初，有的則可直達近現代，至巨至微，錯綜複雜。而對於某一具體實物，必須從其初始形態、初始用途的探討入手，而後追逐其發展演變過程，這樣纔能有縱橫全面的認定，從而作出相應的結論，這正是新興博物學的使命之一。今僅就我中華民族時有關涉者予以考釋。今日，國人對於古代社會生活實在太過陌生，現當代權威工具書所收錄的諸多重要的常見詞目，常常不知其由來，遭致誤導。如“祭壇”一詞，《漢語大詞典·示部》釋文曰：

祭壇：供祭禮或宗教祈禱用的臺。劉大傑《中國文學發展史》第一章三：“無論藝術哲學都得屈服於宗教意識之下，在祭壇下面得着其發展生命了。”艾青《吹號者》詩：“今日的原野呵，已用展向無限去的暗緑的苗草，給我們布置成莊嚴的祭壇了。”亦指上壇祭祀。侯寶林《改行》：“趕上皇上齋戒忌辰，或是皇上出來祭壇，你都得歇工（下略）。”

以上引用的三個書證全部是現代漢語，檢索此條的讀者可能會認定“祭壇”乃無淵源的新興詞，與古漢語無關。豈不知《晋書·禮志下》《舊唐書·禮儀志三》《明史·崔亮傳》

諸書皆有"祭壇"一詞，又皆爲正史，并不冷僻。《漢語大詞典》爲證實"祭壇"一詞的存在，廣予網羅，頗費思索，連同侯寶林的相聲也用作重要書證。侯氏雖被贊爲現代語言大師，但此處的"祭壇"，并非"供祭禮或宗教祈禱用的臺"，"祭"與"壇"爲動賓語結構，并非名詞，不足爲據。還應指出，"祭壇"作爲人們祭祀或祈禱所用實體的臺，早在史前即已出現，初始之時不過是壘土爲臺罷了。

此外，直接關涉華夏文化傳播形式的諸多博物更是大异於西方。如"文具"初稱"書具"，其稱漢代大儒鄭玄在《禮記・曲禮上》注中已見行用。千載之後，宋人陶穀《清異録・文用》中始用"文具"一詞。文具泛指用於書寫繪畫的案頭用具及與之相應的輔助用具。國人憑藉這些文具，創造了最具特色的筆墨文化、筆墨藝術，憑藉這些文具得以描述華夏五千載的燦爛歷史。中華傳統文具究有多少？國人最爲熟悉的莫過於"文房四寶"，實際又何止"文房四寶"？另有十八種文房用具，定名爲"十八學士"，宋代林洪曾仿唐韓愈《毛穎傳》作《文房職方圖贊》(簡稱《文房圖贊》，即逐一作圖爲之贊)。實際上遠超十八種，如筆筒、筆插、筆搋、筆洗、墨水匣、墨床、水注、水承、水牌、硯滴、硯屏、印盒、帖架、鎮紙、裁刀、鉛槧、算袋、照袋、書床、筆擱、高閣，等等，已達三十種之多。

"文房四寶""十八學士"之類中華獨具的傳統文化，今國人熟知者已不甚多，西方博物又何從涉及？何可包容？

七、新興博物學的表述特點，其古今考辨的啓迪價值

當代新興博物學所展現的是中華博物本身的生衍變化以及其同物異名、同名異物等，其主旨之一在於探尋我古老的中華民族的真實歷史面貌，溫故知新，從而更加熱爱我們偉大的中華文明。

偉大的中華民族，在歷史上產生過許多杰出的思想觀念，比如，我中華民族風行百代的正統觀念是"君爲輕，民爲本，社稷次之"(見《孟子・盡心下》)，這就是强調人民高於君王，高於社稷(猶"國家")，人民高於一切！古老的中華正統對人民如此愛護，如此尊崇，在當今世界也堪稱難得。縱觀朝代更迭的全部歷史可知，每朝每代總有其興起及消亡的過程，有盛必有衰。在這部《通考》中，常有實例可證，如有關商代都城"商邑"的

記載，就頗具代表性。試看，《詩·商頌·殷武》："商邑翼翼，四方之極。"鄭玄箋："極，中也。商邑之禮俗翼翼然……乃四方之中正也。"孔穎達疏："言商王之都邑翼翼然，皆能禮讓恭敬，誠可法則，乃爲四方之中正也。"《詩》文謂商都富饒繁華，禮俗興盛，足可爲全國各地的學習楷模。"禮俗"在上古的地位如何？《周禮·天官·大宰》曰："以八則治都鄙：一曰祭祀，以馭其神……六曰禮俗，以馭其民。"這是說周代統治者以禮俗馭其民，如同以祭祀馭鬼神一樣，未敢輕忽怠慢，禮俗之地位絕不可等閑視之。古訓曰："倉廩實而知禮節，衣食足而知榮辱。"（見《史記·管晏列傳》）此處的"禮節"是禮俗的核心内容，可見禮俗源於"倉廩實"。"倉廩實"展現的是國富民强，而國富民强，必重禮俗，禮俗展現了國家的面貌。早在三千年前的商代，已如此重視禮俗。"商邑翼翼"所反映的是上古時期商都全盛時期的繁華昌明，其後歷代亦多有可以稱道的興盛時期，如"漢武盛世""文景盛世"、唐"貞觀盛世""開元盛世"、宋"嘉祐盛世"、明"永宣盛世"、清"康乾盛世"等，其中更有"夜不閉户，路不拾遺"的佳話。盛世總是多於亂世，或曰溫飽時代總是多於飢寒歲月。唐代興盛時期，君臣上下已萌生了甚爲隨和的禮儀狀態，不喜三拜九叩之制，宋元還出現了"衣食父母"之類敬詞（見宋祝穆《古今事物類聚别集》卷二〇、元關漢卿《竇娥冤》第二折），這正體現了"王者以民爲天，民以食爲天"（見《漢書·酈食其傳》）的傳統觀念。中國歷史上的黎民百姓并非一直生活在水深火熱之中，在漫長的歲月中也常有溫飽寧静的生活，因而涌現了諸多忠心報國的詩詞。如"但使龍城飛將在，不教胡馬度陰山"（唐王昌齡《出塞二首》之一）；"忘身辭鳳闕，報國取龍庭"（王維《送趙都督赴代州得青字》）；"僵卧孤村不自哀，尚思爲國戍輪臺"（宋陸游《十一月四日風雨大作》）；"奇謀報國，可憐無用，塵昏白羽"（宋朱敦儒《水龍吟·放船千里凌波去》）。

　　久已沉淪的傳統博物學今得重建，可藉以知曉我中華兒女擁有的是何樣偉大而可愛的祖國！偉大而可愛的祖國，江山壯麗，蘭心大智，光前裕後，莘莘學子尤當珍惜，尤當自豪！回眸古典博物學的沉淪又可確知，鴉片戰爭給中華民族帶來的是空前的傷害，不祇是漢唐氣度蕩然無存，國勢極度衰微，最爲可怕的是傷害了民族自信，爲害甚烈。傷害了民族自信，則必會輕視或否定傳統文化，百代信守的忠義觀念、仁義之道，必消失殆盡，代之而來的則是少廉寡耻，爾虞我詐，以崇洋媚外爲榮，這一狀況久有持續，對青少年的影響尤甚，怎不令人痛心！時至當代，正全力弘揚中華優秀傳統文化，全力推行科技創新，踔厲奮發，重振國風，這又怎不令人慶幸！

新興博物學在展現中華博物本身的生衍變化進而展現古代真切的社會生活之外，又展現了一種獨具中華風采的文化體系。如常見語詞"揚州瘦馬"，其來歷如何？祇因元馬致遠《天净沙·秋思》中有"西風古道瘦馬"之句。自 2008 年山西吕梁市興縣康寧鎮紅峪村發現元代壁畫墓以來，其中的一首《西江月》小令："瘦藤高樹昏鴉，小橋流水人家，古道西風瘦馬，夕陽西下，已獨不在天涯。"在學界引發了關於《天净沙·秋思》的爭論熱議。由《西江月》小令聯想元代的另一版本："瘦藤老樹昏鴉，遠山流水人家，古道西風瘦馬，夕陽西下，斷腸人去天涯。"於是有學人又認爲此一"瘦馬"當指"揚州藝妓"，意謂形單影隻的青樓女子思念遠赴天涯的情郎——"斷腸人"，但這小令中的"瘦馬"之前，何以要冠以"古道西風"四字？則不得而知。通行本狀寫天涯游子的冷落凄凉情景，堪稱千古絕唱，無可置疑。那麼何以稱藝妓爲"瘦馬"？"瘦馬"一詞，初見於唐白居易《有感》詩三首之二："莫養瘦馬駒，莫教小妓女。後事在目前，不信君看取。馬肥快行走，妓長能歌舞。三年五年間，已聞換一主。"金董解元《西厢記諸宫調》中的《仙吕·賞花時》又載："落日平林噪晚鴉，風袖翩翩吹瘦馬。"此處的"瘦馬"無疑確指藝妓。稱妓女爲人人可騎的馬，後世又稱之爲"馬子"，是一種侮辱性的比擬。何以稱"瘦"？在中國古代常以"瘦"爲美，"瘦"本指腰肢纖細，故漢民歌曰："楚王好細腰，宫中多餓死。""細腰"强調的是苗條美麗。"好細腰"之舉，在南方尤甚，揚州的西湖所以稱之爲"瘦西湖"，不祇是因其狹長緊連京杭大運河，實則是因湖邊楊柳依依，芳草萋萋，又有荷花池、釣魚臺、五亭、二十四橋，美不勝收，較之杭州西湖有一種別樣的美麗。國人何以推崇揚州？《禹貢》劃定九州之中就有揚州，今之揚州已有兩千五百餘年的歷史。其主城區位於長江下游北岸，可追溯至公元前 486 年。春秋時期，吴王夫差在此開鑿了世界最早的運河——邗溝，建立邗城，孕育了唯一與邗溝同齡的運河城；因水網密布，氣候温潤，公元前 319 年，楚懷王熊槐在此建立廣陵城（今揚州仍沿稱"廣陵"），遂成爲中華歷史名城之一。此後歷經魏晋等朝代多次重修，至隋文帝開皇九年（589），廣陵改稱揚州。揚州除却政治地位顯赫之外，又是美女輩出之地，歷史上曾有漢趙飛燕、唐上官婉兒及南唐風流帝王李煜先後兩任皇后周薔、周薇，號稱"四大美女"。隋煬帝楊廣又在此開鑿大運河，貫通至京都洛陽旁連涿郡，藉此運河三下揚州，尋歡作樂。時至唐代，揚州更是江河交匯，四海通達，成爲全國性的交通要衝，故有"故人西辭黄鶴樓，煙花三月下揚州。孤帆遠影碧空盡，唯見長江天際流"的著名詩篇（唐李白《黃鶴樓送孟浩然之廣陵》，今之揚州已遠離長江）。揚州在唐代是除却長安之外的最爲繁華的大都會，商旅雲聚，青樓大興，成爲文壇才士、豪門公子醉生夢死之地。唐王建《夜看揚州市》詩贊曰："夜市千燈照碧雲，高樓紅袖客紛紛。"詩人杜牧《遣懷》更有名作："落魄江湖載酒行，楚腰纖細掌中輕。十年一覺揚州夢，赢得青樓薄幸名。"此"楚腰纖細掌中輕"之用典，即直涉楚靈王好細腰與趙飛燕的所謂"掌中舞"兩事。杜牧憑藉豪放而婉約的詩作，赢得百世贊頌，此詩實是一種自嘲、以書懷才不遇之作，却曾遭致史家"放浪薄情"的詬病。大唐之揚州，確是令人嚮往，令人心醉，故而詩人張祜有"人生只合揚州死"（見其所作《縱游淮南》）之感嘆。元代再度大修的京杭大運河弃洛陽直達北京，揚州之地位愈加顯赫。總之，世界這一最古最長的大運河歷代修建，始終離不開揚州。時至明清，揚州經濟依然十分繁盛，仍是達官貴人喜於擇居之地，兩淮鹽商亦集聚於此，富甲一方，由此振興了園林業、餐飲業，娛樂中的色情業也應運而生，養"瘦馬"就是其中的一種，一些投機者低價買進窮苦人家的美麗苗條幼女，令其學習言行禮儀、歌舞繪畫及其他媚人技能技巧，而後以高價賣至青樓或權貴豪門，大發其財。除却"揚州瘦馬"之外，又催生了著名的"揚州八怪"，文化藝術色彩愈加分明。

"揚州瘦馬"本是一種當被摒弃的陋習，不足爲訓，但這一陋習所反映出的却是關聯揚州的一種別樣的文化，反映了揚州古今社會的經濟發展與變化，這當然也是西方博物學替代不了的。

結　語

綜上所述可知，中華博物學是學術研究中的另一方天地，無可替代，必須重建，且勢在必行。如何重建？如何展現我中華博物獨有的神貌？答曰：中華博物絕非僅指博物館的收藏物，必須是全方位的，無論是宫廷裏，無論是山野間，無論是人工物，無論是天然品，無論是社會中，無論是自然界裏，皆應廣予收錄考釋。考釋的主旨，乃探索我中華浩浩博物的淵源、流變。此一博物學甚重"物"的形體、屬性及其淵源流變，同時又關注其得名由來，重視兩者間的生衍關係。通常而言（非通常情況當作別論），在人類社會中有其物必當有其名，有其名亦必有其物。此外，更有同物異名，或同名異物之别。探究"物"本體的淵源流變并釐清名物關係，這就是中國古典博物學的使命，這也正是最爲嚴密的格物致知，也正是最爲嚴肅的科學體系。但中國古典博物學，又必須體現《博物記》以還的國學傳統，必須體現博大的天人視野及民胞物與情懷，有助於我中華的再度振起，乃至於世界的安寧和諧。而那些神怪虛無之物，則不得納入新的博物學中，祇能作爲附錄以備考。如何具體裁定，如何通盤布局，并非易事，遠超想象。因我中華民族是喜愛并嚮往神話的古老民族，又常常憑藉豐富的想象對某種博物作出判斷與解讀，判斷與解讀的結果，除却導致無稽的荒誕之外，又時或引發別樣的思考，常出乎人們的所料，具有別樣的價值。如水族中的"比目魚"，亦稱"王餘魚""兩鮃""拖沙魚""鞋底魚""板魚""箬葉"，俗稱"偏口魚"，爲鰈形目魚類之古稱。成魚身體扁平而闊，兩眼移於頭的另一端，習慣於側卧，朝上的一面有顏色鮮明的眼睛，朝下一面似無眼睛，先民誤以爲祇有一眼，必須相互比并而行。此一判斷與解讀，始自漢代《爾雅・釋地》："東方有比目魚焉，不比不行。"郭璞注："狀似牛脾……一眼，兩片相合乃得行。今水中所在有之，江東又稱爲王餘魚。"事過千載，直至明代李時珍《本草綱目》問世，盡皆認定比目魚僅有一隻眼，出行必須各藉他魚另一眼（見《本草綱目・鱗四・比目魚》）。傳統詩文中用比目魚以比喻形影不離的情侶或好友，先民爭相傳頌，百代不休，直至1917年徐珂的《清稗類鈔》問世，始知比目魚兩眼皆可用，不必兩兩并游（《清稗類鈔・動物篇》）。古人憑藉想象，又認爲尚有與比目魚相對應的"比翼鳥"，見於《爾雅・釋地》："南方有比翼鳥焉，不比不飛。"這一"比翼鳥"，僅一目一翼，須雌雄并翼飛行，如同比目魚一樣，亦用以比喻形影不離的情侶或好友。"比目魚""比翼鳥"之類虛幻者外，後世又派生了所謂"連理枝"，著名詩作有唐白居易《長恨歌》曰："在天願爲比翼鳥，在地願爲連理枝。"何謂"連理枝"？"連理枝"是指自然界中罕見的偶然形成的枝和幹連爲一體的樹木。"連理枝"之外，又出現了"并蒂蓮"之類。"并蒂蓮"亦稱"并頭蓮""合歡蓮"等，是指一莖生兩花，花各有蒂，蒂在花莖上連在一起的蓮花。這種"連理枝""并蒂蓮"，難以納入下述的世界通行的階元系統，也難依照林奈創立的雙名命名法命名，但却又是一種不可忽視的實物，是大自然所形成的另一種奇妙的實物。此一"并蒂蓮"如同"比目魚""連理枝"一樣，亦用以喻情侶或好友，同樣廣見於傳統詩文。歲月悠悠，始於遠古，達於近世，先民對於我中華博物的無限想象以及與之并行的細密觀察探索，令人嘆爲觀止，凡天地生靈、袞袞萬物，無所不及，超乎想象，從而構成了一幅文明古國的壯闊燦爛畫卷。

　　這當是歷經百年沉淪、今得復蘇的我國傳統的博物學，這當是重建的嶄新的全方位的中華博物學。

　　中華博物學除却遵循發揚傳統的名物學、訓詁學、考據學及近世的考古學之外，也廣泛汲取了當代天文、地理、生物、礦物、農學、醫學、藥學諸學的既有成就，其中動植物的本名依照世界通行的階元系統，分爲界、門、綱、目、科、屬、種七類。又依照瑞典卡爾·馮·林奈（瑞文 Carl von Linné）創立的雙名命名法命名。"連理枝""并蒂蓮""比目魚""比翼鳥"之屬旁及龍、鳳、麒麟、貔貅等傳説之物，則作爲附録，劃歸相應的動物或植物卷中。這樣的研究章法，這樣的分類與標注，避免了傳統分類及形狀描述的訛誤或不確定性，即可與國際接軌。綜合古今中外，論者認爲《中華博物通考》的研究主體，可劃歸三十六大類，依次排列如下：

　　《天宇》《氣象》《地輿》《木果》《穀蔬》《花卉》《獸畜》《禽鳥》《水族》《蟲豸》《國法》《朝制》《武備》《教育》《禮俗》《宗教》《農耕》《漁獵》《紡織》《醫藥》《科技》《冠服》《香奩》《飲食》《居處》《城關》《交通》《日用》《資産》《珍奇》《貨幣》《巧藝》《雕繪》《樂舞》《文具》《函籍》。

　　存史啓智，以文育人，乃我中華千載國風。新時代習近平總書記甚重民族自信、文化自信，極力倡導"舊邦新命"，明確指出要"盛世修文"，怎不令人振奮，令人鼓舞！今日，我輩老少三代前後聯手、辛苦三十餘載、三千餘萬言的皇皇巨著——《中华博物通考》欣幸面世，并得到國家出版基金资助。這就昭示了沉淪百載的中華傳統博物學終得復蘇，這就是重建的全新中華博物學。"舊邦新命""盛世修文"，重建博物學，旨在賡續中華文脉，發揚優秀傳統文化，汲取生生不息的精神力量，再現偉大民族的深邃智慧，展我生平志，圓我强國夢！

張述錚

乙丑夾仲首書於山東師範大學映月亭
甲辰南吕增補於歷下龍泉山莊東籬齋

總　説

——漫議重建中華博物學的歷史意義與現實價值

緣　起

　　《中華博物通考》（下稱《通考》）是一部通代史論性的華夏物態文化專著，係"九五""十五""十四五"國家重點出版物專項規劃項目，并得到 2020 年度國家出版基金資助。全書共三十六卷，另有附録一卷，其中有許多卷又分上下或上中下，計有五十餘册，逾三千萬字。《通考》的編纂，擬稿於 1990 年夏，展開於 1992 年春，迄今已歷三十餘載，初始定名爲《中華博物源流大典》，原分三十二門類（即三十二卷）。此後，歷經斟酌修補，終成今日規模。三十餘載矣，清苦繁難，步履維艱，而大江南北，海峽兩岸，衆多學人，三代相繼，千里聯手，任勞任怨，無一退縮，何也？因本書關涉了古老國度學術發展的重大命題，足可爲當今社會所藉鑒，作者們深知自家承擔的是何樣的重任，未敢輕忽，未敢怠慢。

　　何謂中華物態文化？中華物態文化的研究主體就是中華浩博實物。其歷史若何？就文字記載而言，中華物態文化史應上溯於傳説中的三皇五帝時期，隸屬於原始社會。"三皇五帝"究竟爲何人，我國史家多有不同見解，大抵有三説：一曰"人間君主説"，"三皇"分別指天皇、地皇、人皇，"五帝"分別指炎帝烈山氏、黄帝有熊氏、顓頊高陽氏、帝堯陶唐氏和帝舜有虞氏；二曰"開創天下説"，三皇分別指有巢氏、燧人氏、伏羲氏，"五帝"分別指炎帝烈山氏、黃帝有熊氏、顓頊高陽氏、帝堯陶唐氏和帝舜有虞氏；三曰"道治德化説"，認爲"三皇以道治，五帝以德治"，"三皇"是遠古三位有道的君主，分別指太昊伏羲氏、炎帝神農氏及黃帝軒轅氏，五帝則是少昊金天氏、顓頊高陽氏、帝嚳高辛氏、帝堯陶唐氏和帝舜有虞氏。有關三皇五帝的組合方式，典籍記載亦不盡相同，大抵有四種，在此不予臚列。"三皇五帝"所處時間如何劃定，學界通常認爲有巢、燧人、伏羲屬於舊石器時代，有巢、燧人爲早期，伏羲爲晚期，其餘皆屬新石器時代，炎帝、黃帝、少昊、顓頊等大致同時，屬仰韶文化後期和龍山文化早期。"三皇五帝"後期，已萌生并逐步邁進文明史時代。

中華文明史，國際上通常認定爲三千七百年（主要以文字的誕生與城邑的出現等爲標志），國人則認定爲逾五千年，今又有九千年乃至萬年之説。後者可以上溯至新石器時代，如隸屬裴李崗文化的河南省舞陽縣賈湖村出土了上千粒碳化稻米，約有九千年歷史，是世界最早的栽培粳稻種子。經鑒定其中百分之八十以上不同於野生稻，近似現代栽培稻種，可證其時已孕育了農耕文化。其中發現的含有稻米、山楂、葡萄、蜂蜜的古啤酒也有九千年以上的歷史，可證其時已掌握了釀造術。賈湖又先後出土了幾十支骨笛，也有七千八百年至九千年的歷史，其中保存最爲完整者，可奏出六聲音階的樂曲，反映了九千年前，中華民族已具有相當高度的生產力與創造力、具有相當高度的文化藝術水準與審美情趣。有美酒品嘗，有音樂欣賞，彼時已知今人所稱道的"享受生活"，當非原始人所能爲。賈湖遺址的發現并非偶然，近來上山文化晚期浙江義烏橋頭遺址，除却出土了古啤酒之外，又發現諸多彩陶，彩陶上還繪有伏羲氏族所創立的八卦圖紋飾，故而國人認爲這一時期中華文明已開始形成，至少連續了九千載。中華文明的久遠，當爲世界四大文明古國之首，徹底否定了中華文明西來之説。九千載之説雖非定論，却已引起舉世關注。此外，江西省上饒市萬年縣大源鄉仙人洞遺址發現的古陶器則產生於一萬九千至兩萬年前，又遠超前述的出土物的製作時間。雖有部分學界人士認爲仙人洞遺址隸屬於舊石器遺址，并未進入文明時代，但其也足可證中華博物史的久遠。

一、何謂"博物"與《中華博物通考》?《通考》的要義與章法何在?

何謂"博物"? "博物"一詞，首見於《左傳·昭公元年》: "晋侯聞子產之言，曰: '博物君子也。'"其他典籍也時有記載，如《漢書·楚元王傳贊》: "自孔子後，綴文之士衆也，唯孟軻、孫況、董仲舒、司馬遷、劉向、揚雄此數公者，皆博物洽聞，通達古今。"《周書·蘇綽傳》: "太祖與公卿往昆明池觀魚，行至城西漢故倉地，顧問左右莫有知者。或曰: '蘇綽博物多通，請問之。'"以上"博物"指博通諸種事物，一般釋爲"知識淵博"。此外，《三國志·魏書·國淵傳》: "《二京賦》博物之書也，世人忽略，少有其師可求。"唐釋玄奘《大唐西域記·摩臘婆國》: "昔此邑中有婆邏門，生知博物，學冠時彦，内外典籍，究極幽微，曆數玄文，若視諸掌。"明王褘《司馬相如解客難》: "借曰多識博物，賦頌所託，勸百而風一。"這些典籍所載之"博物"，即可釋爲今義之"浩博實物"。這一浩博實物，任一博物館盡皆無法全部收藏。本《通考》指稱的"博物"既可以是天然的，也可以是人工的; 既可以是静態的，也可以是動態的; 既可以是斷代的，也可以是歷時的，是古今并存，巨細俱備，時空縱横，浩浩蕩蕩，但必須是我中華獨有，或是中土化的。研究這浩蕩博物的淵源流變以及同物异名或同名异物之著述即《博物通考》，而爲與西方博物學相區别，故稱之爲《中華博物通考》。

在中國古代久有《皇覽》《北堂書鈔》等類書、《儒學警語》《四庫全書》等叢書以及《爾雅》《説文》等辭書，所涉甚廣，却皆非傳統博物典籍。本書草創之際，唯有《中國學術百科全書》《中華百科全書》《中國大百科全書》之類風行於世，這類百科全書亦皆非博物學專著。專題博物學著作甚爲罕見，僅有今人印嘉祥《物源百科辭書》，俞松年、毛大倫《生活名物史話》，抒鳴、鋭鏵《世界萬物之由來》等幾種，多者收詞約三千條，少者僅一百八十餘款，或洋洋灑灑，或鳳毛麟角，各有千秋，難能可貴。《物源百科辭書》譽稱"我國第一部物源工具書"(見該書序)，此書中外兼蓄，虚實并存，堪稱廣博，惜略顯雜蕪。本《通考》則另闢蹊徑，别有建樹，可稱之爲當代第一部"中華古典博物學"。

《通考》甚重對先賢靈智的追踪與考釋。中華民族是滿富慧心的偉大民族，極善觀察探索，即使一些不足挂齒的微末之物也未忽視，且載於典籍，十分翔實生動。如對常見的鳥類飛行方式即有以下描述: 鳥學飛曰翎，頻頻試飛曰習，振翅高飛曰翯，向上直飛曰翀，張翼扶摇上飛曰羿，鳥舒緩而飛、不高不疾曰翂、曰翻，快速飛行曰奭，水上飛行曰戾，高飛曰翰，輕飛曰翾，振羽飛行曰翻，等等，不一而足。如此細密的觀察探隱，堪稱世界之最，令人嘆服！而關於禽鳥分類學，在中國古代也有獨到見解。明代李時珍所著《本草綱目》已建立了階梯生態分類系統，將禽鳥劃分爲水禽、原禽、林禽、山禽等生態類別，具有劃時代意義。這一生態分類法較瑞典生物學家林奈的《自然系統》（第十版）中的分類要早一百六十餘年，充分展示了我國古代鳥類分類學的輝煌成就，駁正了中國傳統生物學一貫陳腐落後的舊有觀念。此外，那些目力難及、浩瀚的天體，也盡在先民的觀察探索之中，如關於南天極附近的星象，遠在漢代即有記載。漢武帝元鼎六年（公元前 111），滅南越國，置日南九郡事，《漢書》及顏注、酈道元《水經注》有關“日南”的定名中皆有詳述，而西方於 15 世紀始有發現，晚中國一千四百餘年。再如，關於太陽黑子，在我國漢代亦有記載，《漢書・五行志》載：“日黑居仄，大如彈丸。”其後《晉書・天文志中》亦載：“日中有黑子、黑氣、黑雲。”而西方於 17 世紀始有發現，晚於中國一千六百餘年。惜自清朝入關之後，對於中原民族，對於漢民族長期排斥壓抑，致使靈智難展，尤其是中後期以來的專制國策，遭致國弱民窮，導致久有的科技一蹶不振，於是在列強的視野下，中華民族變成了一個愚昧的“劣等”民族。受此影響，一些居留國外或留學國外的學人，亦曾自卑自弃，本書《導論》曾引胡適的評語：中華民族是“又愚又懶的民族”，是“一分像人，九分像鬼的不長進民族”（見胡適《介紹我自己的思想》，1930 年 12 月亞東圖書館初版《胡適文選》自序》）。本《通考》有關民族靈智的追踪考索，巨細無遺，成爲另一大特點。

《通考》遵從以下學術體系：宗法樸學，不尚空論，既重典籍記載，亦重實物（包括傳世與出土文物）考察，除却既有博物類專著自身外，今將博物研究所涉文獻歸納爲十大系統：一曰史志系統，即史書中與紀傳體并列，所設相對獨立的諸志。如《禮樂志》《刑法志》《藝文志》《輿服志》等，頗便檢用。二曰政書類書系統。重在掌握典制的沿革，廣求佚書異文。三曰考證系統。如《古今注》《中華古今注》《敬齋古今黈》等，其書數量無多，見重實物，頗重考辨。四曰博古系統。如《刀劍錄》《過眼雲煙錄》《水雲錄》《墨林快事》等，這些可視爲博物研究散在的子書，各有側重，雖常具玩賞性，却足資藉鑒。五曰本草系統。其書草木蟲魚、水土金石，羅致廣博，雖爲藥用，已似百科全書。六曰注疏系統。爲古代典籍的詮釋與發揮。如《易》王弼注、《詩》毛亨傳、《史記》裴駰集解、《老子》魏源本義、《楚辭》王夫之通釋、《三國志》裴松之注、《水經》酈道元注、《世說新語》

劉孝標注等。七曰雅學系統、許學系統，或直稱之爲訓詁系統，其主體就是名物研究，後世稱爲“名物學”。八曰异名辨析系統。已成爲名物學的獨立體系。如《事物异名》《事物异名録》等，旨在同物异名辨析。九曰説部系統。包括了古代筆記、小説、話本、雜劇之類被正統學者輕視的讀物，這是正統文化之外，隱逸文化、民間文化的淵藪，一些世俗的衣、食、住、行之類日常器物，多藉此得見生動描述。十曰文物考古系統，這是博物研究中至爲重要的最具震撼力的另一方天地，因爲這是以歷代實物遺存爲依據的，足可印證文獻的真僞、糾正其失誤，多有創獲。

二、《通考》内容究如何，今世當作何解讀？

《通考》内容極爲豐富，所涉範圍極廣，古今上下，時空縱橫，實難詳盡論説，今略予概括，主要可分兩大方面，一爲自然諸物，二爲社科諸物，兹逐一分述如下：

（一）自然諸物：包括了天地生殖及人力之外的一切實體、實物，浩博無涯，可謂應有盡有。

如“太陽”“月亮”，在我中華凡是太空中的發光體（包括反射光體）皆被稱爲“星”，因此漢語在吸納現代天文學時，承襲了這一習慣，將“太陽”這類自身發光的等離子物體命名爲恒星。《天宇卷》研究的主體就是天空中的各種星象。星象就是指各種星體的位置、明暗、形狀等的變化。星象極其繁複，難以辨識。於是，在天空中位置相對穩定的恒星就成爲必要的定位標志。在人們目力所及的範圍内，恒星數以千計，先民將漫天看似雜亂無章的恒星位置相近者予以組合并命名，這些組合的星群稱之爲星宿，因而就有了三垣二十八宿之説。在远古難以對宇宙進行深入探索的時代，先民未能建立起完整的天體概念，也不知彼此的運動關係，僅憑藉直感認知，將所見的最強發光體——“太陽”本能地給予更多的關注，作出不同於西方的別樣解釋。視太陽爲天神，太陽的出没也被演繹成天神駕車巡游，而夸父追日、后羿射日等典故，則承載了諸多遠古信息。先民依據太陽的陰陽屬性、形體形象、光熱情况、時序變化、神話傳説及俗稱俗語等特點，賦予了諸多別名和异稱，其數量達一百九十餘種，如“陽精”“丙火”“赤輪”“扶桑”“東君”“摩泥珠”等，可見先民對太陽是何等的尊崇。對人們習見的“月亮”，《天宇卷》同樣考釋了其异名別稱及其得名由來。今知月亮异名別稱竟達二百二十餘種，較之“太陽”所收尤爲宏富。如

"太陰""玉鏡""嬋娟""姮娥""顧兔""桂影""玉蟾蜍""清凉宫"，等等。而關於"月亮"的所見所想，所涉傳聞佳話，連綿不絶，超乎所料。掩卷沉思，無盡感慨！中華民族是一個明潔温婉、追求自由、嚮往和平、極具夢想的偉大民族。愛月、咏月、賞月、拜月，深情綿綿，與月亮别有一番不解之緣！饒有趣味者，爲東君太陽神驅使六龍馭車的羲和，如同爲太陰元君駕車的望舒一樣，竟也是一位女子，可見先民對於女性的信賴與尊崇。何以如此？是母系社會的遺風流韵麽？不得而知！足證《通考》探討"博物"的意義并不衹在"博物"自身，而是關乎"博物"所承載的傳統文化。

再如古代出現的"雪""雹"之類，國人多認定與今世無多大差异，實則不然。《氣象卷》收有"天山雪""陰山雪""燕山雪""嵩山雪""塞北雪""南秦雪""秦淮雪""廬山雪""嶺南雪""犬吠雪"（偏遠的南方之雪。因犬見而驚吠，故稱），等等，這些雪域不衹在長城内外，又達於大江南北，可謂遍及全國各地，令人眼界大開。這些雪域的出現，又并非遠古間事，所見文字記載盡在南北朝之後，而"嶺南雪"竟見於明清時期，致使今人難以置信。若就人們對雪的愛惡而言，有"瑞雪""喜雪""灾雪""惡雪"；若就雪的屬性而言，有"乾雪""濕雪""霧雪""雷雪"；若就降雪時間長短而言，有"連旬雪""連二旬雪""連三旬雪""連四旬雪"；若就雪的危害而言，有"致人凍死雪""致人相食雪"等，不一而足。此外，雪另有色彩之别，本卷收有"紅雪""綠雪""褐雪""黑雪"諸文，何以出現紅、綠、褐、黑等顏色？這是由於大地上各類各色耐寒的藻類植物被捲入高空，與雪片相遇，從而形成不同色彩。對此，先民已有細微觀察，生動描述，但未究其成因。1892年冬，意大利曾有漫天黑雪飄落，經國際氣象學家研究測定，此一現象乃是高空中億萬針尖樣小蟲，在飛翔時與雪片粘連所致。這與藻類植物被捲入高空，導致顏色的變幻同理。或問，今世何以不見彩色之雪？因往昔大地之藻類及針尖樣小蟲，由於生態環境的破壞而消失殆盡。就氣象學而言，古代出現彩雪，是正常中的不正常，現代衹有白雪，則是不正常中的正常。本卷中有關雹的考釋，同樣頗具情趣，十分精彩。依雹的顏色有"白色雹""赤色雹""黑色雹""赤黑色雹"，依形狀有"杵狀雹""馬頭狀雹""車輪狀雹""有柄多角雹"，依長度有"長徑尺雹""長尺八雹"，依重量有"重四五斤雹""重十餘斤雹"，依危害則有"傷禾折木雹""擊殺鳥雀雹""擊殺獐鹿雹""擊死牛馬雹""壞屋殺人雹"等，這些記載并非出自戲曲小説，而是全部源於史書或方志，時間地點十分明確，毋庸置疑。古今氣象何以如此不同？何以如此反常？衹嘆中國古代的科研體系多注重對現象的觀察，而不求其成因，衹是將以上現象置於史志之中，予以記載而已。本《通考》對中華"博物"的考辨，不衹是展現了大自然的原貌、大自然的古今變幻，而且也提供了社會的更迭興替和民生的禍福起落等諸多耐人尋味的思考。

另如，《水族卷》中收有棘皮動物"海參"，其物在當代國人心目中，是難得的美味佳餚和滋補珍品。《水族卷》還原其本真面貌，明確指出海參爲海洋動物中的棘皮動物門，海參綱之統稱，而後依據古代典籍，考證其物及得名由來：三國吳沈瑩《臨海水土異物志》："土肉，正黑，如小兒臂大，中有腹，無口目……炙食。"其時貶稱"土肉"，衹是"炙食"而已。既貶稱爲"土"，又止用於燒烤而食，此即其初始的"身份""地位"，實是無足稱道。直至明代謝肇淛《五雜俎·物部一》中，始見較高評價，并稱其爲"海參"："海參，遼東海濱有之，一名海男子。其狀如男子勢然，淡菜之對也。其性温補，足敵人參，故名海參。""男子勢"，舊注曰"男根"，因海參形如男性生殖器，俗名"海男子"，正與形如女性生殖器的淡菜（又稱"海牝""東海夫人"，即厚殼貽貝）相對應。此一形似"男根"之物，何以又被重視起來？國人對食療養生素有"以形補形"的觀念，如"芹菜象筋骼，吃了骨頭硬；核桃象大腦，吃了思維靈"之類，而因海參似男根，故認定其有補腎壯陽的功能，這就是"足敵人參"的主要根據之一。謝氏在贊其"足敵人參"的同時，又特別標示了其不雅的綽號"海男子"，則又從另一側面反映了明代對於海參仍非那麼珍視，故而在其當代權威的醫典《本草綱目》中未予記載。"海參"在清朝的國宴"滿漢全席"中始露頭角，漸得青睞。本卷作者在還其本真面貌的過程中，又十分自然地釐清了海參自三國之後的異名別稱。如，"土肉""海男子"之後，又有"蚪""沙噀""戚車""龜魚""刺參""光參""海鼠""海瓜""海瓜皮""白參""牛腎""水參""春皮""伏皮"諸稱，"蚪"字之外，其他十三個異名別稱，古今辭書無一收録，唯一收録的"蚪"字，又含混不清。而"海參"喻稱"海瓜"，則爲英文 sea cucumber 的中文義譯，較中文之喻稱"海男子"似有异曲同工之妙，又可證西人對海參也并不那麼重視。

全書三十六卷，卷卷不同。本書設有《珍奇卷》，別具研究價值。如"孕子石"，發現於江蘇省溧陽市蘇溧地區。此石呈灰黃色，質地堅硬，其外表平凡無奇，但當人們把石頭敲開時，裏面會滾出許多圓形石彈子，直徑 21 厘米左右，和母石相較，顏色稍淺，但成分一致。因石中另包小石，好似母石生下的子石，故稱"孕子石"。這種"石頭孕子"史志無載，首次發現，地質學家們同樣百思而不得其解，衹能"望石興嘆"。再如"預報天旱井"，位於廣西全州縣內，每年大旱來臨前二十天，水井會流出渾水，長達兩天之久，附近村民見狀，便知大旱將臨，便提前做好抗旱準備。此外，該井每二十四小時漲潮六次，每次約漲五十分鐘，水量約增加兩倍。此井如同"孕子石"一樣，史志無載，首次發現，對此井的奇特現象有關專家同樣百思不得其解，也祇能"望井興嘆"。

（二）社科諸物：自然物外，中華博物中的社科諸物漫布於社會生活之中，其形成發展、古今變化，尤爲多彩，展現了一種別樣的國情特徵和民族靈智。

如《國法卷》，何謂"國法"？國法係指國家之法紀、法規。國法其詞作爲漢語語詞起源甚爲久遠，先秦典籍《周禮·秋官·朝士》中即已出現，"國法"之"法"字作"灋"，其文曰："凡民同貨財者，令以國灋行之，犯令者刑罰之。"同書《地官·泉府》中又有另詞"國服"，其文曰："凡民之貸者，與其有司辨而授之，以國服爲之息。"此"國服"言民間貿易必須服從國法，故稱"國服"。作爲語詞，"國法""國服"互爲匹配。國法爲人而設，國服隨法而施，有其法必有其服，有法無服，則法罔立，有服無法，舉世罔聞。今"國法"一詞存而未改，"國服"則罕見使用。就世界範圍而言，中國的國法自成體系，具有國體特色與民族精神，故西方學者稱之爲"中華法系"或"東方法系"。本《國法卷》即以"中華法系"爲中心論題，全面考釋，以現其固有特色與精神。中華法系如同世界諸文明古國法系一樣，源於宗教，興於禮俗，而最終成爲法律，遂具有指令性、强制性。中華法系一經形成，即迥異於西方，因其從不以"永恒不變的人人平等的行爲準則"自詡，也沒有立法依據的總體理論闡釋，而是明確標示法律應維護帝王及權貴的利益。在中國古代，從沒出現過如古希臘或古羅馬的所謂絕對公正的"自然法"，毋須在"自然法"指導下制定"實在法"。中國古代的全部法律皆爲正在施行的"實在法"，但却有不可撼動的權威理論——"君權天授"説支撐。"天"，在先民心目中是無可比擬的最神秘、最巨大的力量。"天"，莊重而仁慈，嚴厲而公正，無所不察，無所不能。上自聖賢哲人，下至黎民百姓，少有不"敬天意"、不"畏天命"者，帝王既稱"天子"，且設有皇皇國法，條文森然，何人敢於反叛？天下黔首，非處垂死之地，絕不揭竿而起，妄與"天"鬥！故而在中國古代，帝王擁有最高立法權與司法權，享有無盡的威嚴與尊貴。今知西周時又强化了宗族關係，即血緣關係。血緣關係又分爲近親、遠親、异姓之親等。血緣關係成爲一切社會關係的核心，由血緣關係擴而廣之，又有師生、朋友及當體恤的其他人等關係。由血緣關係又進而强化了尊卑關係，即君臣關係、臣民關係，這些關係較之血緣關係更爲細密，爲此而設有"八辟"之法，規定帝王之親朋、故舊、近臣等八種人，可以享有減免刑罰之特權。漢代改稱"八議"，三國魏正式載入法典。其後，歷代常有沿襲。這一血緣關係在我國可謂根深蒂固，直至今世而未衰。爲維護這尊卑關係，西周之法典又設有《九刑》，以"不忠"爲首罪。另有《八刑》以"不孝"爲首罪。"忠"，指忠君，"孝"指孝敬父母，兩者難以分割。《九刑》《八刑》雖爲時過境遷之古法，但其倡導的"忠孝"，已成爲中華民族的一種處世觀念，一種道德規範。作爲個人若輕忽"忠孝"，則必極端自私，害及民衆；作爲執政者若輕忽"忠孝"，則必妄行無忌，危及國家。今世早已摒弃愚忠愚孝之舉，但仍然繼承并發揚了"忠孝"的傳統。"忠"不再是"忠君"，而是忠於祖國，忠於人民，或是忠於信守的理想；"孝"謂善事父母，直承百代，迄今不衰。"忠孝"是人們發自心底的感恩之情，唯知感恩，始有報恩，人間纔有真情往還，纔有心靈交融。佛家箴言警語曰"上報四重恩，下濟三途苦"（見《大乘本生心地觀經》），"四重恩"指父母恩、師長恩、國土恩、衆生恩（衆生包括動植物等一切生靈）。我國傳統忠孝文化中又融入了佛家的這一經典旨意，可謂相得益彰。"忠孝"乃我文明古國屹立不敗的根基，絶不可視之爲"封建觀念"。縱觀我中華信史可知，舉凡國家昌盛時代，必是忠孝振興歲月，古今如一，堪稱鐵律。國家可敬又可愛，所激起的正是人們的家國情懷！"忠孝"這一處世觀念，這一道德規範，直涉人際關係，直涉國家命運，成爲我中華獨有、舉世無雙的文化傳統。

　　中國之國法，并非僅靠威懾之力，更有"禮治"之宣導，而關乎禮治的宣導今人常常忽略。前已述及中華法系如同世界諸文明古國法系一樣，源於宗教，興於禮俗，由禮俗演進爲禮治，禮治早於刑法之前已經萌生。自商周始，《湯刑》《吕刑》（按，《湯刑》《吕刑》之"刑"當釋爲"法"）相繼問世，尤重"禮治"，何謂"禮治"？"禮治"指遵守禮儀道德與社會規範，破除"禮不下庶人"的舊制，將仁義禮智信作爲基本的行爲規範，《孟子·公孫丑上》曰："辭讓之心，禮之端也。""辭讓"指謙和之道，尊重他人，由"禮讓"而漸發展爲"禮制"。至西周時，"禮治"已成定制。這一立法思想備受推崇。夏商以來，三千餘載，王朝更替，如同百戲，雖脚色各异，却多高揚禮制之大旗，以期社會和諧，民生安樂。不瞭解中國之禮治，也就難以瞭解中華法制史，就難以瞭解中國文化史。此後"禮治"配以"刑治"，相輔相成，久行不衰。"禮刑相輔"何以行使？答曰：升平之世，統治者無不強調禮制之作用，藉此以示仁政；若逢亂世，則用重典，施酷刑（下將述及），軟硬兩手交替使用。這就組成了一張巨大的不可錯亂、不可逾越的法律之網，這就是中華民族百代信守的國家法制的核心，這就是中華民族有史以來建國治國之道。這一"禮刑相輔"的治國之道，迥別與西方，爲我中華所獨有，在漫長而多樣的世界法制史中居於前沿地位。

在我古老國度中，國家既已形成，於是又具有了不同尋常的歷史意義與價值觀。自先秦以來，"國家"一詞意味着莊嚴與信賴。在國人心目中，"國"與"家"難以分割，直與身家性命連爲一體，故"報效國家"爲中華民族的最高志節，而"國破家亡"則爲全民族的最大不幸。三十年前本人曾是《漢語大詞典》主要執筆者之一，撰寫"國家"條文時，已注意了先民曾把皇帝直稱爲"國家"。如《東觀漢紀·祭遵傳》："國家知將軍不易，亦不遺力。"《晋書·陶侃傳》："國家年小，不出胸懷。"稱皇帝爲"國家"，以皇帝爲國家的代表或國家的象徵，較之稱皇帝爲天子，更具親切感，更具號召力。中國歷史上的一些明君仁主也多以維護國家法制爲最高宗旨，秦皇、漢武皆曾憑藉堅定地立法與執法而國勢強盛，得以稱雄天下，這對始於西周的"八辟"之法，無疑是一大突破。本書《國法卷》第一章概論論及隋唐五代立法思想時，有以下論述：據《隋書·王誼傳》及文帝相關諸子傳載，文帝楊堅少時同王誼爲摯友，長而將第五女嫁王誼之子，相處極歡，後王誼被控"大逆不道，罪當死"，文帝遂下詔"禁暴除惡"，"賜死於家"。《隋書·文四子傳》又載，文帝三子秦王楊俊，少而英武，曾總管四十四州軍事，頗有令名，文帝甚爲愛惜，獎勵有加。後楊俊漸奢侈，違制度，出錢求息，窮治宮室，文帝免其官。左武衞將軍劉升、重臣楊素，先後力諫曰："秦王非有他過，但費官物、營廨舍而已。"文帝答曰："法不可違！"劉、楊又先後諫曰："秦王之過，不應至此，願陛下詳之。"文帝答曰："我是五兒之父，若如公意，何不別制天子兒律？"文帝四子、五子皆因違法，被廢爲庶民，文帝處置毫不猶豫，毫不留情。隋文帝身爲人君，以萬乘之尊，率先力行，實踐了"王子犯法，與民同罪"的古訓。在位期間，創建"開皇之治"，人丁大增，百業昌盛，國人視文帝爲真龍天子，少數民族則尊稱其爲聖人可汗。《國法卷》主編對歷史上身爲人君的這種舉措，有"忍割親朋私情，立法爲公"的簡要評論。這一評論對於中國這種以宗族故交爲關係網的大國而論，正是切中要害。此後，唐太宗李世民、玄宗李隆基、憲宗李純等君王皆有類似之舉，終成輝煌盛世。時至明代，面對一片混亂腐敗的吏治，明太祖朱元璋更設有"炮烙""剥皮"之類酷刑嚴法，懲治的貪官污吏達十五萬之眾，即便自家的親朋故舊，也毫不留情。如進士出身的駙馬，朱元璋的愛婿歐陽倫只因販茶違法，就直接判以死刑，儘管安慶公主及儲君朱允炆苦苦哀求，也絕不饒恕。據《明史·循吏傳序》載："〔官吏〕一時受令畏法，潔己愛民，以當上指……民人安樂、吏治澄清者百餘年。"其時，士子們甘願謀求他職，而不敢輕率爲官，而諸多官員却學會了種田或捕魚，呈現了古今難得一見的別樣的政治生態。明太祖的這類嚴酷法令雖是過當，却勝於放縱，故而明朝一度成爲世界經濟大國、經濟強國。中國歷史上的諸多建國之名君仁主，執法雖未若隋文帝之果決，未若明太祖之嚴酷，但無一不重視國家安危。這些建國名君仁主"上以社稷爲重，下以蒼生在念"（見《舊唐書·桓彥範傳》），故而贏得臣民的擁戴。今之世人多以爲帝王之所以成爲帝王，盡皆爲皇室一己之私利，祇貪圖自家的享榮華富貴而已，實則并非盡皆如此。歷代君王既已建國，亦必全力保國，并垂範後世，以求長治久安。品讀本書《國法卷》，可藉以瞭解我國固有的國情狀況，瞭解我國歷史中的明君仁主如何治理國家，其方策何在，今世仍有藉鑒價值。縱觀我國漫長的歷史進程，有的連續數代，稱爲盛世；有的衰而復起，稱爲中興；有的則二世而亡，如曇花一現。一切取決於先主與後主是否一脉相繼，一切取決於執法是否穩定。要而言之：嚴守國法，則國家興盛，嚴守國法，則社會祥和，此乃舉世不二之又一鐵律。

《國法卷》雖以國法爲研究主體，却力求超越法律研究自身，力求探索法律背後的正反驅動力量，其旨義更加廣遠。因而本卷又區別於常見的法律專著。

另如《巧藝卷》，在《通考》全書中未占多大分量，但在日常社會生活中却有無可替代的獨特地位，藉此大可飽覽先民的生活境遇和精神世界。何謂"巧藝"？古代文獻中無此定義。所謂"巧藝"，專指巧智與技藝性的娛樂及各種健身活動，同時展現了與之相應的家國關係。中華民族的"巧藝"別具特色，所涉内容十分廣泛，除却一般游戲活動外，又包涵了棋類、牌類、養生、武術、四季休閑、宴飲娛樂、動物馴化等等。細閱本卷所載，常爲古人之智巧所折服。如西漢東方朔"射覆"之奇妙，今已成千古佳話。據《漢書·東方朔傳》載，漢武帝嘗覆守宫（即壁虎）於杯盂之下，令衆方士百般揣度，各顯其能，并無一言中的者，而東方朔却可輕易解密，有如神算，令滿座驚呼。何謂"射覆"？"射覆"爲古代猜測覆物的游戲。射，揣度；覆，覆蓋。"射覆"之戲，至明清始衰，其間頗多高手。這些高手似乎出於特異功能，是古人勝於今人麽？當作何解釋？學界認爲這些高手多善《易》學，故而超乎常人，但今世精於《易》學者并非罕見，却未見有如東方朔者，何也？難以作答，且可不論，但古代對動物的馴化，又何以特別精彩，令今人嘆服？

著名的唐代象舞、馬舞，久負盛名，這些大動物似通人性，故可不論，而那些似乎笨拙的小動物，如"烏龜疊塔""蛤蟆説法"之類的馴養，也常常勝過今人，足可展現先民的巧智，"'疊塔''説法'，固教習之功，但其質性蠢蠢，非他禽鳥可比，誠難矣哉！"（見明陶宗儀《輟耕録·禽戲》）古人終將蠢蠢之蟲馴化得如此聰明可愛，藉此可見古人之扎實沉着，心智之專一，少有後世浮躁之風。目前，國人甚喜馴養，寵物遍地，却未見馴出如同上述的"疊塔"之烏龜與"説法"之蛤蟆，今之馬戲或雜技團體，爲現代專業機構，也未見絶技面世。

《巧藝卷》的條目詮釋，大有建樹，絶不因襲他人成説，明確關聯了具體事物形成的歷史淵源與社會背景。如"踏青"，《漢語大詞典》引用了唐代的書證，并稱其爲"清明節前後，郊野游覽的習俗"。本卷則明確指出，"踏青"是由遠古的"春戲"演變而來。西周時曾爲禮制。漢代已有"人日郊外踏青"之俗，同時指出"踏青"還有"游春"的别稱。《漢語大詞典》與本卷的釋文内容差異如此之大，實出常人之所料。何謂"春戲"？所有辭書皆未收録。本卷有翔實考證，兹録如下：

春戲：古代民間春季娱樂活動。以繁衍後代和期盼農作物豐收爲目的的男女歡會活動。始於原始社會末期，西周時仍很流行。《周禮·地官·司徒》："中春之月，令會男女。於是時也，奔者不禁。若無故而不用令者，罰之。司男女之無夫家者而會之。"《墨子·明鬼篇》："燕之有祖，當齊之社稷。宋之有桑林，楚之雲夢也，此男女之所屬而觀也。"《詩·鄭風·溱洧》："溱與洧，瀏其清矣。士與女，殷其盈矣。女曰：'觀乎？'士曰：'既且。''且往觀乎！洧之外，洵訏且樂。'維士與女，伊其將謔，贈之以芍藥。"《楚辭·九歌·少司命》："秋蘭兮麋蕪，羅生兮堂下。緑葉兮素枝，芳菲菲兮襲予。夫人兮自有美子，蓀何以兮愁苦？"戰國以後逐漸演變爲單純的春游活動"踏青"。

《巧藝卷》精心地援引了以上經典，可證在中國上古時期男女歡會非常自然，而且是具有相當規模的群體性活動。此舉在中國遠古時代已有所見，青海大通縣上孫家寨出土的舞蹈紋彩陶盆，已展現了男女携手共舞的親密生動場景，那是馬家窑文化的代表，距今已有五千年歷史，但必須明確，這并非蒙昧時期的亂性之舉。這是一種男女交往的公開宣示。前述《周禮·地官·司徒》曰："中春之月，令會男女……司男女無夫之家者而會之。"其要點是"男女無夫之家者"。這是明確的法律規定，故而作者的篇首語曰："以繁衍後代和期盼農作物豐收爲目的。"這就撥正了後世對於中國古代奴隸社會或封建社會有關男女關係的一些偏頗見解，可證本卷之"巧藝"非同一般的娛樂，所展現的是中華先民多方位的生活狀態。

三、博物研究遭質疑，古老科技又誰知？

《通考》所涉博物盡有所據，無一虛指，如繁星麗天，構成了浩大的博物學體系，千載一脉，本當生生不息，如瀑布之直下，但却似大河之九曲，時有峽谷，時有險灘，終因清廷喪權辱國、全盤西化而戛然中斷，故而迥異於西方。由於西方科技的巨大影響，致使一些學人缺少文化自信，多認爲中國古老的博物學，無甚價值。豈知我中華民族從不乏才俊、精英，從不乏偉大的發明，很多祇是不知其名而已。如《淮南子·泰族訓》："欲知遠近而不能，教之以金目則快射。"漢代高誘注曰："金目，深目。所以望遠近射準也。"何謂"金目"？據高注可知，就是深目。"深目"之"深"，謂深遠也（又說稱"金目"爲黄金之目，用以喻其貴重，恐非是）。"金目"當是現代望遠鏡或眼鏡之類的始祖。"金目"其物，在古代萬千典籍中僅見於《淮南子》一書，別無他載。因屬古代統治者杜絕的"奇技淫巧"，又甚難製作，故此物宫廷不傳，民間絶踪，遂成奇品。上世紀80年代，揚州邗江縣東漢廣陵王劉荆墓中出土一枚凸透鏡，此鏡之鏡片直徑1.3厘米，鑲嵌在用黄金精製而成的小圓環内，視物可放大四五倍，此鏡至遲亦有兩千餘年的歷史。廣陵墓之外，安徽亳州曹操宗族墓等處，亦有出土。是否就是"金目"已難考證。作爲眼鏡其物，發展到宋代，始有明確的文字記載，其時稱之爲"靉靆"（見明方以智《通雅·器用·雜用諸器》引宋趙希鵠《洞天清録》）。今日學者皆將眼鏡視爲西方舶來品，一説來自阿拉伯，又説來自英國，如猜謎語，不一而足；西方的眼鏡實則是由中國傳入的，如若説是西方自家發明，也晚於中國千年之久。

"金目"其物的出現絶非偶然，《墨子》中的《經下》《經説下》已有關於光的直綫傳播、反射、折射、小孔成象、凹凸透鏡成象等連續的科學論述，這一原理的提出，必當有各式透體器物，如鏡片之類爲實驗依據，這類器物的名稱曰何今已不得而知，但製造出金目一類望遠物，是情理之中的必然結果。據上述《經下》《經説下》記載可知，早在戰國時期，先賢已有光學研究的成就，與後世西方光學原理盡同。在中國漫長的古代日常生活中，隨時可見新奇的創造發明，這類創造發明所展現的正是中國獨有的科學。《導論》中所述"被中香爐""長信宮燈"之外，更有"博山爐"（一種形似傳說中神山"博山"的香爐，當香料在爐內點燃時，烟霧通過鏤空的山體宛然飄出，形成群山蒙蒙、衆獸浮動的奇妙景象，約發明於漢代）、"走馬燈"（一種竹木扎成的傳統佳節所用風車狀燈具，外貼人馬等圖案，藉燈內點燃蠟燭的熱力引發空氣對流，輪軸上的人馬圖案隨之旋轉，投身於燈屏上，形成人馬不斷追逐、物換景移的壯觀情景，約發明於隋唐時期）之類。古老中華何止是"四大發明"？此外，約七千年前，在天灾人禍、形勢多變的時代背景之下，先民爲預測未來，指導行爲方嚮，始創有易學，形成於商周之際，今列爲十三經之首，稱爲《周易》，這是今世的科學不能完全解釋的另一門"科學"，其功用不斷地爲當世諸多領域所驗證，在我華夏、乃至歐美，研究者甚衆，本《通考》對此雖有涉及，而未立專論。

那麼，在近現代，國人又是如何對待古代的"奇技奇器"的呢？著名的古代"四大發明"，今已家喻户曉，婦幼皆知，但却如同可愛的國寶大熊猫一樣，乃是西方學者代爲發現。我仁人志士，爲喚醒"東方睡獅"，藉此"四大發明"，竭力張揚，以振奮民族精神。這"四大發明"影響非凡，但在中國傳統文化中亦無重要地位，其中"火藥"見載於唐孫思邈《丹經》，"指南針""印刷術"同見載於宋沈括《夢溪筆談》，皆非要籍鴻篇，唯造紙術見於正史，全文亦僅七十一字，緊要文字祇有可憐的四十三字（見《後漢書・宦者傳・蔡倫》）。而這"四大發明"中有兩大發明，不知爲何人所爲。

在古老中國的歷史長河中，更有另一種科學技術，當今學界稱之爲"黑科技"（意謂超越當今之科技，出於人類的想象之外。按，稱之爲"超科技"，似更易理解，更準確），那就是現代科學技術望塵莫及、無法破解的那些千古之謎。如徐州市龜山西漢楚襄王墓北壁的西邊墻上，非常清晰地顯示一真人大小的影子，酷似一位老者，身着漢服，峨冠博帶，面東而立，作揖手迎客之狀。人們稱其爲"楚王迎賓圖"。最初考古人員發掘清理棺室時，并無壁影。自從設立了旅游區正式開放後，壁影纔逐漸地顯現出來，仿佛是楚王的魂魄顯靈，親自出來歡迎來此參觀的游人一樣。楚襄王名劉注，是西漢第六代楚王，死後葬於此。劉注墓還有五謎，今擇其三：一、工程精度之謎。龜山漢墓南甬道長 55.665 米，北甬道長爲 55.784 米，沿中綫開鑿，最大偏差僅爲 5 毫米，精度達 1/10000；兩甬道相距 19 米，夾角 20 秒，誤差爲 1/16000，其平行度誤差之小，大約需要從徐州一直延伸到西安纔能使兩甬道相交。按當時的技術水準，這樣的墓道是何人如何修建的？二、崖洞墓開鑿之謎。龜山漢墓爲典型的崖洞墓，其墓室和墓道總面積達到 700 多平方米，容積達 2600 多立方米，幾乎掏空了整個山體。勘察發現，劉注墓原棺室的室頂正對着龜山的最高處，劉注府庫中的擎天石柱也正位於南北甬道的中軸綫上。龜山漢墓的工程人員是利用什麼樣的勘探技術掌握龜山的山體石質和結構？三、防盜塞石之謎。南甬道由 26 塊塞石堵塞，分上下兩層，每塊重達六至七噸，兩層塞石接縫非常嚴密，一枚硬幣也難以塞入。漢墓的甬道處於龜山的半山腰，當時生產力低下，人們是用什麼方法把這些龐大的塞石運來并嵌進甬道的？今皆不得而知。

斷言"中國古代衹有技術而沒有科學"者，對中國歷史的瞭解實在是太過膚淺，并不瞭解在中國古代不衹有科技，而且竟然有超越科學技術的"黑科技"。

四、當世灾難甚可懼，人間正道何處覓？

在《通考》的編纂過程中，常遇到的重要命題，那就是以上論及的"科技"。今之"科技"，在中國上古曾被混稱爲"奇技奇器"，直至清廷覆亡，迄未得到應有的重視，導致國勢衰微，外寇侵略，民不聊生。這正是西方視之爲愚昧落後，敢於長驅直入，爲所欲爲的原因。因而一個國家、一個民族，要立於不敗之地，必須擁有自家的科技！世人當如何評定"科技"？如何面對"科技"？本書《導論》已有"道器論"，今《總說》以此"道器論"爲據，就現代人類面臨的種種危機，論釋如下：

何謂"道器"？所謂"道"是指形成宇宙萬物之原本，是形成一切事理的依據與根由。何謂"器"？"器"即宇宙間實有的萬物，包括一切科技，一切發明，至巨至大，至細至微，充斥天地間，而盡皆不虛。科技衍生於器，驗證於器，多以器爲載體，是推進或毀壞人類社會的一種無窮力量，故而又必須在人間正道的制約之下。此即本書道器并重之緣由，或可視爲天下之通理也。英國自 18 世紀第一次工業革命以來，其科學技術得以高速而全方位地發展，引起西方乃至全世界的密切關注與重視，影響廣遠。這一時期，英帝國統治者睥睨全球，居高臨下，自我膨脹，發表了"生存競爭，勝者執政"等一系列宏論；托馬斯·馬爾薩斯的《人口論》亦應時而起，其核心理論是："貧富强弱，難以避免。承認現實，存在即合理。"甚而提出"必須控制人口的大量增長，而戰爭、饑荒、瘟疫是最後抑制人口增長的必要手段"（這一理論在以儒學爲主體的傳統文化中被視爲離經叛道，滅絕人性，而在清廷走投無路全面西化之後，國人亦有崇信者，直至20年代初猶見其餘緒）。在這樣的時代背景下，查爾斯·達爾文所著《物種起源》得以衝破基督教的束縛，順利出版，暢行無阻。該書除却大量引用我國典籍《齊民要術》《天工開物》與《本草綱目》之外，還鄭重表明受到馬爾薩斯《人口論》的啓示和影響。《物種起源》的問世，形成了著名的進化理論："物競天擇、優勝劣汰，弱肉强食，適者生存。"（近世對其學説已有諸多評論，此略）進化學説在人們的社會生活中留下了深刻的印迹，在世界範圍内引起巨大反響，當時英國及其他列强利用了自然界"生存法則"的進化理論，將其推行於對外擴張的殖民戰争中，打破了世界原有生態格局，在巨大的聲威之下，暢行無阻，遍及天下。縱觀人類的發展史，尤其是近世以來的發展史可知，科技的高下決定了國家的强弱，以强凌弱，已成定勢，在高科技强國的聲威之下，無盡的搜羅，無盡的采伐，無盡的探測實驗（包括核試驗），自然資源和自然環境漸遭破壞，各種弊端漸次顯露。時至20世紀中後期，以原子能、電子電腦、信息技術、空間技術等發明和應用爲標志、第三次科技革命的到來，學界稱之爲"科技革命的紅燈時刻"，其勢如風馳電掣，所向披靡，人類社會發生了翻天覆地的變化，時至21世紀，又凸顯了另一灾難，即瘟疫肆虐，病毒猖獗，危及整個人類。這一系列禍患緣何而生？天灾之外，罪魁爲人。何也？世間萬種生靈，習性歸一，盡皆順從於大自然，但求自身生息而已，别無他求，而作爲"萬物之靈"的人類，在茹毛飲血，跨越耕獵時代之後，却欲壑難填，毫無節制！爲追求享樂、滿足一己之貪婪，塗炭萬種生靈，任你山中野外，任你江面海底，任你晝藏夜出，任你天飛地走，皆得作我盤中佳餚。閑暇之日，又喜魚竿獵槍，目睹异類掙扎慘死，以爲暢快，以爲樂趣，若爲一己之喜慶，更可"磨刀霍霍向猪羊"，視之爲正常！"萬物之靈"的人類，永無休止，地表搜刮之外，還有地下的搜索挖掘，如世界著名的南非姆波尼格金礦，雖其開采僅起始於百年前，憑藉當代最先進的科技，挖掘深度已超4000米（我國的招遠金礦，北宋真宗年間已進行開采，至今深度不過2000米左右），現有370千米軌道，用以運送巨大的設備與成噸重的礦石，而每次開采都必須用兩千多公斤的炸藥爆破，可謂地動山摇！金礦之外，又有銀礦、鐵礦、銅礦、煤礦、水晶礦（如墨西哥的奈咯水晶洞，俗稱"神仙水晶礦"，其中一根重達50噸，挖出者一夜暴富），種種礦藏數以萬計。此外尚有對石油、純净水，乃至無形的天然氣等的無盡索取，山林破壞，大地沙化，水污染、大氣污染、核污染，地球已是百孔千瘡，而挖掘索取，仍未甘休，愈演愈烈，故今之地球信息科學已經發現地球性能的變异以及由此帶來可怕的全球性灾難。今日世界，各國執政者憑仗高科技，多是從一國、一族或一己之私利出發，或結邦，或聯盟，争强鬥勝，互不相顧，國際關係日趨惡化，人類時刻面臨可怕的威脅，面臨毀滅性的核戰争。凡此種種，怎不令人憂慮，令人悲痛？故而有學者宣稱：“科技確實偉大，也確實可怕。一旦失控，後患無窮。”又稱：“人類擁有了科技，必警惕成爲科技的奴隸。”此語并非危言聳聽，應是當世的警鐘，因爲人類面對强大的科技，常常難以自控，這是科技發展必然的結果。而作爲“萬物之靈”的人類，具有高智慧，能够擁有高科技，確乎超越了萬物，居於萬物主宰的地位，而執政者一旦擁有失控的權力，肆意孤行，其最終結局必將是自戕自毁，必將與萬物同歸於盡。一言以蔽之，毁滅世界的罪魁禍首是人類自己，而并非他類。

面對這多變的現實與可怕的未來，面對這全球性的灾難，中外科學家作了不懈努力，而收效甚微。1988 年 1 月，七十五位諾貝爾獲獎者及世界著名學者齊聚巴黎，探討了 21 世紀科學的發展與人類面臨的種種難題，提出了應對方略。在隆重的新聞發布會上，瑞典物理學家漢内斯·阿爾文發表了鄭重的演說：“如果人類要在 21 世紀生存下去，必須回頭到兩千五百年前去汲取孔子的智慧。”（見 1988 年 1 月 24 日澳大利亞《堪培拉時報》原文——《諾貝爾獎獲得者説要汲取孔子的智慧》）這是何等驚人的預見，又是何等嚴正的警示！這七十五位諾貝爾獲獎者没有一位是我華夏同胞，他們對孔子的認知與崇敬，非常客觀，非常深刻，超乎我們的想象。這種高屋建瓴式的睿智呼籲，振聾發聵，可惜并没有警醒世人，也没有引起足够多的各國領導人的重視。

人類爲了自救，不能不從人類自身發展史中尋求答案。在人類發展史中，不乏偉大的聖人，孔子是少有的没有被神化、起於底層的聖人（今有稱其爲“草根聖人”者），他生於春秋末期，幼年失父，家境貧寒，又正值天下分裂，戰亂不斷，在這樣的不幸世道裏，孔子及其弟子大力宣導“克己復禮”，這是人類歷史上最切實際的空前壯舉。何謂“禮”？《説文·示部》曰：“禮，履也。所以事神致福也。”禮本來是上古祭祀鬼神和先祖的儀式。史稱文、武、成王、周公據禮“以設制度”，此即“周禮”。“周禮”的内容極爲廣泛，舉凡國家的政治、經濟、軍事、行政、法律、宗教、教育、倫理、習俗、行爲規範，以及吉、凶、軍、賓、嘉五類禮儀制度，均被納入禮的範疇。周禮在當時社會中的地位與指導作用，《禮記·曲禮》中有明確記載：“分争辯訟，非禮不決；君臣上下、父子兄弟，非禮不定；宦學事師，非禮不親；班朝治軍、涖官行法，非禮威嚴不行。”當然也維護了"君臣朝廷尊卑貴賤之序，下及黎庶車輿衣服宮室飲食嫁娶喪祭之分"（見《史記・禮書》），這符合於那個時代的階級統治背景。孔子提出"克己復禮"，期望世人克服一己之私欲，以應有的禮儀禮節規範自己的言行，建立一個理想的中庸和諧社會，這已跨越了歷史局限。孔子的核心思想是"敬天愛人"，何謂"敬天"？孔子強調"巍巍乎唯天爲大"（見《論語・泰伯》），又曰："天何言哉？四時行焉，百物生焉，天何言哉！"（見《論語・陽貨》）孔子所言之"天"，并非指主宰人類命運的上蒼或上帝，并非是孔子的迷信，因"子不語怪力亂神"（見《論語・述而》）。孔子認爲四季變化、百物生長，皆有自己的運行規律，人類應謹慎遵從，應當敬畏，不得違背。孔子指稱的"天"，實則指他所認知的宇宙。此即孔子的天人觀、宇宙觀。"巍巍乎唯天爲大"，在此昊天之下，人是何樣的微弱，面臨小小的細菌、病毒，即可淒淒然成片倒下。何謂"愛人"？孔子推行"仁義之道"，何謂"仁"？子曰："仁者，愛人！"（《論語・顏淵》）即人人相親、相愛。又曰："己所不欲，勿施於人。"意即重正義，絕不損人利己。何謂"義"？"義"指公正的道理、正直的行爲。子曰："不義而富且貴，於我如浮雲。"（見《論語・述而》）這就是孔子的道德觀與道德規範，當作爲今世處理人與自然、人與社會的規範與行動指南。其弟子又提出"親親而仁民，仁民而愛物"（見《孟子・盡心上》），漢代大儒又有"天人之際，合而爲一"的主張（董仲舒在《春秋繁露・深察名號》中，爲維護皇權的需要而建立了皇權天授的觀念），這種主張已遠遠超越了維護皇權的需要，成爲了一種可貴的哲理。時至宋代，大儒張載再度發揚孟子"親親而仁民，仁民而愛物"的襟怀，又有"民吾同胞，物吾與也"（見其所著《西銘》）之名言箴語，即將天下所有的人皆當作同胞，世間萬物盡視爲同類，最終形成了著名的另一宏大的儒學系統，其主旨則是"天人合一"論。何謂"天人合一"？"天人合一"有兩層意義：一曰天人一致，天是一大宇宙，人則如同一小宇宙，也就是說人類同天體各有獨立而相似之處；二是天人相應，這是說人與天體在本質上是相通的，是相互相連的。因此，一切人事應順乎自然規律，從而達到人與自然的和諧。達到人與自然的和諧統一，當作爲今世處理人與自然、人與社會的明確規範與行動指南。這是真正的"人間正道"，唯有遵循這一"人間正道"，人際關係纔能融洽，社會纔能和諧，天下纔能太平。

古老中國在形成"孔子智慧"之前，早已重視人與自然的關係。約在七千年前，我中華先祖已能够通過對於蟲鳥之類的物候觀察，熟練地確定天氣、季節的變幻，相當完美地適應了生産、生活、繁衍發展的需求，這一遠古的測算應變之舉，處於世界領先地位。約

四千年前，夏禹之時，已建有令今人嚮往的廣袤的綠野濕地。如《書·禹貢》即記載了
"雷夏""大野""彭蠡""震澤""菏澤""孟豬""豬野""雲夢"諸澤的形成及其利用情
況，如其中指出："淮海惟揚州，彭蠡既豬（瀦），陽鳥攸居；三江既入，震澤底定。篠簜
既敷，厥草惟夭，厥木惟喬……厥貢惟金三品，瑤琨篠簜，齒革羽毛，惟木。"這是說揚
州有彭蠡、震澤兩方綠野濕地，適合於鴻雁類禽鳥居住，適合於篠竹（箭竹）、簜竹（大
竹）生長，青草繁茂，樹木高大，向君主進貢物品有金銀銅等三品，又有瑤琨美玉、箭
竹、大竹以及象齒皮革與孔雀、翡翠等禽鳥羽毛。所謂"大禹治水"，并非祇是被動的抗
災自救，實則是大治山川，廣理田野，調整人與大自然的關係，使之相得益彰。《逸周
書·大聚解》又載，夏禹之時"且以并農力，執成男女之功，夫然則有生不失其宜，萬物
不失其性，人不失其事，天不失其時……放此爲人，此謂正德"，此即所謂夏禹"劃定九
州"之功業所在。其中"放此爲人，此謂正德"的論定，已蘊含了後世儒家初始的"天人
合一"的觀念。西周初期，已設定掌管國土資源的官職"虞衡"，掌山澤者謂"虞"，掌川
林者稱"衡"（見《周禮·天官·太宰》及賈疏）。後世民衆，繼往開來，對於保護生態環
境，保護大自然，采取了各種措施，又設有專司觀察氣象、觀察環境的機構，并有方士之
類的"巫祝史與望氣者"，多管道、多方位進行探測研究，從而防患於未然。《墨子·號令
篇》（一說此篇非墨子所作，乃是研究墨學者取以益其書）曰："巫祝史與望氣者，必以善
言告民，以請（讀爲'情'）上報守（一說即太守），上守獨知其請（情）。無［巫］與望
氣，妄爲不善言，驚恐民，斷弗赦。"這裏明確地指出，由"巫祝史與望氣者"負責預告
各種災情，但不得驚恐民衆，否則即處以重刑，絕不饒恕。愛惜生態，保護自然，這是何
樣的遠見卓識，這又是何樣的撫民情懷！

　　是的，自夏禹以來，先民對於大自然、對於與蒼生，有一種別樣的愛惜、保護之舉
措，防範措施非常細密，非常全面而嚴厲。《逸周書·大聚解》有以下記載：夏禹時期設
定禁令，大力保護山林、川澤，春季不准帶斧頭上山砍伐初生的林木；夏季不准用漁網撈
取幼小的魚鱉，此即世界最早的環境保護法。《韓非子·内儲說上》又載：殷商時期，在
街道上揚弃垃圾，必斬斷其手。西周時又有更爲具體規定：如，何時可以狩獵，何時禁止
狩獵，何樣的動物可以獵殺，何樣的動物禁止獵殺；何時可以捕魚，何時禁止捕魚，何樣
的魚可以捕取，何樣的魚禁止捕取，皆有明文規定，甚而連網眼的大小也依季節不同而嚴
予區別。并特別强調：不准搗毀鳥巢，不准殺死剛學飛的幼鳥和剛出生的幼獸。春耕季節

不准大興土木。《禮記·月令》又載："毋變天之道，毋絕地之理，毋亂人之紀。"這一"毋變""毋絕""毋亂"之結語，更是展現了後世儒家宣導并嚮往的"天人合一"說。至春秋戰國之際，法律法規的範圍更加全面，特別嚴厲。這一時期已經注意到有關礦山的開發利用，若發現了藏有金銀銅鐵的礦山，立即封禁，"有動封山者，罪死而不赦。有犯令者，左足入，左足斷，右足入，右足斷"（見《管子·地數》）。古人認爲輕罪重罰，最易執行，也最見成效，勝過重罪重罰。這些古老的嚴厲法令，雖是殘酷，實際却是一聲斷喝，讓人止步於犯罪之前，因而犯罪者甚微。這就最大限度地保護了大自然，同時也最大限度地保護了人類自己。而早在西周建立前夕，又曾頒布了令人欽敬的《伐崇令》："文王欲伐崇，先宣言曰……令毋殺人，毋壞室，毋填井，毋伐樹木，毋動六畜，有不如令者，死無赦！崇人聞之，因請降。"（見漢劉向《説苑·指武》）這是指在殘酷的血火較量中，對於敵方人民、財産及生靈的愛惜與保護。我中華上古時期這一《伐崇令》，是世界戰爭史中的奇迹，是人類應永恒遵守的法則！當今世界日趨文明，闊步前進，而戰爭却日趨野蠻，屠殺對方不擇手段，實是可怖可悲！我華夏先祖所展現的這些大智慧、大慈悲，爲後世留下了賴以繁衍生息的楚山漢水，留下了令人神往的華夏聖地，我國遂成爲幸存至今、世界唯一的文明古國。

五、筆墨革命難預料？卅載成書又何易？

《通考》選題因國内罕見，無所藉鑒，期望成爲經典性的學術專著，難度之大，出乎想象，初創伊始，即邀前輩學者南京大學老校長匡亞明先生主其事。這期間微信尚未興起，寧濟千里，諸多不便，盛岱仁、康戰燕伉儷滿腔熱情，聯絡於匡老與筆者之間，得到先生的熱情鼓勵與全力支持，每逢疑難，必親予答復，但表示難做具體工作，在經濟方面也難以爲力。因爲先生於擔任國家古籍整理領導小組組長之外，又全面主持南京大學中國思想家研究中心的工作，正在編纂《中國思想家評傳》，百卷書稿須親自逐一審定，難堪重任。筆者初赴南大之日，老人家親自接待，就餐時當場現金付款，没有讓服務員公款記賬，筆者深受感動，終生難以忘懷。此後在匡老激勵之下，筆者全力以赴，進而邀得數百作者并肩携手，全面合作，并納入國家"九五"重點出版規劃中。1996 年 12 月，匡老驟然病逝，筆者悲痛不已，孤身隻影，砥礪前行，本書再度確定爲國家"十五"重點出版規劃項目，并將初名更爲今名。那時，作者們盡皆恪守傳統著述方式，憑藏書以考釋，藉筆墨以達志。盛暑寒冬，孜孜矻矻，無敢逸豫。爲尋一詞，急切切，一目十行，翻盡千頁而難得；爲求善本，又常千里奔波，因限定手抄，不得複印，纍日難歸！諸君任勞任怨，潛心典籍，閱書，運筆，晝夜伏案，恂恂然若千年古儒。至上世紀末，一些年輕作者已擁有個人電腦，各種信息，數以億計，中文要籍，一覽無餘，天下藏書，"千頃齋""萬卷樓"之屬，皆可盡納其中，無須跋涉遠求。搜集檢索，衹需"指點"，瞬息可得；形成文章，亦衹需"指點"，頃刻可就。在這世紀之交，面臨書寫載體的轉換，老一輩學人步入了一個陌生的电脑世界，遭遇了空前的挑戰。當代作家余秋雨在其名篇《筆墨祭》中有如下陳述："五四新文化運動就遇到過一場載體的轉換，即以白話文代替文言文；這場轉換還有一種更本源性的物質基礎，即以'鋼筆文化'代替'毛筆文化'。"由"毛筆文化"向"鋼筆文化"的轉換，經歷了漫長的數千載，而今日再由"鋼筆文化"向"電腦文化"轉換，却僅僅是二十年左右，其所彰顯的是科學技術的力量、"奇技奇器"的力量。作家所謂的"筆墨"，係指毛筆與烟膠之墨，《筆墨祭》衹在祭五四運動之前的"毛筆文化"。今日當將毛筆文化與鋼筆文化并祭，乃最徹底的"筆墨祭"。面對這世紀性的"筆耕文化"向"電腦文化"的轉換，面對這徹底的"筆墨祭"，老一輩學人没有觀望，没有退縮，同青年作者一道，毅然決然，全力以赴，終於跟上了時代的步伐！筆者爲我老一輩學人驕傲！回眸曩日，步履維艱，隨同筆墨轉型，書稿也隨之經歷了大修改、大增補，其繁雜艱辛，實難言喻。天地逆旅，百代過客，如夢如幻，三十餘年來，那些老一輩學人全部白了頭，却無暇"含飴弄孫"，又在指導後代參與其事。那些"知天命"之年的碩博生導師們皆已年過花甲，却偏喜"舞文弄墨"，又在尋覓指導下一代弟子同步前進。如此前啓後追，無怨無悔，這是何樣的襟懷？憶昔乾嘉學派，人才輩出，時有"高郵王父子，棲霞郝夫婦"投入之佳話，今《通考》團隊，於父子合作、夫婦合作之外，更有舉家投入者，四方學人，全力以赴。但蒼天無情，繼匡老之後，另有幾位同仁亦撒手人寰。上海那位《天宇卷》主編年富力强，却在貧病交加、孩子的驚呼聲中，英年早逝。筆者的另一位老友爲追求舊稿的完美，於深夜手握鼠標闃然永訣，此前他的夫人曾勸其好好休息，答説"我没有那麽多時間"！可謂鞠躬盡瘁，死而後已，這又是何樣的壯志，思之怎能不令人心酸！這就是我的同仁，令我驕傲的同仁！

自 2012 年之後，因面臨多種意外的形勢變化，筆者連同本書回歸原所在單位山東師範大學，于是增加了第一位副總主編——文學院副院長、古籍整理研究所所長韓品玉，解決了編務與財力方面的諸多困難，改變了多年來的孤苦狀況。時至 2017 年春，爲盡快出版、選定新的出版社，又增加了天津人民出版社總編輯、南開大學客座教授陳益民，中國職工教育研究院常務副院長、全國職工教育首席專家俞陽，臺北大學人文學院東西哲學與詮釋學研究中心主任賴賢宗教授三位爲副總主編，於是形成了現今的編纂委員會。

在全書編纂過程中，編纂委員會和學術顧問，以及分卷正副主編、主要作者所在單位計有：中國國家博物館、中國國家圖書館、中央文史研究館、中國佛教圖書文物館、全國總工會、中聯口述歷史研究中心、河北省文物與古建築保護研究院、河北省文物考古研究院、河北閱讀傳媒有限責任公司、北京大學、浙江大學、南京大學、南京師範大學、東北師範大學、鄭州大學、河北大學、河北師範大學、河北醫科大學、廈門大學、佛山大學、山東大學、中國海洋大學、山東師範大學、曲阜師範大學、山東中醫藥大學、濟南大學、山東財經大學、山東體育學院、山東藝術學院、山東工藝美術學院、山東省社會科學院、山東博物館、山東省圖書館、山東省自然資源廳、山東省林業保護和發展服務中心、濟南市園林和林業綠化局、濟南市神通寺、聊城市護國隆興寺、臺北大學、臺灣成功大學、臺灣大同大學、臺北中國文化大學、臺灣中華倫理教育學會，以及澳大利亞國立伊迪斯科文大學等，在此表示由衷的謝忱！

本書出版方——上海交通大學領導以及上海交通大學出版社領導，高瞻遠矚，認定《通考》的編纂出版，不祇是可推動古籍整理、考古研究的成果轉化，在傳承歷史智慧，弘揚中華文明，增强民族凝聚力和認同感，彰顯民族文化自信等各個方面具有重要意義。出版方在組織京滬兩地專家學者審校文字的同時，又付出時間精力，投入了相當的資金，增補了不少插圖，這些插圖多來自古籍，如《考工記解》《考工記圖解》《考工記圖説》《考古圖》《續考古圖》《西清古鑑》《西清續鑑》《毛詩名物圖説》《河工器具圖説》等等，藉此亦可見出版方打造《通考》這一精品工程的決心。而山東師範大學各級領導同樣十分重視，社科處高景海處長一再告知筆者："需要辦什麼事情，儘管吩咐。"諸多問題常迎刃而解，可謂足智善斷。筆者所屬文學院孫書文院長更親行親爲，給予了全面支持，多方關懷，令筆者備感親切，深受鼓舞，壯心未老，必酬千里之志。此前，著名出版家和龔先生早已對本書作出權威鑒定，并建議由三十二卷改爲三十六卷。本書在學術界漂游了三十餘載終得面世，并引起學界的關注。今有國人贊之曰：《通考》是中華優秀傳統文化創造性轉化、創新性發展的優异成果，是一部具有極高人文價值的通代史論性的華夏物態文化專著，凝聚了中華民族的深層記憶，積澱了民族精神和傳統文化的精髓。又有國際友人贊之曰：《通考》如同古老中國一樣，是世界唯一一部記述連續數千載生機盎然的人類生活史。國內外的評論祇是就本書的總體面貌而言，但細予探究，缺憾甚爲明顯，因本書起步於三十餘年前，三十餘年以來，學術界有諸多新的研究成果未得汲取，田野考古又多有新的發現，國內外的各類典藏空前豐富，且檢索方式空前便捷，而本書作者年齡與身體狀況又各自不同，多已是古稀之年，或已作古，或已難執筆，交稿又有先後之別，故而三十六卷未能統一步伐與時俱進，所涉名物，其語源、釋文難能確切，一些舊有地名或相關數據，亦未及修改，而有些同物異名又未及增補。這就不能不有所抱憾，實難稱完美！以上，就是本書編纂團隊的基本面貌，也是本書學術成就的得失狀況。

　　筆者無盡感慨，卅載一瞬渾似夢，襟懷未展，鬢髮盡斑，萬端心緒何曾了？長卷浩浩，古奧繁難，有幾多知音翻閱？何處求慰藉？人道是紅袖祇揾英雄泪！歲月無情，韶光易逝，幾位分卷主編未見班師，已倏而永別，何人知曉老夫悲苦心情？今藉本書的面世，聊以告慰匡老前輩暨謝世的同仁在天之靈！

張述錚

丙子中呂初稿於山東師範大學映月亭
甲辰南呂增補於歷下龍泉山莊東籬齋

凡　例

一、本書係通代史性的中華物態文化學術專著，旨在對構成中華博物的名物進行考釋。全書三十六卷，另有附録一卷。各卷之基本體例：第一章爲概論，其後據内容設章，章下分節，爲研究考釋文字，其下分列考釋詞目。

二、本書所涉博物，分兩種類型：一曰"同物异名"，二曰"同名异物"。前者如"女墻"，隨從而來者有"女垣""女堞""女陴""城堞""城雉""陴堞"等，盡皆爲"女墻"的同物异名；後者如"衽"，其右上分別角標有阿拉伯數字，分別作"衽¹"（指衣襟）、"衽²"（指衣服胸前交領部分）、"衽³"（指衣服兩旁掩裳際處）、"衽⁴"（指衣袖）、"衽⁵"（指下裳）等，皆爲"衽"的同名异物。

三、各卷詞目分主條、次條、附條三種。次條、附條的詞頭字型較主條小，并用【　】括起。主條對其得名由來、産生年代、形制體貌、歷史演進做全面考釋，然後列舉古代文獻或實物爲證，并對疑難加以考辨，或列舉諸家之説；次條往往僅用作簡要交代，補主條不足，申説相佐；附條一般祇用作説明，格式如即"×ד、同"×ד、通"×ד、"×ד之單稱、"×ד之省稱，等等。

四、各卷名物，或見諸文獻記載，或見諸傳世實物，循名責實，依物稽名，於其本稱、別稱、單稱、省稱，務求詳備，代稱、雅稱、謔稱、俗稱、譯稱，旁搜博采。因中華博物的形成、演化有自身規律，實難做人爲的斷代分割。如"朝制"之類名物，隨同帝王的興起而興起，隨同帝王的消亡而消亡，因而其下限達於辛亥革命；"禮俗"之類名物起源於上古，其流緒直達今世；而"冠服"之類名物，有的則起源甚晚，如"中山裝"之類。故各卷收詞時限一般上起史前，下迄清末民初，有的則可達現當代。

五、各卷考釋條目中的文獻書證一般以時代先後爲序；關乎名物之最早的書證，或揭示其淵源成因之書證，尤爲本書所重，必多方鈎索羅致；二十五史除却《史記》《漢書》外，其他諸史皆非同朝人編纂，其書證行用時間則以書名所標時代爲準；引書以古籍爲主，探其語源，逐其流變，間或有近現代書證爲後起之語源者，亦予扼要采用。所引典籍文獻名按學術界的傳統標法。如《詩》不作《詩經》，《書》不作《尚書》，《說文》不作《說文解字》等；若作者自家行文爲了强調或區別於他書，亦可稱《詩經》《尚書》《説文解字》等。文獻卷次用中文小寫數字：不用"千""百""十"，如卷三三一，不作卷三百三十一；"十"作〇，如卷四〇，不作卷四十。

六、本書使用繁體字。根據 1992 年 7 月 7 日新聞出版署、國家語言文字工作委員會發布的《出版物漢字使用規定》第七條第三款、2001 年 1 月 1 日施行的《中華人民共和國通用語言文字法》第二章第十七條第五款之規定，本書作爲大量引徵古籍文獻的考釋性學術專著，既重視博物的源流演變，又重視對同物異名、同名異物的考辨，故所有考釋條目之詞頭及文獻引文，保留典籍原有用字，包括異體字，除明顯錯別字（必要時括注正字訂誤）之外，一仍其舊。其中作者自家釋文，則用正體，不用異體，但關涉次條、附條等異體字詞頭等，仍予保留。繁體字、異體字的確定，以《規範字與繁體字、異體字對照表》（國發〔2013〕23 號附件一）及《通用規範漢字字典》爲依據。

七、行文叙述中的數字一律采用漢字小寫，但標示公元紀年及現代度量衡單位時，用阿拉伯數字。如"三十六計"，不作"36 計"；"36 米"，不作"三十六米"。

八、各卷對所收考釋詞條設音序索引，附於卷末，以便檢索。

目　録

序　言

　　《中華博物通考》（下稱《通考》）是一部通代史論性的華夏物態文化專著，係"十四五"國家重點出版物出版專項規劃項目，并得到 2020 年度國家出版基金資助。全書共三十六卷，另有附錄一卷，達三千萬字，《科技卷》即其中的一卷。

　　所謂"科技"，是"科學"與"技術"的簡稱，屬於近代語詞，古有其實而無其名。界定"科技"，必須從"科學"與"技術"兩方面入手。何謂"科學"？"科學"是由英文"science"翻譯而來的外來詞。清朝末年，"science"曾被譯爲"格致"，義謂"格物致知"，指探究事物原理以求得知識。所謂科學就是人類所積纍的關於自然、社會和思維的認知體系。日本明治維新時期，赴歐留學的日本學者將"science"譯成"科學"，後被中國的變法派欣然接受，"格致"一詞則弃而未用。何謂"技術"？"技術"一詞來源於希臘文"tech"，通常指個人的技能或技藝，是人類利用現有實物形成新事物，或改變原有事物屬性、功能的方法。科學技術不同於科學，也不同於技術，也不是科學與技術的簡單相加。科學技術是科學與技術的有機結合，既是人類認識世界和改造世界的成果或産物，又是人類認識世界和改造世界的工具或手段。本卷指稱的"科學"，特指研究各種客觀現象及其變化規律的學問；"技術"，則指爲達到某一實際目的而組成的各種設置與方法。科學與技術是辯證統一體，實難分割。本卷正是嚴格依從科學技術的内涵進行著録與編纂，絕不橫生枝蔓。

本卷重在考釋中國的古代科技發明，而考釋中國的古代科技發明，常常令人感慨不已。

回眸世界之歷史長河，僅就中西方的興替發展脉絡略做比較，就可以看到以下史實：當我中華處於夏禹劃定九州、重建天下之際，整個西方社會正處於尚未開化的蠻荒歲月；當我中華已處於漢唐封建文明繁榮之時，整個西方尚在引進古羅馬文明，處於青銅器時代；當中國在宋代以百萬册的印數印刷書籍時，中世紀的西方仍然憑藉修士們成年纍月的抄寫進行複製。著名的火藥、指南針等其他重大發明姑且不論，就展現中國歷朝歷代任何一件工匠的發明創造而言，之於西方社會也毫不遜色。英國科學家李約瑟主編的七卷巨著《中國科學技術史》，即認爲西方古代科學技術 85% 以上都源於中國。這是西方人自發的没有背景色彩的論斷，甚爲客觀，迄今未見异議。是的，我國自夏商始（原始社會姑且不論），諸多科技發明，代有創獲，我華夏本當成爲世界科技大國、科技强國，其間却遭逢不幸，終致衰落。可悲的是，這一衰落，并非外力，而是内因所致。近世以來，特別是新中國成立以來，國人奮發圖强，歷盡艱辛，今日展諸多科技成就，已步入世界前列，可謂來之不易。這足以喚起我們的民族自信、民族自豪，自豪於中華民族百折不撓的頑强精神，自豪於中華民族無盡的智慧、無盡的創造力！這是舉世有目共睹的事實，在此無須贅述。

編撰此卷的主要目的，正在於從多領域、多方位重現中國古代科技史，如社會學、科技史、工藝學、美術學、民俗學等，并就其起落盛衰，爲當世提供必要的有益的藉鑒，以繼承和弘揚。此卷的具體内容，如同全書一樣，第一章首設《概論》，作爲統領，第二章爲《四大發明説》，其後有《天文學説》《算學説》《農田水利説》及《中醫學説》等，共十三章，涉獵甚爲廣博。今省去第一章《概論》，分爲十三大方面，逐一論述如下。

第一，古代四大發明説。一、戰國時期，我國就發明指南針，是利用磁鐵在地球磁場中的南北指極性而製成的一種指嚮儀器。其前身是司南，即將天然磁石用琢玉的方法加工製成。後來又發明了人工磁化的方法，製造出具有更高指南性能的指南針、針南魚、指南龜。當指南針和方位盤連成一體的時候，就出現了更具實用價值的羅經盤，也稱"羅盤"。羅盤能根據指南針在方位盤上的位置定出精確的方嚮。其記載最早見於南宋曾三异的《因話録》一書。12 世紀末至 13 世紀初，指南針由阿拉伯人傳入歐洲，在此基礎上，西方人纔發明了羅盤裝置。二、西漢先後出現絮紙和麻纖維紙。東漢宦官蔡倫改進造紙術，製造以植物纖維爲主的紙，逐漸取代了竹帛，改變了閲讀材質與閲讀方式。三、隋唐已有雕版印刷術，敦煌藏經洞中發現的《金剛經》，即唐代雕版印刷的精品。時至北宋，畢昇又發明活字印刷術，比歐洲早四百餘年。四、唐代醫學家、道士孫思邈所著《丹經》一書最早提到了火藥。唐末，火藥開始用於軍事。北宋時，東京已設立專門製造火藥的機構。至金代，火器製造業開始發達起來。四大發明因經英國人李約瑟的提出與推崇，在世界科學史上影響巨大，實際上中國科技對於世界的影響又何止是四大發明。

第二，天文學（古天文包括氣象學。20 世紀 30 年代前後，氣象學從古天文學中獨立出來，吸納了西方的研究成果。本書又另設《氣象卷》。因本卷重在闡釋古代科技，故而對通達古今的氣象學少有涉及。爲展現古代天文學的全貌，序者特在本序中扼要予以補叙）。我中華先民面對浩瀚的天空，從遠古時起，便產生了關於宇宙的種種構想，種種神話傳說。如盤古開天地、女媧補天、后羿射日等，各種典籍多有記載，恕不舉證。另《埤雅·釋鳥》載："墨子作木鳶，飛三日不集。列子所謂班輸之雲梯，墨翟之飛鳶是也。今人乘風放紙鳶，鳶轍引絲而上。""墨鳶"之說，實無可能，祇是先民的一種希冀而已。"班梯"之說，當非虛言，但祇是勝過樓車的攻城長梯罷了。而"乘風放紙鳶"，仰望高空，但見"鳶轍引絲而上"，却體現了先民探天的極大志趣。紙鳶，即後世的紙製"風箏"。 中國的這一風箏，已成英國大英博物館的特藏品，被稱爲"中國的第五大發明"；美國華盛頓宇航博物館正廳裏也懸有一隻中國風箏，上書"人類最早的飛行器是中國的風箏和火箭"。中華先民面對天地關係、宇宙結構，又做出種種模擬，種種推測，產生了從混沌的天圓地方蓋天說（見《大戴禮記·曾子天圓》："誠如天圓而地方，則是四角之不掩也。"），到比較科學的渾天說、宣夜說、穹天論（見《晋書·天文志》："天形穹隆，如雞子幕其際周，接四海之表，浮于元氣之上。"）。憑藉種種宇宙理論，進而發明了兩大觀測天象儀器：一曰表，一曰渾儀。表可以定方嚮、節氣、時刻；渾儀則用於觀測天體。西漢時的《淮南子·天文訓》中已有二十八宿在天球上座標的數值。時至元代，郭守敬又進而發明了利用小孔成像原理觀察太陽運行的仰儀，超前的精準，堪稱世界之最。自先秦始，直達明清，我國的天文學研究從未休止，天文學家接踵而來，如戰國時的甘德、石申，漢代的落下閎、張衡，宋元的蘇頌、郭守敬，直至清代的才女王貞儀；而在所謂文藝復興時期以前，整個歐洲尚未見哪一位天文學家，像中國的天文學家那樣，一世執著，終生探索，從而各有建樹，被稱爲千古絶學，千古佳話。

就氣象而言，古代的計時測風亦非常先進。早在殷商甲骨卜辭中，已出現大量記時的專有名詞。如把一晝夜分爲"日""夕"兩個大時段，并分爲"明""朝""旦""中日""昃""昏""暮"等小時段。至西周時已經有了十二時辰的準確劃分，其主要依據是對星象的觀察。《周禮·秋官·司寤氏》有"司寤氏掌夜時，以星分夜"諸語。有關古代記時器，宋王應麟《小學紺珠·律類》載，主要有銅壺、香篆、圭表、輥彈四種。古人還發明了許多觀測氣象的儀器。在殷商時代，用一種飄帶狀的旗子來候風，後來演變成用鷄的羽毛，稱"綄"。時至漢代，普遍使用了相風鳥，有木製或銅製的多種。《三輔黃圖·建章宮》載，西漢時宮闕之上已設置了專伺風嚮的銅鳳凰，東漢時又被安裝在國家設立的觀測臺——"靈臺"上，今河南洛陽漢魏故城南郊仍有其遺址。西方國家裝於屋頂上的候風鳥始於12世紀，晚於我國的相風鳥至少千年之多。另外，中國還是最早使用雨量器的國家。宋秦九韶《數書九章》載，宋代已經懂得用尺寸來計雨量。不僅如此，中國最早發明觀測量濕度的方法——土炭測濕法。如《淮南子·天文訓》："陽氣爲火，陰氣爲水。水勝故夏至濕，火勝故冬至燥。燥故炭輕，濕故炭重。"

第三，算學説。算學興緣於算籌的使用，即將算籌用作計算工具，進行整數和分數的加、減、乘、除、開方等各種運算。算籌作爲一種古老的計算工具，在約三千年前的西周就已經使用了。起初是用竹、木、骨、玉、牙、鐵等製成的一種外形整齊的小圓棍，其形制各代不盡相同，至唐宋則有了算盤（北宋《清明上河圖》中的一個櫃檯上已見其物）。宋末元初，則出現劉因的《算盤》詩："不作翁商舞，休停餅氏歌。執籌仍蔽簏，辛苦欲如何？"成書於漢代的《周髀算經》最早記述了畢氏定理。同一時期成書的《九章算術》在世界上第一次提出了分數運演算法、比例計演算法、面積體積計演算法、開方術及方程中正負數運算。其後歷經魏晋南北朝，直至宋元，中國的數學一直處於世界領先地位。

第四，農田水利説。這方面的主要成就是發明了水碓、水碾、水磨，以及同一水輪帶動多種糧食加工機械之"水輪三事""水轉連磨"等。機械傳動主要有齒輪傳動、鏈傳動和繩帶傳動（西漢的指南車、記里鼓以及東漢張衡的水力天文儀，都應用了複雜的齒輪傳動系統）。此外，在利用畜力和風力進行提水、糧食加工等工作時，也要應用這類齒輪。東漢時畢嵐發明的翻車，就是憑藉一種鏈傳動原理工作。長期以來，翻車是我國農村中應用最廣、最重要的提水機械。後來又出現了提水升程很高的高轉筒車、垂直提水的水車，構造與翻車相似，也都可以看作鏈傳動。繩帶傳動亦似鏈傳動，雖不耐久，但製作簡單。

第五，織造説。中國紡織技術起源甚早。在距今八千多年前的浙江杭州市蕭山區湘湖村跨湖橋遺址中，就發現了水準距紡織機的痕迹；在浙江餘姚市河姆渡遺址則出土了近七千年前的另一紡織工具——腰機，同時發現了陶紡輪；在河北邯鄲武安磁山遺址中又發現了石紡輪，距今也有七千多年的歷史；另外陝西半坡遺址、姜寨遺址等也各有紡輪出土。這時的紡織原料，主要是麻、葛之類。中國又是世界上最早養蠶和織造絲綢的國家。美麗的絲織品是中國人民的偉大發明創造。1926 年，在新石器時期山西夏縣西陰村文化遺址中出土了半個割破的蠶繭，雖然這可能是隻野蠶繭，但可證至遲在六千年前，先民就開始對蠶桑有所認識了。1984 年，在河南滎陽青臺村遺址中發現了距今約五千年的絲麻織品。在河南殷墟遺址中，又發現雕刻精細的玉蠶，同時這種玉蠶在其他商代遺址中也有發現，説明此時人們已開始大量馴養桑蠶，絲織品越來越在社會生活中產生重要作用。在戰國時期，中國絲綢就進入了中亞和歐洲，開拓了絲綢之路。漢武帝時期，曾派張騫兩次出使西域，此後中國的絲綢製品源源不斷地輸入西方。與此同時，中國的養蠶技術和絲織技術也傳入了中亞和歐洲。中國的絲綢，通過絲綢之路，爲溝通東西方經濟文化交流做出了重大貢獻，在人類文明史上具有重要的意義。

第六，瓷器説。中國是世界上最早發明瓷器的國家，瓷器是先民對世界物質文明做出的一項重大貢獻。英文的中國（China）一詞就是指瓷器，由此可知西方認爲中國是“瓷器之國”。瓷器的產生與發展經歷了從陶器到瓷器，從原始青瓷到白瓷，再從白瓷發展爲彩瓷等幾個階段。大約公元前 16 世紀的商代中期，先民在燒製白陶和印紋陶的實踐中，通過提高陶窑的燒成溫度和在陶器表面施釉，創造出了原始瓷器。釉是一種硅酸鹽物質，塗在陶器的表面，燒成後陶器表面就可像玻璃一樣光潔。如果在釉中加入不同比例的氧化鐵物質，就可以形成各種美麗鮮艷的釉彩，唐代的“唐三彩”就是其中的典型代表。到了東漢時期，現代意義上的瓷器便已經正式出現。在黃河流域及長江流域的廣大地區都發現有明確漢代紀年的青瓷器，其中較爲典型的有延熹七年（164）的麻布紋四繫罐、熹平四年（175）的青瓷耳杯等。三國至隋唐時期是江南瓷業大發展的時期，東起東南的江、浙、閩、贛，西達長江中上游的兩湖、四川等地都相繼設立瓷窑，分別燒製出了極具地方特色的瓷器，取得了極大的成就。其中南方以越窑的青瓷水準最高，在北方，則開始出現白瓷，逐漸形成“南青北白”的基本格局。兩宋時期，又呈現另一高峰時期，誕生了官窑，製品細密而端莊，與之相對應的民窑產品則率真而活潑。其中的蔡窑產品集古代青瓷釉色之大成，充分汲取始於唐代盛於五代的秘色瓷精華，爲最具特色的代表作。時至元明及清代中期，中國的瓷器又進入另一高峰時期，其中以御窑青花瓷與釉裏紅瓷最爲精彩。自上古至清代中期，中國的瓷器一直處於世界領先地位。

第七，建築説。在世界建築領域中，中國建築是源遠流長的一大獨立體系，以優雅工巧著稱。今日可以確知，這一體系至遲在商代就已形成。直至 20 世紀 20 年代初，中國建築始終保持着自己的結構與布局原則，而且廣泛影響了東亞地區。中國的建築有官府、民間、寺廟、園林諸類型，其中大型建築主要由朝廷控制，施行"工官"統籌。這是一種中央集權與官本位體制，其建築思想是主張天人合一，重禮教，重等級。王城建築則必左宗廟，右社稷，施行所謂"左祖右社"之制。建築結構則以木構架爲主，弃用釘鐵，十分精密。雕飾色彩，皆有典可據。悠悠數千載，一脉相承，故而形成了迥别於西方、中華獨有的建築特色。民間建築則多姿多彩，不拘一格，十分活躍，且有明顯的地域特點，對於傳統的建築思想與建築形式，多以常態或變式映現其中。本卷之内容重在建築之科技而非其思想觀念，且并非對中國的建築做巨細無遺的全方位評價。因着眼於科技，本卷將中國建築分爲兩大類，即地上與地下，因勢利導，充分展示了國人之智慧與才藝。

第八，冶鑄漆器説。以下分爲兩大方面論説。一曰冶鑄。冶鑄最早始於煉銅，就其歷史而言，國外出現於六千年前，但中國後來居上，在冶鑄技術方面長期處於領先地位，并對世界冶煉技術的進步産生了重大的影響。據考古資料，中國在公元前 5700 多年的馬家窑文化中就已發現由青銅製造的"中華第一刀"，形制規整、美觀而適用，這一水準已屬難得。《史記·封禪書》："黄帝采首山銅，鑄鼎於荆山下，鼎既成，有龍垂胡髯下迎黄帝。黄帝上騎，群臣後宫從上者七十餘人，龍乃上去。"又："禹收九牧之金鑄九鼎，皆嘗亨鬺上帝鬼神。遭聖則興，鼎遷于夏商。周德衰，宋之社亡，鼎乃淪没，伏而不見。"這些文獻記載與考古發現相結合，證實在相當於新石器晚期的黄帝鑄造銅鼎是完全可能的。商周時期是使用青銅器極盛的時期，不僅有青銅農具等各種生産工具，還有大量的青銅兵器、主司禮樂的禮樂器。這些青銅器有的碩大無朋，有的小巧精緻，製造工藝極爲複雜。成書於戰國時期的《考工記》詳細記載了六種不同的銅錫比例的配方，而且明確指出銅與錫的比例爲 6：1 時最適合造鐘鼎，5：1 時最適合造斧頭，4：1 時最適合造戈戟，3：1 時最適合造刀劍，5：2 時最適合造箭鏃，2：1 時造最適合造銅鏡。這些合金比例配方，是世界冶金史上最早的經驗總結，也是中國在青銅冶煉方面長期處於世界領先地位的最確鑿的證據。春秋戰國時期，中國出現了生鐵冶鑄技術和鑄鐵柔化技術。因爲生鐵硬度高，更適合製作生產工具，所以冶煉生鐵的技術很快就推廣開來了。在湖南長沙一座春秋晚期墓葬中出土了一個白口鑄鐵鼎，一把碳鋼製成的劍，此劍至今鋒利無比，是世界冶金史上的又一個奇迹。而歐洲直到14世紀才出現鑄鐵，比中國約晚了一千九百年。二曰漆器。中國是歷史上最早用漆的國家。早在新石器時期，浙江餘姚河姆渡文化遺址中就已發現了一件漆木碗，四壁均髹塗朱紅色漆，至今仍微有光澤。這是中國發現最早的漆器，距今已有七千多年。古代文獻中也有很多關於用漆的記載。到商周時期，中國的漆器工藝水準就已經達到相當高的程度，以後各個時期均有發展，成爲中國最具特色的民族工藝品之一。《書·禹貢》"濟河惟兗州……厥貢漆絲，厥篚織文"，說明早在周代以前，漆就是貢品之一。《韓非子·十過》："堯禪天下，虞舜受之，作爲食器。斬山木而財之，削鋸脩其跡，流漆墨其上，輸之於宮，以爲食器。"這表明，在堯舜時代，貴族階層已將漆器用作食器和祭器。春秋戰國時期，漆器已成爲一個比較成熟的手工行業。成熟的漆器日用品逐漸取代了青銅器用品，成爲貴族特權階層的首選。到了三國魏晉之後，新興的瓷器才逐漸取代漆器日用品。漆器工藝品則在螺鈿、雕漆、鑲嵌等方面得到了更大的發展。

第九，度量衡器說。度測長短，量定多少，衡稱輕重。度，遠古時都以人（中等身材）的跨步爲標準測長短。商周時期，出現了作爲標準的玉尺和銅尺。量，遠古時也是以人的兩手作標準，用手抓米滿握，叫作"溢"，合兩手取米，叫作"掬"。從夏代至秦代，發明了測量體積的器具"斗"。斗基本上用竹木製作。春秋戰國時發明了"秤"。墨子的《墨經·經說下》中的"權重相若也，相衡則本短標長"，說的就是杠杆和秤砣。秦始皇時，統一用銅權。漢代時，正式出現了"秤"一詞，在秤杆上已設有準星，刻有斤、兩，并使秤的提鈕從杆的中間移到了一端，出現了提繫杆秤。六朝時，曾出現呈葫蘆狀的銅權。隋唐時期，已普遍鑄用鐵權。在中國幾千年的社會中，度量衡制度各朝不盡相同，但自秦漢以後，歷代的度量衡制度已成定局，雖有出入，然而其基本原理，無大變化。以《漢書·律曆志》爲例，長度的單位有分、寸、尺、丈、引；體積單位有龠、合、升、斗、斛；重量單位有銖、兩、斤、鈞、石。這幾種器具的製造，基本沿襲古法。就其誕生的久遠及運用歷史而言，中國的度量衡處於世界領先水平。

第十，中醫學說。中醫始終遵循天人合一的整體觀，這正是中國古代哲學的核心所在。先秦時《黃帝内經》已成書，已有了疾病與環境生息關係以及優生優育的理論，天人合一、辨證施治的學說已經形成。《漢書·藝文志》的《方技略》中，已載有醫經、經方、神仙和房中四種中醫典籍。其中醫經有《黃帝内經》十八卷、《外經》三十七卷;《扁鵲内經》九卷、《外經》十二卷;《白氏内經》三十八卷、《外經》三十六卷、《旁經》二十五卷。惜除却《黃帝内經》外,其他醫經皆已失傳。《黃帝内經》由《靈樞》《素問》組成,正是從"天人相應",以人爲本的整體觀入手,論述并建立了自家的理論體系。《靈樞·邪客》曰:"天有畫夜,人有卧起……此人與天地相應也。"而《素問·上古天真論》又有言:"上古之人,其知道者,法于陰陽,和于術數,食飲有節,起居有常,不妄作勞。故能形與神俱,而盡終其天年,度百歲乃去。"總之,《黃帝内經》探討了人類在天地間如何生息的根本法則。中醫學的整體觀念是關於人體自身完整性及人與自然和社會環境之間的統一性、完整性和聯係性的認定,人體與外在環境是始終處於"天人合一"的統一狀態。而人體的健康是因時、因地、因人而异的,這與西醫的分析還原的人體觀迥然不同。中醫在觀察個人的健康狀况時必須從其所處的自然環境、氣候狀况、社會關係等多方面考察,纔能準確判斷。始終遵從"天人合一"的整體觀觀,必須"望、聞、問、切",尋其所犯,引其歸正,辨證施治,而非"頭疼醫頭,脚疼醫脚"。中國傳統醫學起源久遠,在漫長的發展歷程中,既積纍了豐富的醫療實踐經驗,形成獨具特色的理論體系,又留下了爲數甚多、彌足珍貴的醫藥衛生文獻。誠如日本專家間中喜雄先生所言:"遠在幾千年前,當西洋還處在野蠻蒙昧的黑暗中,在中國就已積起了真可以說汗牛充棟的醫籍,妙用了進步的技術。"放眼世界,异國他邦偶有同道者,亦多源於中國或晚於中國。中華民族的中醫藥學,堪稱全人類的寶貴財富,雖自鴉片戰争之後大受摧殘,但仍然頑强地延續了下來。此後進而又將當時先進的天文學、地理學、數學、社會學、人文學、心理學、氣象學等雜糅其中,貫穿於中醫理、法、方、藥等各個領域,終於形成了中醫理論上的"不治已病治未病"的養生學說,以及"陰陽五行學說""精氣學說""藏象學說""經絡學說""病因病機學說""治則治法理論",内容廣博。面臨繁複多變的疾病,其因具有獨特的療效,隨同中國國力的强大,今日已再度振起,在世界範圍内,擁有了相當的話語權。

　　第十一,家居休閑用具發明說。家居休閑用具,是一方十分奇妙的科技天地,與黎民百姓的生活最爲密切。如透光鏡,中國古代銅鏡的一種,因能够透光而得名,歐洲和日本人稱其爲"魔鏡"。中國早在夏商就發明了青銅鏡。透光鏡約發明於西漢時期。關於透光鏡,一般認爲最早記載是隋唐間王度所著《古鏡記》。20 世紀 40 年代梁上椿所著《巖窟藏鏡》中收録有四面。在《巖窟藏鏡》《銅仙傳》《藤花亭鏡譜》《金石索》《雲煙過眼録》《閑居録》及《西清古鑑》等文獻中，都曾提到從西漢至明代古銅鏡的透光效果。上海博物館藏有兩面透光鏡，其中一面是西漢時期的珍品，直徑 11.5 厘米。表面觀察，與普通銅鏡一樣，無甚區別。當一束光綫照射鏡面而投影在墻壁上時，墻上的光亮圈内就會出現銅鏡背面圖案和"見日之光，天下大明"八字銘文。除上海之外，在河南、江西等地也有這種"魔鏡"，可證其在中國古代并非偶然一見。透光鏡製作工藝早已失傳，其透光機理到底如何？自唐至清，皆有人對其透光原理進行研究，直至現代方得相應的結論。西漢透光鏡是中國古代兩千年前的獨特創造，比日本"魔鏡"早出現一千六百年，而歐洲的學者直到一百多年前纔接觸到透光鏡。今國人已能够恢復其原始工藝，終於使這一古科技瑰寶重放异彩！再如"噴水魚洗"，古代盥洗用具，形似現今的臉盆。盆内多刻雙魚或四魚，盆的上沿兩側有一對提耳。提耳的設置，便於提動，但它們同時又有另外一個功用，即當手掌撫摩水盆時，盆内還能噴射出兩尺高的水柱，在水面形成一片浪花，同時會發出樂曲般的聲響，十分神奇。噴水魚洗在中國古代時有所見，上乘的銅製噴水魚洗源於唐宋間（見宋王明清《揮塵前録》卷三、宋何薳在《春渚紀聞》卷九）。魚洗能够噴水，其道理何在？美國、日本的物理學家曾用各種現代科學儀器反復檢測查看，試圖找出其導熱、傳感、推動及噴射、發音的構造原理，皆不得要領。面對中國古代科技創造的這一奇迹，現代科學祇好"望盆興嘆"，把它當作不解之謎。1986 年 10 月，美國曾仿造一個青銅噴水震盆，外形雖酷似，而功能不濟，不會噴水，發音甚差，仿造失敗。對此做出較爲透徹剖析者，當屬北京大學和上海交通大學。另有"報時古鏡"，是一種帶有報時功能之古銅鏡。此鏡之背面嵌有如博棋子大小之十二枚圓形指示標，每至一時，指示標則自動明亮，其光柔若月色。此鏡構造原理如何？何時何人創制？已難考證。祇知其物爲北宋范仲淹家中所用，後失傳（見明徐應秋《玉芝堂談薈》卷二六）。其他種種，從博山香爐到被中香爐；從水禽銜魚釭燈到走馬燈、孔明燈，從望遠鏡到潛望鏡，無一不顯示出古人在日常生活中的智慧與巧思，啓迪着後人的心智。

　　第十二，航海説。中國號稱世界農耕文化大國，國人注意力多在中原或黃河、長江之間。少有人注意這農耕文明大國背後的另一方面，即中國除却廣袤的大地，更有漫長的海岸綫，擁有遼闊的海疆。中華民族的生息發展，實在難以離開海洋。縱觀先民與海洋的關係史可知，中國實則也是海洋文化大國。早在舊石器時代，三萬年前的北京周口店山頂洞人的遺址中，即發現了諸多魚骨，令人矚目的是另有三件穿孔海貝殻。這三件穿孔海貝，是經過細緻琢磨加工的，那當是項飾一類藝術品。若山頂洞下不是大海，那麼則須遠走二百多公里，到東海或渤海打撈這些海貝。與山頂洞人同屬舊石器時代的河南許昌靈井遺址中，也發現過海生軟體動物牡蠣殼，這裏距離大海已是千里之遙。及至新石器時代，鄭州西山村仰韶文化遺址中發現了海螺，湖北洪湖烏林磯龍山文化遺址中發現了海貝，山東章丘龍山文化遺址中又發現了蚌器，等等。自夏朝晚期始，直至西周，先民又以海貝作爲貨幣，流通了兩千年之久。以上足證在遠古時期，先祖們已經看重大海，已經開始探索大海，與大海結下不解之緣。浙江餘姚市三七市鎮井頭山遺址出土了一具約製造於八千年前古老而先進的工藝木槳。有槳必有船，這就超越了原始的葫蘆漂浮與木筏撐渡，可以便捷地航行了。約在商周之際，人們又已經會藉助風力，使用帆船，張帆遠渡，尤爲省時省力。及至漢代帆船大盛，又建成大型樓船，四平八穩，因而並常常作爲主力戰艦。故而英國科學家李約瑟博士曾明確指出："中國人被稱爲不善於航海的民族，那是大錯特錯了，他們在航海技術上的發展隨處可見。"（見陳養正等譯《李約瑟文集·李約瑟博士有關中國科技史的論文和講演集》（1944—1984）》，遼寧科學技術出版社 1986 年版，第 258 頁）明代永樂、宣德年間，鄭和七下西洋，共二萬七千五百五十人出洋，其船隊由六十二艘寶船及二百多艘其他船隻組成，有長寧、清和、惠康、安濟、清遠等號及大八櫓、二八櫓等種種。一般之寶船長、寬各爲三十丈、十丈以上，最大者長四十四丈，寬十八丈，水密隔艙，有九櫓十二帆，可容千餘人。船上建有"頭門、儀門、丹墀、滴水、官廳、穿堂、後堂、庫司、側屋，另有書房，公廨之類"（參閱明羅懋登《三寶太監西洋記》），皆雕梁畫棟，儼然帥府一般，乃當時世界上最大之船舶。商周時代，由於國力的繁榮強大，國外貿易終於萌生了，至秦漢而漸興，至唐宋元明而大盛，形成了貫通多國的貿易之路。因初始輸出商品以絲綢爲主，故法國漢學家沙畹（1865—1918）命其名爲"絲綢之路"；其後又以瓷器爲主，世人又稱之爲"瓷器之路"；返回商品多爲皮毛、玉石、珠寶或香料，故又稱之爲"皮毛之路""玉石之路""珠寶之路"或"香料之路"。絲綢之路在人類交往上具有非凡的歷史價值，成爲聯絡全世界古老國家的橋梁，所到之處有波斯帝國、馬其頓帝國、羅馬帝國等，橫跨亞洲、非洲、歐洲三大地區，隨之而來的則是多國間的文化交流，是科學技術的相互融合。在絲綢之路中，國人得識佛教、祆教、天主教、伊斯蘭教等重大影響力的教派，並引入本國；國外新的穀蔬、木果品種，乃至於數學、醫學、天文學、繪畫、雕塑、望遠鏡、照相機、留聲機等科技，也紛至沓來，不斷涌入。當然，我輸出國外者，除却絲綢、瓷器這些主要商品外，本國的農産品、農作物連同儒家文化、道教思想以及"四大發明"之類，也憑藉絲綢之路得以遠播异國他邦。我國的絲綢之路分爲兩種，最初是"陸上絲綢之路"，再就是"海上絲綢之路"，本章則以後者爲主。一言以蔽之，在明代之前，中國是世界第一海洋文化大國、海洋文化强國，無論是近海開發或是遠海探索，始終處於世界前列。在當代，中國正在啓動與東盟及世界各國共建 21 世紀海上絲綢之路，兩千餘載先民創下的海洋經濟體、海洋文化，得以繼承、發揚、壯大，在"友善、包容、互惠、共生、堅韌"的文化内涵下，必將促進中國與世界各國的和諧昌盛。

第十三，航天説。航天包括了人造衛星與太空船兩大類。中華人民共和國成立以來有諸多偉大發明、偉大創舉，航天祗是其中之一。因數千年來中華兒女一向懷有航天夢，今日隨同世界的步伐，終於得以實現，故以此爲代表，并與航海相呼應。其概要，其基本情况，國人多已知曉，此不複述。

以上十三方面大抵是就學科分類而言。若就一個國家而言，本卷實涉陸海空三大領域。而其中的海洋可以最爲直接地展現國人的智慧與創造力，從船行時的動力，用篙、用槳、用櫓，到挂帆，從觀風、導航時的儀器風烏（以鳥羽指稱的風嚮標）、海圖、舷燈，到旱羅盤、水羅盤，自原始社會，達於近現代。這一航海的歷程，最能集中展現中國科技的連續發展概貌。將航海與航天説設爲獨立一章，并力予全面考釋，這在我國科技研究史中實屬難得。

本卷的主要特點：第一，内容廣博，基本涵概了中國古代科技發明上的突出成就。第二，考證嚴密有力。基本厘清了古代中國數千年來科技發明的源流與變遷，不僅具體闡釋其外在形制，而且還注意分析其内在結構與機理，采用書證與物證權威、有代表性。第三，論述具有充分的完整性、系統性、可靠性和科學性。詞條的選擇頗具代表性，异名別稱分列詞條之後，祗略做説明，充分體現了本書所具的辭書特色。第四，全卷詳略得當、繁簡適中，兼備科學性與趣味性，可爲各類研究者提供有益的素材和藉鑒。

中國古代科技發明爲人類社會的發明做出了重大貢獻，但最終却是西方步入了世界前列，何以出現這一狀况？爲什麽近代中國竟然停滯而且倒退了呢？西方學者難以理解，故而被稱爲科學史上的"李約瑟難題"。

由於民族的强盛，自漢代逐漸形成了龐大的萬國來朝體系，也形成了傲視萬方的民族自信，故而唐人王維有"九天閶闔開宫殿，萬國衣冠拜冕旒"（見其《和賈舍人早朝大明宫之作》）的豪邁詩句。以中華爲核心、以儒家文化爲圭臬的朝貢體系，對這種民族自信做出了最好的詮釋。但這傲人的民族自信，也釀製了可悲的民族自大，故步自封。至明朝中後期，中華封建帝國漸次走向式微，隨同西方資本主義的强盛和入侵，及至清末，終於一敗塗地。"李約瑟難題"何以形成？衆説紛紜。序者認爲，可以達成如下共識：中國古代科學多爲經驗總結性的應用科學，注重記録現象，常憑直覺猜測，缺少邏輯推理、數理分析和實驗驗證，因而常知其然不知其所以然。所以雖有茹毛飲血、巢居穴處的細密觀察，但未能推論其進化原理；雖有最早、最全的太陽黑子和新星爆發記録，却陷入了"天人感應"的臆測；雖記録哈雷彗星三十多次，却未能探究規律，所以榮譽衹能歸屬於英國的天文學家愛德蒙·哈雷（1656—1742）。這種古老的研究方法，這種傳承方式，怎會誕生近現代科學？

更深層的原因在於，自給自足的自然經濟長期是社會經濟的主體，統治者多滿足於所謂安居樂業，禁絶所謂過度追求，和一切不穩定因素，以確保江山社稷，求得長治久安。史載，殷紂王曾"作奇技淫巧，以悦婦人"（《書·泰誓下》），爲百代唾駡，萬世不齒！何謂"奇技淫巧"？唐人孔穎達釋曰："奇技謂奇異技能，淫巧謂過度工巧……技據人身，巧指器物。"國人斷然否定胡作非爲的昏君、暴君紂王，毋庸置疑，但後世却將紂王的失敗與最終滅亡，歸罪於"奇技淫巧"。於是西周即做出驚世駭俗的法律規定："作淫聲、異服、奇技、奇器以疑衆，殺！"也就是説，要杜絶一切創造發明，連同歌聲、服飾也不得超乎常規，否則即犯殺罪！這種禁絶奇技、奇器的嚴酷法律，對中國古代科技的發展，無疑是一種極大的扼制與摧殘。另一方面，由於上述同樣深層原因，古代統治者爲確保江山社稷，十分重視天文曆算之類科技，藉以觀天象，測天意；重視建築形制的不同造型，以維持禮教，因而古代建築設計奇妙，結構精密，王城、民居各有差异；重農桑，重水利，以求興盛發展；重醫藥，重營衞，以求健康長壽；等等。這又極有力地促進和强化了中國科技的發展。而朝内、朝外的民衆科技，雖堪稱無往不勝的"野戰大軍"，但始終是一種民族智慧的自發式展現，美中不足之處在於其散漫性、無序性。如發明了指南針，製造了羅盤，除了重大規模的遠航之外，又常用作測"風水"的寶貝；發明了火藥，製造了槍炮，但最喜聞樂見的應用却是烟花、爆竹；發明了活字印刷，而大規模的使用却仍是雕版。與之相反，羅盤、槍炮（砲）之類，輾轉進入西方，到了西人手中，却盡顯威風，大出國人所料！

“路漫漫其修遠兮，吾將上下而求索。”悠久燦爛的中華文明，今日怎樣在固本與開放之間尋求到一種必要的張力，如何釀造出一種全新的文化，如何求得鳳凰涅槃，浴火重生，實現偉大的復興？歷史給出了明晰的結論：必須全力調動和展現全民族的智慧和創造力，在古今科技的繼承與創新中，羞做夜郎，多些自謙，少些自誇，高瞻遠矚，步步踏實，那麼中華民族的偉大復興，必然可期。

縱觀以上論述可以發現，本卷的題材涉及了全書中的《天宇》《農耕》《紡織》《城關》《居處》《交通》《日用》《醫藥》《武備》等多卷的内容，似乎有些重複，但爲科技并非是一種專題學科，它是一門廣博無際的研究與應用系統，故而本卷如此處理，體現的正是中國古代科學技術史發展的完整性。

本卷的編纂已歷三十餘載，可謂喜憂并存。初始之時，首邀當年齊魯書社編審王立華君爲主編。王君早年就讀於北京大學，爲該校歷史系考古專業的高才生，序者昔日主持編纂《中國古代名物大典》時，其曾出任《旌旗卷》主編，大有建樹，在當代中國開了研究古代旌旗專題的先河。另山東財政學院傅憲華教授出任副主編。王、傅二君也未負序者的信任，對於中國古代科技的認定與布局目光高遠，爲本卷奠定了堅實的基礎。後因二君擔了繁重的行政職務，即少有過問。這期間本校古籍整理研究所韓品玉所長又增寫了“珠算”與“算盤”之類條目。因仍感内容單薄，序者又特邀同事張維軍先生出任第二主編。張君長時間負責本校科研與研究生工作，并曾隨同序者編撰過幾部大型學術著作，長於名物訓詁之學，於是張君全力投入了本卷的再度編審，并增補了“航天説”專章。不久張君又因先後主持了其他工作，十分繁忙，對於本卷的編審常心有餘而力不足。序者構思既久的專題“家居休閑用具發明説”，無人承擔，衹得自家執筆。在全書付梓前夕，按出版方要求，王主編又對前稿進行了增補，張主編亦另行審定，而序者又發現與“航天説”相對應的“航海説”尤須增補，衹得再度執筆，率爾成章。此即本卷編撰的全過程。

張述錚

太歲上章攝提格槐月中浣初稿於山東師範大學映月亭
太歲玄黓攝提格桐月中浣定稿於歷下龍泉山莊東籬齋

第一章 概　論

第一節　引　言

　　科學技術，簡稱科技，是指人類擁有的關於自然、社會與思辨的知識體系及與之相應的技術技能。科技是人類才智的表現形態，其特點則是對於與人類共生共存的自然界的不斷發現或發展，是人類特有的文化活動、文化探索、文化創造。憑藉科技的力量，始得建立了人類特有的物態文明與精神文明。本卷考釋的重點在古代，但有時不能不涉及現當代，如第十三章爲《航海航天説》，航海之外爲航天，因航天之舉在我國并非空白，先民久有"航天夢"，這一"航天夢"在當代中國終得實現，故不可不予記載。其他現當代重大科技成就則多未收列。

　　中國是世界上歷史最悠久的文明古國之一。古代文明在中國的産生和發展，有着與其他國家迥然不同的特點。先民們在華夏大地上創造出了燦爛奪目而又富有特色的東方文化，推動整個人類社會走向更高級的階段，爲世界文明發展做出了杰出的貢獻。何謂文化？文化是指人類在社會歷史實踐過程中所創造的物質財富與精神財富的總和。中華文化在世界文化史中的地位如何？正如西歐哲人所説，當黄河、長江已經哺育出輝煌的古代文化時，泰晤士河、萊茵河和密西西比河畔的居民，還在黑暗的原始森林裏徘徊。主要故事形成相當於中國殷商時期的古印度典籍《摩訶婆羅多》記載，古印度婆羅多國王曾率大軍開赴其北疆，直抵中國邊境，但見中國"文物特盛，民多巧智"，故退兵自守以圖強。古希臘、羅馬等稱中國爲Cina、Thin、Sinan等，音譯爲"支那"，或以爲皆是殷或秦之對音。古印度人爲了表示對中國的尊崇，又常在"支那"一詞前加上"摩訶"二字，稱之爲"摩訶支那"。摩訶，爲梵語maha的譯音，有大、多、勝三義，通常義譯爲"偉大的支那"。據此可知，古印度人十分仰慕中華文化。如前所述，一個國家文化的成就，又取決於科技的發展。中國古代科技體系，通常是官民有別，如天文星象之類爲朝廷所壟斷，民間私探者則依法治罪；活字印刷之類，起於布衣，朝廷則不屑與之爲伍；而醫藥養生之類，則是朝野共重，同步并行。故而可以認爲，中國古代科技就是在朝野相撞擊、融合中前進的。

英國學者喬治·薩頓曾言：科學的歷史雖然祇是人類歷史的一小部分，但它卻是最本質的部分，是唯一能够解釋人類社會如何進步的部分。歷史上任何一次科學技術的重大進步，不僅可以改進人類向自然界索取生存資料的手段，而且可以深刻地影響人們的社會生活和經濟交往。科學與技術的進步在中華民族的社會發展史中始終占有非常重要的位置。人們將每一時代創造的科技成果一代代地傳承下去，發揚光大，成爲推動人類社會進步的重要原動力。在人類社會的歷史中，隨着科學技術的進步，隨着新生産力的發展，人們不斷地改進自己的生産方式，從而也就改變了人類賴以生存的社會。所以，馬克思在社會發展史上第一次明確指出了各種經濟形態在技術上的區別。他說："手推磨産生的是封建主爲首的社會，蒸汽磨産生的是工業資本家爲首的社會。"（《馬克思恩格斯選集》第一卷，人民出版社1995年版，第142頁）

中華大地，我中華民族世代繁衍生息的國土有着特殊的地理環境，以黃河流域等爲中心形成的華夏文明，北面是寒冷的西伯利亞荒原，東面與南面是浩瀚的大海，西部是阿爾泰山、喀喇昆侖山以及沙漠、戈壁，西南是喜馬拉雅山。大洋與高山荒漠形成了一個相對封閉的地理環境。外面的自然屏障與内部廣闊的迴旋餘地，形成了中華文明地理環境上的顯著特點。中華民族的祖先在上古時代就生息繁衍在黃河流域的黃土高原和華北大平原等地，黃河的中游和下游地區是中國開發最早的地區之一，也是中國古代政治、經濟和文化的核心地帶。從約二百萬年前舊石器時代的"巫山人"，經過"元謀人""藍田人"，經過"北京人""丁村人""河套人""山頂洞人"，直到新石器時代的仰韶文化、馬家窰文化、青蓮崗文化、屈家嶺文化、龍山文化、齊家文化、良渚文化，以及夏、商、周三代，一脈相承，源遠流長。中國先民在這個相對封閉的地理環境中獨自創造了輝煌的古代文化，而且這個古老的文化延續幾千年沒有中斷。較之或沉淪或變異的其他幾大文明古國而言，中國是唯一文化傳統未曾中斷的國家，這實在是世界文化史上的一個奇迹。

第二節 綜 述

中國是一個傳統的農業大國，農業生產的發展，離不開曆法的制訂。遠在夏商時代，先民們就注重天象觀測，爲農業生產和日常生活服務。到了漢代，中國就已形成了自己獨特的天文體系和曆法體系。特別在天象觀測記錄的豐富性、完整性方面，中國一直走在世界各文明古國的前列。夏朝時，中國就有了以寅月爲歲首、以月亮繞地球一周爲一月、以十二或十三個月爲一年的陰陽曆法，後人稱之爲"夏曆"。記載該曆法的《夏小正》一書成爲中國最古老的曆書。到了戰國時期，中國又出現了以365又1/4日爲一年的所謂《四分曆》，它以29又499/940日爲一朔望月，19年設7個閏月。公元前104年，由漢代天文學家鄧平、落下閎等創制的《太初曆》，是現存最早的有詳細記載的曆法，它典型地反映了中國古代曆法爲農業生產服務的特點。與制定曆法密切關聯的天象觀測構成了中國天文學的主要内容。在恒星、行星、日月和異常天象觀測方面，中國都取得了杰出的成就。戰國時期魏國著名天文學家石申所著的《石氏星經》，記錄了世界上公認最早的恒星星表，該星表準確測定了一百多顆恒星的位置。在異常天象觀測方面，中國也做出了卓有成效的貢獻。公元前687年，中國記載了世界上最早的流星雨。中國古代不僅有豐富多彩的天象觀測資料，還有卓越的宇宙理論。自遠古以來，人們就相信宇宙的基本結構是天蓋地承，是"天圓如張蓋，地方如棋局"。大約到了西周時期，在"天圓地方"説的基礎上逐漸形成了"蓋天説"。隨着天文學的進一步發展，漢朝又出現了"渾天説"宇宙結構理論。"渾天説"肯定大地是個球形，這在人類認識宇宙的歷史上是一個巨大的飛躍，它是後來科學天文學的基礎。"渾天説"之後，又産生了一種"宣夜説"宇宙理論。"宣夜説"認爲，所謂天祇不過是無邊無際的氣體，那青蒼顏色的不是天殼，而是因爲高遠無極使人看起來像有顏色的殼罷了。這樣，天的界限就被打破了，一切人爲的天的高度都被否定，展現在人們面前的祇有茫無邊際、無窮無盡的宇宙空間。"宣夜説"提出了一個樸素的宇宙無限的概念，是中國歷史上最具卓見的宇宙理論。

算學是中國古代最爲發達的學科之一。先秦典籍中就有"隸首作數""結繩記事"的記載。早在商代甲骨文中就開始有十進位的記數方法，春秋戰國時期普遍運用的籌算就完全建立在十進位制的基礎上。算籌分縱式和橫式兩種，縱式表示個位、百位、萬位等，橫式表示十位、千位、十萬位等，遇零空位。用這種方法可以擺出任意的自然數。十進位記數法是世界上最爲先進的記數法，是中國人民對世界文明的重大貢獻。中國古代數學體系形成的重要標志是《九章算術》的出現。《九章算術》是當時世界上最先進的算術法，它形成了一個以籌算爲中心并與古希臘完全不同的、獨立的數學體系。中國古代數學在宋元時期達到了繁榮的頂點。從 11 世紀到 14 世紀的三百年間，涌現出了一大批高水平的著名數學家和數學著作，其中秦九韶、李治、楊輝、朱世杰被譽爲"宋元數學四大家"，代表了當時中國，也是世界上數學領域的最高水平。自明代開始，中國傳統數學較少創造性的發展，除了在計算技術與數學應用的廣泛性方面有所進步外，整體水平開始落後於歐洲。

中國作爲一個農業大國，古代先民長期以來對農業科技的進步極爲重視。中國有悠久的農耕歷史。早在距今六七千年的浙江河姆渡新石器文化遺址中，就發現了中國最早的種稻遺址和大量的炭化稻穀實物。在與此同時的黃河流域衆多的新石器文化遺址中，也發現有各種糧食實物的遺存。這表明，在當時的黃河和長江流域就已有了較大規模的農作物種植業。秦漢以後，由於冶鐵業的發達，鐵器農具已非常普及，且種類大大增加。北魏時從整地、播種、中耕、除草、灌溉、收穫、脱粒到加工等各個環節均使用鐵製農具。魏晉時在漢代鐵制農具的基礎上，又創造了碎土工具，使平整土地技術得到了極大的改進。此外還出現了穗選及單選、單留種等技術，大大提高了農作物的產量。唐朝時，在長江下游地區出現了曲轅犁，操作靈巧省力，可以調節犁層的深淺和寬窄，大大提高了勞動生產效率和耕地品質。同時，其他農具也繼續得到完善或革新，近代農業使用的傳統農具在此時已基本完備。

中國是世界上最早養蠶和織造絲綢的國家，美麗的絲織品是中國人民的偉大發明和創造。早在新石器時期的文化遺址中就出土過蠶繭，表明在這個時期，古代先民就開始對蠶桑有所認識了。進入漢代以後，中國的絲織技術達到了一個高峰。著名的馬王堆漢墓中出土的絲織品，充分展現了中國絲織品的精緻與華麗。從品種上講，有絹、羅紗、錦、綉、綺等。這其中既有毛茸厚實的絨緣錦，又有薄如蟬翼的素紗。墓中出土的單幅紗經緯度都十分均勻，厚度僅 0.05 ～ 0.08 毫米。有兩件素紗襌衣的重量還不到 50 克，其工藝之高實在令人難以置信。絲織業最關鍵的程序是織造。織造水平的高低，完全取決於織機。商周以前，中國的織機是原始的腰機；到春秋戰國時期，已從原始腰機發展成比較完整的手工機器，織機上出現了杼、軸、綜、支架等重要部件，標志着中國的織造技術已經從原始的手工工具發展到了完整的機織階段。爲了使絲綢按照設計圖案顯示出花紋，人們又創製了裝造系統和結花木，即所謂絲綢提花裝置。提花的織機都安有花樓，裝造系統就安在花樓上；結花木就是先用經綫和緯綫結成花紋圖案，作爲絲綢顯花的來源；二者互相配合，就可以在綢面上提花了。唐朝以後，中國的絲織技術有了很大的進步，宋元在唐朝的基礎上，又發展出了織錦、緙絲、織金錦等新品種。當時的染織業有官營與私營兩種，官營設有綾織院，還有蘇州、杭州和成都三個錦院。每個錦院都有織機數百架，工匠數千人。在元明的絲織工藝中，還有一個顯著的特色是加金技術的運用。根據用金方法的不同，可以分爲撚金、印金、片金等。明代絲織的另一大特色是裝飾藝術題材的廣泛，其中以吉祥圖案爲主要内容，特別是創造出了各種規格的花式，如八達暈、六達暈、大小各式團花、燈籠錦等，可以説繼承了中國數千年來絲織工藝的優秀傳統，又進行了富有個性的創造發展。這是明代絲織工業的一大成就。

中國是世界上最早發明瓷器的國家。瓷器的發明是中國古代勞動人民對世界文明做出的一個重大貢獻。英文的中國（China）一詞，多解釋爲瓷器，由此西方人視中國爲"瓷器之國"。三國至隋唐時期是江南瓷業大發展的時期，東起江、浙、閩、贛，西達兩湖、四川等地都相繼設立瓷窑，分別燒製出極具地方特色的瓷器，取得了極大的成就。其中南方以越窑的青瓷水平最高，在北方則開始出現白瓷，逐漸形成"南青北白"的格局。北方白瓷一般認爲出現於隋代。白瓷的誕生，標志着中國陶瓷手工業的又一個飛躍，是陶瓷發展史上的一個里程碑。白瓷是後來各種彩繪瓷器的基礎，沒有白瓷，就不會有青花、釉裏紅、五彩、鬥彩、粉彩等各種美麗的彩瓷。白瓷的出現，拓寬了中國製瓷業的發展道路。釉下彩的發明，又是中國陶瓷發展史上的一件大事。唐朝時的長沙窑在這方面做出了具有歷史意義的嘗試，首創了在胎上畫彩色圖案，然後上釉燒成高温釉下彩的新工藝。唐三彩是陶瓷中的又一朵奇葩。它實際上是一種低温多彩陶器，用白色黏土作胎，用含有多種金屬元素的礦物作釉料，使器物釉色呈現深綠、淺綠、藍、黃、白、褐等多種色彩，并不限於三彩。唐三彩主要見於墓葬，造型多樣，塑技高超，凡與死者生前生活有關的物品如建築、傢具、牲畜和人物等無不畢具，是中國藝術寶庫中獨具特色的珍品。唐三彩還在陶瓷工藝上對後世做出了重大貢獻，宋代以後各種豐富多彩的低溫色釉和釉上彩瓷，大部分是在唐三彩製陶工藝的基礎上發展起來的。釉下彩到宋代就發展出了最著名的青花系列瓷器精品，成爲中國瓷器發展的主流。而釉上彩則構成了宋以後鬥彩、五彩、粉彩等繁複多變的瓷器新品種，大大豐富了中國瓷器大家族的内容。從宋朝開始，歷代封建王朝都在産瓷名地設立官窯，專門燒製爲其特供的瓷器名品。多種瓷窯體系的形成，可以概括地反映出宋代瓷業發展的基本面貌。瓷窯體系主要是根據各窯産品工藝、釉色、造型與裝飾的同異來劃分的。元代景德鎮窯取得的成就，爲明清兩代該地製瓷工藝的高度發達奠定了基礎，景德鎮當之無愧地贏得了“中國瓷都”的桂冠。就明代景德鎮瓷器的品種和品質而言，青花瓷是瓷器生産的主流；以成化鬥彩爲代表的彩瓷，是中國製瓷史上的空前杰作；永樂、宣德年間銅紅釉和其他單色釉的燒製成功，則充分表展現了當時製瓷業高超的技術水平。景德鎮製瓷業代表了明朝製瓷工藝的最高水平。

　　早在約七千年前的新石器時代，華夏先民就已開始營造地上建築。1973 年浙江餘姚河姆渡遺址中出土了比例適當、結構合理的榫卯建築部件。中國古代建築體系，至晚在三千多年前的商朝就已初步形成了。直到 20 世紀初，中國始終保持着自己的結構布局原則，而且影響了周邊國家的建築風格。中國建築自古就以造型優雅與結構靈巧而著稱。商周時期是中國建築大發展的時期，當時建築有兩種基本形式：一種是縱架式結構，一種是井幹式結構。這兩種結構形式，對中國以後的建築風格都產生了重大的影響。在建築史上，兩漢是一個重要的轉折時期，這時期的建築形象資料非常豐富。漢代崖墓的外廊、外門、石柱、斗拱等都是木結構建築局部的真實類比。大量的壁畫、畫像磚、畫像石及明器中陶樓、陶屋等，對真實建築的形象、室内布置、建築組群布局等方面都有最直接、最形象的説明。宋、遼均繼承唐代建築制度，而遼的建築風格尤接近唐代。北宋後期漸趨秀麗，這種建築風格逐漸被金代所繼承。北宋建築學家李誠彙編成《營造法式》一書，書中確立了建築結構的各種標準，爲中國古代建築學提供了重要的規則，成爲後世遵循的楷模。明清兩代建築實物隨處可見，宏大、完整的建築組群數量很多。其中著名的有北京故宮、明十三陵、承德避暑山莊、清東陵與西陵等。明清時期中國各少數民族的建築也有很大的發展，如西藏布達拉宮、新疆吐虎魯克麻扎等建築群體。承德外八廟建築則反映了漢藏建築藝術的交流融合。中國古代建築的另一朵奇葩是園林藝術。中國古典園林經過兩千多年的發展，達到了極高的藝術水平，并在世界園林體系中形成了自己獨特的風格，成爲世界三大園林體系之一。中國古典園林分爲皇家園林和私人園林兩大類型。與皇家園林的宏偉、高大相比，私家園林則以質樸自然、清新素雅和小巧玲瓏爲特色。宋代私家園林受寫意畫派的影響很深，不求形似，竭力主張以簡約的手段達到深遠廣大的藝術效果。園林中采用借景的手法引水鑿池，盛植花卉竹木，積土爲山，少量廳堂亭榭錯落於山池林木之間，頗具自然之趣。後來明清園林的基本風格和布局手法都受到了宋朝園林的影響。

　　中國建築中還有一類非常具有特色的地下建築。所謂地下建築，是指建築在岩層或土層中的各種建築物和構築物。地面建築的地下部分也是地下建築。中國古代的地下建築物一般是指建在地下的宮殿、陵墓、礦井、居室、倉庫、軍事設施等。在遠古時期，華夏先民就開始利用天然洞穴居住。在北京西南郊周口店龍骨山上發現的北京猿人頭蓋骨和使用火的遺迹，距今已有七十萬年之久。在新石器時代，一些氏族部落從游獵開始轉爲聚居，天然岩洞已不能滿足需要，人類居室逐漸開始向地表建築過渡。在黃土高原，因爲獨特的地理條件和氣候環境，生活在這裏的歷代勞動人民在長期的社會實踐中，創造出黃土窰洞這種別具特色的地下民居形式。統計表明，截至 20 世紀 90 年代，黃土高原約六十三萬平方公里的土地上，仍有四千萬人口生活在窰洞式民居中。人類到地面居住以後，開始開發地下空間以滿足居住以外的多種需要。在中國封建社會這一漫長的歷史時期中，地下空間的開發絕大部分用於建造陵墓，歷代帝王陵墓代表了中國古代建築的最高水平。陵墓形制一般分爲地上、地下兩部分。地上部分供人舉行祭祀和安放神主，有祭壇或廟堂等；地下則效仿死者生前居住情況，安置和埋葬死者的遺體和遺物。地上和地下結合，集安葬和祭祀於一體，是中國古代陵墓建築的特點之一。自東漢從印度傳入中國後，在南北朝至隋唐幾百年間興建了大量爲滿足宗教特殊要求的佛教建築。在陡峭石壁上鑿出洞窟佛教建築稱之爲石窟寺。其中最著名的有山西大同的雲岡石窟、河南洛陽的龍門石窟、甘肅敦煌的莫高窟、甘肅天水的麥積山石窟、河北邯鄲的響堂山石窟等。在中國新疆地區，還有一種特有的地下灌溉工程——坎兒井。因新疆地處西北乾旱地區，年平均降水量不到 200 毫米，人們生產和生活用水主要依靠天山、昆侖山和阿爾泰山的冰雪融化。早在兩千多年以前，勤勞的新疆各族人民就獨創出坎兒井這種水利工程，充分利用冰雪融化的伏流和潛水。

　　據考古資料，在公元前 2000 年左右的新石器時代晚期齊家文化中就已發現不少用紅
銅製成的工具和裝飾品；經科學鑒定，當時的紅銅製品有的純度高達 99.8% 以上，可見當
時的冶煉技術已具相當水平。到公元前 21 世紀，中國進入了青銅時代，就銅鐵冶鑄的歷
史來看，國外要比中國早得多。但後來者居上，中國在冶鑄技術方面長期處於領先地位，
對世界冶煉技術的進步產生了重大的影響。商周時期是中國使用青銅器極盛的時期，當
時不僅有青銅農具，而且有祭祀用的禮器和大量的兵器。它們有的小巧精緻，有的碩大無
朋。1939 年在河南安陽武官出土的商代后母戊青銅大方鼎，重 875 公斤，采用了先進的分
體鑄造法，代表了商代冶鑄技術的最高水平。在長期冶銅的實踐基礎上，古代先民們已認
識到了合金成分、性能與用途的關係。成書於戰國時期的《考工記》詳細記載了六種不同
銅錫比例的配方，并且明確指出銅與錫的比例爲 6：1 時最適合造鐘鼎，5：1 時適合造
斧頭，4：1 時適合造戈戟，3：1 時適合造刀劍，5：2 時適合造箭鏃，2：1 時適合造
銅鏡。這些大體正確的合金比例配方，是世界冶金史上最早的經驗總結，也是中國在青銅
冶煉技術方面長期處於世界領先地位的確鑿證據。商周時代，青銅器皿大都是象徵國家威
嚴的禮器與祭器，常常帶有猙獰、莊嚴、神秘的色彩，充滿着宗教意味，給人一種震撼心
神的威懾感。例如西周前期的伯矩鬲，如果你從這個器物足部的正面去觀察，主體部分是
一個完整的獸角，大耳側立，兩目圓睜，鬲足粗矮，造型渾然一體。稍後的兩隻鬲足似乎
正在蓄勢待發，猛然間就會撲將過來，令人望之心悸，頓生怯意。即便是在静止的時候，
它也呈現出一種莊嚴、神聖不可侵犯的形象。連鬲蓋也是用形象鮮明的牛首裝飾，更給人
一種神秘、恐怖的感覺。到了西周後期，這種宗教性的恐怖意蘊纔逐漸減弱，青銅器皿開
始向生活用具發展，花紋開始走向寫實，造型也日漸顯得粗糙與隨意。1978 年在湖北隨縣
發掘戰國早期的曾侯乙墓，出土了六十五件青銅編鐘和一件八龍尊。青銅編鐘的音律組合
十分精確，反映出當時音律研究與青銅鑄造的極高水平。尊的口沿及底部飾以玲瓏剔透的
鏤空蟠螭花紋，在底部與腹部各有四條龍，頸部又有栩栩如生的四獸，鑄造技術之精妙，
令人嘆爲觀止。

　　中國的煉鐵術是從冶銅術中得以啓發而發展起來的，相傳也出現於夏代。1973 年在河
北藁城臺西村商代遺址中，發現有鐵刃銅鉞與殘鐵渣，證明商代確已有鐵器存在。中國的
煉鐵技術雖然起步較晚，但因爲有先進的冶銅技術作基礎，技術發展很快。到了春秋戰國
時期，中國就出現了生鐵冶鑄技術和鑄鐵柔化技術。鑄鐵的逐漸普及，促使了鐵器的廣泛

使用，極大地促進了社會生産力的發展。

中國是歷史上最早用漆的國家。漆原是漆樹的分泌物。考古資料證明，早在浙江餘姚河姆渡文化遺址中就已發現了一件漆木碗，四壁均髹塗有朱紅色漆，至今仍微有光澤。這是中國目前發現最早的漆器，距今已有七千多年。春秋戰國時期，社會生産力有了很大的提高，爲漆器工藝的發展提供了較好的條件。戰國時期還出現了官營的漆園，并設置專門的官員進行管理，著名的思想家莊子就曾擔任過漆園吏一職。從戰國開始，成熟的漆器日用器逐漸取代了青銅器用品，成爲貴族特權階層的首選。戰國時期中國有兩大漆器品種：一是以長沙爲中心的楚器；一是以咸陽爲中心的秦器。兩地漆器均有比較鮮明的地方特色。楚器胎質厚重，除木胎外，還有盙胎、夾紵胎、皮胎等。漆器顔色以紅、黑爲主，兼有黃、綠等色。從戰國至秦末，咸陽的漆器工藝一直都很發達。20 世紀 70 年代在雲夢睡虎地等處出土了大量的秦國漆器，其上大多繪有精美的圖案，漆器用色以紅、黑二色爲主，兼有褐、金、銀等色。漆器上常烙有戳記，這是咸陽秦器最主要的特徵之一。秦漢時期，漆器在貴族豪門生活用器中占有重要的地位。它進一步取代青銅器，使用範圍更加擴大。漢代還出現了用金、銀、銅等金屬裝飾的所謂"扣器"，使漆器更顯得富麗堂皇。當時製作一件有紋飾的漆杯需要費時一百多個勞動日，其豪華程度由此可見一斑。在兩晋南北朝時期，由於佛教的興起，利用漢代夾紵漆胎之法廣泛製造夾紵佛像。夾紵漆器是古代油漆技術一個很大的進步。金銀鑲嵌是一種很貴重的漆器裝飾，它起源於漢代的金銀扣器。到南北朝時期，金銀鑲嵌、螺鈿技術又有了很大的發展。隋唐五代時期，漆器工藝又取得了更大的進步。從文獻記載及考古實物來看，金銀螺鈿與漆器的結合成了當時裝飾的主流，螺鈿鑲嵌及夾紵造像亦有了進一步的發展，特別是創造了金銀平脱、末金鏤、雕漆等新的技法。雕漆又稱剔紅，即雕紅漆，這是唐代漆器技法一個很重要的創造。它是在髹塗多遍的朱紅底漆上雕刻出花紋圖案。也可以雕其他的髹塗底漆，雕塗黃漆稱爲"剔黃"，雕塗黑漆稱爲"剔黑"，雕塗綠漆稱爲"剔綠"，雕塗有幾種不同漆色層次的稱爲"剔彩"。髹塗到所需要的厚度，就可以雕刻出各種花紋。這樣，漆器表面就顯現出浮雕的立體效果，成爲非常精美的高級藝術品。宋元雕漆工藝在唐代的基礎上，又創造了剔犀、剔彩的裝飾方法。元明清是中國漆器工藝史上的黃金時代，品種之多、技藝之精，都超越前代。明代的鑲嵌漆器頗負盛名，特別是一種"百寶嵌"的漆器鑲嵌裝飾工藝，是鑲嵌與雕琢相結合的技藝，所製産品極爲華貴，是一種優秀的高級工藝美術品。

　　度量衡是社會生產力發展到一定水平的產物，是伴隨着産品交換的發展而産生的。在原始社會後期，出現了兩次大的社會分工，産品不僅有了剩餘，而且出現了以交換爲目的的生產活動。在交換中，人們需要確立一種標準，統一計量的方法，以保證交換能在公平的原則下進行，這就爲度量衡的出現提供了必然的社會基礎。大約在原始社會後期，中國就出現了最初的度量衡器具。最原始的計量方法，很可能就是利用人體各部位作標準來進行度量的。這也是最初計量的標準。隨着交換的頻繁，必然會發展到用精密的度量衡器具，來保證交換的公正客觀。春秋戰國時期，各國間兼并戰爭加劇，隨着相互間政治、經濟交往日益頻繁，人們迫切需要統一度量衡。從現在發現的考古材料來看，戰國後期各國間的度量衡開始出現了趨同的傾嚮。《國語・周語下》轉引《夏書》中的記載“關石、和鈞，王府則有”，即説明度量衡是由國家掌握的標準器具。秦國孝公時期的商鞅變法，統一了秦國的度量衡，這是一種適應歷史發展潮流的必然變革。正因爲這樣，秦始皇統一中國後，基本上就以商鞅變法時推行的標準爲基礎，統一了全國的度量衡。車同軌，書同文，統一度量衡。秦始皇正是憑藉這些千古不朽的改革政令，開創了中國大一統的封建社會的基業。度量衡在王莽改制時得到了最明確的界定。王莽新嘉量是中國度量衡制度發展到比較完備的産物。根據新嘉量銘文所載的五量（龠、合、升、斗、斛）的徑、深、底面積與容積之值，及“其重二鈞”的相互關係，可以推算出新莽時一尺長 23.08864 厘米，一升容 200.63492 毫升，一斤重 226.666 克。新嘉量實際上構成了一個空前完整的度量衡標準，而彼此之間又存在着相承相通的內在聯係。新嘉量製作精巧，成爲後世歷代王朝修訂度量衡的依據。但是由於中國封建社會自給自足的自然經濟占了絕對的統治地位，加上中央政權與地方官府時常處於對立的狀態，各地之間的度量衡標準非常紊亂，同一地區不同行業所用的度量衡標準也往往相差很大。這種混亂的局面直到中華人民共和國成立以後纔得以徹底結束。

　　在原始社會，巫、醫不分，甲骨卜辭中有大量關於疾病的記載，治病方法主要是通過迷信活動，但有時也使用一些藥物。西周時期，巫、醫已經分開，出現了專職的醫生和醫療制度。中國醫學體系在春秋戰國時期開始初步建立。公元前 5 世紀時扁鵲提出的“望、聞、問、切”四診法代表了當時中國醫學的最高成就，一直沿用至今，成爲中國傳統醫學最基本的診斷手段。戰國晚期出的《黃帝內經》是當時醫學的集大成著作，該書廣泛論述了醫學理論的各個方面。它第一次提出了臟腑、經絡學説，成爲日後中醫理論進一步發展的基礎。《黄帝内經》是中國醫學的奠基之作，一直指導着中醫的臨床實踐，是極爲寶貴的科學遺產。戰國至秦漢，是中國醫學理論發展的黄金時代，也是名醫輩出的時代。戰國時的扁鵲、漢代的張仲景和華佗，被稱爲中醫的"三大祖師"。華佗是一位民間醫生，他最著名的醫術是使用麻沸散進行外科手術。手術前，他讓病人用酒服下麻沸散，待病人醉倒無知覺後，開始胸腹腔外科手術。使用麻藥進行外科手術，這在醫學史上是一個巨大的成就，比起歐洲整整早了一千六百多年！華佗被稱爲"外科之祖"當之無愧。唐代名醫孫思邈在長期實踐的基礎上，編成《備急千金要方》一書，全書分二百三十三門，收方五千三百多條，可謂集唐代以前醫學之大成，被後世稱爲中國最早的一部臨床實用百科全書。後來，孫思邈又寫成《千金翼方》，以補《千金要方》的不足。明代醫學的成就，主要體現在藥物學著作的集大成方面。明代著名博物學家和藥物學家李時珍經過幾十年的努力，寫成《本草綱目》這部劃時代的藥物學巨著，對中國傳統藥物學研究起到了承前啓後的總結性作用。

中國古代科技始終獨步天下、無與比肩者，是那些日用起居器具的發明創造。如始創於西漢的透光銅鏡、活動釭燈、被中香爐及唐宋間的噴水魚盆等，皆令域外拍案驚奇，稱之爲"中華神品"。可惜這些中華神品多屬皇家豪室之雅玩，與柴門陋室無緣。所謂透光銅鏡，指此鏡於正面照人之外，若對準光源，其背面的銘文、花飾可直透墻上。所謂活動釭燈，設有燈盤可以轉動，翳板可以開合，從而可以調節燈光亮度和照射方嚮，并可將燈烟導入燈腹所貯之水中，以保持室内清潔。所謂被中香爐，可燒炭火取暖，同時散發香氣，爐體可於被中移動翻滾，而炭火則始終保持平衡狀態，絶無火災之險。所謂噴水魚盆，銅質，盆底刻有魚形，以兩手摩擦盆之雙耳，則盆内水花四濺，水注騰空，看似盆底之魚搖頭擺尾、揮然攪動所致。

漢代最輝煌的科技成就應該是紙的發明，這是一項鑿破乾坤的創造。在紙發明以前，文字的書寫材料主要是龜甲、金石、獸骨、羊皮、竹簡、木牘和絲綿等，這些書寫材料有的不僅價格昂貴，來源稀少，有些還笨重無比，使用不便，且保存不易。造紙術發明之前，書寫材料的不便對人類文化知識的積纍與傳播造成了極大的限制。中國造紙術是在繭作絲綿的手工製作的基礎上積纍起來的。中國有悠久的養蠶和繅絲歷史。漂絮蠶絲時一些破碎的絲絮粘在席上，呈薄片狀，曬乾即可作爲書寫、裱糊之材料，這就是最初的絮棉紙。遠在公元前 2 世紀，中國就已能製造大麻與苧麻混合的纖維紙，其實物就是 1957 年在陝西長安灞橋古墓中發現的"灞橋紙"，這是迄今爲止世界上最早的紙張實物。另外，1933 年在新疆羅布泊漢代烽燧遺址中曾發現一小片漢宣帝時期的麻紙。1942 年在内蒙古額濟納河旁的東漢烽燧遺址中又發掘出公元 2 世紀初的紙，上面寫着六七行殘字。1986 年在甘肅天水放馬灘的一座漢墓中發現了紙質地圖殘片。此墓屬西漢文景時期，地圖上用黑緩條繪製山脉、河流、道路等圖形。東漢時期的蔡倫在改進造紙技術方面做出了重要的貢獻。他在總結前人造紙經驗的基礎上，改進技術，提出了利用樹皮、麻頭、破布和漁網等爲原料的造紙新工藝。這一技術不僅使造紙原料來源更爲廣泛，而且紙的品質也大大提高。在蔡倫死後約八十年的東漢末年，洛陽又出現了一位造紙能手左伯。他進一步改進了蔡倫的造紙術，使新造的紙勻潔、細密、白净、色澤鮮明，成爲當時名貴的書寫材料。他所造的紙，人們稱之爲"左伯紙"。隨着造紙術的不斷改進，造紙業逐漸成爲一個大的行業在全國繁榮起來。東漢末年，皇室還曾設少府守官令一職，專門負責管理御用紙筆。魏晋南北朝時期，造紙原料又擴展到用桑皮、藤皮等。就設備情況而言，出現了可以活動的簾床紙模。這是一種可以連續反復撈紙的工具，大大提高了工效。南北朝時的賈思勰在他的《齊民要術》一書中專設兩篇記載造紙術，詳細記述了用楮皮原料造紙與染黃紙張的技術。隋唐五代時期，中國勞動人民已經比較普遍地使用竹造紙。南方竹資源豐富，所以用竹造紙是一個很有意義的進步。明代宋應星《天工開物》一書中專收有造竹紙的工藝圖。唐代不僅紙的品種繁多，而且產地非常廣泛。《唐六典》記載，當時益州產大小黄白麻紙，杭州、越州等地產案紙，北方產皮紙，安徽產宣紙等。色紙的大量製造，是中國造紙技術的又一個重大進步。歐洲在 17 世紀以後纔出現用礦物染料染成的色紙，比中國晚了一千多年。宋以後，隨着雕版印刷術的發展和活字印刷術的發明，印刷用紙的數量越來越大，造紙技術也得到了迅速提高。直到今天，紙仍是人類傳播文化的主要載體。中國這一偉大發明，對於世界文明的發展和文化交流做出了難以估量的貢獻。

　　中國早在新石器時代，陶器上就出現了刻劃的符號，殷商時期出現的甲骨文與金文都與刻劃技術的進步有關。春秋時期石刻文字和石碑也出現了。而雕刻文字的璽印在中國也有三千多年的歷史，此外還有封固書信、公函的封泥等。這些文字呈現形式均對印刷術的發明提供了間接或直接的啓迪，爲印刷術的發明奠定了堅實的基礎。而刻石與印章，在某種意義上可以説就是雕版印刷術的前身。到了東漢末年，石碑成爲重要典籍的標準範本。爲了省却抄寫的煩勞，尤其是爲了免除抄錯遺漏的缺憾，人們又發明了拓碑的辦法。通過摹拓可以得到黑底白字的拓本，這種複製文字的方法亦可視爲最原始的印刷術。雕版印刷又稱作刻版印刷，出現於隋朝，而盛於唐朝。將一篇文章用反手字刻在木板上，然後在木板上刷墨，凸起的文字受墨，可以把文章印到紙上。明朝人陸琛在《河汾燕閑録》一書中記載，雕版印刷始於隋文帝開皇十三年（593）。雕版印刷術一經問世，它對文化傳播所起的重要作用就立刻顯現出來了。雕版印刷雖然較人工手抄是一個巨大的進步，但它仍然存在着人力與材料方面的巨大浪費，因此它不可避免地要被更先進的活字印刷術所取代。北宋慶曆年間，平民畢昇發明了活字印刷術，使印刷技術產生了一個劃時代的飛躍。其原理與現代印刷術完全相同，共分三個步驟進行。先是製活字。畢昇所用材料是膠泥，將刻好方塊字的膠泥用火焙燒使之堅硬如石。所有的字用袋裝好，按韵部排列。其次是排版。在鐵框中放上松香、蠟和紙灰的混合物，將分揀出來的字排在鐵框中，等排滿一框即對鐵框加熱，使松脂熔化，用一平板將字壓平，待冷却後，字就固定在鐵框上了，這樣版就製好了。下面的印刷程式與雕版印刷術相同。印刷完畢，再將鐵框加熱，使松脂熔化，活泥字可以取下分揀另用。活字印刷克服了雕版印刷費工費時的缺點，節省了大量的人力與物力；發現錯字，可以隨時更換，印刷品質較高；製版快捷，印刷速度大大加快，有利於大部頭書籍的印刷與傳播。南宋時期，任宰相的周必大曾仿照畢昇之法在1193年用錫活字印製過自著的《玉堂雜記》，這是世界上第一部有明確紀年的活字印刷圖書。元朝著名科學家王禎在任安徽旌德縣尹時，請工匠刻製了三萬多個木活字。1298年，王禎用木活字試印他自己主編的《旌德縣志》。全書共六萬多字，不到一個月，印成了一百多部。速度快，品質好，這是見於記載的中國第一部木活字印本。王禎還創造了轉輪排字架，將所有活字都按韵排在可以轉動的輪盤上，大大提高了揀字速度，減輕了揀字工人的勞動強度，這在排版技術上是一個很大的進步。王禎還在他的農學名著《農書》中用專門一節介紹了木活字印書法。這是世界上最早闡述活字印刷工藝的著作，已被翻譯成數國文字傳播到世界各地。除了泥活字、錫活字、木活字外，中國還先後出現過銅活字、鉛活字和瓷活字等。清代活字印刷比以前更加盛行。乾隆年間，在皇宮內的武英殿刻製了二十五萬三千五百個棗木活字，先後印書一百三十四種，共二千三百卷，這是中國古代歷史上規模最大的一次活字印書。這批圖書後被稱爲"武英殿聚珍版叢書"。這批圖書的刻印分工明確、程序嚴密、印刷工藝十分精細，比王禎的木活字印書法又有了明顯的改進和發展，説明中國活字印刷技術已發展到比較純熟的階段。與活字印刷同樣齊名的有套色印刷，也是中國勞動人民的一項杰出創造。套色印刷實際上是雕版印刷的一個重大發展，它主要用來印製有兩種或兩種以上顏色的版畫。套色印刷需要有幾塊形狀、大小完全相同的版，一塊版印製一種顏色。元朝時印製的《金剛經注》就是用朱紅兩色套印的，這是中國，也是世界上現存最早的套色印刷物。清代已有了五色套印的印刷品，而且色彩鮮艷，濃淡相宜，達到了精妙入微的程度。當時，天津的楊柳青、蘇州的桃花塢、山東的濰縣（今山東濰坊市）成爲聞名全國的版畫製作中心。

　　魏晉南北朝是中國一個時間較長的分裂時期，在長達三百六十多年的分裂狀態中，政局多變，人民飽受戰亂之苦。許多封建貴族感到生死無常，朝不保夕。於是他們一方面縱情聲色，放蕩不羈，極端腐化墮落；另一方面又服食各種丹藥，幻想得道飛升，長生不死，以尋求精神寄托。在這種社會氛圍下，煉丹術就應運而生。火藥的發明，應當歸功於中國古代的煉丹家。爲了尋求長生不老之丹，他們長期從事複雜、煩瑣的化學實驗工作。在煉丹過程中，煉丹家認識到了硫黃與硝石的若干化學特徵，從而掌握了火藥的基本配比。實驗證明，硫黃、硝石、玄胴腸三物共煉，當加大硝石比例，用猛火加熱，即有可能發生爆炸。他們爲了馴服硫黃等烈性物質而進行的"伏火處理"，反而使物質烈性更進一步加强。這種燃燒速度快、具有一定威力的燃燒現象一旦被煉丹家們發現，必然會引起兵家的注意，被應用於戰爭，爲軍事目的服務。一般認爲，唐代著名醫學家孫思邈在他的《丹經》一書中，第一次記載了火藥的原始配方。火藥對戰爭的用途十分明顯。一開始，火藥武器衹是名副其實的"火器"，主要目的是在敵人的陣地上製造大火，火箭、火砲（按，古漢語中表作戰裝備及有爆炸屬性器物時多用砲、礮，較少用炮。下不再説明）也就是簡單地將帶有火藥的火毬（按，古漢語中，球字無現代球類的意義。本卷中表球形火器，用毬。下不再説明。）抛到敵人的陣地上。宋太祖開寶三年（970），"兵部令史馮繼昇等進火箭法，命試驗，且賜衣物束帛"。宋真宗咸平三年（1000），"神衛水軍隊長唐福獻所製火箭、火毬、火蒺藜"。咸平五年，"知寧化軍劉永錫製手砲以獻，詔沿邊造之以充用"（《宋史·兵志十一》）。唐福製成的火蒺藜，裏面除了火藥以外還有砒霜、瀝青、鐵蒺藜等，具有炸彈的性質。北宋曾公亮、丁度奉宋仁宗之令編撰的《武經總要》中刊載了三種火藥配方，其中最複雜的火藥配方由十四種原料組成，接近後世黑火藥的配方。這些配方火藥是最早被載入史册的軍用火藥，標志着火藥發展已進入了一個新的歷史時期。在元朝鐵火砲出現不久，利用火藥進行發射的火器亦誕生了。其中最早的管形火器見於《宋史·陳規傳》，而管形火器最早的實物圖形却出自敦煌莫高窟藏經洞的一幅降魔變絹畫。絹畫描繪了釋迦牟尼得道前夕降魔的故事。圖中釋迦牟尼的右上方，有一頭上長着三個蛇頭的惡魔，手持一件武器，其後部爲細長的杆，前部呈圓筒形，正衝着釋迦牟尼噴射火焰。專家們一般認爲該畫的創作年代是 10 世紀，這意味着管形火器有可能存在於更早的時期。南宋末年，有人製成突火槍。突火槍的出現，是火藥武器史上的一個突破，它是近代槍炮（砲）的前身。元代中晚期，管形火器又有了重大發展，出現了金屬管形射擊火器。金屬管形火器因其身用銅或鐵鑄造，故能耐更大的壓力，發射威力更大。隨之不久，手持使用的輕型管形射擊火器"手銃"出現了，意味着火藥武器進入了更加多樣化的新時期。在明朝永樂年間，中國不僅出現了世界上最早的火器部隊——神機營，而且管形火器的製造更趨靈便精巧，鑄造工藝更爲嫻熟緻密。明代之初，大口徑的重型管形射擊火器亦已經出現。《明會典·軍器軍裝二》載："〔毒火飛砲〕用熟鐵造，似盞口將軍，內裝火藥十兩有餘，盞口內盛生鐵飛砲一個，內裝硇琉毒藥五兩，藥綫總縛一處。點火，大砲先響，將飛砲打於二百步外，爆碎傷人。"這種"毒火飛砲"具有發射子母彈的性質。

指南針是中國古代的四大發明之一。所謂指南針，就是指利用磁針指着地球南北兩個方嚮的性能而製成的指示方嚮的儀器。傳說在上古時期，黃帝與蚩尤作戰時，就有利用機械原理製成的指南車。戰國時期，又有"司南"的運用。《呂氏春秋》中也有關於磁石吸鐵的記載，這是古代物理學上的一項重要發現。因爲司南是由天然磁石琢製而成的，磁石的極嚮不易確定，故成品率極低。經琢製的司南磁性較弱，與底盤的摩擦力較大，使用效果不佳。隨着社會生產力的發展，尤其是航海業發展的需要，促使人們製造出比司南更好的指嚮儀器。到了宋代，指南針的製造和使用都有了重大改進，人們在天然磁體的基礎上創造出了人工磁體，并據此製造出了完全符合現代技術標準的指南針，對世界的航海事業做出了不可估量的貢獻。

中國的科學技術向前發展到明代，出現了四部集傳統科學技術之大成的科學名著。這四大科技名著就是李時珍的《本草綱目》、徐光啓的《農政全書》、徐弘祖的《徐霞客游記》和宋應星的《天工開物》。它們各自代表了某一領域當時中國科學技術的最高水平。但在當時特殊的社會歷史條件下，即使中國按照傳統的科學技術固有的模式繼續發展，亦已是强弩之末，其速度與文藝復興之後的歐洲相比，是不可同日而語的。清朝統治階級閉關鎖國的愚昧政策，極大地遏制了中國廣大知識分子的聰明才智與創造性。統治階級以没落的心態抗拒西方傳教士帶來的先進科技，使得中國人對近代科學體系的創建貢獻甚微。原有的傳統科學技術既得不到快速發展，對西方新興的科學又采取抗拒的態度，結果使得中國近代科學技術大大落後於歐洲。

明代的醫學成就主要體現在李時珍及其《本草綱目》之中。李時珍是中國古代最杰出的醫學家和博物學家之一，湖北蘄春人，生活在明末文化發達地區，受家庭醫學薰陶。他鑒於前人本草作品錯誤很多，如不糾正會造成嚴重的後果，立志重新編纂一部高水平的藥物學著作。經過幾十年的艱辛準備，終於在晚年寫成了《本草綱目》這部不朽的藥物學巨著。此書采用綱目體例，分十六部六十類，共收藥物一千八百九十二種，附方兩萬兩千零九十六個，另配有插圖一千一百六十幅。該書不僅對藥物學做了詳細記載，還綜合了大量的科學資料，內容涉及植物學、動物學、礦物學、物理學、化學、農學、天文學等許多領域。《本草綱目》所列部類反映了中國古代對自然界萬物的分類思想，具有極高的思想史的價值，被譽爲"中國古代的百科全書"，對中國和世界的科學事業都產生了重要的影響。在中國古代，該書先後被翻印了八十多次，并東傳日本，對日本的藥物學、植物學發展起到了很大的促進作用。以後又逐漸傳到歐洲，被譯成德、英、法、俄等多種文字，極大地推動了世界藥物學、礦物學、化學、動物學、植物學的發展。英國著名進化論者達爾文就曾受到該書的影響。

《農政全書》是中國古代大型綜合性農書。作者徐光啓，明代著名科學家、農學家。全書共六十卷，約七十萬字，內容分農本、田制、農事、水利、農器、樹藝、蠶桑、種植、收養、製造和荒政等十二門，每門又各分爲若干子目。農本主要記述了傳統的重農理論，田制爲土地利用方式，農事是農業概論，水利包括西北、東南等地的水利論述。該書雖係大量摘録前人有關著述，但經作者精心裁録，融入作者精闢的見解與經驗體會，對中國古代農學成就做了系統總結，提出了許多新的農學思想，成爲一個完整的農學體系。

徐弘祖出生於明末江蘇江陰的一個破落地主家庭。當時長江三角洲地區商品經濟發達，人民思想活躍。徐弘祖在應試不第之後決意雲游四海。自二十二歲開始一直到去世前一年，他游歷了江蘇、浙江、山東、山西、河北、河南、安徽、江西、福建、陝西、廣東、廣西、湖南、湖北、貴州、雲南十六省以及北京、天津、上海等地，走遍了大半個中國。每到一地，他都注意記録山川地貌、物產風情。據此寫成的《徐霞客游記》，是一部極有價值的地理學著作，特別是他對西南各省岩溶地貌的考察記録，使該書具有開創性的貢獻。

宋應星生活於明清交會之際，他博學多聞，對生産技術尤有興趣，四十七歲開始編寫《天工開物》一書，歷經三年而成。全書十八卷，分上中下三部分。内容包括農作物栽培、農産品加工、製鹽、製糖、陶瓷、冶煉、養蠶、紡織、染色、造紙等諸多門類，是一部關於手工業生産技術的百科全書。中國是一個傳統農業大國，歷代農書很多，但關於手工業方面的書却很少，這正是《天工開物》一書的特殊價值所在。

《本草綱目》《農政全書》《徐霞客游記》和《天工開物》等都是百科全書式的巨著，是中國傳統科技知識的集大成之作，但這也預示了中國傳統科技體系的終結。明代中央集權統治達到了極點，這種思想專制嚴重地束縛了科學的發展。明朝恪守舊曆而嚴禁民間的天文學研究，違者往往被處以極刑。結果導致了天文學發展陷於停滯狀態，理論數學也因天文學的停滯而不再有重大的發展，連宋元時期已取得的成就都没有繼承下來。本來隨着明朝資本主義的萌芽，各種與生産有關的技術可以得到充分的發展，但因爲封建專制的一再扼制，各種發展機遇祇能空存於理論之中，而得不到任何實踐的可能，中國開始全面落後於西方。

明朝末年，李自成等率領的農民起義軍摧毀了明王朝的統治，清軍乘機入關。作爲一個以少數民族爲統治集團的封建帝國，清廷爲了鞏固自己的統治，采取了遠比漢族統治者更爲嚴酷的專制政策，對中國科學技術的發展造成了巨大的阻礙。清兵入關後，對東南沿海經濟較發達地區進行了大規模的破壞和掠奪，其圈占牧場等愚昧活動極大地破壞了生産力的發展。清廷在穩固統治的一百多年後，手工業生産水平纔趕上明代中期。另外，清朝統治階級對漢族知識分子采取了高壓政策，他們大興文字獄，對知識分子實行殘酷屠殺。這種高壓政策導致知識分子很少關注現實問題，寧可埋頭故紙堆，做死學問，完全喪失了探索科學技術的興趣。清朝初年，統治階級實行了嚴厲的海禁政策，閉關鎖國，嚴禁海上通商。這些政策嚴重地阻礙了西方科學技術在中國的傳播，使中國科學技術越來越趨於落後的境地。

第三節　結　語

縱觀中國古代科學技術發展的歷程，可以總結出以下幾個明顯的特點。

一、中國古代的科學技術基本上都是獨立的發明創造。中國古代文明本來就是特立獨行的文明。歷史上，中國祇有兩次大的外來文明的衝擊：一次是漢末佛教的傳入。佛教傳入中國後，經與中國本土文化融合，創造出了中國佛教。另一次是元明時期的西學東漸。從 1551 年西班牙人沙勿略踏上中國土地後，各國傳教士紛至沓來，他們除了傳授天主教義外，還介紹西方的天文、地理、曆算、製造等方面的知識。但他們的製造技術絕大部分是一些天文儀器、機械製造。這些天文儀器、機械製造在設計發明思想方面并沒有多少超過我們祖先的東西，祇是在製作工藝上比我們的祖先更顯靈巧精緻。可見外來文明對中國的影響主要是表現在宗教、文化、藝術方面，對於一些重大的科學技術發明創造，絕大部分都是由我們的祖先獨立完成的。

二、因爲"重道不重器"傳統觀念的制約，中國古代的科學技術中無意識的發明占了很大的比重。從文化史的角度來看，無意識的發明要比有意識的創造更有意義。因爲這種無意識的發明創造是長時期知識積纍的結果。祇有這種發明，纔充分體現發明者敏銳的洞察力與豐富的創造力，因爲他們總是從人們習以爲常、司空見慣的現象中發現新的規律。這在中國古代的發明創造中比比皆是，如爲求長生煉丹而發明了火藥；印刷術是在刻石與印章的啓發下產生的；磁石的指南特性也是在無意中發現的，在司南出現一千多年以後纔被用於航海；等等。

三、中國古代的科學技術中實用技術占了絕大多數。中華民族歷來就是一個"不尚空談，惟求實務"的民族，在發明創造方面體現得尤爲突出。中國作爲一個傳統農業大國，由於農業生產的需要，很早就建立起了一套完全具有中國特色的天文學體系；鐵製農具的大量出現，極大地提高了農業生產的水平；水利事業的高度發達，更是解決了農業生產中的旱澇災害問題；而四大發明等廣大實用科學技術的影響尤爲廣遠，成爲世界文明進程的巨大推動力。但也因爲中國古代一直強調實用科技的發展，在科學基礎理論方面的研究就顯得非常薄弱。這也是中國古代幾千年來沒有產生偉大的科學理論家的一個重要原因。

四、在中國古代，自周秦以來，即有"重道輕器"之説，所謂"形而上者爲之道，形而下者爲之器"（《易・繫辭上》）。道無形，指不可見的理念；器有體，指宇宙間的浩博實物。先有道，後有器，由道而生器。先哲們認定道至高至大，器則爲等而下之的派生物。在這一理論框架中，科學技術常被視爲"奇技淫巧"，尤爲統治者所不齒。《書・泰誓下》有指責殷紂王之語曰："作奇技淫巧，以悦婦人。"唐人孔穎達釋之曰："奇技謂奇異技能，淫巧謂過度工巧。二者大同，但技據人身，巧指器物爲異耳。”而《禮記·王制》中則設重刑以嚴禁：“執左道以亂政，殺；作淫聲、異服、奇技、奇器以疑衆，殺。”這裏“奇技奇器”的製作等同於“執左道以亂政”，爲不赦之罪。《漢書·藝文志》將“醫經”“醫方”等三十六家列於卷尾，其位置更低於數術。西漢劉歆總天下群書而奏《七略》，復將“方伎”列於最末。《新唐書》釋《方伎列傳》則曰：“凡推步（指天文、數學）、卜、相、醫、巧，皆技也。”技、伎、妓在古漢語中屬同源詞。歷代統治者鄙視科技之情形，由此可見一斑。中國之科技，就是在上述之人文環境中，扭曲却頑强地滋生、成長的。

　　明清時期，大批西方傳教士進入中國，他們帶來了西方先進的科學技術。但是這種西洋科學并沒有在中國土地上生根發芽。因爲所有科技祇有在符合中國統治者需要時纔能得以傳播，如修訂正確的曆法、先進的軍用火器以及在宮廷中用以觀賞的自鳴鐘等機械玩具。西學東漸對中國傳統的科學技術體系整體上并沒有什麽根本觸動，有的甚至遭到了嚴厲的抵制，清末統治者對修建鐵路的强烈恐懼就是典型的一例。中國統治階級的夜郎自大與當時知識分子故步自封的心態，使他們對外來文化普遍采取一種排斥態度。他們有的認爲西學在中國古已有之，有的認爲中學西學不分高下，有些還不如中學，更有的認爲西學源於中學。凡勝於中國，或中國所無者，則一概斥之爲“奇技淫巧”，耻於效法，認爲中國根本無須向西方學習任何事物。這種目光短淺的自我陶醉與思想觀念上的歷史痼疾，使得中國封建社會末期在世界範圍内繼續保持科技領先或與西方保持同步的可能性徹底喪失。隨着中國封建統治的日趨黑暗腐朽與西方工業革命的最終完成，中國就必然祇剩下一條被西方列强奴役，而一步步淪落入半封建、半殖民地社會的悲慘之路了。

　　近代中國科學技術的落後，是與歐洲科學技術相比較而言的。落後也并不意味着沒有發展，它祇是表現爲雙方在發展的速度上有快慢之别。傳統科學技術在清廷的統治下仍有一定的發展，祇是速度相對趨緩、滯後。與之相反，歐洲誕生了近代科學，這一新興的科學傳統有極强的生命力，它與歐洲新興的資本主義制度相適應，使科學技術的發展達到了一個世界前所未有的高度。兩相比較，中國近代科學技術的發展就愈顯得難以匹配，遠遠地落伍了。

　　假如中國的傳統科學技術能沿着自己固有的軌道繼續前進，那麽即使西方的科學技術取得大踏步前進，中國也絕不至於落後西方太多。可事實上，中國傳統科技不僅沒有得到加速發展，相反，發展速度比黄金歲月的唐宋時期要慢得多。這裏面除了傳統科技體系自身的原因外，還有明清以後特定的社會政治體制的桎梏。中國古代科學技術體系的最大特點是它具有極強的實用性，這種實用性直接表現爲以滿足統治者的直接需要爲最高目的。由於它的極端實用性，一旦社會現實不直接提出要求，或者科學技術一時滿足不了統治者的直接需要，科學技術就失去了發展的現實動力。同樣，由於傳統科學技術主要是爲了滿足統治者的直接需要，封建社會本身就爲科學技術的發展設置了一個非常狹窄的發展空間。一旦超越這個空間，科學技術就會處處碰壁，四面楚歌，很難再有大的作爲，而且封建專制國家機器會采取極端嚴厲的手段來限制，甚至鎮壓。這種狀況祇有在社會結構發生重大變革之時纔有可能被打破，産生新的社會需求。可是中國幾千年超穩定的封建社會結構，很難産生重大的新的社會需求，這就是中國實用性科學技術體系到了宋元以後就不可能有大的發展的内在原因。由於中國傳統實用性科學技術發展到元明時期，其成就足可以滿足權貴等統治者的實際需要，已經達到頂峰，中國傳統科學技術就受到了極大制約。時至清代乾嘉之後，統治者復以天朝自居，閉關鎖國，終於衰落，直至中華人民共和國成立，始漸中興，而推行改革開放之後，又步入了飛速發展時期。

　　審視中國古代的科技發展史，從久遠的輝煌到近現代的逐漸落後，可以總結出很多帶有規律性的經驗教訓，這對我們今天的現代化建設仍有很重要的藉鑒意義。在現代科學技術如此發達的今天，我們有理由，也應有信心繼承中華民族優秀的科學傳統，再創光明輝煌的未來，爲推動人類文明的進步貢獻出中華民族的聰明與才智。

　　綜上所述，科學技術是先進生産力的重要標志，是推動社會發展的重要動力。科學技術進步爲人類創造了巨大的物質財富和精神財富，爲社會發展提供了無限的可能和極大的張力。科學技術包羅萬象，無所不涉。本卷與其他各卷内容密切相關，實難分割。本卷祇能舉一反三，略舉條目，挂一漏萬之處，實是難免。讀者若欲精研，可從其餘各卷索取。

第二章 四大發明説

第一節 紙 考

紙是以絲絮、木漿或其他植物纖維爲主要原料的製成品，多用於書寫、繪畫、印刷或包裝等，是中國古代四大發明之一。在造紙術發明以前，文字的書寫材料主要是龜甲、金石、獸骨、羊皮、竹簡、木牘和絲綿等紡織物。古巴倫人則把文字刻在泥板上，古印度人用白樹皮或多羅樹的樹葉作爲書寫材料。這些書寫材料有的價格昂貴，來源稀少，有的還笨重無比，使用不便，且不易保存。西漢時東方朔給漢武帝寫了一封信，整整用了三千根竹簡，兩個身强力壯的人都很難搬動，而漢武帝花了兩個月的時間纔讀完。造紙術發明之前，書寫材料的不便對人類文化知識的積纍與傳播造成了極大的限制。

中國造紙技術是在繭作絲綿的基礎上發展起來的。《説文·糸部》："紙，絮一笤也。從糸，氏聲。"由紙從糸可知，中國最初的紙不是植物纖維紙，而是"絲絮紙"。中國有悠久的養蠶和繅絲技術，漂絮時一些破碎的絲絮粘在席上，呈薄片狀，曬乾即可供書寫、裱糊之用。這就是最初的絮綿紙。遠在公元前 2 世紀，中國就已能製造大麻與苧麻混合的纖維紙，其實物就是 1957 年在陝西長安灞橋古墓中發現的"灞橋紙"，這是迄今爲止世界上最早的紙張實物。另外，1933 年在新疆羅布泊漢代烽燧遺址中曾發現一小片漢宣帝時期的麻紙。1942 年在内蒙古額濟納河旁的東漢烽燧遺址中又發掘出公元 2 世紀初的紙，上面寫有六七行殘字。1986 年在甘肅天水放馬灘的一座漢墓中發現了紙質地圖殘片。此墓修建時間屬西漢文景時期，地圖上用黑綫繪製山脉、河流、道路等圖形。

東漢時期的蔡倫在改進造紙技術方面做出了重要的貢獻。蔡倫是一位宦官，專門負責監製皇宮用的器物。他在前人造紙經驗的基礎上，改進技術，研製出了用樹皮、麻頭、破布和漁網等爲原料的造紙新工藝。其製作方法爲先將其原料剉碎、煮爛後搗成漿狀，再在席子上攤成薄片，曬乾成紙。這一技術不僅使原料來源更爲廣泛，而且紙的品質也大大提高。公元 105 年，蔡倫將此造紙技術和一些造好的紙獻給漢和帝，因此被封爲龍亭侯，大家也就把這種紙稱爲“蔡侯紙”。《後漢書・蔡倫傳》：“自古書契多編以竹簡，其用縑帛者謂之爲紙。縑貴而簡重，並不便於人。倫乃造意，用樹膚、麻頭及敝布、魚網以爲紙。元興元年奏上之，帝善其能，自是莫不從用焉，故天下咸稱‘蔡侯紙’。”在蔡倫死後約八十年的東漢末年，洛陽又出現了一位造紙能手左伯。他進一步改進了蔡倫的造紙術，使新造的紙匀潔、細密、白净，色澤鮮明，成爲名貴當時的書寫材料，當時人們稱之爲“左伯紙”。

蔡倫之後，隨着造紙術的不斷改進，造紙業逐漸成爲一個大的行業而在全國發展起來。東漢末年，皇室還增設了少府守官令一職，專門負責管理御用紙筆。魏晋南北朝時期，造紙原料又擴展到桑皮、藤皮等。從設備情況來看，出現了可以活動的簾床紙模，這是一種可以連續反復撈紙的工具，大大提高了工效。在加工紙漿中，加入了碱液蒸煮，從而進一步清除了原料中的木素、果膠、油脂等雜質，使非纖維性物質大爲減少，大大提高了紙的品質。這時還出現了一些紙的新品種。《拾遺記》記載，晋武帝曾用“側理紙”賞賜臣下。這種紙是用水苔等物做成的，呈青綠色，非常名貴。“髮箋”紙也出現在這個時期，這種紙又稱“苔紙”，是在紙漿中加少量的水苔製成的，表面呈不規則的彩色紋理。南北朝時的賈思勰在他的《齊民要術》一書中專門有兩篇記載造紙術，詳細記述了用楮皮爲原料造紙和染黄紙張的辦法。

隋唐五代時期，中國勞動人民已經比較普遍地開始使用竹子造紙。竹紙出現於唐代，但在唐宋之際有了比較大的發展。南方竹子資源豐富，所以用竹造紙是一個很有意義的進步。明宋應星《天工開物》中專收有造竹紙的工藝圖。唐代還出現了“金花紙”，又稱

"冷金紙"。它是將金銀箔或金銀粉附着在有色紙上,互相襯托,顯得華麗异常。據説唐代大詩人李白題寫牡丹詩時用的就是這種金花紙。唐代不僅紙的品種繁多,而且産地非常廣泛。《唐六典》記載,當時益州産大小黄白麻紙,杭州、越州等地産案紙,北方産皮紙,安徽産宣紙等。另外,像包裝茶葉、糊窗户、送葬用的紙等,都有專門的生産作坊。尤其奇异的是,1973 年在新疆出土了一具葬有唐代尸體的紙棺。紙棺以細木杆爲骨架,撑以五道弧頂支架,糊以外表塗紅的故紙。宋代還記載有一種以紙製成的被子,這種製被的紙主要是以藤纖維爲原料造成的。宋劉子翬在《吕居仁惠建昌紙被》記中記載了紙被的原料及製作過程:"嘗聞盱江藤,蒼崖走虬屈。斬之霜露秋,漚以滄浪色。粉身從澼絖,蜕骨齊麗密。"宋代文豪蘇軾在《物類相感志·衣服》中較詳細記載了紙被的修補情况:"紙被舊而毛起者將破,用黄蜀葵梗五七根,捶碎浸涎刷之則如新。或用木槿葉搗水刷之亦妙。"色紙的大量製造,是中國造紙技術的一個重大進步。歐洲在 17 世紀以後纔出現用礦物質染料染成的色紙,比中國晚了一千多年。

入宋以後,隨着雕版印刷術的發展和活字印刷技術的發明,印刷用紙的數量越來越大,造紙技術也得到了迅速提高。油紙在宋代得到進一步發展。唐朝時就已有用桐油等塗刷的紙,用來糊窗户或做雨傘。到宋代,又出現了用蠟塗的紙。這種紙表面光滑,透明度高,抗水性强,還有防蛀蟲的作用。在此基礎上,又製成了"粉蠟紙",即先用白色礦粉塗抹在紙上,然後再在上面塗蠟。宋代還出現了品質很高的"水紋紙"。這種紙在陽光下一照,可以見到裏面有透明的花紋。中國現在通行的人民幣就是用水紋紙印製的。出於長期保存書畫作品的需要,宋代紙防蛀技術也有了很大的進步。起初用黄汁將紙染成黄色,後用椒汁浸紙防蛀,流傳至今的一些宋版書就是用這種紙印刷的。

中國紙張和造紙技術的西傳幾乎與紙的發明同時。蔡侯紙出現不久就流傳到了西域。公元 3 世紀,中國紙已通過波斯商人傳至伊拉克。隨後,造紙術大約於公元 625 年傳到波斯。公元 751 年,唐帝國與阿拉伯帝國發生大戰,結果大將高仙芝指揮的中國軍隊大敗,大批士兵被俘,造紙術就隨着戰俘進入了阿拉伯世界。11 世紀阿拉伯旅行家貝魯尼在其游記《印度》中寫道:中國的戰俘把造紙法輸入撒馬爾罕(今烏兹别克斯坦境内),從那以後,許多地方都造起紙來,以滿足當時存在的需要。8 世紀末,巴格達開始建立造紙廠,隨後造紙業在大馬士革盛行,歐洲一直由此進口紙張。直到 10—11 世紀,造紙術纔通過埃及傳入西西里島,沿地中海傳入歐洲各國。在 11 世紀末,比利牛斯山麓纔建立起第一座造紙廠，基本滿足了整個歐洲的用紙需要。

　　紙張不但在中國引發了一場書寫材料的革命，而且爲世界文明的傳播引入了燦爛的陽光。中國的這一偉大發明，對於世界文明的發展和文化交流做出的貢獻是難以估量的。

紙

　　亦作"帋"。用絲麻、木漿等植物纖維爲主要原料的製成品。可供書寫、繪畫、印刷、包裝之用，是中國古代四大發明之一。古代先人早期以縑帛等作爲書寫載體，西漢時出現麻類纖維紙。至東漢，蔡倫改造造紙術，始以樹皮、麻頭、破布、漁網等物爲原料造紙。晋代，江浙地區出現藤紙，唐代出現竹紙，明清時以草類纖維造紙。《後漢書·蔡倫傳》："倫乃造意，用樹膚、麻頭及敝布、魚網以爲紙，元興元年奏上之，帝善其能，自是莫不從用焉，故天下咸稱'蔡侯紙'。"《後漢書·賈逵傳》："〔帝〕令逵自選《公羊》嚴、顏諸生高才者二十人，教以《左氏》，與簡紙經傳各一通。"李賢注："竹簡及紙也。"《新唐書·蕭瑀傳》："南海多穀紙，仿敕諸子繕補殘書。"宋蘇軾《答濠州陳章朝請》："臨紙耿耿，萬萬以時自重。""帋"字產生於曬布造紙術興起之後，以區別用縑帛原料所造之"紙"，故雖同取"氏"字構字表音，却分別取"糸"、取"巾"以表義。《太平御覽》卷六〇五引晋王隱《晋書》："魏太和六年，博士河間張揖上《古今字詁》。其《巾部》'帋'，今'紙'也，其字從'巾'。"《新唐書·柳公權傳》："書帋三番，作真、行、草三體。"

【帋】

　　同"紙"。此體三國時期已行用。見該文。

赫蹏

　　亦作"擊蹏"。古時用以書寫的小幅絹帛，後亦藉以稱紙。《漢書·外戚傳下·孝成趙皇后》："〔籍〕武發篋中，有裹藥二枚，赫蹏書。"顏師古注："鄧展曰：'赫，音兄弟鬩墙之鬩。'應劭曰：'赫蹏，薄小紙也。'……師古曰：'今書本"赫"字或作"擊"。'"

【擊蹏】

　　同"赫蹏"。此體唐代已行用。見該文。

藤紙

　　以藤皮爲原料所造之紙。晋代浙江剡溪、餘杭之野生藤條，取之製紙，匀細光滑，潔白如玉，馳名天下。後世文獻多有記叙。此稱唐代已行用。唐段成式《酉陽雜俎·廣動植》："南詔石榴，子大，皮薄如藤紙，味絶於洛中。"

竹紙

　　以竹纖維爲原料所造之紙。晋代會稽郡所產之竹紙最佳。相傳王羲之父子最喜用此紙，風靡一時。後世文獻多有記叙。此稱宋代已行用。宋蘇軾《試墨》："世人言竹紙可試墨，誤矣。當於不宜墨紙上。竹紙蓋宜墨，若池、歙精白玉板，乃真可試墨，若於此紙上黑，無所不黑矣。"明謝肇淛《五雜俎·物部四》："又越中有竹紙，江南有楮皮紙，溫州有蠲紙，廣都有竹絲紙，循州有藤紙，常州有雲母紙。又有香皮紙、苔紙、桑皮紙、芨皮紙。蔡君謨言：

"績溪、烏田、古田、由拳、惠州紙皆知名。"今試觀宋人書畫紙，無一不佳者，可知其製造之工且多也。"

蠶繭紙

以蠶繭殼爲原料所造之紙。紙質韌而光澤，紙面如見蠶絲交錯。相傳王羲之父子亦喜用此。後世文獻多有記叙。此稱晋代已行用。唐李冗《獨異志》："王右軍，永和九年曲水會，用鼠鬚筆、蠶繭紙爲《蘭亭記叙》，平生之札，最爲得意。"

黃紙

經入潢處理之紙。魏晋以來，始用黃檗染紙，渭之入潢，可防蟲蛀。相傳爲晋代葛洪所創。此紙一出，即廣爲朝廷所用，或以銓選官吏，或以頒發詔書。黃紙、黃詔諸詞，不絕於史册、文集。此稱晋代已行用。明謝肇淛《五雜俎·物部四》："今人謂紙始造於蔡倫，非也。西漢《趙飛燕傳》：'篋中有赫蹄書。'應邵云：'薄小紙也。'孟康曰：'染紙令赤而書，若今黃紙也。'則當時已有紙矣。但倫始煮穀皮、麻頭及敝布、魚網，搗以成紙，故紙始多耳。"

紙素

供書寫或繪畫用的紙張或絹帛。南朝齊王琰《冥祥記》："里中小屋，有經像者，亦多不燒。或屋雖焚毁，而於煴燼之中，時得全經，紙素如故。"唐李節《贈釋疏言還道林寺詩》序："容貌於土木者沈諸水，言詞於紙素者烈諸火。"

生紙

未經加工裝飾之紙。紙有生熟之分，始於唐代。生紙係直接從紙槽裏抄造後，經乾製成。此紙宜於寫意畫及行草書體，若紙墨相應，頗便渲染。亦常用於裱糊字畫。宋邵博《聞見後錄》卷二八："唐人有熟紙、有生紙。"此稱唐代已行用。唐韓愈《與陳給事書》："不敏之誅，無所逃避，不敢遂進，輒自疏其所以，並獻近所爲《復志賦》以下十首爲一卷，卷有標軸，《送孟郊序》一首，生紙寫，不加裝飾，皆有揩字注字處，急於自解而謝，不能俟更寫，閣下取其意而略其禮可也。"

熟紙

經過煮搥或塗蠟的紙。《新唐書·百官志二》："熟紙裝潢匠八人。"宋邵博《聞見後錄》卷二八："唐人有熟紙、有生紙。熟紙，所謂妍妙輝光者。"

紙被

亦稱"紙衾"。宋代一種以紙製成的被子。這種製被的紙主要是以一種藤纖維爲原料造成的。宋劉子翬《呂居仁惠建昌紙被》詩："嘗聞眄江藤，蒼崖走虯屈。斬之霜露秋，漚以滄浪色。粉身從澼絖，蛻骨齊麗密。"宋蘇軾《物類相感志·衣服》："紙被舊而毛起者將破，用黃蜀葵梗五七根，搥碎浸涎刷之則如新。或用木槿葉搗水刷之亦妙。"宋高翥《同周晋仙夜宿》詩："更有詩人窮似我，夜深來共紙衾眠。"宋謝枋得《謝人惠紙衾啓》："雅志孤高，亦有紙衾之惠。"宋陸游《謝朱元晦寄紙被》詩："紙被圍身度雪天，白於狐腋暖於綿。"

【紙衾】

即紙被。此稱宋代已行用。見該文。

紙帳

用藤皮繭紙製成的帳子。宋蘇軾《自金山放船至焦山》詩："困眠得就紙帳暖，飽食未厭山蔬甘。"明高濂《遵生八箋·起居安樂箋下》

詳細記載了紙帳的製作方法:"用藤皮繭紙纏於木上,以索纏緊,勒作皺紋,不用糊,以綾折縫縫之。頂不用紙,以稀布爲頂,取其透氣。"《醒世恒言·赫大卿遺恨鴛鴦條》:"倦來眠紙帳,閑暇理絲桐,好不安閑自在。"清黄景仁《二十夜》詩:"破窗蕉雨夜還驚,紙帳風來自作聲。"

綃楮

作書畫用的絹和紙。宋郭若虚《圖畫見聞志·論氣韻非師》:"矧乎書畫發之於情思,契之

於綃楮。"

還魂紙

古代皮紙或竹紙等用廢後,將其浸爛重新造紙,可省却煮浸原料等前期工序,此等再造紙稱之爲"還魂紙。"明宋應星《天工開物·殺青》:"其廢紙洗去朱墨污穢,浸爛入槽再造,全省從前煮浸之力,依然成紙,耗亦不多。江南竹賤之國不以爲然,北方即寸條片角在地,隨手拾起再造,名曰還魂紙。"

第二節　印刷術考

早在新石器時代,我國陶器上就出現了刻劃的符號。經專家鑒定,有的刻劃符號就是漢字的早期形式——象形文字。殷商時期出現的甲骨文、金文都與刻劃技術的進步有關。春秋時期石刻文字和石碑也出現了。雕刻文字的璽印在中國也已有三千多年的歷史,此外還有封固書信、公函的封泥等,這些文字形式均對印刷術的發明提供了間接或直接的經驗,而刻石與印章在某種意義上甚至還可以説就是雕版印刷術的前身。

漢朝盛行石刻。從漢武帝起,歷代封建帝王都利用石經作爲維護封建統治的工具。到了東漢末年,石經成爲重要典籍的標準範本。由著名書法家蔡邕校正的《熹平石經》,被作爲當時學子抄寫和校對的依據。爲了省却抄寫的煩勞,尤其是爲了免除抄錯遺漏的缺憾,人們又發明了拓碑的辦法。通過摹拓可以得到黑底白字的拓本。這種複製文字的方法亦可視爲最原始的印刷。

雕版印刷又稱爲刻版印刷。始見於隋代,而盛行於唐朝。它是先將一篇文章用反手字刻在木板上,然後在木板上刷墨,凸起的文字受墨,從而可以把文章印到紙上。明朝人陸琛在《河汾燕閑錄》上卷中記載,雕版印刷始於隋文帝開皇十三年(593)。雕版印刷術一經問世,對文化傳播所起的重要作用立刻就顯現出來了。唐代印刷業極爲發達,四川成都幾乎成了書的中心。大量農書、醫書、曆書、字帖等由此處流傳到了全國各地。唐朝後期,元稹在爲大詩人白居易的詩集寫序文時説,常有人用白居易的詩集去換酒茶,表明此

時已用雕版印刷術大量印刷詩文。由於雕版印刷術的普及，有些商人就自己組織力量印製曆書，甚至在官府還沒有正式頒布新曆之前，一些商人印製的曆書就已經在市場上出售。爲此，有的地方官員上書皇帝，認爲應予禁止。這表明，唐朝後期雕版印刷在民間已相當流行。

唐咸通九年印本《金剛經》

佛教傳入中國後，印刷術則被用於大量印製佛經和佛像。1966 年 10 月，在韓國慶州佛國寺一座釋迦石塔內發現了現存世界上最早的雕版印刷品《無垢淨光大陀羅尼經》。經文長約二十尺，高約二尺二寸五分，用十二塊雕版印製而成。這卷佛經是由一位出身於中亞細亞吐火羅國的僧侶在唐朝都城長安時譯成的，這是此經的第一個漢文譯本，而這座釋迦塔建成於公元 751 年。公元 684—704 年是武則天執政時期，經文中有武則天強行推行的獨造漢字，由此可以證明這部經卷印製於此時。這個印本的發現，也證明了中國雕版印刷術的發明時間還要在這卷佛經問世之前。1900 年在敦煌千佛洞發現一册卷子本《金剛經》，是一位名叫王玠的人爲了替父母祈福消灾而出資雕印的。這部《金剛經》共用了七張紙綴成一個長卷，扉頁上刻有釋迦牟尼說法圖，卷末印有 "咸通九年四月十五日王玠爲二親敬造普施" 字樣。該佛經墨色鮮明，刻鏤精美，字體、圖畫的筆法都很純熟，可見當時的雕刻技術已經達到很高的水平。咸通九年是公元 868 年，這部《金剛經》是目前世界上最早標明日期的印刷品。可惜這件珍貴文物於 1907 年被斯坦因盗往英國，現存於倫敦大英博物館。歐洲最早印有確切日期的印刷品是德國南部的 "聖克利斯多夫畫像"，日期是 1423 年。

五代時期，後唐宰相馮道在公元 932 年首倡刻經及儒家經典。他奏請皇帝批准，召集國子監的博士鴻儒校定雕刻五代監本《九經》，歷時二十二年完成，共一百三十册。這是官府大規模刻書的開始。從此版本學上出現了 "監本" 一詞。監本《九經》的問世，使古代經書有了統一的標準本，對文化的普及起到了積極的促進作用。

雕版印刷術在宋代達到了極高的水平，留存至今的宋代刻本有七百多種，每本都十分精美。公元 971 年在成都刻印的《大藏經》共一千零四十六部五千零四十八卷，雕版達十三萬塊，花費了十二年時間，這在世界印刷史上也是一項規模宏大的工程。

雕版印刷雖然與人工手抄相比是一個巨大的進步，但它仍然存在着人力與材料方面的巨大浪費。每一種書都要重新刻版，大部頭的書往往要歷時數年；刻版時如出現錯誤很難修改；而書印完後刻版又需要大量的存放空間，時間稍久，就可能被蟲鼠破壞，保存不易。這些缺點隨着雕版印刷術的日益普及而逐漸顯現出來，因此它不可避免地要被更先進的活字印刷術所取代。

宋慶曆年間，平民畢昇發明了活字印刷術，使印刷技術產生了一個劃時代的飛躍。宋沈括《夢溪筆談·技藝》詳細記載了畢昇這項偉大的發明："板印書籍，唐人尚未盛為之，自馮瀛王始印五經，已後典籍，皆為板本。慶曆中，有布衣畢昇，又為活板。其法用膠泥刻字，薄如錢唇，每字為一印，火燒令堅。先設一鐵板，其上以松脂、蠟和紙灰之類冒之。欲印，則以一鐵範置鐵板上，乃密布字印。滿鐵範為一板，持就火煬之。藥稍鎔，則以一平板按其面，則字平如砥。若止印三二本，未為簡易；若印數十百千本，則極為神速。常作二鐵板，一板印刷，一板已自布字。此印者纔畢，則第二板已具。更互用之，瞬息可就。每一字皆有數印，如'之''也'等字，每字有二十餘印，以備一板內有重複者。不用則以紙貼之，每韻為一貼，木格貯之。有奇字，素無備者，旋刻之，以草火燒，瞬息可成。不以木為之者，木理有疏密，沾水則高下不平；兼與藥相粘，不可取，不若燔土。用訖，再火令藥鎔，以手拂之，其印自落，終不沾污。昇死後，其印為群從所得，至寶藏之。"畢昇發明的活字印刷術原理與現代印刷術完全相同，它克服了雕版印刷費工費時的缺點，節省了大量的人力與物力；發現錯字，可以隨時更換，印刷品質較高；製版快捷，印刷速度大大加快，有利於大部頭書籍的印刷與傳播。

遺憾的是，畢昇發明的活字印刷術并沒有很快推廣開來。宋元時期，雕版印刷仍占據着統治地位。但這種先進的印刷技術有頑强的生命力，它終將會得到發揚光大。南宋時期，任宰相的周必大曾仿照畢昇之法在 1193 年用活字印製過自著的《玉堂雜記》一書。他在給友人的信中說，近用沈括之法（實為畢昇之法）"以膠泥銅板，移換摹印，今日偶成《玉堂雜記》二十八事"（宋周必大《劄子十·程元成給事》）。這是我國第一部有明確年代記載的活字印刷圖書。

元朝初年，有個叫楊古的人曾用活字印製過朱熹的《小學》、北宋幾位哲學家的言論集《近思錄》等書。與此同時，有位不知姓名的發明家發明了錫活字，此事記載於元朝科學家王禎所著的《造活字印書法》一文中："近世又有鑄錫作字，以鐵條貫之，作行，嵌於盔内，界行印書。但上項字樣，難於使墨，率多印壞，所以不能久行。"這是世界上最早闡述活字印刷工藝的著作，已被翻譯成數國文字傳播到世界各地。當時的錫活字印刷雖未能流行開來，但它却成爲世界上最早的錫活字。

錫活字發明不久，元朝著名科學家王禎又創造了木活字。他在任安徽旌德縣尹時，請工匠按自己的設計，花了兩年多時間，刻製了三萬多個木活字，這是中國第一副木活字。製作方法是：先準備一塊方整的木板，把寫滿字樣的紙反貼在上面，然後仔細地雕刻；字刻好後，用小鋸把單字一一鋸下來，再用小刀修整，使木活字大小高低相同。排版時先製作一個方形木盤，把木活字一行行排上去，再用小竹片墊平，用木楔塞緊，使木活字固定不動，然後就可以在排好的字版上塗墨、鋪紙、印刷了。1298 年，王禎用木活字試印他自己主編的《旌德縣志》，全書六萬多字，不到一個月，印成了一百多部，速度又快，品質又好，這是見於記載的中國第一部木活字印本。據記載，畢昇當年也曾試製過木活字，因木質紋理疏密不均匀，沾水後有伸脹性，印版難以平整，而且木材經不起火烤，與木板上的藥物黏連在一起不容易取下，故而改用泥活字。王禎還創造了轉輪排字法，將所有活字都按韵排在一個可以轉動的輪盤上，大大提高了揀字速度，減輕了揀字工人的勞動強度，這在排版技術上是一個很大的進步。

除了泥活字、錫活字、木活字外，中國還先後出現過銅活字、鉛活字和瓷（磁）活字等。其中瓷活字在 1718 年由山東泰安人徐志定發明，稱之爲"泰山磁版"。具體方法就是在刻製好的泥活字上面加一層瓷釉，燒製成瓷活字。他用瓷活字印製成《周易説略》和《蒿庵閑話》等書。瓷活字質地堅硬，不受寒暑濕燥的影響，在活字印刷術上是一大進步。

清代活字印刷比以前更加盛行。由於朝廷的支持，在雍正初年，由蔣廷錫等人校對的《欽定古今圖書集成》全部用銅活字印刷。該圖書每部一萬卷，約一億六千萬字，僅用三年時間就印成了。該圖書用大小兩號字體排印，大字正文，小字注文，字體端正秀麗，版式整齊，印刷清晰，裝潢漂亮，且圖文并茂，内容豐富，實是中國古代絕無僅有的大百科全書。乾隆年間，經皇帝批准，在皇宫内的武英殿刻製了二十五萬三千五百個棗木活字，先後印書一百三十四種，共二千三百卷，這是中國歷史上規模最大的一次木活字印書。這批圖書後被稱爲"武英殿聚珍版叢書"。從這裏我們可以知道，"武英殿聚珍版叢書"的刻印分工明確、程式嚴密、印刷工藝十分精細周詳，比王禎的木活字印書法又有了明顯的改進和發展，説明中國活字印刷技術已發展到比較純熟的階段。下有"武英殿聚珍版"專文，此不贅述。與活字印刷同樣齊名的有套色印刷，它實際上是中國勞動人民的又一項杰出創造。套色印刷是雕版印刷的一個重大發展，它主要用來印製有兩種或兩種以上顏色的版畫或書籍。套色印刷需要有複雜精密的技術，印製幾色的版畫，就要有幾塊形狀、大小完全相同的版，一塊版印製一種顏色。至明代，又出現了"豆版"和"木版浮水印"技術。明代末年印製的《十竹齋畫譜》《十竹齋箋譜》等美術圖畫，更是豆版的代表作品。到了清代已有了五色套印的印刷品。下有"套色印刷"專文，此不贅述。

中國的印刷技術發明以後，陸續傳到了世界各地。可以毫不誇張地説，世界各國的印刷技術都直接或間接受到了中國的影響。遠在唐代，日本、朝鮮的留學生、僧人即曾將中國的書籍、技術帶到他們各自的國家。13 世紀，朝鮮已用銅活字印書；到 16 世紀，日本開始學會用活字印刷；10—14 世紀，印刷術傳到阿拉伯國家，并從海陸兩路傳到中亞及美索不達米亞和埃及；14 世紀，歐洲開始有雕版印刷術，在 1440—1448 年間德國人最早使用活字印刷書籍，這比中國晚了四百年。

印刷術作爲傳播知識的"文明之母"，它的迅速流傳，爲世界各地大量出版書籍打下了堅實的基礎，爲全人類享受文化生活提供了有利條件，對世界科學技術的進步起到了不可估量的推動作用，對當時歐洲的文藝復興和宗教改革也產生了積極的影響。印刷術是中國勞動人民對世界文明做出的最杰出的貢獻之一。

摹拓

亦作"摹搨"。拓印碑刻金石等。傳世摹拓品以敦煌石窟所出之唐初摹拓《溫泉銘》及《化度寺邕禪師塔銘》爲最早，今有多種影印本。摹拓對中國印刷術的發明有直接的藉鑒作用。唐封演《封氏聞見記·繹山》："始皇刻石紀功，其文字李斯小篆。後魏太武帝登山，使人排倒之，然而歷代摹拓，以爲楷則。"清俞樾《茶香室三鈔·雪蓑道人大壽字》："王培荀《聽雨樓隨筆》云：'道人於南山摩崖，書大"壽"字。刻成，橫畫間可卧一人……'按此'壽'字，不知今在否？如能摹搨一紙，亦偉觀也。"

【摹搨】

同"摹拓"。此體清代已行用。見該文。

金版

金屬製成之版。國有大事則鏤刻其上。《周禮·秋官·職金》："旅於上帝，則共其金版。"鄭玄注：

元代雙鳳神獸石雕拓片

"鉼金謂之版。"《逸周書·大聚解》："予知其極有宜，乃召昆吾冶而銘之金版。"《文選·劉峻〈廣絕交論〉》："聖賢以此鏤金版而鎸盤盂，書玉諜而刻鐘鼎。"

宋淳化四年重摹嶧山刻石拓片局部

銅版

亦作"銅板"。印刷所用的銅版。始見於五代後晋，所印書籍稱之爲銅版印本。宋岳珂《九經三傳沿革例·書本》："今以家塾所藏唐刻本，晋天福銅版本……合命良工入梓。"《文獻通考·錢幣二·歷代錢幣之制》："淳熙三年……令都茶場會子庫將第四界銅板，接續印造會子二百萬。"南宋行在（今杭州）曾以銅版印製紙幣"會子"多種。

【銅板】

同"銅版"。此體宋代已行用。見該文。

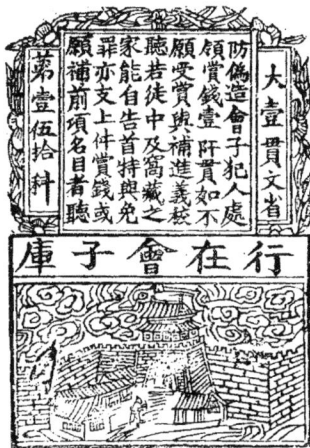

南宋銅版印刷會子

墨版

亦作"墨板"。用木雕刻的書版，因以整塊書版沾墨，故稱。中國在隋唐開始發明雕版印刷術。宋朱翌《猗覺寮雜記》卷下："雕印文字，唐以前無之，唐末益州始有墨版。"宋劉跂《〈金石録〉後序》："近世用墨板摹印，便於流布。"

【墨板】

同"墨版"。此體宋代已行用。見該文。

坊本

舊時民間書坊刻印的書籍。區別於官本、書塾本。書坊包括五代時的書肆，北宋時的書林、書堂，南宋時的書鋪以及元明清的書局、書店。坊本最著名的有北宋建陽麻沙本、南宋臨安睦親坊本、行都坊本。此稱宋元時已行用。元馬端臨《文獻通考·經籍考》："其人與文皆不足道也。集僅二册，而卷數如此，麻沙坊本往往皆然。"明毛晋《齊東野語·後序》："向見坊本混二書爲一，二失其半。"

【坊刻】

即坊本。清龔自珍《妙法蓮花經四十二問》："又誤取制舉文之坊刻評論付之，西土人不別也，盡譯之以歸。"清鄧顯鶴《船山遺書目録序》："舊刊之本，類坊刻，且日久漫漶，顯鶴病之。"

雕印

雕版印刷。《資治通鑑·後唐明宗長興三年》："辛未，初令國子監校定九經，雕印賣之。"《宋史·職官志四》："印曆所掌雕印曆書，南渡後並同。"明孫繼率《假印冒官疏》："據所口供，雕印造文等事，有孫心蔡、王敬南等犯。"

雕本

刻本，雕版所印的書。宋李廌《師友談記》："初《眉山集》有雕本，元弼得之也，觀忘寢。"明胡應麟《少室山房筆叢·經籍會通一》："唐時雕本甚稀，故蘇弁家藏二萬，侔於祈閣。"清金農《懷人絕句》之四："宋元雕本積萬卷，夫子著書游禁庭。"

雕版

亦作"雕版""板印"。在木板上雕刻圖文，作為印刷之底版。宋歐陽守道《恭跋真宗皇帝御製正說》："蓋前後聖制凡七百二十卷，宰臣常請雕版摹印頒賜館閣矣。"版，一本作"板"。清姚鼐《孫淵如觀察萬卷歸裝圖》詩："自興雕版易鈔胥，市册雖多亂魯魚。"

【雕板】

同"雕版"。此體宋代已行用。見該文。

【版印】

即雕版。亦作"板印"。木版印刷用的底版。始於五代，盛於宋元。宋沈括《夢溪筆談·技藝》："版印書籍，唐人尚未盛為之。自馮瀛王始印《五經》，已後典籍，皆為版本。"一本作"板印"。明葉盛《水東日記》卷三一："其家得宿用版印，緡數皆倍。"

【板印】

同"版印"。此體宋代已行用。見該文。

【印版】

即雕版。此稱五代已行用。《五代會要·經籍》："後唐長興三年二月，中書門下奏請依石經文字刻《九經》印版。"

【版】

即雕版。此稱宋代已行用。《宋史·真宗紀二》："已鏤版文集。"

木刻

木版雕印。宋汪逵《淳化閣帖辨記》："其本乃木刻，計一百八十四版，二千二百八十七行。其墨乃李廷珪墨，墨黑甚如漆，其字比諸刻為肥。"

活字版

亦稱"活版"。用活字排版以供印刷的模版。北宋年間畢昇始創膠泥活字。宋沈括《夢溪筆談·技藝》："慶曆中，有布衣畢昇，又為活版，其法用膠泥刻字，薄如錢唇。"至元代有木活字，明弘治、嘉靖年間開始用銅活字，清乾隆年間又出現棗木活字等。

【活版】

即活字版。此稱宋代已行用。見該文。

豆版

亦作"豆板"。亦稱"木版浮水印"。中國傳統的刻版印刷方法之一。多用來印製一些色彩豐富的美術圖書。因用水墨及顏料在木刻版上刷印，故今又稱"木版浮水印"。唐宋時多為單色印刷，至明清發展為彩色套印，分鈎描、刻板、印刷三道工序。其具體做法是，將書或者畫稿的顏色逐色分開，每色製一塊板。印製時，先要把紙固定，然後換版逐色印刷。與套版印刷不同的是，豆版既可以套印，又可以疊印。這樣就可以在書頁上產生較套印更豐富的色彩，從而能印出數百張甚至上千張與畫稿一模一樣的畫來。由於豆版是在紙上一塊版一塊版地印色，顏色逐漸叠加拼湊成一幅完整的圖畫，這種印製方式很像中國南方一種堆砌在一起的五色小餅"豆丁"，故又稱為"豆板"。豆版印刷是中國印刷史上的一次飛躍。明代末年印製的《十竹齋畫譜》《十竹齋箋譜》《蘿軒變古箋譜》等書籍，都是豆版印刷的代表作品。

【豆板】

同“豆版”。此體明清之際已行用。見該文。

【木版浮水印】

即豆版。此稱多行用於近現代。見該文。

泥活字

用膠泥製成的活字，是世界上最早的印刷活字。由宋代人畢昇發明。清道光年間，安徽人金生父子製成泥活字十餘萬，印成《泥版試印初編》等書。詳本考文。參見本書《四大發明說·印刷術考》“活字版”文。

木活字

用木頭製成的活字。由元朝人王禎發明。其法是先在木板上刻字，然後逐字鋸開，外長一致，再按内容排在木框内，用竹片間隔行距，

維吾爾文木活字

塞緊後即可印刷。王禎用此法印製《旌德縣志》一百部，不到一個月時間就完成了。木活字印刷比雕版印刷效率高出數倍。參見本書《四大發明說·印刷術考》“活字版”文。

轉輪排字盤

元朝人王禎創造的一種轉輪揀字工具。他將所有活字都按韵部排在可以轉動的輪盤上，

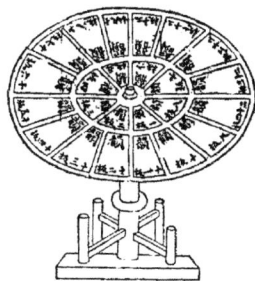

轉輪排字盤示意圖

大大提高了揀字速度，減輕了揀字工人的勞動強度，這在排版技術上是一個很大的進步。

泰山磁版

瓷質活字。1718年山東泰安人徐志定發明，稱之爲“泰山磁版”。具體方法就是在刻製好的泥活字上面加一層瓷釉，燒製成瓷活字。瓷活字質地堅硬，不受寒暑濕燥的影響，在活字印刷術上是一大進步。

武英殿聚珍版

活字印刷版本。清乾隆年間，經皇帝批准，在皇宫内的武英殿刻製了二十五萬三千五百個棗木活字，先後印書一百三十四種，共二千三百卷，這是中國歷史上規模最大的一次木活字印書。這批圖書後被稱爲“武英殿聚珍版叢書”。當時負責印刷此書的官員金簡爲了總結這次印書的經驗，寫成了《武英殿聚珍版程式》一書。該書共分十九節，從製造木子、刻字、排版、校對、印刷、裝訂等一整套操作技術都有詳細具體的記載，并一一繪圖説明。“武英殿聚珍版叢書”的刻印分工明確、程式嚴密、印刷工藝十分精細周詳，説明中國活字印刷技術已發展到比較純熟的階段。

套色印刷

傳統印刷方式之一。套色印刷主要用來印製有兩種或兩種以上顔色的書畫。它需要有複雜精密的技術。印製幾色的書畫，就要有幾塊形狀、大小完全相同的版，一塊版印製一種顔色。這就需要把各塊印版十分精確地放在適當的位置，使各種顔色的圖案準確地融合在一起。如果印版的位置稍不精確，就會出現錯位，造成圖案或文字的變形。套色印刷在宋代即已出現，它實際上是雕版印刷的一個重大發展。當

時在四川曾流行一種用青、紅、藍三色套印的紙幣。元朝時印製的《金剛經注》就是用朱紅兩色套印的，這是中國也是世界上現存最早的套色印刷物。清代已有了五色套印的印刷品，而且色彩鮮艷，濃淡相宜，達到了精妙入微的程度。天津的楊柳青、蘇州的桃花塢、山東的濰縣（今濰坊）是當時聞名全國的版畫製作中心，彩色套印技術很高。

坊人

舊稱刻印出售書籍的商人。清李漁《閑情偶寄·詞曲·賓白》："每成一劇，才落毫端，即爲坊人攫去；下半猶未脫稿，上半業已灾梨。"

第三節　火藥考

所謂火藥，通常是指經受熱或撞擊後立即會引起爆炸的化合物或混合物。中國原始火藥的三種基本成分是硝石（KNO_3）、硫黃（或三黃）和木炭。火藥的發明，當歸功於中國古代的煉丹家。爲了尋求長生不老之丹，歷代的煉丹術士在帝王們的支持下長期從事複雜、煩瑣的化學實驗工作。在煉丹過程中，煉丹家們逐漸認識了硫黃與硝石的若干化學特徵，從而掌握了火藥的基本配比。在東漢初年的煉丹書《三十六水法》中，即載有"硫磺水""雄黃水""雌黃水"的丹方，用硝石與硫黃、雄黃與雌黃在竹筒中以水法共煉。東晋著名煉丹家葛洪在他的著作《抱朴子·仙藥》中記載了以硝石、玄胴腸、松脂三物共煉雄黃的配方。實驗證明，三物共煉，當加大硝石比例，用猛火加熱，即有可能發生爆炸。但當時的煉丹家們不僅没有炫耀這一發現，反而在多方防範它可能造成的燃爆灾害。他們爲了馴服硫黃等物質而進行的"伏火處理"，反而使藥物性質的烈性更進一步得到加强。這種燃燒速度快、具有一定威力的爆炸現象一旦被煉丹家所發現，必然會引起軍事家們的注意，將其運用於軍事目的。一般認爲，唐代著名醫學家孫思邈在他的《丹經》一書中第一次記載了火藥的原始配方。火藥原始配方的出現，預示着火藥兵器時代即將到來。

火藥對戰争的用途十分明顯。一開始，火藥武器祇是名副其實的"火器"，主要目的是在敵人陣地上製造大火，火箭、火砲也就是簡單地將帶有火藥的火毬拋到敵人陣地。宋太祖開寶三年（970），"兵部令史馮繼昇等進火箭法，命試驗，且賜衣物束帛"（《宋史·兵志十一》）。宋真宗咸平三年（1000），"神衛水軍隊長唐福獻所製火箭、火毬、火蒺藜"。咸平五年，"知寧化軍劉永錫製手砲以獻，詔沿邊造之以充用"（《宋史·兵志十一》）。唐福製成的火蒺藜，裏面除了火藥以外還有砒霜、瀝青、鐵蒺藜等，具有炸彈的性質。由於戰事對火藥的大量需求，北宋在開封府設立了火藥製作工廠 "火藥作"。時人宋敏求《東京記》記載，當時開封府內設有八作司，火藥作位居首位。北宋曾公亮、丁度奉宋仁宗之命編撰的《武經總要》中刊載了三種火藥配方，其中最複雜的火藥配方由十四種原料組成。硝、硫、炭三者的比例分別爲 60% ∶ 30% ∶ 10% 及 61.54% ∶ 30.77% ∶ 7.69%，接近後世黑火藥的比例。這些配方火藥是最早載入史册的軍用火藥，標志着火藥發展已進入一個新的歷史時期。

11—14 世紀，是在一系列戰事中度過的四百年，亦是各種火藥兵器大發展的年代。到 13 世紀，金人製成鐵火砲，又名震天雷，以生鐵鑄成，內盛火藥，裝有引綫，用拋石機發出，到目標處爆炸。金正大九年（1232），赤盞合喜守汴京，"其守城之具有火砲名震天雷者，鐵罐盛藥，以火點之，砲起火發，其聲如雷，聞百里外，所爇圍半畝之上，火點著甲鐵皆透"。1277 年元兵破靜江時，婁鈐守城，"乃命所部人擁一火砲然之，聲如雷霆，震城土皆崩，烟氣漲天外，兵多驚死者。火熄入視之，灰燼無遺矣"（《宋史·忠義傳六》）。宋人周密撰《癸辛雜識》前集有《砲禍》一節，記載火藥生產時發生爆炸事故，造成的慘痛灾害。"至元庚辰歲，維揚砲庫之變爲尤酷。蓋初焉製造皆南人，囊橐爲奸，遂盡易北人，而不諳藥性。碾硫之際，光焰倏起，既而延燎火槍，奮起迅如驚蛇。方玩以爲笑，未幾透入砲房，諸砲併發。大聲如山崩海嘯，傾城駭恐，以爲急兵至矣，倉皇莫知所爲。遠至百里外，屋瓦皆震，號火四舉，諸軍皆戒嚴，紛擾凡一晝夜。事定按視，則守兵百人皆糜碎無餘，楹棟悉寸裂，或爲砲風扇至十餘里外。平地皆成坑谷，至深丈餘。四比居民二百餘家，悉罹奇禍，此亦非常之變也。"以上記載充分説明了當時火藥爆炸的巨大威力。

鐵火砲出現不久，利用火藥進行發射的火器亦誕生了。其中最早的管形火器見於《宋史·陳規傳》，所采材料取自《三朝北盟會編》卷一五一 "紹興二年八月十八日乙巳"條：
"李橫自六月圍德安府，未嘗攻城，亦未嘗之西北隅。造天橋成，填濠皆畢，乃鼓衆以天橋臨城之西北角樓，規在城上率民禦之。填濠不實而天橋陷不可進，規以六十人持火槍自兩（西）門出，縱燒天橋，城上以火牛助之，倏忽皆盡。橫亦自焚砲座。翌日黎明，橫已退兵，城下無一人一騎矣。"而管形火器最早的實物圖形却出自敦煌莫高窟藏經洞的一幅降魔變絹畫。該絹畫 20 世紀初被伯希和劫往法國，現藏於巴黎集美博物館。絹畫描繪了釋迦牟尼得道前夕降魔的故事。在圖中釋迦牟尼的右上方，有一頭上長着三個蛇頭的惡魔，手持一件武器，其後部爲細長的杆，前部呈圓筒形，正衝着釋迦牟尼噴射火焰。專家們一般認爲該畫的創作年代是 10 世紀，這意味着管形火器有可能存在於更早的時期。南宋末年，有人製成突火槍。《宋史·兵志十一》："開慶元年，壽春府……又造突火槍，以鉅竹爲筒，內安子窠，如燒放，焰絶然後子窠發出，如砲聲，遠聞百五十餘步。"突火槍的出現，是火藥武器史上的一個突破，它是近代槍炮的前身。

元代中晚期，管形火器又有了重大發展，出現了金屬管形射擊火器。金屬管形火器因其身用銅或鐵鑄成，故能耐受更大的壓力，發射威力更大。現存傳世最早的銅銃，是中國國家博物館所藏的元至順三年（1322）銅銃，而考古出土的銅銃實物，在全國各地多有發現。隨着金屬管形火器的產生，漢字中就出現了一個帶"金"字旁的"銃"字。明丘濬在其所著的《大學衍義補》中記道："近世火藥實銅鐵器中，亦謂之砲，又謂之銃。"這正好反映了大約在元朝時由竹製的火筒演變成爲鐵製火銃的實際情況。隨之不久，手持使用的輕型管形射擊火器"手銃"出現了，意味着火藥武器進入了多樣化的新時期。

在明朝永樂年間，中國不僅出現了世界上最早的火器部隊神機營，而且管形火器的製造更趨靈便精巧，鑄造工藝更爲嫻熟、緻密。明丘濬《大學衍義補》卷一二二："近有神機火槍者，用槍爲箭鏃，以火發之，可至百步之外，捷妙如神，聲聞知即至矣。永樂中平南交，交所製者尤巧。"明代之初，大口徑的重型管形射擊火器亦已經出現。1988 年在山東蓬萊莒子里村出土了兩門明初的銅碗口銃，均有銘文。一銘："萊州衛萊字七號大砲筒，重壹佰二十斤，洪武八年二月日寶源局造"；一銘："萊州衛萊字二十九號大彈筒，重一百二十一斤，洪武八年二月日寶源局造。"《明會典·軍器軍裝二》記："〔毒火飛砲〕用熟鐵造，似盞口將軍，內裝火藥十兩有餘，盞口內盛生鐵飛砲一個，內裝砒霜毒藥五兩，藥綫總縛一處，點火，大砲先響，將飛砲打出二百步外，爆碎傷人。"這種"毒火飛砲"又有了子母彈的性質。

到了清王朝，雖然其閉關鎖國的政策使軍械生產水平大大落伍於世界水平，但是在清初還是有長足的發展。清初著名的火器發明家戴梓製造的"衝天砲"與"連珠火銃"，在當時屬於世界上最先進的武器。戴梓研製的"衝天砲"，其特點是砲體小而輕，具有較强的殺傷力。《清朝文獻通考·兵十六》記載，此砲體長兩尺一寸，重約三百斤。砲彈係用生鐵鑄造，形似瓜狀，重二三十斤。裝藥和施放的方法是先將火藥置於彈殼內，再將藥捻插入彈孔內以達火藥，留出藥捻於彈外六七寸，然後以鐵片蓋住彈孔，用蠟封固置於砲膛內。砲彈發射後，"從天而降，片片裂，銳不可擋"。康熙三十五年（1696）第二次征準噶爾叛軍，衝天砲發揮了巨大的作用，取得了昭莫多之役的決定性勝利。戴梓研製的"連珠火銃"可以連續發射子彈，其構造原理和使用方法頗似近代的自動步槍。連珠火銃狀若琵琶，一次可連續發射二十八發子彈。可惜隨着清統一戰争的結束及清統治者軍事思想的日趨保守，連珠火銃一直被束之高閣，藏於深宮，未能發揮其正常功用。

青銅火砲

元代銅銃

大約在公元 8 世紀，中國的硝石、硫黄和火藥配製技術首先傳到了阿拉伯和波斯灣，阿拉伯人稱硝爲"中國雪"。至 13 世紀，火藥製造技術傳到埃及，埃及已將火藥用於火器。至 14 世紀，火藥技術傳入歐洲。火藥武器對摧毀歐洲騎士階層起到了決定性的作用，使歐洲歷史發生了重大改變。在資本主義殖民擴張的過程中，火藥和火器又是他們征服新大陸、打敗東方許多民族與國家的得力工具。從鴉片戰争開始，中國人發明的火藥便又被外國侵略者用作大規模屠殺中國人民的凶器，持續一百多年。1931 年"一·二八"事件後，魯迅先生寫道："現在是火藥蜕化爲轟炸彈、燒夷彈，裝在飛機上面了，我們却祇能坐在家裏等它落下來。"

火藥火器

火藥[1]

由火花、火焰或點火器受熱或撞擊後，在没有外界助燃劑參與下進行迅速而有規律燃燒并放出大量氣體和熱量的化合物或混合物。據化學成分和性質，可分爲單基藥（如硝化棉火藥）、雙基藥（如硝化棉——硝化甘油火藥）；黑色火藥（亦稱有烟火藥）和高分子混合火藥。雙基藥和高分子混合藥可用於發射火箭和導彈。中國最早出現的火藥是東晉時用於煉丹術的原始火藥。至唐代趨於成熟，稱爲"黑色火藥"，是中國古代四大發明之一。中國原始火藥的三種基本成分是硝石、硫黄（或三黄）和木炭。明宋應星《天工開物·火藥》："凡火藥以硝石、硫磺爲主，草木灰爲輔。硝性至陰，硫性至陽，陰陽兩神物相遇於無隙可容之中，其出也，人物膺之，魂散驚而魄齏粉。"火藥的發明，當歸功於中國古代的煉丹術士。他們在煉丹過程中通過"伏火"之法，千方百計地想制服某些藥物固有的爆烈、不馴服的性格，没想到却引起了更爲猛烈的反應！東晉著名煉丹家葛洪在《抱朴子·仙藥》中有以硝石、玄胴腸、松脂三物共煉雄黄的記載。實驗證明，三物按一定的比例共煉時，即有發生爆炸的可能。唐憲宗元和三年（808），金華洞道士清虚子所撰《太上聖祖金丹秘訣》裏的《伏火礬法》前半部《伏火硫黄法》中記載了中國最早的火藥配方，可認爲是火藥發明的標志。"硫二兩、硝二兩，馬兜鈴三錢半。各爲末拌勻。掘坑，入藥於罐内，與地平。將熟火一塊彈子大，下放裏面，烟漸起，以濕紙四五重蓋，用方磚兩片捺，以土冢之，候冷取出，其硫磺（伏）住。"此方雖已具備原始火藥配方性質，但此時煉丹術士無論是在主觀意識還是在實際操作中都是盡力防範它可能造成的灾害，完全還没有把它作爲一種新的力量來加以利用。這祇是煉丹術士們對火藥的一種不自覺的接近。但是這種燃速快并具一定威力的火藥配方一經問世，必然會引起軍事專家們的高度重視，迅速被運用於軍事目的。北宋在開封設立了專門的火藥製作工廠，稱"火藥作"。宋曾公亮等《武經總要》中刊載了三種火藥配方，其中最複雜的火藥配方由十四種原料組成。不同配方的火藥被用於不同的軍事目的，其中有火砲用藥、蒺藜火毬用藥等。宋、遼、金、元四百年間是火藥技術大發展的年代。從原始配方火藥到多成份烟火劑火藥的飛躍在唐末至宋初完成。而鐵火銃與突火槍出現在元代，證明13世紀初期火藥既有强烈的爆炸威力，又有很好的速燃發射能力，已與現代黑色火藥的成分構成基本一致。

明代《火龍經》一書載有十多類三種火藥成分的配方，這些配方定量更加精確，對木炭的品質要求也更高，其中幾種主要火藥成分構成如下：鳥銃藥硝71.4%、硫14.3%、炭14.3%（柳炭）；火炮藥硝78.7%、硫7.9%、炭13.4%（杉炭）；起火藥硝80%、硫8%、炭12%（柳炭）；信藥硝71.4%、硫7.1%、炭21.4%（葫炭）。明戚繼光《紀效新書·諸器》對火藥配方和製造工藝等也有明確的記述。它記載的《製合鳥銃藥方》各成分構成比例爲硝75.8%、硫10.6%、炭13.6%，與現代軍用火藥基本一致。該書還收有檢驗火藥性能的方法："將人手擎藥二錢，燃之而手心不熱，即可入銃；但燃過有黑星白點，與手心中燒熱者即不佳。又當再加水舂之，如式方止。"用這種嚴格檢驗生產出來的火藥已完全能够勝任軍事之用。進入近現代，隨着戰争規模的擴大與科學技術的飛速發展，火藥的種類日益繁多，性能日趨優异。各種高性能的高分子複合火藥被不斷研製出來，應用於上至航空航天、下至社會各個領域，正發揮着越來越重要的作用。

原始火藥

中國原始火藥的三種基本成分是硝石（KNO_3）、硫黄（或雄黄、雌黄等三黄）和木炭。最早記載原始火藥配方的是東晉著名煉丹家葛洪的著作《抱朴子·仙藥》。該書中有以硝石、玄胴腸、松脂三物共煉雄黄的記載。現代科學實驗證明，三物共煉，當加大硝石比例，用猛火加熱，即有可能發生爆炸。學術界一般認爲，唐金華洞道士清虚子所撰的《太上聖祖金丹秘訣》一書中記載了中國最早的原始火藥配方，可作爲火藥發明的標志。參見本書《四大發明説·火藥考》"火藥"文。

火藥 [2]

亦稱"黑色火藥""黑藥""烟火藥"。中國古代的四大發明之一。唐初孫思邈所著《丹經》一書中已載有用硝石、硫黄各二兩，加入三個炭化皂角的明確的配製方法。此稱元代已行用。元佚名《保越録》："常州縣主簿蔣志道有才幹，往來浙西提督運糧，又於杭州置備軍器、火藥，供給無失。"明楊一清《關中奏議·總制類·爲應詔陳言原請宥罪保全將官等事》："又值夜雨晨如注，弓矢銃砲、火藥俱濕，不堪使用。"《清史稿·兵志》："機器局所有製造火藥、毛瑟槍子銅帽、各式後膛砲彈及硝磺鏹水、雷電器具、捲銅煉鋼等機，每年能造黑色火藥七十餘萬磅。"又："湖北向無新式藥廠，擬並造無烟藥、棕色藥、黑藥，令足敷各種槍砲之用。"現在黑色火藥成了含硝酸鉀火藥的統稱。一般由硝酸鉀 75%、木炭 15% 和硫黄 10% 三者的粉末混合而成，俗稱"有烟火藥"。易燃燒、爆炸，爆炸時烟霧很大。供軍用、獵用和爆破用，也可用於製作烟花、爆竹等。

【黑色火藥】

即火藥。此稱清代已行用。見該文。

【黑藥】

即火藥。此稱清代已行用。見該文。

【烟火藥】

即火藥。此稱多行用於近現代。見該文。

伏火

中國古代煉丹術士爲降伏藥物某些固有的爆烈、不馴服的性質，或爲製成某一種特定的丹藥而采取的一種方法。原本爲煉丹所用，却不想導致某些藥性更爲猛烈的反應，實際上促成了原始火藥的發明。《黄帝九鼎神丹經訣》卷一："若藥不伏火者，當復飛去。""金不成者，藥未伏火而不可服也。"隋開皇年間方士蘇元朗所撰《寶藏論》具體記載了伏火之法："雄黄若以草藥伏住者，熟煉成汁，胎色不移。若將製諸藥成汁並添得者，上可服食，中可點銅成金，下可變銀成金；雌黄伏住火，胎色不移，轉熔成汁者，點銅成銀。砒磺若草伏住火，烟色不變移，熔成汁添得者點銅成銀。"

伏火硫黄法

中國古代煉丹術士所采用的"伏火法"的一種，它在客觀上促成了原始火藥的發明。學術界一般認爲唐金華洞道士清虛子所撰的《太上聖祖金丹秘訣》中所記載的《伏火硫黄法》是中國最早的原始火藥配方，可作爲火藥發明的標志。詳"火藥 [1]"文。

火硝

亦作"火消"。亦稱"硝石""消石""硝酸鉀"。製造火藥的一種重要原料。無色或白色透明結晶體或粉末，溶於水。有天然出産與人工合成兩類。可用於肥料、玻璃、冶金等領域。晋葛洪《抱朴子·仙藥》："服五雲之法……或以露於鐵器中，以玄水熬之爲水；或以硝石合於筒中，埋之爲水。"明代張介賓《景岳全書》："青火金鍼四十治頭風牙痛赤眼。火硝，一兩。青黛，一錢。腦荷，川芎，各五分。右爲細末。口噙冷水勿嚥，用此藥吹鼻。"明李時珍《本草綱目·石五·消石》："《神農》所列消石，即火消也。"

【硝石】

即火硝。此稱晋代已行用。見該文。

【消石】

即火硝。此稱明代已行用。見該文。

【火消】

同"火硝"。此體明代已行用。見該文。

【硝酸鉀】

"火硝"之化學名。此稱行用於近現代。見該文。

硫黄

單稱"硫""磺"。製造火藥的重要原料之一。淺黄色結晶體。亦可用於製造硫酸、火柴、硫化橡膠、殺蟲劑等。明李時珍《本草綱目·石五·石硫黄》："〔釋名〕硫黄禀純陽火石之精氣而結成,性質通硫,色賦中黄,故名硫黄。"明宋應星《天工開物·燔石》："爐上用燒硫舊渣篚蓋,中頂隆起,透一圓孔其中。火力到時,孔内透出黄焰金光。"清黄叔璥《臺海使槎錄》卷一："澹水在磺山之下,日出磺氣上騰,東風一發,感觸易病;雨則磺水入河,食之往往得病以死。"清趙翼《古詩》之八："硝磺製火藥,世乃無利兵。"

【硫】

"硫黄"之單稱。此稱明代已行用。見該文。

【磺】

"硫黄"之單稱。此稱清代已行用。見該文。

木炭

木材在不通空氣的條件下加熱後所得到的無定形碳。黑色,質硬,具有很多細孔,是古代製造黑色火藥的基本原料之一。此稱宋代已行用。北宋曾公亮等《武經總要前集》卷十一："毒藥烟毬。毬重五斤,用硫黄十五兩,草烏頭五兩,焰硝一斤十四兩,芭豆五兩,狼毒五兩,桐油二兩半,小油二兩半,木炭末五兩,瀝青二兩半。"

古代火箭

古代一種利用火藥燃氣向後噴射之反作用力飛往目標之兵器。"火箭"一詞最早見於《三國志·魏書·明帝紀第三》："〔太和二年〕十二月,諸葛亮圍陳倉,曹真遣將軍費曜等拒之。"裴松之注引《魏略》："〔郝昭〕以火箭逆射其雲梯,梯然,梯上人皆燒死。"其時之火箭,係將浸滿油脂之麻布等易燃物,綁縛於箭鏃近處,點燃後以弓弩射向目標,與後世之火箭有別。宋初,始用火藥代替上述易燃物,出現火藥箭,祇是仍以人力爲擲射動力。以火藥爲動力之反推火箭問世後,雖仍沿用此稱,但其性質已發生根本變化。北宋後期,中國民間流行能高飛之"流星",已是利用火藥燃氣反衝力而飛行之"火"。不遲於12世紀,最早之軍用火箭産生。其制:於普通箭杆近鏃處,縛以噴口向後之火藥筒,點燃藥綫後,氣體向後噴出,推動箭體前進。以火藥筒爲動力部,箭鏃爲戰鬥部,用箭杆、尾翎與配重塊穩定飛行。結構雖簡略,但就其工作原理與組成部分而言,則爲現代火箭之雛形。一些當時被稱爲"雷"或"砲"之兵器,其實亦爲此類火箭。宋紹興三十一年(1162),宋金采石之戰中使用之"霹靂砲",已爲諸多專家共識爲早期火箭。至明代,火箭技術迅速發展,其火藥筒、戰鬥部與發射裝置均有較大改進,并適應軍事需要,研製成單發火箭、多發齊射火箭、二級火箭、有翼火箭等種類繁多之火箭兵器,大量裝備於明軍,廣泛運用於戰場,被稱爲"軍中利器"。明戚繼光《紀效新書·布城諸器圖説》："夫火箭亦水陸利器,其功不在鳥銃下。"清代前期,火箭仍爲軍隊裝備火器之一。《清通典・兵十一》："火器，大者曰礮……小者曰鳥鎗，曰火甖，曰火毬，曰火箭。"火箭係中國古代重大發明之一，對世界火箭兵器發展具有深遠影響。

火藥作

北宋爲適應戰争對火藥的大量需要而建立起來的官方火藥製作工廠。宋宋敏求《東京記》記載，北宋初年，兵部在汴京設有廣備攻城作，工匠五千餘人，下轄十作，其中就有專門製作火藥的火藥作和專門製作火器的火器作，火藥作居首位。

火毬[1]

中國古代裝有火藥的燃燒性球形火器。其構造一般以硝、硫、炭及其他藥料的混合物爲毬心，用多層紙、布等裱糊爲殼體，殼外塗敷瀝青、松脂、黄蠟等易燃性物質，大者如斗，小者如蛋。使用時先點燃，再用拋石機或人力拋至敵方陣地，毬體爆破并産生烈焰。還可以通過改變藥物配比或摻鐵蒺藜等，達到施毒、布障、發烟、鳴響等多種目的。《宋史・兵志十一》："〔咸平三年〕八月，神衛水軍隊長唐福獻所製火箭、火毬、火蒺藜。"至明代則有以鐵火砲發射之火毬，宋應星《天工開物・佳兵》稱之爲"吐焰神毬"，殺傷力尤威猛。

火毬
（明王圻等《三才圖會》）

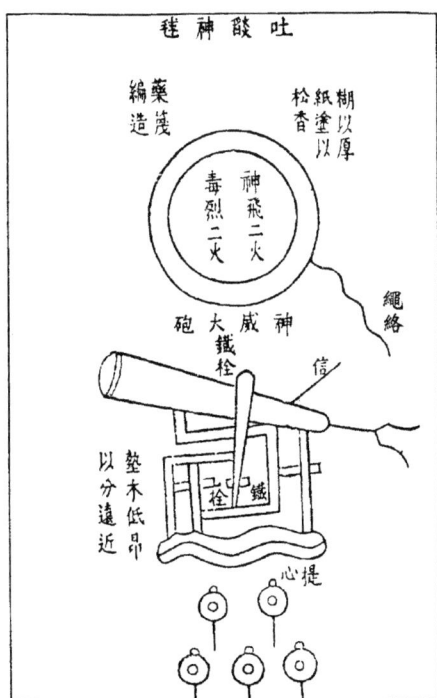

吐焰神毬
（明宋應星《天工開物》）

突火槍[1]

宋軍中以火藥發射彈丸之射擊火器。此稱宋代已行用。《宋史・兵志十一》："開慶元年，壽春府造（缺）筒木弩，與常弩明牙發不同，箭置筒内甚穩，尤便夜中施發。又造突火槍，以鉅竹爲筒，内安子窠，如燒放，焰絶然後子窠發出，如砲聲，遠聞百五十餘步。"以巨竹製槍管，内裝火藥與"子窠"。子，即粒狀散彈；窠，即兜托散彈之窩狀木版（俗稱"木馬子"）。點燃後，將子窠射擊，殺敵人馬。此爲運用射擊原理發射彈丸之最早管形射擊火器，爲近代槍炮之鼻祖。

火石砲

宋朝軍中用火藥發射石彈的一種砲。《宋史・魏勝傳》："砲車在陣中，施火石砲，亦二百步。"

燃燒性火器

主要用以燃燒，兼有發毒、施毒、布障與

殺傷等功能之火器。包括古代火藥箭、火毬、噴筒、火槍以及裝載火器之火牛、火獸等各類。創始於北宋之此類火器，爲火藥最早應用於軍事之初級火器。《宋史·兵志十一》等史籍記載，自開寶三年（970）至咸平五年（1002），兵部令史馮繼昇、神衛水軍隊長唐福、冀州團練使石普等，先後向宋廷進獻火箭（即火藥箭）、火毬、火蒺藜等燃燒性火器。成書於 1044 年之《武經總要》，對其構造與使用均有記載。因其具有較好之燃燒性能，并兼有發毒、致毒等作用，故在戰爭中得到迅速發展。僅元豐七年（1084）二月，由東京汴梁一次調發熙州、河州駐軍之火器，即有神臂弓火箭十萬支、火藥弓箭兩萬支、火藥火砲箭兩千支、火彈兩千支之多。南宋時發明之長竹竿火槍、飛火槍，係將紙製火藥筒縛於冷兵器槍頭下之噴火與刺殺兩用兵器。經元至明，燃燒性火器之性能與製用，又有較大發展。隨着火藥性能之提高，配製出各種新式燃燒、發毒、致毒藥及引信藥，并將鐵蒺藜、火老鼠等小型器件摻入其中，以提高其直接殺傷和布置障礙功能。除拋石機或人力拋擲之火毬、火妖、火桶、火磚等火器外，還製造出可發射火毬類之火砲，發明了毒藥噴筒、滿天噴筒、毒龍噴火神筒等各式火器。其發火方式，一般由最初之烙錐發火改爲引信點火與預伏火種之法。火槍上之火藥筒增爲二，可延長噴火時間，并有改爲金屬製筒者。燃燒性火器曾爲宋元軍隊主要裝備火器之一，至明代仍占重要地位，在攻守城作戰與水戰中，發揮出重要作用。隨着管形射擊火器廣泛應用於戰爭，此類火器逐漸衰落。至清代，火毬、火桶、噴筒等雖然仍在使用，但已降爲非重要火器。

火藥箭

宋代對弓弩火藥箭與火藥鞭箭之統稱。前者，係將一球形火藥包縛於箭首，以弓、弩發射之燃燒性兵器；後者，則爲將一球形火藥包縛於形似竹鞭之箭杆前部，用彈射裝置發射之燃燒性兵器。均創製於宋初，爲早期初級火器，用於守城戰。宋曾公亮等《武經總要前集·器圖》："火箭，施火藥於箭首，弓弩通用之，其縛藥輕重，以弓力爲準。"又《守城》："賊若填壕，則爲火藥鞭箭以射，焚其笐橋橋械。"至明代，除仿宋火藥箭外，又加改進，製成"釘篷火箭""弓射火石榴箭"等，裝備於明軍，應用於戰爭。

弓弩火藥箭

以弓弩發射之縛火藥包於箭首之燃燒性火箭。不同於利用火藥燃燒噴氣推進之火箭，而是將一球形火藥包縛附於普通箭杆前部近鏃處，以箭杆爲軸，對稱環繞縛之，使箭身飛行時保持平衡。火藥包外殼用易燃物料製成，包內火藥量多少，依弓弩力大小確定。弓弩火藥箭除弓弩通用者外，箭身一般較爲粗長，如用三弓子弩施放之子箭、雙弓床弩與大合蟬弩施放之大鑿頭箭等。點燃火藥包外殼後，以弓、弩射出，扎於敵之積聚糧草等物上，待包內火藥被包殼引燃，産生燃燒作用。創製於宋初，爲軍隊裝備火器。宋曾公亮等《武經總要前集·器圖》："火箭，施火藥於箭首，弓弩通用之，其縛藥輕重，以弓力爲準。"又《守城》："放火藥箭則如樺皮羽，以火藥五兩（宋制）貫鏃後，燔而發之。"至明代，仍製用此類火器，并隨火藥性能與技術水準之提高，其燃燒作用得以加強。

火藥鞭箭

以彈射裝置發射之鞭形火藥箭。將一球形火藥包縛附於形似竹鞭之箭杆前部，點燃火藥包後，一人摇杆，一人持箭末，利用彈力將其發射於敵方，引起燃燒。創製於宋初，爲軍隊裝備之實用火器。宋曾公亮等《武經總要前集·守城》："鞭箭用新青竹長一丈、徑寸半爲竿，下施鐵索，梢繫絲繩六尺，別削勁竹爲鞭箭，長六尺，有鏃，度正中施一竹臬，亦謂之鞭子，放時以繩鈎臬，繫箭於竿，一人摇竿爲勢，一人持箭末，激而發之，利在射高，中人如短兵。"至明代，仍製用之。

火車

古代火器戰車。攻、防均可使用。木質，獨輪、雙輪或多輪，人力或畜力推挽。周身裝有木、革等防護設施，車上裝備噴筒、火槍、火砲以及火箭等火器。朝敵一面裝有刀、矛等冷兵器，鋒刃外嚮。係前代武剛車、偏箱車與火器結合後出現之新型戰車。《南齊書·高帝本紀》曰："賊馬步奄至，又推火車數道攻戰。相持移日，乃出輕兵攻賊西，使馬軍合擊其後，賊衆大敗，追奔獲其器仗。"宋代已有裝備火石砲之砲車，但僅砲彈爲燃燒性或爆炸性火器，其發射裝置則仍爲冷兵器範疇之抛石機。明正統間，開始出現裝有神機槍之原始火器戰車。至嘉靖時，不唯單車裝備之火器大爲增多，且已組建成營，成爲獨立之火器部隊，并大量裝備反推式火箭，使火力密度、強度大爲提高。明末清初，曾廣泛使用。由於受地形、天候條件制約，山地及水網地帶很難使用，尤因木質車體及防護設施不堪火攻及砲銃之轟擊，故漸

趨衰敗。近代槍砲出現後，遂退出戰場。《明史·兵志四》："至正統十二年，始從總兵官朱冕議，用火車備戰……神機鎗一發難繼，請以車載鎗二十，箭六百，車首置五鎗架。"

火毬

古代一種球形抛擲火器。用絲麻布等作圓形外殼，内裝混合火藥，或摻入有毒物質與鐵蒺藜、碎瓷片、小紙砲、地鼠（點燃後能竄飛之小型火器）等，外塗瀝青、松脂等可燃性防潮劑。初以烙錐發火，後改爲燃藥綫發火。其形大者如斗，小者如拳。大者以抛石機抛出，或用碗口銃（火砲）發射，小者人力投擲。至敵處爆碎，具備燃燒、發毒、布毒與設障等功能。始見於宋初。《宋史·兵志十一》："〔咸平三年〕八月，神衛水軍隊長唐福獻所製火箭、火毬、火蒺藜。"宋曾公亮等《武經總要前集·守城》載有火毬、霹靂火毬、蒺藜火毬、毒藥毬等多種。爲宋、金、元時主要火器之一，曾廣泛用於戰爭。明代有較大發展。明茅元儀《武備志·火器圖説》不僅輯有以緩燃火藥製成之初級球形火器，還載有多種以速燃火藥製成之此類火器。因其製造簡易，實用方便，成爲明軍重要裝備火器之一。至清前期，雖已降爲輔助性火器，但仍爲軍隊裝備之一。《清通典·兵十一》："火器，大者曰礮……小者曰鳥鎗、曰火甎、曰火毬。"近代槍炮用於戰爭後漸淘汰。

引火毬

測定火毬抛擲距離之試射球形器。其制與火毬略同，唯内裝磚石屑，不裝火藥。始用於宋初。宋曾公亮等《武經總要前集·守城》："〔引火毬〕以紙爲毬，内實磚石屑，可重三五斤，熬黄蠟、瀝青、炭末爲泥，周塗其物，貫以

麻繩。凡將放火毬，凉先放此毬，以準遠近。"

竹火鷂

鷂式燃燒性火器。編竹爲籠呈橢圓形，外糊紙數層，内裝火藥、小卵石，束秆草爲尾，以穩定飛行。火錐燃火，以砲（抛石機）或人力抛於敵處，焚燒敵之物資及威懾。創製於宋初，係宋元時重要火器之一，多用於守城。宋曾公亮等《武經總要前集·守城》："編竹爲疏眼籠，腹大口狹，形微修長，外糊紙數重，刷令色黃，入火藥一斤在内，加小卵石使其勢重，束秆草三五斤爲尾，二物與毬同。若賊來攻城，皆以砲放之，燔賊積聚及驚隊兵。"

毒藥烟毬

施放毒之球形火器。外如火毬，塗敷可燃性防潮劑；内裝火藥、毒藥、發物等；中貫以麻繩。火錐烙燃，以砲（抛石機）或人力抛擲於敵處，毒害、熏灼敵人。主要用於守城。創製於宋初，爲宋元時重要火器之一。宋曾公亮等《武經總要前集·火攻》："〔毒藥煙毬〕毬重五斤。用硫黃一十五兩，草烏頭五兩，煙硝一斤十四兩，芭豆五兩，狼毒五兩，桐油二兩半，小油二兩半，木炭末五兩，瀝青二兩半，砒霜二兩，黃蠟一兩，竹茹一兩一分，麻茹一兩一分，搗合爲毬。貫之以麻繩一條，長一丈二尺，重半斤，爲絃子。更以故紙一十二兩半，麻皮十兩，瀝青二兩半，黃蠟二兩半，黃丹一兩一分，炭末半斤，搗合塗傅於外。若其氣熏人，則口鼻血出。二物並以砲放之，害攻城者。"

烟毬

燃燒性球形火器。毬内用火藥，宋制三斤，外敷黃蒿約重一斤。《武經總要前集·火攻》："煙毬如火毬法塗敷之，令厚。用時以錐烙透，以

砲（抛石機）或人力抛至敵群，焰熏灼敵人。"主要用於城戰。創製於宋初，爲宋元時軍隊重要火器之一。

蒺藜火毬

亦稱"火蒺藜"。裝有火藥蒺藜之燃燒性球形火器。内以火藥團與三枚六首鐵刃，中貫麻繩一根，長宋制一丈二尺，外以多重紙與防潮性可燃物質敷定，再安逆鬚鐵蒺藜八隻。放時燒鐵錐烙透，令焰出，以砲（抛石機）或人力抛至敵處，殺傷敵人，焚毀敵之戰具，并布障以阻滯敵軍。創製於宋初，爲當時世界最先時之火器之一。宋、金、元時重要裝備之一，多用於守城。《宋史·兵志十一》："〔咸平三年〕八月，神衛水軍隊長唐福獻所製火箭、火毬、火蒺藜。"宋曾公亮等《武經總要前集·守城》："〔蒺藜火毬〕火藥法：用硫黃一斤四兩、焰硝二斤半、蠟（蒟）炭末五兩、瀝青二兩半、乾漆二兩半搗爲末，竹茹一兩一分、麻茹一兩一分剪碎，用桐油、小油各二兩半、蠟（蒟）二兩半，鎔汁和之，外敷用紙十二兩半、麻一十兩、黃蠟二兩一分、炭末半斤，以瀝青二兩半，黃蠟和合，周塗之。"

【火蒺藜】

即蒺藜火毬。此稱宋代已行用。見該文。

滾毬

燃燒性球形火器。以多層紙裱糊爲外殼，内裝硫黃、窩磺、焰硝、麻茹等藥物，外塗敷松脂等防潮劑。使用時，以燒紅之鐵錐烙透引燃，再以砲（抛石機）或人力抛至敵處，焚燒敵之城壘、車船，燒傷敵軍。創製於宋初，係宋、金、元時軍隊重要火器之一。宋曾公亮等《武經總要前集·守城》："〔滾毬〕火藥法：晋州

硫黃十四兩、窩黃七兩、焰硝二斤半、麻茹一兩、乾漆一兩、砒黃一兩、定粉一兩、竹茹一兩、黃丹一兩、黃蠟半兩、清油一分、桐油半兩、松脂一十四兩、濃油一分。右以晉州硫黃、窩黃、焰硝同搗羅，砒黃、定粉、黃丹同研，乾漆搗爲末，竹茹、麻茹即微炒爲碎末，黃蠟、松脂、清油、桐油同熬成膏，入前藥末，旋旋和勻。以紙五重裹衣，以麻縛定，更別鎔松脂傅之，以砲放。"

鐵嘴火鷂

燃燒性火器。以木作身，呈方形，上安鐵嘴，尾束秆草，火藥裝於尾内，火錐燃火，以砲（拋石機）或人力拋出，用以縱火焚敵積聚，燒傷敵人。始用於宋，爲宋元時重要火器之一，多用於守城。宋曾公亮等《武經總要前集·守城》："木身，鐵嘴，束秆草爲尾，入火藥於尾内……若賊來攻城，皆以砲放之，燔賊積聚及驚隊兵。"又："如賊已向城，乘城將士皆援，立牌以自障城，及弩臺上並度視遠近，施放矢石、火毬、火鷂、鞭箭。"

霹靂火毬

燃燒性球形火器。因竹裂毬破，聲如霹靂，故稱。以薄瓷數十片、火藥宋制三四斤，裹竹爲毬，外塗敷可燃性防潮劑。火錐烙毬燃燒，竹扇簸其焰，以熏灼及威懾敵人。創製於宋初，係宋元時重要火器之一，主要用於守城戰中對付以地道作業攻城之敵，亦爲時世界最先進的火器之一。宋曾公亮等《武經總要前集·守城》："用乾竹兩三節，徑一寸半，無罅裂者，存節勿透。用薄瓷如鐵錢三十片和火藥三四斤，裹竹爲毬，兩頭留竹寸許，毬外加傅藥。若賊穿地道攻城，我則冗地迎之，用火錐烙毬開，

聲如霹靂，然（後）以竹扇簸其煙焰，以熏灼敵人（放毬者含甘草）。"

噴燒式火槍

冷兵器槍與火藥噴筒相結合之複合兵器。創始於南宋，由北宋發明之火筒演變而成。當時攻守城戰具多係大型木結構，并用木板、皮笆等防護，若用小火毬類燃燒，因其自身重量較輕，射中後易脱落，難達縱火目的；若以較重之大火毬，則必用大型砲（拋石機）拋擲，亦有不便。故將火藥筒安裝於冷兵器長槍之槍頭後，用砲拋之，以槍杆穩定飛行方嚮，槍頭爲其定位，刺入目標不致脱落。宋曾公亮等《武經總要前集·守城》："火礮（即拋石機）……若燔芻糧、積聚及城門、敵棚、頭車之類，則上施火毬、火鷂、火鎗以放之。"又："雙梢礮……亦放火毬、火鷂、火鎗。"至南宋，發展爲將紙、竹質火藥筒（即管形火器）縛於槍頭，戰時先噴射火焰燒灼敵人，再以槍鋒刺殺，因而產生新型火槍。1232年蒙金兩軍戰於汴京，金軍使用之"飛火鎗"，即爲此類。《元史·史弼傳》載，1276年元宋戰於揚州時，"騎士二人挾火鎗刺弼，弼揮軍禦之"。明代出現夾置二噴火筒之火槍，較單筒可延長噴火時間。亦有改用金屬火藥筒者。明清軍使用之梨花槍，即屬此類。火槍爲宋明軍重要火器裝備之一，沿用至清，則降爲輔助性火器。

長竹竿火槍

竹製管形噴火兵器。以長竹竿作槍管，内裝火藥。點燃藥綫，引燃火藥，噴出火焰，燒傷敵人。宋紹興二年（1132）陳規創製。時值敵兵圍德安，陳規率軍民堅守，於實戰中發明此器。爲世界上最早出現之管形火器。宋陳規

等《守城錄》卷下："以火砲藥，造下長竹竿火鎗二十餘條。"《宋史・陳規傳》："規以六十人持火鎗自西門出，焚天橋，以火牛助之，須臾皆盡。"

鐵火砲

宋元時期裝備軍隊的一種鐵殼爆炸性火器。無發射砲彈之砲身，用生鐵鑄成外殼，形如罐子、合碗等不同式樣，内裝火藥，并留有安放導火綫的小孔。點燃後，抛擲敵方爆炸傷人，是當時威力較大的一種火器，廣泛用於攻守城、水戰和野戰等。宋李曾伯《可齋續稿》卷五："於火攻之具，則荆淮之鐵火砲，動十數萬隻，今静江見在鐵火砲大小止有八十五隻而已。"

【震天雷】

即鐵火砲。此稱宋代已行用。《金史・蘇椿傳》："數里之外有戰船横截之，敗軍不得過，船中有賣火砲名‘震天雷’者連發之，砲火明，見北船軍無幾人，力斫横船開，得至潼關，遂入閡鄉。"明馮琦等《經濟類編》卷六二："〔南宋〕特有火砲名‘震天雷’者，用鐵罐盛藥，以火點之，砲起火發，其聲如雷，聞百里外。"

木砲

古代軍隊實用火器之一。此稱宋代已行用。取堅木鑿空，内裝火藥、石子、鐵彈，安有藥引。點火爆碎，殺敵甚衆。宋陳規等《守城錄》卷四："〔紹興二年〕又於砲架前並兩邊，高埋大木砲架。"宋李綱《乞施行修城官吏奏狀》："以及備城上要用防城器具，笓籬牌、狗脚、木砲、坐櫓木等。"清計六奇

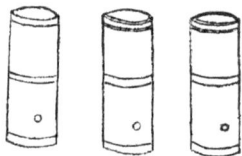

木　砲
（明茅元儀《武備志》）

《明季南略》："凡木砲、火毬、火磚，俱陳子手造。木砲長二尺五寸、廣數寸，置藥於中，狀如銀鞘；攻城，即投下燒之。"

弓射火石榴箭

明代以弓發射之火藥箭，據宋代火藥箭改製而成。以球形火藥包縛於箭鏃後之箭杆上，火藥包前部安藥綫；箭鏃鋒利，且有弓射火石榴箭倒鈎。點燃後射向敵方，燒殺其人馬，焚其戰船。因藥包呈石榴狀，故稱。明茅元儀《武備志・火器圖説五》："〔弓射火石榴箭〕將後火藥用綿紙二三層，中樹箭杆，用藥傍杆包成石榴樣，外加蔴布縛緊，以松脂熬化封固，又用紙糊油過。藥綫眼向前開，鐵鏃須要鋒利、倒鈎，燃藥綫發火，方可開弓放去。一着人馬篷帆，水澆之不滅，亦便利之器。"此類火箭製造簡便，所費低廉，爲明軍裝備火器之一，使用甚廣，時見奇效，而史籍少見記載。

一母十四子砲

以聲響驚敵之火器。於紙糊竹編容器内，裝火藥與小竹筒製成之砲，中間一個大者爲母砲，周圍十四個小者爲子砲，燃藥綫擲於敵營，發出十五聲響，以驚潰敵人。明中期已行用，爲明軍裝備火器。明唐順之《武編前集・火》："一母十四子砲，焰硝一斤，硫黄三兩二錢，杉灰四兩。"明茅元儀《武備志・火器圖説二》："〔一母十四子砲〕以竹筒造砲，以竹篾編砲胎，長四寸，徑二寸，重紙糊厚，曬乾，裝火藥，下穿藥綫，一攢十四筒，一大居中爲母，十四筒作子，周圍抱住，藥信長短俱聯於内，透出一綫燃著，有一十五聲之響。宜用黑夜高阜擲下，驚潰敵營，亦軍中當備者。"

大蜂窠

燃燒與障礙性球形火器。以紙布爲殼，内裝速然火藥、毒火、小砲、地鼠、鐵蒺藜等物，點火擲出，殺傷、毒害敵人，焚毀敵之戰具物資。始製於明前期，由火毬類發展而成。製作簡易、實用，爲明、清（前期）軍隊裝備火器之一，多用於水戰。明戚繼光《紀效新書·戰船器用説》：“〔大蜂窠〕範大砲紙糊百層，間布十層，内藏小砲，半入毒，半入火。又間小砲，入灰煤、地鼠頭、帶火磁沙、炒毒鐵蒺藜……此一火器，戰守攻取水陸不可無者，奪心眩目，驚膽傷人，製宜精妙，此尤兵船第一利器也。”

天火毬

燃燒性小型球形火器。於雞鴨卵殼内裝滿火藥料，外敷茄柴灰半指厚，不用點火，以繩圈投於敵處，跌破即成火焰，焚燒敵之戰具、衣甲、糧草等。始製於明，爲明軍實用火器之一，多用於水戰。明唐順之《武編前集·火》：“〔天火毬〕其藥用黑豆稭燒灰每存性，每一斤加焰硝半斤、硫黄四兩、斑毛一兩、真黄天硫一兩六錢，無風日處攢合，當時即裝入雞鴨卵殼内，令滿。每一個令加頑石子一塊，如栗子大，夾紙封口，用茄柴灰固濟半指厚。遇敵令軍士以繩圈投去，到彼處跌破，不拘落在草船木人身服盡成火，水亦不能救，若陸戰燒敵糧輜積尤妙。”

天墜砲

拋擲燃燒性火毬。紙製圓形外殼，内裝火藥與火塊數十，安有藥綫，點燃藥信，升至半天，墜於敵巢，震響如雷。能燒賊營寨，黑夜令敵自亂相殺。可用拋石機拋出。見於明中期典籍，由前代火毬類發展而成。係當時明軍火器之一，後漸弃之。

火妖

手擲燃燒致毒性球形火器。以薄紙爲殼，内裝毒火蒺藜，外敷可燃性防潮物，點火拋出，殺傷毒害敵人。明前期已見行用，由前代火毬類發展而成。其製簡易實用，水戰守城皆宜，爲明軍裝備火器之一。明戚繼光《紀效新書·戰船器用説》：“紙薄拳大，内蕩松脂，入毒火，外煮松脂、柏油、黄蠟，燃火拋打，煙焰蒺藜戳脚，利水戰守城，俯擊短戰。”

火桶

手擲燃燒與障礙性火器。主要用於焚燒敵船。在木桶内裝火藥半桶，鋪火磚四個，蒺藜一百個。再用粗碗一個，將炭火三四塊用温灰培放碗内，平放於藥面上，以蓋蓋之。擲於敵船，碗内炭火跌出，即刻引燃火藥，焚燒敵船。此器無藥綫長短之失，無敵返擲之時，無爲敵所救之慮，至易至便，萬用無差。創始於明，爲明清水軍重要裝備火器之一。明戚繼光《紀效新書·戰船器用説》：“〔火桶〕先將炭火燒紅，盆盛一處，約戰舟相近百十步，以火入粗碗，灰培，再俟賊近三二十步，以碗平放在藥桶内，蓋了；俟兩舟相逼，將桶平平擲下，至賊船被磕動，碗内炭火跌泛而出，與藥相埋即發，時刻不失，較之别器剋綫不燃及綫濕放早之病，皆可無矣。”清魏源《聖武記》卷一四：“桶可受斗，半實硝磺，薄沙覆之。火碗中央，加蓋微肩，輕擲敵艙，火激藥發，迫不及防，以暇出奇，急則自傷，是曰火桶。”近代火器出現後漸廢。

火彈

手投燃燒致毒性球形火器。以薄紙爲殼，

内裝毒藥、蒺藜，外敷可燃性防潮物。點火投出，毒害殺傷敵人。創始於明前期，由火毬類發展而成，爲明清軍裝備火器之一。明茅元儀《武備志・火器圖說九》："〔火彈〕用薄夾紙糊如拳大，以松香在內熱塗，入毒藥蒺藜，安藥綫，外刷松香、桐油、黃蠟，燃火拋擊。"至鴉片戰爭後仍沿用此類火器。

火磚

手擲磚形火器。兼有燃燒、障礙與殺傷作用。木板或紙質外殼，呈磚形，內裝小型火器、有毒物質及火藥、鐵蒺藜等，以延期引信點燃，投至敵船或敵陣中，用以縱火及殺傷敵人。始製於明中葉。由毬形爆炸性火器演變而來。製造簡易，便於儲運。明清兩代廣泛使用於水陸攻守戰鬥。明戚繼光《紀效新書・戰船器用說》："〔火磚〕用地鼠（點火後竄飛如鼠之小型火器）、紙筒砲各安藥綫，每五筒排爲一層，上下節各二層，以薄篾橫束，合灑火藥、松脂、硫黃、毒煙，用粗紙包裹成磚形，外用綿紙包糊，以油塗密，另於頭上開口下竹筒，以藥綫自竹筒穿入。"明茅元儀《武備志・火器圖說九》："用薄胎素板糊成方磚形板匣一箇，長一尺，闊四寸，高二寸。開一頭，用松香熬化，盪在匣內。硫黃末摻上，入火藥一斤四兩，飛燕與紙爆各二十，鐵蒺藜三十，外用油紙四五層封固。燃藥綫拋入敵船發開，飛燕四散，飛擊延燒。"《清通典・兵十一》："火器大者曰礮……小者曰鳥鎗，曰火甎。"近代火器出現後漸弃。

火罐

裝有火藥之陶罐，爆碎燃燒與障礙性火器。主用以焚燒敵船。於薄脆瓦罐內裝火藥與爆竹、飛鼠、鐵蒺藜等，用紙布包緊，縛以火繩。遇敵船近，點火擲去，罐爆火起，焰彌漫，飛鼠亂竄，蒺藜滿布，殺傷敵人，燒毀敵之船帆戰具。創製於明，爲明水軍主要火器裝備之一。明何汝賓《兵錄・製器煉鐵法》："今改火罐，火在罐外緊慢無失，一擲即碎，不能反擲；罐復小巧，拋去便中，無利於此者。火罐須用脆薄瓦罐，其物料即以火磚、火毬之料易之。罐內貯爆竹、飛鼠、鐵蒺藜各三十箇，罐口用紙布包緊，仍用油飾以却濕氣，罐上有四耳，每耳用綿紗火繩一條，長一尺，平中拴結，則四耳八繩頭。追近賊船，燃點八頭，拋擲過船，罐即破碎飛爆。"清魏源《海國圖志・籌海上》："我火箭噴筒已爇其帆，火罐火斗，已傷其人。"近代火器應用於戰爭後火罐漸廢。

平曠步戰隨地滾

冷兵器與火器組合裝置。以杉木製圓筒，外釘塗毒利刃、鐵釘，安滾藥筒數十，腹藏發藥、神砂。點火後，滾向敵陣，外藥燃盡至腹，滾筒爆碎，神砂飛散。主要用於平原步戰，對敵營衝擊。創製於明代，爲陸戰有效火器之一。明茅元儀《武備志・火器圖說九》："〔平曠步戰隨地滾〕用杉木爲身，長三尺，徑四寸，中軍空留一寸厚，要滾圓爲妙。外釘利刃尖釘，十字釘之，蘸虎藥，週圍安滾藥筒六十箇，腹裝發藥神砂。如平原步戰，列於陣前，約離賊營十餘丈，點信火發，木飛而去，則滾賊營。人足馬蹄盡皆傷壞，況虎藥見血即斃，待外滾藥盡燃至腹，則發藥碎擊，沙飛煙迷賊竅，嚏涕連聲，眼花唇喋。"

西瓜砲

手擲燃燒與障礙球形火器。其形如西瓜，

故稱。紙布質外殼，内裝鐵蒺藜、火鼠與火藥。燃藥綫發火，投於敵群，爆碎殺傷敵人。創製於明初，由宋火毬類發展而成。製造簡易，便於携用，宜於守城作戰與水戰。明何汝賓《兵録·製器煉鐵法》：“此砲原是守城第一利器，但以高臨下，方可用也。砲中入小蒺藜一二百枚，火老鼠五六十筒（點火後四處竄飛之小型火器）。每一鼠筒面倒縛細毛鈎三口，各貫火綫，俱入砲中，然後入砲藥，唯使藥滿，不可築實。入藥之後，緊閉其口，再糊蔴布二層，堅紙二十層，曬乾；週迴分三停，錐三細孔，俱貫入藥綫。頂上正中錐一孔，入二寸長細竹管，夾一藥綫，貫入其中，使其火當中發，爆力均齊，不致偏勝也。四藥綫會歸一束，俟賊至城下，點燃匯流排，待火將發，丢落賊群中。火綫必四者，防抛滅也。砲聲一響，紙殼碎裂，亦能傷人，蒺藜布散滿地，火鼠錯亂燒人。人必走動，脚踏蒺藜，自然傷跌，斷不敢再至城下矣。”

風塵砲

施放塵之火器。外殼有竹簍或瓶式兩種，内裝石灰、人糞、皂角末等物，另放入火藥紙砲一個，以藥綫引燃紙砲爆碎，順風抛至敵群，風塵遍野，敵人馬閉目難開，可乘機追殺。宜於守城。始見明中期典籍，由前代火毬類發展而成。明何汝賓《兵録·製器煉鐵法》：“將竹簍爲簍，形如西瓜，外用紙糊，上留一大眼。將好石灰風化，又用人糞曬乾，皂角研爲細末，分兩不等，共爲一處。將大鍋燒紅，炒要墨色爲度，裝入砲中。内放小砲一箇，仍封固其口，穿眼裝上藥綫，每軍可帶二三箇。”明茅元儀《武備志·火器圖説二》：“壙子石灰羅過，桑柴炭燒火，炒半炷香，用小口小底火瓶，底鑽一竅，腹入紙砲一箇，藥綫從瓶底透出，將石灰築滿，生牛皮封瓶口，倚高或平陸，必取下風擊之。”

神火混元毬

毒性火毬。以竹篾編爲圓形殼體，外糊以紙，内入毒藥，中實大紙砲，點燃藥綫，投擲於敵營，紙砲爆破，毬體炸裂，毒四散。由宋火毬發展而來，爲明軍實用火器之一。多用於攻守城作戰。明茅元儀《武備志·火器圖説九》：“〔神火混元毬〕其製以竹篾編圓形，紙褙，曬乾，内入毒藥，中藏一大紙砲，封口，外面五綵妝畫成，錐安藥綫，拴繩繫之，夜晚秘涉賊營，與神火鎗、子母銃齊發，炸破，毒煙入鼻，人馬皆傷，守城攻防，亦可通用。”《續文獻通考·兵考·軍器》：“引火毬、蒺藜火毬、霹靂火毬、神火混元毬。”

風雷火滾

燃燒致毒性火器。以竹、紙爲筒，内裝毒火藥與生鐵小砲，點火飛滾而去，焚燒敵之糧草衣甲，毒害、殺傷敵人。創製於明，爲當時平原步戰火器之一。明茅元儀《武備志·火器圖説九》：“〔風雷火滾〕用竹篾編筒，圍一尺，長三尺，筒外用紙糊四五十層，一頭留口，裝毒火藥並生鐵小砲五箇，封口，中穿藥綫。安置停妥，如劫賊營，彼預爲準備，可將此滾四面點發飛去，糧草衣甲盡可焚滅。”

紙糊圓砲

手投爆碎燃燒與障礙性火器。紙製外殼，内裝速燃火藥、鐵菱、火鼠（火發竄飛之小火器）等，有藥綫眼以安藥信，點燃擲於敵處，砲碎殺傷敵人。明代唐順之創製。由前代紙砲發展而成，更爲實用，宜於守城。明唐順之《武編前集・火》："今製者不過震響一聲，無益於用。本職因此舊物而觸，爲新製造成此砲。待其糊成紙殼之時，中含小鐵刺菱二三十枚，地火鼠一二十枝，方入藥於其內，然後緊糊其口。每砲一枚，開藥綫眼四處，各穿藥綫，使其丢落城下，不至滅火。賊近城下時，燃砲而下，砲一響則砲中所藏刺菱自然布散，其中火鼠飛去，賊見火鼠燒身必走，而刺菱又傷其足，況城上且擊之矣。"

萬人敵

手擲燃燒性火器。泥作外殼，內裝火藥，四面開孔，外框製以木架。點燃後，手擲城下，火焰四面噴射，并不停旋轉，燒殺敵軍人馬。此器製易、費省、實用。創始於明，爲明軍守城常用火器之一。明宋應星《天工開物・佳兵》："萬人敵。凡外郡小邑，乘城却敵，有砲力不具者，即有空懸火砲而癡重難使者，則萬人敵近制隨宜可用，不必拘執一方也。蓋硝黃火力所射，千軍萬馬立時糜爛。其法：用宿乾空中泥團，上留小眼，築實硝黃火藥，參入毒火神火，由人變通增損。貫藥安信，而後外以木架框圍，或有即用木桶而塑泥實其內廓者，其義亦同。若泥團必用木框，所以妨（防）擲投先碎也。敵攻城時，燃灼引信，拋擲城下。火力出騰，八方旋轉。旋向內時，則城牆抵住，不傷我兵；旋向外時，則敵人馬皆無幸。此爲守城第一器。"

萬火飛砂神砲

以手投發致毒性火藥兵器。創製於明初。在腹大口小之瓷罐內裝飛砂等藥物，另有爆火藥一筒，點燃擲於城下，火發罐破，以飛火、飛烟、飛砂，殺傷敵軍人馬。主以守城，先發此砲若萬火飛砂（《武備志・軍資乘・火器圖説一》），繼以砲石銃弩擊敵，戰果更佳。明佚名《火龍神器録・城守火龍神器》："用燒酒炒製礦砂，和以芽皂、薑粉、蓼屑、砒磺、硇（砂）等毒藥，盛於磁罐，暗藏發藥。擲於城下，火發罐破，飛霧障，法藥四散，飛砂撲賊眼目，神煙鑽賊孔竅，飛火燎賊面皮，眼瞎頭昏肉爛。繼以砲石銃弩矢擊之，賊縱驍勁，其能飛登乎？"

群蜂砲

圓形燃燒致毒與障礙性火器。以竹篾編爲圓籃，外糊紙殼，內裝火藥、鐵蒺藜、毒火飛燕（小型致毒燃燒性火器）等物，點燃後投擲於敵船或敵群中，用以縱火與殺傷敵人。創製於明初，由前代火毬發展而成。因其取材、製造簡易，作戰實用有效，故明代軍隊多用之。明茅元儀《武備志・火器圖説二》："篾編成圓籃，以紙厚糊四五十層，曬乾；上糊油紙十五層，開砲一竅，以火藥三斤，加鐵蒺藜半斤，飛燕毒火、紙爆各數十箇納其中。其威力甚大，不唯可以擊人，飛燕火發，四散飛開，粘人身上及遇篷帆，尤能延燒，火澆之不滅，投之賊船，蔑有不破者。"明施永圖《武備秘書・火攻神器》："拋入射船，飛燕火發，其船立破。高阜拋入賊營，無不立潰。"

燒天猛火無攔砲

燃燒與障礙性火藥兵器。創製於明初，由北宋火毬發展而成。狀如圓毬，內藏飛火、毒火、法火、噴火、烈火、爛火等火藥筒二三十個，并置爆火筒一個。乘風高月黑之夜，點火送入敵營，以爆火引燃各種火藥，即能致毒發，燒傷敵之人馬器物。係當時偷劫營寨之有效兵器之一。明佚名《火龍神器録·偷劫火龍神器》："捲紙爲筒，中藏神火二三十筒，火各不同，或飛、或走（毒火、法火），或跳、或躍（飛火、噴火），遇糧則燒糧，遇賊則燒賊，遇馬則燒馬，送入賊營，隨風四散，撲入眼目，煙焰障天，燒人鬚髮，焚糧驚馬，勢不可遏，飛入賊隊，彼必自亂，乘此奮擊，大捷成矣。"

燒賊迷目神火毬

燃燒與障礙性球形火器。以三十層紙糊爲圓形外殼，内裝速燃火藥、鐵蒺藜、地老鼠（小型鼠飛火器）、小紙爆、飛砂、神等物。點燃藥信，抛擲於敵營，殺傷及威懾敵人。由宋火毬類發展而來。明茅元儀《武備志·火器圖説九》："裝砲法：先將發藥一層鋪底，次放鐵蒺藜、地老鼠、小紙砲各十箇，再鋪飛砂、神煙一層，又放法藥一層，藜鼠（即鐵蒺藜、地老鼠）一層，神煙一層，再將發藥平口裝滿，用紙糊其口，安藥綫，外用柿漆紙護其藥綫。恐遇陰雨、磨擦，再用油繩爲絡，上陣兵士持之點信。抛入賊營碎擊，則蒺藜搠脚，地鼠攢入衣甲，滿地跳躍驚燒，小爆擊之，以亂賊心，乘此而用火攻，無有不敗者。"

爛骨火油神砲

燃燒致毒性火藥兵器。創製於明前期，由宋代火毬發展而成。狀如圓毬，内藏鐵子、瓷砂與其他燃燒致毒物，中置藥信，點火發出，砲碎殺傷敵人。主以守城。明佚名《火龍神器録·守城火龍神器》："用桐油（主燒主燃火）、銀鏽硇砂（主爛皮肉）、金汁蒜汁（主毒），炒製鐵砂磁粉，將生鐵鑄小（子），砲發去，一擊粉碎，肌膚頃爛，眼目立瞎，雖身生羽翼，亦不能施展。"

轟雷砲

用於施毒與設障兼有殺傷作用之球形火器。以騰沙作胎成圓毬，施紙布外殼，内裝速燃火藥、毒藥、地鼠、紙砲、毒蒺藜等，安有藥綫，燃火抛擲，爆碎驚嚇殺傷敵人。水陸作戰皆宜。始見於明中期典籍，由前代火毬發展而成。係明軍實用火器之一，後漸廢。明茅元儀《武備志·火器圖説二》："用騰沙胎，曬乾，紙糊百層，間布十層，内裝半毒藥半火藥，並地鼠小紙砲，頭拴毒鐵蒺藜鈎針，包松脂硫黄，固封大口，錐入藥綫。此一火器，水陸宜用者，奪心眩目，驚膽傷人，制宜精之。"

噴筒 [1]

亦稱"火筒"。用於噴射火焰與毒之管形兵器。將火藥與毒劑等，裝入不同形制之竹筒内，點燃後噴出火焰或毒，近距離毒殺燒灼敵人、焚毀敵之船具。主用於攻守城寨與水戰。始創於宋初，時稱"火筒"。成書於宋前期之《行軍須知·守城》載："用火筒、火礮、長鎗、檑木、手礮傷上城人。"至明代有較大發展。明茅元儀《武備志·火器圖説八》載有"毒藥噴筒""滿天噴筒""毒龍噴火神筒""神火噴筒"等多種形制。此類係宋、元、明時軍隊重要火器裝備之一，沿用至清則降爲軍隊輔助之兵器。

【火筒】[1]

即噴筒。此稱宋代已行用。見該文。

毒龍噴火神筒

以噴毒火、爛火殺傷敵軍之火器。其制：以竹爲筒，内貯各種火藥，用鐵鏈懸於高竿之上，立於城垛口或船頭。點燃後，噴出火焰二三丈，以焚燒敵之人馬與船帆。創製於明初，先用於城戰，後則廣泛用於水戰，係明、清（前期）軍隊裝備之一。明佚名《火龍神器錄·攻擊火龍神器》：“〔毒龍噴火神筒〕截竹爲筒，約長三尺，以貯毒火加爛火藥於內，懸於高竿之首，令壯士持至城垛口中，乘風發火，煙焰撲人，燎賊面皮，鑽賊孔竅，竚立不定，昏眩倒撲，蟻附而登。內外相應，隨用利器擊之，破之必矣。筒藏飛火、毒火、噴火、爛火，或加神煙、神砂、烈火，隨機而用，火飛空而擊賊。”清林福祥《平海心籌》卷上：“截竹爲筒，約長四尺，以貯毒火、爛火、毒等，以鐵鍊懸於高竿，插在船頭，焰向敵，無不立仆。”

飛天噴筒

以噴出火藥餅焚燒敵軍之火器。以竹爲筒，筒內先裝慢火藥，次裝噴火藥，再裝藥餅一個。如此多次，裝畢，聽用。可噴三四十步，爲噴筒類噴程最遠者。尤宜水戰。創製於明初，沿用至鴉片戰爭，爲明清水軍重要裝備火器之一。明戚繼光《紀效新書·戰船器用說》：“〔飛天噴筒〕硝磺、樟腦、松脂、雄黃、砒霜，以分兩法，製打成餅，修合筒口，餅兩邊取渠一道，用藥綫拴之。下火藥一層，下餅一箇，用送入推緊，可高十數丈，遠三四十步。徑粘帆上如膠，立見帆燃莫救，此極妙萬方效策。”清林福祥《平海心籌》卷上：“用圓大貓竹，長三尺，以蔴繩纏密，加以桐油，下用木柄，長三尺。先下灰多硝少慢藥一層，次加噴藥，次下餅一枚。照方製餅，必與口一樣，送出方有力也。噴藥內加毒、碎玻璃、碎磁器均可。”

滿天烟噴筒

專噴毒使敵中毒之火器。截竹爲筒，內裝毒火藥，縛於槍杆頭，燃火噴，使敵中毒。創製於明初，用於守城與水戰，係明、清（前期）軍隊裝備火器之一。明戚繼光《紀效新書·戰船器用說》：“〔滿天煙噴筒〕截粗徑二寸竹，布箍，用硝磺、砒霜、斑毛、剛子、礦砂、膽礬、皂角、銅綠、川椒、半夏、燕糞、煙煤、石灰、斗蘭草、草烏、水蓼、大蒜，得法分兩制度，磁沙玉（與）田沙炒毒，繫鎗竿頭，順風燃火，則流噴涕，閉氣禁口。”

對馬燒人火葫蘆

小型噴火兵器。因以凹腰葫蘆爲之，故稱。創製於明，便於隱藏携用，近戰燒敵。但受葫蘆之限，并非明軍常用兵器。明茅元儀《武備志·火器圖說九》：“用凹腰葫蘆爲之，外以黃泥、紫土、鹽水和一指厚，曬乾，再灰布一層，外用生漆漆之，聽用。舊文章紙不拘多少，每次十餘張，燈火點燒灼，將水盆覆板上，將紙點灼，就放盆下，連蓋悶灰存性。每灰一兩，硝一分，硫黃二釐，共拌勻灌入葫內，用火種燒紅入內，隨即用乾葛塞其口，收貯聽用。任放不熄，遇敵或夜行遇盜，藏於袖內，放開口迎面噴之，火發三四丈，燒鬚燎鬢，面目腐爛也。”

衝鋒追敵竹發熕

亦稱“飛火筒”。噴筒類火器。前以三尺粗竹爲身，後以二尺堅木爲柄，內裝火藥、石子及毒砂等。單兵手持噴放。由宋火筒發展而來，盛行於明，鴉片戰爭時期，清軍尚用於水戰，稱“飛火筒”。當威力强大之近代槍炮裝備於軍隊後，即被淘汰。明茅元儀《武備志·火器圖說三》：“〔衝鋒追敵竹發熕〕用茅竹截筒，長三尺，先用冷火之藥浸透，以易其性，使不染火爲度。外以鐵綫纏之，再用牛觔蔴裹，瓦灰灰之，曬乾，生漆漆之。内裝發藥五升。次裝石子二十四塊，每塊重半斤。磁鋒一升，俱用砒黄、巴豆、礵砂等炒製裝之。再用神砂三合，毒火一合。裝畢，上用黄泥塞其口，口上用鐵箍箍之。堅木爲柄，柄長二尺，裝實聽用。每士卒馬上携之四綳，甚爲輕便，行營出邊追襲，與賊對取勝，無踰於此。"清林福祥《平海心籌》卷上："飛火筒……内裝發藥五斤，次裝石子、鐵鋒一斤，砒霜毒藥炒製入内，加以神砂三合，毒煙三合，裝畢，用黄泥封口，以鐵箍箍之，一近敵船，燃引發火。"

【飛火筒】

即衝鋒追敵竹發煩。此稱清代已行用。見該文。

天蓬鏟

亦稱"火鏟"。冷兵器鏟與噴火筒相結合之兩用兵器。明萬曆年間，趙士楨於舊製天蓬鏟基礎上，增置二噴火筒，既能噴火，又能格鬥，作爲鷹揚車、輔車士卒所持兵器之一。明趙士楨《神器譜・防虜車銃議》："凡遇入犯之時，可以速戰，則憑車束伍前拒，以壯士卒之膽，用大小銃砲，險勢短節，相機擊打，以張軍聲。伺其來鋭稍挫，我之勝氣益盛，再以大砲噴擊，火沙、火箭撲射，用促凶威，凶威既促，即以火鏟、火鎗諸器出衝車外，虜馬見火，必致驚亂。"

【火鏟】

即天蓬鏟。此稱明代已行用。見該文。

火鎗

明代火藥噴筒與冷兵器鎗相結合之複合兵器。因有二噴筒夾置於鎗頭下，故稱。既能噴火，又能刺殺。由宋代飛火鎗發展而來，爲明軍實用兵器之一。沿用至清初，改竹、紙質噴筒爲金屬製。明茅元儀《武備志・火器圖説七》："〔火鎗〕柄長六尺，鎗頭長尺許，木柄下有鐵鑽，兩邊又上作鈎鐮。夾鎗有二噴筒，用時先放一筒，藥綫引轉，復放一筒，完即作短兵……頭長尺許，鎗也；兩刃向上，鑽也；兩刃向下，鐮也。一器而四用之者。設使有主膂力者持之，亦利器也。"

梨花鎗

火藥噴筒與冷兵器鎗相結合之複合兵器。將火藥噴筒縛於鎗頭之下，遠能噴火，近能刺殺。由飛火鎗發展而來。爲明軍實用火器之一。明胡宗憲《籌海圖編・兵器》："〔梨花鎗〕用梨花一筒，繫於長鎗之首。臨敵時，用之一發，可遠去數丈，人著其藥即死，火盡鎗仍可以刺賊，乃軍前第一火具也。"明焦玉《火龍經》下卷："法以礬水紙作筒，長一尺三寸，厚四分，或用生牛革爲之亦可，内裝元霄花火……將毒藥、發火藥、飛砂裝入筒内，發藥實底。遇敵相對，將筒繫扎極長鎗並狼筅頭上，燃火對敵，有此鎗筅四五百杆，萬火如林，敵不能當也。"沿用至清，漸廢。

火牛

用牛馱載火器與冷兵器以衝入敵營之戰具。盛行於明。由古代火獸、火牛發展而來。古火牛係在牛尾上繫以艾火，將冷兵器鎗刀縛於牛身或牛角，衝入敵陣殺敵。火藥兵器出現後，牛身上增置各種火器，形成冷熱兵器結合，其戰鬥威力大增。明茅元儀《武備志・火器圖説十》："〔火牛〕以彎木作架，罩布遮牛形。用此架作根本，却從架上生髮打造前後左右架三層。火砲藥綫接續，四方插利刃，上覆紅布幔遮。

仍於牛項肚尾拴劣火盤住，令人暗牽敵營，或臨急攻衝，將三劣火點起，中通架上，牛項尾火起著痛，吼跑大傷人馬。乘其驚亂，攻之則勝也。"

木火獸

多種火器并用之組合戰具。獸形，故稱。獸雙耳藏瓶，嘴中安噴筒，左右胸旁拴火銃。各藥綫會總後部一處，點火俱發。一人推行，衝入敵陣，殺傷、驚嚇敵人。創始於明，由前代火獸發展而來。能綜合發揮不同火器之作用，威力倍增，且省兵力，減少己之傷亡。明茅元儀《武備志・火器圖說十》："〔木火獸〕用輕木造，架下安四獸足，高三尺，長五尺二寸。四足踏四輪，身頭用竹篾編形，裏外紙糊，裝畫以彩像，用白礬重塗。藏二煙瓶於耳內，口中置竹噴筒，左右胸旁拴銃四眼，內裝火藥鉛子，藥綫聯絡，俱從後發。用一人駕行，衝鋒驚敵，乘亂擊之也。"

木人活馬

以活馬運載之多火器組合戰具。木製人體為外殼，內裝火箭、毒砂及西瓜砲等，縛於馬上，兩側安置長槍，迫使馬首無法轉嚮。點火後奔入敵營，先噴射、後爆炸。可大量殺傷敵軍，且起威懾作用。創始於明。明茅元儀《武備志・火器圖說十》："〔木人活馬〕用木作人形，飾以衣冠，裝以神像，身高三尺，頭高九寸，下闊二尺，上闊一尺五寸。居中用竹筒，至木人齊，徑一寸五分。週圍鑽眼，每二寸為一層，共十五層，每層七眼，至頂共一百〇五眼。身三面留孔與內合，孔內俱安神箭、神砂、神火，口與二目安三神砂。頂上安二大神鎗起火，前安神砂，背後留門。安畢補合，騎於馬上，一

手向前，一手向後。空腹近脊，安一大西瓜砲，白礬水煮刷馬雁，庶不燒爛馬背。木人後手藥綫連絡貫通一身，馬尾剪竪竪，用沒香合火藥裝袋一條如錢粗，縛馬尾根。馬左右用二鎗夾縛，木人兩腿前穿馬彎嚼環出，馬頭長一尺，使馬直前不得轉首，外布包鹽一合，置馬口中紮住，下繫煙瘴雲霧藥鎗……或日或夜，我營更變號色，將馬秘牽臨敵營。先點木人後手藥綫，次點馬尾火帶，又點腹下雲霧火，主將喝令速去，即還本營，勿得回顧。馬着火只往前衝，木人後手藥綫着至頂上起火，其馬五彩雲罩，彼視如同天神。藥綫往下，層層火箭陸續出，底大砲聲震如雷，木人擊碎，砲擊至箭，飛傷人馬。我兵登高遠望，彼營驚亂。"

木人火馬天雷砲

以木人掩藏火藥、火砲，以火馬衝入敵陣之燃燒爆炸性火器。創始於明初，由古時火牛、火獸發展而來。其制：木人腹內裝火藥、火砲，坐於馬上，藥信通連馬尾處之蘆葦。點燃蘆葦、藥信，火熱馬奔，衝入敵陣燃爆，殺傷威力甚大。為當時陸戰有效武器之一。明佚名《火龍神器錄・陸戰火龍神器》："〔木人火馬天雷砲〕用木板裝作人形，坐以馬上，穿以衣甲，執以器械。木人腹內藏火砲一枚，藥信從馬尾盤曲度入腹中，兩傍用竹為欄杆，前後透出馬足一尺五寸，掛鞍鞍上，使馬直衝而去，不得旋轉退後，尾縛蘆葦，塗以膏脂。火熱馬奔，突入賊陣，信到砲發，碎擊傷人，雖至堅難敵之陣，破之必矣。腹藏神火一斗、毒火一斗，砲藏烈火神砂，或飛火、毒火、神火三火合一，量賊陣斟酌而用之。"

火牛轟雷砲

燃燒爆炸性火器，以火牛運載，馳入敵陣爆炸，故稱。始見於明代。由火牛、火獸等發展而來。主要用於對密集敵群之作戰，但并非明軍常用戰具。明茅元儀《武備志·火器圖説十》："〔火牛轟雷砲〕用老廢牛爲之，角縛利刃，蘸虎藥，兩旁竹夾其足，使不旋轉。背負大鐵砲一箇，容藥一斗，藥信盤曲於砲内。砲藏烈火、神砂、神火等藥。凡賊兵甚衆，我兵甚少，用此衝之，人馬遇之，立時腐爛，突入賊隊，火發砲碎，勢若轟雷，霹靂一聲，不及掩耳，雖艱難敵重圍之陣，亦破必矣。"

石榴礮

亦稱"擊賊神機柘榴砲"。預放地面之爆炸性火器。由鐵火砲發展而成。製以生鐵，大如碗，内裝法藥、毒火、神烟、發藥，并以酒盞盛火種，外畫五彩，置於路旁，敵拾之，搖動火種，引爆被炸。水陸作戰皆宜。始見於明中期典籍，爲明軍裝備火器之一。《明史·兵志四》："又有奪門將軍大小二樣神機礮、襄陽礮、盞口礮、椀口礮、旋風礮、流星礮、虎尾礮、石榴礮。"明茅元儀《武備志·火器圖説二》："〔擊賊神機柘榴砲〕砲用生鐵鑄造，形類石榴，如碗大，上留一孔，以灌毒火、神煙等藥，裝藥祇可裝十之六分，放酒盞一箇石榴礮，盞内放火種，用鐵蓋塞其口，砲外用粉粉白，上畫五色花卉，輕輕擺放路傍地上，賊見以爲好戲之物，將手拾之，搖動機關，砲擊粉碎，煙霧障天，神砂鑽入賊孔，鎖喉噤齒，立瞎雙眼，血湧髓流，毒火燒鬚燎肉，殺賊利器也。"沿用至清前期，因其物造型、花飾纍年不變。敵已識破，後被淘汰。

【擊賊神機柘榴砲】

即石榴礮。此稱明代已行用。見該文。

夜敵竹銃

手投竹質爆炸性火器。以明制尺許竹筒，内實火藥及火彈，點燃後爆炸。多在夜襲敵營時使用，可用以驚擾、燒殺敵軍或縱火。創製於明前期，因其簡易實用，故成爲明軍常用火器之一。後又改進爲更實用之火磚。明茅元儀《武備志·火器圖説三》："〔夜敵竹銃〕以堅厚竹小者佳，外用生牛皮條繫緊，曬乾，鑽火眼引綫入，用火彈二十四個，築實火藥，用木板鑲口，若寇入境，乘夜多遣健卒秘至賊營，或一更或兩更分，燃筒炸火光耀，群寇驚疑必亂，量勢驅兵以混戰。"

威遠石砲

大威力之爆炸火器。鑿石中空，内裝爆藥、石子，大石彈一枚塞口，并製火門，火種藏其中。置臺堡旁或敵出没之路。預安走綫，撤至高處，待敵至，引走綫發火，爆炸敵之人馬。明佚名《火龍神器録·附録》："〔威遠石砲〕取千觔頑石如彈形，鑿一腹，可容藥一斗，製火門以安走綫，内裝爆藥二觔，入小石子一百，用大石子一箇。以瀝青、青蠟貫蔽火門，一發橫炸數里，人馬盡成齏粉。此不費不勞，隨地可置宜設。"明茅元儀《武備志·火器圖説一》："爲今之急，莫若用威遠石砲之省。上不費公帑，下不勞兵力，在在頑石可造，處處邊臺可設……當置緊衝臺下，沿邊墩堡，敵人出没要路，延袤星設，瞭敵將至，數里之外，當預安走綫。一發一砲，炸打橫亘數里，且其山崩地裂，若雷霆之轟擊，人馬盡成齏粉矣，更有何物敢攖其鋒哉。每砲裝藥二斤，小石彈一百箇，大石彈一箇，外填塞其口。”

荔枝砲

手投荔枝形爆炸性火器。陶質外殼，內裝火藥、碎石、毒砂等物，中置藥信，點火拋擲於敵處，爆破殺敵。始創於明初，由宋代火毬類發展而成。多用於守城或衝陣。此器製之簡易，携用方便，故長期沿用，至清始衰。明茅元儀《武備志·火器圖説二》：“〔荔枝砲〕用細泥打爛做成圓砲，厚（明制）一寸，腹空，空藥二合，留小指大一孔，窑內燒過。將硝一斤，黃四兩，杉木灰四兩，爲極細末，慢慢磨入砲內。約有九分藥，以竹一節釘入，中孔處入藥信，以紙糊定，如荔枝形。對掘墩臺之賊，點火擲下擊賊，砲響碎破，砲石擊破之，火藥燒之。臨陣，每軍（人）可帶十數箇，臨敵時，燃火遠拋，則砲炸石碎，毒砂亂拋，鼻聞其煙，人馬噴涕不止，兩目難開，手足無措。”

鑽風神火流星砲[1]

一種爆炸致毒性火藥兵器。創製於明，由宋鐵火砲發展而成。生鐵熔鑄，狀圓如毬，內藏多種火藥，中置藥信，燃信火發砲碎，殺傷敵之人馬。此砲有大、中、小三型，大者用騾馬馱入敵陣，中者用母砲發出，小者用手擲出，各有所用。明茅元儀《武備志·火器圖説一》：“〔鑽風神火流星砲〕用生鐵鎔鑄，狀圓如毬，中藏神煙、神砂、毒火、飛火、法火、爛火等藥，用堅木爲馬，兩旁烙兩孔，分四信引於外，中留空藏一信，盤曲於中，以礬紙裏信，藏久不潮。大砲則用騾馬馱入，毒火五升，飛火五升，神砂一升，或加爛火、法火亦可；中砲則用母砲發出，毒火半升，飛火半升，神砂三合；小砲則用手持擲去，毒火三合，飛火三合，神

砂三合。”

地雷[1]

布設於地下或地面之爆炸火器。由雷殼、裝藥與引爆裝置構成。按雷殼質地區分，有石、鐵、瓷、泥等；其引爆法有燃發、拉發、觸發、機發等；其布法，除單發雷外，常有用一根藥綫控制之群發雷，另有以母雷引爆若干子雷之“子母雷”。創始於明初，由宋代鐵火砲發展而來。清谷應泰《明史紀事本末·燕王起兵》載，建文二年（1400），白溝河之戰曾“藏火器地中，人馬遇之，輒爛”。之後，其製漸多，其用益廣。《火龍經》《武備志》等書載，明軍實用地雷有十多種。其發火方式亦不斷改進，除以信香與藏伏火種發火外，又創造鋼輪火石摩擦發火之“鋼輪發火裝置”。明軍曾廣泛應用地雷陣，擊殺敵軍。曾銑守三邊，廣設地雷，軍聲大震。戚繼光鎮薊州，製自犯鋼輪火，於沿邊臺城之下，多擺地雷陣，使邊防安然。至清代，軍中仍大量製造地雷，以適應戰布需要。明胡宗憲《籌海圖編·兵器》：“地雷式：以生鐵鑄成，實藥斗許，檀木砧至底，砧內空心裝藥綫一條。擇寇必由之地，掘地作坑，連連數十，埋地雷於坑中，內用小竹筒通藥綫，土掩如舊，機關藏火。賊不知而踏動，則地雷從下震起，火焰衝天，鐵塊如飛蝗，著人即死。”明宋應星《天工開物·佳兵》：“地雷：埋伏土中，竹管通引，衝火起擊，其身從其炸裂。”

伏地衝天雷

用藏伏火種引爆之地雷群。將若干地雷埋於地下，藥綫總合一處，靠近盛火種盆，火種接連直豎地上之刀槍杆，敵來搖動刀槍，火種墜落於藥綫上，即引爆群雷，殺傷敵人。用藏

伏火種發火，較信香更爲可靠，且能延長埋伏時間。但每隔一定時間，需添加火種物料。創始於明，係明軍實用之埋雷術之一。曾銑守禦三邊，曾多次以藏伏火種布設地雷陣，敵驚駭不已。明茅元儀《武備志·火器圖説十三》："地下埋伏神火法：料賊至之處，預將地挖三尺深，將神火火砲埋伏，火種用烏盆盛，放於砲上，藥綫總盤於上，相近火種，其烏盆連於鎗刀杆上，仍以土覆平，不露其跡，鎗柄直竪插地上。賊至，見其械必來摇拔，提機關，火種倒在藥綫上，衆火齊發。"明瞿汝説《兵略纂聞》："曾銑在邊，又製地雷。穴地丈許，櫃藥於中，以石滿覆，更覆以沙，令與地平。伏火於下，可以經月。繫其發機於地面，過者踋機，則火墜藥發，石飛墜殺人，敵驚以爲神。"

自犯砲

以鋼輪火石裝置起爆之地雷群。雷殼製以鐵、石、瓷、瓦皆可。圓形。内裝炸藥，用小竹筒穿藥綫，外接火綫，穿火槽，入鋼輪發火裝置。踏動機關，群雷起爆，殺傷敵軍。創製於明，由前代爆炸性火器發展而來。戚繼光守禦薊州，曾多處布以地雷陣，使邊防安然。沿用至清前期，因製作複雜，使用不便，漸被西式地雷取代。明戚祚國《戚少保年譜》卷一二："製自犯鋼輪火。沿邊臺城之下，擇其平坦虜可集處，掘地，埋石砲於内，中置一木匣，各砲之信總貫於匣中，而匣底叢以火藥，中藏鋼輪，並置火石於旁，而伏於地上。虜馬踏其機，則鋼輪動轉，火從匣中出，諸砲並舉，虜不知其所自。"明茅元儀《武備志·火器圖説十三》："其製或鐵或石或瓦燒造，空腹，如前炸砲製法，外綫通連火槽火，相機連連安置要路，賊犯其機，群砲皆裂。"

炸砲

以鋼輪火石裝置引爆之地雷群。每雷鐵鑄外殼，大如碗，内裝炸藥，以小竹筒穿藥綫，外用火綫連接入火槽，再引入鋼輪發火裝置。敵踏觸拉綫，群雷起爆，殺傷敵軍人馬。創製於明，沿用至清。明焦玉《火龍經》卷下："炸砲，製以生鐵鑄。空腹，入藥，杵實。入小竹筒，穿火綫於内。外長綫穿火槽，擇寇必由之路，掘坑，連連數十埋於坑中。藥槽通接鋼輪。土掩，使賊不知，踏動發機，地雷震起，鐵塊如飛，火焰衝天。"明施永圖《武備秘書·火攻神器》："擇寇必由之路，掘坑，多埋坑中，藥槽通接鋼輪，土掩，使賊不知，踏機火發，砲焰衝天，敵無不克。"

火箱

引爆地雷之發火裝置。木製，内藏火種，以法針連接地雷引信，觸動法針，則火種傾覆，點燃引信，遂萬彈齊發，殺傷敵之人馬。創製於明。明焦玉《火龍經》卷下："其製，用堅木板作箱，大小任意爲之，箱蓋鑿二孔以通法針，蓋旁開六孔，以通香氣，底用禦火之物，油漆堅固，底旁設火孔，以引三元彈等砲。此器多備，遇驚則藏於賊所由之處，一動其機，萬砲齊發，人馬倒斃。"

萬彈地雷砲

鋼輪發火裝置引爆之大地雷。於大瓷罐内裝滿炸藥，中安藥綫，埋於地下，其上堆滿石塊，以長竹竿穿火綫與罐内藥綫連接，再引入鋼輪發火裝置。敵至，踏動火綫發機，或以人扯動發火，地雷頓炸，殺傷力甚大。創始於明，爲明軍實用火器之一。明茅元儀《武備志·火器圖説十三》："用大窰罈一箇，盛炸藥盡滿，中鑿眼一箇，以裝藥綫，罈口用土填緊。探虜出没之處，掘地丈餘，上用亂鵝卵石堆滿，仍用泥土蓋平。再用鋼輪一箇，埋藏如法，將竹竿作爲藥路，引入罈内或遠處，用人扯拽或拌索，以物加上誘之。輪火一發，其罈炸裂如雷，泥土亂石衝天，强寇遭之，有不披靡者乎？乃火攻中最狠者。"

水雷 [1]

古代布設於水中用以炸毀或擊穿敵船之火器。其制：一爲鐵鑄雷殼，内裝炸藥與發火裝置，外加密封，沉入水中，遇敵船引爆之。《天工開物》所載之"混江龍"，《武備志》所載之"水底龍王砲"即是。一爲將特製火砲與發火機械聯裝，密封後置於水中或敵船底下，届時引發彈丸，擊穿敵船，使之漏水沉没。《武編》中之"水底雷"、《武備志》中之"既濟雷"等即是。按其布設狀態，可分爲錨雷、漂雷、沉底雷等。其發火方式，有拉發、觸發、機發等種。創始於明前期，明清水戰中曾廣泛使用。

水底雷

拉發錨雷。係將大將軍銃密封於大木箱内，沉入水中，下用鐵錨定位，箱内藏伏火種，用繩索連接發火裝置，拉至岸邊。敵船接近，以伏兵拉動火種，引燃銃發。創始於明，係明水軍實用水雷之一。明唐順之《武編前集·火》："水底雷，以大將軍爲之，埋伏於各港口。遇賊船相近，則動其機，銃發於水底，使賊莫測，舟楫破而賊無所逃矣。用大木作箱，油灰粘縫，内宿火，上用繩絆，下用三鐵錨墜之。"

一窩蜂

多發齊射火箭。在六面體木桶内裝神機箭三十二支，藥筒長明制四寸，箭桿長明制四尺二寸，鏃塗毒藥；前後以格眼板爲箭定位，藥綫匯總於火門處，以手持箭桶或架於車船之上控制射嚮，點火齊發，射程可達三百餘步。水陸戰皆宜。平時有木蓋封口，防其潮濕。創製於明代前期，爲明軍裝備火器之一。據載，明建文二年（1400）李景隆率明官府軍與朱棣戰於白溝河時，曾使用此火箭齊射朱棣軍。此爲我國史籍關於使用反推火箭作戰之最早記載。明茅元儀《武備志·火器圖説六》："木桶内貯神機箭三十二枝，名曰一窩蜂，須製造如法，力能貫革，可射三百餘步……用之南北水陸，靡所不宜……在西北多用車戰，每車可架十數桶。去敵二百步外，匯流排一燃，衆矢齊發，勢若雷霆之擊，莫敢當其鋒者；且至輕，陸兵人人可以負行。每營或數十桶，或百桶，多多益善。"清袁宮桂《洴澼百金方·製器》："木桶内貯神機箭三十二枝，以射虎毒藥塗於鏃頭……若守城，則垂其頭，向賊放之。"

群鷹逐兔箭

多發齊射火箭。於長方形木匣兩頭各置火箭三十支，箭鏃塗以毒藥。以四塊尺寸相等之格眼板分別爲其定位。匣開火門，上置二層火門蓋，分別會總兩端藥綫。點火後，先齊射一頭，繼發另一頭。平時用皮木蓋封閉箭匣兩口，以防潮濕。創製於明。明茅元儀《武備志·火器圖説六》："兩頭匣内各藏肥短火箭（藥筒長三寸，箭杆長一尺四寸，翎後有鐵硾）三十枝，兩頭共藏六十枝，名曰群鷹逐兔箭，因其短小猛鷙，故以立此名。鄙見近日新增之式，每匣重不過五七斤，亦以射虎毒藥塗鐵鏃。令一兵負之，候敵至百步之外，忽然火齊發，即微傷亦未有不立斃者；放盡一頭，忽又以一頭繼之，使其莫測，是一兵而兼六十兵之技矣。”

管形射擊火器

以火藥爲能源發射彈丸之管形兵器。泛指管形射擊之火槍、火銃、火砲各類。其身管質地，有竹、木、金屬諸種。最早之管形射擊火器始於南宋，由竹木爲體之火筒、火槍演變而成。《宋史・兵志十一》載，宋開慶元年（1259）壽春府守軍使用之“突火槍”，以巨竹爲筒，内裝火藥，發射“子窠”（子，即碎石、鉛丸等粒狀子彈；窠，即置於發射藥上承托散彈之“馬子”），殺傷敵人。此爲世界最早之竹質管形射擊火器，已被公認爲現代槍炮之始祖。因其射程短、威力小、且易炸裂，故至13世紀即爲元朝發明之金屬管形射擊火器——“銅火銃”所取代。目前於黑龍江阿城、陝西西安、北京通州等地出土之早期手銃，中國國家博物館收藏之元“至順三年”（1332）盞口銃，中國人民革命軍事博物館收藏之“至正辛卯”（1351）手銃等，即爲此類火器實物。它們通由前膛、藥室與尾部組成。前膛用以裝填圓石彈、鐵彈或鉛彈等，藥室用以填裝火藥，室壁開有火門，從中引出藥綫，點火發射。早期火銃無統一制式標準，亦無槍、砲之别。通常將口徑、重量較大者稱爲“碗口銃”或“盞口銃”，小者稱爲“手銃”；大者用架或用車運送、施放，多人操作發射；小者則爲單兵使用。後來，此兩者便發展成槍與砲兩個系列。同火槍相比，火銃使用壽命長、射速快、威力大，故在戰爭應用中得到較快發展。至明代，火銃製用不僅型制各異，數量增多，而且工藝精細，結構更爲科學合理，品質上有較大提高。從目前各地出土之

明代大量火銃實物，可見而知。爲便於研究，人們依據上述槍、砲區别之標準，亦將火銃區分爲槍與砲兩類。就槍類言，在15世紀前，明朝創製出許多單管槍、多管槍與單管多節槍。其特點爲：槍管較短，重量與口徑較大，直把，滑膛，前裝彈藥，用火繩點火。16世紀初，參照傳入之佛郎機構造，增設瞄準裝置。16世紀中葉，歐洲火繩槍——鳥銃傳入中國。因其較明手銃類口徑減小，身管加長，裝有準星、照門，尾部爲曲形木托，采用火繩槍機，發射與口徑相吻合之圓鉛彈，使其射程、命中精度與侵徹力等均有明顯提高，故爲明廷大量仿製，裝備於軍隊。自此，手銃之製用減少。就火砲言，從元至順三年盞口銅火砲問世後，經元末、明初之激烈戰争，得以迅速發展。小型銅火砲廣泛應用於水陸作戰。明洪武年間製用之碗口銃，形似至順三年火砲，但管壁加厚，藥室部明顯隆起，身管外箍數道，已能承受較大膛壓。此外，明初還創製出直膛銅、鐵砲，譬如河北寬城出土之洪武十八年（1385）銅砲，山西博物院收藏之洪武十年大口徑鐵砲。此鐵砲爲世界最早之大型鐵鑄火砲實物。《大明會典》載，弘治前，明廷製造之火砲，有碗口砲、神機砲、旋風砲、將軍砲等大小十餘種。這些火砲一般身管較短，射速較慢，射程較近，命中率亦較低。早期火砲在技術性能上均存在一些缺陷，譬如發射時後坐力大，跳蕩性大，且易炸裂，常有自傷現象發生，故使用時，除將其一般固定於架上外，常將其安置地坑内，以穩固砲身。約15世紀，發明出特製砲車，有雙輪、三輪、四輪各式。將火砲固定於砲車上發射，使其機動性增强。爲控制砲車後坐，又用

鐵錨類將其固定於地上。對不同砲車之小型火炮，則用鐵釘或木椿將其固定於地上。15世紀末至16世紀初，又發明出活動砲架，火砲安於其上，可上下左右轉動，便於調整射角、射嚮，機動火力。爲增强砲身堪抗力，除提高煉鐵品質外，多按照火藥於膛内燃燒情况，在鑄造時，由前至後遞次加厚，藥室最厚，并外加鐵箍，以減少炸膛。爲提高發射速度，"兩頭銃"與"百子連珠炮"等相繼問世。早期火砲均發射實心鉛彈、石彈，亦有發射箭矢者，後來方發射鐵彈或散彈。約15世紀後期，火砲始發射爆炸彈，係由宋元之"鐵火砲"演變而成。明代發射爆炸彈之火砲，有毒火飛砲、轟天霹靂猛火砲等多種。這些改進，使火砲之技術性能與威力，得以不斷增强。16世紀初期，由葡萄牙傳入有瞄準裝置之後裝子母砲——佛郎機銃，較明原有火炮之射速與命中率，均有提高。明廷大量仿製，以改善明軍火器裝備。還創製出適於多山水地區作戰之小型臼砲——虎蹲砲，威力較大之長管鐵炮，如"仁字""天字"大將軍砲等。17世紀初，歐洲一種大型加農砲——紅夷砲傳入中國，此爲當時威力最大之火砲。明廷備加重視，成批仿製，以應戰事急需。清代前期，清廷尚能重視槍砲製用，但很少有所創新。《清文獻通考》記，康熙十三年（1674）至六十年，清廷所造之大小銅鐵砲約九百門。其型制主要有三：一是加農砲（即紅衣礮）型，如"神威無敵大將軍礮""武城永固大將軍礮"等。二是臼砲型，如"威遠將軍砲"。三是子母砲型，如北京故宮博物院收藏之鑄鐵子母砲等。所製槍械品種雖多，但多爲火繩槍，亦有少量采取燧發槍機，如轉輪式、彈簧式、撞擊式燧發槍等。直至19世紀中葉，中國槍砲大都停留於滑膛、前裝與火繩點火階段。總之，從14世紀至17世紀，中國對槍砲之研製，呈現出不斷改進與發展之趨勢，亦能吸取外來之先進技術，但自18世紀至19世紀中期，因朝廷腐敗保守，閉關鎖國，致使中國槍砲鑄造技術停滯不前，大大落後於西方。

火銃

元明時對金屬管形射擊火器之通稱。始見於元初，由宋代突火槍演變而成。以銅鐵鑄造，銅質爲多。早期火銃均爲單管銃，制有大小：大者因銃口形狀不同而被稱爲"碗口銃""盞口銃"等，安於架上發射；小者衹爲單兵手持兵器，稱"手銃""無敵手銃"等。通由前膛、藥室與尾部構成，從銃口裝填藥、彈，藥室壁開有火門，安放藥綫，以點火方式發射石、鉛、鐵彈或火毬。架射者口徑較大，形體粗短，已被公認爲中國軍隊最早使用之火砲。中國國家博物館所藏"至順三年"（1332）盞口銅銃即此類。手持者口徑較小，形體較長，前膛呈直筒形，藥室隆起，尾鋬中空，可安木柄，便於操持，已被視爲早期槍類。中國人民革命軍事博物館收藏之"至正辛卯"（1351）銅銃即此類。後來，此兩種火銃即分別發展爲槍與砲兩個系列。因火銃較火槍具有射速快、威力大、壽命長等優點，故能迅速發展，成爲元末、明代軍隊重要火器裝備之一，在戰爭中發揮出重要作用。《元史・達禮麻識理傳》："虎賁司糾集丁壯苗軍，火銃什伍相聯。"明朝建立後，火銃製用，不僅數量大量增加，而且品質亦有很大提高。自嘉靖年起，火銃雖爲鳥銃與佛郎機逐漸取代，但爲提高射速，又創製出各種多管銃，諸如三眼銃、七星銃、車輪銃等，繼續應用於戰爭。盛行於明代二百餘年之火銃，曾對明代軍事具有重要影響。

槍銃

中國古代一種口徑較小、重量較輕之管形射擊火器。宋代以前之槍，僅指具有刺殺功能之格鬥兵器槍，全無射擊火器之含義。宋金時期創製之火槍、飛火槍等，僅爲格鬥兵器槍與火藥筒之複合兵器，仍屬非射擊火器類。南宋開慶元年（1259）問世之竹質突火槍，已具備管形射擊火器三要素：槍筒、火藥、子窠（最早之彈丸），係世界上最早發射彈丸之槍，堪稱世界槍砲之始祖。於此基礎上，元代初期（約13世紀末與14世紀初）發明之銅手銃，已被視爲金屬管形射擊火器之早期製器。除現存元至正十一年（1351）銅手銃製工精美外，多爲粗糙製品。明代，此類單兵手持單管火銃，在數量、品質上均有長足進步。還創製出各種型制之多管與單管多節槍，以提高射速。其共同點爲槍管較短，重量與口徑稍大，滑膛，前裝，直式木柄，以火繩點火，均屬“火門槍”類。直至嘉靖時大量仿製外來火器鳥銃後，明軍裝備之槍又有較大改進。其身管加長，口徑減小，設有瞄準裝置，改用槍機（多爲火繩槍）發火，發射與口徑相吻合之圓鉛彈，改用曲形木托，使其射程、命中率等明顯提高。鳥銃傳入後，中國火器專家精心研製，不斷革新。萬曆年間，趙士楨改嚕蜜銃槍機於槍托内，可簡化射擊動作；創製出裝有子銃之掣電銃與有五支槍管之迅雷銃，可輪換發射，提高射速。崇禎八年（1635），畢懋康研製出自生火銃，改火繩槍機爲燧石發火，使點火更加可靠。在與後金軍戰爭中，明軍所用之鳥銃多安一木叉，使瞄準時不致晃動。清康熙年間，戴梓發明連珠火銃，可交替扳動兩個槍機，連續發射二十八枚彈丸，射速大大增快。清代改鳥銃爲鳥槍，使槍與銃長期并用之名稱劃一，“槍”字取代“銃”字。所製鳥槍類輕火器，種類很多，《大清會典》《皇朝禮器圖式》載，有圖可查者爲四十九種。其中燧發槍三種，餘皆爲火繩槍，而裝備於軍隊者僅兵丁鳥槍一種。總之，中國古代槍類發展之特點爲：身管由短到長，口徑由大到小，重量由重到輕，槍把由直形到曲形，瞄準裝置由無到有，經歷着不斷創新與改進之不同發展階段，但直到19世紀中葉，仍停留於滑膛，前裝，多以火繩點火之狀態。

突火槍 [2]

以火藥發射彈丸之竹管射擊火器。以巨竹製身管，内裝火藥與“子窠”。子，即粒狀散彈；窠，即兜托散彈之窩狀木板（木馬子）。點燃後，將散彈與木窠一齊射出，殺傷敵人。此爲運用射擊原理發射彈丸之最早管形射擊火器，已被視爲近代槍砲之鼻祖。創製於1259年，由南宋壽春府守軍發明。《宋史·兵志十一》：“開慶元年，壽春府……又造突火槍，以鉅竹爲筒，内安子窠，如燒放焰絕，然後子窠發出，如砲聲，遠聞百五十餘步。”

手銃 [1]

中國古代一種單兵用單管火銃。屬早期槍類。由前膛、藥室與尾銎等部分構成。銅鑄，或鐵鑄，以銅居多。外有加強箍數道。前膛呈直筒形；藥室部隆起，上開火門；尾銎中空，用以安木柄，便於手持操作。從銃口裝填藥、彈，發射石彈、鉛彈或鐵散彈，亦有發射箭鏃者。約 13 世紀末與 14 世紀初創製。1970 年黑龍江阿城半拉城子出土一具實物，有關學者考證，係 1287—1288 年，元世祖親征叛王乃顏時，其屬將李庭部遣下的（見魏國忠《黑龍江阿城半拉城子出土的銅火銃》，《文物》1973 年第 11 期）。1974 年陝西西安出土一具實物，1976 年江西清江出土三具實物（見晁華山《西安出土的元代銅手銃與黑火藥》，《考古與文物》1981 年第 3 期；黃冬梅《清江出土的銅火銃和八思巴文銅錢》，《江西歷史文物》1987 年第 1 期），其型制與阿城銅手銃相似，均被視爲元代早期製品。中國人民革命軍事博物館收藏之銘文"至正辛卯"銅手銃，鑄造工藝精緻，銃面光滑，已非初創時產品。至明代前期，銅手銃製品大量增加，成爲明軍主要火器裝備。鑄造更爲精細，多數口徑減小，身管加長，銃身多刻有製造地點、單位、監造官員、工匠、重量、年月等字樣。至永樂年間，型制已基本統一，銃身亦改爲按膛壓由藥室至銃口遞減變薄，并增火門蓋，以防火門藥被風吹雨濕，且統由中央兵工部門生產，統一編號，其製造規模之大，前所未有。明中期後，各種多管槍與較先進之鳥銃出現後，銅手銃生產逐漸減少。

連子銃

可連續裝填彈藥之單管槍。鐵鑄槍管，分節裝填火藥，節間隔以多層紙板及藥棉，藥室前槍管開孔，豎一鐵筒，內裝鉛子數枚。點火發射，鉛子逐次落入槍管。可節省裝填時間，提高射速。創製於明。明戚繼光《紀效新書・布城諸器圖説》："〔連子銃〕銃如鳥銃，但藥盡處用一孔，上安一鐵筒，入鉛子數枚，門定口一箇，銃放去一箇，子又落入。銃內裝藥

式：其法以藥裝入一節，節以厚褙紙錢一箇，中穿藥綫一寸，送入銃內，又裝一箇，藥入築實，又間以穿藥綫紙錢，如此裝至鉛子鐵管止。"

連銃

多銃并連火器。明萬曆年間趙士楨製造。將十八支相同形制之單管槍分組裝置，橫列擺放，并連一體，各銃藥綫通接，點火連發，射擊敵集群人馬，發射威力甚大。明趙士楨《神器譜・銃圖》："用兵尚變，制器求宜……遇衆噴擊，緣衝齊發，摧鋒殿後，連銃、百子（佛郎機）諸器是也。"

萬勝佛郎機

前裝子砲單管槍。由母砲、子砲及附件皮袋、槍架等組成。母砲有瞄準裝置，子砲九個，長形，預裝藥彈，前裝於母砲內，鐵銷卡住，以防倒出；三人操縱，副射手持帶鐵環之銃棍爲架，射手瞄準發射，彈藥手裝藥彈。隨發隨裝，可提高射速。射程可達 300 餘米。創製於明，由佛郎機改進而成，適於步騎作戰，爲明軍優良火器之一，曾於戰爭中廣泛使用。明茅元儀《武備志・火器圖説三》："〔萬勝佛郎機〕母砲長一尺六寸，底上少許有孔，旁繫鐵捎（銷），底至火門一寸六分。子砲長一尺七寸，底稍上有門，底至火門一寸，如望下放打，以捎（銷）從孔，關住子砲之間，以防倒出……每位人三名，仍各帶銃棍一根，此器蓋做佛郎機而略爲更易者也。佛郎機重大利於船，不利於步騎。且提砲短小，氣洩無力。今改子砲，子砲三套九位，身長氣全而有力。一裝一放，迴圈無端，照星、照門對準方發，平放二百餘步，每用藥三錢，鉛子一枚，重三錢，可佐威

遠與連砲。"

拐子銃

單管多節槍。熟鐵槍管上鑿一隙，後安木拐把，管内前裝子砲三個，子砲預裝發藥、鉛彈，遇敵夾木拐點火，逐次發射。創製於明中期，較單發增速三倍。爲明軍實用火器之一。明茅元儀《武備志・火器圖說三》："〔拐子銃〕用熟鐵團造，長一尺二寸，徑二寸二分，後筒三寸，安木拐櫥。腹面上鑿一隙，從前進小砲三箇，各長三寸，徑一寸七分，上連拐釘入隙，不滾藥綫，小砲裝藥八分。入二錢鉛子二箇，遇敵夾打。"

八斗銃

多管槍。鐵質槍管八，分別安裝於兩根木柄之兩端，共爲四組，中以轉軸相連，臨敵分組點火發射。此器較三四眼銃射速增快，又較爲靈活，故其威力亦大。創始於明中期。但非常用兵器。

五排鎗

多管槍。鐵質槍管五個并聯一體，尾安木柄；每管後開火眼、安藥綫，可單發，亦可齊放。射速較三眼銃有所提高。創製於明中期。爲明軍實用火器之一。明茅元儀《武備志・火器圖說四》："〔五排鎗〕用豎鐵打造，每鎗重一斤四五兩，後安木柄，長四尺，每孔裝藥鉛子四五枚。"

萬勝神毒火屏風車

明代火器戰車。木製，高架，八輪，十人操縱。内置多種不同射程火器，主要用於守城。與之性能功用大致相同者，尚有"萬全車""神火萬全鐵圍營"等。明茅元儀《武備志・火器圖說十一》："萬勝神毒火屏風車。用堅木製造，

高與城門等，下設八輪，便於推轉。外以生牛革爲障，内藏神器火器一十二件。遠用遠器：火銃、火砲、火彈、火箭；近用近器：火弩、火刀、火槍。用壯士十人守之，賊一近城，萬火齊發，聲如巨雷，人馬遇之，便成齏粉。大開城門，談笑而遣之，此守城第一器也。"

火龍船

亦稱"火輪神舟"。明代水軍中設有翻板及僞裝之特種戰船，下艙暗伏戰士及火器，以佯敗行動接近敵船或誘使敵軍登船，然後出其不意實施突襲。明茅元儀《武備志・戰船二》："火龍船……狀類海舶，周圍以生牛革爲障，或剖竹爲笆，用此二者以擋矢石。上留銃眼箭窗，看以擊賊。上中下分爲三層，首尾設暗艙以通上下，中層鋪用刀板、釘板，兩旁設飛槳或輪，乘浪排風，往來如飛。募四人以爲水手，遇賊詐敗，棄而與之，精兵暗伏下艙，四人赴水而走，待賊登船，機關一轉，賊皆翻入中層刀、釘板上，生擒活縛。懦夫病婦亦可就而戮之，況於兵乎。若衝入賊船隊内，兩旁暗伏火器百千餘件，左衝右突，勢不可當。用此船一號，足抵常用戰船十號。"清魏源《聖武記・武事餘記・水守篇》："火輪神舟，形如海艘，生革障夫，上下三重，旁輪激水，中層刀釘，機以俟。下艙伏卒，闞疑神鬼。募泅善櫓，破浪如駛。佯敗爭泅，空舟以委。踐機觸刃，精卒驟起，火器四發，檣隊披靡。"

【火輪神舟】

即火龍船。此稱清代已行用。見該文。

神仙自發排車銃

多種火器組合裝置。將神彈、神槍、神銃、神箭、神砂等火器，分組嵌入巨木槽内，外釘

鐵環；分別安設飛火、毒火、烈火、法火、神火等火藥，藥信巧妙連接各火器、火藥，用鐵索懸於城垜外，視敵之遠近緩急，點火而次第發出，又擊又燒，威勢甚猛。專用於守城作戰。創製於明前期，爲明軍實用火器之一，後漸弃之。明佚名《火龍神器録・守城火龍神器》："〔神仙自發排車銃〕用巨木鋸爲兩半，剡刻陷槽，以嵌火器，外釘鐵環，以安毒火藥。將鐵索懸於城垜外，内用鐵錨墜於城脚地下，其妙在藥信盤曲有方，護以礬紙，以防風雨。神器與神火相間，如賊攻城，器擊火燒。亦量賊遠近，看勢緩急，次第發出；縱賊兵百萬圍繞，可談笑却之；或不時開城，出奇兵以擊之。"

雷火鞭

單管槍與金屬鞭鑄爲一體之複合兵器。創製於明前期。既發射鉛子，又作冷兵器鞭使用。但因其實戰效果不佳，故很快即爲一般火銃所取代。明茅元儀《武備志・火器圖説七》："〔雷火鞭〕用銅鐵鑄，上細下粗，長三尺二寸，前空五寸，火藥舂内，下錐火眼，入一錢鉛子三枚，木柄長四寸，委大力人用之。"

小樣佛郎機

明製小型佛郎機銃。《大明會典・火器》載，軍器局於嘉靖七年（1528）製小樣佛郎機四千門，八年又製其三百門，供各邊城堡使用。1984 年在河北撫寧城子峪敵樓内發現此類母銃三件、子銃二十四件，可配成三套。母銃各重 4 千克，口徑 2.2 厘米，長 63 厘米，由前膛、裝彈室與尾部構成，尾部空中，可安木柄。子銃各重 0.8 千克，口徑 1.6 厘米，長 15.5 厘米。由前膛、藥室與尾部組成。可嵌入母銃輪流發射。母銃分別刻有"勝字"不同編號與"嘉靖

二十四年造"等銘文。子銃亦分別刻有"勝字"不同編號。

馬上佛郎機

明製騎兵用輕便佛郎機銃。1970 年於北京市西四出土一件明嘉靖二十三年（1544）兵仗局馬上佛郎機母銃。其制與小樣佛郎機近似。重 4.9 千克，口徑 3 厘米，長 74 厘米。1984 年在北京延慶古長城遺址，又發現二件馬上佛郎機子銃，其制與小樣佛郎機子銃類同。長 15.4 厘米，口徑 2.8 厘米。可與上述母銃配套使用。參閲王兆春《中國火器史》。

旋機翼虎銃

三管火繩槍。明萬曆年間，趙士楨在北方騎用三眼銃基礎上改製而成。重明制五斤餘。三筒并連，各長三四寸，有照門、照星。用兩個火繩槍機，燃火發射。既可於馬上摧堅，又可設伏急擊。明趙士楨《神器譜》卷二："北方馬上用三眼銃以禦虜騎，虜頗畏之，然放畢舉以搏擊，頭重起艱，利害相半兼之，甚難討准，往往虛發。固變其制，用照星、短床，後尾鈎著鞋帶，左手執銃對敵，右手懸刀燃火，放畢爲盾，舉刀迎敵。馬上可備出奇摧堅，步下極便伏路急擊，名曰翼虎。"又："〔翼虎銃〕用二機，下有圈，以熟鐵爲之，上纏以布，或皮，尾鑿二槽，上藏火針，下藏火綫，藥二錢，鉛彈一錢五分，其使法與藤牌同。"

虎蹲砲

輕便實用之火砲。明將戚繼光於嘉靖年間抗倭戰爭中創製。形如虎蹲，故稱。製以熟鐵，砲長明制二尺，重三十六斤，裝藥六七兩，可發射鉛、鐵子五十至百數，又用爪釘與鐵絆固定於地，舉發不跳，燃放之人不必避。輕便，

殺傷效力好，適於山林水網地帶作戰，係明軍實戰火器之一。明戚繼光《練兵雜記》卷五："〔虎蹲砲〕此器因其形得名也。國初分在邊方，有所謂二（三）將軍纓子砲者，近時有所謂毒虎砲者，固亦利器，但體輕易躍，每放（必退回）在二三十步外，我軍當放此砲時，必出營壁前至砲所，則營牆大小砲火，皆不敢發，發之適足以中放砲之人耳……今乃特造熟鐵砲，長二尺，腹內粗二寸餘，外用五箍，光磨如鏡，棱面可愛。用法：先入藥綾縛之以布，次用藥六七兩，上用木馬以合口者爲準，送至二箍平，上用土少許，入鉛鐵子一層，又用土少築，再下子，子小以百數，子大以五十數。口用（大）石子一枚，下口一半，慢慢築實，口平而止。後尾稍用鑲，去土三四寸不等，相地方高低，前下二爪釘，後用雙爪尖絆下在四箍後，將前後箍俱前抵砲身大箍之肩，庶不退走。此砲只去人五寸無慮矣，庶放大小砲之人無避也。"明茅元儀《武備志・火器圖説一》："今創此虎蹲砲，器內吞百子，每子亦五錢。子小而口大，則出散無力，上用大石子一，或鉛子一，約重三十兩……比佛郎機而輕，比鳥銃一可當百，南方五百兵中馱扛三位，以備守路捷險甚妙。"

威遠砲

明中期一種射程較遠威力較大之火砲。由明前期大將軍砲改製而成。鐵鑄身管，光素無箍，藥室加厚。前後有照星照門，以便瞄準。可裝大鉛彈一枚，小鉛子百個；以墊高射角，調整射程。砲重明制一百二十斤者騾馱，二百斤者車載。不炸膛，後坐較小，便於點火發射。係明軍實用火砲之一。明何汝賓《兵錄・製器煉鐵法》："〔威遠砲〕每位重百十觔，如一營三千人，用十位，每位用人三名，騾一頭，人帶銃棍一條。舊製將大砲週圍鐵箍，徒增斤兩，無益實用，點放亦不准。今改爲光素，名威遠砲，唯於裝藥發火著力處加厚，前後加照星照門，千步外皆可對照。每用藥八兩，大鉛子一枚，重三觔六兩，小鉛子一百，每重六錢。對準星門，墊高一寸平放，大鉛子遠可五六里，小鉛子遠二三里；墊高三寸，大鉛子遠十餘里，小鉛子四五里，闊四十餘步。若攻山險，如川廣各關，砲重二百觔，墊高五六寸，用車載行，大鉛子重六觔，遠可二十里，視世之千里雷尤輕便。倭虜營將近我營，晝夜各發大鉛子數枚，令驚潰；若欲誘賊至後用連砲，則此砲在連砲前後發，此砲不炸又不後坐，就近手可點放。"明茅元儀《武備志・火器圖説一》："〔威遠砲〕高二尺八寸，底至火門高五寸，火門至腹高三寸二分，砲口徑過二寸三分，重百二十斤，火門上有活蓋，以防陰雨。重二百斤照前量加尺寸。"參閱明李盤《金湯借箸十二籌・籌製器》、清袁宮桂《汧澼百金方・製器》。

銅發熕

主要用於攻城與殺傷敵之群體，亦可載以木筏，用之水戰。創製於明前期，爲明軍裝備火砲之一。戚繼光水軍每隻福船安裝一門。明鄭若曾《籌海圖編・兵器》："〔銅發熕〕每座約重五百斤，用鉛子一百個，每個約重四斤，此攻城之利器也。大敵數萬相聚，亦用此以攻之，其石彈如小斗、大石之所擊，觸者無能留存。墙遇之即透，屋遇之即摧，樹遇之即折，人畜遇之即成血漕，山遇之即深入幾尺。"明茅元儀《武備志・火器圖説一》："欲放發熕，須挖土坑，令司火者藏身，後燃藥綫，火氣與聲但向前衝，可以免死……若賊方舟爲陣，亦可用其小者，但放時火力向前，船震動而倒縮，無不裂而沉者，須另以木筏載而運之可也。"

轟天霹靂猛火砲

鑄砲彈外殼，内裝强燃燒火藥，點燃砲彈與火砲之藥綫，射至敵城内爆碎傷敵，并生成烈火焰，焚其糧草積聚與房舍等物資，驚敵内亂。明佚名《火龍神器録・攻城火龍神器》："〔轟天霹靂猛火砲〕砲（彈）用生鐵鎔鑄，或容藥三升，或二升，或一升，共用三火合一，多加豆末、松香、乾漆與發火藥，配匀方合用也。搭木爲架，四面齊發，打入城中，砲震一聲，屋瓦皆飄烈火，滿城焰蔽天，立成灰燼，賊有不内亂乎?乘機而入，破之必矣。連打數砲，滿城起火無救。"明茅元儀《武備志・火器圖説一》："〔轟天霹靂猛火砲〕砲用生鐵鎔鑄……内藏飛火、神火、烈火……可以攻城。"

黄冕地雷

清江蘇候補知府黄冕研製之地雷。其模鑄法爲：内用泥胚，外用木模，鑄成半毬式、正方體式、長方體式、三角體式等鐵質外殼。除去泥胚，使雷殼中空，裝填炸藥與鐵刃等件，殼留小孔，安藥綫，供引爆。經魏源研究，以此爲拉發式地雷。清道光時已見行用。清黄冕《地雷圖説》："地雷造法，空其中，以藏利器，以出藥綫，竅其旁，内用泥胚，外用木模，鑄成後去泥實藥。一切如造炸彈之法。每具輕者一二十觔，重者一二三百觔，計每鐵十觔，配炸藥一觔許，輕重照數加減。造地雷之法，以閉氣緊固爲得力，一二十觔者留孔方圓不過一二分，一二百觔者留孔不過一寸，鑄成時宜用口對孔吹之，遇有鐵窩露氣之處，宜以油灰

粘糊，使不出氣爲度。地雷一二十觔者可擊數十丈，一二百觔者，可擊數百丈。"

潘仕成水雷

清廣東候補道潘仕成與美利堅軍人壬雷斯研製之水雷。始於鴉片戰争後。此種雷以密封之木箱爲外殼，箱壁垂挂鐵墜，沉入水中，上用鐵鏈或繩索懸接於一浮球。箱呈扁六棱柱體，分大中小三型，内裝炸藥、水鼓、引爆裝置等機件，箱頂有護蓋、藥蓋與羅蓋。施放時，令善潛水者將其送至敵艦底，以引繩繫於錨索上，再將護蓋上木塞拔去，潛游離艦，經時五六分許，海水通過細管注入皮水鼓内，使其漲起，帶動杠杆使彈簧錘脱落，撞擊火帽，引爆，炸毀敵艦。清道光時已見行用。清潘仕成《攻船水雷圖説》："凡九閲月而水雷成，演試以徑尺餘西桅數百本（木），聯貫六層，排比周密，纜桫成，廣袤七尺餘，厚約六七尺，將礮具火藥二百觔，安置底，須臾機發，如迅雷驚霆，煙焰燒空，木植飛騰折裂。屢試輒驗，夫夷船底厚不過尺，似此礮力猛鋭，又何堅之不摧，何敵之不破哉。"道光二十三年（1843）九月，所製此雷又於天津大沽海口試爆成功。天津道據情覆奏："用厚八寸長丈六杉木四層，共厚三尺六寸繫備木筏，安於海河，墜定錨纜，將喫藥百二十觔水雷送至筏底，繫定引繩，拔塞後待時四分許，轟然一聲，激起半空，將木筏擊散，碎木隨煙飛起，其海河水勢亦圍圓激動，洵爲火攻利器。"

鑽風神火流星砲[2]

明軍中一種爆炸致毒性火藥兵器。由宋鐵火砲發展而成。生鐵鎔鑄，狀圓如球，内藏多種火藥，中置藥信，燃信火發砲，炸敵人馬。

此砲有大、中、小三型，大者用驟馬馱入敵陣，中者以母砲發出，小者以手擲出，各有所用。參閱明茅元儀《武備志·火器圖説一》。

鑽風神火流星砲
（明茅元儀《武備志》）

手銃[2]

亦稱“手銃筒”。元軍中一種單兵用單管火銃。屬早期槍類。由前膛、藥室與尾銎等部分構成。銅或鐵鑄，以銅居多。前膛呈直筒形；藥室部隆起，上開火門；尾銎中空，以安木柄，便於手持。發射石彈、銅彈或鐵散彈，亦有發射箭鏃者。《明會典·兵部十八·事例》：“凡海運隨舡軍器……黑漆鈚子箭二千枝，手銃筒一十六筒。”《明史·兵志·兵志四》：“明置兵仗、軍器二局，分造火器。號將軍者自大至五。又有奪門將軍大小二樣……無敵手銃、鳥嘴銃……九龍筒之屬，凡數十種。”手銃其物元代已經使用，近幾年已有多處出土。1970年黑龍江阿城出土的手銃明確鑄有“至正元年造”字樣。另外尚有傳世物多件。

【手銃筒】

即手銃。此稱明代已行用。見該文。

噴筒[2]

亦稱“火筒”。宋軍用於噴射火焰與毒烟之管形兵器。將火藥與毒烟劑等裝入不同形制之竹筒內，點燃後噴出火焰或毒烟，近距離燒傷毒殺敵之人馬，焚毀敵之船具。主要用於攻守城寨與水戰。《元史·納速刺丁傳》：“距三垛鎮，賊衆猝至，納速刺丁麾兵挫其鋒。後賊鼓噪而前，乃發火筒火鏃射之，死者蔽流而下。”明戚繼光《練兵實紀·雜集》：“以噴筒言之，慢藥明火，一具三子，縛以藥綫，合口而入，入須圓緊無破，每子下用急藥，子上，用慢藥，子發如星墜，火出成烟霧，揚威驚馬，近敵之具也。”宋曾公亮等《武經總要前集》卷五有於烽火臺上“安火筒”之語，學界有人認定此物即噴筒，當誤。

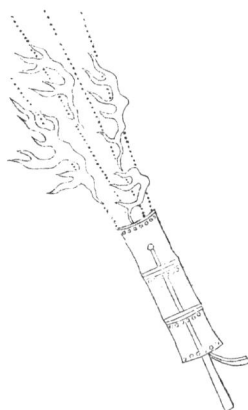

噴筒（神火噴筒）
（明茅元儀《武備志》）

【火筒】[2]

即噴筒。此稱元代已行用。見該文。

地雷[2]

布設於地下或地面之爆炸火器。由宋代鐵火砲發展而來。有雷殼、裝藥與引爆等裝置。按雷殼質地分，有石、鐵、瓷、泥等；其引爆法有燃發、拉發、觸發、機發等；其布法除單發雷外，常有由一根藥綫控制之群發雷，另有由母雷引爆若干子雷之“子母雷”。明代已行用。明沈德符《野獲編·火藥》：“至今上初年，戚繼光帥薊門，又用火鴉、火鼠、地雷等物，虜胡畏之，不敢近塞，蓋火器之能事畢矣。”明何良臣《陣紀·火

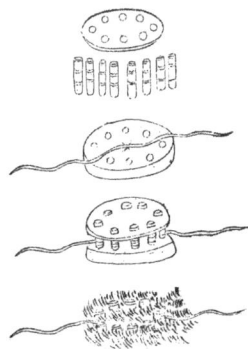

地雷（地雷炸管）
（明茅元儀《武備志》）

戰》："如自犯火覆地雷、劈靂火犇、山砲之類，悉皆神擊，所謂發一機以殺百萬者也。"

水雷 [2]

布設於水中之爆炸火器。其制：一爲鐵鑄雷殼，内安炸藥與發火裝置，外加密封，沉入水中，遇敵船引爆之；一爲將特製火砲與發火機械聯裝，密封後置水中，屆時引發，擊穿敵船。明代已行用。明何良臣《陣紀・火戰》："火之最難其法者，在重火走綫，如地雷埋地數尺，遠廣數里；水雷入水丈餘，沉伏港汊，但葯綫入土即潮，入水即爛，又烏能旬日數月之不濕煙焉，火機一動，而即發之也耶……此非巧過李載者不得其秘也。"《清史稿・兵志・海防》："近山要路，復設行營砲壘，海口内則佈置水雷，沿海岸可登陸處，擇要埋藏地雷。"

火葫蘆

一種形以葫蘆、内裝火藥的引火戰具。元無名氏《博望燒屯》第二折："你向那博望城多準備着火葫蘆……你與我先點着糧車，後燒着窩鋪。"

火葫蘆（對馬燒人火葫蘆）
（明茅元儀《武備志》）

火焿

一種火器。明沈采《千金記・廷燒》："忽聞上命差行，差行。火焿、火箭隨身，隨身。倉廒、糧米變成塵。"

神機營

省稱"神機"。世界上最早使用火器的軍隊。明永樂二十二年（1424）設置，選勛臣二名統領，官兵共七萬五千零七十一人。屬明代京城禁衛軍中三大營之一。清沿明制設立於咸豐十一年（1861）。選八旗滿洲、蒙古、漢軍及前鋒、護軍、步軍、火器、健鋭諸營的精鋭爲營兵，守衛紫禁城及三海，并扈從皇帝巡行。清末廢。《明史・職官志五》："永樂二十二年置三大營，曰五軍營、曰神機營、曰三千營。五軍、神機各設中軍左右哨、左右掖。"清黄本驥《歷代職官表・火器健鋭虎槍各營・明》："明置神機營，以肄習槍砲，又置兵仗、軍器二局，以分司製造，而火器之制如備。"清鄭觀應《盛世危言・電報》："曩奉神機營札委在滬采辦軍械及偵探中外軍情時，苦於電綫未通，機事不密，因購德律風四具，軍綫百里。"

【神機】

"神機營"的省稱。此稱明代已行用。見該文。

火器經典

敦煌降魔變絹畫火器圖

10 世紀的佛教經變畫，出自敦煌莫高窟藏經洞，20 世紀初被伯希和劫往法國，現藏於巴黎集美博物館。畫高 145 厘米，寬 114 厘米。絹本彩繪，描繪了釋迦牟尼得道前夕降魔的故事，故名。在畫的右側上方向釋迦牟尼襲來的魔衆中，有一個頭頂上生有三條毒蛇頭的惡魔，赤身裸體衹束一條犢鼻。它雙手持着一件形態奇特的噴火兵器，器形呈筒狀，前端作展口形，筒體束幾道匝，筒後安有較細的柄，從筒口噴

《敦煌降魔變絹畫》局部：妖魔所持噴火器射出熊熊烈火。這是目前世界上發現最早的火器實物圖形，對探索中國管形火器的發展淵源有極爲重要的價值。

火龍神器陣法

明代關於火藥、火器生產技術方面的專著。舊題平苗大將軍、爵東寧伯焦玉撰。一卷，約一萬二千字，圖四十七幅。該書詳細記述了火藥配製、火器種類、性能及使用情況，大致反映了明朝軍事技術的發展概況。該書提出配製火藥時要注意藥性的特點及作戰的需要，記載了四十多種新式火器的文圖，根據性能可分爲燃燒、爆炸和管形射擊三類。這些火器當時均處於世界領先地位。該書爲中國古代一部軍事技術名著，在軍事史上有重要的地位。

火龍經全集

明代一部總結火藥製作技術和火攻經驗的軍事著作。托名諸葛亮撰，劉基、焦玉校補。八卷。該書載有十多種三成分的火藥配方，這些配方與現代火藥配方已很接近，對木炭的品種與質地也有了更高的要求。說明當時的火藥製作技術已非常發達。

神器譜

明代闡釋中外火藥兵器及其使用方法的專著。趙士楨撰。一卷。趙士楨曾任文華殿中書。編撰目的是爲抵禦倭寇，重震國威，全面介紹如何掌握當時最先進的各種銃類火器。成書於萬曆二十六年（1598），并進呈朝廷。内容共分三部：第一部爲神器譜叙、神器譜恭進神器疏；第二部爲魯密銃、西洋銃、掣電銃、迅雷銃等火器分解圖說，圖文并重，簡述使用方法；第三部分爲神器集説三十條，皆以上兵器詳細説明方法。此書可資考證明代火藥兵器裝備情況。有明刻本、玄覽堂叢書本。趙士楨另有《神器譜或問》一卷，版本同前。

火攻挈要

明末系統總結火器技術的著作。湯若望授，焦勖纂，趙仲訂。該書集中了明代火器製造的技術成就，并吸收了西方造炮技術的先進成果。該書上卷詳細介紹了火銃的製造工藝及種類，并對佛郎機、鳥銃、火箭、噴火筒等火器的製作做了簡要的説明。中卷分別介紹了各種火藥的製作、貯藏、性能、配方和火銃的試放、安裝、教練、搬運等内容。下卷具體介紹了火器製造中應注意的問題和在各種情況下的應用。該書系統總結了明代使用火器與後金交戰的經驗教訓，翻譯介紹了歐洲先進的軍事技術知識，對西方新式火器在中國的進一步傳播產生了重大的影響。

第四節　指南針考

所謂指南針，是指利用磁針有指嚮地球南北兩極的性能而製成的指示方嚮的儀器，是中國古代四大發明之一。傳説在上古時期，黃帝與蚩尤在涿鹿的野外大戰，蚩尤興起大霧，軍士頓時迷失了道路。黃帝製造出指南車來指示方嚮，於是活捉了蚩尤。晋崔豹《古今注·輿服》："大駕指南車，起於黃帝與蚩尤戰於涿鹿之野。蚩尤作大霧，皆迷四方。於是作指南車以示四方，遂擒蚩尤。"三千多年前的西周初年，越棠氏到西周朝貢，周公亦送他指南車，使之不致迷失方嚮。不過當時的指南車純是一種機械裝置，它通過齒輪傳動使車上的某物始終保持同一指嚮，雖與指南針同屬指嚮工具，但彼此之間并没有什麽關係。利用磁性物質作指南針最早出現在公元前 3 世紀的戰國時期，初稱"司南"。《韓非子·有度》："夫人臣之侵其主也，如地形焉，即漸以往，使人主失端，東西易面而不自知。故先王立司南以端朝夕。"陳奇猷集釋："司南其制蓋如今羅盤針，故可以正朝夕也。朝夕猶言東西，日朝出自東，夕入於西，胡以朝夕爲東西也。"類似的記載還見於同屬戰國時期的《鬼谷子·謀篇》："鄭人之取玉也，載司南之車，爲其不惑也。"公元 1 世紀初，東漢王充在《論衡·是應》中有關於司南的詳細記載："司南之杓，投之於地，其柢指南。"後人據這一記載，參以出土的漢代地盤實物，製成漢代司南模型。模型上的小勺用天然磁體磨成，勺頭底部是半球面，十分光滑，地盤用銅製成，中心也水平如鏡，四周刻上方嚮及度數，依次布列八卦、天干、地支和二十八宿，共標出二十四個方位。輕微撥動勺柄，勺體以球頂端爲圓心在地盤上轉動。静止時，勺柄所指方嚮就是南方。這就是世界上最早的指南針模型。這種勺形司南一直使用到唐代漸廢止。

到了宋代，指南針的製作和使用都發生了重大改進，人們在天然磁體的基礎上創造出了人工磁體。他們把一塊鐵片製成魚的形狀，用爐火燒紅，取出後按南北方嚮放在地上，受地磁感應的影響，冷却後就帶有磁性，這就是指南魚。南宋時期的陳元靚在他的《事林廣記》一書中具體描述了製作指南龜的方法：在木刻的指南龜內部裝上磁石，底部用一根極尖的竹針支撑，使其可以自由轉動，這種指南龜日後便發展成爲旱羅盤。沈括《夢溪筆談·雜志》記載，當時指南針的製作和使用主要有四種方法：一是水浮法，即用磁針橫穿一些燈草，使之浮在水面上，兩端即分別指嚮南方與北方；第二種叫指甲旋定法；第三種叫碗唇旋定法。第二、三種法是分別把磁針放在指甲或碗沿上，使磁針可以靈活轉動。這兩種方法都不太切合實用，因爲磁針很容易從上面滑落。第四種方法稱之爲“懸挂法”或“縷旋法”，即用絲綫把磁針懸挂於無風之處，使磁針指嚮南北。“方家以磁石磨針鋒，則能指南，然常微偏東，不全南也。水浮多蕩搖；指爪及碗唇上皆可爲之，轉運尤速，但堅滑易墜，不若縷懸爲最善。其法取新纊中獨繭縷，以芥子許蠟綴於針腰，無風處懸之，則針常指南。”沈括在上述文字中不僅記述了磁感應、指南針的四種裝置，而且記載了地磁偏角的偉大發現。地球的兩個磁極并不恰好位於南極和北極，而是有一定的距離。磁針所指的方嚮與南北極子午綫之間形成一個偏角。在不同的地區，偏角的差异不同，這就是“磁偏角”。在科研手段十分落後的古代，測算磁偏角的難度很大。中國在宋代就有這樣的記録，充分表明當時的地學知識已很發達。在西方，直到15世紀末哥倫布遠渡大西洋時纔發現磁偏角，比中國整整晚了四百多年。

指南針出現不久，便發展成爲與方嚮盤連爲一體的羅經盤，即所謂的羅盤。在宋代，盤已由方形演變爲圓形，與底盤一樣，也刻有二十四個方位。祇要看一下磁針在方位盤中的刻度，立即就可以定出方位。南宋曾三異《因話録》：“地螺或有子行正針，或用子行丙壬間縫針。”這裏的“地螺”就是羅經盤。這説明當時已將有關磁偏角的知識用於羅盤，這是一項很了不起的科學成就。羅盤的出現是指南針發展史上的一個飛躍。

司南出現不久，人們很快將它運用於航海，但因船身在海中顛簸而指嚮效果不佳，有時就無法使用。宋代羅盤出現後，這個問題得到了很好的解決。北宋時就有了將指南針用於航海的記載。宋朱彧《萍洲可談》卷二：“舟師識地理，夜則觀星，晝則觀日，陰晦觀指南針。”這是世界航海史上最早使用指南針的記録。北宋宣和五年（1123），宋徽宗組織一支船隊出使朝鮮，作爲使臣之一的徐兢在其《宣和奉使高麗圖經》一書中記載：“夜視星斗前邁，若晦冥，則用指南浮針以揆南北。”宋代是中國航海事業大發展的時期，中國龐大的商船隊不僅航行在南洋一帶，而且穿過馬六甲海峽，橫渡印度洋，與阿拉伯和東非國家頻繁交往。很明顯，宋代航海業的發達與指南針的廣泛應用有着密切的關係。

南宋以後，指南針在航海中得到更加廣泛的應用，不斷加以改進。宋吳自牧《夢粱録·江海船艦》：“風雨晦冥時，惟憑針盤而行。乃火長掌之，毫厘不敢差誤，蓋一舟人命所繫也。”充分説明了指南針在航海中的作用。這段文字也表明當時航海所用之指南針是由浮針和針盤兩部分組成的，所謂針盤亦即羅盤。

元代的航海事業更爲發達，指南針在長期使用中不斷完善，成爲航海中最常用的指嚮儀器，無論是晴天還是陰雨天氣，都要用指南針來導航。由於航海經驗的積纍，這時航海家們還編製了羅盤針路，即航行到什麼地方采用什麼針位，一路航綫都標得非常明確。元代典籍《海道經》和《大元海運記》中都有許多羅盤針路的記載。明代鄭和七下西洋，所率艦隊大小船隻兩百多艘，其中長度超過一百米的大船有五十多艘，人員達到兩萬多。鄭和所擁有的航海技術、航海儀器都是當時世界上最先進的，所用的航海儀器包括羅盤、測深儀和牽星板。其中牽星板是爲計算船舶夜間所在的地理緯度而用來觀測星辰（主要是北極星）地平高度的儀器。運用這些儀器，鄭和詳細繪製了航海圖，其中記載了沿岸地形、停泊位置以及航嚮、航程、牽星記錄和水深資料，是世界航海史上的杰作。流傳至今的《鄭和航海圖》詳細記載了鄭和航海的羅盤針路。

指南針用於航海，彌補了天文導航的不足，開創了航海史上的新紀元。這是中國先民對世界人類文化做出的一個重大貢獻。中國人民的這一發明，很快就流傳到世界各地。11世紀初，阿拉伯人始學會了如何製造和運用指南針；12世紀，羅盤傳到了歐洲，歐洲人很快就將這種新技術運用於航行印度洋和地中海。航海羅盤導致了航海地圖的出現，并由此將原先中斷了一千多年的定量製圖學再度引入了航海圖的繪製之中，直接導致了歐洲對"新大陸"的發現。新大陸的發現，使歐洲數以百萬計的人口得以遷往美洲、大洋洲等地區，從此西方的發展開始超過東方，這極大地改變了世界原先的格局，迅速推動了歐洲資本主義向前發展，促進了世界文明的飛速進步。

司南

中國古代指示方嚮的儀器。用天然磁鐵礦石琢成勺形，放在一個光滑的盤上，盤上刻有方位，利用磁石指南的特點來確認方嚮。《韓非

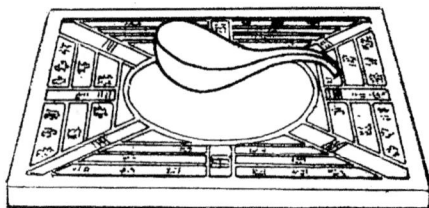

司南模型

子·有度》："故先王立司南以端朝夕。"陳奇猷集釋："司南其制蓋如今羅盤針，故可能正朝夕也。朝夕猶言東西，日朝出自東，夕入於西，故以朝夕爲東西也。"漢王充《論衡·是應》："司南之杓，投之於地，其柢指南。"

指南車

亦稱"司南車"。中國古代用以辨別方嚮的車。相傳黃帝與蚩尤戰於涿鹿之野，起大霧，軍士迷失方嚮，黃帝遂造指南車以示四方，擒蚩尤。又，周初，越棠氏來貢，使者迷其歸

指南車模型

路，周公賜之指南車。東漢張衡、晉崔豹、南齊祖冲之皆造過指南車。唐元和中，典作官金公立曾上指南車與記里鼓車。宋仁宗天聖五年（1027），工部郎中燕肅又造指南車。自漢以來，皇帝出行，皆以指南車爲前導。其法爲以木製仙人狀，立於車上，引臂南指，車雖運轉，而手指嚮不變。晉崔豹《古今注·輿服》：“越棠氏重譯來獻……使者迷其歸路，周公賜以文錦二匹，軿車五乘，皆爲司南之制。”《晉書·輿服志》：“司南車，一名指南車，駕四馬，其下制如樓，三級，四角金龍銜羽葆，刻木爲仙人，衣羽衣，立車上，車雖回運，而手常南指。大駕出行，爲先啓之乘。”又：“記里鼓車，駕四，形制如司南。”《宋書·禮志五》：“安帝義熙十三年，宋武帝平長安，始得此車。其制如鼓車，設木人於車上，舉手指南。車雖回轉，所指不移。大駕鹵簿，最先啓行。此車戎狄所製，機數不精，雖曰指南，多不審正。”《宋史·輿

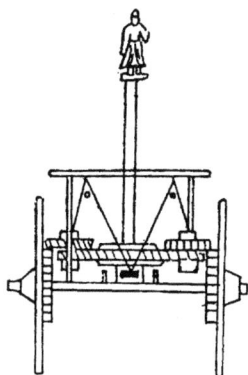

指南車結構示意圖

服志一》：“指南車，一曰司南車……上有仙人，車雖轉而手常南指。”

【司南車】

即指南車。此稱晉代已行用。見該文。

指南舟

設有指南針的舟船。《初學記》卷二五引晉佚名《宮閣記》曰：“天泉池有紫宮舟、升進舟……靈芝池有鳴鶴舟、指南舟。”《宋書·禮志五》：“晉代又有指南舟。”

指南針

亦作“指南鍼”。利用磁針指嚮南北的性能而製成的指嚮儀器，是中國古代四大發明之一。宋沈括《夢溪筆談·雜志》：“方家以磁石磨針鋒，則能指南，然常微偏東，不全南也。水浮多蕩搖；指爪及碗唇上皆可爲之，轉運尤速，但堅滑易墜，不若縷懸爲最善。其法取新纊中獨繭縷，以芥子許蠟綴於針腰，無風處懸之，則針常指南。”宋朱彧《萍洲可談》卷二：“舟師識地理，夜則觀星，晝則觀日，陰晦觀指南針。”宋徐兢《宣和奉使高麗圖經》：“夜視星斗前邁，若晦冥，則用指南浮針以揆南北。”《説郛》卷二四：“指南鍼，陰陽家爲磁石，引針定南北……按《本舟詁義》：‘磁石磨針鋒則能指南。’”

【指南鍼】

同“指南針”。此體明代已行用。見該文。

指南魚[1]

古代以人工磁化方法所製造的辨別方嚮的儀器。其首尾銳如魚形，故稱。宋曾公亮等《武經總要·前集》卷一五：“用薄鐵葉剪裁，長二寸，闊五分，首尾銳如魚形，置炭火中燒之，候通赤，以鐵鈐鈐魚首出火，以尾正對子位，

蘸水盆中，没尾數分則止，以密器收之。"

指南龜 [1]

古代一種指嚮儀器，龜形，故名。南宋陳元靚在《事林廣記》中記："木龜，拇指大小，腹間開一竅，嵌入天然磁石，然後用蠟封住。用有固定支點的裝置，在其腹部下方挖一小穴，安放於竹釘之上，可自由轉動，旋定時首指南向。"這種指南木龜是後來出現的旱羅盤的始祖。

羅盤 [1]

亦稱"羅經""地盤"。測定方嚮的儀器。由有方位刻度的圓盤與裝在中間的指南針構成。清趙翼《戲咏蛛網》："界畫羅盤痕，圜規渾儀式。"《老殘游記》第一回："送他一個羅盤，他有了方向，便會走了。"清汪汲《事物會原·羅經》引明馮應京《月令廣儀·地理》："羅經，立方向以測星辰天度，以針定子午爲準……寸縷之金，必指之午。"明葉子奇《草木子·雜製》："元朝立簡儀，爲圓室一間。平置地盤二十四位於其下，屋背中間開一圓竅，以漏日光，可以不出户而知天運矣。"清馮桂芬《致姚衡堂書》："前宰鳳臺俗清丈而不得其法，近始知用羅經之法。"

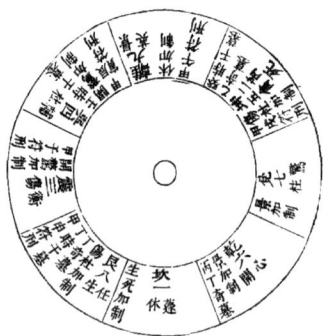

地　盤

（清蔣廷錫等《古今圖書集成》）

【羅經】 [1]

即羅盤。此稱明代已行用。見該文。

【地盤】

即羅盤。此稱明代已行用。見該文。

針盤 [1]

羅盤之初形。又分爲旱針盤、水針盤。明張鼎思《琅琊代醉編·指南車》："惟術家針盤用以浮針，視其所指以定南北。近年吳、越、閩、廣屢遭倭變，倭舡尾率用旱針盤，以辨海道。中國得其制，始多旱針盤。但其針用磁石煮製，氣過則不靈，不如水針盤之細密也。"

水針盤 [1]

針盤之一種，測定方嚮之儀器。利用天然磁石製勺甚不易，一難選準極嚮，二難在打製中保留磁性，因而成品率頗低。趙宋時發現用縫紉之鋼針，在天然磁石上摩擦磁化而成磁針，然後將燈芯草橫穿針上，浮於特製的標有方位的水盤中，即可指南，至爲靈敏。今人稱爲"水浮法指南針"，爲羅盤之濫觴。20世紀後葉，旅順曾發現一件針羅，呈碗狀，較簡易，疑爲北宋遺物。

水針盤模型

旱針盤 [1]

針盤之一種，測定方嚮之儀器。以單絲綫將磁針吊於架上，架底裝有座標方位的刻度盤，較水針盤更爲靈敏。宋代方家反復實驗，發現磁針并非指嚮正南，而是微偏東南，此爲世界上關於磁偏角的最早認定。今人稱之爲"縷懸法指南針"。

堪輿盤

古代相風水所用之器具。在中國，從原始社會人類群居開始，即出現了類似後世的堪輿家（近現代稱之爲風水先生），對居室、墓地有嚴格的選址、方位等要求。古人籌建新城、遷都，或選擇居室地，必先確定方位，確保人與自然環境的協調一致。堪輿盤中有司南、八卦五行、方嚮刻度等，以

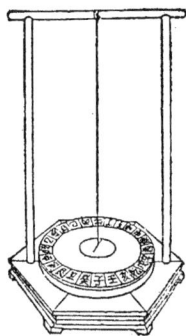

旱針盤模型

期準確推算出人與環境的相生相剋之資料。如據《書·召誥》，武王滅殷之後，遷九鼎於洛邑，使太保召公先至洛邑卜其地之吉凶，卜之吉，遂決定遷都。先民注意天人合一的觀念無疑是正確的，但八卦五行之説當是一種探索，恐不可盡信。"堪輿"一詞始見於漢代，堪輿之風亦大盛於彼時，此後歷代不衰。清光緒

清刊《欽定書經圖説》

三十一年（1905）刊《欽定書經圖説》所繪《太保相宅圖》中，已出現召公使用堪輿盤的畫面，或可反映戰國或兩漢之後的情形。以爲周初即有其物，當爲臆測。

第三章　天文學説

第一節　天象考

中國古代天文學的成就包括陰陽曆法的制訂、天象觀測、天文儀器製造與使用、宇宙構造理論等。大概到了漢代，中國就已形成了自己獨特的天文和曆法體系，特別是在天象觀測記録的豐富性、完整性方面，一直走在世界各文明古國的前列。

作爲一個傳統農業大國，制訂曆法是一項極爲重要的工作。要準確地制訂曆法，就必須認真細緻地觀測天象。内蒙古陰山岩畫中出現的"拜日圖"，證明最晚在約一萬年前的新石器時代早期，中華民族就已經開始注意觀察太陽，發現了太陽的偉大神力，故有拜日之舉。其後在甘肅積石山仰韶文化遺址中，於兩個殘破陶盆中發現了兩個同心圓，内繪兩輪新月。在山東陵陽河大汶口文化遺址中也發現刻有⚊、⚌圖案的陶尊。積石山

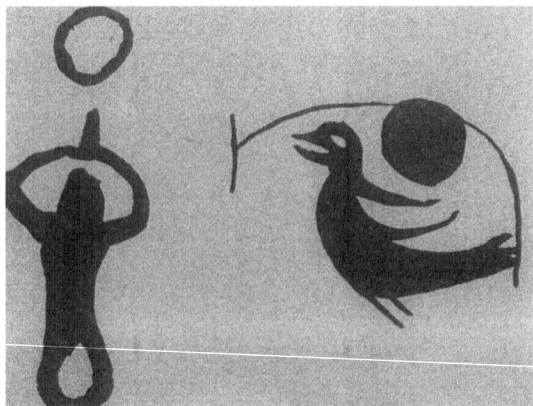

内蒙古陰山岩畫拜日圖

陶盆圖案反映的是"日往而月來"的現象；陵陽河陶尊則表示了古代先民對日、月等天文現象的觀測記錄，代表了人類探索天體運動規律的初始狀態。據上述考古發現可推測，我國古代天文學是由先民對日月的崇拜、觀察而逐漸萌發起來的。又古文獻記載，在大約公元前 24 世紀的帝堯時代，就已有了專職的天文官，"掌天地四時"。《書·胤徵》記載了仲康王時期有個叫羲和的天文官，因好酒貪杯，耽誤了一次觀測日食天文現象而被正法的故事。這個故事

甘肅積石山出土陶盆上的
日往月來圖案

既説明了當時天文學的進步，又説明了天文學在古代帝王心目中的神聖地位。堯禪位於舜時就曾告誡："天之曆數在爾躬。"（《書·堯典》）在中國這塊適合農牧業發展的土地上，統治者若不掌握天文曆法，就無法維護自己的統治。歷朝統治者登基時大都要頒布新曆法，以表示萬象更新，并作爲自己"天權神授"的象徵。據統計，中國歷代頒布的曆法有近百種之多，充分説明了天文曆法在中國傳統政治體制中所占的重要地位。另外一個獨特的現象是，中國古代的天文學家大多都是官府的高級官員，他們不僅"敬授人時"，而且揭示"天"行之道；不僅爲農業生產服務，而且爲號稱"天子"的皇帝服務。天文學家的這種特殊的地位，是中國古代天文學比較發達的重要内在原因。

　　夏朝時，中國已經有了以寅月爲歲首、以月亮繞地球一周爲一個月、以十二或十三個月爲一年的陰陽曆法，後人稱之爲"夏曆"。記載該曆法的《夏小正》，成爲中國最古老的曆書。到了戰國時期，中國又出現了以 365 又 1/4 日爲一年的所謂《四分曆》，它以 29 又 499/940 日爲一朔望月，19 年設 7 個閏月。漢武帝太初元年（前 104），由漢代天文學家鄧平、落下閎等創制了《太初曆》，是現存最早有詳細記載的曆法。它典型地反映了中國曆法的特點：除保持上述《四分曆》的基本内容外，還規定以冬至所在的月固定爲十一月，正月爲歲首，以沒有中氣（即從冬至開始，每隔一個氣如大寒、雨水、春分等爲中氣，其餘爲節氣）的月份置閏。這些規定很好地調整了陽曆與陰曆的關係，確實起到了爲農業生產服務的作用。以後歷朝曆法的制訂，都十分注重爲農業生產服務，充分體現了農業大國的特點。

　　與制訂曆法工作有密切關係的天象觀測構成了中國天文學的主要内容。在恒星、行星、日月和异常天象觀測方面，中國都取得了杰出的成就。戰國時期，魏國著名天文學家石申所著的《石氏星經》，記録了世界上公認最早的恒星星表，準確測定了一百多顆恒

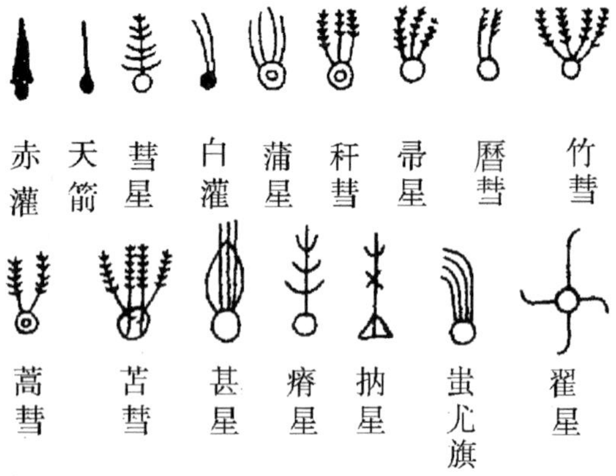

赤　天　彗　白　蒲　秆　尋　曆　竹
灌　箭　星　灌　星　彗　星　彗　彗
　　　　星　　星　　星

蒿　苫　甚　瘠　扨　蚩　翟
彗　彗　星　星　星　尤　星
　　　　　　　　　旗

馬王堆三號漢墓出土的彗星圖（摹本）

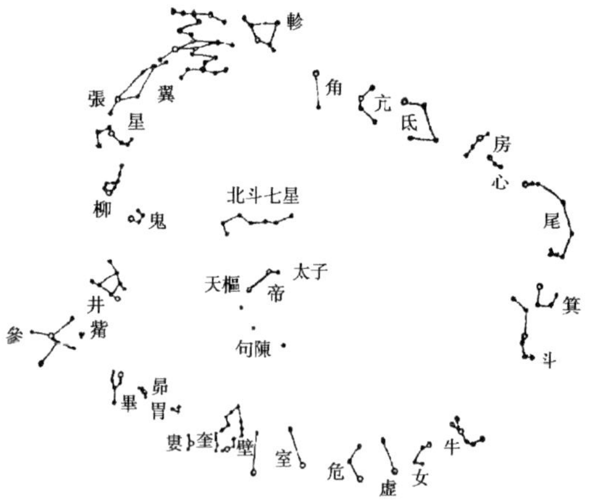

二十八宿星相略圖

戰國二十八宿漆木箱

星的位置。在長沙馬王堆漢墓中出土的帛書《五星占》中詳細記錄了秦王政元年（前246）至漢初間金星、木星和土星的位置，記載金星、木星和土星的會合周期爲584.4 長相天（今測值爲583.92天）。特別是對日食、月食的觀測記錄，是中國天文學的一大特色。《漢書・五行志》對公元前89年的日食記錄非常具體，包括太陽位置、食分、初虧和復圓時間等。從西漢初年到1785年，中國共記錄了九百二十五次日食，五百七十四次月食，堪稱世界之最。在異常天象觀測方面中國也做出了卓有成效的貢獻。公元前687年，中國記載了世界上最早的流星雨。《左傳・莊公七年》："夏四月辛卯夜，恒星不見。夜中，星隕如雨。"《漢書・五行志》中記錄了公元前32年的太陽黑子現象。長沙馬王堆出土的二十九幅彗星圖（其中一幅已磨滅，一幅已漫漶不清，完整者計有二十七幅，今選其十六幅，如圖示），表明當時對彗星的觀測已非常細緻，不僅注意到彗頭、彗核和彗尾，而且分出了彗頭和彗尾的不同類型。《漢書・天文志》還記載了公元134年發現的一顆新星。所有這些异常天象都是世界上最早的天文記錄。

　　約在西周時，中國天文學家已將天球赤道和黃道附近（或說月球和太陽運動的天區部分）一周天的恒星劃分爲二十八組，每一組稱爲一宿，合稱二十八宿。這也是中國古代天文學家的重大創造，它在中國古天文學中占有重要的地位。由於地球每天自西向東轉一周，二十八宿每天東升西降，繞地球不斷環行；同時由於地球繞太陽公轉，二十八宿在恒星天幕中也呈現爲自東向西緩慢地運動。這樣，一年中每一時刻的天象位置都是不同的。古人在觀測太陽、月亮和五大行星的運行時，都是以二十八宿作爲參照座標的，并根據太陽或月亮所在的宿位來確定時令、安排農時。《詩·小雅·漸漸之石》"月離於畢，俾滂沱矣"，即説月亮運行到畢宿時正好是多雨的季節。1978 年在湖北隨縣戰國早期曾侯乙墓中出土了一個木箱，箱長 82.8 厘米，箱蓋繪有一幅非常珍貴的天文圖像，正中篆書一個"斗"字，代表北斗七星；圍繞"斗"字寫有角、氐、方……翼、車等二十八字，此即中國古代二十八宿的名稱。圖中還繪有代表東西方位的青龍、白虎，説明二十八宿在當時已是相當普及的天文知識。古代還以二十八宿輪流值日用以記時，二十八宿代表二十八天，周而復始。這種記日法直到清代的《時憲曆》中還有保留。《西游記》中關於天界二十八個值宿星官的描寫，就是來源於二十八宿記日法。

中國古代不僅有豐富多彩的天象觀測資料，而且還有卓越的宇宙理論。自遠古以來，人們就相信宇宙的基本結構是天蓋地承，是"天圓如張蓋，地方如棋局"。大約到了西周時期，在"天圓地方説"的基礎上又逐漸形成了"蓋天説"。這種學説認爲天穹像個斗笠，大地像個倒扣的盤子，北極是天的最高點，四面下垂，日月星辰出没，因而形成了晝夜的變化。隨着天文學的進一步發展，漢朝又出現了"渾天説"的宇宙結構理論。漢張衡在《渾天儀圖注》中説："渾天如鷄子，天體圓如彈丸。地如鷄中黄，孤居於內，天大而地小，天表裏有水，天之包地，猶殼之裏黄。天地各乘氣而立，載水而浮。"渾天説肯定大地是個球形，這在人類認識宇宙的歷史上是一個很了不起的成就，是後來天文科學的基礎。渾天説之後，又産生了一種"宣夜説"的宇宙理論。《晋書·天文志上》記載了東漢秘書郎郗萌的這種主張："宣夜之書亡，惟漢秘書郎郗萌記先師相傳云：天了無質，仰而瞻之，高遠無極，眼瞀精絶，故蒼蒼然也……日月衆星，自然浮生虛空之中。"宣夜説認爲，所謂天祇不過是無邊無際的氣體，那青蒼顏色的不是天殼，而是因爲高遠無極使人看起來像有顏色的殼罷了。這樣，天的界限就被打破了，一切人爲的天的高度都被否定，展現在人們面前的祇有茫無邊際、無窮無盡的宇宙空間。宣夜説提出了一個樸素的宇宙無限的概念，是中國歷史上最具卓見的宇宙理論之一。這裏必須指出，"宣夜説"并非郗萌首先提出，而是文中提到的那位"先師"，至遲晋代已有"宣夜説"之專著"宣夜之書"。

中國古代天文學是世界古代科技百花園中的一朵奇葩。它的發生、發展都具有鮮明的地域色彩和民族特徵。它首先是在適合於農、牧和狩獵的黃河流域出現并最早得到發展的，成爲適應并服務於農、牧和狩獵等生産活動的科學，亦是中國最早出現并最早得到發展的自然科學。它有別於世界其他地區的天文學，也是在東方獨領風騷的一個天文學體系。

斗建

古時以北斗柄指嚮作爲確定季節的標準。農曆以北斗星的運轉計算時令，斗柄所指之辰謂之斗建。如正月指寅，爲建寅之月；三月指卯，爲建卯之月。此稱源於先秦，漢代已行用。《鶡冠子》："斗柄東指，天下皆春；斗柄南指，天下皆夏；斗柄西指，天下皆秋；斗柄北指，天下皆冬。"《漢書·律曆志上》："日至其初爲節，至其中斗建下爲十二辰，視其建而知其次。"明張居正《萬壽無疆頌》："彼星曆家，以天道爲不可測也，乃占斗建作甲乙，日積爲歲，歲積爲紀，乘而爲千百萬，衍而爲元會運世。"

夏小正

省稱"小正"。《大戴禮》篇名，《隋書·經籍志》別爲一卷。中國最古老的曆書。主要記載某些動植物的習性和活動。唐柳宗元《迎長日賦》："職在馮相，事傳《小正》。"宋傅崧卿撰《夏小正·戴氏傳》四卷，加以整理和注釋，以正文居前，每月各爲一篇。

【小正】

"夏小正"之省稱。此稱唐代已行用。見該文。

三正

指三種不同的歲首曆法。"正"指正月。夏正建寅，殷正建丑，周正建子，合稱"三正"。此稱先秦時期已行用。《書·甘誓》："有扈氏威侮五行，怠棄三正。"陸德明《經典釋文》引馬融曰："建子、建丑、建寅，三正也。"《左傳·昭公十七年》："火出，於夏爲三月，於商爲四月，於周爲五月。"《史記·周本紀》："今殷王紂乃用其婦人之言，自絶于天，毀壞其三正。"張守節正義："三正，三統也。"清趙翼《陔餘叢考·三正》："夏正建寅，商正建丑，周正建子。此三正也。然《夏書·甘誓》云'有扈氏怠棄三正'，則夏之前已有三正矣。孔安國因商周在夏之後，故不敢以子、丑、寅釋之，而但謂天地人之正道。王肅亦云：'惟殷周改正，自夏以上皆以建寅爲正。'然《尚書大傳》云：'王者存二代之後以備三正。'馬融注《甘誓》亦云：'子、丑、寅也。'"

歲星紀年

歲星即木星。中國古代很早就認識到木星約十二年運行一周天，故將其分爲十二分，稱十二次。人們用木星每年行經所在的星次來紀年，因此木星被稱爲歲星，這種紀年法被稱爲歲星紀年法。歲星紀年法盛行於春秋戰國時期。《韓非子·飾邪》："此非豐隆、五行、太一、王相、攝提、六神、五括、天河、殷搶、歲星，非數年在西也。"《史記·天官書》："察日月之行，以揆歲星順逆。"此稱至遲清代已行用。清徐世昌《清儒學案·凌先生堃》："又以歲星紀年及太歲超辰之法，漢以後失墜，因爲之辯。"

黃道

亦稱"中道""光道"。地球環繞太陽公轉一周爲一年，我們從地球上看，是太陽在天空中移動一圈，太陽這樣移動的綫路叫黃道。它是天球上假設的一個大圓圈，即地球軌道在天球上的投影。此稱漢代已行用。《史記·天官書》："月行中道，安寧和平。"《漢書·天文志》："日有中道，月有九行。中道者，黃道，一曰光道。"《新五代史·司天考》："黃道者，日軌也。其半在赤道內，半在赤道外，去極二十四度。"

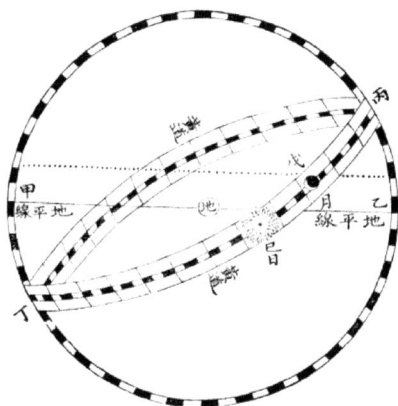

黃道（黃道斜交地平圖）
（清李明徹《圓天圖説》）

【中道】

即黃道。此稱漢代已行用。見該文。

【光道】

即黃道。此稱漢代已行用。見該文。

占星術

以觀察星辰的運行、位置、顏色、亮度、芒角以及星辰之間的關係來推測人事變化的一種方術。曾流行於古代各國。在我國始於春秋，《國語》《左傳》、漢竹簡《日書》、帛書《五星占》、帛書《乙巳占》以及《開元占經》中多有記載。占星術雖始於巫祝，但對古代天文學的發展有一定影響。

干支

天干和地支的合稱，它以六十爲周期的序數，用以紀日、紀年等，在中國曆法史上占有十分重要的地位。中國的歷史雖然悠久，但祇要順着干支往上推，日期就可以推算得非常準確。干支紀年傳説出自黃帝時代，實際萌芽於西漢初，始行於王莽，通行於東漢以後，漢章帝元和二年（85）朝廷下令在全國推行干支紀年。明謝榛《四溟詩話》卷四："許用晦'年長每勞推甲子，夜寒初共守庚申'，實對干支，殊欠渾厚，無乃晚唐本色歟？"

蓋天

亦稱"周髀"。中國古代的一種宇宙學説。中國古代典籍記載了蠻荒時代的傳説，即天架於地上，本有八柱相擎，此八柱即八座高山。其後最西北的一座名曰"不周山"者被撞折，致使此處天塌，故而大地形成西北高東南低之態勢。關於"不周山"，《山海經·大荒西經》《楚辭·離騷》諸書皆有記載，其中《淮南子·天文訓》記載最爲詳盡。八柱擎天與天塌一方之説，是我國先民最原始的天地觀。夏商之後對於天體和大地漸有細密的觀察探索。自戰國至兩漢，遂形成了蓋天、渾天和宣夜三家宇宙學説。此稱漢代已行用。此説認爲天體像斗笠，地像覆蓋着的盤子。天在上，地在下，日月星辰隨天蓋而運動，其東升西没是由於遠近所致，不是没入地下。因書中使用了畢氏定理測算天體運行里數，又相傳成書於周公，故亦稱"周髀"。髀，股也；立八尺之表爲股，表影爲勾。《書·舜典》："班瑞於群后。"唐孔穎達疏引漢蔡邕《天文志》："言天體者有三家，一

蓋天説示意圖

曰《周髀》，二曰宣夜，三曰渾天。"《晋書·天文志上》："古言天者有三家，一曰蓋天，二曰宣夜，三曰渾天……蔡邕所謂《周髀》者，即蓋天之説也，其本庖犧氏立周天曆度，其所傳則周公受於殷商，周人志之，故曰《周髀》。髀，股也；股者，表也。其言天似蓋笠，地法覆盤，天地各中高外下。北極之下爲天地之中，其地最高，而滂沲四隤，三光隱映，以爲晝夜。天中高於外衡冬至日之所在六萬里。北極下地高於外衡下地亦六萬里，外衡高於北極下地二萬里。天地隆高相從，日去地恒八萬里。"

【周髀】

即蓋天。此稱漢代已行用。見該文。

渾天

中國古代的一種宇宙學説。渾天説主張天是球形的，球形的天包着大地，所謂天在外，地在内。此稱漢代已行用。其説代表人物是漢代著名天文學家張衡。他在《渾儀注》一文中説："渾天如鷄子，天體圓如彈丸。地如鷄中黄，孤居於内，天大而地小。天表裏有水，天之包地，猶殼之裏黄。天地各乘氣而立，載水而浮。周天三百六十五度四分度之一，又中分之，則

渾天説示意圖

一百八十二度八分之五覆地上，一百八十二度八分之五繞地下，故二十八宿半見半隱。其兩端謂之南北極。北極乃天之中也，在正北，出地上三十六度。然則北極上規經七十二度，常見不隱。南極天之中也，在正南，入地三十六度，南極下規七十二度，常伏不見。兩極相去一百八十二度半强。天轉如車轂之運也，周旋無端，其形渾渾，故曰渾天也。"《晋書·天文志》："惟渾天近得其情，今史官候臺所用銅儀則其法也。"

宣夜

中國古代的一種宇宙學説。該學説主張天無一定的形狀，也非物質造成，其高無止境，日月星辰飄浮在空中，動和静都依靠氣。此稱漢代已行用。漢蔡邕《天文志》："言天體者有三家，一曰《周髀》，二曰宣夜，三曰渾天。"《晋書·天文志上》："漢靈帝時，蔡邕於朔方上書，言'宣夜之學，絕無師法'。"該書又載："宣夜之書亡，漢秘書郎郗萌記先師相傳云：'天了無質，仰而瞻之，高遠無極，眼瞀精絕，故蒼蒼然也。譬之旁望遠道之黄山而皆青，俯察千仞之深谷而窈黑。夫青非真色，而黑非有體也。日月衆星，自然浮生虛空之中，其行皆須氣焉。是以七曜或逝或住，或順或逆，伏見無常，進退不同，由乎無所根繋，故各異也。故辰極常居其所，而

宣夜説局部示意圖

北斗不與衆星西没也。攝提、填星皆東行，日行一度，月行十三度，遲疾任情，其無所繫着可知矣。若綴附天體，不得爾也。’”宣夜説是中國古代一種樸素的無限宇宙觀念，是中國歷史上最具卓見的宇宙理論之一。清袁枚《隨園隨筆·測天三家以外諸説》：“測天者，宣夜、渾天、昕天三家，人皆知之。”

安天

中國古代的一種宇宙學説。該學説是對“宣夜説”的發展，主要觀點認爲天無窮高，地無窮深。此稱晉代已行用。《晉書·天文志》載：“成帝咸康中，會稽虞喜因宣夜之説作安天論，以爲‘天高窮於無窮，地深測於不測。天確乎在上，有常安之形；地塊焉在下，有居静之體。當相覆冒，方則俱方，員則俱員，無方員不同之義也’。”

穹天

中國古代的一種宇宙學説。該學説類似“蓋天説”的翻版，即天圓地方，大地就像一個倒扣的盒，因其内有氣，故而不沉，所以不進水。此稱晉代已行用。《晉書·天文志》載：“虞喜族祖河間相聳又立穹天論云：‘天形穹隆如鷄子，幕其際，周接四海之表，浮於元氣之上。譬如覆盎以抑水，而不没者，氣充其中故也。’”陸機《演連珠》曰：“臣聞日薄星迴，穹天所以紀物；山盈川冲，后土所以播氣。”

昕天

中國古代的一種宇宙學説。其説因人體前後不相對稱，下頷凸出，後腦却平直，故以人體結構類比天體結構：南北不對稱，南低北高。此稱漢代已行用。《晉書·天文志》載：“吳太常姚信造昕天論云：‘人爲靈蟲，形最似天。今人頤前侈臨胸，而項不能覆背。近取諸身，故知天之體南低入地，北則偏高。’”《禮記正義·月令第六》孔穎達疏曰：“四曰昕天。昕讀爲‘軒’，言天北高南下，若車之軒。是吳時姚信所説。”該學説基本上屬於“蓋天説”一系。

敦煌星圖

在敦煌藏經洞經卷中發現的一幅古星象圖。它是全世界現存古星圖中星數較多而又較爲古老的一幅。該圖約繪製於公元705—710年的唐中宗時期。圖上用圓圈、黑點和圓圈塗黃三種方式繪出一千三百五十多顆星。圖從十二月開始，按每月太陽的位置沿黃、赤道帶分爲十二段。從每月星圖下面的説明文字看，太陽每月的位置還是沿用了《禮記·月令》的説法，并非實測所繪。此圖現存於英國大英博物館。

蘇州石刻天文圖

南宋淳祐七年（1247）永嘉人王致遠所刻天文圖石碑。原碑有四塊，現存三塊：天文圖、地理圖和帝王紹運圖。天文圖分上下兩部，上爲一圓形全天星圖，下爲説明文字。碑額題“天文圖”三字。星圖直徑約91.5厘米，按中國傳統的“蓋圓”方式繪製，它以天球北極爲圓心畫出三個同心圓。内圓稱爲“内規”，是北緯35°地方的恒顯圈。中圓爲天體赤道。外圓稱爲“外規”，相當於上述地方的恒隱圈。全圖刻有恒星一千四百多顆，銀河帶斜貫星圖，黃道爲一偏心圓，與赤道相交於奎宿和角宿範圍内的兩點。該圖是根據北宋元豐年間（1078—1085）一次恒星觀測資料繪製的。這是世界上現存較早的大型石刻實測星圖，具有十分重要的科學價值。

石氏星經

中國戰國時期魏國天文學家石申所著的一部天文學著作，共有八卷。該書不但編制了世界上最古老的恒星星表，標出了一百二十一顆恒星，而且對《四分曆》、歲星紀年、五星運動、天象觀測和古代星占理論方面都做了專門的研究，對世界天文學研究做出了杰出的貢獻。另有齊國（一説魯國或楚國）人甘德著有《天文星占》八卷。甘德是世界上最古老星表的編著者和木衛三星的最早發現者。《天文星占》與《石氏石經》合稱《甘石星經》。

甘氏石經

中國戰國時期齊國（一説魯國或楚國）人甘德所著的一部天文學著作。見"石氏石經"文。

靈憲

中國古代天文學史中最杰出的著作之一。是東漢天文學家張衡畢生的研究成果。他認定宇宙浩渺無垠，但亦有限，天體遵循特定規律運行，井然有序，月光是日光的反射，月食起於地遮日光，又詮釋了季節的變化，春夏秋冬的成因；實測出太陽與月亮的角直徑值，與近現代所測結果相比照，絕對誤差甚微，鑒於兩千年前的條件及科技水平，這一數據，舉世驚嘆！張衡重新整理并增補了歷代星表，所建新舊恒星多達三千之衆。《靈憲》一書，在世界天文學史中亦堪稱不落的耀眼恒星。

開元占經

中國唐朝瞿曇悉達所撰的一部天文學著作。編纂於唐開元六年（718）至開元十四年間，全書一百二十卷。書中有關於天文星象和各種物异等方面的大量記載。其天文内容有名詞解釋、宇宙理論、日月五星行度、二十八宿距離、石氏、甘氏、巫咸氏三家星官名稱、度數等；還介紹了歷代流傳的天文學專著。許多已經散佚的天文學著作經《開元占經》的輯錄纔得以保存至今。該書是我們研究天文學史的重要材料。

疇人傳

清代一部記述中國歷代天文學家、算學家學術活動的傳記。疇人，指父子世代以天文曆法相傳爲業的人，該詞首見於《史記·曆書》。阮元撰，嘉慶四年（1799）成書。共四十六卷，三十三萬七千餘字。該書收有自上古至清乾隆末年的天文、曆法、算學家三百多人（包括國外四十一人）。内容包括歷代天文曆法的推算資料、論天學説、儀器制度以及算學等許多方面。所述事迹、論點及著作均摘自有關典籍的原文，有些傳後還附有編譯者的評論。道光二十年（1840），阮元門人羅士琳又撰《疇人傳續編》六卷，再補阮書之不足，體例全依阮傳。光緒十二年（1886），褚可寶復撰《疇人傳三編》七卷，又補羅書之不足。卷七記女天文學家、數學家三人，附錄西洋十一人，附見五人。體例亦如前二種《疇人傳》，唯傳後評論較簡要。

第二節　渾儀考

　　所謂渾儀，指中國古代觀測天體的儀器，亦稱"渾天儀"。除天象觀測外，中國古代天文學的另一大突出成就是天文儀器的製造。天文儀器不僅與當時的天文學發展水平密切相關，而且在一定程度上亦是當時綜合國力的反映。從使用上看是天文學領域的事，而從設計製造、冶煉加工、組裝刻度等方面來看，却是一個國家生産技術、工藝水平、應用數學、基礎手工加工等綜合能力的體現。天文儀器製作水平的高低，是衡量當時一個國家科學技術水平的標志之一。中國天文儀器出現的很早。元代郭守敬曾説："曆之本在於測驗，而測驗之器莫先儀表。"（《元史·郭守敬傳》）所以曆代天文學家都儘可能地製造出完美的天文儀器以適應天文觀測的需要。1977 年在安徽阜陽西漢第二代汝陽侯夏侯竈墓發現了一套二十八宿圓盤。木胎漆盤分上下兩盤，上盤直徑 23.6 厘米，下盤直徑 25.6 厘米，兩盤中心有直徑相同的圓孔，可以用軸串起來成爲兩層同心圓盤。下盤邊緣刻有二十八宿之名及相互間的距離，上盤有六個星點，它們與中央圓孔組成北斗七星圖形。上盤邊緣有三百六十五個如穀粒大小的圓坑。上下兩盤都有通過圓心十字正交的輕劃綫，當上下兩盤互叠時，上盤邊緣小坑與下盤上的宿名正好相接。專家考證，這就是用以觀測日、月、五星在二十八宿中位置的"五星占候儀"。當時的天文學家非常重視觀測日、月、五星在二十八宿中的位置，認爲其中寓示着國家的禍福吉凶。《史記·天官書》："漢之興，五星聚於東井。"又："越之亡，熒惑守斗。"類似這樣的記載，在秦漢史籍中比比皆是。這就是當時天文學家一項重要的工作，即天文星占學。他們不僅要努力制訂社會需要的天文曆法，觀測和預報好日月交食，還要辛勤地觀測各種天象，爲統治階級提供星占服務，以便統治者打着"天意"的幌子實現自己的統治。五星占候儀是中國目前爲止發現最早的天文儀器實物。五星占候儀的出土，使我們對當時的天文星占學有了更直接、更真切的瞭解。

　　西漢著名的民間天文學家落下閎，是中國目前有據可查的最早製造渾象的人。《隋書·天文志上》："落下閎爲漢孝武帝於地中轉渾天、定時節、作《泰初曆》。"落下閎是一位渾天説的擁護者，渾儀就是依據渾天説理論而設計製造的天文觀測儀器。渾指圓球，渾儀是由一系列同心圓組成的一種儀器。它包括赤道環和赤經雙環等，在赤經雙環中央夾着一根用於觀測的管子——窺管。窺管又叫望筒，可以在赤經雙環中滑動，它可以指嚮雙環平面内的任何方嚮；赤經雙環又可以繞着兩個支點旋轉，雙環平面就可以掃過全天。這樣，無論想觀測哪一顆星都很方便。而渾象則是一個刻滿各種天象特徵的圓球，可用以演示實際天象。渾象和渾儀又統稱渾天儀。東漢著名科學家張衡在前人所造渾天儀的基礎上，研製成了漏水轉渾天儀，這是世界上最早利用水力轉動的渾天儀。

張衡所製渾天儀，是一個直徑四尺六寸（約 152 厘米）的大銅球，上刻有二十八宿、黃道、赤道、二十四節氣、南北極等内容。它被固定繞着南北極軸轉動。在銅球的當腰設一個地平環，用來象徵大地，銅球一半在地平之上，一半在地平之下。其動力是由漏壺的流水提供的，轉動一周爲一晝夜，這樣就可以模擬出星空的周日視運動。史書記載，張衡的漏水轉渾天儀創製成功後，還做過這樣的演示：屋裏放着漏水轉渾天儀，球面上某星出來，某星中天，某星下落時，與外面真實星空的天象完全一致，這在當時引起了轟動，被人譽之爲“數術窮天地，制作侔造化”（《後漢書·張衡傳》）。張衡的渾天儀對渾天説做了最形象的解説，對“渾天説”的傳播起到了極重要的促進作用。張衡還在《渾天儀圖注》和《漏水轉運渾天儀記》兩文中詳細講解了漏水轉渾天儀的原理與應用，奠定了中國天文儀器的製造學基礎。除了渾天儀之外，張衡還親自設計和製造了候風地動儀，這是世界上第一架測驗地震的儀器。

進入南北朝時期，中國的天文儀器製造也有了明顯的進步，在繼承漢代的基礎上又有了新的改進與創造。其中比較有特點的是元嘉十三年（436）南朝宋太史令錢樂之製作的渾天象。該儀器直徑六尺八寸左右，將地平放在圓球内部，好似在球内分隔成兩個半球處鑲入一個平面，用以表示人居住的地表。渾天象在當時是一種十分重要的儀器，因爲它可以比較準確地根據周圍背景的恒星，把月亮、五星的位置標志在儀器上，也可以根據月食時與月亮相衝的位置把太陽位置標志在儀器上，從而瞭解七曜當時的位置及運行情況，這對當時編制曆法和進行星占都起到了極爲重要的作用。

隋唐是中國天文學成熟的時期。隨着隋唐大一統局面的形成，使分散於不同地域的天文學成果彙集於中央，天文學人才也聚集京都，爲發掘和應用新技術創造了良好的條件。唐貞觀初年，天文學家李淳風製成渾天黃道儀。這臺設計周密、功能完備、結構複雜的天文儀器，性能大大優於以前的同類天文儀器，引起了唐太宗的極大興趣，惜被收入宮中，没能完全發揮其應有的作用。到了開元年間，著名天文學家一行和梁令瓚製黃道游儀。該儀器基本結構與李淳風的渾天黃道儀相同，在外重的六合儀上去掉赤道而增加了卯酉圈，成爲由子午圈、卯酉圈和地平圈三個大圓環組成的游環。赤道是主環，赤道環上每隔一度打一孔，表示赤道與黄道的交點。黄道環根據實際天象，放到相應的一對圓孔中固定。這種裝置可使黄道在赤道内游動，因而起名黄道游儀。一行利用這種新儀器進行了獨立的恒星測量，發現一些星的宿度古今不同，并訂正了一些星距。

爲了滿足唐玄宗要求製作更加精巧的天文儀器的意願，一行和梁令瓚又構思了新的天文儀器——開元水運渾天俯視圖。《舊唐書·天文志上》記載，這臺天文儀器有一個大銅球，上面刻有列宿星象，并有赤道和周天度數；兩個圓環套在球外，一個環上運行的是太陽，另一個環上運行的是月亮，它們分别代表黄道與赤道，但上面置有代表太陽和月亮的圓珠，可繞環運行。這個儀器"注水激輪，令其自轉，一日一夜，天轉一周"。逢辰遇刻，有木人出來敲鐘擊鼓，分别表示又過了一個時辰或者又過了一刻。這臺在世界科技史上有重要地位的儀器，代表了唐代天文儀器製造的最高水平。

北宋是中國科學技術較爲發達的時期，中國古代的四大發明有三項產生於這個時期，天文曆法也取得了極爲輝煌的成就。在天文儀器製作方面，無論是數量與品質都大大超過以往任何一個時期。其中著名天文學家蘇頌領導製造的水運儀象臺更是舉世聞名。這臺儀器實際上是一座小型天文臺。臺分三層，上層放置渾儀，用來觀測日月星辰的位置；中層是間密室，裏面放置渾象，有機械能使渾象的旋轉周期和

北宋水運儀象臺摹擬圖

天球的周日視運動周期相一致；底層包括報時裝置和全臺的動力機構。底層南部設木閣，木閣又分五層，每層設門，每到一定時刻門内就有木人出來報時，成爲一個報時裝置。木閣後面設一個大樞輪，樞輪頂部和邊上附設一組杠杆裝置，它們相當於近代機械鐘錶的關鍵部件——擒縱器，用以控制全部機械做等速間歇運動。英國著名科學史專家李約瑟先生認爲這"可能是歐洲中世紀天文鐘的直接祖先"，比歐洲擒縱器發明早了六百多年。

蘇頌製作的另一件著名的天文儀器就是假天儀。假天儀是渾象發展到巔峰時期的必然產物，是現代天象儀的先驅。它類似現代天文館中的天象廳，人們進入裏面可以仰面觀看模擬的天象。宋朱弁《曲洧舊聞》介紹假天儀："大如人體，人居其中，有如籥象，因星鑿竅，依竅加星，以備激輪旋轉之勢，中星昏曉應時，皆見於竅中。星官曆翁，聚觀駭嘆，

蓋古未嘗有也。"

　　元朝是中國天文學發展的鼎盛時期，天文儀器的製作也達到了高峰，而元代著名科學家郭守敬正是這些儀器的監製者。郭守敬等人設計製造的簡儀、高表、窺几、仰儀正方案、珍瓏儀等十幾種新的天文觀測儀器，其精巧程度和準確性都大大超過以往，得到國內外天文學家的高度評價。其中最重要、最有獨到之處的儀器是簡儀和高表。

　　簡儀是一種具有世界意義的發明創造，是中國傳統天文儀器的革新產物。渾儀發展到宋代，結構已十分複雜，轉動圈環達八九個之多，不僅轉動困難，遮掩星區，而且妨礙觀測。郭守敬認真分析了這些圓環的功能，大膽創新，祇保留了兩個最必要的環，而且把它們移到了側面，又設法保留了複雜渾儀多種用途的優點，還增加了一些精密的刻度，這就是有名的簡儀。郭守敬所製簡儀已經失傳，現存於南京紫金山天文臺的一臺簡儀是明代仿製的。它主要由赤道裝置（即赤道經緯儀）和地平裝置（又名立運儀）兩大部分組成，整個裝置由兩個南低北高的支架托起。四游環位於中間，上面刻有周天度數，可以繞着正南北方嚮的極軸旋轉。四游環的中間夾着可以繞其中心旋轉的窺管，窺管兩端安有十字絲，這是望遠鏡中十字絲的祖先。赤道環上刻着二十八宿周天度數，百尺長環上刻有十二時辰一百刻，每刻又分成三十六份。赤道裝置可以測得天體的赤緯與赤經差。地平裝置由一個固定地平環和一個直立可旋轉的立運環組成，整個裝置位於簡儀的北端。利用這套儀器可以測量天體的地平方位角和地平高度。

　　高表是郭守敬在前人基礎上大膽革新的又一臺天文儀器。元之前的圭表一般都是八尺高，爲了提高觀測日影長度的精確性，郭守敬將銅表增高到四丈，稱爲高表。《元史》記載，四丈高表爲銅製，在其頂端有兩條飛龍托着一根橫梁，梁上有一道水槽，從梁的兩端與中腰，共垂下三對重錘，以校正梁的水平。圭由石塊砌成，在石圭的南北兩端有圓水池，圭面上還鑿有一寸深的水槽與它相連，可以用來校正圭面水平。郭守敬利用高表測算出一回歸年的長度爲 365.24 日，與現今采用值僅差 0.0003 日。

　　郭守敬創製的另一架天文儀器是仰儀。它的形狀像一口仰天放着的大鍋，鍋口刻着東西南北四個方位，還刻有一圈水槽，用於校正鍋的四個方位。在鍋裏刻畫着赤道坐標網。在鍋口的正南方安置着一根南北走向的竿子，竿子的終端架着一塊可以自東西朝南北嚮轉動的木板。仰儀是根據小孔成像的原理，把太陽投影在鍋內的坐標網上，從而讀出太陽的球面坐標值。尤其是在發生日食的時候，不僅可以讀出太陽的坐標，還可以在仰儀的球面上清楚地看到日食的全過程。

　　郭守敬創製的天文儀器數量之多、品質之高是前人不可比擬的，他一生創製的多種儀器在當時都處於世界領先地位。

　　明代以後，由於統治者對學習天文曆法有非常嚴厲的禁令，中國的天文學發展極爲緩慢，在天文儀器製作方面也沒有什麼大的進展。而且，明清以來隨着西方傳教士的來華，天文學出現了西學東漸的新局面。1859 年，中國著名天文學家李善蘭翻譯出版了《談天》一書，向國人系統介紹了西方天文學的研究成果，標志着哥白尼學說正式開始在中國大地傳播，中國傳統天文學也逐步開始向近現代天文學過渡。

璇璣玉衡

　　亦作"琁機玉衡"。亦稱"璣衡""機璣""衡璣""璇衡"。古代觀測天體的儀器，屬渾天儀的前身。此稱先秦時期已行用。《書·舜典》："在璇璣玉衡，以齊七政。"孔穎達疏："《説文》云：'璇，美玉也。'玉是大名，璇是玉之別稱。璣衡俱以玉飾……璣衡者，璣爲轉運，衡爲橫簫，運璣使動於下，以衡望之。是王者正天文之器。漢世以來謂之渾天儀者是也。"《後漢書·安帝紀》："昔在帝王，承天理民，莫不據琁機玉衡，以齊七政。"晉王嘉《拾遺記·軒轅黃帝》："〔軒轅〕吹玉律，正璿衡，

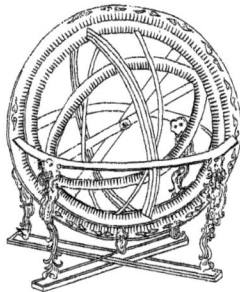

璣　衡
（清刊《六經圖》）

置四吏以主圖籍，使九行之士以統萬國。"宋沈括《夢溪筆談·象數一》："天文家有渾儀，測天之器，設於崇臺，以候垂象者，則古璣衡是也。"《金史·曆志下》："吳中常侍王蕃云：'渾天儀者，羲和之舊器，謂之機衡。'積代相傳，沿革不一。"

【璣衡】

　　即璇璣玉衡。此稱唐代已行用。見該文。

【琁機玉衡】

　　同"璇璣玉衡"。此體漢代已行用。見該文。

【璿衡】

　　即璿璣玉衡。此稱晉代已行用。見該文。

【機衡】

　　即璇璣玉衡。此稱金代已行用。見該文。

【衡璣】

　　即璇璣玉衡。此稱三國時期已行用。三國魏阮籍《咏懷詩》之四十："混元生兩儀，四象運衡璣。"黃節注："《尚書》曰：'在璇璣玉衡，以齊七政。'《傳》曰：'璇，美玉。璣衡，王者正天文之器，可運轉者。'"

琁機

亦作"璇璣"。古代觀測天象之儀器中的運轉部分。與玉衡相對。璇，旋也；或曰美稱，指美玉。亦作爲"璇璣玉衡"的省稱。此稱漢代已行用。《後漢書·張衡傳》："〔張衡〕遂乃研覈陰陽，妙盡琁機之正，作渾天儀。"明馮復京《六家詩名物疏》卷四〇引漢佚名《春秋文燿鈎》："斗者天之喉舌。玉衡屬杓，魁爲璇璣。"又："魁四星爲璇璣，杓三星爲玉衡。"《北齊書·顏之推傳》："土珪測影，璇璣審度。"

【璇璣】

同"琁機"。此體漢代已行用。見該文。

玉衡

古代觀測天象之儀器中用以觀察的部分，與璇璣相對。玉，美稱。衡，衡望之也。亦作爲"璇璣玉衡"的省稱。此稱漢代已行用。《書·舜典》："在璇璣玉衡，以齊七政。"孔傳："璣、衡，王者正天文之器。"孔穎達疏引蔡邕曰："玉衡長八尺，孔徑一寸，下端望之以視星辰。蓋懸璣以象天而衡望之。"北魏酈道元《水經注·河水一》："玉衡常理，順九天而調陰陽。"清納蘭性德《自鳴鐘賦》："其外之可見者，加尺莖於圖上，儼窺天之玉衡，譬誇父之逐日。"

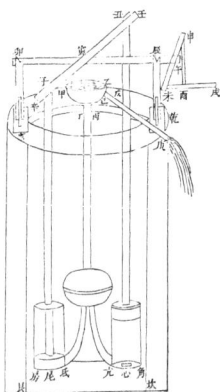

玉　衡
（元王禎《農政全書》）

渾儀

亦稱"渾天儀"。中國古代觀測天體位置的儀器。由許多同心環組成，總的形狀像是一個包着的圓球。渾儀中有窺管，是一種觀測器。其主要用途是測定昏、旦、夜半中星以及天體的赤道座標，有時也能測黃道經度和地平坐標。此稱漢代已行用。《太平御覽》卷二引《書·考靈燿》云："'觀玉儀之旋，昏明主時。'鄭注：'以玉爲渾儀，故曰玉儀。'"清吳汝綸《尚書故·堯典》："後漢馬、鄭諸儒，始以渾儀説之，史公不言渾儀，渾儀起於後世，非唐虞之器也。揚子《法言》'或問渾天？'曰：'落下閎營之，鮮於妄人度之，耿中丞象之。'是渾儀造於漢代。"《後漢書·張衡傳》："遂乃研覈陰陽，妙盡琁機之正，作渾天儀。"《舊唐書·天文志上》："貞觀初，將仕郎直太史李淳風始上言，靈臺候儀是後魏遺範，法制疏略，難爲占步。太宗因令淳風改造渾儀，鑄銅爲之，至七年造成。"《南史·武帝紀上》："長安豐稔，帑藏盈積，帝先收其彝器、渾儀、土圭、記里鼓、指南車及秦始皇玉璽送之都。"《金史·曆志下》："吳中常侍王蕃云：'渾天儀者，羲和之舊器，謂之機衡。'積代相傳，沿革不一。"《清史稿·天文志二》："明於北京齊北門內倚城築觀象臺，仿元製作渾儀、簡儀、天體三儀，置於臺上。"

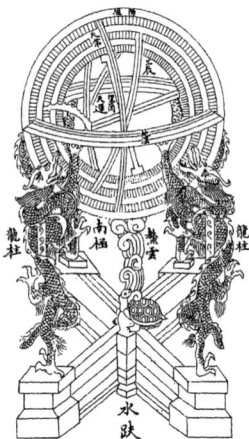

渾　儀
（宋蘇頌《新儀象法要》）

【渾天儀】

即渾儀。此稱漢代已行用。見該文。

【玉儀】

即渾儀。此稱漢代已行用。《晋書·天文志上》：“《考靈曜》云：‘……昏明主時，乃命中星觀玉儀之游。’鄭玄謂以玉爲渾儀也。”

候風地動儀

亦稱“地動儀”。測地震之儀器。東漢張衡所造。《後漢書·張衡傳》：“陽嘉元年，復造候風地動儀。以精銅鑄成。員徑八尺，合蓋隆起，形似酒尊，飾以篆文山龜鳥獸之形。中有都柱，傍行八道，施關發機。外有八龍，首銜銅丸，下有蟾蜍，張口承之。其牙機巧制皆隱在尊中，覆蓋周密無際。如有地動，尊則振龍，機發吐丸，而蟾蜍銜之，振聲激揚。伺者因此覺知。雖一龍發機，而七首不動，尋其方面，乃知震之所在。驗之以事，合契若神。”《晋書·天文志上》：“張平子既作銅渾天儀……崔子玉爲其碑銘曰：‘數術窮天地，制作侔造化。高才偉藝，與神合契。’蓋由於平子渾儀及地動儀之有驗故也。”

【地動儀】

即候風地動儀。此稱漢代已行用。見該文。

銅儀

指銅製候風地動儀。《後漢書·順帝紀》：“〔陽嘉元年〕秋七月，史官始作候風地動銅儀。”李賢注：“時張衡爲太史令作之。”《後漢書·天文志上》“以顯天戒”劉昭注引漢蔡邕《表志》：“言天體者三家……唯渾天者近得其情。今史官所用候臺銅儀，其法也，立八尺圓體之度，而具天地之象，以正黃道，以察發斂，以行日月，以步五緯。”見“候風地動儀”文。

渾象

中國古代一種表演性的天文儀器，用來模擬天球運行情況。在一個大圓球上繪上星宿、赤道、黃道等天體圖像，類似於現代的天球儀。渾象可能是西漢人耿壽昌發明的，東漢張衡設計的渾象屬於漏水轉渾天儀的核心部分。它是一個直徑約二尺（約 66.7 厘米）的大圓球，上面畫有二十八宿中外星官，黃道、赤道、南北兩極，還有二十四節氣和可以挪動的日、月、五星等。它裝有齒輪與機械傳動裝置，利用漏壺流水推動渾象轉動，同天象的運動協調一致，能比較準確地演示天象的變化，開創了後代自動運轉儀器的先河。古人通常把渾儀和渾象合稱爲渾天儀，隋唐以後纔相對明顯地區別開來。唐代開元年間，僧一行與梁令瓚製造了一個水運渾象，它首次將自動旋轉的渾象與計時系統結合起來，除渾象本身靠水驅動外，又附加了一個自動報時機構。此稱漢代已行用。《晋書·天文志》：“至順帝時，張衡又制渾象，具内外規、南北極、黃赤道，列二十四氣、二十八宿中外星官及日月五緯，以漏水轉之於殿上室内，星中出没與天相應。因其關戾，又轉瑞輪蓂莢於階下，隨月虛盈，依曆開落。其後陸續亦造渾象。”宋沈括《夢溪筆談·象數一》：“渾象，象天之器，以水激之，或以水銀轉之，置於密室，與天行相符。張衡、陸續所爲。”《清史稿·天文志三》：“自古言天之精者，知日月五星，爲渾象而已。”

衡管

古代天文儀器上用以觀測的長管。此稱隋代已行用。《隋書·天文志上》：“渾天儀者，其制有機有衡。既動静兼狀，以效二儀之情，又周旋衡管，用考三光之分。所以揆正宿度，準步盈虛，來古之遺法也。”

窺管

古代渾天儀上觀察天體用的管狀儀器。此稱宋代已行用。宋沈括《夢溪筆談·象數一》：“以璣衡求極星，初夜在窺管中，少時復出，以此知窺管小不能容極星游轉。乃稍稍展窺管候之，凡歷三月，極星方游於窺管之內，常見不隱。”

游儀

亦稱“黃道游儀”“黃道儀”。古代觀測天象之儀器。此稱漢代已行用。《周髀算經》卷下：“即以一游儀，希望牽牛中央星出中正表西幾何度。”趙爽注：“游儀，亦表也。游儀移望，星爲正，知星出中正之表西幾何度，故曰游儀。”《新唐書·天文志一》：“開元九年，一行受詔，改治新曆，欲知黃道進退，而太史無黃道儀，率府兵曹參軍梁令瓚以木爲游儀，一行是之，乃奏：‘黃道游儀，古有其術而無其器，昔人潛思，皆未能得。今令瓚所爲，日道月交，皆自然契合，於推步尤要，請更鑄以銅鐵。’”又：“游儀，四柱爲龍，其崇四尺七寸，水槽及山崇一尺七寸半，槽長六尺九寸，高廣皆四寸，池深一寸，廣一寸半。龍能興雲雨，故以飾柱。柱在四維。龍下有山雲，俱在水準槽上。皆用銅。”

【黃道游儀】

即游儀。此稱至遲唐代已行用。見該文。

【黃道儀】[1]

即游儀。此稱唐代已行用。見該文。

表

中國古代用以測量日影之標杆。最初的表祇是直立在平地上的一根杆子或石柱，用它測定日影長度的變化，從而確定方嚮、節氣、時刻、地域等。中國發明表的時間最晚在西周初年。此稱先秦時期已行用。《史記·司馬穰苴列傳》：“穰苴先馳至軍，立表下漏待賈。”司馬貞索隱：“立表謂立木爲表以視日景，下漏謂下漏水以知刻數也。”《呂氏春秋·功名》：“猶表之與影，若呼之與響。”漢荀悦《漢紀·高后紀》：“夏至，日至東井，去極近，故晷短，立八尺之表，而晷長一尺五寸八分。”《舊唐書·魏玄同傳》：“流清以源潔，影端由表正。”

【臬】

即表。亦作“槷”。此稱漢代已行用。《周禮·考工記·匠人》：“置槷以縣，眡以景。”漢鄭玄注：“槷，古文臬假借字。於所平之地中央樹八尺之臬，以縣正之，眡之以其景。”賈公彥疏：“臬，即表也。”南朝梁陸倕《石闕銘》：“乃命審曲之官，選明中之士，陳圭置臬，瞻星揆地，興復表門，草創華闕。”

【槷】

同“臬”。此體先秦時期已行用。見該文。

【儀表】

即表。此稱漢代已行用。《後漢書·律曆志下》：“曆數之生也，乃立儀表以校日景。景長則日遠，天度之端也。”《明史·曆志七》：“夫天之行度多端，而人智力有限，持尋尺之儀表，仰測穹蒼，安能洞悉而無遺？”

【髀】

即表。此稱漢代已行用。《周髀算經上》：“周髀長八尺，夏至之日，晷長六寸。髀者，股也；正晷者，句也。”李淳風注：“以髀爲股，以影爲句。股定，然後可以度日之高遠。正晷者，日中之時節也。”《晉書·天文志上》：“髀，股也；股者，表也。”

表座

日影表尺之底座。此稱宋代已行用。宋王黼《宣和博古圖·周雙螭表座》："右高一尺三寸七分，下徑一尺九寸二分，重五十五斤，無銘。周官置槷，畫以參諸日中測景。槷即表

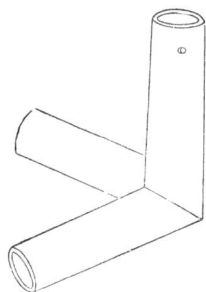

漢表座
（宋王黼《宣和博古圖》）

也。是器形若大盤，上蟠雙螭，而仰其首。於兩螭間，又出一筒，中通上下，是爲表座，中通所以植槷無欹側，以取其端焉。"又《漢表座》："右高四寸六分，深四寸二分，闊七寸一分，口徑一寸一分，重三斤九兩，無銘。是器表座也。作三圜筒，相合爲一體，措之地，則一筒端立可以立表，《周官》所謂槷者。是其所以爲測日之具也。"

圭表

亦稱"土圭"。中國最古老、最簡單的一種天文觀測儀器，主要用以觀測日影。它包括由直立的表與平臥的圭兩部分組成，漢以後大都以銅製成。圭與表相互垂直，組成圭表。表的高度一般爲八尺，元代郭守敬把表增高到 3.6 米，製成高表。明代高表最長曾達到六十尺，是中國歷史上最高的高表。到清代又采用十尺表。古代於夏至日中午置土圭，另立八尺之表，視其日影。測得日影一尺五寸，與土圭相等，便知土地的方位處於中央，爲建立王國之都的理想之地。又以圭表測日至，如夏至日中午，表影一尺五寸；冬至日中午，表影長一丈三尺。《周禮·地官·大司徒》："以土圭之法測土深，正日景，以求地中。"賈公彥疏："土圭尺有五寸，周公攝政四年，欲求土中而營王城，故以土圭度日景之法測度也。度土之深，深謂日景長短之深也。"《文選·張衡〈東京賦〉》："土圭測景，不縮不盈。"李善注引鄭玄曰："土，度也；縮，短也；盈，長也。謂圭長一尺五寸，夏至之日，豎八尺表，日中而度之，圭影正等，天當中也。"《南史·武帝紀上》："長安豐稔，帑藏盈積，帝先收其彝器、渾儀、土圭、記里鼓、指南車及秦始皇玉璽送之都。"《宋史·律曆志

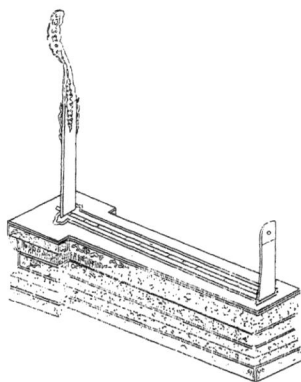

圭　表
（清允禄等《皇朝禮器圖》）

土　圭
（清刊《欽定書經圖説》）

九》：“觀天地陰陽之體，以正位辨方、定時考閏，莫近乎圭表。”《皇祐渾儀》：“皇祐初，又命日官舒易簡、於淵、周琮等參用淳風、令瓚之制，改鑄黃道渾儀，又爲漏刻、圭表，詔翰林學士錢明逸詳其法，内侍麥允言總其工。既成，置渾儀於翰林天文院之候臺，漏刻於文德殿之鐘鼓樓，圭表於司天監。”明張煌言《至夜傳王師出東粤志喜》詩：“土圭才見影初長，忽報天聲出五羊。”

【土圭】

即圭表。此稱先秦時期已行用。見該文。

【圭尺】

即圭表。此稱南北朝已行用。《南齊書·祖冲之傳》：“加以親量圭尺，躬察儀漏，目盡毫氂，心窮籌筴，考課推移，又曲備其詳矣。”

日晷

亦稱“日表”“晷景”“日規”“日圭”。古時利用日光投影方嚮和長度測定時刻的儀器。由晷盤與晷針兩部分組成。漢代以後長時期内，人們亦把圭表測得的太陽影長稱爲日晷。此稱漢代已行用。《漢書·藝文志》有《日晷書》二十四卷。清錢泳《履園叢話·藝能·銅匠》：“測十二時者，古來惟有漏壺，而後世又作日晷、月晷。日晷用於日中，月晷用於夜中。然是日有風雨，則不可用矣。”清阮元《疇人傳》：

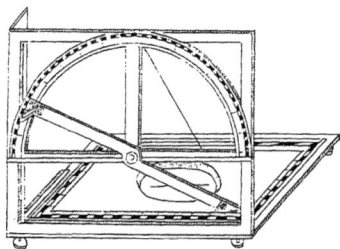

日　晷
（清允禄等《皇朝禮器圖》）

“推論日行，用同心規及小輪，或同心及不同心合一之理，推地心與日規相距幾何遠，隨求太陽最遠點，定太陽術元及太陽行度每日不等之數。”《清會典·欽天監·天文科》：“曰日圭，則陳於室，而竅以承日焉。”

【日規】

即日晷。此稱清代已行用。見該文。

【日圭】

即日晷。此稱清代已行用。見該文。

【乾晷】

即日晷。此稱唐代已行用。唐顏舒《刻漏賦》：“斟乾晷，測時變。”

東漢銅圭表尺

銅製之東漢圭表尺。1965 年出土於江蘇儀徵石碑村東漢墓，今藏南京博物院。此爲袖珍式圭表，表置於正面匣槽内，與圭面持平。一端有軸，測影時表可以立起。另一端有小孔。尺度刻於圭下面一側，共十五寸，每寸刻十分，以粒點作爲尺星，各寸長度略有差異。據推算，其尺長應爲 23 厘米，可證漢代天文尺與常用尺量值一致。該尺爲中國目前發現最早之銅圭表尺，對度量衡史及天文學史研究皆有重要的參考價值。

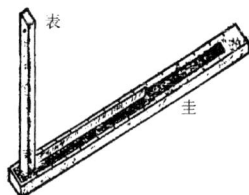

東漢袖珍銅圭表

晷儀

古代測日影以

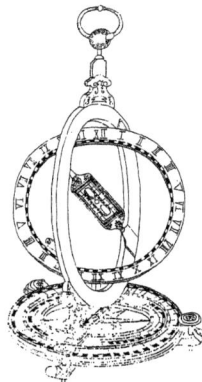

晷　儀
（清允禄等《皇朝禮器圖》）

定時刻儀器。此稱漢代已行用。《漢書·律曆志上》：“乃定東西，立晷儀，下漏刻，以追二十八宿相距於四方，舉終以定朔晦分至，躔離弦望。”

晷漏[1]

日晷與刻漏。古代測時儀器。此稱漢代已行用。《後漢書·律曆志中》：“圖儀晷漏，與天相應，不可復尚。”《新五代史·司天考》：“晷漏正，則日之所至，氣之所應，得之矣。”清紀昀《閱微草堂筆記·如是我聞一》：“《職方外紀》載其地有水，一日十二潮，與晷漏不差秒忽。”

尺表

古代用以測量日影的儀器。此稱晋代已行用。《文選·陸機〈演連珠〉之三四》：“寸管下傃，天地不能以氣欺；尺表逆立，日月不能以形逃。”呂延濟注：“表以測日影。”南朝宋劉義慶《世說新語·言語》：“尺表能審璣衡之度，寸管能測往復之氣。”劉孝標注引《周髀》曰：“夏至北方二萬六千里，冬至南方十三萬五千里，日中樹表，則無影矣。”《南齊書·祖冲之傳》：“懸象著明，尺表之驗可推；動氣幽微，寸管之候不忒。”

晷度

測日影所用儀器上的刻度。此稱晋代已行用。晋張華《雜詩》：“晷度隨天運，四時互相承。”《魏書·律曆志上》：“頃永平中雖有考察之利，而不纍歲窮究，遂不知影之至否，差失多少。臣等參詳，謂宜今年至日，更立表木，明伺晷度，三載之中，足知當否。”

晷刻

以日影測定時刻的儀器。此稱宋代已行用。《梁書·賀琛傳》：“每見高祖與語，常移晷刻。”

宋陳造《官務》詩：“豈念南畝民，晷刻校日力。”參見本卷《天文學說·渾儀考》“日晷”文。

晷表

日晷上測量日影的標杆。此稱唐代已行用。《周禮·春官·馮相氏》：“春分日在婁，秋分日在角。”賈公彥疏：“又按《天文志》云：‘春秋分，日在婁、角、去極中，而晷中，立八尺之表，而晷景長七尺三寸六分也。’若然，《通卦驗》云‘春秋晷長七尺二寸四分’者，謂晷表有差移，故不同也。”明沈德符《野獲編·曆法·日圭同異》：“本監觀象臺晷表，分寸不一。”

影表

亦稱“銅望臬”“量天尺”“影表尺”。中國古代用來測定投在圭表上日影長短的一種專用尺。其前身爲周朝時的土圭，亦屬圭表之一種。南朝宋顔延之《又釋何衡陽達性論》：“斯言果然，則類感之物，輕重必侔；影表之勢，修短有度。”《文獻通考·樂六》：“出爲司馬，法梁朝刻其度於影表以測影。”《宋史·律曆志四》：“今司天監影表尺，和峴所謂西京銅望臬者，蓋以其洛都舊物也。晋荀勗所用西京銅望臬者，蓋西漢之物，和峴謂洛陽爲西京，乃唐東都爾。”《元史·順帝本紀》：“己丑，汝寧獻所獲棒胡彌勒佛、小旗、僞宣敕并紫金印、量天尺。”

【銅望臬】

即影表尺。此稱宋代已行用。見該文。

【量天尺】

即影表尺。此稱元代已行用。見該文。

明銅影表尺

銅製明代影表尺。今藏南京紫金山天文臺。尺分圭、表兩部分。圭之中部有一條水渠，尺度皆刻於水渠兩側，共刻一丈七尺五寸。每尺刻十寸，每寸刻十分。因使用日久，刻度多已磨蝕不清。圭面兩側，清代補刻了平行雙尺，尺度采用營造尺標準。全長一丈四尺，每尺合今制 32 厘米。此影表尺乃仿造元代郭守敬天文尺而成。據此尺可得知明清兩代天文尺之長度，幷可推算出南北朝以來各代天文尺之長度，實爲極有價值之重要文物。

漏壺

　　古代一種滴水計時器具。宋代王應麟《小學紺珠》介紹，古代計時器共有銅壺、圭表、香篆、輥彈四大類。其中産生最早、影響最大的是圭表與漏壺。白天有太陽時，人們可用圭表來計時。古人爲解決陰雨天或夜間計時問題，發明了漏壺。它包括漏壺與刻箭兩部分。其計時原理是使水匀速地從漏壺中漏出，然後根據箭上的刻度計算出單位時間内水位高低的變化來確定時刻。亦稱"下漏""壺""漏""壺漏""銅壺滴漏"。漏壺起源十分久遠，早在周朝初年官方就已正式使用和管理漏壺。南北朝梁代《漏刻經》記有"漏刻之作，蓋肇於軒轅之日，宣乎夏商之代"。《隋書·天文志》："黃帝創觀漏水，制器取則，以分晝夜。"黃帝時代，距今已有五六千年歷史了。從現在發現的資料來看，至遲在周朝初年已有漏刻，到春秋時已普遍使用。《史記·司馬穰苴列傳》："穰苴先馳至軍，立表下漏待賈。"司馬貞

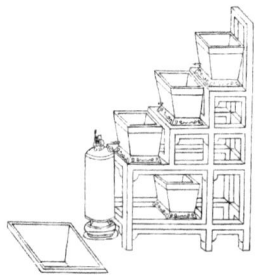

漏　壺
（清常福元《天文儀器志略》）

索隱："下漏謂下漏水以知刻數也。"《禮記·喪大記》："君喪，虞人出木角，狄人出壺，雍人出鼎，司馬縣之，乃官代哭。"鄭玄注："壺，漏水之器也。"《周禮·夏官·挈壺氏》："掌挈壺以令軍井……凡喪，縣壺以代哭者，皆以水火守之，分以日夜。"鄭玄注引鄭司農云："懸壺以爲漏。"賈公彥疏："以壺爲漏，分更相代。"《説文·水部》："漏，以銅受水刻節，晝夜百節。"唐李白《烏棲曲》詩："銀箭金壺漏水多，起看秋月墜江波。"宋米芾《咏潮》詩："勢與月輪齊朔望，信如壺漏報晨昏。"《宋史·禮志七》："遣司天設漏壺山之上下，命中官覆校日景，復於壇側擊板相應。"《明史·天文志一》："定時之法，當議者五事：一曰壺漏，二曰指南鍼，三曰表臬，四曰儀，五曰晷。漏壺，水有新舊滑濇則遲疾異，漏管有時塞時磷則緩急異。正漏之初，必於正午初刻。此刻一誤，靡所不誤。故壺漏特以濟晨昏陰晦儀晷表臬所不及，而非定時之本。"明謝肇淛《五雜俎·天部》："中爲紫微殿，殿傍有銅壺滴漏一器，然皆不注水，徒虛具耳。"《西游記》第九五回："此時已近二更，正是那：銅壺滴漏月華明，金鐸叮噹風送聲。"《紅樓夢》第七六回："壺漏聲將涸，窗燈焰已昏。"

　　漏壺之形制，歷代多有改造，其發展過程大體經歷了淹箭法、沉箭法、浮箭法的嬗變過程。淹箭法是最原始的方法：一把底部留有小孔的壺，在壺壁簡單地刻劃一些刻度，當水面高度降低時，人們就可以從刻度上粗略地讀出時刻。後來，人們在壺内放置了一個畫有刻度的木條或竹條稱"箭杆"，看水浸淹到某一個刻度，便知道到什麽時刻了。由於水對箭杆有

附着力，水淹到哪一個刻度很難準確地讀出，於是人們對漏壺又作改進，發明了沉箭法。即不把箭杆直接插入壺中，而是把它竪在一個被稱爲"箭舟"的船形小托上，箭舟浮在水面上，隨着漏壺中水的流失，水位不斷下降，人們就可以從木箭的刻度上讀出當時的時間。河北、陝西、内蒙古等地先後出土過三個西漢漏壺，其結構均屬於沉箭法，是目前發現最早的漏壺。沉箭法的缺點是漏水不均匀，於是人們又發明了浮漏，即浮箭法。具體方法爲：從一個漏壺流出來的水，進入一個直筒形容器，箭在其中便逐漸上浮，祇要流注均匀，箭刻便可均匀上升，計時易行且精確。這種將漏壺與箭壺分開的做法，是漏壺史上的一個重大進步，它保持了漏壺的相對穩定性，從而提高了漏壺計時的準確性。

爲保持均匀的水流，自東漢起又發明了複式漏壺，或稱多級漏壺。即在一級漏壺的基礎上又加上一個泄水壺，這樣就出現了由兩個泄水壺和一個受水壺組成的漏壺。從第一個泄水壺中流出的水不斷地補充給第二個泄水壺，進而保證第二個泄水壺中水位變化較小，這比直接將水加入更能保持水的穩定。沿着這一思路，人們又發明了三級、四級等多級漏壺。晉孫綽《漏刻銘》："纍簡三階，積水成淵。"《續資治通鑑·宋神宗熙寧七年》："以太子中允沈括提舉司天監，始製渾儀、景表、五壺浮漏。"宋代科學家燕肅製造了一套稱爲"蓮花漏"的漏壺，它因壺蓋上有金色蓮花飾物而得名。這一發明摒弃了增加漏壺的舊思路，創造性地采用漫流式的平水壺，從而使水壓穩定而流速不變。沈括承襲了這一成果，於熙寧七年（1074）在司天監製成玉壺浮漏，還寫了一篇呈皇帝的《浮漏論》，這是現存最早的有關刻漏問題的高水平文獻，全文完整地保存在《宋史·天文志》中。燕肅的蓮花漏與沈括的玉壺浮漏較好地解決了兩個問題：一是温度與水的黏滯性，即温度高時，黏滯性較小，水流較快，反之則較慢；二是水的高度。當温度升高時，表面張力減少，漫溢水面便微微降低，水壓隨之降低而水流變慢，適當選擇結構與尺寸，就可以使兩個相反的變化近於完全抵消，達到預期的效果。可以説這是世界上最精密的漏水計時器了。沈括在《夢溪筆談》中宣稱，他利用自己的刻漏證明了古人從天文觀察中得出的"冬至日行速，夏至日行遲"的結論。

另一種重要的漏水計時器叫"稱漏"，即不用箭尺而用稱量流水來計時。由北魏道士李蘭首創，宋代孫逢所著《職官分記》中有詳細的記載。實驗證明，這種稱漏的精度并不比沈括的浮漏差很多。古代精密漏壺幾乎都用於天文觀測，例如測定冬至、夏至和日月食的太陽方位等，要求刻漏提供的時間不是很長，數日間温度變化不會很大，且漏壺大多置於秘室，温度影響并不是很嚴重。一般情況下，漏壺與日晷等計時器一起使用，可將誤差縮小到最小的程度。

古代漏刻制度，早期是將一天分爲一百刻，因冬夏春秋晝夜長短不等，需要不同刻度的漏箭，比如冬季晝長四十刻，夜長六十刻；夏季晝長六十刻，夜長四十刻；春秋分日晝等長，均爲五十刻。古代計時制度中同時又把一天分爲十二時辰，每個時辰又分爲初、正兩部分。西漢末年曾將一天分爲一百二十刻，6世紀初又曾改爲九十六刻與一百〇八刻等，均因使用不便而廢止。直到清初又改用九十六刻制度。

【下漏】

即漏壺。此稱漢代已行用。見該文。

【壺】

即漏壺。此稱漢代已行用。見該文。

【漏】

即漏壺。此稱漢代已行用。見該文。

【壺漏】

即漏壺。此稱宋代已行用。見該文。

【銅壺滴漏】

即漏壺。此稱明代已行用。見該文。

【銅壺】

即漏壺。唐戴叔倫《早春曲》："博山吹雲龍腦香，銅壺滴愁更漏長。"唐顧況《樂府》："玉醴隨觴至，銅壺逐漏行。"宋王安石《春寒》詩："冰殘玉甃泉初動，水澀銅壺漏更長。"

【漏刻】

即漏壺。古人將一晝夜分爲一百刻或一百二十刻等，因在漏壺箭上刻寫符號表示時間，"孔壺爲漏，浮箭爲刻"，故稱漏刻。《六韜·分兵》："漏刻以百二十爲度。"顏師古注："舊漏晝夜共百刻，今增其二十。"宋彭乘《墨客揮犀》卷七："國朝置天文院於禁中，設漏刻、觀天臺、銅渾儀，皆如司天監，與司天監互相檢察。"

【刻漏】

即漏壺。《漢書·天文志》："詔書改建平二年爲太初（元將）元年，號曰陳聖劉太平皇帝，刻漏以百二十爲度。"《新唐書·楊國忠傳》："明日遲昕，帝出延秋門，群臣不知，猶上朝，唯三衛驍騎立仗，尚聞刻漏聲。"

【更漏】 [1]

即漏壺。古時夜間憑漏刻傳更，故稱。此稱唐代已行用。唐李肇《唐國史補》卷中："惠遠以山中不知更漏，乃取銅葉製器，狀如蓮花，置盆水之上，底孔漏水，半之則沈，每晝夜十二沈，爲行道之節。雖冬夏短長，雲陰月黑，亦無差也。"元曾瑞《折桂令·閨怨》曲："更漏永聲來繡枕，篆烟消寒透羅衾。"

【玉漏】

即漏壺。一說古時計時漏壺之美稱。此稱唐代已行用。唐蘇味道《正月十五夜》詩："金吾不禁夜，玉漏莫相催。"宋楊萬里《病中夜座》詩："玉漏聽來更二點，燭花剪了暈重開。"清厲鶚《折桂令·題殿畫乞巧圖》散曲："聽玉漏遲遲五更，拜銀灣脉脉雙星。"

【玉壺】

即玉漏。一說玉漏乃飾玉之漏壺，故稱。此稱唐代已行用。唐李商隱《深宮》詩："金殿銷香閉綺櫳，玉壺傳點咽銅龍。"

蓮花漏

亦稱"蓮漏"。古代蓮花形之計時漏器。此稱唐代已行用，首創於僧惠遠。至北宋時龍圖

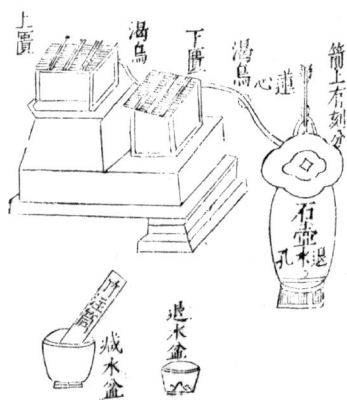

蓮　漏
（明王圻等《三才圖會》）

閣直學士燕肅所製之蓮花漏已臻完美，雖歷寒暑，分毫不差。唐李肇《唐國史補》卷中：“越僧靈澈得蓮花漏於廬山，傳江南觀察使韋丹。初，惠遠以山中不知更漏，乃取銅葉製器，狀如蓮花，置盆水之上，底孔漏水，半之則沈。每晝夜十二沈，爲行道之節。雖冬夏短長。雲陰月黑，亦無差也。”唐張喬《寄清越上人》詩：“遠公獨刻蓮花漏，猶向空山禮六時。”唐鄭谷《信美寺岑上人》詩：“我來能永日，蓮漏滴階前。”清納蘭性德《浣溪沙》詞：“蓮漏三聲燭半條，杏花微雨濕輕綃。”清孔尚任《桃花扇·眠香》：“盼到燈昏玳筵收，宮壺滴盡蓮花漏。”

【蓮漏】

即蓮花漏。此稱唐代已行用。見該文。

【蓮銅】

即蓮花漏。此稱明代已行用。明陳汝元《金蓮記·媒合》：“風傳漏滴蓮銅響，且沈醉花屏蜂帳。”清陳維崧《畫屏秋色·西城秋眺懷緯雲弟》詞：“前夕，蓮銅暗滴。夢重逢，帝里艷飾，錦箏銀瑟。”

銀漏

古代計時之漏壺，飾銀，故名。此稱唐代已行用。唐王勃《乾元殿頌》序：“虬箭司更，銀漏與三辰合運。”宋秦觀《醉桃源》詞：“碧天如水月如眉，城頭銀漏遲。”清洪昇《大酺》詞：“沈沈銀漏滴，早忘却，新露塗階白。”

龍漏

古代計時器之一種。鑄爲龍形，故稱。此稱唐代已行用。唐李世民《冬宵各爲四韻》：“雕宮静龍漏，綺閣宴公侯。”宋文顔博《宮詞》詩：“辟寒猶待君王意，鶴餤熒煌龍漏長。”因

多爲銅製，故稱“銅龍漏”。宋陽億《集賢宿直寄中書李梁二舍人》詩：“銅龍漏滴傳鈎盾，玉兔光芒射綺疏。”元馬祖常《和王佐司竹枝詞》十首之五：“君王視朝天未旦，銅龍漏轉鷄人啼。”

箭

壺漏中指示刻度的箭籌。渾爲箭形，故稱。此稱漢代已行用。《周禮·夏官·挈壺氏》“分以日夜”漢鄭玄注：“漏之箭，晝夜共百刻。”唐王維《冬晚對雪憶胡居士家》詩：“寒更傳曉箭，清鏡覽衰顔。”唐杜甫《奉贈太常張卿垍二十韻》：“靈虬傳夕箭，歸馬散霜蹄。”

【壺箭】

即箭。此稱南北朝時期已行用。北齊邢劭《獻武皇帝寺銘》：“曉夜自分，不勞鷄鶴之助；六時靡惑，非待壺箭之功。”宋韓琦《辛丑季秋大饗明堂中書宿齋》詩：“百刻延壺箭，十廬肅羽林。”因此箭多爲銅製，故亦稱“銅壺箭”。唐杜甫《送盧十四弟侍御護韋尚書靈櫬歸上都二十韻》：“但促銅壺箭，休漆玉帳旗。”宋李復《潞守歐陽叔弼召登鼎軒暑飲》詩：“金烏不轉銅壺箭，碧盌時分玉井冰。”

浮箭

漏壺上指示時刻的尺規。此稱漢代已行用。《後漢書·律曆志下》：“孔壺爲漏，浮箭爲刻。”《文選·張協〈七命〉》：“影不及形，塵不暇起。浮箭未移，再踐千里。”李善注：“浮箭，謂水漏刻。”唐褚亮《奉和咏日午》詩：“曦車日亭午，浮箭未移暉。”

虬箭

刻漏中計時的指針。箭形，上有虬紋，故名。此稱唐代已行用。唐王勃《乾元殿頌》序：

"蟬機撮化，銅渾將九聖齊懸；虯箭司更，銀漏與三辰合運。"唐杜審言《除夜有懷》詩："冬氛戀虯箭，春色候雞鳴。"清龔自珍《臨江仙》詞："底事雛鬟愁不醒，冬冬虯箭宵分。"

更箭

浮在刻漏水上指示時間的箭頭。此稱唐代已行用。唐杜甫《湖城過孟雲卿》詩："豈知驅車復同軌，可惜刻漏隨更箭。"宋周邦彥《過秦樓·夜景》詞："人靜夜，久憑欄，愁不歸眠，立殘更箭。"元薩都剌《寒夜即事》詩："枕邊漏水催更箭，城下霜風動捲蘆。"

軌漏

古代計時器。此稱唐代已行用。《新唐書·曆志三上》："觀晷景之進退，知軌道之升降。軌與晷名殊而義合，其差則水漏之所從也。總名曰軌漏。"

【晷漏】[2]

同"軌漏"。此體漢代已行用。《後漢書·律曆志》："圖儀晷漏，與天相應，不可復尚。"《新五代史·司天考》："晷漏正，則日之所至，氣之所應，得之矣。"《明史·曆志七》："元人都燕，其《授時曆》七曜出沒之早晏，四時晝夜之永短，皆準大都晷漏。國初都金陵，《大統曆》晷漏改從南京，冬夏至相差三刻有奇。今推交食分秒，南北東西等差及五星定伏定見，皆因元人舊法，而獨改其漏刻，是以互相舛誤也。故新法晷漏，照依元舊。"

行漏車

亦稱"行漏輿"。隋代裝有刻漏計時器械的車。宋高承《事物紀原·輦駕羽衛·鐘鼓輿》："隋《大業雜記》曰：'大架羽衛，有行漏車、鐘車、鼓車。今爲輿。'"《宋史·輿服志一》："行漏輿，隋大業行漏車也。制同鐘、鼓樓而大。設刻漏如稱衡。首垂銅鉢，末有銅象，漆匱貯水。渴烏注水入鉢中。長竿四，輿士六十人。"

【行漏輿】

即行漏車。此稱宋代已行用。見該文。

馬上刻漏

古代計時之漏器，通行於隋代，其形制不詳。《隋書·耿詢傳》："詢作馬上刻漏，世稱其妙。"清汪汲《事物原會·刻漏》："《隋史》：'文帝時有耿詢、煬帝時有宇文愷，皆善造馬上刻漏。'"

籤籌

亦稱"更籌""更籤"。古代計時報更用的竹籤。古代夜間計時分五更，更人以此向官衙或宮中報時。此稱唐代已行用。南朝梁庾肩吾《奉和春夜應令》詩："燒香知夜漏，刻燭驗更籌。"《陳書·世祖紀》："每雞人伺漏，傳更籤於殿中，乃敕送者必投籤於階石之上，令鎗然有聲，云吾雖眠，亦令驚覺也。"唐李賀《崇義里滯雨》詩："南宮古簾暗，濕景傳籤籌。"王琦彙解："蓋籤籌者，報時辰之籌。"《新唐書·百官志一》："凡奏事，遣官送之，晝題時刻，夜題更籌。"明李開先《寶劍記·夜奔》："數盡更籌，聽殘銀漏，逃秦寇，好教我有國難投。"

【更籌】

即籤籌。此稱南北朝時期已行用。見該文。

【更籤】

即籤籌。此稱南北朝時期已行用。見該文。

曉籌

亦稱"雞籌"。報曉的更籌。亦指拂曉時刻。此稱唐代已行用。唐王維《和賈舍人早朝大明宮之作》詩："絳幘雞人送曉籌，尚衣方進翠雲裘。"唐李商隱《馬嵬》詩之二："空聞虎旅鳴宵柝，無復雞人報曉籌。"元馬臻《歲暮偶成》詩："夜短雞籌促，天寒象緯高。"

【雞籌】

即曉籌。此稱元代已行用。見該文。

郵籤

驛館驛船等夜間報時之更籌。此稱唐代已行用。唐杜甫《宿青草湖》詩："宿槳依農事，郵籤報水程。"仇兆鰲注："朱注：郵籤，驛館更籌也。"清朱彝尊《送少詹王先生士禎代祀南海兼懷梁孝廉佩蘭屈處士大均陳處士恭尹》詩："郵籤雖越一萬里，計程七月當來還。"

漏板

亦作"漏版"。古代報時刻用的銅板。此稱唐代已行用。唐李賀《宮娃歌》："象口吹香毻毻暖，七星挂城聞漏板。"葉蔥奇注："漏板，隨更漏敲擊來報時辰的銅板，即更柝。"明高啓《馬璘春宵圖》詩："風傳漏版還堪數，月混梨花不易尋。"

【漏版】

同"漏板"。此體明代已行用。見該文。

禁漏

亦稱"宮漏"。古代宮禁中計時之漏壺。亦指漏刻發出的聲響。此稱唐代已行用。唐陸暢《宿陝府北樓奉酬崔大夫》詩："人定軍州禁漏傳，不妨秋月城頭過。"唐元稹《哀病驄呈致用》詩："曾聽禁漏驚衙鼓，慣踏康衢怕小橋。"唐戴叔倫《春日早朝應制》詩："月沈宮漏静，雨濕禁花寒。"前蜀韋莊《宮怨》詩："一辭同輦閉昭陽，耿耿寒宵禁漏長。"南唐馮延巳《采桑子》詞："畫堂燈煖簾櫳捲，禁漏丁丁，雨罷寒生，一夜西窗夢不成。"

【宮漏】

即禁漏。此稱唐代已行用。見該文。

上渾儀

北宋時的一種計時器。宋袁褧《楓窗小牘》卷上："太平興國中，蜀人張思訓製上渾儀，其制與舊儀不同，最爲巧捷。起爲樓閣數層，高丈餘。以木偶爲七直人，以直七政，自能撞鐘擊鼓。又爲十二神，各直一時，至其時，即自執辰牌，循環而出。"明方以智《物理小識·器用類》亦載其事。

田漏

古代農家計時之器。此稱宋代已行用。宋梅堯臣《和孫端叟寺丞農具·田漏》詩："瓦罌貯溪流，滴作耘田漏。"元王禎《農書》卷二〇："田漏，田家測景水器也。凡寒暑昏曉，已驗於星。若占候時刻，惟漏可知。古今刻漏有二……今田漏概取其制，置箭壺内，刻以爲節，既壺水下注，則水起箭浮，時刻漸露，自巳初下漏，而測景焉。"

田　漏
（元王禎《農書》）

五壺浮漏

古代計時器。因由五壺組成而得名。此稱宋代已行用。《宋史·沈遘傳附沈括》："〔沈〕括始置渾儀、景表、五壺浮漏。"《續資治通鑑·宋神宗熙寧七年》："以太子中允沈括提舉司天監，始製渾儀、景表、五壺浮漏。"

燈漏

古代備有照明燈的刻漏計時器。此稱元代已行用。《元史·天文志一》："燈漏之制，高丈有七尺，架以金爲之。其曲梁之上，中設雲珠，左日右月。雲珠之下，復懸一珠。梁之兩端，飾以龍首，張吻轉目，可以審平水之緩急。中梁之上，有戲珠龍二，隨珠俯仰，又可察準水之均調。"

沙漏 [1]

古代計時器的一種。根據細沙從一個容器漏到另一個容器的數量來計時。其制與漏壺相似。本爲水漏，因水遇寒結冰，故設沙以代之。此稱明代已行用。明游潛《博物志補》："北方善冰，壺漏不下，元新安詹希元以沙代水，有五輪，以機運之，四輪皆側旋，中輪半旋。"古代航行度里計時，亦用沙漏。清施鴻保《閩雜記》："海道不可里計，行舟者以瓷爲更漏筒，如酒壺狀，中實細沙懸之，沙從筒眼滲出，復以一筒承之，上筒沙盡，下筒沙滿，則上下更換，謂之一更。"

登封古觀星臺

中國古天文觀測臺，坐落在河南登封城東南 15 公里的告成鎮北，是中國現存最古老的天文觀測建築。今觀星臺南 20 米處，尚保存有唐開元十一年（723）由天文官南宮說爲紀念周公測影而刻立石表一座，表南面刻有"周公測景臺"字樣。表高 196.5 厘米，規格與《周禮》所載土圭測景説相近。《周禮·地官·大司徒》："以土圭之法，測土深，正日景以求地中。日南則景短，多暑；日北則景長，多寒；日東則景

夕，多風；日西則景朝，多陰。日至之景，尺有五寸，謂之地中。"鄭玄注："鄭司農云：'土圭之長，尺有五寸。以夏至之日，立八尺之表，其景適與土圭等，謂之地中。今潁川陽城地爲然。'"現存觀星臺創建於元朝初年，距今已經有七百多年。當時由王恂、郭守敬主持，在全國設立二十七個觀測站，此臺爲觀測中心。郭守敬曾在此臺上測驗過晷影，新創比傳統圭表高五倍的高表。臺爲磚石結構，平面呈方形，上小下大，高 9.46 米，連臺頂小屋通高 12.62 米。臺北設有兩個對稱的踏道口，可以登臺眺望。臺頂北部有一間小屋，北壁中間砌成一個上下直通的凹形直槽，石圭從凹槽下方自南向北由三十六方青石平鋪而成，長 31.196 米，寬 0.53 米。石圭居子午方嚮。圭面刻有雙股水道。水道南端有注水池，北端有泄水池，上刻有尺度，用以測量水平。

登封古觀星臺

北京古觀象臺

古代觀測天象的場所。明代建於北京東城泡子河，正統七年（1442）創建，今存。上設明清二代銅製天文儀器，有赤道經緯儀、黃道經緯儀、地平經緯儀、璣衡撫辰儀等。其中的天體儀之類，爲清初改用西方技術所製。

倪 [1]

亦作"謙"。古代測定風嚮之器物。即在杆

子上繫布帛或長條旗用來測定風嚮，主要用於農事或戰爭。此稱漢代已行用。《淮南子·齊俗訓》："辟若倪之見風也，無須臾之間定矣。"《爾雅·釋言》："間，倪也。"郭璞注："《左傳》謂之諜，今之細作也。"取其偵察風嚮之意，專用於軍事，後轉指偵察兵。

【諜】

即倪[1]。此稱先秦時已行用。見該文。

五兩[1]

亦稱"綄"。古代測風器。以雞毛五兩或八兩繫旗竿頂端，藉以觀風嚮、風力。《淮南子·齊俗訓》："故終身隸於人，辟若倪之見風也。"漢高誘注："倪，候風者也，世所謂五兩。"《文選·郭璞〈江賦〉》："覘五兩之動静。"李善注："《兵書》曰：'凡候風法，以雞羽重八兩，建五丈旗，取羽繫於其顛，立軍營中。'許慎《淮南子注》曰：'綄，候風也，音桓，楚人謂之五兩。'"唐王維《送宇文太守赴宣城》詩："何處寄相思，南風吹五兩。"唐獨孤及《下弋陽江舟中代書寄裴侍御》詩："東風滿帆來，五兩如弓弦。"宋賀鑄《木蘭花》詞："朝來著眼沙頭認，五兩竿摇風色順。"

【綄】[1]

即五兩[1]。此稱漢代已行用。見該文。

相風烏

亦稱"相風銅烏""相風烏""相風"。中國古代烏形測風儀。一般由木或銅製成。最早由東漢著名科學家張衡發明，即在空曠之地立一高五丈之長竿，竿頂安一隨風而動的銅烏。《三輔黃圖·臺榭》："郭延生《述征記》曰：'長安宮南有靈臺，高十五仞，上有渾儀，張衡所製。又有相風銅烏，遇風乃動。'"宋高承《事物紀原》卷二引南朝梁沈約《輿服志》曰："相風烏，秦制。"《梁書·于謹傳》："得宋渾天儀、梁日晷銅表、魏相風烏、銅蟠螭趺、大玉徑四尺圍七尺、及諸輿輦法物以獻，軍無私焉。"唐韓偓《香奩集·夏日》詩："相風不動烏龍睡，時有幽禽自喚名。"1971年在河北安平逯家莊東漢墓中出土的一幅畫像石，在一座鐘樓後立有相風烏與相風旗，這是目前發現最早的相風烏圖形，極爲珍貴。

相風烏
（清完顔麟慶《河工器具圖說》）

【相風銅烏】

即相風烏。此稱漢代已行用。見該文。

【相風烏】

即相風烏。此稱南北朝時期已行用。見該文。

【相風】[1]

即相風烏。此稱唐代已行用。見該文。

仰儀

中國元代著名天文學家郭守敬創製的一種天文觀測儀器。形狀似一口平放的鍋，直徑一丈二尺。鍋口上刻着時辰與方位，相當於地平圈。上有水槽，可以校正鍋的水平。在鍋口的正南方安置一根南北走嚮的竿子，竿子的終端架着一塊小方木板，稱爲璇機板。板的中央開一小孔。太陽光通過小孔在球面上成像，從座標網上可以讀出太陽的球面座標值。尤其是在發生日食的時候，不僅可以讀出太陽的座標，還可以在仰儀的球面上清楚地看到日食發生的全過程。這架儀器利用小孔成像的原理，避免了人用肉眼對太陽強光的直接觀測，在當時屬於世界上最先進的天文儀器。參閱《元史・天文志一》。

簡儀

中國元代著名天文學家郭守敬發明的一種天文儀器。因爲他將唐宋以來結構複雜的渾儀加以革新簡化而成，故稱。渾儀發展到唐宋時期，結構十分複雜，僅轉動環就達八九個之多，不僅遮掩星區，而且妨礙觀察。郭守敬分析了圈環的功能，大膽創新，保留儀器的

簡　儀
（清常福元《天文儀器志略》）

基本功能，把圈環解放出來，創造出結構簡單、便於觀察、精度更高的簡儀。簡儀的出現代表了當時天文觀測儀器製作的最高水平。參閱《元史・天文志一》。

紀限儀

測量星體間距離的儀器。清康熙十二年（1673）製。《清會典・欽天監・職掌》："十二年，新製儀器告成，一爲天體儀，一爲黃道儀，一爲赤道經緯儀，一爲地平經儀，一爲地平經緯儀，一爲紀限儀，安設觀象臺上，舊儀移置臺下別室。"

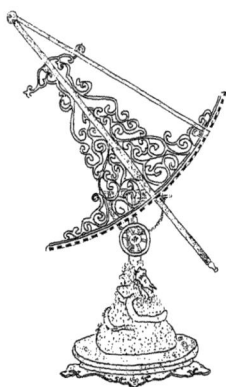

紀限儀
（清允祿等《皇朝禮器圖》）

天體儀

中國古代一種用於演示天象的儀器。它可以直觀、形象地展示日、月、星辰的相互位置和運動規律。是現代天球儀的直接祖先。清康熙十二年（1673）製。見"紀限儀"文。

黃道儀 [2]

亦稱"黃道經緯儀"。是中國古代天文觀測儀器，也是中國第一臺現代的黃道坐標系統觀測儀器。清康熙十二年（1673）製。用於觀測太陽和行星等天體的運動。見"紀限儀"文。

【黃道經緯儀】

即黃道儀。此稱清代已行用。見該文。

赤道經緯儀

中國古代一種用於測量恒星、太陽、月球、行星等天體位置的儀器。清康熙十二年（1673）製。見"紀限儀"文。

地平經儀

中國古代測定地平經度的儀器。清康熙十二年（1673）製。見"紀限儀"文。

地平經緯儀

中國古代用於測量天體地平坐標的儀器。具有地平經儀和象限儀兩種功能。清康熙十二年（1673）製。見"紀限儀"文。

璣衡撫辰儀

清乾隆時製造的天文儀器。《清會典・欽天監・職掌》："乾隆九年，駕幸觀象臺，特允莊親王等所請，規仿璣衡，製造大儀，名曰御製璣衡撫辰儀，安設臺上。"

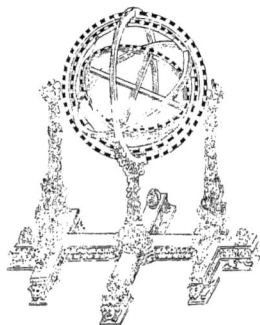

璣衡撫辰儀
（清允祿等《皇朝禮器圖》）

第四章　算學説

第一節　技法器具考

中國古代稱數學爲“算學”。算學曾是中國古代最爲發達的學科之一，先秦典籍中就有“隸首作數”“結繩記事”的記載。早在商代甲骨文中開始有十進位的記數方法，《易·繫辭》：“上古結繩而治，後世聖人易之以書契。”傳説伏羲創造了畫圓的規，畫方的矩；也傳説黄帝的臣子是規矩和準繩的創造者。可以説，規、矩、準、繩是我們祖先最早使用的數學工具。因爲中國古代天文曆法非常發達，天文曆法的計算方面有許多數學問題需要解決，數學因此也得到了很快的發展。正是由於天文曆法與數學有如此密切的關係，中國古代許多科學家都是兼天文學家和數學家於一身。公元前1世紀初的《周髀算經》記録了西周初期用矩測量高、深、廣、遠的方法，并提出了勾股定理。《禮記·内則》篇記載，西周貴族子弟從九歲開始便要學習禮、樂、射、御、書、數六藝，數學已成爲必修的科目。春秋戰國時期普遍運用的籌算完全建立在十進位制的基礎上。算籌分縱式和橫式兩種，縱式表示個位、百位、萬位等，橫式表示十位、千位、億位等，遇零空位，這種方法可以擺出任意的自然數。十進位記數法是世界上最爲先進的記數法，是中國人民對世界文明的重大貢獻。

　　秦漢時期是封建社會的上升時期，經濟和文化、教育得到迅速發展。中國古代數學體系也形成於這一時期，其重要標志是《九章算術》的出現。據考證，《九章算術》早在公元前 2 世紀就已存在，到公元前 1 世紀基本定型。該書共分九章，分別爲方田（計算田地的面積）、粟米（交換穀物的比例問題）、衰分（按等級比例分配問題）、少廣（由已知面積體積求邊長，即開方和開立方）、商功（工程方面的體積計算）、均輸（較複雜的比例分配問題）、盈不足、方程（一次聯立方程問題）、勾股（利用畢氏定理進行測量計算）等二百四十六道計算題。書中廣泛涉及了分數、比例、面積、體積、開方術以及方程中的正負數運算等，是當時世界上最先進的算術，形成了一個以籌算爲中心，與古希臘完全不同的獨立的數學體系。

　　魏晋南北朝時期，思想較爲活躍，形成了有利於數學理論提高的環境，出現了趙爽與劉徽這樣的奠定中國古代數學理論基礎的數學家。趙爽是中國古代對數學定理和公式進行推導、證明的最早的數學家之一。他用圖解方式提出了五個證明畢氏定理的公式；他在《周髀算經》"日商圖及注"中，用圖形面積的方式證明了漢代普遍應用的重差公式。趙爽的工作帶有開創性質，在中國古代數學發展史中占有很重要的地位。劉徽與趙爽大抵同時，魏景元四年（263）他寫了著名的《九章算術注》，在書中他創立了"割圓術"這一嶄新的數學方法。在圓面積、錐體體積公式的證明中引入了無窮小分割和極限思想，通過求圓內接正多邊形的邊長與直徑之比，可以越來越精確地計算出圓周率，這就是所謂的"割圓術"。他在世界上首創了求圓周率的正確方法，其後經過南北朝著名數學家祖冲之及兒子祖暅的推算，圓周率準確到了小數點後的第七位。

　　中國古代數學在宋元時期達到了繁榮的頂點。從 11 世紀到 14 世紀的三百年間，出現了一大批高水平的數學著作和著名的數學家，其中秦九韶、李治、楊輝、朱世杰被譽爲宋元四大數學家，代表了當時中國也是世界上數學領域的最高水平。

　　秦九韶是南宋時人，他知識淵博，年輕時曾"訪習於太史，又嘗從隱君子受數學"。他充分論述了數學在計算日月五星位置、改革曆法、測量雨雪、度量田域、測遠求高、軍事部署、財政管理、建築工程、商業貿易中的巨大作用，認爲不準確的計算會造成"財蠹力傷"的結果。因此他一生注意搜求與生產、生活、交換、戰爭有關的數學計算問題，終於在 1247 年寫成《數書九章》這部名著。在書中他對大衍、天時、田域、測望、賦役、錢穀、營建、軍旅、市易等九大類應用數學做了深刻的闡述，尤其是他提出的"大衍求一術”和“正負開方術”，是當時數學領域最杰出的成就。

　　楊輝是南宋末年的數學家和教育家，一生留下了十分豐富的數學著作。楊輝畢生致力於改進計算技術，提高乘法、除法的運算速度。他主張以加減代乘除，以歸除代商除，并創造了一套乘除捷法。在教學方法上，楊輝主張循序漸進，精講多練。他特别重視計算能力的培養，要求習題具有典型性，能起到舉一反三的作用。楊輝先進的教育思想與教學方法對後世影響很大。

　　朱世杰是元代著名數學家。他以數學爲業，游歷全國二十餘年。所著《算學啓蒙》從簡單的四則運算開始，逐步深入，直至開高次方、天元術等高深内容，形成了比較完整的體系，是當時一部很好的教學啓蒙書。全書之首，朱世杰列出各種常用資料、基本運算法則、歌訣等十八條。其中的歸除歌訣與後世珠算歌訣完全相同，所給出的正負數乘除法法則，在中國數學史上也是首次。

　　楊輝、朱世杰等人對籌算乘除捷演算法的改進、總結、提高，導致了珠算法與表演算術的産生，完成了中國計算工具和計算技術的改革，珠算法正式得以普及應用，極大地便利了數學計算在實際中的運用。元朝中後期，又出現了《丁巨演算法》、賈亨的《演算法全能集》、何平子的《詳明演算法》等改進乘除捷演算法的著作。自明代開始，中國傳統數學較少創造性發展，除了計算技術與數學應用的廣泛性方面有所進步外，整體水平開始落後於歐洲。

　　以上可稱爲“技法”，與之相配的器具則有算籌與算盤。在算盤出現以前，人們普遍使用的是算籌。算籌亦簡稱“算”，皆指計數器具。算籌起源當在西周或者更早，到春秋戰國時期，這種計算工具已經很普及了。《周禮·春官·大史》：“凡射事，飾中，舍算。”《儀禮·鄉射禮》：“乃射。若中，則釋獲者坐而釋獲，每一個釋一算。”在《老子》《荀子》等書中亦出現了“算”“籌”等字樣。《九章算術》中出現了“置”“列”等籌算術語。《漢書·律曆志上》：“其算法用竹，徑一分，長六寸，二百七十一枚而成六觚，爲一握。”顏師古注引蘇林曰：“六觚，六角也。度角至角，其度一寸，面容一分，算九枚，相因之數有十，正面之數實九，其表六九五十四，算中積凡得二百七十一枚。”《資治通鑑·唐德宗建中四年》：“吏執筆握算，人人室廬計其數。”胡三省注：“算，所以籌算也。”算籌，圓形的竹棍，直徑一分，長六寸，以二百七十一根爲一握。《漢書》中的文字，是我們迄今爲止所見的關於算籌形制記載的最早文字。

　　算籌一般由竹、木、骨、玉、牙、鐵等材料製成。負數出現後，算籌分爲紅、黑兩種，紅表示正數，黑表示負數。用算籌表示數位有縱、橫兩種方式。縱式表示個位、百位、萬位……橫式表示十位、千位、十萬位……依此類推，多大的數皆可以表示出來。若是遇到零數，便讓那個位空着。這一表示方法直接導致了後來 "0" 符號的産生和應用。"零" 約在南宋時期就出現了。1180 年金《大明曆》中已出現了 "零"。之後，在秦九韶《數書九章》、李治的《測圓海鏡》中也開始使用零。算籌不僅能表示數字，而且能進行加、減、乘、除、開方以及其他的代數計算，在運算中遵循的也是十進位制。這是當時世界上最先進的計算方法。中國現存最早的算籌是 1971 年在陝西千陽發現的西漢漢宣帝時期的骨製算籌，有三十多根，大小長短與《漢書・律曆志》中的記載基本相符。1975 年又在湖北江陵鳳凰山一百六十八號漢墓中發現西漢文帝時期的竹製算籌一束，其形制略長於千陽發現的算籌。至東漢，《數術記遺》記載，算籌長度縮短，圓形改成扁形，到隋代又進一步縮短，主要目的是利於計算和方便携帶。唐代曾規定，文武官員必須携帶算袋，可見算籌在當時實際運用中的廣泛。算籌可以一面擺成數位，一面進行計算。它的運算程式與珠算十分相似。例如，算籌的加減運算也是從左邊開始的。中國使用算籌的歷史長達兩千多年，是各種計算工具中存在時間最長的一種。算籌還曾流傳至日本、朝鮮等國，對這些國家計算技術的提高起到了一定的推動作用。

　　當今，人們已進入了數字信息化時代，但是古老的算盤并没有退出歷史舞臺，反而在許多國家方興未艾，這足以説明其强大的生命力。算盤是由算籌演變而來的。關於算盤的起源，迄今仍無定論，因爲有關記載珠算的最早書籍没有流傳下來。目前可見的是 1274 年宋朝楊輝所著的《乘除通變算寶》與 1299 年元朝朱世杰所著的《算學啓蒙》，這兩書中均有珠算歌訣的記載。元陶宗儀《南村輟耕録・井珠》："算盤珠……撥之則動。" 這是世界上有關算盤最早的明確記載。關於算盤的起源，自清代起便有諸多算學家進行過研究，歸納起來有三種説法：一是東漢、南北朝説，二是元明説，三是唐宋説。綜合比較，第三種説法比較可信，主要根據是：一、1956 年，中國珠算學家余介石先生和殷長生先生在宋代畫家張擇端的名畫《清明上河圖》中的一家藥鋪櫃檯上發現了一把算盤。經局部放大辨認，肯定它是一把串檔算盤。1981 年又經有關專家認定，畫中之物與現在使用的算盤形制類似。二、1921 年，河北巨鹿曾發掘出一枚古代木製算盤珠。它是從北宋大觀二年（1108）被洪水淹没的王、董兩姓的故宅中發現的。其直徑爲 2.11 厘米，頂徑爲 1.6 厘米，高 0.9

厘米，中間有串檔的孔，與現代的算珠已毫無二致了。三、宋末元初的劉因曾以算盤爲題作過一首詩："不作甕商舞，休停餅氏歌。執籌仍蔽篦，辛苦欲如何。"四、《四庫全書總目提要》在"算法統宗"條下對《南村輟耕録》中所引諺語"三珠戲語"稱："宋人三珠戲語已有算盤珠之説，則是法盛行於宋矣。"三珠戲語是指明陶宗儀《南村輟耕録·井珠》所記："凡納婢僕，初來時曰'擂盤珠'，言不撥自動；稍久曰'算盤珠'，言撥之則動；既久曰'佛頂珠'，言終日凝然，雖撥亦不動。此雖俗諺，實切事情。"其中"擂盤珠""算盤珠""佛頂珠"之喻，世人稱爲"三珠戲語"。由此可以看出，在宋代算盤已經是比較流行了。從發現的算盤珠形制上看，算盤已經有了一段發展過程，不像是剛誕生不久的新生事物。故此，算盤的歷史還可以往前追溯。

數

算術，數學，古代六藝之一。《周禮·地官·大司徒》："三曰六藝：禮、樂、射、御、書、數。"南朝梁劉勰《文心雕龍·書記》："算曆極數，見路乃明。九章積微，故以爲术。"嚴復《原强》："名、數、力、質四者之學已治矣。"

籌算

中國古代以籌爲工具來記數、列式和進行計算的一種方法。算籌最初是小棍一類的自然物，後來纔發展爲一種專門的計算工具。文獻記載，算籌除竹製外，還有木、鐵、骨、玉等製成。運用籌算不僅可以進行正負數與分數的四則運算和開方，而且還包含各種特定籌式的演算。而籌式本身具有代數符號性質，可以認爲是一種獨特的符號運算。算籌是珠算發明以前中國獨創的最有效的計算工具，中國古代數學的早期發達與持續發展莫不受惠於籌算。此稱漢代已行用。《漢書·貨殖傳》："致之臨邛，大意，即鐵山鼓鑄，運籌算。"南朝宋劉義慶《世説新語·文學》："重問曰：'聖人如柱邪？'王曰：'如籌筭。雖無情，運之者有情。'"

畢氏定理

亦稱"商高定理""勾股定理""畢達哥拉斯定理"。直角三角形夾直角的兩條邊，短邊爲勾，長邊爲股；在立竿測太陽高度的時候，

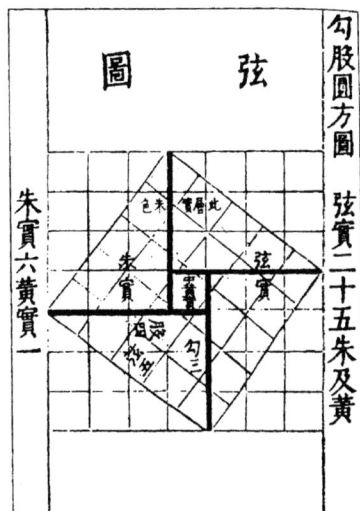

勾股圓方圖
朱，明朝國姓；黃，代表中央；實，特指面積
（明趙開美刊本《周髀算經》）

日影爲勾，標竿爲股。距今三千餘年前的西周人商高發現了畢氏定理，後世稱之爲“商高定理”“勾股定理”。漢代典籍《周髀算經》中，以商高答周公旦問的方式闡釋曰：“勾股各自乘，並而開方除之。”又有“勾廣三，股修四，徑隅五”之説，明代稱之爲“勾三股四弦五”。即直角三角形斜邊上的正方形面積，等於兩條直角邊上正方形面積之總和。這是幾何學最基本、最重要的定理之一，用途甚廣。西方稱之爲“畢達哥拉斯定理”，畢達哥拉斯發現這一定理約在公元前 550 年，比商高遲數百年。參閱《周髀算經》卷上。

【商高定理】

即畢氏定理。爲後世定名。見該文。

【勾股定理】

即畢氏定理。爲後世定名。見該文。

【畢達哥拉斯定理】

即中國之畢氏定理。爲後世定名。見該文。

算曆

演算法與曆象。《晋書・郭璞傳》：“璞好經術，博學有高才……好古文奇字，妙於陰陽算曆。”南朝梁劉勰《文心雕龍・書記》：“術者，路也。算曆極數，見路乃明。”《隋書・盧太翼傳》：“博綜群書，爰及佛道，皆得其精微，尤善占候算曆之術。”

算學

數學。《新唐書・選舉志上》：“龍朔二年，東都置國子監，明年以書學隸蘭臺，算學隸秘閣，律學隸詳刑。”宋周邦彦《汴都賦》：“律學以議刑制，算學以窮九九。”清陳康祺《郎潛紀聞》卷六：“宣城梅穀成，泰州陳厚耀，同直南書房，正定算學諸書。”

珠算

以算盤爲工具的一種數學計算方法。“珠算”一詞最早出現於舊題漢徐岳著、六朝甄鸞校的《數術記遺》中，但與後世的珠算不同。在元代時可以證實已有實用珠算。明代高度繁榮的商業經濟，促使了珠算術的普遍推廣，并逐漸取代了籌算。珠算四則運算都是通過一套口訣來完成的。歸除口訣全部完成於元代，使珠算演算法形成了一個完整的體系。算盤作爲一種簡便的計算工具，至今仍盛行不衰。

百鷄術

中國古代解一次方程的一種方法。南北朝時數學著作《張丘建算經》一書中所列的著名算式，其題爲：“今有鷄翁一直錢五，鷄母一直錢三，鷄雛三直錢一。凡百錢買鷄百隻，問鷄翁、母、雛各幾何？”這就是著名的“百鷄問題”。百鷄術在世界上流傳很廣，在中世紀世界數學史上有重要的意義。

盈不足術

中國古代解決盈虧類問題的一種算術方法。成書於公元 1 世紀的中國古代數學名著《九章算術》中專門闢有一章爲“盈不足”。盈不足術是中國數學史上一項杰出的成就，用盈不足演算法不僅能夠解決盈虧問題，而且能解決一些更複雜的數學問題。此稱漢代已行用。《九章算術・盈不足》：“盈不足術曰：置所出率，盈、不足各居其下。令維乘所出率，並以爲實。並盈、不足爲法。實如法而一。有分者，通之。”

招差法

中國古代的一種計算方法，它的發展與古代天文學的發展有密切關係。曆法編纂需要預告五星的位置，尤其是日、月食時需要事先準確的預告。東漢天文學家賈逵發現了月行不匀速。南北朝張子信又發現了日行亦是不匀速。這種不匀速是由於天體軌道爲橢圓引起的。介於兩次觀測之間某一時刻日、月的位置，可以由招差法計算。清梅文鼎《曆算全書》卷二四另有"曆經盈縮招差法"的記載。

算盤

一種用於加減乘除數目運算的工具。約始於唐宋，沿用至今。其形長方，周爲木框，内貫直柱，俗稱"檔"。一般從九檔至十五檔。檔中横以梁，梁上兩珠，每珠作數五，梁下五珠，每珠作數一。定位後撥珠運算，可做加減乘除等演算法。明中期，在《魯班木經》中有製造算盤的規格："算盤式，一尺二寸長，四寸二分大。框六分厚，九分大……綫上二子，一寸一分；綫下五子，三寸一分。長短大小，看子而

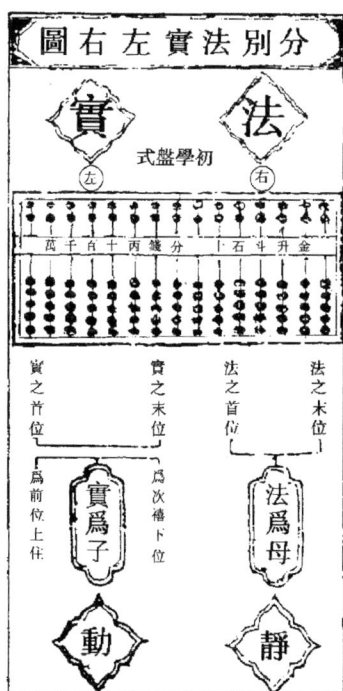

算盤圖
（清程大位《增删算法統宗》）

作。"當時隔開上下運算元的不是横梁，而是一條綫。清錢大昕《十駕齋養新録·算盤》："古人布算以籌，今用算盤，以木爲珠，不知何人所造，亦未審起於何代。案陶南村《輟耕録》有走盤珠、算盤珠之喻，則元代已有之矣。"用算盤時可依口訣運算，簡便迅速。

算

古代用以計數的籌碼。《儀禮·鄉射禮》："一人執算以從之。"《説文·竹部》："算，長六寸，計歷數者。"段玉裁注："《漢志》云：'算法用竹，徑一分，長六寸，二百七十一枚而成六觚，爲一握。'此謂算籌，與算數字各用。計之所謂算也，古書多不别。"《急就篇》卷四："筆研籌算膏火燭。"顔師古注："算，所以計度。"《山海經·海外東經》："竪亥右手把算，左手指青丘北。"漢王充《論衡·感虛》："夫以箸撞鐘，以算擊鼓，不能鳴者，所用撞擊之者小也。"南朝宋劉義慶《世説新語·文學》："如籌算，雖無情，運之者有情。"宋沈括《夢溪筆談·技藝》："朴能不用算，推古今日月蝕，但口誦乘除，不差一算。"《資治通鑑·唐德宗建中四年》："吏執筆握算，入人室廬計其數。"胡三省注："算，所以籌算也。"

【籌】

即算。此稱漢代已行用。《漢書·五行志七》："籌所以紀數。"《資治通鑑·唐太宗貞觀十九年》："〔岑〕文本夙夜勤力，躬自料配，籌、筆不去手。"胡三省注："籌，所以計算。"

【算籌】

即算。其制甚古，以竹木及厚紙片等爲之，上記數字，用以布算。宋洪邁《夷堅丁志·德清樹妖》："林幹無巨細，皆劈裂如算籌，堆積

蔽地。”元柳貫《洪州歌》：“宮鹽法名有饒乏，利市商功無算籌。”明袁宏道《壽何孚可先生八十序》：“公弘雅博物君子也，喜爲邵氏學，每出入，必以算籌隨。”

規

畫圓的工具。《周禮·考工記·輪人》：“是故規之以眡其圜也，萬之以眡其匡也。”《玉篇·夫部》：“規，正圜之器也。”《孟子·離婁上》：“不以規矩，不能成方圓。”《淮南子·俶真訓》：“今夫善射者有儀表之度，如工匠有規矩之數。”三國魏曹叡《咏燕》：“不規自圜，無矩而方。”

矩

畫直角或方形用的曲尺。《正字通·矢部》：“矩，爲方之器。”《荀子·不苟》：“五寸之矩，盡天下之方也。”楊倞注：“矩，正方之器也。”司馬遷《史記·夏本紀》中有禹治水“左準繩，右規矩”的記載。唐白居易《同微之贈別郭虛舟鍊師五十韻》：“泥壇方合矩，鑄鼎圓中規。”宋李誠《營造法式·總例》：“取諸圜者以規，方者以矩。”

第二節　算學典籍考

算學是中國古代最發達的學科之一。由於天文曆法的計算中有不少艱深的數學問題需要解決，這促進了中國古代實用數學的發展，一大批著名的數學著作應運而生，奠定了中國在世界數學領域的崇高地位。

成書於西漢時期的《周髀算經》是中國現存最古老的數學著作，同時也是一部天文學著作，是主張中國古代三大天文學說之一“蓋天説”的代表著作。在數學内容方面，該書主要講述了學習數學的方法，并最早記述了用畢氏定理計算高深遠近等比較複雜的分數計算等内容。畢氏定理在西方被稱爲畢達哥拉斯定理，其實此定理早已爲中國人與古巴倫人所熟知。漢代的另一部重要的數學著作是《九章算術》，它的出現標志着中國古代數學體系的初步形成。該書共分九章，有二百四十六個數學問題。它系統總結了秦漢以前的數學研究成果，在世界上第一次提出了分數運算法、比例計算法、面積體積計算法、開方術以及方程中的正負數運算等，這在當時都是世界上最先進的。

魏晉南北朝時期，中國出現了早期最偉大的數學家劉徽和祖沖之。劉徽在魏元帝景元四年（263）寫成了《九章算術注》一書，共十卷。前九卷全面論證了《九章算術》的公式、解法，發展了出入相補原理、截面積原理、齊同原理和率的概念，在圓面積和錐體體積公式的證明中引入了無窮小分割與極限思想，首創了求圓周率的正確方法，并指出和糾正了《九章算術》中某些錯誤的内容，創造瞭解綫性方程組的互乘相消法與方程新解術。卷一〇名爲《重差》，此卷後來以《海島算經》之名單行。全書九題，都是利用測量來計算高深廣遠的問題，是中國最早的一部測量學專著，也是中國古代高度發達的地圖學的數學基礎。劉徽博覽群書，精通諸子百家，他注《九章算術》所運用的數學知識已經形成了一個獨具特色的理論體系。

《綴術》是由祖冲之與其兒子祖暅共同撰成的數學專著。由於内容深奧，唐初李淳風曾爲之注，至宋代失傳。據分析，祖冲之父子重要的數學成就在該書中均有體現。如將圓周率精確到小數點後八位有效數值、球體積的計算、含有負係數的二、三次方程皆是其中的主要内容。

《孫子算經》是南北朝時期的一部數學著作，全書三卷，作者不詳。這是一部數學入門讀物，系統記述了算籌記數法和籌算的乘、除、開方及分數的運算法則和步驟。書中著名的"物不知數"問題實際上是求一次同餘式問題。這種演算法主要是爲解決古代曆法編制過程中"上元積年"的問題。這一演算法，到宋代發展成爲求解一次同餘式的普遍解法——大衍求一術。

《算經十書》是漢唐千餘年間流傳的十部數學著作，在唐國子監中曾以這十部算經作教科書。這十部算經是《周髀算經》《九章算術》《孫子算經》《五曹算經》《夏侯陽算經》《張丘建算經》《海島算經》《五算術》《綴術》《緝古算經》。到南宋時期，《綴術》已經失傳，遂由《數術記遺》補足十書之數。《算經十書》較完備地體現了中國古代數學的各方面内容，在以後很長一段時間内，這十部算經被中國、日本和朝鮮用作教科書。

宋元是中國數學繁榮的頂點，在先後三百多年的時間裏，産生了一大批高水平的數學著作和著名的數學家。其中秦九韶的《數書九章》、李治的《測圓海鏡》與《益古演段》、楊輝的《楊輝演算法》、朱世杰的《四元玉鑑》等數學著作反映了當時中國，也是世界上數學研究的最高水平。

秦九韶在宋理宗淳祐七年（1247）寫出了《數書九章》這一部在中國數學史上有重要地位的著作。全書共十八卷八十一題，分大衍、天時、田域、測望、賦役、錢穀、營建、軍旅、市易等九大類。其成就之大、題設之複雜，都超過了以往任何的算經。下有專文，此不贅述。

　　李治生活在金元交界的時期。他在宋理宗淳祐八年（1248）寫成《測圓海鏡》一書，開慶元年（1259）又完成《益古演段》六十四問。前者十二卷一百七十個問題，講述由給定直角三角形求內切圓和旁切圓的直徑，這些問題大都需要用天元術列出方程。卷一是全書的理論基礎，包括圓城圖式、識別雜記等內容。圓城圖式以天、地、乾、坤等漢字表示點，這是一個創舉。識別雜記提出六百九十二條公式，除八條外都是正確的。該書集歷代勾股形與圓的關係研究之大成。《益古演段》是一部天元術的入門著作，力圖向讀者通俗解釋天元術。所謂"天元術"，就是根據已知條件列方程、解方程的辦法。"天元一"相當於今天常用來代表未知數的"x"。天元術的出現標誌着中國傳統數學中符號代數學的誕生。

　　楊輝是南宋末年著名的數學家。他一生留下了十分豐富的數學著作，共計有五部二十一卷。其中有《詳解九章演算法》《日用演算法》《乘除變通本末》《田畝比類乘除捷法》《續古摘奇演算法》，後三種被統稱爲"楊輝演算法"。在高階等差級數的求和方面，楊輝發明了"垛積術"；他還首創了對縱橫圖即幻方的研究。

　　朱世傑有兩部重要的數學著作：《算學啓蒙》和《四元玉鑑》。他在 13 世紀末以數學名家身份周游全國二十餘年。《算學啓蒙》三卷一百五十九問，內容包括乘除四則運算以及捷算法到增乘開方法、天元術等數學各方面的內容，形成了一個較完整的數學體系。《四元玉鑑》三卷二十四門二百五十九問，卷首給出古法七乘方圖等四種五幅圖，列出天元術、二元術、三元術、四元術的解法範例，創造了四元消法，解決了多元高次方程組問題、高階等差級數的求和及高次內插法等。這些問題的解決，是該書的最大貢獻。這是代表中國古代最高水平的數學著作之一。

　　元中葉以後，中國數學急劇衰落，多數數學著作散佚，直到清乾隆年間修《四庫全書》，許多古算書纔賴以重新面世。清朝最有成就的數學家是李善蘭，他是第一位開展現代數學研究的中國數學家。清咸豐二年（1852），李善蘭在上海與人一起合譯了《幾何原本》《代微積拾級》等一批西方數學著作，創譯的許多數學專有名詞沿用至今，爲近代科學在中國的傳播與發展做出了開創性的貢獻。他的著作彙集成《則古昔齋算學》一書。其中《橢圓正術解》等四種是關於圓錐曲綫的研究；《級數回求》等是關於冪級數的研究；而《垛積比類》則是在朱世傑研究的基礎上系統解決了高階等差級數求和的問題，并提出了著名的李善蘭恒等式；《考數根法》證明了費馬小定理，提出了素數判定法則。

九章算術

中國古代最古老的數學著作之一。該書始於先秦時期，後又經漢代學者多方删定修改。晋人劉徽爲之注，唐人李淳風等又爲之注，清人戴震復爲之解説，皆有新的發展。上述成就早於印度八百年，早於歐洲千餘載。隋唐時傳入朝鮮和日本，被定爲教科書。今已譯成英、法、日、俄等多國文字。按，右圖是劉徽《九章算術》弧田法注的圖解，西人李約瑟《中國科學技術史·數學卷》認爲是“解釋了劉徽求 π 的近似值的窮竭法”，當誤。

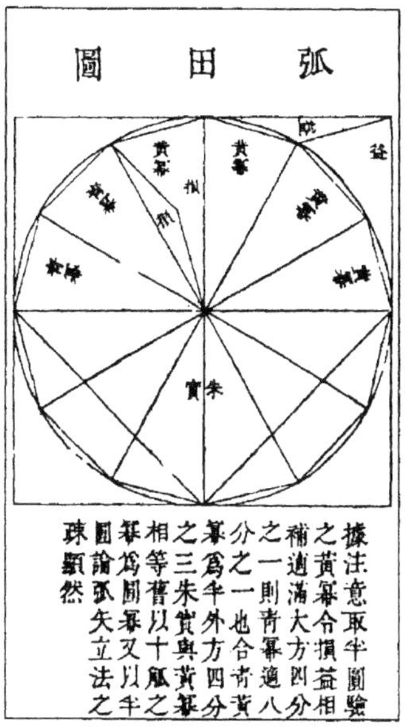

弧田圖
（清戴震增補《九章算術》）

算數書

西漢初年的竹簡算書。1983 年在湖北江陵出土，共有竹簡千餘支。經整理，這批竹簡除曆書等其他内容外，還有一部數學著作，這就是《算數書》。内容有分乘、增減分、相乘、合分、經分、里田、税田、金價等六十餘個數學問題，均是於當時分數運算法則及與社會有關的數學計算内容。這是中國發現現存最古老的一本數學書，從中可以瞭解中國古老數學的原貌。

周髀算經

中國現存最古老的數學著作之一。一般認爲成書於公元前 1 世紀。該書記載了畢氏定理，并講述了學習數學的方法，提出了測算太陽高遠及直徑等高深的問題。

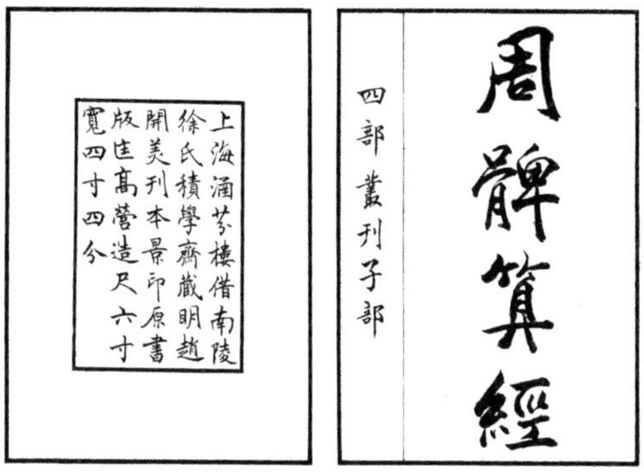

《周髀算經》
（清《四部叢刊初編》）

數書九章

南宋數學家秦九韶撰寫的一部數學著作。在中國數學史上占有重要的學術地位。全書共十八卷八十一題，分大衍、天時、田域、測望、賦役、錢穀、營建、軍旅、市易九大類。其題設之複雜、成就之巨大，超過以往任何算經。大衍術系統解决了一次同餘式組的解法；正負開方術把以增乘開方法爲主導的求高次方程正根的方法發展到十分完備的程度，有的方程高

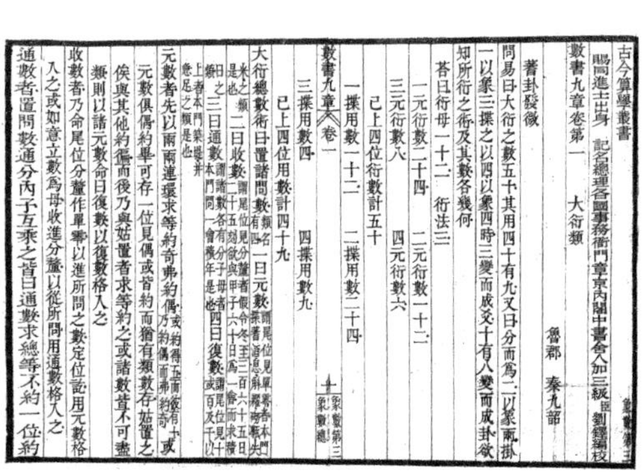
古今算學叢書
賜同進士出身記名總理各國事務衙門章京內閣中書舍人加三級臣劉鐸編校
數書九章卷第一　大衍類　魯郡　秦九韶
蓍卦發微
問易曰大衍之數五十其用四十有九又曰分而爲二以象兩掛一以象三揲之以四以象四時三變而成爻十有八變而成卦欲知所衍之術及其數各幾何
荅曰衍母一十二　衍法三
一元衍數二十四　二元衍數一十二
三元衍數八　四元衍數六
已上四位衍數計五十
一揲用數一十二　二揲用數二十四
三揲用數四　四揲用數九
已上四位用數計四十九
大衍總數術曰置諸問數類名有四一曰元數……二曰收數……三曰通數……四曰復數……
元數者先以兩兩連環求等約奇弗約偶或約得五而彼有十乃約偶而弗約奇或元數俱偶約畢可存一位見偶或皆約而猶有類數存姑置之俟與其他約徧而後乃與姑置者求等約之或諸數皆不可盡類則以諸元數命曰復數以復數格入之
收數者乃命尾位分釐作單零以進所問之數定位訖用元數格入之或如意立數爲母收進分釐以從所問用通數格入之
通數者置問數通分內子互乘之皆曰通數求總等不約一位約

《數書九章》
（古今算學叢書本）

達十次；綫性方程組解法完全以互乘相消法取代直除法；提出了與海倫公式等價的三斜求積公式；并且使用了完整的十進小數標記法；等等。這些在當時都是杰出的數學成就。

測圓海鏡

中國宋、元時期著名數學家李治撰寫的一部重要的數學著作。成書於宋理宗淳祐八年（1248），共十二卷。在書中李治提出了天元術和勾股形解法。所謂天元術就是根據問題的已知條件列方程、解方程的方法。天元術的出現標志着中國傳統數學中符號代數學的誕生。

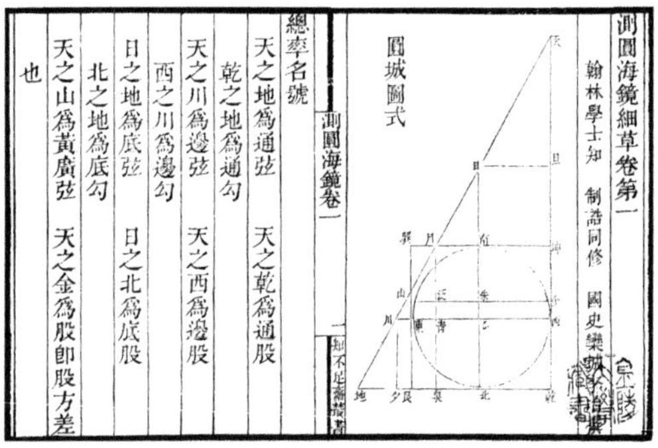

《測圓海鏡細草》
（知不足齋叢書本）

四元玉鑑

元代著名數學家朱世杰撰寫的一部數學著作。全書三卷共二百八十八題，書中特別討論

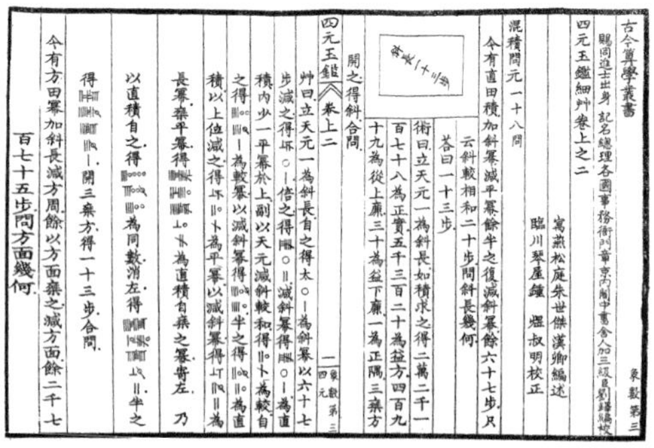

《四元玉鑑》
（古今算學叢書本）

了高次方程組的解法、高階等差級數的求和、高次内插法及其在水利和建築工程中的應用等。這是最重要的中國古代數學著作之一，同時也是整個中世紀時世界上最杰出的數學著作之一。

則古昔齋算學

清代著名數學家李善蘭撰寫的數學著作的總稱。李善蘭一生潜心研究數學，在幾何思想與微積分方法的研究方面取得了巨大的成就。清穆宗同治六年（1867）他把自己在天文學、數學與彈道學等方面二十多年的研究成果彙集成《則古昔齋算學》。包括《方圓闡幽》一卷、《弧矢啓秘》二卷、《對數探原》二卷、《垛積比類》四卷、《四元解》二卷、《麟德術解》三卷、《橢圓正術解》二卷、《橢圓新術》一卷、《橢圓拾級》三卷、《火器真訣》一卷、《對數尖錐變法解》一卷、《級數回求》一卷、《天算或問》一卷等共十三種二十四卷。書中前三部都研究尖錐術，提出了相當於定積分的公式，在接觸西方微積分思想前獨立地接近了微積分學，沿着中國傳統數學發展理路接近了高等數學。而《垛積比類》提出的李善蘭恒等式，也有重要的科學價值。

《則古昔齋算學》

第五章　農田水利說

第一節　農田考

中國是傳統的農業大國，有悠久的農耕歷史。早在距今九千多年的浙江上山新石器時代遺址中，就發現了中國最早的炭化稻穀種子實物。在黄河流域衆多的新石器文化遺址中，也發現有粟粒和白菜（或芥菜）種子。這表明，在當時的黄河和長江流域就已有了較大規模的農作物種植業。《易經》《淮南子》和《史記》等古籍中均記載了神農氏發明耒耜和播種五穀，周族祖先后稷因從事農業耕作被後世尊奉爲穀神。原始農業對土地的利用可分爲刀耕和鋤耕兩個階段。刀耕或稱"刀耕火種"，是用石刀之類的工具砍伐樹木，縱火焚燒開墾荒地，用尖頭木棒鑿地成孔點播種子；土地不施肥，不除草，祇種一年即弃去；等撂荒地長出新的草木，土壤肥力恢復後再行刀耕火種。到了鋤耕階段，有了石耜、石鏟等農具，可以對土壤進行翻掘、碎土，可以在一塊土地上連年種植，人們因此相對定居下來，形成村落，爲以後逐漸用休閑代替撂荒創造了條件。

中國南北各地的新石器時代考古發現表明，中國的原始農業不是源於一地，而是呈多中心發展的。黄河流域和長江流域是最主要的兩大中心。一個以旱作粟爲代表，一個以水田稻爲代表，它們各自在擴展、傳播中相互交融。到了新石器時代晚期，水稻的種植已推進到河南、山東等地，而粟和麥類也陸續傳播到東南和西南各地，終於形成了以後中國農業的特色。

夏、商、周時期，中國進入了奴隸制社會。財產私有制的產生，促進了社會生產力的提高。在農業生產工具上，當時出現了青銅農具，主要有鏟、錛等掘土工具和鐮等收割工具。黃河流域仍以產粟爲主，但《詩》中同時提到了禾、穀、麥、稻、菽、麻、苴等農作物。此外，園藝生產已有了果樹與蔬菜的分工。根據甲骨文與《詩》的記載，養蠶已成爲農事活動的一部分。由於糧食的增加，釀酒已比較普遍。

春秋戰國時期，封建的生產關係開始形成，魯國實行"初稅畝"，按畝徵收賦稅；在秦國商鞅、魏國李悝等人的宣導下，一些諸侯國的統治者代表新興地主階級的利益，紛紛實行變法，廢井田，開阡陌，奴隸主國家土地所有制逐步被廢除，封建土地所有制逐步確立。當時農業生產巨大進步的重要標志是鐵製農具的出現。由於冶鐵術的發明，這時農業多已用鐵製，而鐵犁的出現，使耕作方式有了革命性的變化，生產勞動效率大大提高，整個農業生產的面貌也隨之大爲改觀。由於有了鐵製農具，人們改造大自然的能力大大增強。從春秋末期到戰國，許多大型水利工程如芍陂、漳水十二渠、都江堰、鄭國渠等相繼建成，從而爲農業生產提供了更好的水利條件。鐵製農具還促進了農作物栽培方法的變化，促使了土壤耕作的精細化，肥料也開始使用。《荀子·富國》："多糞肥田，是農夫衆庶之事也。"可見當時已普遍施肥。

這一時期農業成就反映到學術研究上，就是農業專家的出現和農學著作的產生。如《呂氏春秋·審時》："夫稼，爲之者人也，生之者地也，養之者天也。"比較正確地總結了

江蘇睢寧雙溝鎮出土漢牛耕畫像石

農業生産中人、土壤、氣候三者之間的關係，并把人的因素放到了首要的地位。

秦漢以後，由於冶鐵業的發達，鐵器農具在漢代已非常普及，且種類大大增加。漢畫像石中常見牛耕圖，其耕具即爲鐵犁。而“犁”字的義符即爲“牛”。山西平陸西漢壁畫中已見用於播種的鐵脚耬車，河南南陽亦曾出土西漢鐵脚耬車實物。北魏時從整地、播種、中耕、除草、灌溉、收穫、脱粒到加工等各個環節均用鐵製農具。在黃河流域，爲解決耕種栽培方面乾旱缺水問題，漢代趙過在任搜粟都尉時總結和推廣了代田法，并進行農具革新，促進了當時旱作地區的農業生産。《氾勝之書》記載，西漢時還創造了區田法，對提高産量和防旱保墒有明顯的作用。魏晉時在漢代耱的基礎上，又創造了碎土工具耙，使整地工藝得到了極大的改進。這一時期的施肥技術也有了很大的提高，已開始講究施肥的數量、時間和種類，有了基肥和追肥及生肥、熟肥之分，并强調使用熟肥。播種前還實行“溲種法”，即把肥料與種子拌在一起下種。此外還出現了穗選及單種、單留種等做法，大大提高了農作物的産量。秦漢以來四百年間北方農業的輝煌成就，系統完整地反映在北魏賈思勰所著的《齊民要術》一書中。該書不僅詳盡記述了當時黃河流域農業生産的實況，而且也是對秦漢以來北方旱作農業的一個總結，堪稱一部完整的中國古代農業百科全書。

隋唐至宋，中國農業生産上更爲重要的進展是南方農業的進一步開發、繁榮。魏晉南北朝以後，北方時有戰亂，而南方相對安定，北方人口大量南移。從隋滅陳到宋統一全國，在不足四百年的時間中，南方人口增加了四倍多。人口的增加，對增加糧食産量提出了更高的要求，同時也提供了勞動力條件。宋室南遷，政治、經濟中心也隨之南移，對農業生産的要求更爲迫切。由於當時南方以生産水稻爲主，興修水利尤爲受到重視。隋初還開鑿了大運河，爲溝通南北水系、進行漕運創造了條件。

唐朝時，在長江下游地區出現了曲轅犁。這種犁操作靈巧省力，可以調節犁層的深淺和寬窄，大大提高了勞動生産率和耕地品質。同時，其他農具也繼續得到完善與革新，近代農業使用的傳統農具在此時已基本完備。宋代以來在水田中使用犁田之後耙田的技術，使水田的整地品質更爲提高，并沿用至今。由於各項農業技術的綜合應用，還爲大面積推廣複種、提高土地利用率和單位面積增收創造了條件。唐宋時出現了雙季稻、稻麥連種等形式。有關宋代及以前江南地區農業生産技術上的重大成就，主要反映在宋陳旉《農書》之中。

到了明代，農業基本沿襲前朝政策，如墾荒、屯田、興修水利、獎勵農桑、減輕賦徭等，同時建立户口、里甲制度，把農民牢固束縛在土地上。自明至清，朝廷爲解決人口快速增長的矛盾，在南方大力開發圩田，增加複種指數，提高單位產量，并大力推廣雙季間作稻和連種稻等；在北方實行多種間作、套種，以穫得二年雙熟。此外，這一時期開始從海外引進適應性强和單位產量極高的甘薯與玉米，很快取代了原來粟類雜糧的地位。到了清代末期，西方近代農業科技開始受到重視，農桑學校、農業試驗場和農業技術推廣機構開始有所興辦，農學研究逐漸走上了與先進科學技術相結合的道路。

輪作

今指在同一塊土地上有順序地在季節間或年間輪換種植不同作物或複種組合的一種種植方式。合理的輪作，可以恢復和提高土地肥力，防除病蟲害，提高農作物的產量和品質。

休閑

今指農田在可種植季節耕而不種或不耕不種，使土地暫時空閑以恢復地力的一種措施。根據耕地休閑時間的長短可分爲全年休閑、多年休閑和季節休閑三類。現隨着農業技術的進步，耕地休閑面積正在逐步減少。

撂荒

今指最原始的農業耕作方式之一。人類在農耕初期實行刀耕火種，粗放經營。用火燒毀成片林木或野草後，用木棒、石器等簡單工具掘鬆土壤，播種作物，三五年後土壤地力變薄，就另遷他地種植，將原有土地抛弃，長期撂置，待土地肥力自然恢復後再行種植。

刀耕火耨

亦稱"刀耕火種"。古代社會在生產力極端低下狀態時采用的一種原始耕作方式。亦單指古代山地的一種耕作方式。此稱唐代已行用。

《舊唐書·嚴震傳》："梁漢之間，刀耕火耨，民以采稆爲事。"宋王禹偁《畬田調》序："上洛郡南六百里……皆深山窮谷……其民刀耕火種，大抵先斫山田，雖懸崖絕嶺，樹木盡仆，俟其乾且燥，乃行火焉。火尚熾，即以種播之。"清錢謙益《貴州按察司副使繆國維授中憲大夫制》："刀耕火種之俗，户識威名；兵荒燹毀之餘，人懷晏息。"

【刀耕火種】

即刀耕火耨。此稱宋代已行用。見該文。

火耕水耨

亦稱"火耕流種""火耕水種"。古代一種耕種方法。燒去雜草，灌水種稻。此稱漢代已行用。《史記·平準書》："江南火耕水耨，令饑民得流就食江淮間。"裴駰集解引應劭曰："燒草，下水種稻。草與稻並生，高七八寸，因悉芟去，復下水灌之，草死，獨稻長，所謂火耕水耨也。"《後漢書·文苑傳上·杜篤》："火耕流種，功淺得深。"李賢注："以火燒所伐林株，引水漑之而布種也。"晋陸雲《答車茂安書》："遏長川以爲陂，燔茂草以爲田，火耕水種，不煩人力。"《晋書·食貨志》："預又言，諸欲修水田者，皆以火耕水耨爲便。"《通典·食貨二》："江西良田曠廢未久，火耕水耨，爲功差易。"

【火耕流種】

即火耕水耨。此稱漢代已行用。見該文。

【火耕水種】

即火耕水耨。此稱晉代已行用。見該文。

火耕

一種原始的耕種方法。燒去草木，就地種植作物。唐杜甫《戲作俳諧體遣悶》詩之二："瓦卜傳神語，畬田費火耕。"仇兆鰲注："《貨殖傳》：'楚越之地，地廣人稀，或火耕而水耨。楚俗燒榛種田，謂之火耕。'"唐暢當《自平陽館赴郡》詩："寥落火耕俗，征途青冥裏。"

農時節令

中國古代表示農業氣候季節狀況的一種方式。根據農業生產隨時間變化的規律而劃分時段，以利於指導農業生產。主要有二十四節氣、伏、九九、梅等。

二十四節氣

亦稱"二十四節""二十四氣"。十二個中氣和十二個節氣的總稱。中國古代曆法根據太陽在黄道上的位置，將一年分爲二十四個節氣，其名稱爲：立春、雨水、驚蟄、春分、清明、穀雨、立夏、小滿、芒種、夏至、小暑、大暑、立秋、處暑、白露、秋分、寒露、霜降、立冬、小雪、大雪、冬至、小寒、大寒。每段開始的一日爲節氣名。二十四節氣表明氣候變化與農事季節在農業生產上有重要意義，是中國夏曆的特點。《史記·太史公自序》："夫陰陽四時、八位、十二度、二十四節各有教令。"《漢書·律曆志》："二十四銖而成兩者，二十四氣之象也。"《後漢書·明帝紀》："永平元年春正月，帝率公卿已下朝於原陵，如元會儀。《漢官儀》曰：'古不墓祭。秦始皇起寢於墓側，漢因而不改。諸陵寢皆以晦、望、二十四氣、三伏、社、臘及四時上飯。'"清趙翼《陔餘叢考·二十四節氣名》："二十四節氣名，其全見於《淮南子·天文訓》篇及《漢書·曆志》。三代以上，《堯典》但有二分二至，其餘多不經見，惟《汲冢周書·時訓解》始有二十四節氣名。其序云：'周公辨二十四氣之應，以順天時，作《時訓解》。'則其名蓋定於周公。"

【二十四節】

即二十四節氣。此稱漢代已行用。見該文。

【二十四氣】

即二十四節氣。此稱漢代已行用。見該文。

九九

節令名。冬至次日起以九天爲一時段，共九段八十一天，是中國一年中最冷的時節。南朝梁宗懍《荆楚歲時記》："冬至次日數起，至九九八十一日爲寒盡。"唐薛能《漢廟祈雨回陽春亭有懷》詩："九九已從南至盡，芊芊初傍北籬新。"清趙翼《消寒》詩："轉眼消寒過九九，春光又到艷陽時。"

伏

亦稱"伏日""伏天"。節令名。中國一年中最熱的時段，分初伏、中伏、末伏三伏。以夏至後第三個庚日爲入伏，每伏十天，有"熱在三伏"之說。中國很久以前就以伏爲節令，用以指導農業生產。《漢書·東方朔傳》："久之，伏日，詔賜從官肉。大官丞日晏下來，朔獨拔劍割肉，謂其同官曰：'伏日當蚤歸，請受賜。'即懷肉去。"《後漢書·和帝紀》："〔永元〕六月己酉，初令伏閉盡日。"北魏賈思勰《齊民要

術·小豆》："夏至後十日種者爲上時，初伏斷手
爲中時，中伏斷手爲下時，中伏以後則晚矣。"
五代王仁裕《開元天寶遺事·冰山避暑》："楊
氏子弟每至伏中，取大冰使匠琢爲山，周圍於
宴席間。座客雖酒酣，而各有寒色。"明徐弘祖
《徐霞客游記·粤西游日记》："又二里，抵山麓
小橋。聞其北有堯廟，乃縣中移以便伏臘故事
者，其東南有寨山角鐵峰山，其名頗著。"

【伏日】

即伏。此稱漢代已行用。見該文。

【伏天】

即伏。此稱明代已行用。見該文。

梅

亦稱"梅天""黃梅天"。節令名。反映中
國長江中下游地區芒種至小暑期間連綿陰雨的
天氣。此時正是江南黃梅成熟季節，故名。梅
雨的早晚與持續時間長短、雨量大小，對全年
農業生產影響很大。唐歐陽詹《薛舍人使君觀
察侍御許韓判官雨晴到所居既霽先呈即事》詩：
"江皋昨夜雨收梅，寂寂衡門與釣臺。"自注：
"江南夏雨曰梅。"唐元稹《醉題東武》云："病
痛梅天發，親情海岸疏。"《埤雅·釋木》："故自
江以南三月雨謂之迎梅，五月雨謂之送梅。"唐
《德本寺碑陰》："有若梅天潦雨，落（闕）澗而
驟傾；臘雪凝冰，等高岡而益固。"《古諺謠》：
"黃梅天。日多幾番顛。"《海上花列傳》："洪善
卿笑道：'到仔黃梅天倒好哉，爲仔青梅子比黃
梅子酸得野哚！'"

【梅天】

即二十四節氣。此稱唐代已行用。見該文。

【黃梅天】

即二十四節氣。此稱清代已行用。見該文。

代田

漢代農學家趙過發明推廣的一種耕作方法。
就是在田裏每隔一尺開一條寬、深各一尺的溝，
形成高壟低溝相互間隔。春季將種子播在溝內，
出苗後結合除草、鬆土，逐漸將壟土壅在根部，
漸至壟平根深，以利作物健壯生長。到第二年，
調換壟與溝的位置，有利於恢復和保持地力。
採用此法，用力少而得穀多，一般每畝增產一
斛以上。此稱漢代已行用。《漢書·食貨志上》：
"以趙過爲搜粟都尉。過能爲代田，一畝三甽。
歲代處，故曰代田，古法也。後稷始甽田，以
二耜爲耦，廣尺、深尺曰甽，長終畝。一畝三
甽，一夫三百甽，而播種於甽中。苗生葉以上，
稍耨隴草，因隤其土以附〔苗根〕。故其詩曰：
'或芸或芋，黍稷儗儗。'芸，除草也。〔芋〕，
附根也。言苗稍壯，每耨輒附根，比盛暑，隴
盡而根深，能風與旱，故儗儗而盛也。"顏師古
注："代，易也。"

溲種

漢代農學家氾勝之在其農學專著《氾勝之
書》中介紹的一種種子處理技術。其法是用熬
煮家畜的骨汁，加上糞便調糊，用其拌種，以
增加種子的底肥和提高出苗率。溲種法現在仍
在農業生產中沿用。此稱漢代已行用。《氾勝之
書·溲種法》："先種二十日時，以溲種如麥飯
狀。"

區田 [1]

漢代農學家氾勝之在其農學專著《氾勝之
書》中介紹的一種農田耕作方法。此稱漢代已
行用。《氾勝之書·區田法》："湯有旱災，伊尹
作爲區田，教民糞種，負水澆稼。區田以糞氣
爲美，非必須良田也。諸山、陵，近邑高危傾

阪及丘城上，皆可爲區田。區田不耕旁地，庶盡地力。”其是一種抗旱保墒、集中使用肥水的豐産栽培措施。不必平整土地，先將地挖成小方塊的窩（區），在區中施足基肥，蓋土下種。用此法可比常規種植産量高出數倍。現在我國西北山區及土地比較貧瘠地區仍用此法種植農作物。

熟耕

同一塊地上精細耕作幾次，以求土地平整細鬆。北魏賈思勰《齊民要術·種蒜》：“蒜宜良軟地，三遍熟耕。”元王禎《農書·薑》：“凡種宜用沙地熟耕，或用鍬深掘爲善。”

複種

一年内在同一塊地上連續種植兩季或兩季以上作物的種植方式。上茬作物收穫後，除了直接播種下茬作物外，還可以利用再生、移栽、套種等方式達到複種的目的。

連作

一年内或連續多年在同一塊土地上種植同一種作物的種植方式。在一定條件下采用連作方式，有利於充分利用一地的氣候、土壤等自然資源，大量種植具有較高經濟效益的作物。但連年種植會造成土地肥力的加速消耗，需要認真對待。

間作

在同一塊土地上同時種植兩種或兩種以上生長季節相近的作物，用成行或成帶間的方式種植，稱之爲間作。間作可以提高土地利用率。由間作形成的作物複合群體，可增加對陽光的截取與吸收，減少光能的浪費；同時兩種以上作物間作，還可以産生互補的作用。

單作

在一塊土地上祇種植一種作物的種植方式。單作便於種植和管理，便於開展大規模的田間作業及機械化大生産。

套作

在前季作物生長後期利用原來的株、行、畦間播種或栽種後季作物的一種複種方式。采用這種方式的後季作物的共生期祇占極短的一部分時間，因而是一種旨在解決前後作物間季節矛盾而采取的科學方法。套種可以争取時間以提高光能與土地的利用率，有利於緩和農忙期間的用工矛盾。

圩田 [1]

一種在低窪地區四周築堤防水的田地。堤上有涵閘，平時閉閘禦水，旱時開閘放水灌溉。係由漢以前的圍淤湖爲田發展而來，多在太湖等長江流域。關於圩田的最早記載見於宋朝。宋范仲淹《答手詔條陳十事》：“江南舊有圩田，每一圩方數十里，如大城，中有河渠，外有閘門，旱則開閘引江水之利，潦則閉閘拒江水之害，旱澇不及，爲農美利。”宋楊萬里《圩田》詩：“周遭圩岸繚金城，一眼圩田翠不分。”《明史·蔡天祐傳》：“闢濱海圩田數萬頃，民名之曰‘蔡公田’。”

穀土

亦稱“粟土”。適宜種植穀物的土壤。此稱先秦時期已行用。《國語·周語中》：“其餘無非穀土，民無懸耜，野無奧草。”《管子·地員》：“五粟之土，乾而不挌，湛而不澤，無高下，葆澤以處，是謂粟土。”漢揚雄《〈羽獵賦〉序》：“不奪百姓膏腴、穀土、桑柘之地，女有餘布，男有餘粟。”明孫瑴《古微書》卷二九：“粟土之次曰五沃。”清方苞《周官集注》卷三：“其間穀土多寡不均，其穀土又有不易、一易、再易之分。”清惠士奇《禮説》卷五：“九州之土則粟土、沃土、位土爲三土，羣土之長也。”

【粟土】

即穀土。此稱先秦時期已行用。見該文。

桑土

亦稱“桑野”“桑田”“桑畦”。適宜種植桑樹的土壤。此稱先秦時期已行用。《書·禹貢》：“桑土既蠶，是降丘宅土。”孔穎達疏：“宜桑之土既得桑養蠶矣。”《詩·豳風·東山》：“蜎蜎者蠋，烝在桑野。”又《鄘風·定之方中》：“星言夙駕，説於桑田。”《史記·夏本紀》：“九河既道，雷夏既澤，雍沮會同，桑土既蠶，於是民得下丘居土。”晋王嘉《拾遺記·殷湯》：“商之始也，有神女簡狄，游於桑野。”北魏酈道元《水經注·浪水》：“高則桑土，卜則沃衍，林麓鳥獸，於何不有。”唐孟浩然《田家元日》詩：“桑野就耕父，荷鋤隨牧童。”唐韋應物《聽鶯曲》詩：“伯勞飛過聲踧促，戴勝下時桑田緑。”明劉基《畦桑詞》：“桑畦有增不可减，準備上司來計點。”《二十年目睹之怪現狀》第七八回：“過了半年光景，他忽然有事要到肇慶去巡閲，他便説出來要順便踏勘桑田。這個風聲傳了出去，嚇得那些承辦蠶桑的鄉紳，屎屁直流！”

【桑野】

即桑土。此稱先秦時期已行用。見該文。

【桑田】

即桑土。此稱先秦時期已行用。見該文。

【桑畦】

即桑土。此稱明代已行用。見該文。

疇

亦稱“種麻地”“麻地”“麻田”。種麻的田地。此稱先秦時期已行用，見《國語》之《齊語》《周語下》。漢劉向《説苑·辨物》：“疇也者何也？所以爲麻也。”北魏賈思勰《齊民要術·雜説》：“凡種麻地須耕五六遍倍蓋之。”《晋書·石勒下》：“初勒與李陽鄰居，歲常争麻地，迭相毆擊。”《隋書·于仲文傳》：“於是毗羅恃衆來薄官軍，仲文背城結陣，去軍數里，設伏於麻田中。”宋蘇軾《僧伽贊》：“麻田供養東坡贊，見者無數悉成佛。”《資治通鑑·晋紀二十一》：“又與秦將高昌、李歷戰於麻田。”胡三省注曰：“滎洛之間地名有豆田、麻田，各因人所種蓺而名之。”元魯明善《農桑衣食撮要》：“古人云：十耕蘿蔔，九耕麻地。”明胡居仁《易像鈔》卷七：“麻田爲疇。”清梅庚《藝麻行》：“明年麻地將種蒿，蒿深吏索人能逃。”清代《授時通考》卷九：“武都土地險阻，有麻田。”

【種麻地】

即疇。此稱南北朝時期已行用。見該文。

【麻地】

即疇。此稱晋代已行用。見該文。

【麻田】

即疇。此稱隋代已行用。見該文。

阪田

山坡上的田地。單稱“阪”。亦稱“陵陂”。此稱先秦時期已行用。《詩·小雅·正月》：“瞻彼阪田，有菀其特。”鄭玄箋：“阪田，崎嶇墝埆之處。”又《秦風·車鄰》：“阪有桑，隰有楊。”《莊子·外物》：“青青之麥，生於陵陂。”唐杜甫《喜晴》詩：“青熒陵陂麥，窈窕桃李花。"宋王安石《送彥珍》詩："挾筴窮鄉滿鬢絲，阪田荒盡豈嘗窺。"宋王執禮《游錢王太廟》："花開陌路空餘恨，麥被陵陂不盡哀。"一說，阪田爲郊野荒蕪田地。宋范處義《詩補傳》："阪田，郊野荒蕪不治之田。"

【阪】

即阪田。此稱先秦時期已行用。見該文。

【陵陂】

即阪田。此稱先秦時期已行用。見該文。

【陂田】

即阪田。此稱漢代已行用。《史記·酷吏列傳》："乃賣貸買陂田千餘頃，假貧民，役使數千家。"《後漢書·周燮傳》："有先人草廬結於岡畔，下有陂田，常肆勤以自給。"《南齊書》："壽春，淮南一都之會地，方千餘里，有陂田之饒。"唐陳子昂《落第西還別魏四懍》："還因北山迳，歸守東陂田。"宋歐陽修《秋晚凝翠亭》："陂田寒未收，野水淺生派。"《明史·徐階傳》："奪景府所占陂田數萬頃，還之民。"清《三河縣志》卷一六："靈山之泉，居民導入陂田、稻畦，如繡阡陌。"

【山田】

即阪田。此稱漢代已行用。《漢書·楚元王劉交傳》："免爲庶人，屏居山田。"晋陸機《毛詩草木鳥獸蟲魚疏》卷上："荼苦菜，生山田及澤中，得霜甜脆而美。"北魏酈道元《水經注·汶水》："林木緻密，行人鮮有能至矣。又有少許山田，引灌之踪尚存。"宋楊簡《慈湖詩傳》卷一二："俗言，大坡不平曰阪，阪田即今之山田。"清顧炎武《江上》詩："歲旱耕山田，抱甕禾不長。"

葑田 [1]

亦稱"青葑"。在湖泊、沼澤中以木爲架，四周與底部用泥土及水生植物封實而成的浮於水面的農田。用以種植穀物等，可以隨水升降，不致浸淹。此稱漢代已行用。明楊慎《升庵集》卷七八："按葑田古已有之，《周禮》'三農'鄭氏注云：'三農，山農、澤農、平地農，澤農即種下隰及葑田者也。'"唐秦系（一作馬戴）《題鏡湖野老所居》詩："樹喧巢鳥出，路細葑田移。"宋梅堯臣《赴雪任君有詩相送仍懷舊賞因次其韻》："雁落葑田闊，船過菱渚秋。"宋蘇軾《南歌子》詞："古岸開青葑，新渠走碧流。"宋陳旉《農書》卷上："若深水藪澤，則有葑田，以木縛爲田丘，浮繫水面，以葑泥附木架上而種藝之。其木架田坵，隨水高下浮泛，自不淹溺。《周禮》所謂'澤草所生，種之芒種'是也。"宋洪适《盤洲文集》卷七八："溪北畫橋彎蝶蜾，溪南古岸添青葑。"元王禎《農書·農器圖譜一·田制門》："只知地盡更無禾，不料葑田還可架。"清吳景旭《歷代詩話》："吳中有一種葑田，蓋陂湖間茭蒲所積，歲久爲水所衝，根不與土相著，輒浮水面，人據其上如筏可撑以往來，厚數尺袤至數十丈，遂得耕種其間，亦有夜竊去數畝投牒訴宰者。"元末王原吉《題垂虹橋亭》云：'葑田連沮洳，鮫室亂魚鼃。'蓋指此也。"

【青葑】

即葑田 [1]。此稱宋代已行用。見該文。

【駱田】

即葑田 [1]。亦稱"架田"。此稱晋代已行用。《史記·南越列傳》："佗因此以兵威邊，財物賂遺閩越、西甌、駱。"司馬貞索隱引晋顧微

《廣州記》："交趾有駱田，仰潮水上下，人食其田。"北魏闞駰《十三州志》："百粵嶺南有駱田，駱音架。"元王禎《農書》卷一一："架田：架，猶筏也，亦名葑田。《集韻》云：'葑，菰根也。'葑亦作濭。'江東有葑田。'又淮東、二廣皆有之。東坡《請開杭之西湖狀》謂：'水涸草生，漸成葑田。'考之《農書》云：'若深水藪澤，則有葑田。'以木縛爲田坵，浮繫水面，以葑泥附木架上，而種藝之。其木架田坵，隨水高下浮泛，自不渰浸。《周禮》所謂'澤草所生，種之芒種'是也。芒種有二義：鄭玄謂有芒之種，若今黃穋穀是也；一謂待芒種節過乃種，今人占候，夏至小滿至芒種節，則大水已過，然後以黃穋穀種之於湖田。然則有芒之種與芒種二義，可並用也。黃穋穀自初種以至收刈，不過六七十日，亦可以避水溢之患。竊謂架田附葑泥而種，既無旱暵之災，復有速收之效，得置田之活法。水鄉無地者宜效之。"明方以智《通雅》："駱田、架田，即葑田也。"清王士禛《送耿承哲赴高州推官》詩之一："駱田潮上下，蠻弩瘴冬春。"

【架田】

即駱田。此稱元代已行用。見該文。

高田 [1]

地勢高的田地。此稱漢代已行用。《漢書・溝洫志》："故種禾麥，更爲秔稻，高田五倍，下田十倍。"北魏賈思勰《齊民要術》引《氾勝之書》："三月榆莢時有雨，高田可種大豆。"宋范成大《墊江縣》詩："舊雨雲招新雨至，高田水入下田鳴。"元王禎《農書・地利篇》："江淮以北，高田平曠，所種宜黍稷等稼。"

陸田

單稱"陸"。土地表面不蓄水的田地，與"水田"相對而言。此稱晉代已行用。《晋書・食貨志》："故每有水雨，輒復橫流，延及陸田。"《宋書・文帝紀》："徐豫土多稻田，而民間專務陸作，可符二鎮，履行舊陂，相率修立，並課墾闢，使及來年。"唐韓愈《崔評事墓誌銘》："〔隴西公〕署爲觀察巡官，實掌軍田，鑿澮溝，斬荻茅，爲陸田千二百頃，水田五百頃，連歲大穰，軍食以饒。"宋周煇《清波別志》卷上："初，天下職田無月日之限，赴官多以先後爲爭。水田限四月三十日，陸田以三月十日，因著爲令。"宋陸九淵《象山集・與章德茂三》："此間陸田若在江東西，十八九爲旱田矣。"明王樵《尚書日記》卷五："今天下水田惟揚州最賤，陸田惟潁壽爲輕。"明馮復京《六家詩名物疏》："冬至前將陸田耕五七遍，以豬糞糞之。"清朱鶴齡《禹貢長箋》卷七："南人耕水田，北人耕陸田。"

【陸】

"陸田"之單稱。此稱南北朝時期已行用。見該文。

黍田

亦稱"秫田"。種黍的田地。此稱北魏已行用。北魏賈思勰《齊民要術・種黍法》："凡黍田新開荒爲上，大豆底爲次，穀底爲下。"唐王績《游北山賦》："酒甕多於步兵，黍田廣於彭澤。"唐皇甫松《大隱賦》："灌於陵之藥圃，耕彭澤之黍田。"宋王禹偁《聞種山人表謝急徵不赴》："吾君若問徵君意，自有東皋種黍田。"宋方岳《次韻田園居》："帶郭林塘儘可居，秫田雖少不如歸。"元魏初《青崖集》："人不見黍田，平碧澹生秋。”元方瀾《淵明》詩：“尚不歸蓮社，誰能愛秫田？”明高啓《題朱澤民荆南舊業圖》詩：“秫田半頃連芋區，茅屋三間倚蘿薜。”明曹學佺《江上田家》詩：“黍田期臘酒，霜葉是寒衣。”

【秫田】

即黍田。此稱宋代已行用。見該文。

麥畦

亦稱“麥行”。種麥的田地。此稱唐代已行用。唐章碣《曲江》詩：“無窮羅綺塡花徑，大半笙歌占麥畦。”宋王安石《歌元豐》詩：“麥行千里不見土，連山没雲皆種黍。”元劉一清《錢塘遺事》卷九：“自東平府去，村聚頗繁，麥畦桑畝一望不斷。”清施閏章《乙巳嘉平月同藥公及諸子游青又庵》：“置屋緣茶圃，分流潤麥畦。”清代《欽定南巡盛典·述志》：“麥行看發始，春淑氣眼前。”

【麥行】

即麥田。此稱宋代已行用。見該文。

葑田 [2]

湖澤中葑菱積聚處年久腐化，變爲泥土，進而水涸所成之田。此稱宋代已行用。宋梅堯臣《赴雪任君有詩相送仍懷舊賞因次其韻》：“雁落葑田闊，船過菱渚秋。”《宋史·河渠志七》：“至宋以來，稍廢不治，水涸草生，漸成葑田。”又《蘇軾傳》：“〔軾〕以餘力復完六井，又取葑田積湖中，南北徑三十里，爲長堤以通行者。”

梯田

亦稱“箕田”“磳田”。沿着山坡開闢的階梯狀田地。各級邊緣築有埂堰，以防水土流失。此稱宋代已行用。宋范成大《驂鸞録》：“嶺阪上皆禾田，層層而上至頂，名梯田。”元舒天民《六藝綱目》：“畞一百四十四步，兩廣不同、兩從皆斜更名箕田，又名梯田。”元王禎《農書·田制門》：“梯田：謂梯山爲田也。夫山多地少之處，除磊石及峭壁例同不毛，其餘所在土山，下自橫麓，上至危巔，一體之間，裁作重磴，即可種藝。如土石相半，則必叠石相次，包土成田。又有山勢峻極，不可展足，播殖之際，人則傴僂蟻沿而上，耬土而種，躡坎而耘。此山田不等，自下登陟，俱若梯磴，故總曰‘梯田’。上有水源，則可種秔秫；如止陸種，亦宜粟麥。蓋田盡而地，地盡而山，山鄉細民，必求墾佃，猶勝不稼。其人力所致，雨露所養，不無稍穫。然力田至此，未免蠶食，又復租稅隨之，良可憫也。”明代《山西通志·洪嘉植》卷二二四：“焚畬山脊種梯田。”清周亮工《閩小記·磳田》：“閩中壤狹田少，山麓皆治爲隴畞，昔人所謂磳田也。喪亂以來，逃亡略盡，磳田蕪穢盡矣。”清吳應枚《滇南雜咏三十首》之四：“梯田百級計雙耕，曲直高低地勢成。”清代《欽定康濟録》卷二：“傍山者則曰梯田，爲善臨水者又曰架田。”

【箕田】

即梯田。此稱元代已行用。見該文。

【磳田】

即梯田。此稱清代已行用。見該文。

稻田

亦稱“皋”“稻疇”“田垌”。圍有田埂，用以蓄水種稻的田地。此稱先秦已行用。《詩·小雅·白華》：“滮池北流，浸彼稻田。”《漢書·溝洫志》：“今内史稻田租挈重，不與郡同，其議減。”《後漢書·西南夷傳·邛都》：“其土地平原，有稻田。"《文選·潘岳〈秋興賦〉》:"耕東皋之沃壤兮,輸黍稷之餘稅。"李善注:"水田曰皋。"唐張籍《祭退之》詩:"北臺臨稻疇,茂柳多陰涼。"唐温庭筠《郊居》詩:"稻田鳧雁滿晴沙,釣渚歸來一徑斜。"《資治通鑑·晋紀二·世祖武皇帝上之下》:"斬首五千級,焚其積穀百八十餘萬斛,踐稻田四千餘頃,毀船六百餘艘。"宋蘇轍《白鶴觀》詩:"浮雲有意藏山頂,流水無聲入稻田。"元范梈《送吳真人持詔寧親》詩:"儂家閣峰下,霞竹敷稻疇。"元虞集《與燮元溥登仙游和李浩卿韻》:"儗尋黃鵠望松壑,聊伴白鷗經稻疇。"明王樵《尚書日記》卷五:"今京師西山稻田,皆引泉以溉灌。"《太平天國故事歌謡選·營盤裏的秘密》:"這一隊團練就像走進田垌的鴨子那樣,從四面八方湧進營盤來。"

【皋】

即稻田。此稱晋代已行用。見該文。

【稻疇】

即稻田。此稱唐代已行用。見該文。

【田垌】

即稻田。此稱清代已行用。見該文。

【水田】

即稻田。此稱漢代已行用。《後漢書·馬援傳》:"開導水田,勸以耕牧,郡中樂業。"《三國志·魏書》:"又廣開水田,募貧民。"唐王維《積雨輞川莊作》詩:"漠漠水田飛白鷺,陰陰夏木囀黃鸝。"《宋史·食貨志》:"帝以江淮兩浙稍旱,即水田不登,遣使就福建。"明謝肇淛《五雜俎·地部一》:"齊、晋、燕、秦之地,有水去處,皆可作水田。"清朱彝尊《靜志居詩話》:"老携杖履歸山谷,閒看兒孫種水田。"章

炳麟《訄書·定版籍》:"圍田多雍過沼澤爲之,今則遍以稱水田。"

湖田

湖邊圍墾的田。此稱南朝宋已行用。《宋書·孔季恭傳》:"山陰縣土境褊狹,民多田少,靈符表徙無貲之家於餘姚、鄞、鄮三縣界,墾起湖田。"唐韋應物《送唐明府赴溧水》詩:"魚鹽濱海利,薑蔗傍湖田。"《宋史·五行志·五行二上》:"六月,蘇秀二州湖田生聖米,居民取以食。"元王禎《農書·農器圖譜一·田制門》:"以黃穋穀種之於湖田。"明高啓《秋日江居寫懷》詩之五:"貧爲湖田長半没,拙因世事本多疏。"清孫枝蔚《避地》詩之三:"清秋饒景物,灑淚對湖田。"

江田

江邊圍墾的田。此稱唐代已行用。唐高適《廣陵別鄭處士》詩:"溪水堪垂釣,江田耐插秧。"唐温庭筠《利州南渡》詩:"數叢沙草群鷗散,萬頃江田一鷺飛。"元馬祖常《湖北驛中偶成》詩:"江田稻花露始零,浦中蓮子青復青。"清陳厚耀《春秋戰國異辭》卷二五下:"司馬子期死,而浮於江田。"

秧田

培植稻秧的水田。此稱宋代已行用。宋陳旉《農書》卷上:"今夫種穀,必先修治秧田。"宋楊萬里《己未春日山居雜興十二解》詩:"今歲春遲雨亦然,生愁無水打秧田。"明宋應星《天工開物·乃粒》:"凡秧田一畝所生秧,供栽二十五畝。"清趙翼《橫塘曲》:"畫就蛾眉上酒船,酒船泊傍綠秧田。"

圩[1]

亦作"圍"。亦稱"圩田""圍田"。華南

低窪地區防水護田堤内的稻田。堤有涵閘，可閉閘禦水，亦可開閘引水。宋沈括《萬春圩圖記》："江南大都皆山也，可耕之地，皆下濕厭水瀕江，規其地以堤而蓺其中，謂之圩。"宋楊萬里《圩田》詩："周遭圩岸繚金城，一眼圩田翠不分。"《宋史·食貨志上一》："詔比開墾麤地格推賞。平江府興脩圍田二千餘頃。"元王禎《農書·田制門·圍田》："圍田：築土作圍，以繞田也。蓋江淮之間，地多藪澤，或瀕水，不時潟没，妨於耕種。其有力之家，度視地形，築土作堤，環而不斷，内容頃畝千百，皆爲稼地。後值諸將屯戍，因令兵衆分工起土，亦效此制。故官民異屬。"《明史·蔡天祐傳》："闢濱海圩田數萬頃，民名之曰'蔡公田'。"《續資治通鑑·宋孝宗淳熙十年》："廬州管下亦有三千六百圍，皆瀕江臨湖，號稱沃壤。"清顧炎武《中憲大夫寇公墓誌銘》："公乘舟出郊，勸民興工築圩，以食農民。"清魏源《秦淮鐙船引》："圩田熟收船價低，驚魂甫定歌喉愴。"章炳麟《訄書·定版籍》："余嘗聞蘇州圍田（吳越沃野，多稱'圩田'，本由圍田，音誤作'圩'；圍田多雍遏沼澤爲之，今則遍以稱水田）皆在世族，大者連阡陌。"

【圩田】[2]

即圩。此稱宋代已行用。見該文。

【圍田】

即圩。此稱宋代已行用。見該文。

【圍】[1]

同"圩"。此體宋代已行用。見該文。

【圩垸】

即圩。長江下游稱圩，中游稱垸，統稱圩垸。此稱清代已行用。清魏源《湖北堤防議》：

"元明以還，海堰盡占爲田，穴口止存其二，隄防夾南北岸數百里，而下游之洞庭，又多占爲圩垸，容水之地盡化爲阻水之區。"

坿

圩岸内成片的稻田。此稱明代已行用。明歸有光《乞休申文》："鄉老亦歎曰：'今年倒一坿矣！'鄉民謂田連頃者謂之坿，猶蘇州之謂圩。鄉老歲以均徭爲奸利，今無所穫，故云'倒一坿'，若田之爲水所敗而荒也。"

井

亦稱"井田""井地""井畝"。九夫所治之田。因將方九百畝田地劃爲九區，形如"井"字，故稱。此稱先秦時期已行用。《周禮·考工記·匠人》："九夫爲井，井間廣四尺。"鄭玄注："此畿内埰地之制。九夫爲井，井者，方一里，九夫所治之田也。"《穀梁傳·宣公十五年》："古者三百步爲里，名曰井田。"《孟子·滕文公上》："方里而井，井九百畝，其中爲公田。"漢趙岐注："方一里者，九百畝之地也，爲一井；八家各私得百畝，同養其公田之苗稼。"又："經界不正，井地不鈞。"朱熹集注："井地，即井田也。"漢荀悦《漢紀·文帝紀下》："古者建步立畝，六尺爲步，步百爲畝，畝百爲夫，夫三爲屋，屋三爲井，井方一里，是爲九夫，八家共之。"漢曹操《度關山》："封建五爵，井田刑獄。"唐李靖《問對》上："周之始興，則太公實繕其法，始於岐都，以建井畝，戎車三百輛，虎賁三千人，以立軍制。"宋陸游《歲莫感懷以餘年諒無幾休日愴已迫爲韻》之十："井地以養民，整整若棋畫。"元王禎《農書·田制門·井田》："井田：按古制，井田，九夫所治之田也。鄉田同井，井九百畝；井十爲通，通十爲成，成十爲終，終十爲同：積爲萬井，九萬夫之田也。井間有溝，成間有洫，同間有澮，所以通水於川也。遂人盡主其地，歲出田稅，各有等差，以治溝洫也。"清夏炘《釋夏貢有公田》："公田之名，原於井地，以井授地，由來久矣。"清嚴復《論中國教化之退》："秦並天下，更古制，更井田而爲阡陌。"

【井田】

即井。此稱先秦時期已行用。見該文。

【井地】

即井。此稱漢代已行用。見該文。

【井畝】

即井。此稱唐代已行用。見該文。

公田 [1]

井田制度規定九區之中由若干農夫共同耕種的中區田地，與其周邊"私田"對稱，須將全部收穫上繳。此稱先秦時期已行用。《詩·小雅·大田》："雨我公田，遂及我私。"朱熹集傳："公田者，方里而井，井九百畝，其中爲公田，八家皆私百畝，而同養公田也。"《公羊傳·初稅畝》："宣公無恩信於民，民不肯盡力於公田，故履踐按行，擇其善畝穀最好者稅取之。"《管子·牧民》："正月令農始作，服於公田農耕。及雪釋，耕始焉，芸卒焉。"《禮記·王制》："古者公田藉而不稅。"孔穎達疏："藉之言借也，借民力治公田。"《漢書·食貨志上》："六尺爲步，步百爲畝，畝百爲夫，夫三爲屋，屋三爲井，井方一里，是爲九夫。八家共之，各受私田百畝，公田十畝，是爲八百八十畝，餘二十畝以爲廬舍。"《三國志·魏書·司馬朗傳》："今承大亂之後，民人分散，土業無主，皆爲公田，宜及此時復之。"晉陶淵明《〈歸去來兮辭〉序》：

"於時風波未靜，心憚遠役；彭澤去家百里，公田之利，足以爲酒，故便求之。"《梁書·武帝本紀下》："如聞頃者豪家富室，多占取公田，貴價僦稅，以與貧民，傷時害政，爲蠹已甚。"《朱子語類·哀公問於有若章》："如助，則八家各耕百畝，同出力共耕公田，此助、徹之別也。"清王夫之《宋論》："周官行於千里之畿，而胥盈於千，徒溢於萬，皆食於公田，此民不充役之驗也。"

官田

古代官府或王室所有，由農民耕種并交租的田地。此稱先秦時期已行用。《周禮·地官·載師》："以官田、牛田、賞田、牧田，任遠郊之地。"鄭玄注引鄭司農曰："官田者，公家之所耕田。"《晉書·慕容皝載記》："且魏晉雖道消之世，猶削百姓不至於七八，持官牛田者，官得六分，百姓得四分，私牛而官田者與官中分，百姓安之，人皆悅樂。"《新唐書·王毛仲傳》："兩營萬騎及閑廐官吏憚之無敢犯，雖官田草萊，樵斂不敢欺。"《宋史·高宗本紀七》："夏四月壬子，以没入官田悉歸常平司，禁募民佃種。"明袁介《檢田吏》詩："我家無本爲經商，只種官田三十畝。"明佚名《皇明本紀》："民無田業者，許耕官田爲業。"《明史·食貨志一》："明土田之制，凡二等：曰官田，曰民田。初，官田皆宋元時入官田地。厥後有還官田，没官田，斷入官田，學田，皇莊，牧馬草場，城壖苜蓿地，牲地，園陵墳地，公占隙地，諸王、公主、勳戚、大臣、內監、寺觀乞賜莊田，百官職田，邊臣養廉田，軍、民商屯田，通謂之官田。其餘爲民田。"清紀昀《閱微草堂筆記》卷八："彭有官田耕作，不能顧女，乃棄置林中，聽其生死。"清俞樾《群經平議·周官一》："牛人掌養國之公牛，巾車掌公車之政令，注並曰：公猶官也。然則官田猶公田矣。先鄭之説自不可易。"《清史稿·宋犖傳》："詔撥近京荒田及明貴戚内監廢莊，畫爲旗地，民田錯雜，別給官田互易。"

【公田】[2]

即官田。此稱漢代已行用。《漢書·食貨志上》："令命家田三輔公田。"顏師古注引韋昭曰："命家，謂受爵命一爵爲公士以上，令得田公田，優之也。"《後漢書·孝安帝紀》："二月丙午，以廣成游獵地及被災郡國公田假與貧民。"三國魏曹植《籍田論》："夫營疇萬畝，厥田上下……司農是掌，是爲公田。"《隋書·食貨志》："京城四面諸坊之外，三十里内爲公田。受公田者，三縣代遷户執事官一品以下，逮於羽林武賁，各有差。"《通典·食貨二·田制下》："若城内無可開拓者，於近城便給。如無官田，取百姓地充，其地給好地替。"《金史·食貨志一》："官田曰租，私田曰税。"《續資治通鑑·宋德祐元年》："詔：公田最爲民害，稔禍十有餘年，自今並給原主，令率其租户爲兵。"《喻世明言》卷二二："賈似道恐其法不行，先將自己浙田萬餘畝入官爲公田。"

【官地】

即官田。此稱漢代已行用。《後漢書·劉盆子傳》："帝憐盆子，賞賜甚厚，以爲趙王郎中。後病失明，賜滎陽均輸官地，以爲列肆，使食其税終身。"《宋史·王覿傳》："蜀地膏腴，畝千金，無閑田以葬，覿索侵耕官地，表爲墓田。"《金史·食貨志二》："金制，官地輸租，私田輸税。"元宋無《廢宅》詩："蛙鳴私地爲官地，

燕認新人是故人。"《元史·順帝本紀六》："凡系官地，及元管各處屯田，悉從分司農司立法募民佃種之。"《明史·唐龍傳》："杲言此地二千餘頃，正供所出，不可許，宜以大慈恩寺入官地二十頃予之。"清趙翼《陔餘叢考》："宋初又已著令：貧無葬地者，許以官地安葬。"《二十年目睹之怪現狀》第九四回："他上條陳時，原是看定了一片官地，可以作爲基址的。

牧田

授予民衆爲公家放牧的場地。後亦泛指牧場。此稱先秦時期已行用。《周禮·地官·載師》："以官田、牛田、賞田、牧田任遠郊之地。"孫詒讓正義："江永曰：牛田、牧田，兼用先、後鄭之説，皆是授民以田，而爲公家畜牧。"唐儲光羲《牧童詞》："不言牧田遠，不道牧陂深。"明丘濬《大學衍義補·牧馬之政上》："古人養馬，處處皆有牧田，即今之草場也。"

民産

百姓的私有田産。此稱先秦時期已行用。《韓非子·解老》："民産絶則畜生少，畜生少則戎馬乏。"唐韓愈《贈復州崔使君序》："賦有恒而民産無恒，水旱癘疫之不期，民之豐約懸於州縣。"《宋史·王次翁傳》："次翁檄取屬邑丁籍，視民産高下以爲所輸多寡之數，約期受輸，不擾而集。"《元史·良吏傳》："大德四年爲工部主事，蔚州有劉帥者，豪奪民産，吏不敢決，省檄天璋往詢之，帥服，田竟歸民。"明顧起元《客座贅語·條編始末》："初，洪武十八年，恩詔應天五府州爲興王之地，民産免租，官産減租之半。"清顧鎮《虞東學詩·大雅》："蓋既定民居，即制民産，自西至東遍執田事焉。"

【民田】

亦稱"民畝"。即民產。此稱漢代已行用。《史記·滑稽列傳》:"發民鑿十二渠,引河水灌民田。"《漢書·食貨志》:"民始充實,未有並兼之害,故不爲民田及奴婢爲限。"宋張嵲《藉田禮成表》:"天田既降於躬耕,民畝自聞於昏作。"宋陳皋《杜宇鼈靈二墳記》:"皇祐壬辰春,净林僧死,寺籍爲田,許氏墾甸,而鼈靈墳與寺俱化爲民畝。"《清史稿·宋權傳》:"詔撥近京荒田及明貴戚内監廢莊,畫爲旗地,民田錯雜,別給官田互易。"

【民畝】

即民田。此稱宋代已行用。見該文。

私田

井田制度規定九區之中由農夫各自耕種的八區田地,與其内"公田"對稱。此稱先秦時期已行用。《穀梁傳·宣公十五年》:"井田者,九百畝,公田居一。私田稼不善,則非吏;公田稼不善,則非民。"《孟子·梁惠王下》:"文王之治岐也,耕者九一。"宋朱熹集注:"九一者,井田之制也。方一里爲一井,其田九百畝,中畫井字。界爲九區,一區之中,爲田百畝,中百畝爲公田,外八百畝爲私田,八家各受私田百畝,而同養公田,是九分而税其一也。"《晋書·地理志上》:"一夫一婦,受私田百畝,公田十畝。"《通典·食貨七》:"丁別量給五十畝以上爲私田,任其自營種。率十丁於近坊更共給一頃,以爲公田,共令營種。"《舊唐書·源乾曜傳》:"百姓所有私田,皆力自耕墾,不可取也。"宋汪元量《越州歌十首》之七:"只論平章行不法,分田之後又私田。"《宋史·劉爚傳》:"不治財産,所收私田有餘穀,則以振鄉里貧人。"

丁田

按人丁分給的田地。此稱唐代已行用。《舊唐書·玄宗本紀》:"除公廨田園外,並官收給還逃户及貧下户欠丁田。"明徐光啓《農政全書·水利》:"有應解軍户丁田衆多,不願遠戍者,如匠班,事例量徵軍班,行分其户爲三等。"明謝肇淛《五雜俎·事部三》:"今則千乘萬騎,徵求無藝,而尺布斗粟,無非派之丁田者。"清秦蕙田《五禮通考·軍禮·馬政下》:"以茶易於蕃,以貨市於邊,其民牧皆視丁田授馬,始曰户馬。"

羨田

在已入籍或規定土地數目之外另占的田地,是不納租賦的隱匿田。此稱唐代已行用。《新唐書·食貨志一》:"開元八年,監察御史宇文融獻策:括籍外羨田,逃户自占者給復五年。"宋羅大經《鶴林玉露》卷七:"良農一夫以五十畝爲正田,以其餘爲羨田。"宋范成大《吳郡志》卷一二:"悉收其羨田以賦貧,民訟亦息。"元黄溍《常熟州學田記》:"大家巨室亦不得有羨田,以資施予也。"明王鏊《姑蘇志·人物八·李撰》:"時括民田,轉運使務苛擾,欲多得匿户羨田爲功。"

籍田

單稱"藉"。亦作"藉田""耤田"。古代天子、諸侯徵用民力耕種的田地,天子千畝,諸侯百畝。"籍"爲"借"意,故稱。西周起,天子、諸侯於春耕前行籍禮,後世賡續不斷。此稱先秦時期已行用。《詩·周頌·載芟序》:"載芟,春籍田而祈社稷也。"鄭玄箋:"籍田,甸師氏所掌,王載耒耜所耕之田。天子千畝,諸侯百畝。籍之言借也,借民力治之,故謂之籍田。"《禮記·祭義》："是故昔者天子爲藉千畝，冕而朱紘，躬秉耒。諸侯爲藉百畝，冕而青紘，躬秉耒。"鄭玄注："藉，藉田也。"《史記·孝文本紀》："上曰：'農，天下之本，其開籍田，朕親率耕，以給宗廟粢盛。'"裴駰集解："應劭曰：'古者天子耕籍田千畝，爲天下先。籍者，帝王典籍之常。'韋昭曰：'籍，借也。借民力以治之，以奉宗廟，且以勸率天下，使務農也。'"《漢書·文帝紀》："夫農，天下之本也，其開藉田，朕親率耕，以給宗廟粢盛。"漢蔡邕《獨斷》："王者耕藉田之别名：天子三推，三公五推，卿、諸侯九推。"三國魏曹植《藉田説》之一："春耕於藉田，郎中令侍寡人焉。"宋蘇軾《元祐三年春貼子詞·皇帝閣》之四："蒼龍掛闕農祥正，父老相呼看藉田。"宋葉適《祭王君玉太博文》："籍田以來，倩咐尤謹；我已昧昧，子何懇懇！"元王禎《農書·田制門》："耤田，天子親耕之田也。古者耤田千畝，天子親耕，用供郊、廟盛，躬勸天下之農。'耤之言借也，王一耕之，庶人耘耔以終之。'謂借民力成之也。《詩》：'春耤田而祈社稷。'《禮·月令》：'孟春之月……天子乃以元日祈穀於上帝。乃擇元辰，天子親載耒耜，措之於參保介之御間。帥三公、九卿、諸侯、大夫，躬耕帝耤。天子三推，三公五推，卿、諸侯九推。反，執爵於太寢，三公、九卿、諸侯、大夫皆御，命曰勞酒。'《周禮·内宰》：'詔後帥六宫之人，生穜稑之種，以獻於王。'使後宫藏種，而又生之。《天官·甸師》：'掌帥其屬，而耕王耤，以時入之，以供盛。'至漢文帝開耤田，置令、丞，春始東耕。武帝制策：今朕親耕，以爲農先。昭帝耕於鈎盾。明帝東巡，耕於下邳。章帝北巡，

耕於懷縣。魏氏天子親耕於耤。晉武帝耕於東郊，供祀訓農。宋文帝制千畝親耕。齊武帝載耒粔躬耕。梁初依宋禮。後魏太武帝祭先農而後耕。北齊耕耤於帝城。隋制，耤壇行禮，播植，以擬盛。唐太宗致祭先農，耤於千畝之甸。玄宗欲重勸耕，進耕五十餘步。肅宗命去耒粔雕刻，冕而朱紘，躬九推焉。宋端拱以來，有《耕耤事類》五卷。此耤田之制，歷載經史，昭然可鑒。欽惟聖明，丕闡皇圖，講明典禮，開帝耤於京畿，備盛於郊、廟，先身示勸，照映古今。"明高啓《勸農文》："〔皇上〕每歲親耕籍田，復召父老。"《明史·王錫衮傳》："二月，帝再耕耤田。"清方苞《聖主躬耕耤田頌》："乃以仲春元辰，躬臨耤田，展事先農，秉耒三推，登臺以觀，終畝於時。"

【藉】

"藉田"之單稱。此稱先秦時期已行用。見該文。

【藉田】

同"藉田"。此體漢代已行用。見該文。

【耤田】

同"藉田"。此體漢代已行用。見該文。

公桑

天子、諸侯的桑田。此稱先秦時期已行用。《禮記·祭義》："古者，天子、諸侯必有公桑蠶室，近川而爲之……卜三宫之夫人、世婦之吉者，使入蠶於蠶室，奉種浴於川，桑於公桑，風戾以食之。"唐包佶《昭德皇后挽歌詞》："歲華唯隴柏，春事罷公桑。"

郊桑

帝后、諸侯夫人的西郊桑田。此稱唐代已行用。唐李白《明堂賦》："帝躬乎天田，後親

於郊桑。"王琦注引《公羊傳》注："禮：天子親耕東田千畝，諸侯百畝，后、夫人親西郊采桑，以供粢盛、祭服，躬行孝道以先天下。"

池田

帝王苑囿中的田地。此稱漢代已行用。《漢書·元帝紀》："詔罷黃門乘輿狗馬，水衡禁囿、宜春下苑、少府佽飛外池、嚴籞池田假與貧民。"顏師古注引晋豹曰："池田，苑中田也。"唐儲光羲《貽余處士》："秋苑故池田，宮門新柳杞。"

宮莊

皇室直轄的莊田。唐代九成宮、長春宮、太清宮、華清宮等，明代仁壽宮莊、未央宮莊、清寧宮莊等，均有各自莊田。此稱宋代已行用。宋魏了翁《宋故耤田令知信州王公墓誌銘》："曰營田，曰力田，曰屯田，曰宮莊，曰荒田，曰逃絕户田，此邊田之在官者也。"明沈榜《宛署雜記·宮莊子粒》："國初，民屯田地一例徵銀當差，別無宮莊。歷朝以來，各府州縣没官田地漸多，奉旨徵銀濟邊，而以其餘繫之進宮項下，備不時撥給賞地之用。宮莊之名始此。"明俞汝楫《禮部志稿·祠祭司職掌·別陵》："嘉靖二十五年，令於未央宮莊田六百五頃九十七畝內量撥一半供奉香火。"《明史·食貨志》："宦官之田則自尹奉喜寧始，初洪熙時有仁壽宮莊，其後又有清寧、未央宮莊。"

莊園

古代皇室、官僚、富豪、地主、寺觀等占有并經營的大片土地。此稱隋代已行用。《隋書·鄭善果母傳》："非自手作及莊園禄賜所得，雖親族禮遺，悉不許入門。"唐元稹《連昌宮詞》："莊園燒盡有枯井，行宮門閉樹宛然。"《舊唐書·狄仁杰傳》："〔寺院〕水碾莊園，數亦非少。"宋王溥《唐會要·租稅》："遂於當處買百姓莊園舍宅。"《兒女英雄傳》第一回："〔安老爺〕就守定這座莊園，課子讀書。"

【莊田】

亦稱"莊地"。即莊園。此稱唐代已行用。《舊唐書·宣帝本紀》："官健有莊田户籍者，仰州縣放免差役。"《明史·憲宗本紀》："夏四月乙未，清畿內勳戚莊田。"《明史·湯禮敬傳》："正德初，偕中官高金勘涇王所乞莊地，清還二千七百餘頃。"清曹雪芹《紅樓夢》第五三回："他現管着那府裏八處莊地，比爺這邊多着幾倍。"清昭槤《嘯亭雜録·內務府定制》："凡皇子分封，各按爵秩給以莊地、人丁。"《清史稿·食貨志一》："考各旗王、公、宗室莊田，都萬三千三百餘頃。"又："莊地坐落順、保、永、宣各屬，奉天、山海關、古北口、喜峰口亦立之，皆領於內務府。"

【莊地】

即莊園。此稱明代已行用。見該文。

【莊窠】

即莊園。亦稱"莊子""莊科"。此稱宋代已行用。宋韓琦《聞雨》詩："高田穀穗拖牛尾，卑地莊窠没獸頭。"宋蘇軾《與王定國書》："近在常置得一小莊子，歲可得百石，似可足食。"元曾瑞《端正好·自序》套曲："蓋數椽茅屋，買四角黃牛，租百畝莊窠。"《元典章·户部五·民田》："或有莊窠房屋，便行懸掛佛像，安置萬歲牌位，致使有理之家，不敢起移，因此詞訟尤興。"元喬吉《雁兒落過得勝令·自適》曲："禾黍小莊科，籬落棱雞鵝。"元無名氏《貨郎旦》第一折："有時節典了莊科，准了綾羅，銅斗兒家私，恰做了落葉辭柯。"明黄訓《名臣經濟録·兵部》："本州掌印正官，查對册籍於各家莊窠。"明楊繼盛《赴義前一夕遺屬》之二："楊應民是我自幼撫養他成人，你日後與他村裏莊窠一所，墳左近地與他五十畝。他若公道，便與他；若有分毫私心，私積、錢財、房子、地土都休要與他。"

【莊子】

即莊窠。此稱宋代已行用。見該文。

【莊科】

即莊窠。此稱元代已行用。見該文。

宅田

古代官員告老還鄉時，官府給以養老的田地。此稱先秦時期已行用。《周禮·地官·載師》："宅田者，以備益多也。"鄭玄注："宅田，致仕者之家所受田也。"明顧清《穫稻用分秧韻》："負郭園池帶宅田，老晴天氣太平年。"清惠士奇《禮説·地官三》："古之人臣，苟非有功不得食邑。載師所謂宅田、賞田是也。"清沈彤《周官禄田考·公田數》："致仕者去官而居宅，謂之宅者；其家所受田謂之宅田，亦半於農人。"

士田

亦稱"圭田"。古代卿、大夫、士及其子弟所領有的五十畝田地，用於祭祀，無須繳納賦税。此稱先秦時期已行用。《周禮·地官·載師》："以宅田、士田、賈田任近郊之地。"鄭玄注："'士'讀爲'仕'，仕者亦受田，所謂圭田也。"一説，士大夫之子耕治之田。賈公彦疏："司農云：'士田者，士大夫之子得而耕之田也。'後鄭不從者，以此'士'字言之，不得兼大夫。又《禮記》'士之子不免農，大夫之子免農矣'，不得爲大夫子得而耕之田。故後鄭破

此'士'爲'仕'，仕謂卿大夫以下仕宦得田，依《孟子》'圭田'解之。"孫詒讓正義："沈彤云：'……王之士之子，有免農者，惟上士之子耳。上士即元士，故元士之適子、衆子並學於諸樂官也。若中士、下士禄以遞薄，則子當業食以自食其力，故《載師》有士田，其家亦各受五十畝。'案沈説亦不破字，於義近是。竊謂此士田當兼二鄭及沈義乃備。蓋卿、大夫、命士之圭田，士之子及未仕之士家所受田，皆以五十畮爲率；士餘子弟亦受田，則止二十畮。漢《食貨志》所謂士家受田，五口乃當農夫一人，是也。此數者通謂之士田，以卿大夫亦得稱士也。後鄭破'士'爲'仕'，義轉偏隘，當依《王制》注，不破字爲是。"《左傳·哀公元年》："克敵者，上大夫受縣，下大夫受郡，士田十萬，庶人工商遂，人臣隸圉免。"《孟子·滕文公上》："卿以下必有圭田，圭田五十畝，餘夫二十五畝。"趙岐注："古者卿以下至於士皆受圭田五十畝，所以供祭祀也。圭，潔也。"《禮記·王制》："林麓川澤以時入而不禁，夫圭田無征。"唐劉禹錫《汴州刺史廳壁記》："我食止圭田，吾用止公入，凡它給過制傷廉洿潔者，悉罷之。"宋周煇《清波别志》卷上："圭田，養廉也。"《宋史·趙瞻傳》："捐圭田修學宮，士自遠而至。"《續通志·向傳範傳》："知河陽，會旱蝗，民乏食，經度官廩歲用無餘，乃先以圭田租入振救之，富人爭出粟，多所濟活。"又《職官略·職田》："圭田欲以養廉，無法制以防之，則貪者奮矣。"

【圭田】

即士田。此稱先秦時期已行用。見該文。

旗地

亦稱"旗田"。清政府授予滿族兵民的田地。大致分爲三個階段實施：清軍入關前，將其占領的遼瀋地區的土地授予滿族兵民，爲盛京旗地；順治元年（1644）至康熙八年（1669），將其占領的京畿土地授予滿族兵民，爲京畿旗地；清入關後，分駐各地的滿族兵民紛紛圈占土地，是爲駐防旗地。乾隆朝後期，因滿族兵民貧富分化加劇，政府允許旗地合法買賣，逐漸轉爲民田。《大清會典則例·户部·户口上》："康熙二年，覆准凡投充人父、兄、伯、叔住居旗人房屋及種旗地，其子弟看守故土墳塋。"清俞正燮《癸巳類稿·記田名數》："本朝旗田，初以六畝爲一晌，四十二畝爲一繩。"《清史稿·宋權傳》："詔撥近京荒田及明貴戚内監廢莊，盡爲旗地，民田錯雜，別給官田互易。"

【旗田】

即旗地。此稱清代已行用。見該文。

義田

爲贍養貧困族人等而置辦的田地。宗族共有，由族人或委托他人經營，收入用於家族祭祀、助學、救濟等。漢袁康《越絶書·外傳記·越地傳》："富中大塘者，勾踐治以爲義田。"宋錢公輔《義田記》："范文正公方貴顯時，置負郭常稔之田千畝，號曰義田，以養濟群族之人。"元納新《河朔訪古記》："吾子孫幸生明時，憑藉餘澤，食有義田，居有義宅，教有義塾，而祖宗邱隴鞠爲芻牧之區，尚安得爲子孫哉？"明馮夢龍《醒世恒言》第三七卷："在兩淮南北，直到瓜州地面，造起幾所義莊，莊内各有義田、義學、義塚，不論孤寡老弱，但是要養育的，就給衣食供膳他。"《明史·顧憲成傳》："炯家世素封，無子，置義田以贍族人。郡中貧士及諸生赴舉者，多所資給。"清吳沃饒《二十年目睹之怪現狀》第一五回："先君在生時，曾經捐了五萬銀子的田産做贍族義田，又開了幾家店鋪，把那窮本家都延請了去，量材派事。"清陳其元《庸閑齋筆記》卷六："賈似道廣買公田，元代續加官田，明祖平張士誠，又復入諸豪族田，皆據租籍收糧。"

【族田】

即義田。此稱清代已行用。見該文。

【義莊】

即義田。此稱宋代已行用。《宋史·范仲淹傳》："置義莊里中，以贍族人。"又《吳奎傳》："少時甚貧，既通貴，買田爲義莊，以賙族黨朋友。"《元史·韓元善傳》："嘗以謁告侍親居家，效范文正公遺規，置田百畝爲義莊，以周貧族。"明馮夢龍《醒世恒言》卷二："析産之事爲歉，欲將所得良田之半，立爲義莊，以贍鄉里。"清馮桂芬《復宗法議》："惟宋范文正創爲義莊，今世踵行，列於旌典。"清王韜《淞隱漫録·樂仲瞻》："又售田千畝爲義莊，爲他日祭祀之需；盡散資財以贍族人，族中貧乏者，咸嘖嘖頌其義。"

祭田

亦稱"祭地"。以出租收入供祭祀所用的族田。此稱宋代已行用。《宋史·徐霖傳》："度宗賜祭田百畝，以旌直臣。"《金元曲》："寇承御與他起建墳墓，封爲忠烈夫人，置守塚三十家，祭田千畝。"《元史·泰定帝本紀一》："甲辰，奉安顯宗像於永福寺，給祭田百頃。"《明史·雍泰傳》："築城郭，遏礦盜，建朱熹、蔡元定諸賢祠，置祭田畀其子孫。"清方苞《教忠祠祭田條目序》："安知衰殘之軀，延至八十，親見宗祠祭田之粗具哉。"《紅樓夢》第九二回："或是祭地，或是義莊，再置些墳屋。"《清史稿·食貨志一》："祭田公地，一切免徵。建國初，賜聖賢裔祭田。"

【祭地】

即祭田。此稱清代已行用。見該文。

【香火田】

即祭田。此稱明代已行用。《明史·宦官傳二·魏忠賢》："天啓元年詔賜客氏香火田，叙忠賢治皇祖陵功。"清劉鶚《老殘游記續集遺稿》第四回："廟裏本沒有香火田，又沒有緣簿。"清龔自珍《爲龍泉寺募造藏經樓啓》："今在大江以南者爲南藏，在京師者爲北藏。香木銅鐶，象玉錦綉，以爲裝函；高樓飛宇，以爲庋閣；名稱歌曲，香火之田，以爲贊嘆、護持、供養。"

軍田

亦稱"弁田"。官府劃分軍營耕種的田地。此稱唐代已行用。唐韓愈《崔評事墓銘》："署爲觀察巡官，實掌軍田。"《宋史·真宗本紀一》："丙辰，以旱，免開封二十五州軍田租。"《金史·高汝礪傳》："民田與軍田犬牙相錯，彼或陰結軍人以相冒亂。"《文獻通考·田賦考》："應將餘存弁田，毋論已賣未賣，俱照民產准其買賣。"《元史·世祖本紀四》："軍民訟田者，民田有餘則分之軍，軍田有餘亦分之民。"《續文獻通考·田賦五》："正統二年，免軍田正糧歸倉，止徵餘糧六石。"《明史·羅亨信傳》："時遣官度二鎮軍田，一軍八十畝外，悉徵税五升。"《清史稿·食貨志一》："粤西設土兵、俍兵，均給軍田。粤東有俍田、瑶田，仍按田充兵，其田

均禁民典。"又："乾隆五十年，以長沙、澧州原有弁田，轉售紛紜，令除弁田名，準民產授受。"

【弁田】

即軍田。此稱元代已行用。見該文。

驛田

唐代爲提供驛站費用而置辦的田地。此稱唐代已行用。唐韓愈《河南少尹李公墓誌銘》："公主奪驛田，京兆尹符縣割界之，公不與。"唐元稹《當州兩税地》："其公廨田、官田、驛田等所税，輕重約與職田相似。"

廟田

寺廟與庵觀擁有的田地。主要由官府撥付或信徒捐獻，一般出租或雇工經營，所得用於相關人員的宗教活動及日常生活之需。此稱宋代已行用。宋呂午《監簿呂公家傳》："公田還以予民福，豈不綿官漁吏盡更張廟田？公謂不可以此獲譴。"元鄧文原《帝禹廟碑》："歲侵視陰，百廢莫興，乃首議復廟田之私質於民者，以贍衆鳩工、充具、傭役。"明程敏政《與太守河汾王公文明論世忠廟產書》："當元之時，廟田爲醫學提領范天錫所侵。"

學田

辦學用的田地。約始於南唐，入宋以後逐漸推廣。宋神宗時，州郡普置學田，其來源或由皇帝詔賜，或由官府撥付，或由地方購置，或由家族、個人捐贈。此稱宋代已行用。《續資治通鑑·宋真宗乾元元年》："庚辰，判國子監孫奭言：'知兗州日，建立學舍以延生徒，至數百人，臣雖以俸錢贍之，然常不給。自臣去郡，恐漸廢散，乞給田十頃爲學糧。'從之。諸州給學田始此。"《宋史·仁宗本紀二》："壬戌，賜國

子監學田五十頃。"《金史·食貨志二》:"墓田、學田,租稅、物力皆免。"《元史·賽典赤贍思丁子納束剌丁忽辛附傳》:"奠祭,教民播種,爲陂池以備水旱,創建孔子廟、明倫堂,購經史,授學田,由是文風稍興。"《明史·解縉傳》:"古時多有書院、學田,貢士有莊,義田有族,皆宜興復而廣益之。"清屈大均《廣東新語》:"又以所餘俸,置學田三百五十畝,以贍諸生。"清惲敬《沙隴胡氏學田記》:"後世君子於私田之公於族者曰義田,義田之給於士者曰學田。"《清史稿·食貨志一》:"學田,專資建學及贍邮貧士。"

屯田

徵用戍卒、農民、商人等墾殖的田地。此稱元代已行用。《元典章新集·戶部·職田》:"將屯田、營田、職田一體科徵。"《册府元龜·牧守部·興利勸課》:"張儉爲朔州刺史,廣營屯田,歲致數十萬斛,邊糧益饒。"

莊屯

亦稱"屯莊"。清代初期朝廷給各旗官兵圈撥土地後形成的村莊。此稱清代已行用。《清史稿·食貨志一》:"順治元年,定近京荒地及前明莊田無主者,撥給東來官兵……四年,圈順、直各州縣地百萬九千餘晌,給滿洲爲莊屯。"又:"乾隆初,設黑龍江屯莊,呼蘭立莊四十所,選盛京旗丁携家往,官爲資裝築屋庀具。"

【屯莊】

即莊屯。此稱清代已行用。見該文。

賑田

備作賑濟用的田地。此稱清代已行用。《清會典事例·戶部五·尚書侍郎職掌》:"恩賞地:有牧地,有監地,有公田,有學田,有賑田。"清代《貴州通志·食貨》:"原額官莊賑田:一百七十六畝四分五釐一毫四絲二忽八微五塵六纖九渺。"

遺土

亦稱"遺地"。荒地。此稱漢代已行用。漢趙曄《吳越春秋·勾踐入臣外傳》:"夫內修封疆之役,外修耕戰之備,荒無遺土,百姓親附,臣之事也。"《魏書·島夷蕭衍傳》:"委慈母如脱屣,棄少弟如遺土。"又《釋老志》:"今常住寺,猶有遺地,欽悦修踪,情深遐遠,可於舊堂所,爲建三級浮圖。"唐陸龜蒙《孤園寺》詩:"巖幽與水曲,結搆無遺土。"宋楊萬里《發孔鎮晨炊漆橋道中紀行》:"荒山半寸無遺土,田父何曾一飽來。"《金史·食貨志》:"違而不來者,然後捕獲治罪,而以所遺地賜人。"明楊慎《咸陽》詩:"穨堞無遺土,驚川有逝波。"明謝肇淛《五雜俎·地部二》:"閩中自高山至平地,截截爲田,遠望如梯,真昔人所云'水無涓滴不爲用,山到崔嵬盡力耕'者,可謂無遺地矣!"《續文獻通考》:"清查陞科並勘出還官,餘地固已毫無遺土。"《續通志·李允則傳》:"湖湘山田,民不耕墾。允則下令給諸軍芻,皆輸粟藁,由是山田遂無遺地。"

【遺地】

即遺土。此稱三國時期已行用。見該文。

山荒

山中的荒地。此稱唐代已行用。唐杜甫《柴門》詩:"山荒人民少,地僻日夕佳。"《續資治通鑑長編·仁宗嘉祐五年》:"今河東路嵐石之間山荒甚多,及汾河之側草地亦廣。"《宋史·兵志十二》:"惟河東嵐石之間,山荒甚多,汾河之側,草地亦廣,其間水草最宜牧養。"明王守仁

《謫居糧絶》詩："山荒聊可田，錢鑄還易辦。"

沙壤

含沙多的土壤。宋蘇舜欽《并州新修永濟橋記》："太原地括衆川而汾爲大，控城扼關，與官亭民居相逼切，每漲怒則汩漱沙壤，批齧廉岸。"

板荒

長期廢耕而板結的荒地，最難複耕。此稱明代已行用。明張内藴、周大韶《三吴水利考·墾荒施工議》："有無業主，或係新荒，或荒之甚而爲積荒，或又極甚而爲板荒。"明徐光啓《農政全書·農事·開墾》："板荒，荒也，蘆葦茭草猶之乎？"《續文獻通考·田賦考·歷代田賦之制》："世宗嘉靖六年令各板荒、積荒、抛荒田所遺稅糧，派民賠納者，有司召募墾種。"《清史稿·食貨志一》："〔端方〕上言蘇屬兵後荒田不下二百餘萬畝，請令歷年報荒者定爲板荒，餘新荒許各户指報豁糧，俱由局招墾，則虛荒易查。"

沙裙

沙田邊緣的荒地。此稱清代已行用。清屈大均《廣東新語·地語·沙田》："當盛平時，邊海人以沙田而富，故買沙田者争取沙裙。以沙裙易生浮沙，有以百畝而生數百畝者。"

鹵

亦作"滷""澑"。鹽碱地。此稱先秦時期已行用。《易·説卦》："其於地也，爲剛鹵。"孔穎達疏："取水澤所停，則鹹鹵也。"《玉篇·鹵部》"滷"字下引《書》："海濱廣滷。"今本《書·禹貢》作"海濱廣斥"。陸德明釋文引鄭玄曰："斥，謂地鹹鹵。"《説文·鹵部》："鹵，西方鹹地也。"段玉裁注："鹹地僅産鹽。"《漢書·溝洫志》："木皆立枯，鹵不生穀。"唐杜甫《鹽井》詩："鹵中草木白，青者官鹽煙。"《宋史·劉温叟傳附劉幾》："邠地鹵，民病遠汲，幾浚渠引水注城中。"《集韻·上姥》："《説文》：'鹵，西方鹹地也，象鹽形。定有鹵縣。東方謂之斥，西方謂之鹵。'或從水、從土，亦作滷。"

【滷】

同"鹵"。此體南北朝時期已行用。見該文。

【澑】

同"鹵"。此體宋代已行用。見該文。

一易之地

隔年耕種的田地。此稱先秦時期已行用。《周禮·地官·大司徒》："不易之地，家百畮；一易之地，家二百畮；再易之地，家三百畮。"鄭玄注："不易之地，歲種之；地美，故家百畮。一易之地，休一歲乃複種；地薄，故家二百畮。再易之地，休二歲乃複種，故家三百畮。"明王磐《種植》："古者分田之制，一夫一婦受田百畝。以其地有肥墝，故有不易、一易、再易之别。不易之地家百畝，謂可以歲耕之也；一易之地家二百畝，謂歲耕其半也；再易之地家三百畝，謂歲耕百畝，三歲而一周也。"清李光地《榕村集·周官筆記·天官》："上地即不易之地，中地即一易之地，下地即再易之地。"

再易之地

隔兩年耕種的田地。此稱先秦時期已行用。見"一易之地"文。

萊

郊外輪休的田地。此稱先秦時期已行用。《周禮·地官·縣師》："辨其夫家人民、田萊之數。"鄭玄注："萊，休不耕者，郊内謂之易，郊外謂之萊。"又《遂人》："上地，夫一廛，田百畮，萊五十畮。"

易

郊內輪休的田地。此稱先秦時期已行用。見"萊"文。

故墟

曾經耕種而當下休閑的田地。此稱北魏已行用。北魏賈思勰《齊民要術・種麻》："麻欲得良田，不用故墟。"石聲漢注："本書所謂'故墟'，是指種植過而現在休閑的地。"又《種葵》："地不厭良，故墟彌善。"

五沃

土質肥沃的上等土壤。此稱先秦時期已行用。《管子・地員》："粟土之次曰五沃。五沃之物，或赤，或青，或黃，或白，或黑。五沃五物，各有異則。五沃之狀，剽怸囊土，蟲易全處，怸剽不白，下乃以澤……五沃之土，若在丘在山，在陵在岡，若在陬陵之陽，其左其右，宜彼群木，桐、柞、枎、櫄，及彼白梓……五沃之土，乾而面不斥，湛而不澤，無高下，葆澤以處。是謂沃土。"

五位

土層較深的上等土壤。此稱先秦時期已行用。《管子・地員》："沃土之次曰五位。五位之物，五色雜英，各有異章。"郭沫若等集校引張佩綸云："'位'無義。當作'浧'。《廣韻・鑑部》：'埕，深泥也，浧同上。'"

五蔭

疏鬆、肥沃的上等黑色土壤。此稱先秦時期已行用。《管子・地員》："位土之次曰五蔭。五蔭之狀，黑土黑涪，青怵以肥，芬然若灰。"尹知章注："涪，地衣也。芬然，壤起貌。"清張佩綸注引王紹蘭云："蔭當爲隱。指水、肥隱

於下。"清朱荃《第一問》："《管子》又有五粟、五沃、五位、五蔭諸名九土，辨於《禹貢》所稱白壤、黑墳、赤埴、泥塗之類。"

五壤

潤澤的上等土壤。此稱先秦時期已行用。《管子・地員》："蔭土之次曰五壤。五壤之狀，芬然若澤若屯土。"宋傅寅《禹貢說斷・禹貢》："《九章算術》穿地四爲壤，五壤爲息土，則壤是土和緩之名，故云無塊曰壤。"清惠士奇《禮說・地官三》："不純一色，或黃或白，土之次上者，五壤也。"

五浮

細潤的上等土壤。此稱先秦時期已行用。《管子・地員》："壤土之次曰五浮。五浮之狀，捍然如米，以葆澤，不離不坼。"尹知章注："捍，堅貌。其土屑碎如米。"明李流芳《自青芝看花至茶山憩山頭石上感舊》詩："媿此五浮丘，後期猶可訂。"

五怷

細密而潤澤的中等土壤。此稱先秦時期已行用。《管子・地員》："中土曰五怷。五怷之狀，廩焉如壏，潤濕以處……蓄殖果木，不若三土以十分之三。"尹知章注："怷，密也。"

五纑

黑色堅硬的中等土壤。此稱先秦時期已行用。《管子・地員》："怷土之次曰五纑。五纑之狀，彊力剛堅。"清惠士奇《禮說・地官三》："其種雁膳、黃實、朱跗剛土曰壚，不黏而疏，既强且黀土之中者，五纑也。"

五壏

色黃而多空隙的中等土壤。此稱先秦時期已行用。《管子・地員》："纑土之次曰五壏。五

壏之狀，芬焉若糠以肥……蓄殖果木，不若三土以十分之三。”尹知章注：“謂其地色黃而虛。”清惠士奇《禮説·地官三》：“若糠以肥，色黃而虛土之中者，五壏也。”

五㲒

白色粉狀的中等土壤。此稱先秦時期已行用。《管子·地員》：“壏土之次曰五㲒。五㲒之狀，華然如芬以脈。”郭沫若等集校引汪繼培曰：“㲒、㲒古字通用，亦作‘漂’，《釋名》云‘土白曰漂’。”清惠士奇《禮説·地官三》：“輕㲒者，火飛爲㲒，華然若芬，色如蠹炭，有類屑塵土之次中者，五㲒也。”

五沙

細碎的中等土壤。此稱先秦時期已行用。《管子·地員》：“㲒土之次曰五沙，五沙之狀，粟焉如屑塵厲……蓄殖果木，不若三土以十分之四。”尹知章注：“言其地粟碎，故若屑塵之厲。厲，踴起也。”明楊慎《譚苑醍醐·沙田》：“《管子》書有五沙之土，劉勛曰：‘吴人謂水中可爲田者曰沙。’”

五塙

乾硬的中等土壤。塙，堅硬的土。此稱先秦時期已行用。《管子·地員》：“沙土之次曰五塙。五塙之狀，累然如僕累。”

五猶

惡臭的下等土壤。猶，通“蕕”，臭草。此稱先秦已行用。《管子·地員》：“下土曰五猶。五猶之狀如糞。”張佩綸注：“惡臭如糞，故曰五猶。”

五壯

赤色的下等土壤。此稱先秦時期已行用。《管子·地員》：“猶土之次，曰五壯。五壯之狀

如鼠肝。其種，青梁，黑莖黑秀。蓄殖果木，不如三土以十分之五。”

五殖

濕時黏結爲粗塊、乾時龜裂而堅硬的下等土壤。此稱先秦時期已行用。《管子·地員》：“壯土之次，曰五殖。五殖之狀，甚澤以疏，離坼以臞塿。其種，雁膳黑實，朱跗黃實。蓄殖果木，不如三土以十分之六。”

五觳

不耐水旱的下等土壤。此稱先秦時期已行用。《管子·地員》：“五殖之次曰五觳。五觳之狀，婁婁然，不忍水旱。”尹知章注：“觳，薄。婁婁，疏也。”

五鳧

質地較硬的下等土壤。此稱先秦時期已行用。《管子·地員》：“五鳧之狀，堅而不骼。”郭沫若集校引孫詒讓云：“鳧當爲舄……潟，鹵也。”清謝墉《八旬萬壽盛典·歌頌·萬壽恭紀賦頌十二章》：“鎮服、藩服之疇，五觳、五鳧之塍，凡蒪茭之所入，均鼓舞而承。”

五桀

鹽鹼多而堅硬的下等土壤。此稱先秦時期已行用。《管子·地員》：“鳧土之次曰五桀。五桀之狀，甚鹹以苦，其物爲下。其種，白稻長狹。蓄殖果木，不如三土以十分之七。”清惠士奇《禮説·地官三》：“鹹潟者，是爲淳鹵，甚鹹以苦，地不生物，狀如爐火，土之最下，名曰五桀。”

三壤

根據肥瘠差异劃分的上、中、下三品耕地，傳説禹曾據此制定九貢賦。此稱先秦時期已行用。《書·禹貢》：“鹹則三壤，成賦中邦。”孔

穎達疏：“土壤各有肥瘠，貢賦從地而出，故分土壤爲上中下。計其肥瘠，等級甚多，但齊其大較，定爲三品。”漢揚雄《劇秦美新》：“若夫五爵，度三壤，經井田，免人役。”唐徐堅《初學記》：“《纂要》云：嵩、泰、衡、華、恒謂之五嶽，江、河、淮、濟謂之四瀆，上、中、下謂之三壤，山林、川澤、丘陵、墳衍、原隰爲五土。”唐陸龜蒙《幽居賦》：“頌厥土之三壤，托高風之四鄰。”宋章如愚《君道門》：“別三壤，任九貢，禹之利民也。”清惠士奇《禮說·地官三》：“蓋土有三壤，稅有三粟，力有三科。”

上地

亦稱“上田”“上壤”“上臾之壤”“高田”“上腴”。質量上等的田地。此稱先秦時期已行用。《周禮·夏官·大司馬》：“凡令賦，以地與民制之。上地食者參之二，其民可用者家三人。”鄭玄注引鄭司農云：“上地謂肥美田也。”《韓非子·内儲說上》：“〔吴起〕於是乃倚一車轅於北門外而令之曰：‘有能徙此南門之外者，賜之上田、上宅。’”《管子·乘馬》：“上地方八十里與下地方百二十里，通於中地方百里。”又：“故以上壤之滿，補下壤之衆。”又：“郡縣上臾之壤守之若干。”又《山權數》：“桓公曰：‘何謂國無制、地有量？’管子對曰：‘高田十石，閒田五石，庸田三石，其餘皆屬諸荒田。’”《漢書·溝洫志》：“故種禾麥，更爲秔稻，高田五倍，下田十倍。”《後漢書·班固傳》：“華實之毛，則九州之上腴焉。”《晉書·地理志上》：“民受田，上田夫百畝，中田夫二百畝，下田夫三百畝。歲耕種者爲不易上田，休一歲者爲一易中田，休二歲者爲再易下田。”《宋書·孔季恭羊玄保等傳論》：“膏腴上地，畝直一金。”唐獨孤及《送何員外使湖南》詩：“上田無晚熟，逸翮果先飛。”唐杜牧《祭龔秀才文》：“上田沃土，多歸豪强苟悦。”《新唐書·太平公主傳》：“田園遍近甸，皆上腴。”《宋史·俞充傳》：“擧沿汴淤泥漑田，爲上腴者八萬頃。”明何景明《渡涇渭》詩：“合分濤揚濁清堰，渠饒上壤形勢迥。”明王樵《尚書日記》：“不易之地謂歲種之地，爲上田。”清惠士奇《禮說·地官說》：“一說，地有上壤、閒壤、下壤。”清張翔鳳《種煙行》：“黠者招佃充力作，上田百畝種九區。”清趙翼《過青田訪劉誠意故居》詩：“厥土乃上腴，畝歲收二石。”清沈彤《周官禄田考》：“上地家百畝萊五十畝，中地家百畝萊百畝，下地家百畝萊二百畝。”

【上田】

即上地。此稱先秦時期已行用。見該文。

【上壤】

即上地。此稱先秦時期已行用。見該文。

【上臾之壤】

即上地。此稱先秦時期已行用。見該文。

【高田】[2]

即上地。此稱漢代已行用。見該文。

【上腴】

即上地。此稱漢代已行用。見該文。

中地

亦稱“閒壤”“閒田”“中土”“中田”。質量中等的田地。此稱先秦時期已行用。《周禮·地官·小司徒》：“中地，家六人，可任也者，二家五人。”《管子·乘馬》：“郡縣上臾之壤守之若干，閒壤守之若干，下壤守之若干。”郭沫若等集校引陳奐曰：“閒，猶中也。”又《山國軌》："穀爲上，幣爲下。高田撫，間田山不被，穀十倍。"馬非百新詮："高田者，《乘馬》數篇所謂'郡縣上臾之壤也'。又《地員》："中土曰五态，五态之狀，廩然如塯，潤濕以處。"《淮南子·主術訓》："中田之穫，卒歲之收，不過畝四石。"《漢書·食貨志上》："民受田，上田夫百晦，中田夫二百晦，下田夫三百晦。"《後漢書·仲長統傳》："今者土廣民稀，中地未墾。"李賢注："上田已耕，唯中地以下未也。"晋陸雲失題詩："有淪萋萋甘雨未播，黍稷方華中田多稼。"北魏賈思勰《齊民要術》："崔寔曰：凡種大小麥，得白露節可種薄田，秋分種中田，後十日種美田。"《舊唐書·禮儀志》："立秋後十八日，迎黃靈於中地，祭黃帝。"明王樵《尚書日記》："一易之地謂休一歲，乃複種也爲中田。"清朱鶴齡《禹貢長箋》卷八："豫爲中土，原田既美，人功亦修，幾與冀埒。"清《授時通考》卷九："正中冀州曰中土，西北台州曰肥土，正北濟州曰成土，東北薄州曰隱土，正東陽州曰申土。"清沈彤《周官禄田考》："不易即上地，一易即中地，再易即下地。"清朱鶴齡《尚書埤傳·夏書·禹貢》："七百里則包丘陵、阪險及附庸間田在内。王制名山大川不以封，而又有間田以眡列侯之功罪，而予奪之。"

【間壤】

即中地。此稱先秦時期已行用。見該文。

【間田】

即中地。此稱先秦時期已行用。見該文。

【中土】[1]

即中地。此稱先秦時期已行用。見該文。

【中田】

即中地。此稱漢代已行用。見該文。

下地

亦稱"下壤""下田"。質量下等的田地。此稱先秦時期已行用。《周禮·地官·小司徒》："下地家五人，可任也者家二人。"《管子·乘馬》："下地方百二十里"。又："補下壤之衆。"清俞樾《諸子平議·管子六》："衆字義不可通，疑本作補下壤之虚，虚與滿相對。"《吕氏春秋·上農》："上田，夫食九人；下田，夫食五人，可以益，不可以損。"北魏賈思勰《齊民要術》："凡下田停水處，燥則堅垎，濕則污泥，難治而易荒，墝埆而殺種。"又《旱稻》："旱稻用下田，白土勝黑土。"宋林之奇《尚書全解》卷九："高地之土則曰壤，下地之土則曰壚，蓋其土有高下之不同，故別而言之。"元刊《農桑輯要》："凡種下田，不問秋夏，候水盡地白，背時速耕，杷勞頻翻，令熟。"明王樵《尚書日記》："再易之地謂休二歲，乃複種也，爲下田。"明徐光啓《農政全書·水利》："於是，西七鄉之田無歲不旱，異時膏腴今爲下地，廢湖之害也。"清唐甄《潛書·食難》："唐子有冶長涇之田三十畝，謝莊之田十畝，佃入四十一石，下田也。"清徐文靖《禹貢會箋》卷五："蔡傳曰：塗泥，水泉濕也；下地多水其土淖。"清惠士奇《禮説·地官説》："下壤者，下地再易之田，三百畝是爲三夫。"

【下壤】

即下地。此稱先秦時期已行用。見該文。

【下田】

即下地。此稱先秦時期已行用。見該文。

【庸田】

即下地。此稱先秦時期已行用。《管子·山權數》："高田十石，間田五石，庸田三石，其餘皆屬諸荒田。"許維遹注:"庸田即下田。"宋沈樞《通鑑總類・唐彭果請行羅法於關中》:"開元二十五年,先是西北邊數十州多宿重兵,地租庸田皆不能贍。"元王禎《農書》:"庸田有例召民佃,三年稅額方全徵。"明王樵《尚書日記・夏書・禹貢》:"民之有力者計其庸田,成之後,依民田以出稅。"

生

未開墾的土地。此稱元代已行用。元王禎《農書》卷二:"耕地之法,未耕曰生,已耕曰熟;初耕曰塌,再耕曰轉。"

熟

已開墾的田地。此稱元代已行用。見"生"文。

塌

初次開墾的田地。此稱元代已行用。見"生"文。

菑畬

亦稱"菑"。開墾一年的田地。此稱先秦時期已行用。《詩・小雅・采芑》:"薄言采芑,於彼新田,於此菑畬。"毛傳:"田一歲曰菑,二歲曰新田。"《爾雅・釋地》:"田,一歲曰菑,二歲曰新田,三歲曰畬。"《淮南子・泰族訓》:"後稷墾草發菑,糞土樹穀,使五種各得其宜。"晋左思《魏都賦》:"腜腜坰野,奕奕菑畬。"《魏書・源賀傳》:"景明以來,北蕃連年災旱,高原陸野不任營殖,唯有水田少可菑畬。"宋傅亮《喜雨賦》:"覃餘潤於嘉蔬,殷畜人於菑畬。"元程文海《安氏積善堂》:"農人力菑畬,繼之還在勤。"清黃宗炎《周易象辭》卷一四:"一歲為菑,言除去蔓草而通水道。"

【菑】

即菑畬。此稱漢代已行用。見該文。

新

亦稱"新田"。開墾兩年的田地。此稱先秦時期已行用。《詩・周頌・臣工》:"亦又何求,如何新畬。"毛傳:"田二歲曰新,三歲曰畬。"《爾雅・釋地》:"田,一歲曰菑,二歲曰新田。"

【新田】[1]

即新。此稱秦漢時期已行用。見該文。

畬[1]

開墾三年的田地。此稱先秦時期已行用。見"菑畬"文。

新田[2]

開墾三年的田地。清黃宗炎《周易象辭》卷一四:"一歲為菑,言除去蔓草而通水道;二歲為畬,言築治廬舍以休息。農夫草去水通,復有廬舍,可以棲止竢明春,然後布種,則三歲矣;三歲曰新田之謂也。"

墾田

亦稱"埶田""熟田""熟地"。常年耕種的田地。此稱先秦時期已行用。《國語・周語中》:"道無列樹,墾田若蓺。"《後漢書・光武帝下》:"詔下州郡,檢覈墾田頃畝及戶口、年紀。"又《張禹傳》:"禹為開水門,通引灌溉,遂成熟田數百頃。"《晋書・羊祜傳》:"於是戌邏減半,分以墾田八百餘頃,大獲其利。"《通典・食貨二》:"即使逃走帖賣者,帖荒田七年,熟田五年,錢還地還,依令聽許。"元王禎《農書》卷一〇:"種枸杞法,秋冬間收子,淨洗日乾,春耕熟地作畦,闊五寸……然後種子。"明李時珍《本草綱目・草四・紅藍花》集解引蘇頌曰:"冬月布子於熟地,至春生苗。"明徐光啓《農政全書》

卷六："若諸色種子，年年揀净，別無稗莠，數年之間，可無荒薉，所收常倍於熟田。"清曹寅《晚過南園》詩："十畝熟田千樹果，讀書空老不知耕。"清惠士奇《禮説·地官三》："漢建武中，天下墾田多不以實，或優饒豪右，侵刻羸弱，百姓怨嗟。"《清史稿·世宗紀》："查出熟地、荒地三萬餘畝。"

【埶田】

即墾田。此稱漢代已行用。見該文。

【熟田】

即墾田。此稱唐代已行用。見該文。

【熟地】

即墾田。此稱元代已行用。見該文。

壤

亦稱"壤坴"。泛指鬆軟肥沃的土質。此稱先秦時期已行用。《書·禹貢》："厥土惟白壤。"孔傳："無塊曰壤。"又："厥土惟壤，下土墳壚。"孔傳："高者壤，下者壚。"《孟子·滕文公下》："夫蚓，上食槁壤，下飲黄泉。"《戰國策·魏策一》："張儀惡陳軫於魏王曰：'軫善事楚，爲求壤坴也甚力。'"坴，"地"的古字。《説文·土部》："壤，柔土也。"南朝宋謝惠連《祭古塚文》："窮泉爲壅，聚壤成基。"唐韓愈《祭河南張員外文》："銘君之績，納石壙中，爰及祖考，紀德事功，外著後世，鬼神與通。"宋葉適《東家開河記》："温州並南海以東，地常燠少寒，上壤而下濕。"

【壤坴】

即壤。此稱先秦時期已行用。見該文。

息壤

即壤。亦稱"息土"。此稱先秦時期已行用。《山海經·内經》："洪水滔天，鯀竊帝之息壤以堙洪水，不侍帝命，帝令祝融殺鯀於羽郊。"《淮南子·時則訓》："龍門河濟相貫，以息壤堙洪水之州。"漢戴德《大戴禮記·易本命》："息土之人美，耗土之人醜。"盧辯注："息土爲衍沃之田，耗土爲疏薄之地。地有美惡，故生人有好醜也。"明楊慎《息壤辯》："《九章算術》云：'穿地四，爲壤五，爲堅三。'壤，是息土和緩之名。"明朱國禎《湧幢小品·息壤辯》："《山海經》所云'鯀竊帝之息壤'，蓋指桑土稻田，可以生息，故曰息壤。"清徐文靖《管城碩記》卷一五引《辯證補注》曰："土家語息土之民美，即息壤也。"清惠士奇《禮説·地官》："堅土肥，壚土大，沙土細，息土美，耗土醜。"

【息土】

即息壤。此稱漢代已行用。見該文。

【嬴土】

即壤。亦稱"農土""沃土""滔土""並土""中土""肥土""成土""隱土""申土"。此稱先秦時期已行用。《山海經·大荒東經》："有柔僕民，是維嬴土之國。"郭璞注："嬴，猶沃衍也。"《國語·魯語下》："沃土之民不材，淫也。"《淮南子·墜形訓》："東南神州曰農土，正南次州曰沃土，西南戎州曰滔土，正西弇州曰並土，正中冀州曰中土，西北台州曰肥土，正北濟州曰成土，東北薄州曰隱土，正東陽州曰申土。"宋韓彦直《橘録·始栽》："始取朱欒核洗净下肥土中，一年而長，名曰柑。"元魯明善《農桑衣食撮要·移石榴》："葉未生時，用肥土於嫩枝條上，以席草包裹束縛。"元王禎《農書·農桑通訣三·糞壤》："糞田者，所以變薄田爲良田，化磽土爲肥土也。"清代《授時通考·穀種·豆三》："凡豆不宜肥土，土肥則莢稀，此種不用耘，茅草之地叢生尤盛。”

【沃土】

即羸土。此稱先秦時期已行用。見該文。

【農土】

即羸土。此稱秦漢時期已行用。見該文。

【滔土】

即羸土。此稱秦漢時期已行用。見該文。

【並土】

即羸土。此稱秦漢時期已行用。見該文。

【中土】[2]

即羸土。此稱秦漢時期已行用。見該文。

【肥土】

即羸土。此稱秦漢時期已行用。見該文。

【成土】

即羸土。此稱秦漢時期已行用。見該文。

【隱土】

即羸土。此稱秦漢時期已行用。見該文。

【申土】

即羸土。此稱秦漢時期已行用。見該文。

【土膏】

亦稱“膏脉”“膏土”。即壤。此稱先秦時期已行用。《國語·周語上》：“陽氣俱烝，土膏其動。”三國韋昭注：“膏，土潤也。”《漢書·東方朔傳》：“故酆鎬之間號爲土膏，其賈畝一金。”南朝梁武帝《藉田》詩：“千畝土膏紫，萬頃陂色縹。”唐柳宗元《首春逢耕者》：“土膏釋原野，百蟄競所營。”宋歐陽修《歸田四時樂·春》：“新陽晴暖動膏脉，野水泛灧生光輝。”宋司馬光《傳家集·送薯預苗與興宗》：“散之膏土間，春苗比如櫛。”宋張九成《孟子傳》：“灌以滋澤，沃以土膏，使根深而苗秀，脉潤而體堅。”元貢性之《牧牛圖》：“太守勸農當二月，

土膏肥煖牛可耕。”《元史·烏古孫澤傳》：“〔烏古孫澤〕乃教民浚故湖，築大堤……計得良田數千頃，瀕海廣潟並爲膏土。”明宋應星《天工開物·乃粒》：“凡一耕之後，勤者再耕、三耕，然後施耙，則土質勻碎，而其中膏脉釋化也。”明章潢《圖書編·國朝屯田考》：“與其膏土沃田鞠爲茂草，孰若捐以予人請明詔。”《明史·食貨志》：“土膏沃，宜招集流亡，屯田從之。”清姚士蕰《聖駕南巡詩六首》之四：“土膏初動事耕耘，布穀催春處處聞。”《日下舊聞通考·御製豐臺行》：“惜矣墾植斯膏土，更思敷治在順民。”

【膏脉】[1]

即土膏。此稱宋代已行用。見該文。

【膏土】

即土膏。此稱宋代已行用。見該文。

【膏腴之地】

即壤。此稱先秦時期已行用。《戰國策·趙策四》：“今媼尊長安君之位，而封之以膏腴之地。”《史記·貨殖列傳》：“關中自汧雍以東至河華，膏壤沃野千里。”三國魏曹植《喜雨》詩：“喜種盈膏壤，登秋必有成。”晋左思《吳都賦》：“其四野則畛畷無數，膏腴兼倍。”南北朝庾信《病梨賦》：“嗟乎，同托根於膏壤，俱稟氣於太和，而修短不均、榮枯殊質。”《魏書·李苗傳》：“釋其至、難攻其甚，易奪其險要、割其膏壤。”唐司空圖《太原王公同州修堰記》：“故其水皆渾而悍暴難制，然左輔土田，賴之爲膏壤，堰雖勞，不可廢也。”宋歐陽修《歸田四時樂·春》詩：“新陽晴暖動膏脉，野水泛灧生光輝。”宋司馬光《藥圃》詩：“三蜀膏腴地，偏於藥物宜。”明何景明《田園雜詩》之二：

"膏疇矧豐蔚，積潦復凄冽。"清譚嗣同《報貝元徵書》："及見形見勢絀，有百敗，無一勝，所失膏壤方數千里。"

【膏壤】

即膏腴之地。此稱漢代已行用。見該文。

【膏腴】

即膏腴之地。此稱晋代已行用。見該文。

【膏脉】 [2]

即膏腴之地。此稱宋代已行用。見該文。

【膏疇】

即膏腴之地。此稱明代已行用。見該文。

【沃】

即沃土，亦即壤。此稱漢代已行用。見該文。

【沃田】

即壤。亦稱"沃地"。此稱先秦時期已行用。《國語·晋語一》："雖獲沃田而勤易之，將不克饗。"《淮南子·修務訓》："夫瘠地之民多有心者，勞也；沃地之民多不才者，饒也。"漢王充《論衡·宣漢》："以盤石爲沃田，以桀暴爲良民。"唐温庭筠《宿澧曲僧舍》詩："沃田桑葉晚，平野菜花春。"宋陳從易《吳興道中》詩："野闊多桑柘，湖平溉沃田。"宋陳祥道《論語全解·子路》："瘠地之民多有心，沃地之民多不才，故匹庶之家多循禮，世禄之家多侈怙，其勢然也。"明陳鴻《桑乾道中》："沃地北來邊塞近，流澌東下早春殘。"《明史·張淳傳》："未幾草盡，得沃田數百頃。"清蒲松齡《聊齋志異·雲蘿公主》："父忿恚得疾，食鋭減，乃爲二子立析産書，樓閣沃田，悉歸大器。"清代《授時通考·穀種·麻》："孟詵曰：'沃地種者八棱，山田種者四棱，土地有異，工力則同。'"

【沃地】

即沃田。此稱漢代已行用。見該文。

場

向陽而得雨露滋潤之田。此稱北魏已行用。北魏賈思勰《齊民要術·黍稷》："燥濕候黄場，種訖不曳撻。"石聲漢注："'場'，原寫作'暢'，現在寫作'墒'，即保有一定水分一定結構的土壤。'黄場'，是顯黄色的濕潤土壤。"又《旱稻》："至春，黄場納種。"石聲漢注："'場'字即'墒'。"《龍龕手鑒·土部》："墒，新耕土也。"按，"新耕土"當指最美好的耕地。清黄宗炎《周易象辭》卷二："暢，從田從易。向陽之田，禾黍茂盛，以其得雨露之正氣也，所以爲通暢。"

石溜之地

亦稱"石留""石溜""石田"。貧瘠多石的田地。此稱先秦時期已行用。《戰國策·韓策一》："成皋，石溜之地也，寡人無所用之。"鮑彪注："溜，言其無積潤。"晋左思《魏都賦》："隰壤瀸漏而沮洳，林藪石留而蕪穢。"唐元結《夜讌石魚湖作》："夜寒閉窗户，石溜何清泠。"唐齊己《荆門送興禪師》："虎共松岩宿，猿和石溜聞。"宋秦觀《次韻子由題蜀井》："蜀岡精氣滀多年，故有清泉發石田。"元王逢《贈龍虎山人鄭良楚》詩之二："石田歲稔茅屋好，種菊乞詩虞翰林。"明瞿佑《剪燈新話·天台訪隱錄》："有居民四五十家，衣冠古樸，氣質淳厚，石田茅屋，竹户荆扉，犬吠鷄鳴，桑麻掩映，儼然一村落也。"明王志堅《表異錄》卷二："石留，言大地多石，如人之有留結也。"

【石留】

即石溜之地。此稱晋代已行用。見該文。

【石溜】

即石溜之地。此稱唐代已行用。見該文。

【石田】

即石溜之地。此稱宋代已行用。見該文。

墟埴

亦稱"墟阪""墟土"。黑色或黃黑色的堅硬而質粗不黏的土壤。此稱先秦時期已行用。《呂氏春秋·辯土》："墟埴冥色，剛土柔種。"《楚辭·劉向〈九歎·思古〉》："徜徉墟阪，沼水深兮。"王逸注："墟，黑黃色土也……言徜徉之山，其阪土玄黃。"《淮南子·墜形訓》："是故堅土人剛，弱土人肥，墟土人大，沙土人細。"北魏賈思勰《齊民要術·耕田》："春，地氣通，可耕堅硬强地黑墟土。"《廣韻·模韻》："墟，土黑而疏。"明王樵《尚書日記·夏書·禹貢》："厥土惟壤下土、墳墟土不言色者，其色雜也。墟土，黑而疏也。"清惠士奇《禮說·地官三》："五土之民，堅土肥，墟土大，沙土細，息土美，耗土醜。"

【墟阪】

即墟埴。此稱漢代已行用。見該文。

【墟土】

即墟埴。此稱漢代已行用。見該文。

墳墟

亦稱"黑墳""赤埴墳""塗泥""青黎""黃壤"。高起的黑色或黃黑色的堅硬而質粗不黏的土壤。此稱先秦時期已行用。《書·禹貢》："厥土惟壤，下土墳墟。"孔穎達疏："墟，音盧。《說文》：黑剛土也。"《史記·夏本紀》："荊河惟豫州：伊、雒、瀍、澗既入於河，滎播既都，道菏澤，被明都。其土壤，下土墳墟。"《周禮注疏》卷一六："兗州云黑墳，徐州云赤埴墳，揚州、荊州云塗泥，豫州云墳墟，梁州云青黎，雍州云黃壤。"唐柳宗元《天對》："墳墟燥疏，滲渴而升。"元方夔《田家四事·耕》："墳墟土性異，勤怠人力並。"明唐順之《江陰縣新志序》："夫其田賦高下之異等，墳墟、黎赤之異壤，九鎮、九澤之異名，而五戎、八蠻之異服，其列而載之可也。"清湯右曾《瑞禾賦》："隴分上下，土別墳墟。"

【黑墳】

即墳墟。此稱漢代已行用。見該文。

【赤埴墳】

即墳墟。此稱漢代已行用。見該文。

【塗泥】

即墳墟。此稱漢代已行用。見該文。

【青黎】

即墳墟。此稱漢代已行用。見該文。

【黃壤】

即墳墟。此稱漢代已行用。見該文。

壃

亦作"疆"。亦稱"土壃""壃地"。質地堅硬的田地。此稱先秦時期已行用。《周禮·地官·草人》："凡糞種……壃壢用蕡。"阮元校勘記：壃，"《釋文》《群經音辨》皆誤作疆，從土；宋本載音義作壃，不誤"。《左傳·襄公二十五年》"數壃潦"唐孔穎達疏："案《周禮·草人》'凡糞種，壃壢用蕡'，鄭玄云：'壃壢，壃堅者。'則壃地猶堪種植，非水潦之類。"《禮記·月令》："〔季夏之月〕是月也，土潤溽暑。大雨時行，燒薙行水，利以殺草，如以熱湯，可以糞田疇，可以美土壃。"鄭玄注："土壃，强壢之地。"孔穎達疏："壃者，壃壢磊塊難耕之地。"《集韻·上養》："壃，堅土也。"北魏賈思勰《齊民要術·耕田》引《氾勝之書》："春，地氣通，可耕堅硬彊地黑壚土，輒平摩其塊以生草，草生複耕之。"

【彊】

同"疆"。此體先秦時期已行用。見該文。

【土彊】

即疆。此稱先秦時期已行用。見該文。

【彊地】

即疆。此稱漢代已行用。見該文。

埓剛

赤色的堅土。此稱先秦時期已行用。《周禮·地官·草人》："凡糞種，埓剛用牛。"鄭玄注："謂地色赤而土剛强也。鄭司農云：'用牛，以牛骨汁漬其種也，謂之糞種。'"宋陳旉《農書·糞田之宜篇》："土之埓剛者，糞宜用牛；赤緹者，糞宜用羊；以至墳壤用麋，渴澤用鹿，鹹潟用貆，勃壤用狐，埴壚用豕，彊㯺用蕡，輕㯺用犬，皆相視其土之性類，以所宜糞而糞之，斯得其理矣。"清王夫之《南嶽賦》："乃循近趾，蹤遠迤，折柔埴，柬埓剛。"清萬松齡《第一問》："五物者，五地之物；九等者，埓剛、赤緹之類是也。"

畬

亦稱"畬田"。采用刀耕火種方法耕種的田地。此稱漢代已行用。漢袁康《越絶書·外傳記·吳地傳》："吳北野胥主畬者，吳王女胥主田也，去縣八十里。"《晋書·殷浩傳》："開江西畬田千餘頃，以爲軍儲。"《玉篇》："畬，力周切。田不耕，燒種也。"《南史·孝武諸子傳》："時東土大旱，鄞縣多畬田。"宋楊億《許洞歸吳中》詩："洞庭霜橘畬田粟，歲計猶堪比徹侯。"清吳景旭《歷代詩話·庚集中之上·畬田》："燒田而種曰畬，故野燒曰畬火。"清惠士奇《禮説·地官三》："草土之道，各有穀造，漢律因之畬田茠艸。"

【畬田】

即畬。此稱晋代已行用。見該文。

【火田】

即畬。此稱晋代已行用。《晋書·食貨志》："往者東南草創人稀，故得火田之利。"唐白居易《東南行一百韻寄通州元九》："吏徵魚户税，人納火田租。"宋陶穀《清異録·玉乳蘿萄》："王璵善營度，子弟不許仕宦，每年止種火田。"

【畬田】

即畬。亦稱"畬"。此稱唐代已行用。唐杜甫《戲作俳諧體遣悶》詩之二："瓦卜傳神語，畬田費火耕。"仇兆鰲注："《貨殖傳》：'楚越之地，地廣人稀，或火耕而水耨。'楚俗燒榛種田，謂之火耕。"唐劉長卿《贈元容州》詩："海徼長無成，湘山獨種畬。"宋范成大《勞畬耕》詩序："畬田，峽中刀耕火種之地也。春初斫山，衆木盡蹶。至當種時，伺有雨候，則前一夕火之，藉其灰以糞。明日雨作，乘熱土下種，即苗盛倍收。"宋葉適《送高仲發》詩："舍西三畝畬，作急老自耘。"明徐光啓《農政全書》卷五："耕畬元不用牛犁，短鍤長鑱皆佃器。"清屈大均《廣東新語》："當四、五月時，天氣晴霽，有白衣山子者，於斜崖陡壁之際，礜殺陽木，自上而下，悉燔燒，無遺根株。俟土脂熟透，徐轉積灰，以種禾及吉貝棉，不加灌溉，自然秀實，連歲三四收。地瘠乃棄，更擇新者。所謂畬田。"

【畬】[2]

即畬田。此稱唐代已行用。見該文。

枯壤

亦稱"焦元""焦原"。乾枯的田地。此稱晋代已行用。《晋書·沮渠蒙遜載記》:"頃自春炎旱,害及時苗,碧原青野,倏爲枯壤。"唐賈嵩《夏日可畏賦》:"照丘陵而恐是焦元,蒸隴畝而皆成赤地。"唐康駢《劇談録·狄惟謙請雨》:"雷震數聲,甘澤大澍,焦原赤野,無不滋潤。"宋韓琦《諸廟祈雨文》:"吾境有靈德之神,開發天意,轉禍爲福,灑甘澤以沃枯壤,鼓和氣而驅癘妖,使農及耕耘。"宋曾鞏《諸廟謝雨文》:"果蒙薄雨,小潤焦原。"明左光斗《足餉無過屯田疏》:"水源一開,溉旱地之利勝水田之利一倍,每畝之值亦增價三倍,漸漸由而不知,通而不倦,而焦原盡澤國矣。"明張内蘊、周大韶《常州府水利考》:"低窪之田,一遇旱暵而鬱爲枯壤矣。"清弘曆《春懷詩》:"枯壤久待澤,終風日益扇。"

【焦元】

即枯壤。此稱唐代已行用。見該文。

【焦原】

即枯壤。此稱唐代已行用。見該文。

石畬

多石的火耕田地。此稱元代已行用。元戴良《五月五日游石門懷所遲客》詩:"石畬忽雲擁,岩廣亦星羅。"

砠田

多石的貧瘠田地。此稱清代已行用。清陳廷敬《豆葉》詩:"我家谿谷間,隘陋砠田多。"清金農《白丈慶餘見招以豆麋爲食走筆記之》詩:"二七爲族極藩衍,莢肥偏向砠田生。"

河塂

亦作"河淤"。亦稱"淤灘"。河流泥沙冲積形成的田地。此稱先秦時期已行用。《管子·輕重乙》:"河塂諸侯,畝種之國也。"宋蘇軾《河復》詩:"楚人種麥滿河淤,仰看浮槎棲古木。"《宋史》:"大河連經漲,淤灘面已高,致河流傾側。"元王禎《農書》卷一一:"凡潢污洄互,壅積泥滓,水退皆成淤灘。"《明史·河渠志》:"濱湖豪家盡將淤灘栽蒔,爲利治水。"清黄六鴻《福惠全書·清丈·總論》:"臨山瀕水,漲蕩淤灘,不無開墾耕種,隱漏稅糧。"

【河淤】

同"河塂"。此體宋代已行用。見該文。

【淤灘】

即河塂。此稱宋代已行用。見該文。

圃

亦稱"圃田"。種植蔬菜、瓜果的田地。此稱先秦時期已行用。《周禮·地官·載師》:"以場圃任園地。"鄭玄注:"圃,樹果蓏之屬。"元王禎《農書·田制門·圃田》:"圃田:種蔬果之田也。《周禮》:'以場圃任園地。'注曰:'圃,樹果蓏之屬。'其田繚以垣墻,或限以籬、塹。負郭之間,但得十畝,足瞻數口。若稍遠城市,可倍添田數,至半頃而止。結廬於上,外周以桑,課之蠶利;内皆種蔬,先作長生韭一二百畦,時新菜二三十種。惟務多取糞壤,以爲膏腴之本。慮有天旱,臨水爲上;否則量地鑿井,以備灌溉。地若稍廣,又可兼種麻、苧、果、穀等物。比之常田,歲利數倍。此園夫之業,可以代耕。至於養素之士,亦可托爲隱所,日得供瞻。又有宦游之家,若無别墅,就可栖身駐迹。如漢陰之獨力灌畦,河陽之閑居鬻蔬,亦何害於助道哉?"清唐甄《潛書·太子》:"觀於澤,則知魚鱉所自出;觀於圃,則知果蔬所自出。”

【圃田】

即圃。此稱元代已行用。見該文。

菜園

亦稱“菜圃”。種植蔬菜的園地。此稱漢代已行用。《詩·齊風·東方未明》：“折柳樊圃。”毛傳：“圃，菜園也。”《南史·柳元景傳》：“南岸有數十畝菜園。”宋王禹偁《偶圃小園因題》詩之二：“偶營菜圃爲盤飱，淮瀆祠前水北村。”宋楊萬里《桑茶坑道中》詩之二：“田塍莫道細於椽，便是桑園與菜園。”清沈復《浮生六記·閨房記樂》：“繞屋皆菜圃，編籬爲門。”

【菜圃】

即菜園。此稱宋代已行用。見該文。

菜畦

種植蔬菜的田地。此稱明代已行用。明高啓《春暮西園》詩：“知是人家花落盡，菜畦今日蝶來多。”清阮元《江定甫夢游益都馮相國佳山堂作詩一首余曾游其地因和其韻》：“宰相荒園半菜畦，石屏風外是沙隄。”

果園

種植果樹的園地。此稱先秦時期已行用。《韓非子·說難》：“〔彌子瑕〕與君游於果園。”《韓詩外傳》卷七：“果園梨栗，後宮婦人以相提擲。”漢班固《西都賦》：“竹林果園，芳草甘木。”

瓜田

亦稱“瓜疇”“瓜丘”。種植果樹的田地。此稱晋代已行用。晋陶潛《飲酒》詩之二：“邵生瓜田中，寧似東陵時。”《文選·左思〈思都賦〉》：“其圃則有蒟蒻茱萸，瓜疇芋區。”劉良注：“疇者，界埒小畔際也。”呂向注：“區，畦也。”宋范浚《課畦丁灌園》詩：“瓜疇准擬狸頭大，草徑隄防馬齒繁。”金元好問《贈史子桓尋親之行》詩：“瓜田故侯貧且病，愛莫助之徒自傷。”清吳偉業《投贈督府馬公》詩之二：“慚愧薦賢蕭相國，邵平只合守瓜丘。”

【瓜疇】

即瓜田。此稱晋代已行用。見該文。

【瓜丘】

即瓜田。此稱清代已行用。見該文。

區 [1]

亦稱“區田”。以田埂分隔的小塊田地，傳說商代伊尹首創該法。此稱漢代已行用。漢劉向《説苑·反質》：“衛有五大夫，俱負缶而入井灌韭，終日一區。鄧析過，下車爲教之曰：‘爲機，重其後，輕其前，命曰橋，終日溉韭百區不倦。’”漢趙曄《吳越春秋·吳太伯傳》：“堯聘棄，使教民山居，隨地造區，研營種之術。”元王禎《農書·田制門·區田》：“區田：地一畝，闊一十五步，每步五尺，計七十五尺，每一行占地一尺五寸，該分五十行。長一十六步，計八十尺，每行一尺五寸，該分五十三行。長闊相折，通二千六百五十區。空一行，種一行；於所種行內，隔一區，種一區；除隔、空外，可種六百六十二區。每區深一尺，用熟糞一升，與區土相和；布穀匀，覆土，以手按實，令土種相著。苗出，看稀稠存留。鋤不厭頻。旱則澆灌。結子時，鋤土深壅其根，以防大風搖擺。古人依此布種，每區收穀一斗，每畝可收六十六石。今人學種，可減半計之。又參考《氾勝之書》及《務本新書》，謂湯有七年之旱，伊尹作爲區田，教民糞種，負水澆稼，諸山、陵、傾阪及邱、城上，皆可爲之。其區當於閑時旋旋掘下。正月種春大麥，二、三月種山藥、芋子，三、四月種粟及大、小豆，八月種二麥、豌豆。節次爲之，不可貪多。"明文秉《烈皇小識》卷七："是歲，江南大旱，自春及夏無雨，高區竟未及插蒔。"清周濟《澤農謠》："何來一區田，不種稉，不種秫，但種鷄頭與茭白。"

【區田】[2]

即區[1]。此稱元代已行用。見該文。

區[2]

古代農民播種時所開的穴或溝。此稱北魏已行用。北魏賈思勰《齊民要術・種穀》："區，方七寸，深六寸，相去二尺，一畝千二十七區，用種一升，收粟五十一石。一日作三百區。"唐元稹《生春》詩之七："鞭牛縣門外，爭土蓋蠶叢。斫筤天雖暖，穿區凍未融。"《廣群芳譜・蔬譜四・芋》："五月移栽，大抵芋畏旱，宜近水軟沙地，區深可三尺許，行欲寬，寬則過風。"

區田[2]

一種小範圍內深耕細作、集中施肥灌水的農田。此稱漢代已行用。《齊民要術・種穀》引漢《氾勝之書・區田法》："湯有旱災，伊尹作爲區田，教民糞種，負水澆稼。區田以糞氣爲美，非必須良田也。諸山、陵，近邑高危傾阪及丘城上，皆可爲區田。區田不耕旁地，庶盡地力。"清吳烺《霜葉飛・薑》詞："區田一帶近山腰，瓜架棗林斜引。"《清史稿・德宗紀一》："三月甲寅，諭被災各省試行區田法。"

陵田

陵墓旁的田地。此稱漢代已行用。《史記・孝景本紀》："陵田大旱，衡山國河東雲中郡民疫。"北周庾信《周柱國大將軍長孫儉神道碑》："風雲積慘，山陣連陰，陵田野寂，松逕

寒深。"唐段成式《酉陽雜俎・廣動植・木篇》："陵田五十畝中有葡萄百樹，今在京兆，非直止禁林也。"宋李昉《太平御覽》卷四二六《汝南先賢傳》："有先人草廬，廬於東坑，其下有陵田，魚蛤生焉。"明熊過《與黔國公》："昔者西平方爲督府僉事，則錫吳江田十二頃八十畝；爲督府同知，則錫銅陵田四十二頃四十畝。"

畿畎

京城郊外的田地。此稱南朝齊已行用。南朝齊王融《爲竟陵王與隱士劉虯書》："至於層山絶澗，還帶畿畎，膏田沃野，互望廡躔，信可以招往隱淪，栖集勝寄。"

沙地

亦稱"沙""沙田"。海濱、河岸等地由泥沙淤積形成的田地。此稱唐代已行用。唐白居易《歲晚旅望》詩："煙波半露新沙地，鳥雀群飛欲雪天。"宋蘇軾《自金山放船至焦山》詩"時有沙戶祈春蠶"自注："吳人謂水中可田者爲沙。"《宋史・食貨志上一》："浙西、江東、淮東路沙田、蘆場，頃畝浩瀚，宜立租稅，補助軍食。"元王禎《農書・農器圖譜・田制門》："沙田：南方江淮間沙淤之田也。或濱大江，或峙中洲，四圍蘆葦駢密，以護堤岸。其地常潤澤，可保豐熟。普爲塍埂，可種稻秫；間爲聚落，可藝桑麻。或中貫潮溝，旱則頻漑；或傍繞大港，澇則洩水：所以無水旱之憂，故勝他田也。舊所謂'坍江之田'，廢復不常，故畝無常數，稅無定額，正謂此也。宋乾道年間，梁俊彥請稅沙田，以助軍餉。既施行矣，時相葉顒奏曰：沙田者，乃江濱出沒之地，水激於東，則沙漲於西；水激於西，則沙復漲於東；百姓隨沙漲之東西而田焉，是未可以爲常也。且比

年兵興，兩淮之田租並復，至今未征，況沙田乎？其事遂寢，時論韙之。"《元史·河渠志二》："八月以來，秋潮沟湧，水勢愈大，見築沙地塘岸，東西八十餘步，造木櫃、石囤以塞其要處。"明楊慎《丹鉛總録·地理·沙田》："水邊地可耕曰沙。金陵有白沙，徽州有錦沙，楚有長風沙，秦塞有穆護沙。"明徐光啓《農政全書》卷五："〔沙田〕或濱大江，或峙中洲。"明謝肇淛《五雜俎·物部三》："閩中有番薯，似山藥而肥白過之，種沙地中，易生而極蕃衍，饑饉之歲，民多賴以全活，此物北方亦可種也。"清屈大均《廣東新語·石語》："予沙亭鄉江畔，有沙地二三十畝，其種宜排草，農人以重價佃之。"《清史稿·食貨志一》："乾隆五十九年巡撫吉慶言，沿海沙地灘漲靡常，約十三萬三千餘畝，悉令入官，交原佃耕作納租，永著爲例。"章炳麟《訄書·定版籍》："江幹沙田，宜木綿，其衰如桑。"

【沙】

即沙地。此稱宋代已行用。見該文。

【沙田】

即沙。此稱宋代已行用。見該文。

潮田

用潮水灌溉的田地。此稱唐代已行用。唐錢起《送族侄赴任》詩："雲山深郡郭，花木净潮田。"

輕沙

沙質層淺的土地。此稱唐代已行用。唐薛濤《海棠溪》詩："人世不思靈卉異，競將紅纈染輕沙。"宋蘇軾《浣溪沙》詞："軟草平莎過雨新，輕沙走馬路無塵。何時收拾耦耕身？"明蘭楚芳《迎仙客》："踐香塵，踏落花。淺印

在輕沙，印一對相思卦。"《清史稿·食貨志一》："可墾者分三等，曰輕沙，曰平沙，曰重沙，各州縣試行招墾。"

壖田

河邊的田地。此稱宋代已行用。宋宋敏求《春明退朝録》卷中："疏導二十里，以殺水悍，還壖田七百頃於河南，自是滑人無患。"《陝西通志·藝文七·碑記》："其築平沙隄，因得壖田千餘頃，資灌溉並收其薪。"

淤田

用河邊淤泥圍墾而成的農田。此稱宋代已行用。宋蘇軾《井河》："數年前，朝廷作汴河斗門以淤田，識者皆以爲不可。"宋沈括《夢溪筆談·雜誌一》："予出使至宿州，得一石碑，乃唐人鑿六（徙左換奪耳）門發汴水以淤下澤，民獲其利，刻石以頌刺史之功。則淤田之法，其來蓋久矣。"元王禎《農器圖譜·田制門》"塗田"條："又中土大河之側，及淮灣水匯之地，與所在陂澤之曲，凡潢汙洄互，壅積泥滓，水退皆成淤灘，亦可種藝。秋後泥乾地裂，而撒麥種於上，此所謂淤田之效也。夫塗田、淤田，各因潮漲而成，以地法觀之，雖若不同，其收穫之利，則無異也。"明顧璘《清曠亭記》："東郊課畎之廬，臨淤田，翳灌木，居之鬱鬱，夏月尤病。"清乾隆帝《度永濟橋再叠舊韻作歌》："土水合穰俾剔導，大禁淤田侵河裏。"

塗田

海濱、河岸等地由泥沙淤積形成的田地。此稱元代已行用。元王禎《農書·農器圖譜·田制門》："塗田：《書》云：'淮海維揚州……厥土惟塗泥。'大抵水種，皆須塗泥。然瀕海之地，復有此等田法：其潮水所泛沙泥，積於島嶼，

或墊溺盤曲，其頃畝多少不等；上有鹹草叢生，候有潮來，漸惹塗泥。初種水稗，斥鹵既盡，可爲稼田，所謂'瀉斥鹵兮生稻糧'。沿邊海岸築壁，或樹立椿橛，以抵潮泛。田邊開溝，以注雨潦，旱則灌溉，謂之'甜水溝'。其稼收比常田利可十倍，民多以爲永業。又中土大河之側，及淮灣水匯之地，與所在陂澤之曲，凡潢污洄互，壅積泥滓，水退皆成淤灘，亦可種藝。

秋後泥乾地裂，布掃麥種於上。此所謂淤田之效也。"

壩田

堤岸旁邊的田地。此稱元代已行用。《文獻通考·田賦六》："近年瀕湖之地，多爲軍下侵據，纍土增高，長堤彌望，名曰壩田。"清代《授時通考》："自紹興末年，因軍中侵奪瀕湖，蕩工力易辦創置堤埂，號爲壩田。"

第二節　水利考

中國作爲一個農業大國，自古以來就非常重視水利工程的建設。水利是農業的命脉。幾千年來，豐富的水利資源滋養了中國的農業。同時，由於歷史上旱澇頻仍，這對農業生產也造成了極大的危害。因此，中國農業的發展史，同時也是發展農田水利建設、克服旱澇灾害的戰鬥史，正如晉傅玄所言："陸田者，命懸於天也。人力雖修，苟水旱不時，則一年之功棄矣。〔水〕田制之由人，人力苟修，則地利可盡。天時不如地利，地利不如人和。"（《太平御覽》卷五六、卷八四一引《傅子》）水利對中國農業生產的影響主要表現在以下幾個方面。一是水利影響了中國農業經濟區的形成與轉移。一系列大規模灌溉渠的陸續興建，形成了關中平原、成都平原和冀、豫等幾個重要農業區。東漢到魏晉時期，陂塘水利灌溉事業的發展，使江淮地區成了重要的農業經濟區。中唐以後，長江下游塘浦圩田水利的發展，使中國的農業經濟重心逐漸轉移到江南地區。水利事業促進了中國某些地區農業耕作栽培制度的發展，如長江流域隨着塘圩水利的排灌技術的進步，耕作逐漸由一年一熟演變爲稻麥兩熟或兩稻一麥。二是水利還促使某些地區的農作物組成發生了變化。如黃河流域自西周到春秋，主要以種植黍、稷爲主；到了戰國秦漢時期，水利灌溉事業的發展使水量要求較高的粟、菽、麥成了主要農作物。三是水利灌溉事業的發展，促使了低産農田向高産良田轉化。

中國的農田水利事業發源很早。從浙江河姆渡出土的大量稻穀遺存和骨耜可以推測，河姆渡人已初步掌握了開溝引水和構築田埂等排灌技術。黃河流域一直流傳大禹"疏九河""盡力乎溝洫"的傳説。《周禮》記載，當時的溝洫大致可按功用不同和所控制的灌溉面積大小分爲澮、洫、溝、遂、畎、列各級，分别起着向農田引水、輸水、灌水、排水的作用，形成了有灌有排的農田水利體系。

東周以後，隨着鐵製農具的開始使用與逐步推廣，水利工程的規模也逐漸擴大。某些工程的規模之大、設計之巧、技術之高，居於當時世界先進之列。主要農田水利灌溉工程有以下幾種。

一是灌溉渠系工程。開渠灌溉，開溝排水，既滿足作物必需之水又不致被淹，是興修農田水利的目的。溝渠工程是最普遍的一種形式。戰國時期，各國爲發展農業生產，富國強兵，農田水利事業受到前所未有的重視，大型渠系工程建設迅速興起。魏國西門豹治鄴，他發動老百姓興建水渠，引漳河水灌溉鄴地，這就是著名的漳水十二渠，也叫"西門渠"，它是中國最早的大型渠系。十二渠在間隔一定的距離分築十二道低滾水壩，分設十二個口門，各設進水閘，分疏爲十二條引水渠。自西漢以後數百年間，漳河流域一直是中國最重要的政治、經濟區域之一。

公元前256至前221年，秦蜀守李冰在成都平原修建了舉世聞名的都江堰工程。都江堰建於岷江冲積扇地地形上，爲無壩引水渠系。渠首工程由魚嘴、寶瓶口和飛沙堰三部分組成。魚嘴是位於江中的分水渠堤，它將岷江水一分爲二；寶瓶口是内江進水口門，起節制進入灌區水量的作用；飛沙堰則是内江溢洪道。三者共同構成一個完整的灌溉樞紐。除這三部分主要工程外，還有百丈堤、分水魚嘴、金剛堤、人字堤等一系列配套附屬建築物。由於規劃合理，設計構思巧妙，管理科學，都江堰成爲中國灌溉渠系中最優秀的工程之一。《華陽國志·蜀志》記載，都江堰建成後，川西平原"旱則引水浸潤，雨則杜塞水門……水旱從人，不知饑饉，時無荒年，天下謂之天府也"。這就是有名的"天府之國"的由來。

戰國時期規模最大的渠系工程是關中平原上的鄭國渠。該水渠西引涇水，東注洛水，幹渠全長三百餘里，灌溉面積號稱四萬餘頃。司馬遷在《史記》中載："渠就，用注填閼之水，溉澤鹵之地四萬餘頃，收皆畝一鍾。於是關中爲沃野，無凶年，秦以富強，卒並諸侯。"到了西漢，灌溉渠系又有所發展，如成國渠、白渠、六輔渠、靈軹渠、蒙蘢渠等。但西漢以後灌溉渠系工程基本處於停滯狀態，僅在少數地區略有所發展。隋唐之後又漸恢復，宋代已有運河之稱，至元代修浚利用一部分隋唐以來運河及一些天然河道，建成著名的大運河，至此其航運功能得以空前提升。

二是陂塘工程。陂塘是利用自然地勢經過人工整理的貯水工程。兩千多年前就已經有利用陂塘灌溉農田的記載。《詩・小雅・白華》：“彪池北流，浸彼稻田。”芍陂興建於春秋戰國時期，是中國最早的一座大型築堤蓄水灌溉工程，灌溉今安徽壽縣以南淠水和淝水之間的四萬餘頃土地。到了西漢時期，陂塘興建已非常普遍，東漢以後發展得更爲迅速。陂塘水利適宜於丘陵地區，曹魏時期在淮河南北大興屯田，修建陂塘工程數量不少。當時爲發展水稻種植，還曾開鑿廣漕渠及淮陽、百尺二渠，引汴水入潁水。近年在雲南、四川出土不少東漢陶陂池模型，顯示出當時普遍修建陂塘的情形。元王禎《農書・灌溉》：“惟南方熟於水利，官陂官塘處處有之。民間所自爲溪堨、水蕩，難以數計。”明代僅江西一地就有陂塘數萬個。遍布各地的陂塘對促進農業生產起了不可估量的作用。

太湖流域的塘浦圩田系統。唐安史之亂後，南方經濟發展逐漸超過北方，農田水利建設的重點也逐漸轉移到了南方，而太湖流域塘浦圩田的大規模修建更爲突出。古代太湖人民在淺水沼澤或河湖灘地取土築堤，圍墾闢田。其溝洫低窪處又築成塘浦，後逐漸發展成橫塘縱浦緊密相連，演變成爲棋盤式的塘浦圩田系統。宋范仲淹《答手詔條陳十事》：“江南舊有圩田，每一圩方數十里，如大城，中有河渠，外有閘門，旱則開閘引江水之利，潦則閉閘拒江水之害，旱澇不及，爲農美利。”五代時，吳、越等國大力修浚河堤，設立專門官員管理養護，把治水與治田結合起來，收到了良好的效益。

三是海塘工程。自漢、唐開始，江、浙、閩沿海人民爲防禦潮水災害，開始修建江海堤防。海塘在東南沿海地區經濟開發中占有重要的地位。五代時，吳國錢鏐曾在杭州候潮門和通江門外築塘防潮，所用石囤木椿之法，以木柵爲格，格內填磚石，經漲沙充淤後，成爲遠比土塘堅固的土石塘。北宋時石塘技術上的一項改革是采用了“陂陀法”，即將海塘修成斜陂石級式。明清時期，海塘工程更受到廣泛重視，投入的人力、物力都遠超過以往任何一個時期。

四是井灌工程。這是一種利用地下水的工程形式。在河姆渡新石器文化遺址中就發現了井，可見古代先民早就利用地下水。中國北方地區地表水不足，所以歷代都重視發展井灌。明清時期，在今陝西關中、河北、河南等地建立了井灌區。而坎兒井則是新疆地區天山、阿爾泰山和崑崙山的積雪融化後滲入礫石層形成伏流或潛水，被當地人民用以灌溉的一種形式。人們根據當地雨量稀少、氣候炎熱、風沙大的特點，開鑿成列的竪井，其下有横行暗渠，再通過明渠把水送到農田。這樣水行地下，可以減少蒸發。早在西漢時期新疆地區就有坎兒井存在。清代林則徐曾在吐魯番一帶大力推廣坎兒井，促進了當地農業生産的發展。

川

便於灌溉農作物的河流。此稱先秦已行用。《周禮·地官·遂人》:“凡治野，夫間有遂，遂上有徑；十夫有溝，溝上有畛；百夫有洫，洫上有塗；千夫有澮，澮上有道；萬夫有川，川上有路，以達於畿。”鄭玄注:“萬夫，四縣之田。遂、溝、洫、澮，皆所以通水於川也。”《漢書·李尋傳》:“今汝潁畎澮皆川水漂踴，與雨水並爲民害，此《詩》所謂‘爗爗震電，不寧不令，百川沸騰’者也。”《南齊書·五行志》:“人君不禱祀，簡宗廟，廢祭祀，逆天時，則霧水暴出，川水逆溢，壞邑軼鄉，沈溺民人。”宋王安石《晚歸》詩:“岸迴重重柳，川低渺渺河。”

陂 1

蓄水灌溉用的池塘湖泊。此稱先秦已行用，亦稱“陂塘”。《國語·周語下》:“陂塘汙庳，以鍾其美。”韋昭注:“畜水曰陂，塘也。”《淮南子·説林訓》:“十頃之陂可以灌四十頃，而一頃之陂可以灌四頃，大小之衰然。”高誘注:“畜水曰陂。”《三國志·魏書·劉馥傳》:“揚州士民，益追思之，以爲雖董安於之守晋陽，不能過也，及陂塘之利，至今爲用。”南朝宋劉義慶《世説新語·德行》:“叔度汪汪如萬頃之陂。澄之不清，擾之不濁。”唐韓愈《唐故江西觀察使韋公墓志銘》:“築堤扞江長十二里，疏爲斗門，以走潦水……灌陂塘五百九十八，得田萬二千頃。”《舊唐書》卷八四:“仁軌始令收斂骸骨，瘞埋吊祭之，修録户口，署置官長，開通塗路，整理村落，建立橋梁，補葺堤堰，修復陂塘，勸課耕種，賑貸貧乏，存問孤老。”宋王安石《招約之職方並示正甫書記》詩:“横陂受後潤，直塹輸前瀆。”宋賀鑄《竹鷄詞》詩:“東南澤國陂塘闊，旱歲少逢晴五月。”宋錢易《南部新書》庚:“今爲耕民畜作陂塘，資澆溉之用。”元王禎《農書》卷一八:“陂塘:《説文》曰：陂，野池也，塘，猶堰也。陂必有塘，故曰陂塘。《周禮》:‘以瀦蓄水，以防止水。’説者謂:‘瀦者，蓄流水之陂也。防者，瀦旁之隄也。’今之陂塘，即與上同。考之書傳，廬江有芍陂，潁川有鴻隙陂，廣陵有雷陂、愛敬陂，陽平沛郡有鉗廬陂，餘難遍舉。其各溉田，大則數千頃，小則數百頃。後世故迹猶存，因以爲利。今人有能别度地形，亦效此制，足溉田畝千萬。比作田圍，特省工費，又可畜育魚鱉，栽種菱藕之類，其利可勝言哉？”明李曅《踏車行》詩:“况當今日滴雨無，陂塘之水争喧嘩。”清曹寅《聞蛙》詩:“南園舊經行，陂塘盛藻荇。”清秦蕙田《五禮通考》卷二四八:“至於近日，巡歷又得親見，所至原野，極目蕭條，唯是有陂塘處，則其苗之蔚茂秀實，無以異於豐歲，於是竊歎。”

【陂塘】

即陂。此稱先秦已行用。見該文。

【陂遏】

即陂。此稱三國魏已行用，晋代亦作"陂堨"，清代亦稱"陂蕩"。《三國志·魏書·鄭渾傳》："渾於蕭、相二縣界，興陂遏，開稻田。"晋杜預《論水利疏》："陂堨歲決，良田變生蒲葦。"《南齊書·徐孝嗣傳》："淮南舊田，觸處極目，陂遏不脩，咸成茂草。"宋蘇轍《戲作家釀》詩之二："今年利陂堨，碓聲喧里閭。"《資治通鑑·漢獻帝建安五年》："廣屯田，興陂堨。"胡三省注："以土壅水曰堨。"元王禎《農書》卷三："民間所自爲溪堨水蕩，難以數計，大可灌田數百頃，小可溉田數十畝，若溝渠陂堨上置水閘，以備啓閉，若塘堰之水，必置涵竇，以便通泄。"元王禎《水栅》詩："却資沃灌開田封，向來陂堨皆餘蹤。"清曹寅《雨夕送令彰還廣陵》詩："陂蕩水連江，泥塗聚石矼。"

【陂堨】

同"陂遏"，即陂。此稱晋代已行用。見該文。

【陂蕩】

即陂遏，亦即陂。此稱清代已行用。見該文。

竇

灌溉用的小水渠，亦指水道口。此稱先秦已行用，亦作"瀆"，亦稱"灌瀆"，晋代又稱"穴"，元代還稱"涵"，清代另稱"水竇"。《周禮·考工記·匠人》："竇其崇三尺。"鄭玄注："宮中水道。"孫詒讓正義："竇若今陰溝，穿地爲之，以通水潦者。"《易·需》："需於血，出自穴。"高亨注："出自穴，由穴竇中逃出。"《左傳·襄公二十六年》："有大雨，自其竇入。"杜預注："雨，故水竇開。"《韓非子·五蠹》："澤居苦水者，買庸而決竇。"《論語·憲問》："〔管仲〕豈若匹夫匹婦之爲諒也，自經於溝瀆而莫之知也？"《莊子·外物》："夫揭竿累，趣灌瀆，守鯢鮒，其於得大魚難矣。"陸德明釋文引司馬彪曰："溉灌之瀆。"《韓非子·五蠹》："澤居苦水者，買庸而決竇。"《文選·宋玉〈高唐賦〉》："陬互横啎，背穴偃蹠。"李善注："穴，孔也。"《史記·屈原賈生列傳》："彼尋常之汙瀆兮，豈能容吞舟之魚！"司馬貞索隱："瀆，小渠也。"又《太史公自序》："維禹浚川，九州攸寧；爰及宣防，決瀆通溝。"漢董仲舒《春秋繁露·求雨》："通道橋之壅塞，不行者決瀆之。"《文選·木華〈海賦〉》："江河既導，萬穴俱流。"李周翰注："萬穴，水道也。"《梁書·徐勉傳》："瀆中並饒菰蔣，湖裏殊富芰蓮。"唐杜甫《三川觀水漲二十韻》："不有萬穴歸，何以尊四瀆。"唐柳宗元《時令論上》："季春利堤防，遠溝瀆，止田獵，備蠶器，合牛馬，百工無悖於時。"宋秦觀《寄陳季常》詩："揭竿趣灌瀆，與爾不同調。"宋周密《齊東野語·巴陵本末》："王聞變，匿水竇中。"元王禎《農書》卷三："若塘堰之水，必置涵竇，以便通泄。"一説，疑即涊，通水器。《字彙補·水部》："涊，竇也。"明馮夢龍《智囊補·兵智·賀若弼》："賀若弼謀攻京口，先以老馬多，買陳船而匿之，買敝船五六十艘，置於瀆內，陳人覘之，以爲中國無船。"清顧炎武《濟南》詩之一："西來水竇緣王屋，南去山根接岱宗。"清蒲松齡《聊齋志異·促織》："遽撲之，入石穴中……以筒水灌之，始出。"清談遷《北遊錄·後紀程》："自是長隄多水竇，水瑩緑異常。”清唐孫華《官米行》:“去年霪潦歲不熟，惵惵窮民在溝瀆。”

【瀆】

同“竇”。此體先秦已行用。見該文。

【灌瀆】

即竇。此稱先秦已行用。見該文。

渠

人工開鑿的水道，可用於灌溉農作物。此稱先秦已行用，漢代亦稱“注溉渠”“洫”。《國語·晋語二》:“景霍以爲城，而汾、河、涑、澮以爲渠。”韋昭注:“渠，池也。”《説文·水部》:“渠，水所居。”王筠句讀:“河者，天生之；渠者，人鑿之。”《史記·河渠書》:“蜀守冰鑿離碓，辟沫水之害，穿二江成都之中。此渠既可行舟，有餘則用溉浸，百姓饗其利。”《後漢書·鮑昱傳》:“昱乃上作方梁石洫，水常饒足，灌田倍多。”李賢注:“洫，渠也。以石爲之，猶今之水門也。”南朝陳張正見《帝王所居篇》:“紫微臨複道，丹水亘通渠。”北魏酈道元《水經注·汾水》:“漢河東太守潘系穿渠，引汾水以溉皮氏縣，故渠尚存，今無水也。”唐韓愈《赴江陵途中》:“傳聞閭里間，赤子棄渠溝。”唐杜牧《東都送鄭處誨校書歸上都》詩:“悠悠渠水清，雨霽洛陽城。”宋文彦博《遊史館張大卿致政李少卿史館傅兵部濟上郊園》詩:“一渠寒水流清濟，千仞濃嵐聳太行。”宋朱熹《答王無功》詩:“渠水經夏響，石苔終歲青。”明劉崧《早春燕城懷古》詩其二:“酒坊當户懸荷葉，兵壘緑渠插柳枝。”清洪昇《長生殿·窺浴》:“你看清渠屈注，洄瀾皺漪，香泉柔滑宜素肌。”清曹雪芹《紅樓夢》第二七回:“質本潔來還潔去，不教汙淖陷渠溝。”

【注溉渠】

即渠。此稱漢代已行用。見該文。

【洫】

即渠。此稱漢代已行用。見該文。

【槽】[1]

即渠。此稱唐代已行用。唐元稹《酬劉猛見送》詩:“去去我移馬，遲遲君過橋。雲勢正横壑，江流初滿槽。”宋楊萬里《過封建寺下連魚灘》詩:“江收衆水赴單槽，石壁當流鬥雪濤。”明胡震亨《唐音癸籤·詁箋一》:“今黄河舟子稱水落爲歸槽。槽本馬槽，象渠形言之也。”

【漊】

即渠。此稱唐代已行用。溝渠。宋黄庭堅《次韻錢穆父贈松扇》詩:“可憐遠度幘溝漊，適堪今時褦襶子。”明陸容《菽園雜記》卷五:“如‘漊’字本雨不絶貌，今南方以爲溝渠之名，北人則不解道也。”明徐光啓《農政全書》卷一五:“若田中有漊蕩，或原因取土致田深陷者，即用河土填平。”明張内蘊、周大韶《三吴水考》卷二:“其上流西北有荆溪百瀆，受建康常潤諸郡之水；西南有苕霅二溪七十二漊，受宣歙臨安杭湖諸山溪之水。諸水自西南北總匯於太湖。”清弘曆《寄題道塲山用蘇東坡游道塲山何山詩韻》:“望湖亭畔漫泐碑，漊港疏治廑顧歎。”清龔自珍《己亥雜詩》之一四〇:“太湖七十漊爲墟，三泖圓斜各有初。”清魏源《東南七郡水利略叙》:“三江導尾水之去，江所不能遽泄者，則亞而爲浦，爲港，爲渠，爲瀆，爲洪、涇、浜、漊，凡千有奇。”

【陂渠】

即渠。此稱漢代已行用，三國魏亦稱“河

渠"，南朝又稱"渠塹"。《後漢書・樊宏傳》："其所起廬舍，皆有重堂高閣，陂渠灌注。"《南史》卷七八："佛道所興國也，人民敦厖，土地饒沃。其王號茂論。所都城郭，水泉分流，繞於渠塹，下注大江。"《北齊書》卷二二："湣於州內開立陂渠，溉稻千餘頃，公私賴之。"宋蘇軾《上神宗皇帝書》："又有好訟之黨，多怨之人，妄言某處可作陂渠。"宋劉克莊《漁梁》詩："水入陂渠喧似瀑，雲從山崦上如炊。"元王禎《農書》卷一一："稔知燕地多陂渠，糞溉膏腴倍常畝。"明宋濂《文憲集》卷一六："余觀載籍之中，有民社者，能脩陂渠之政，則屢書之而不厭其詳。"明李時珍《本草綱目・草五・狗舌草》〔集解〕引蘇恭曰："狗舌生渠塹濕地。"

【河渠】

即陂渠，亦即渠。此稱三國魏已行用。見該文。

【渠塹】

即陂渠，亦即渠。此稱南朝已行用。見該文。

都江堰

亦稱"安都堰"。戰國初期始修的著名水利工程。在四川都江堰市西北岷江中游。因三國時屬都安縣境，亦稱"安都堰"，宋元之後始稱"都江堰"。岷江發源於岷山之南的羊膊嶺，水源盛大，自山區轉流成都平原，流速陡降，易淤易決。戰國之前，水災嚴重。戰國初期，蜀相開明決玉壘山，分引岷水，以解其患，於是成都一帶，"民得陸處"（漢揚雄《蜀王本紀》）。至秦昭王時，蜀郡守李冰父子訪察水脉，因勢利導，建成了都江堰排灌水利工程，洪水得以疏導，水量得以調劑，至此成都平原"沃野千

里，號爲陸海"（晋常璩《華陽國志・蜀志》），稱爲"天府之土"或"天府之國"（語本《三國志・蜀書・諸葛亮傳》、唐陳子昂《臨邛縣令封君遺愛碑》）。後代屢有擴建，主要工程是在岷江江心，以竹籠裝卵石，砌成魚嘴狀分水設施，下接金剛堤，使岷江於此分爲內外兩江。外江原係岷江正流，其下游闢有許多灌溉支渠，兼可排洪；內江在灌縣城西南鑿玉壘山成寶瓶口，由此向下闢爲走馬河、蒲陽河及柏條河等，穿入成都平原，用以灌溉及航運。在都江堰附近，又興建了排入外江的平水槽、飛沙堰等設施，使進入內江過多的洪水漫入外江，以確保內江灌溉區的安全。都江堰附近的河底常被沙石充填，每年必須在內外江輪流以杩槎斷流，以便淘挖清理。相傳李冰制定了"深淘灘，低作堰"的歲修方針，以及"遇彎截角，逢正抽心"的治水原則。及至明代，都江堰以下內外兩江灌溉總面積曾達三百餘萬畝。中華人民共和國成立前，由於戰亂，工程失修，灌溉面積一度縮

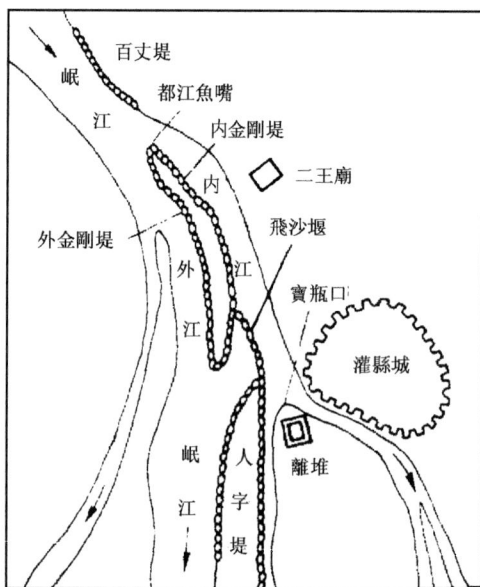

都江堰示意圖

減爲二百餘萬畝。中華人民共和國成立後，纍加整治擴建，2000 年之後又加大規模改造，今之灌溉面積已達千萬畝之上。

【安都堰】

即都江堰。此稱三國時期已行用。見該文。

漳水十二渠

亦稱“西門渠”。戰國時期魏國西門豹主持修建的大型水利工程。他在任鄴令時，爲消除漳水水患，組織當地百姓開鑿漳水十二渠，引水灌溉農田。這是中國歷史上有記載的第一條大型灌溉渠系，也是中國引水工程的創始。《史記·滑稽列傳》：“西門豹即發民鑿十二渠，引河水灌民田。”唐釋道世《法苑珠林·邪見部·引證》引唐唐臨《冥報記》：“自於隆政西門渠水上燒之，既而身輕體健。”明顧祖禹《讀史方輿紀要》：“又漳水在鄴，富饒所資也。《史記》：魏西門豹爲鄴令，鑿十二渠以富民鄴西有十二登。亦名西門渠。”十二渠就是間隔一定距離分築十二條低滾水壩，分設十二個口門，各設進水閘，分疏爲十二條引水渠。該設施不僅有利於消除水患，灌溉農田，而且有利於灌區内鹽碱地的土壤改良。自西漢後數百年間，該地區一直成爲中國重要的政治經濟區域。

【西門渠】

即十二渠。此稱唐代已行用。見該文。

鄭國渠

省稱“鄭渠”。戰國末年修建的著名水利工程。秦王政十年（前 237），采納韓國水工鄭國建議開鑿。自中山西瓠口（今陝西涇陽），引涇水東流，至今三原北會合濁水，利用濁水及石川河水道，復引流東經富平、蒲城之南，注入洛水。此稱漢代已行用。《史記·河渠書》：“秦以爲然，卒使就渠。渠就，用注填閼之水，溉澤鹵之地四萬餘頃，收皆畝一鍾。於是關中爲沃野，無凶年，秦以富彊，卒并諸侯，因命曰鄭國渠。”《陳書·高祖本紀》：“吳州、縉州，去歲蝗旱，郢田雖疏，鄭渠終涸，室靡盈積之望，家有填壑之嗟。”北魏酈道元《水經注·鮑丘水》：“於是二府文武之士，感秦國思鄭渠之績，魏人置豹祀之義，乃遇慕仁政，追述成功。”渠長三百餘里，灌溉面積四萬餘頃（約今二百八十萬畝），畝收一鍾（六斛四斗），關中遂成沃野。及至唐代，鄭、白二渠趨於混流，主要發展白渠，鄭國渠漸廢。

【鄭渠】

“鄭國渠”之省稱。此稱南北朝時期已行用。見該文。

石渠

石築的水渠。此稱漢代已行用，晉代亦稱“石槽”，清代又稱“石筧”。漢劉楨《公宴》詩：“清川過石渠，流波爲魚防。”《三國志·魏書·華佗傳》“後十八歲，成病竟發，無藥可服，以至於死”裴松之注引晉常璩《華佗別傳》：“有婦人長病經年，冬十一月中，佗令坐石槽中，平旦用寒水汲灌，雲當滿百。”北魏楊衒之《洛陽伽藍記·景樂寺》：“義井里北門外有叢樹數株，枝條繁茂。下有甘井一所，石槽鐵罐，供給行人，飲水庇蔭，多有憩者。”北魏酈道元《水經注》卷一四：“命司馬關内侯逢惲，内外將士二千人，起長岸，立石渠，脩主遏，治水門。”唐孟浩然《病癒過龍泉寺精舍呈易業二公》詩：“石渠流雪水，金子耀霜橘。”宋曹勳《過小圃》詩：“碧色新松徑，泉聲舊石渠。”宋陳耆卿《赤城志》卷二三：“歲久梁廢，池亦埋，獨石槽略有存者。"明蔡羽《引秦後即事》詩："金水荷花接綺軒，石渠銀鑰掌中閣。"清徐元文《登尉崌峰》詩："路轉千盤隨石筧，崖臨百丈聳丹臺。"

【石槽】

即石渠。此稱晋代已行用。見該文。

【石筧】

即石渠。此稱清代已行用。見該文。

架槽

架起的水槽。多用竹木椿作架，上設板槽引水，適於距離水源較遠的農田灌溉等。此稱元代已行用，亦稱"槽"。元王禎《農書》卷一八："架槽，木架水槽也。間有聚落，去水既遠，各家共力造木爲槽，遞相嵌接，不限高下，引水而至。如泉源頗高，水性趨下，則易引也。或在窪下，則當車水上槽，亦可遠達。若遇高阜，不免避礙，或穿鑿而通；若遇坳險，則置之又木，駕空而過；若遇平地，則引渠相接，又左右可移。隣近之家，足得借用。非惟灌溉多便，抑可瀦蓄爲用。"明徐光啓《農政全書》卷一七略同。《山西通志》卷一六七："元和志，禹鑿山，河水下趨峻急，深七丈，經行之處，元禁捕魚。今山中鑿空架槽，濶五十步，東流懸注七十餘尺，魚鱉所不能遊，號石槽。東岸有石槽祠，禹之施功始此。"

【槽】[2]

即架槽。此稱元代已行用。見該文。

浚渠

深水渠，便於灌溉距離水源較遠或地勢曲折的田地。此稱元代已行用。元王禎《農書》卷三："浚渠：凡川澤之水，必開渠引用，可及於田。考之古有溝洫畎澮，以治田水，《書》

云'濬畎澮距川'是也。逮夫疏鑿已遠，井田變古，後世則引川水爲渠，以資沃灌。按，《史記》秦鑿涇爲渠，又關西有鄭國、白公、六輔之渠，外有龍首渠，河内有史起十二渠，范陽有督亢渠，河北有廣戾渠，朗州有古史渠，今懷孟有廣濟渠，俱各溉田千百餘頃，利澤一方，永無旱暵。所謂人能勝天，豈不信哉！後之人有能因其地利水勢，繼此而作，益國富民，可見速效。凡長民者，宜審行之。"

溝渠

城郭或田間水道。此稱先秦已行用。《墨子・節葬下》："若苟寡，是城郭溝渠者寡也。"南朝宋范煜《後漢書》卷五："三年春，正月甲戌，修理太原舊溝渠，溉灌官私田。"唐姚思廉《梁書》卷八："伏聞當發王弁等上東三郡民丁，開漕溝渠，導泄震澤，使吳興一境無復水災，誠矜恤之至仁，經略之遠旨，暫勞永逸，必獲後利。"宋陸游《老學庵筆記》卷六："京師溝渠極深廣，亡命多匿其中。"宋唐庚《圓蛤》詩："夏潦漲溝渠，喧呼自酬答。"元陳旅《和康庸田魯瞻公言懷韻》詩："溝洫已非神禹迹，東西空引白溝渠。"明李曇《菜圃爲鄰畜所殘》詩："僕夫勤灌溉，引水通溝渠。"

溝洫

田間水道。此稱先秦已行用，漢代亦作"溝減"。《周禮・考工記・匠人》："匠人爲溝洫……九夫爲井，井間廣四尺，深四尺，謂之溝。方十里爲成，成間廣八尺，深八尺，謂之洫。"鄭玄注："主通利田間之水道。"《史記・夏本紀》："〔禹〕薄衣食，致孝於鬼神。卑宮室，致費於溝減。"裴駰集解引包氏曰："方里爲井，井間有溝，溝廣深四尺；十里爲成，成間有減，減廣深八尺。"晋左思《蜀都賦》："溝洫脈散，疆里綺錯，黍稷油油，秔稻莫莫。"宋彭汝礪《暴雨》詩："衣擊脚芒看溝減，有惻烝徒老荆棘。"元陳旅《和康庸田魯瞻公言懷韻》詩："溝洫已非神禹迹，東西空引白溝渠。"明徐問《廣西風土四首》詩其四："山上結茅廬，山下舊溝洫。"

【溝減】

　　同"溝洫"。此體漢代已行用。見該文。

【溝澮】

　　即溝洫。此稱先秦已行用。《孟子·離婁下》："苟爲無本，七八月之間雨集，溝澮皆盈；其涸也，可立而待也。"《荀子·王制》："脩隄梁，通溝澮。"楊倞注："溝澮，皆所以通水。《周禮》：'十夫之田有溝，溝上有畛。千夫有澮，澮上有道。'鄭云：'溝，廣深各四尺。澮，廣二尋，深二仞也。'"漢張衡《南都賦》："溝澮脈連，隄塍相輒。"唐戴叔倫《喜雨》詩："田家共歡笑，溝澮亦已深。"宋陸游《夏雨》詩："塵沙洗濯草木醒，溝澮潋灔舟舸通。"元陳謙《虎丘三首鄭君明德偕廉夫伯雨諸公同賦次東坡先生韻》詩其二："寧容溝澮雨，汪洋敵千頃。"明吳寬《送張都水》詩："噫此尋丈耳，譬如溝澮然。"清蒲松齡《聊齋志異·雷曹》："時久旱，十里外，雨僅盈指，獨樂里溝澮皆滿。"

【溝瀆】

　　即溝洫。此稱先秦已行用，漢代亦稱"洫瀆"。《易·説卦》："坎爲水，爲溝瀆。"漢劉向《説苑·臣術》："子路爲蒲令，備水災，與民春脩溝瀆。"《後漢書·文苑傳上·杜篤》："洫瀆潤淤，水泉灌溉，漸澤成川，秔稻陶遂。"元張翥《題李白觀泉圖》詩："尋常溝瀆不可濯，何處容伸遭汙足。"

【洫瀆】

　　即溝瀆，亦即溝洫。此稱漢代已行用。見該文。

【溝洫】

　　即溝洫。此稱先秦已行用。《子華子·晏子問黨》："其四野之外，未耜從其宜，溝畎以其便。"唐元稹《田野狐兔行》："種豆耘鋤，種禾溝畎。"宋曾鞏《咏雪》詩："漸涵溝畎兆豐富，洗濯閭閻消瘴疫。"宋葉適《司農卿湖廣總領詹公墓志銘》："是薄而小，不足盡地力，且無溝畎，何以行水？"明石珤《畫灰》詩："巨擘縱橫分岸畔，先王經國區溝畎。"清查慎行《苦雨聯句》："矧邇疲鞍駛，溝甽潯齊腰。"

畦畎

　　即溝洫。此稱先秦已行用。南朝齊王融《永明九年策秀才文》："將使杏花菖葉，耕穫不愆，清甽泠風，述遵無廢。"《陳書》卷五："良疇美柘，畦畎相望。連宇高甍，阡陌如綉。"宋梅堯臣《貽妄怒》詩："南方食蝦蟇，密捕向清畎。"元吳萊《方景賢回聞吳中水澇甚戲效方子清儂言》詩："屋扉蚌蛤上，畦畎魚龍争。"明楊慎《歸田四咏爲憲副卜蘇溪賦·夏牧》："長夏泠風清甽，新晴丹鉛綠疇。"清彭孫遹《送蘭皋之滇中》詩："精廬聞雅吹，清甽見深耕。"清汪森《粤西文載》卷一九："俯盼之，如驚湍，如怒濤，如畦畎，如坻阿，如鼎俎，如籩豆。"

堤

　　沿江河湖海用石頭、土木等建造的防水設施。此稱先秦已行用，亦作"隄"。《左傳·襄公二十六年》："宋芮司徒生女子，赤而毛，棄諸堤下。"《管子·度地》:"春三月……土乃益剛,令甲士作隄大水之旁。"漢班固《西都賦》:"茂樹蔭蔚,芳草被隄。"唐韓愈《暮行河堤上》詩:"暮行河堤上,四顧不見人。"唐温庭筠《春日野行》詩:"日西塘水金隄斜,碧草萋萋晴吐芽。"《紅樓夢》第五八回:"寶玉也正要去瞧黛玉,起身挂拐,辭了他們,從沁芳橋一帶堤上走來。"清鈕琇《觚賸續編·桃花園》:"無須訪載酒之隄,已見煙迷村路。"

【隄】

同"堤"。此體先秦已行用。見該文。

【防】

即堤。此稱先秦已行用,清代亦稱"圩""圩防""水防"。《周禮·地官·稻人》:"稻人掌稼下地,以瀦畜水,以防止水。"鄭玄注:"防,猪旁隄也。"《吕氏春秋·慎小》:"巨防容螻,而漂邑殺人。"高誘注:"防,堤也。"《爾雅·釋山》:"如防者,盛。"郭璞注:"防,隄。"《文選·干寶〈晋紀總論〉》:"若積水於防,燎火於原,未嘗蹔静也。"宋葉適《紹興府新置二莊記》:"越之西皆海也,水怒防失,冒寶盆,隳白楊市,兩縣間蕩爲滄溟。"清顧炎武《中憲大夫寇公墓志銘》:"公乘舟出郊,勸民興工築圩,以食農民。"清唐甄《潛書·柅政》:"察農桑,築圩防,計豐凶,除奸慝,則民亦少害矣。"清徐昂發《下田雨歎》詩:"古者制田畝,其要維溝防。"清錢泳《履園叢話·水學·圍田》:"大約有田百畝,必築三尺之圩,以泄水而防潦。"康有爲《大同書》甲部第二章:"水防未修,溝洫不開,樹木不多,宣洩無自,不能調燮陰陽。"《雲南通志》卷二九:"然當其水勢汎涣,决圩防,没田廬,又往往爲民患。"

【圩】[2]

即防,亦即堤。此稱清代已行用。見該文。

【圩防】

即防,亦即堤。此稱清代已行用。見該文。

【水防】

即防,亦即堤。此稱清代已行用。見該文。

【坊】

即堤。此稱先秦已行用。《禮記·檀弓上》:"吾見封之若堂者也,見若坊者也。"鄭玄注:"坊,形旁殺,平上而長。"孔穎達疏:"坊,堤也……上平而兩旁殺,其南北長也。"《戰國策·秦策一》:"濟清河濁,足以爲限;長城巨坊,足以爲基。"唐杜甫《崔氏東山草堂》詩:"盤剥白鴉谷口栗,飯煮青泥坊底芹。"

岸

即堤。此稱先秦已行用,亦稱"塘",南朝宋又稱"塘岸"。《詩·衛風·氓》:"淇則有岸,隰則有泮。"《莊子·達生》:"被髮行歌而遊於塘下。"成玄英疏:"塘,岸也。既安於水,故散髮而行歌,自得逍遥,遨遊岸下。"三國魏張揖《埤蒼》:"塘,長沙謂隄爲塘。"《文選·左思〈吴都賦〉》:"横塘查下,邑屋隆夸。"李善注:"横塘在淮水南,近家渚緣江築長堤,謂之横塘。"《宋書·恩幸傳·阮佃夫》:"於宅内開瀆,東出十許里,塘岸整絜,汎輕舟,奏女樂。"唐王灣《次北固山下》詩:"潮平兩岸濶,風正一帆懸。"宋李彌遠《渡横溪》詩:"百尺滄浪兩岸沙,肩輿徒涉步欹斜。"

【塘】

即岸,亦即堤。此稱先秦已行用。見該文。

【塘岸】

即岸,亦即堤。此稱先秦已行用。見該文。

【陂】[2]

即堤。此稱先秦已行用，漢代亦稱"澤障"。《詩·陳風·澤陂》："彼澤之陂，有蒲與荷。"毛傳："陂，澤障也。"孔穎達疏："澤障，謂澤畔障水之岸，以陂內有此二物，故舉陂畔言之，二物非生於陂上也。"《漢書·高帝紀上》："母媼，嘗息大澤之陂，夢與神遇。"唐姚合《遊春》詩之十："晴野花侵路，春陂水上橋。"明徐弘祖《徐霞客遊記·楚遊日記》："土人環石爲陂，壅成巨潭，以灌山塍。"

【澤障】

即陂，亦即堤。此稱漢代已行用。見該文。

【障】

即堤。此稱先秦已行用，唐代亦稱"隄障"，宋代又稱"堤障"。《國語·周語中》："澤不陂障，川無舟梁。"《呂氏春秋·愛類》："禹於是疏河決江，爲彭蠡之障，乾東土，所活者千八百百國，此禹之功也。"高誘注："障，隄防也。"唐韓愈《岳陽樓別竇司直》詩："朝過宜春口，極北缺隄障。"唐杜牧《罪言》："國家因之，畦河脩障。"宋蘇轍《寄孔武仲》詩："官吏困堤障，麻鞋污泥滓。"《宋史·滕元發傳》："瘞死食饑，除田租，修隄障。"《續資治通鑑·元泰定帝泰定元年》："鹽官州海水溢，屢壞隄障，浸城郭，遣使祀海神，仍與有司視形勢所便。"

【隄防】

即堤。此稱先秦已行用，亦作"堤坊"，隋代亦稱"堤封"，唐代起又稱"堤塘"，明代還稱"隄塘"。《商君書·算地》："藪澤隄防足以畜。"《孫子·行軍》："丘陵堤防，必處其陽，而右背之。"《禮記·月令》："〔孟秋之月〕命百官，始收斂，完隄防，謹壅塞，以備水潦。"陸德明釋文："隄，本又作堤……防，本又作坊。"《後漢書·循吏傳·王景》："河決積久，日月侵毀，濟渠所漂數十許縣。脩理之費，其功不難。宜改脩堤防，以安百姓。"隋《宋永貴墓誌銘》："堤封峻而不測，墻宇高而不窺。"唐杜牧《昔事文皇帝》詩："河漢注清源，川口隄防決。"《舊唐書·高瑀傳》："瑀召集州民，繞郭立堤塘一百八十里，蓄泄既均，人無饑年。"宋蘇轍《論黃河東流劄子》："惟是時民力凋弊，堤防未完，北流汗漫，失於陂障。"明許承欽《薄暮望徐州諸山》詩："指顧中原橫要害，紆回大澤鎖堤封。"明徐光啓《農政全書》卷一六："馬公惟知地勢之所趨，橫築隄塘，章捍三十六源之水，故湖不勞而自成。"清唐甄《潛書·權實》："泉流，至澤也，不能越隄防而灌溉。"

【堤坊】

同"隄防"，即堤。此體先秦已行用。見該文。

【堤封】

即堤防，亦即堤。此稱隋代已行用。見該文。

【堤塘】

即堤防，亦即堤。此稱唐代已行用。見該文。

【隄塘】

即堤防，亦即堤。此稱明代已行用。見該文。

【梁】[1]

即堤。此稱先秦已行用。《春秋·襄公十六年》："公會晉侯、宋公……小邾子于湨梁。"楊伯峻注："湨梁，湨水之隄梁。《爾雅·釋地》'梁莫大於溟梁’是也。”《爾雅·釋宮》：“隄謂之梁。”

【隄遏】

即堤。此稱三國吳已行用，唐代亦稱“堤岸”“隄岸”，宋代又稱“隄捍”。《三國志·吳書·諸葛恪傳》：“魏以吳軍入其疆土，恥於受侮，命大將吳遵、諸葛誕等率眾七萬，欲攻圍兩塢，圖壞隄遏。”唐韓愈《此日足可惜贈張籍》詩：“下馬步堤岸，上船拜吾兄。”唐柳宗元《田家》詩之三：“蓼花被隄岸，陂水寒更淥。”唐元稹《茅舍》詩：“邊緣隄岸斜，詰屈簷楹枒。”宋蘇轍《論黃河東流劄子》：“又與本路監司同奏，乞隨宜開導口地一帶河漕，務令深闊，並修葺緊急堤岸。”宋張淏《雲谷雜記·艮嶽》：“鑿池爲溪澗，疊石爲隄捍，任其石之性，不加斧鑿，因其餘土，積而爲山。”明徐光啟《屯田疏稿·用水》：“隄岸者，以禦水，使不入也。大則爲黃河之帚，小則爲江河之圩。”

【堤岸】

即隄遏，亦即堤。此稱唐代已行用。見該文。

【隄岸】

即隄遏，亦即堤。此稱唐代已行用。見該文。

【隄捍】

即隄遏，亦即堤。此稱宋代已行用。見該文。

連隄

長堤。此稱先秦已行用，南朝起亦稱“長圍”，宋代亦作“連隄”。《呂氏春秋·下賢》：“好禮士，故南勝荊於連隄，東勝齊於長城，虜齊侯，獻諸天子。”《南史·張劭傳》：“及至襄陽，築長圍，修立堤堰，創田數千頃，公私充

給。”《宋史·五行志一上》：“鄆州河漲，壞連堤四處。”又：“六月乙酉，汴水溢於浚儀縣，壞連堤，浸民田。”宋趙善括《同葉宰餞春净眾寺》詩：“千尺飛虹跨碧溪，綠陰沉水暗連堤。”元王冕《過武塘》詩：“楊柳連堤鵝鴨聚，家家茅屋似淮鄉。”明李贄《渡黃河》詩：“激浪奔雷萬馬追，黃河南出遶長圍。”

【連堤】

同“連隄”。此體宋代已行用。見該文。

【長圍】

即連隄。此稱南朝已行用。見該文。

石隄

石築的堤防。此稱漢代已行用，唐代亦作“石堤”。《漢書·溝洫志》：“今可從淇口以東爲石隄，多張水門。”唐李商隱《安平公》詩：“三月石堤凍銷釋，東風開花滿陽坡。”宋葉紹翁《四朝聞見錄·張司封廟》：“夏（張夏）令作石隄一十二里，以防江潮之害。”明高秉藁《湖隄》詩：“斷橋曾不斷，石隄相與永。”

【石堤】

同“連隄”。此體宋代已行用。見該文。

沙堰

沙石築的堤防。此稱唐代已行用，宋代起亦稱“沙坻”“沙岸”，元代又稱“沙隄”。唐張祜《送薛鼎臣侍御》詩：“淺瀨橫沙堰，高巖峻石斑。”宋梅堯臣《觀拽龍舟懷裴宋韓李》詩：“截春流，築沙坻，拽龍舟，過天池。”《吳越備史》卷一：“初定其基，而江濤晝夜沖激，沙岸板築不能就。”《宋史·河渠志七》：“去歲海水泛漲，湍激橫沖，沙岸每一潰裂，常數十丈。”元黃溍《佘山》詩：“春雲牢落鴈無聲，沙岸參差石有稜。”元喬吉《滿庭芳·漁父詞》曲：“沙隄

纜船，樵夫間訊，溪友留連。"

【沙坵】

即沙堰。此稱宋代已行用。見該文。

【沙岸】

即沙堰。此稱宋代已行用。見該文。

【沙隄】

即沙堰。此稱元代已行用。見該文。

木岸

編排木椿且填以土石的堤防。此稱宋代已行用。宋王鞏《聞見近錄》："又舊河並以木岸，後人止用土筏棧子，謂之外添裏補。"《宋史·蘇軾傳》："〔蘇軾〕徙知徐州，河決曹村……復請調來歲夫增築故城，爲木岸，以虞水之再至。"《宋史·河渠志一》："又有馬頭、鋸牙、木岸者，以殺水勢護隄焉。"

鋸牙

一種保護堤防的設施。此稱宋代已行用。宋蘇轍《論所言不行劄子》："雖罷四河之名，仍存減水之資，鋸牙、馬頭率皆如故。"《宋史·河渠志一》："凡埽下非積數疊，亦不能過其迅湍，又有馬頭、鋸牙、木岸者，以殺水勢護隄焉。"

馬頭

船隻停泊處，可用作水利設施，也可用於軍事行動等。此稱宋代已行用，明代起亦作"碼頭"。《資治通鑑·唐穆宗長慶二年》："又於黎陽築馬頭，爲度河之勢。"胡三省注："附河岸築土植木夾之至水次，以便兵馬入船，謂之馬頭。"宋梅堯臣《次韻和馬都官宛溪浮橋》："馬頭分朱欄，水底裁碧天。"《醒世恒言·蔡瑞虹忍辱報仇》："却說朱源舟至揚州，那接取大夫人的還未曾到，只得停泊碼頭等候。"《儒林外史》第六回："少刻，船攏了馬頭。"《二十年目睹之怪現狀》第二一回："連忙起來到外面一看，原來船已到了上海，泊了碼頭。"

【碼頭】

同"馬頭"。此體明代已行用。見該文。

金隄 [1]

堅固的堤防。亦用爲堤防的美稱。此稱漢代已行用，南朝梁亦作"金堤"。《漢書·司馬相如傳上》："婆姍勃窣，上金隄。"顏師古注："言水之隄塘堅如金也。"南朝梁蕭統《錦帶書十二月啓·無射九月》："金堤翠柳，帶星采而均調。"唐孟浩然《上巳日洛中寄王迥十九》詩："垂柳金堤合，平沙翠幕連。"宋柳永《笛家弄》詞："水嬉舟動，禊飲筵開，銀塘似染，金堤如繡。"元袁桷《黃樓》詩："詩到徐州不用題，危濤千尺壓金堤。"明胡奎《遊春詞》："彎弓馳紫陌，躍馬過金堤。"清錢謙益《寄督漕張御史》詩之二："鐵甕雲帆連析木，金堤春水泛桃花。"

【金堤】

同"金隄 [1]"。此體南朝梁已行用。見該文。

防隅

山角之堤。此稱唐代已行用。唐杜甫《峽口》詩之一："開闢當天險，防隅一水關。"仇兆鰲注："防隅，水防山隅也。"

戧

大堤周邊對其起加固和保護作用的小堤。此稱明代已行用，亦稱"小戧"，清代又稱"土戧"。明徐光啓《農政全書》卷一五："蓋大圍如城垣，小戧如院落，二者不可缺一。萬一水潰週邊，纔及一戧，可以力扞。即多及數戧，亦可以衆力扞。"清林則徐《勘估寶山縣海塘工程折》:"寶山江西各段塘面所築土餂,均被風潮漫溢,全行穿缺。"

閼

堤壩上壅水的閘板。此稱漢代已行用,亦稱"提閼",唐代又稱"隄閼"。《漢書·循吏傳·召信臣》:"行視郡中水泉,開通溝瀆,起水門提閼凡數十處,以廣溉灌,歲歲增加,多至三萬頃。"顏師古注:"閼,所以壅水。"《新唐書·于頔傳》:"頔行縣,命脩復隄閼,歲穫杭稻蒲魚無慮萬計。"《宋史·河渠志六》:"宣和元年二月,臣僚言:'江、淮、荊、漢間,荒瘠彌望,率古人一畝十鍾之地,其隄閼、水門、溝澮之迹猶存。'"明徐光啓《農政全書》卷一二:"凡爲牐七,距牐里許,上重置斗門,互爲提閼,以通舟止水。"

【提閼】

即閼。此稱漢代已行用。見該義。

【隄閼】

即閼。此稱唐代已行用。見該文。

匽

用來擋水護田等的低壩。此稱先秦已行用,亦稱"渠匽",漢代亦作"隁""堰",北朝又稱"渠堰",明代又作"隁"。《荀子·非相》:"亦必遠舉而不繆,近舉而不傭,與時遷徙,與世偃仰,緩急、嬴絀,府然若渠匽、檃括之於已也,曲得所謂焉,然而不折傷。"楊倞注:"渠匽所以制水,檃括所以制木。"《後漢書·董卓傳》:"乃於所度水中僞立隁,以爲捕魚,而潛從隁下過軍。"李賢注:"《續漢書》隁字作堰,其字義則同,但異體耳。"北魏酈道元《水經注·河水》:"〔元城〕縣北有沙丘堰。堰,障水也。"北魏楊衒之《洛陽伽藍記·永明寺》:"長分橋西

有千金堰,計其水利,日益千斤,因以爲名。"北周庾信《明月山銘》:"堤梁似堰,野路疑村。"《魏書·刁雍傳》:"夫欲育民豐國,事須大田,此土乏雨,正以引河爲用,觀舊渠堰,乃是上古所制,非近代也。"《北史·賀蘭祥傳》:"周文以涇渭溉灌之處,渠堰廢毀,乃令祥修造富平堰,開渠引水,東注於洛,功用既畢,人獲其利。"唐高適《自淇涉黃河途中作》詩之四:"古堰對河壖,長林出淇口。"《新唐書·百官志三》:"使者二人,正五品上。掌川澤、津梁、渠堰、陂地之政。"宋蘇舜欽《太子太保韓公行狀》:"又去郡數十里有群寇,大浮艦而下,將劫旁邑。公廉知之,自部十餘卒,夜掩至,命匽河絕上流,舉火伐鼓以疑之,賊棄舟迸走。"《字彙·阜部》:"隁,以畜水也。亦作'堰'。"明徐光啓《農政全書》卷一二:"大德二年,召守敬至上都,議開鐵幡竿渠。守敬奏:山水頻年暴下,非大爲渠堰,廣五七十步不可。執政吝於工費,以其言爲過,縮其廣三之一。"明張國維《吳中水利全書》卷一〇:"至正元年,都水庸田使左答納失里修治各路府州河塘,濬吳淞江,脩渠堰。"清吳廷楨《天妃牐》:"斷堰鎖崔嵬,奔流下石隁。"

壩

攔截水流的建築物,用以抬高水位、積蓄水量、修建水庫以及造田等。此稱宋代已行用,明代亦稱"水壩"。《集韻·禡部》:"壩,堰也。"宋單鍔《吳中水利書》:"而其河自西壩至東壩十六里有餘。"明徐弘祖《徐霞客遊記》:"壩堰水甚巨,曰上官壩。"明謝肇淛《安平宋尚書禮祠》詩:"戴村一以壩,分水開龍渠。"《東周列國志》第七六回:"孫武遂奉闔閭入郢都城,即

使人掘開水壩，放水歸江，合兵以守四郊。"

【水壩】

即壩。此稱明代已行用。見該文。

滾壩

築於田畔阻水引流的堤壩。此稱清代已行用。清乾隆《廣源閘易舟過萬壽寺至昆明湖登陸回御園沿途即景雜咏》詩其五："玉河高水向東流，滾壩平鋪雪浪浮。"清魏源《上陸制府論下河水利書》："況下游海口各閘金門皆窄，若上建滾壩，下無去路，仍將漾災各邑。"清傅澤洪《行水金鑒》卷五十："只知七邑之民田昔受決口之水，今受滾壩之水，而不知八邑之民田在黃河兩岸以內者，其苦尤甚也。"

埭

擋水的土壩。古代常於水淺不利行船之處築土遏水，兩岸樹立轉軸，遇有船過，以纜繫船，用人力或畜力挽而渡之。亦常仿此擋水護田。此稱晉代已行用，宋代亦稱"塘埭"。《晉書·謝安傳》："及至新城，築埭於城北，後人追思之，名爲召伯埭。"唐宋之問《登北固山》詩："埭橫江曲路，戍入海中山。"《續資治通鑑·宋真宗咸平三年》："今順安至西山，地雖數軍，路才百里，縱有丘陵岡阜，亦多川瀆泉源，儻因而廣之，制爲塘埭，則可戢敵騎，息邊患矣。"

【塘埭】

即埭。此稱宋代已行用。見該文。

水藏

攔洪蓄水、調節水流的建築設施，可用以灌溉、防洪和養魚等。此稱先秦已行用，亦作"水臧"，明代亦稱"水庫"。《管子·立政》："修障防，安水藏。"《荀子·王制》："脩隄梁，通溝澮，行水潦，安水藏，以時決塞。"楊倞注："使水歸其壑。"一本作"水臧"。明徐光啓《農政全書》卷二〇："水庫者，水池也。曰庫者，固之其下，使無受渫也。冪之其上，使無受損也。"

【水臧】

同"水藏"。此體先秦已行用。見該文。

【水庫】

即水藏。此稱明代已行用。見該文。

【水櫃】

即水藏。此稱宋代已行用。宋蘇轍《乞給還京西水櫃所占民田狀》："臣欲乞指揮汴口以東州縣，各具水櫃所占頃畝數目及每歲有無除放二稅，仍具水櫃委實可與不可廢罷。"《宋史·太祖紀一》："甲戌，幸城南，觀修水匱。"明張國維《吳中水利全書》卷二二："縣治有高阜之地，必設爲上浜水匱，關閉其水，以自灌溉，則水有所儲積，不得反流而趨內，是爲措置高亢之地。"清乾隆《侍郎明興奏報疏濬水利工程完竣微山湖水勢增長情形詩以志慰》詩："所關運河之灌輸，是以向稱爲水櫃。"

【水匱】

同"水櫃"，即水藏。此體宋代已行用。見該文。

沛

浙中舊稱依山建閘蓄水用以灌溉的水庫、山塘。此稱明代已行用。明都卬《三餘贅筆·淫沛》："浙中少水，人家多於山上置閘蓄水，遇旱歲，開以灌田，名之曰沛。"

陪敦

方田周圍取土修築的埂壩和繞田溝渠合成的道路與灌溉系統。此稱先秦已行用，亦稱"附庸"。《左傳·定公四年》："是使之職事于魯，以昭周公之明德。分之土田陪敦、祝、宗、卜、史，備物、典策、官司、彝器。"楊伯峻注："土田陪敦即《詩·魯頌·閟宮》'乃命魯公，俾侯於東，錫之山川，土田附庸'之'土田附庸'，亦即《召伯虎簋》之'僕墉土田'。附庸，或謂即《孟子·萬章下》'不能五十里，不達於天子，附於諸侯，曰附庸'之附庸。"晉陸雲《吳故丞相陸公誄》："本膺寵祚，土田陪敦。四牡載路，出餞於郊。"宋宋祁《上許州呂相公嗣崧許康詩二首並書》："是故復申之宇以陪敦章大，即許之舊以濟美顯庸。"

【附庸】

即陪敦。此稱先秦已行用。見該文。

水柵

設於水中的柵欄，用以遏擋水流下泄，使水位漸高。此稱南朝已行用，元代亦稱"陂柵"。《南齊書·周山圖傳》："山圖斷取行旅船板，以造樓櫓，立水柵，旬日皆辦。"《陳書·韋載傳》："高祖聞義育軍不利，乃自將征之，克其水柵。"唐張籍《江南行》："娼樓兩岸臨水柵，夜唱《竹枝》留北客。"元王禎《農書》卷三："如地勢曲折而水遠，則爲漕架連筒陰溝，浚渠陂柵之類，引而達之。"又卷一一："水柵：排木障水也。若溪岸稍深，田在高處，水不能及，則於溪之上流作柵遏水，使之旁出下溉，以及田所。其制：當流列植樹椿，椿上枕以伏牛，撆以拉木，仍用塊石高疊，衆楗斜撐，以遏水勢。此柵之小者。如秦雍之地，所拒川水，率用巨柵。其蒙利之家，歲例量力均辦所需工物。乃深植椿木，列置石囷，長或百步，高可尋丈，以橫截中流，使傍入溝港。凡所溉田畝計千萬，

號爲陸海。此柵之大者。其餘各處境域，雖有此水，而無此柵，非地利素不彼若，蓋工所未及也。今特列於《圖譜》，以示大小規制，庶彼方倣之，俾水爲有用之水，田爲不旱之田，由此柵也。"明徐光啓《農政全書》卷一七："若水力稍緩，亦有木石製爲陂柵，橫約溪流，旁出激輪，又省工費，或遇流水狹處，但壘石斂水湊之，亦爲便易。"

【陂柵】

即水柵。此稱元代已行用。見該文。

水門

可以啓閉的閘門，用以控制灌排水量以及船隻通行等。多建於江河、湖泊、水庫及濱海地區等。公元前598—前591年，楚國令尹孫叔敖建芍陂時，已設五閘引水。此稱漢代已行用。《漢書·循吏傳·召信臣》："〔信臣〕行視郡中水泉，開通溝瀆，起水門提閼凡數十處，以廣溉灌。"北魏酈道元《水經注·鮑丘水》："依北岸立水門，門廣四丈，立水十丈。"唐杜甫《宿江邊閣》詩："暝色延山徑，高齋次水門。"明湯顯祖《麗水風雨下船棘口有懷》詩："石城雙水門，落日遠江介。"明陳獻章《古耶道中有懷》詩："何處相思不相見，木棉花下水門西。"

斗門

即水門。此稱唐代已行用。唐李白《題瓜洲新河餞族叔舍人賁》詩："海水落斗門，潮平見沙汭。"宋李燾《續資治通鑑·宋神宗元豐二年》："古索河等暴漲，即以魏樓、滎澤、孔固三斗門泄之。"宋陸游《老學庵筆記》卷五："白渠灌涇陽、高陵、櫟陽及耀州雲陽、三原、富平，凡六縣。斗門百七十餘所。"元吳師道《九月廿三日城外紀游》詩："斗門決水已數日，

淺沙漫漫無餘波。"明歸有光《嘉靖庚子科鄉試對策第五問》："或置沿海堙身，堙置斗門，使渠河之通海者，不湮於潮泥；堤塘之捍患者，不至於摧壞。"明孫蕡《送何都閫濟南省親至京還廣》詩："開宴斗門橋下屋，宣州梨子鵝兒黄。"清秦蕙田《五禮通考》卷二五〇："夫河行之道，宜直不宜紆；入海之口，宜近不宜遠；河之兩岸宜濶，而歸流宜深；渾水則宜置斗門，且多置之。"

閘

即水門。此稱宋代已行用，亦作"牐"，亦稱"閘頭""水閘"。宋范仲淹《上吕相公並呈中丞諮目書》："新導之河，必設諸閘，常時扃之，禦其來潮，沙不能塞也。"宋蘇舜欽《漣水軍新閘記》："或謂埭下切淮，轄木爲之閘，使渟泄啓閉，相潮上下，則無復留行矣。"閘，一本作"牐"。宋陸游《秋聲》詩："漲水雨餘晨放閘，騎兵戰罷夜還營。"宋楊萬里《寒食雨中同舍約遊天竺得十六絕句呈陸務觀》："清遠溪中小閘頭，遮攔溪水不教流。"《宋史·河渠志六》："哲宗元祐四年，知潤州林希奏復吕城堰，置上下牐，以時啓閉。"又《魏瓘傳》："〔魏瓘〕鑿東西澳爲水閘，以時啓閉焉。"元揭傒斯《建都水分監記》："地下迤則水疾涸，故爲防以節之；水溢則繩起懸板，以通其舟之往來，謂之牐。"元王禎《農書》卷一八："水閘：開閉水門也。間有地形高下，水陸不均，則必跨據津要，高築堤垻匯水，前立斗門：甃石爲壁，叠木作障，以備啓閉。如遇旱涸，則撤水灌田，民賴其利。又得通濟舟楫，轉激碾磑，實水利之總揆也。"明徐光啓《農政全書》卷一七略同。明張國維《吳中水利全書》卷二一："五

代之季，民利舟行之便而決之，故高田多不可治。今乞查支河通舟者，責令得利大户共造水閘，其不通舟者，量置水竇。"明張以寧《泊沽頭》詩："沙河雨漲催開閘，半夜櫓聲無數舟。"清顧炎武《清江浦》詩："牐下三春盡，湖存數尺瀦。"清王士禛《歸經鵲華二山間即目》："七十二閘遠鈎帶，如棋布子交回環。"

【牐】

同"閘"，即水門。此體宋代已行用。見該文。

【閘頭】

即閘，亦即水門。此稱宋代已行用。見該文。

【水閘】

即閘，亦即水門。此稱宋代已行用。見該文。

【碶】

即閘。此稱宋代已行用，亦稱"碶牐"，明代又稱"碶閘"。宋曾鞏《廣德湖記》："鄞人累石陻水，闕其間而扃以木，視水之小大而閉縱之，謂之碶。"宋蘇軾《録進單鍔吳中水利書》："次置常州運河一十四處之斗門、石碶、隄防，管水入江。"元張翥《次韻題大雷山桃源汪氏桃隱》詩："墟通賣魚碶，潮入種蚶田。"《宋史·河渠志七》："有碶牐三所，曰烏金，曰積瀆，曰行春。"明徐光啓《農政全書》卷一六："西南鄉之田；所恃者廣德一湖，環百里，周以堤塘，植榆柳以爲固，四面爲斗門碶閘。"《明史·張可大傳》："城内外田數千畝，海潮害稼。可大築碶蓄淡水，遂爲膏腴，民稱曰'張公碶'。"清顧炎武《天下郡國利病書·浙江六》："侵湖之衆，以水爲病，春夏水盈，輒偷啓諸碶

而縱泄之，欲湖之無涸，不可得已。”

【碶牐】

　　即碶，亦即閘。此稱宋代已行用。見該文。

【碶閘】

　　即碶，亦即閘。此稱明代已行用。見該文。

石撻

　　石製之閘。此稱宋代已行用，亦稱“石牐”，明代亦作“石閘”。宋杜大珪《名臣碑傳琬琰之集》卷一九：“奏除山陵所假都水監腐爛材木，免民破產之患；增築湖河堤，爲石撻，節水以溉城中。”《宋史·河渠志六》：“及因濬河，隳敗古涇函、石牐、石礄、河流益阻，百姓勞弊。”《元史·河渠志一》：“延祐六年，雨多水溢，月河、土堰及石牐鴈翅日被沖齧，土石相離，深及數丈。”明沈德符《野獲編·河漕·賈魯河故道》：“若於原決築堤處，建一石閘，分沁水一派，東流入衞，爲力甚易。”明張國維《吳中水利全書》卷一〇：“三十四年，丹陽縣知縣陳奎，置水關石牐。”明賀復徵《文章辨體彙選》卷三一六：“其週三百五十有八里，凡水之出於東南者，皆委之州之東。自城至於東江，其北隄、石礄、二陰溝，十有九通民田。”清乾隆《青龍橋西》詩：“石牐繁聲繞度巒，麥田翠色早依裾。”清畢沅《續資治通鑑·宋孝宗淳熙九年》：“本司近已興修塘岸，建置斗門、石礄各一所於東、西湫口二處。”《清史稿·文宗紀》：“辛亥，濬江蘇白茅河，移建海口石牐於老牐橋。”

【石牐】

　　即石撻。此稱宋代已行用。見該文。

【石閘】

　　即石撻。此稱明代已行用。見該文。

牐板

　　裝在水閘或管道上可以啓閉，從而控制水位和調節流量的木板等。此稱宋代已行用，元代亦作“閘板”，明代又作“牐版”，又稱“閘門”。《宋史·河渠志七》：“若河水不乏，即收牐板，聽舟楫往還爲便。”《元史·河渠志三》：“大德二年，渾河水發，爲民害，大都路都水監將金口下閉閘板。五年間，渾河水勢浩大，郭太史恐冲没田、薛二村，南北二城，又將金口以上河身用砂石、雜土盡行堵閉。”《正字通·門部》：“今漕艘往來，甃石左右如門，設版潴水，時啓閉以通舟……門曰閘門，河曰閘河。”明王圻等《三才圖會·器用八·牐版》：“右牐版，與城門爲重門。其制：用榆、槐木，廣狹准城門，漫以生牛皮，裹以鐵葉，兩傍施鐵環，貫鐵索。”《儒林外史》第二一回：“〔牛浦〕無計奈何，只得把自己住的間半房子典與浮橋上抽閘板的閘牌子，得典價十五兩。”

【閘板】

　　同“牐板”。此體元代已行用。見該文。

【牐版】

　　同“牐板”。此體明代已行用。見該文。

【閘門】

　　即牐板。此稱明代已行用。見該文。

函管

　　埋設在地下的管道，一般爲陶製，澇時可以排水。此稱宋代已行用，元代亦稱“瓦竇”。宋蘇軾《録進單鍔吳中水利書》：“昔治平中提刑元積中開運河，嘗開見函管，但見函管之中皆泥沙，以謂功力甚大，非可易復，遂已。”宋劉宰《運河行》：“函管掘開須到底，運材歸府供薪爨。庶幾一壞不可復，民田雖槁河長滿。”

《宋史・王琪傳》："議者卒請廢古城埭，破古函管而浚之，河反狹，舟不得方行。"元王禎《農書》卷一八："瓦竇，泄水器也，又名函管。以瓦筒兩端，牙鄂相接，置於塘堰之中，時放田水。須預於塘前堰內，叠作石檻，以護筒口，令可啓閉。不然，則水湊其處，非惟難於窒塞，抑亦冲激滲漏，不能久穩。必立此檻，其竇乃成。唐韋丹爲江南西道觀察使，築堤扦江，竇以疏漲。此雖竇之大者，亦其類也。"明徐光啓《農政全書》卷一七略同。明張國維《吳中水利全書》卷一〇："成化二年，丹陽縣知縣蔡實，築練湖隄，置斗門、函管。"

【瓦竇】

即函管。此稱元代已行用。見該文。

埽

舊時治河，將秫秸、石塊、樹枝捆扎成圓柱形用以堵口或護岸的設施。此稱宋代已行用，明代亦稱"岸埽"。《宋史・河渠志一》："埽之制，密佈芰索鋪梢，梢芰相重，壓之以土，雜以碎石，以巨竹索橫貫其中，謂之'心索'，卷而束之，復以大芰索系其兩端，別以竹索自內旁出，其高至數丈，其長倍之。"宋沈括《夢溪筆談・官政一》："凡塞河決垂合，中間一埽，謂之'合龍門'，功全在此……時合龍門埽長六十步。"《金史・高霖傳》："數年之後，隄岸既固，埽材亦便，民力漸省。"《明史・藺芳傳》："新築岸埽，止用草索，不能堅久。宜編木成大囷，貫椿其中，實以瓦石，復以木橫貫椿表，牽築隄上，則殺水固隄之長策也。"

【岸埽】

即埽。此稱明代已行用。見該文。

涵洞

一種洞穴式水利設施。有閘門以調節水量。此稱明代已行用。《明史・河渠志三》："築高郵河堤，堤內鑿渠，四十里久之。復置呂梁石閘，竝築寶應氾光白馬諸湖堤，堤皆置涵洞，互相灌注。"清乾隆《永濟橋》詩："多疏涵洞防秋漲，已看洪川吸衆波。"《清會典・工部三・都水清吏司》："凡工有隄，有壩，有埽，有牐，有涵洞。"注："涵洞之式，有淤窪涵洞，有泄水涵洞，有漑田涵洞。以石爲之，牆身砌面石，下爲鋪底石，上爲蓋口石，牆後襯砌城甎，餘與石牐同。"

石籠

用竹木、藤蘿等製作的裝有石塊等的禦水籠子。此稱元代已行用，亦稱"臥牛"。《農書・農器圖譜集之十三・灌漑門》："石籠，又謂之臥牛。判竹或用藤蘿，或木條，編作圈眼大籠，長可三二丈，高約四五尺，以籤椿止之，就置田頭。內貯塊石，用擗暴水。或相接連，延遠至百步。若水勢稍高，則壘作重籠，亦可遏止。如遇隄岸盤曲，尤宜周折，以禦犇浪，並作洄流，不致冲蕩埂岸。農家瀕溪護田，多習此法，比於起叠堤障，甚省工力。又有石笓擗水，與此相類。"

【臥牛】

即石籠。此稱元代已行用。見該文。

瀉穴

圩田所設進出水的涵洞。此稱元代已行用。元王禎《農書》卷一一："翻車能沃槁，瀉穴可抽泉。"又："旁置瀉穴供吐納，水旱不得爲虧盈。"

芍陂

亦稱"期思陂""安豐塘"。春秋時期楚國在淮水流域修建的著名水利工程。中國第一座大型築堤蓄水灌溉工程。在今安徽壽縣南。因引淠水經白芍亭東積而成湖，故名。直徑約百里，周圍三百餘里，灌溉今安徽壽縣以南淠水和淝水之間的四萬餘頃土地。此稱漢代已行用。《後漢書·循吏傳·王景》："郡界有楚相孫叔敖所起芍陂稻田。"李賢注："陂在今壽州安豐縣東。陂徑百里，灌田萬頃。"《三國志·魏書·武帝紀》："置揚州郡縣長吏，開芍陂屯田。十二月，軍還譙。"北魏酈道元《水經注》卷三二："太康三年，廬江郡治湣水，又西北分爲二水，芍陂出焉。"宋馬端臨《文獻通考》卷六："後漢章帝建初中，王景爲廬江太守，郡部安豐，縣有楚孫叔敖所起芍陂，先是荒廢，景重修之，境內豐給。"宋梅堯臣《送刁安豐》詩："嘗游芍陂上，頗見楚人爲。"宋樂史《太平寰宇記》卷一二九："楚相孫叔敖廟，在縣東北二里。崔寔云：楚孫叔敖作期思陂，以功冠歷代，遂於壇上立廟。"元王禎《農書》卷一八："考之書傳，廬江有芍陂，潁川有鴻隙陂，廣陵有雷陂、愛敬陂，陽平沛郡有鉗廬陂，餘難遍舉。"明張國維《吳中水利全書》卷二二："況陂湖之利，魚鰕雜產，茭葦叢生，貧者資以養生，富者因而便利。大雨一注，衆流復積，前者既瀉，後者復蓄，山鄉水利，無愈此者，故叔孫之芍陂，汝南之鴻却陂，古人成績，可以引見。"《江南通志》卷一七："芍陂在壽州南安豐廢縣，亦曰安豐塘，又曰期思陂。楚相孫叔敖決期思之水，即此。"

【期思陂】

即芍陂。此稱漢代已行用。見該文。

【安豐塘】

即芍陂。此稱清代已行用。見該文。

鏵觜

秦代史祿所修的鏵狀堤壩，位於今廣西興安境內，屬於靈渠水利工程的一部分。自此長江水系與珠江水系連接。此稱宋代已行用。宋范成大《鏵觜》詩："導江自海陽，至縣迺瀰迤。狂瀾既奔傾，中流遇鏵觜。分爲兩道開，南漓北湘水。"自注："在星安縣五里所，秦史祿（祿）所作也。迎海陽水，纍石爲壇，前銳如鏵，冲水分南北下，爲湘漓二江。"一說此鏵觜爲唐李渤或魚孟威所置。參閱周汝昌《范成大詩選》注。清查慎行《夕抵全州城外》詩："晨發鏵觜潭，暮抵洮陽境。"

蕭何堰

亦稱"山河堰""柳邊堰"。陝西關中引褒水的灌溉工程，傳爲漢初蕭何創建。北宋初曾加修治灌田四萬畝。南宋時大加修治，灌田二十多萬畝。此稱宋代已行用。宋歐陽修《司封員外郎許公行狀》："〔許逖〕出知興元府，大修山河堰。堰水舊溉民田四萬餘頃，世傳漢蕭何所爲。"宋度正《正同諸丈餞別制幹郎中》詩："徘徊蕭何堰，萬斛收賦租。"宋王素有《重修山河堰》詩。《宋史·河渠志》："興元府山河堰，灌溉甚廣，世傳爲漢蕭何所作。"又《食貨志·農田》："興元府山河堰，世傳漢蕭曹所作。"元王禎《農書》卷三："興化有蕭何堰。"繆啓愉、繆桂龍注："'興化'是'興元'的形誤。"《大清一統志》卷一八六："山河堰在褒城縣東，引褒水溉田，一名柳邊堰。《興地紀勝·山河》爲‘蕭何’堰，後乃語訛爲‘山河’。”清畢沅《關中勝迹圖志》卷二一：“〔山河堰正身〕堤長三百六十步，其下植柳築坎，名曰柳邊堰。”

【山河堰】

即蕭何堰。此稱宋代已行用。見該文。

【柳邊堰】

即蕭何堰。此稱清代已行用。見該文。

龍首渠

漢武帝時嚴熊（一作莊熊羆）倡議開鑿的水渠，引北洛水（渭河支流）灌漑洛水東岸廣袤鹽碱地帶。水渠穿越土質疏鬆的商顏山，須鑿井通水，該段長達十餘里，最深處達四十餘丈。施工過程中曾挖出龍骨化石，故名龍首渠。龍首渠修建歷時十餘年，雖曾通水，但未取得預期成果。此稱漢代已行用。《史記·河渠書》：“井渠之生自此始。穿渠得龍骨，故名曰龍首渠。”《周書·帝紀·武帝上》：“〔保定〕二年春正月壬寅初，於蒲州開河渠，同州開龍首渠，以廣灌漑。”《舊唐書·德宗本紀》：“〔貞元十三年〕六月己卯朔，以衡州刺史陳雲爲邕管經略使。辛巳，引龍首渠水，自通化門入，至太清宮前。”《宋史·河渠志》：“〔大中祥符七年〕六月，知永興軍陳堯咨導龍首渠入城，民庶便之。”《明史·河渠志六》：“〔洪武〕十二年，李文忠言陝西病鹹鹵，請穿渠城中，遙引龍首渠東注，從其請。”

瓠子

漢武帝時興建的河堤，舊址在今河南濮陽境内。此稱漢代已行用。《史記·孝武本紀》：“還至瓠子，自臨塞決河，留二日，沈祠而去。”裴駰集解：“服虔曰：‘瓠子，隄名。’蘇林曰：‘在甄城以南，濮陽以北。’”當時曾流傳《瓠子歌》：“瓠子決兮將奈何，皓皓洋洋兮慮殫爲河。殫爲河兮地不得，寧功無已時兮吾山平。”元陳基《孟冬觀淮水》詩：“漢武當年塞瓠子，勞民兆亂紛搶攘。”明李攀龍《送皇甫別駕往開州》詩：“人家夜雨黎陽樹，客渡秋風瓠子河。”清李光地《餞宗伯許時菴致政》詩：“瓠子浩未塞，抱薪勞公卿。”

鉗盧

漢元帝時南陽太守召信臣主持修築的蓄水工程，在今河南鄧州南。纍石爲堤，旁開六石門以調節水勢，漑田三萬頃。漢光武帝時杜詩爲南陽太守，徵集民工，復加疏浚，大爲民便。後代屢有興廢。此稱漢代已行用。漢張衡《南都賦》：“於其陂澤，則有鉗盧玉池，赭陽東陂。”宋梅堯臣《送王寮推鎭之鄧州》詩：“車過白水沙痕闊，雁落鉗盧稻穟長。”宋馬端臨《文獻通考》卷六：“建昭中，召信臣爲南陽太守，於穰縣理南六十里造鉗盧陂。纍石爲堤，傍開六石門以節水勢，澤中有鉗盧玉池，因以爲名。用廣漑灌，歲歲增多至二萬頃，人得其利。及後漢杜詩爲太守，復脩其業，時歌之曰：前有召父，後有杜母。”元王禎《農書》卷一八：“陂塘：《說文》曰：陂，野池也，塘，猶堰也。陂必有塘，故曰陂塘。《周禮》：‘以瀦蓄水，以防止水。’說者謂：‘瀦者，蓄流水之陂也。防者，瀦旁之隄也。’今之陂塘，即與上同。考之書傳，廬江有芍陂，潁川有鴻隙陂，廣陵有雷陂、愛敬陂，陽平沛郡有鉗盧陂，餘難遍舉。其各漑田，大則數千頃，小則數百頃。後世故迹猶存，因以爲利。今人有能別度地形，亦效此制，足漑田畝千萬。比作田圍，特省工費，又可畜育魚鱉，栽種菱藕之類，其利可勝言哉？"明徐光啓《農政全書》卷三："當秋水時至，百川灌河，方數千里之水，曾無一溝一澮爲之停蓄，以故頻受其患，而不獲資尺寸之利。若乃鄴之漳水，南陽之鉗盧陂，昔人率用以廣灌溉。"

鴻隙陂

亦作"鴻郤陂"。亦稱"鴻却陂"。古代大陂，故址在今河南淮河北正陽、息縣間。跨汝河，受淮北諸水，郡以爲饒。漢成帝時，關東患水，陂溢爲害，翟方進等奏罷之。後歲旱，民失其利。東漢鄧晨爲汝南太守，修復舊陂，起塘四百餘里，灌田數千頃，汝土以饒。至安帝永初三年，詔以陂假與貧民，自是遂廢。此稱漢代已行用。《漢書·翟方進傳》："汝南舊有鴻隙大陂，郡以爲饒。"顏師古注："鴻隙，陂名，藉其溉灌及魚鱉萑蒲之利，以多財用。"《後漢書·鄧晨傳》："晨興鴻郤陂數千頃田，汝土以殷。"李賢注："鴻郤，陂名，在今豫州汝陽縣東。成帝時，關東水陂溢爲害，翟方進爲丞相，奏罷之。"北魏酈道元《水經注》卷三〇："應劭曰：慎水所出，東北入淮。慎水又東流，積爲燋陂。陂水又東南流爲上慎陂，又東爲中慎陂，又東南爲下慎陂，皆與鴻却陂水散流。"一本作"鴻郤陂"。唐無名氏《對爲人興利判》："昔鄧晨開夢，理鴻隙而濬源；何敢效能，流銅陽而刻石。"宋秦觀《汝水漲溢說》："《漢書》稱汝南有鴻隙陂，翟方進爲相始奏罷，郡人怨甚切。意鴻隙陂者，非特爲灌溉之利，菱芡蒲魚之饒，實一郡瀦水處也。"宋晁公遡《視通濟堰二首》其二："再見龍尾水，如興鴻却陂。"元王禎《農書》卷一八："考之書傳，盧江有芍陂，潁川有鴻隙陂，廣陵有雷陂、愛

敬陂，陽平沛郡有鉗盧陂，餘難遍舉。"明湯顯祖《金堤賦》："訾寧成之陂田兮，復汝南之鴻隙。"明徐光啓《農政全書》卷一六："況陂湖之利，魚鰕雜產，芰蕙叢生，貧者資以養生，富者因而便利。大雨一注，眾流復積，前者既瀉，後者復蓄，山鄉水利，無逾此者。故叔孫之芍陂，汝南之鴻隙陂，古人成績，可以引見。"清乾隆《讀翟方進傳》詩："反復鴻隙陂，童謠翟子威。"清全祖望《煨芋分韻》："上之應昴星，下或謠鴻隙。"

【鴻郤陂】

同"鴻隙陂"。此體漢代已行用。見該文。

【鴻却陂】

即鴻隙陂。此稱南北朝時期已行用。見該文。

金隄[2]

亦稱"千里隄"。隄名。在今河南滑縣東。此稱漢代已行用。《史記·河渠書》："孝文時河決酸棗，東潰金隄。"張守節正義引唐李泰主修《括地志》："金隄，一名千里隄，在白馬縣東五里。"

【千里隄】

即金隄[2]。此稱唐代已行用。見該文。

雷波

亦作"雷陂"。亦稱"雷塘"。陂名。波，通"陂"。在今江蘇揚州。此稱漢代已行用。《漢書·江都易王劉非傳》："四人皆溺，二人死後遊雷波。"顏師古注："波讀爲陂。雷陂，陂名。"宋劉攽《故朝散大夫給事中集賢院學士權判南京留司御史臺劉公行狀》："揚州雷塘，即漢江都之雷陂也。"元王禎《農書》卷一八："考之書傳，盧江有芍陂，潁川有鴻隙陂，廣陵有雷

陂、愛敬陂，陽平沛郡有鉗盧陂，餘難遍舉。”明徐光啓《農政全書》卷七：“盧江有孫敖芍陂，潁川有鴻隙陂，廣陵有雷陂，浙左有馬臻鏡湖，興化有蕭何堰，西蜀有李冰文翁穿江之迹，皆能灌溉民田，爲百世利。”

【雷陂】

同“雷波”。此體唐代已行用。見該文。

【雷塘】

即雷波。此稱宋代已行用。見該文。

鏡湖

東漢永和五年（140）會稽太守馬臻主持修建的大型農田水利工程。在今浙江紹興會稽山北麓。其得名諸説不一：或稱取自王逸少“山陰路上行，如在鏡中游”；或稱軒轅氏曾鑄鏡湖邊；或稱黃帝曾獲寶鏡於此；或稱以水準如鏡命名。此稱唐代已行用。唐孟浩然《書懷貽京邑故人》詩：“晴山秦望近，春水鏡湖寬。”唐李白《越女詞》之五：“鏡湖水如月，耶溪女如雪。”唐白居易《代諸妓贈送周判官》詩：“妓筵今夜別姑蘇，客棹明朝向鏡湖。”唐孟郊《送淡公》詩：“鄉在越鏡中，分明見歸心。鏡芳步步綠，鏡水日日深。”宋梅堯臣《送傳越石都官歸越州代闕》詩：“越客舟從真定至，夜夜鏡湖生夢寐。”宋蘇軾《永和清都觀道士求此詩》：“鏡湖敕賜老江東，未似西歸玉局翁。”宋施宿等《會稽志》卷二：“馬臻，永和五年爲太守，創立鏡湖，在會稽山陰。縣兩界築塘蓄水，水高丈餘，田又高海丈餘。若水少，則泄湖灌田；如水多，則閉湖泄田中水入海，所以無凶年。”元趙孟頫《送姚子敬教授紹興》詩：“子往訪遺迹，棹船鏡湖濱。”明高啓《題滕用衡所藏山水圖》詩：“君言我初適東越，酒船橫渡鏡湖月。”

明徐光啓《農政全書》卷七：“盧江有孫敖芍陂，潁川有鴻隙陂，廣陵有雷陂，浙左有馬臻鏡湖，興化有蕭何堰，西蜀有李冰文翁穿江之迹，皆能灌溉民田，爲百世利。”

【鏡水】

即鏡湖。亦稱“鏡川”“鏡沼”。此稱隋代已行用。隋煬帝《賜書召釋惠覺》：“其義端雄辯，獨演暢於稽陰；談柄微言，偏引汲於鏡水。”唐賀知章《采蓮曲》：“稽山罷霧鬱嵯峨，鏡水無風也自波。”唐駱賓王《疇昔篇》：“百年鬱鬱少騰遷，萬里迢迢入鏡川。”陳熙晉箋注引《太平寰宇記》：“漢順帝永和五年，會稽太守馬臻創立鏡湖，在會稽、山陰兩縣界。”唐高適《秦中送李九赴越》詩：“鏡水君所憶，蒪羹餘舊便。”清顧炎武《禹陵》詩：“蠡城迷白草，鏡沼爛紅菱。”王蘧常輯注引徐嘉注：“《一統志》：府南，一名鏡湖。”

【鏡川】

即鏡水。此稱唐代已行用。見該文。

【鏡沼】

即鏡水。此稱清代已行用。見該文。

【鑒湖】

即鏡湖。亦稱“慶湖”“南湖”“長湖”“大湖”。此稱唐代已行用。唐杜甫《壯游》詩：“越女天下白，鑒湖五月凉。”宋賀鑄《慶湖遺老詩集原序》：“慶湖今爲鏡湖，傳譌也。”宋陳大猷《書集傳或問》卷上：“唐人謂鑒湖八百里，今僅存溝港，此何異？見今日鑒湖，而疑唐人爲妄乎。”宋姜夔《送王孟玉歸山陰》詩：“鑒湖一曲荷花浦，君不歸來花有語。”宋施宿等《會稽志》卷一〇：“鏡湖在縣東二里，故南湖也。一名長湖，又名大湖。”元薩都剌《題汀州丁三溪知事卷》詩："鑒湖分半曲，賀老竟何如。"明王禕《送許時用歸越》詩："鑒湖求一曲，吾計尚茫然。"

【慶湖】

即鑒湖。此稱宋代已行用。見該文。

【南湖】

即鑒湖。此稱宋代已行用。見該文。

【長湖】

即鑒湖。此稱宋代已行用。見該文。

【大湖】

即鑒湖。此稱宋代已行用。見該文。

【鑒曲】

即鏡湖。亦作"鑑曲"。語本《新唐書・隱逸傳・賀知章》："又求周宮湖數頃爲放生池，有詔賜鏡湖剡川一曲。"此稱宋代已行用。宋周密《一萼紅・登蓬萊閣有感》詞："鑒曲寒沙，茂陵煙草，俛仰千古悠悠。"一本作"鑒曲"。宋張炎《憶舊遊・寄沈堯道諸公》詞："留連，住人處，是鑒曲窺鶯，蘭沼圍泉。"元貢性之《鑒湖》詩："鑒曲雨晴秋水多，千年遺迹未消磨。"明劉嵩《和靈隱蒲菴長寄二律》其二："何時乘月過靈隱，同泛秋風鑒曲船。"清俞蛟《夢廠雜著・潮嘉風月・軼事》："何日扁舟返鑒曲，匡床夜雨話聯蟬。"

【鑑曲】

同"鑑曲"。此體宋代已行用。見該文。

愛敬陂

陂名。在今江蘇揚州。此稱唐代已行用。唐梁肅《通愛敬陂水門記》："化磽薄爲膏腴者，不知幾千萬畝。"元王禎《農書》卷一八："廣陵有雷陂、愛敬陂。"

千金堨

亦稱"千金堰"。古代水利工程名。在河南洛陽。此稱晋代已行用。《晋書・李矩傳》："永嘉初，使矩與汝南太守袁孚率眾修洛陽千金堨，以利運漕。"北魏酈道元《水經注・穀水》："《河南十二縣境簿》曰：河南縣城東十五里有千金堨。《洛陽記》曰：千金堨，舊堰穀水，魏時更修此堰，謂之千金堨……堨是都水使者陳協所造。"北魏楊衒之《洛陽伽藍記・城西》："長分橋西有千金堰，計其水利，日益千金，因以爲名。"宋李昉等《太平御覽》卷七三："戴延之《西征記》曰：'金澧穀三水合處有千金堨，即魏陳思王所立，引水東灌，民今賴之。'又《九州要記》：'洛陽千金堨，傍有九龍祠存。'又《地理書》曰：'穀水出爲湖溝，費千金以堰之。'"清秦蕙田《五禮通考》卷二〇三："澶水又東南流，注於穀，穀水自千金堨東注，謂之千金渠也。"

【千金堰】

即千金堨。此稱南北朝時期已行用。見該文。

金隄[3]

堤名。指今四川都江堰一帶岷江的江堤。此稱晋代已行用。《文選・左思〈蜀都賦〉》："西踰金隄，東越玉津。"劉逵注："金隄在岷山都安縣西，隄有左右口，當成都西也。"

督亢渠

亦稱"督亢陂"。戰國時期燕國太子丹規劃開鑿的水渠，位於河北涿州。北魏時期幽州刺史裴延儁派盧文偉主持重建。此稱南北朝時期已行用。《魏書・裴延儁傳》："范陽郡有舊督亢渠，逕五十里，漁陽燕郡有故戾陵諸堰，廣袤三十里，皆廢毀多時，莫能修復。時水旱不調，民多飢餒，延儁謂疏通舊迹，勢必可成，乃表求營造。"《北齊書·盧文偉傳》："〔盧文偉〕説刺史裴儁按舊迹修督亢陂，溉田萬餘頃。"《資治通鑑》卷一六八："肅宗即位，平州刺史稽曄建議開督亢陂，置屯田，歲收稻粟數十萬石，北境周贍。"元王禎《農書》卷三："後魏裴延儁爲幽州刺史，范陽有舊督亢渠，漁陽燕郡有故戾諸堰，皆廢，延儁營造而就溉田萬餘頃，爲利十倍。"明徐光啓《農政全書》卷一七："按《史記》，秦鑿涇爲渠，又關西有鄭國、白公、六輔之渠，外有龍首渠，河内有史起十二渠，范陽有督亢渠，河北有廣戾渠，朗州有右史渠，今懷孟有廣濟渠，俱各溉田千百餘頃，利澤一方，永無旱暵，所謂：人能勝天，豈不信哉？"《大清一統志》卷五："督亢陂在涿州東南，即燕太子丹使荆軻以獻秦者。"

【督亢陂】

即督亢渠。此稱南北朝時期已行用。見該文。

通濟渠

亦稱"廣濟渠"。古代水渠名，在今河南省。前身爲戰國梁惠王主持開鑿的鴻溝，《史記·項羽本紀》載："項王乃與漢約，中分天下，割鴻溝以西者爲漢，鴻溝而東者爲楚。"後世不斷改造、擴建。此稱南北朝時期已行用。《北史·隋本紀下》："壬子，開通濟渠，自渭達河，以通運漕。"《隋書·煬帝紀上》："辛亥，發河南諸郡男女百餘萬，開通濟渠。"《宋史·河渠志·汴河上》："唐初，改通濟渠爲廣濟渠。"《大清一統志》卷一一七："通濟渠在州城南隅，引大水潤入城溉官民園圃，今淤塞。"

【廣濟渠】

即通濟渠。此稱唐代已行用。見該文。

右史渠

亦稱"後鄉渠""右史堰""石英渠"。唐穆宗長慶二年（822）朗州刺史溫造增修水渠。此稱唐代已行用。《舊唐書·溫造傳》："溫造爲朗州刺史，在任開後鄉渠九十七里，溉田二千頃，郡人獲利，乃名爲右史渠。"《農政全書》卷一七："朗州有右史渠。"《明一統志》卷六四："右史渠：本名後鄉渠，又名石英渠。唐溫造以起居舍人出知朗州，開此渠溉田，民獲其利，故名。"《大清一統志》卷二八〇："右史堰：在武陵縣北萬金村，即後門渠，一曰石英渠。《唐書·地理志》：'武陵有右史堰，長慶二年刺史溫造增修，開後門渠九十七里，溉田二千頃。造以起居舍人出爲刺史，故以官名。'"

【後鄉渠】

即右史渠。此稱唐代已行用。見該文。

【石英渠】

即右史渠。此稱明代已行用。見該文。

【右史堰】

即右史渠。此稱唐代已行用。見該文。

强公渠

唐代雍州司士參軍强循所修的一條水渠，後世多次修浚，灌溉面積不斷擴大。此稱唐代已行用。《新唐書·强循傳》："華原無泉，人畜多暍死。〔强〕循教人渠水以浸田，一方利之，號强公渠。"《山堂肆考》卷八七："華原無泉，人多渴死，〔强〕循教人穿渠，因以灌田，名强公渠。"《大清一統志》卷一七八："强公渠，在耀州西南。"

白渠

亦稱"白公渠"。漢代關中平原著名的水利工程。由漢武帝時白公主持修建，故名。《漢書・溝洫志》："太始二年，趙中大夫白公，復奏穿渠引涇水，首起谷口，尾入櫟陽，注渭中，袤二百里，溉田四千五百餘頃，因名曰白渠。"《古詩源・鄭白渠歌》："田於何所，池陽谷口，鄭國在前，白渠起後。"

【白公渠】

即白渠。此稱漢代已行用。見該文

大運河

中國最大的由人工開挖形成的水道，對灌溉、排澇、泄洪皆有重大作用。因主要用於航運，故稱。唐以前稱"溝""渠""漕渠""漕河""運渠"，宋吳自牧《夢粱錄》："下塘，自河南天宗水門……一由東北上塘過東倉新橋，入大運河，至長安閘，入嘉興路運河。"宋代始有運河之稱。中國著名運河有春秋末吳國所開的邗溝，戰國初魏國所開的鴻溝，漢武帝時所開的漕渠，東漢末曹操所開的白溝，隋煬帝時所開的通濟渠、江南河、永濟渠及宋代的漕運四河等。元代又利用隋唐以來原有的一部分運河與某些天然河道，復在山東臨清、濟寧間先後開鑿了濟州河、會通河，因而自大都（今北京）為起始，經由通惠河、白河、御河（永濟河）、會通河、濟州河、泗水、黃河、淮揚運河（邗溝）、浙西運河（江南河），直達杭州，其中溝通了海河、黃河、淮河、長江、錢塘江五大流域，縱貫南北的大運河至此形成。元末，山東境內淤廢。明永樂初，重開會通河，此後四百年間，除通惠河一段不暢外，其餘各段盡皆通航（局部地段曾有改易），對於南糧北運、公私商務來往起到難以估量的巨大作用。清咸豐五年（1855），黃河北徙，改由今道出海，運河堤遭毀，汶水被挾而東流，運道盡涸，自此漕糧或改折現金，或逕海運，經由運河北上者所剩無幾。光緒二十七年（1901），終將漕糧全部改折，停止漕運。不久，自黃河北至臨清一段運河淤成平陸。

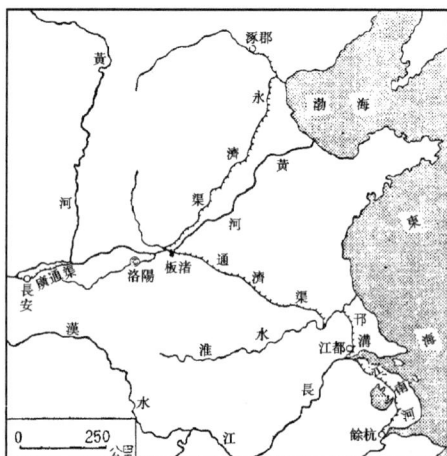

隋代運河示意圖

桔槔

井上的汲水工具。在井旁架設一槓杆，一端繫汲器，一端繫重物，利用槓杆原理，用不大的力即可把水從井中提取出來。這是中國最早、最原始的汲水工具。此稱先秦時期已行用。《莊子・天運》："且子獨不見夫桔槔乎？引之則

桔　槔
（明徐光啓《農政全書》）

俯，舍之則仰。"《淮南子·氾論訓》："斬柯而
樵，桔槔而汲。"唐陸龜蒙《江邊》詩："江邊
日晚潮烟上，樹裏鴉鴉桔槔響。"

轆轤

亦作"鹿盧""樮櫨""轆轤""鹿櫨"。利
用輪軸原理製成用於井上汲水的起重裝置。漢
代已行用。《禮記·檀弓下》："公室視豐碑。"漢
鄭玄注："穿中於間爲鹿盧，下棺以綍繞。"南
朝宋劉義慶《世説新語·排調》："顧曰：'井
上轆轤卧嬰兒。'"北魏賈思勰《齊民要術·種
葵》："井，別作桔槔、轆轤。"原注："井深用轆
轤，井淺用桔槔。"北周庾信《和張侍中述懷》
詩："道險卧樮櫨，身危縈素絲。"倪璠注："樮
櫨，井上汲水圓轉木也。"唐玄應等《一切經音
義》卷一五："轆轤，又作樮櫨。《倉頡篇》：'三
輔舉水具也。'"《資治通鑑·晉顯宗咸康二年》：
"一鍾没於河……用牛百頭，鹿櫨引之乃出。"
胡三省注："鹿櫨，形如汲水，木立兩柱，橫木
貫柱，令圓滑可轉，繫綯於橫木，絞而引之。"
明徐光啓《農政全書》卷一七："井上立架，置

轆　轤
（元王禎《農書》）

軸，貫以長轂，其頂嵌以曲木，人乃用手掉轉，
纏綆於轂，引取汲器。或用雙綆，而逆順交轉，
所懸之器虚者下，盈者上。更相上下，次第不
輟，見功甚速。凡汲於井上，取其俯仰則桔槔，
取其圓轉則轆轤。"

【鹿盧】

同"轆轤"。此體漢代已行用。見該文。

【樮櫨】

同"轆轤"。此體南北朝時期已行用。見該
文。

【轆轤】

同"轆轤"。此體唐代已行用。見該文。

【鹿櫨】

同"轆轤"。此體宋代已行用。見該文。

水碓

亦稱"水舂""斗碓""鼓碓"。利用水力舂
米的器械，除加工糧食外，還可以用於其他的
搗碎工作。漢代已行用。《後漢書·西羌傳·東
號子麻奴》："因渠以溉，水舂河漕，用功省少，
而軍糧饒足。"《三國志·魏書·張既傳》："既假
三郡人爲將吏者休課，使治屋宅，作水碓，民
心遂安。"南朝宋劉義慶《世説新語·儉嗇》：
"司徒王戎既貴且富，區宅僮牧，膏田水碓之
屬，洛下無比。"唐岑參《晚過磐石寺禮鄭和

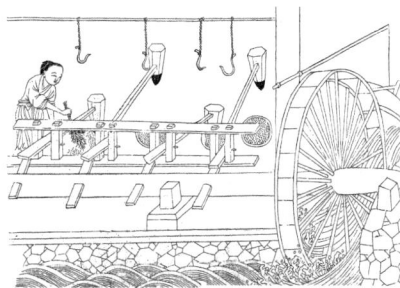

水　碓
（明徐光啓《農政全書》）

尚》詩："岸花藏水碓，溪水映風爐。"明宋應星《天工開物·攻稻》："凡水碓，山國之人居河濱者之所爲也。"明徐光啓《農政全書·水利》："凡在流水岸傍俱可設置，須度水勢高下爲之。如水下岸淺，當用陂柵；或平流，當用板木障水，俱使傍流急注。貼岸置輪，高可丈餘，自下冲轉，名曰撩車碓。若水高岸深，則爲輪，減小而闊，以板爲級，上用木槽，引水直下，射轉輪板，名曰斗碓。又曰鼓碓，此隨地所制，各趨其巧便也。"

【水舂】

即水碓。此稱漢代已行用。見該文。

【斗碓】

即水碓。此稱明代已行用。見該文。

【鼓碓】

即水碓。此稱明代已行用。見該文。

【機舂】

即水碓。亦稱"機碓""翻車碓"。唐韓愈《城南聯句》："機舂潺湲力，吹籤飄颻精。"元王禎《農書·農器圖譜十四》："機碓，水搗器也。"明徐光啓《農政全書》卷一八亦曰："機碓，水搗器也。《通俗文》云：水碓曰翻車碓。杜預作連機碓。孔融論水碓之巧，勝於聖人斫

木掘地。則翻車之類，愈出於後世之機巧。"

【機碓】

即機舂。此稱元代已行用。見該文。

【翻車碓】

即機舂。此稱漢代已行用。見該文。

【連機碓】

即水碓。《太平御覽》卷七六二引晉傅暢《晉諸公贊》："征南杜預作連機碓。"清汪汲《事物原會·水碓》："晉杜預作連機之碓，藉水轉之。《物原》：'后稷作水碓，利於踏碓百倍，亦杵臼之遺法。'"

水碾

利用水力帶動旋轉的碾子。多用以碾碎穀物等。《魏書·崔亮傳》："亮在雍州讀《杜預傳》，見爲八磨，嘉其有濟時用，遂教民爲碾。及爲僕射，奏於張方橋東堰穀水造水碾數十區，其利十倍，國用便之。"元王禎《農書·農器圖譜》："水碾，水輪轉碾也。《後魏書》崔亮教民爲碾，奏於張方橋東堰穀水造水碾磨數十區，豈水碾之制自此始歟？其碾制上同，但下作臥輪或立輪，如水磨之法。輪軸上端穿其碢幹，

機　碓
（元王禎《農書》）

水　碾
（元王禎《農書》）

水激則碨隨輪轉，循槽轢穀，疾若風雨，日所毀米比於陸碾功利過倍。詩云：湍流激碾走通渠，木石相乘有秘樞。水府暗推坤軸健，天衢圓轉月輪孤。循環似假風雷迅，受納難同杵臼拘。粒食中州易精鑿，好傳規制遍方隅。"清顧炎武《與潘次耕書》："彼地有水而不能用，當事遣人到南方，求能造水車、水碾、水磨之人。"

水碨

亦稱"水磨"。利用水力帶動旋轉的磨麵工具。此稱隋代已行用。《隋書·楊素傳》："素貪冒財貨，營求產業，東西二京，居宅侈麗……爰及諸方都會處，邸店、水碨並利田宅以千百數。"《新唐書·王方翼傳》："〔方翼〕乃出私錢作水碨，薄其贏，以濟饑瘵。"宋葉適《財總論二》："坊場、河渡免引，茶場、水磨、碓垛之額，止以給吏祿而已。"明徐光啓《農政全書》卷一八："凡欲置此磨，必當選擇用水地所，先盡並岸擗水激輪。或別引溝渠，掘地棧木，棧木置磨，以軸轉磨中下徹棧底，就作臥輪，以

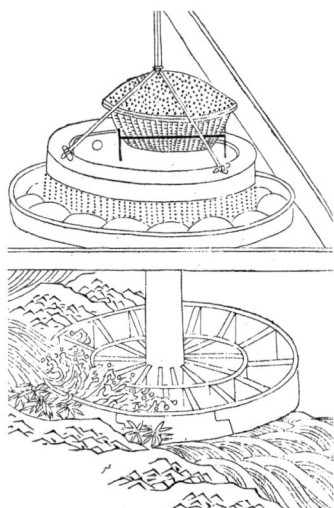

水　磨
（明徐光啓《農政全書》）

水激之，磨隨輪轉。比之陸磨，功力數倍。此臥輪磨也。"清朱彝尊《中院》詩："應公昔來栖，曾立水碨三。河流今已徙，亂石堆枯潭。"

【水磨】

即水碨。此稱宋代已行用。見該文。

水車

古代泛指一切灌溉機械。以人力或畜力等作動力，通過管、筒、渠、水槽等機件引水上堤，用以灌溉農田。最常見的形式有筒車、翻車兩種。約於明代始，水車又專指以水力爲動力的灌溉機械。東漢以前，中國最主要的提水工具是桔槔和轆轤。《墨子·備高臨》："以磨鹿卷收。"孫詒讓閒詁引王引之云："磨鹿猶鹿盧，語之轉耳。"水車的最早記載見於漢王充的《論衡》。東漢時，宦官畢嵐設計了龍骨水車，用以解決洛陽皇家園林缺水的問題，還沒有真正用到農業生產上來。《後漢書·宦者傳·張讓》"〔靈帝中平三年〕又使掖庭令畢嵐……作翻車渴烏，施於橋西，用灑南北郊路，以省百姓灑道之費"。三國時，魏國工匠馬鈞對先前的水車進行了重大改革，改後的水車常稱翻車或龍骨翻車，開始用於農業生產。《三國志·魏書·杜夔

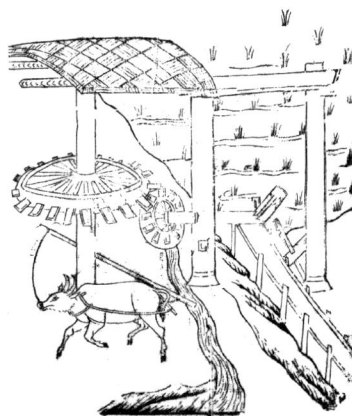

水車（牛曳水車）
（明王圻等《三才圖會》）

傳》南朝宋裴松之注："時有扶風馬鈞，巧思絕世，傅玄序之曰：'馬先生，天下之名巧也……居京都，城内有地，可亦爲園，患無水以灌之，乃作翻車，令童兒轉之，而灌水自覆，更入更出，其巧百倍於常。"翻車是一種鏈傳動工具，元朝的王禎在其《農書》中介紹了翻車的構造。它除了壓欄和列欄外，用木板做一個長約二丈、寬四寸至七寸不等、高約一尺的木頭槽，槽中架行道板一條，寬窄與槽板一致，行道板上下通周用龍骨板葉一節節連接起來，犹如龍的骨架一般。在上端安一個比較大的帶踏板的齒輪，另外一端安裝一個比較小的齒輪。灌溉時，將木槽的一端連同小齒輪放入水中，人扶着木架，踏動踏板，則龍骨板迴圈轉動，這樣就可以把水從較低處送至較高處。宋陸游《入蜀記》卷一："婦人足踏水車，手猶續麻不輟。"《宋史·河渠志五》："地高則用水車汲引，灌溉甚便。"清錢泳《履園叢話·考索·水車》："大江以南灌田之法，俱用水車。其來已久，又名曰桔槔。"用畜力和以水作動力的龍骨水車大約出現在宋元時期。畜力龍骨水車是在水車上端的橫軸上裝一個豎齒輪，旁邊立一根大立軸，立軸中部裝一大臥輪，使臥、豎二齒輪相互銜接。立軸上安一根大橫杆，使牛拉着橫杆轉動，經齒輪傳動作用，帶動水車運轉。後來又出現了提水升程很高的高轉筒車，可把水垂直提升至十丈以上。此外，人們還將渴烏、虹吸等與翻車配合使用，將水引到更遠的地方去。渴烏是利用氣壓差原理製作的汲水工具，曲筒狀，可分節相銜，漢代時已經出現，後代有改進。《通典·兵十》："渴烏隔山取水，以大竹筒雄雌相接，勿令漏泄，以麻漆封裹，推過山外，就水

置筒，入水五尺。即於筒尾取松樺乾草，當筒放火，火氣潛通水所，即應而上。"清麟慶所著《河工器具圖說》亦對龍骨水車的構造做較詳細的説明。長期以來，水車一直是中國農村應用最廣、最重要的一種提水工具。在近代抽水機出現以前，它也是世界上最先進的灌溉或排水機械之一。

筒車

利用河水流速帶動水輪自動運轉，往高地上汲水灌溉的一種機械設備。根據其形制不同，可分爲高轉筒車、水轉筒車、連轉筒車多種。筒車以木或竹製成水輪，下半部置水中，輪周安裝圓筒，水輪大小及水筒多寡視岸之高下及水流緩急而定。明徐光啓《農政全書》卷一七："流水筒輪，凡製此車，先視岸之高下，可用輪之大小，須要輪高於岸，筒貯於槽，方爲得法。其車之所在，自上流排作石倉，斜擗水勢，急湊筒輪，其輪就軸作輚。軸之兩旁閣於椿柱山口之内，輪軸之間，除受水板外，又作木圈縛繞輪上，就繫竹筒或木筒於輪之一周。水激輪轉，衆筒兜水，次第傾於岸上所橫水槽，謂之天池，以灌田稻。晝夜不息，絕勝人力。"明王圻等《三才圖會·器用》："高轉筒車，下輪半在

筒　車
（元王禎《農書》）

水内，各輪徑可四尺。"

翻車

亦稱"龍骨""龍骨車""龍骨翻車"。古代水車的一種。最早出現在西漢成帝之時，原是一種在河邊汲水的機車，後經馬鈞改良，機件輕便，開始用於農田灌漑，即爲後世常用的龍骨翻車。《古文苑·揚雄〈答劉歆書〉》："作《繡補》《靈節》《龍骨》之銘詩三章，成帝好之。"章樵注："龍骨，水車也。禁苑池沼中或用以引水。"《後漢書·張讓傳》："又作翻車、渴烏，施於橋西，用灑南北郊路，以省百姓灑道之費。"李賢注："翻車，設機車以引水。"晉傅玄《馬鈞傳》："居京師，都城內有地可以爲園，患無水以漑。先生乃作翻車，令童兒轉之，而灌水自覆，更入更出，其巧百倍於常。"宋梅堯臣《和十一月十二日與諸君登西園亭榭懷舊書事》之二："更看白水滿城下，説著當時龍骨車。"宋王安石《山田久欲拆》詩："龍骨已嘔啞，田家真作苦。"宋陸游《春晚即事》詩之四："龍骨車鳴入水塘，雨來猶可望豐穰。"元王禎《農書·農器圖譜·灌漑門》："漢靈帝使畢嵐作翻

翻　車
（明徐光啓《農政全書》）

車，設機引水，灑南北郊路。則翻車之制又起於畢嵐矣……其車之制，除壓欄木及列檻椿外，車身用板作槽，長可二丈，闊則不等。或四寸至七寸，高約一尺。槽中架行道板一條，隨槽闊狹，比槽板兩頭俱短一尺，用置大小輪、軸、同行道板上下通，周以龍骨板繫，其在上大輪兩端各帶拐木四莖，置於岸上木架之間。人憑架上，踏動拐木，則龍骨板隨轉循環行，道板刮水上岸。此翻車之制關楗頗多，必用木匠，可易造成。其起水之法，若岸高三丈有餘，可用三車，中間小池倒水上之……凡臨水段，皆可置用……水具中機械功捷，以此爲最。"按，王以"靈帝使畢嵐作翻車"爲翻車之始，當誤。明徐光啓《農政全書》卷一六："因水流之湍急，用龍骨翻車。"

【龍骨】

即翻車。此稱漢代已行用。見該文。

【龍骨車】

即翻車。此稱宋代已行用。見該文。

【龍骨翻車】

即翻車。此稱明代已行用。見該文。

渴烏

亦稱"虹吸""鶴引"。古代利用氣壓差原理製作的虹吸汲水工具。曲筒狀，可分節銜接，與翻車配合作用。《後漢書·張讓傳》："又作翻車、渴烏，施於橋西，用灑南北郊路，以省百姓灑道之費。"李賢注："翻車，設機車以引水；渴烏，爲曲筒，以氣引水上也。"唐李白《天馬歌》："尾如流星首渴烏，口噴紅光汗溝朱。"《通典·兵十》："渴烏隔山取水，以大小竹筒雄雌相接，勿令漏泄，以麻漆封裹，推過山外，就水置筒，入水五尺。即於筒尾取松樺乾草，當筒

放火，火氣潛通水所，即應而上。"《古今圖書集成·考工》引明王徵《引水器銘·引》："田田水下，苦難逆灌，爰製引器，用利高田。厥器凡

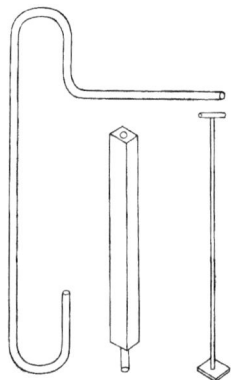

虹 吸
（清蔣廷錫等《古今圖書集成》）

二，一名虹吸，一名鶴引。虹吸引之既通，不假人力，而晝夜自常運矣。"

【虹吸】

即渴烏。此稱明代已行用。見該文。

【鶴引】

即渴烏。此稱明代已行用。見該文。

水輪

一種以水流爲動力的機械裝置。有時亦指龍骨車。宋蘇舜欽、蘇舜元《水輪聯句》："痛矣真源喪，紛紜物象來；水輪今若此，世事亦宜哉。"清孫枝蔚《不雨》詩："水輪鳴晝夜，牛力盡淮湖。"

水輪（水輪三事）
（元王禎《農書》）

水戽

亦稱"戽斗"。一種汲水的工具。戽即戽斗，形狀略似斗，兩邊有繩，兩人引繩汲水。宋沈與求《雨不止》詩："已看城郭半浮槎，水戽聯翩接渚涯。"元王禎《農書·農器圖譜·灌溉門》："戽斗，挹水器也……凡水岸稍下，不容置車，當旱之際，乃用戽斗。控以雙繩，兩人掣之抒水上岸，以灌田薔。"

【戽斗】

即水戽。此稱元代已行用。見該文。

海塘

江南地區爲防海潮、保護農田而修建的堤防。海塘在中國東南沿海地區經濟開發中占有重要的地位。《宋史·河渠志七》："鹽官縣海塘冲決，命淛西提舉劉垕專任其事。"《元史·河渠志二》："江浙省並庸田司修築海塘，作竹籧篨，內實以石，鱗次壘叠，以禦潮勢。"

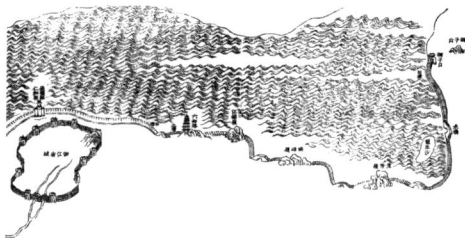

海 塘
（清高晉等《南巡盛典》）

坎兒井

亦稱"井渠""卡兒水"。維吾爾語Kariz的音譯，波斯語轉譯爲Karez。西漢時興起的一種地下水利工程。《史記·河渠志》："乃鑿井，深者四十餘丈。往往爲井，井下相通行水。水穨以絶商顏，東至山嶺十餘里間。井渠之生自此始。"坎兒井主要行用於新疆等地處西北的乾旱地區，由四部分組成：一是暗渠，也叫橫渠，

使地下水從暗渠流到用水的地方，它實際上是地下的集水道和輸水道。二是明渠，即露出地面的水渠，是引水灌溉田地的管道。三是竪井，也叫立井。在開挖暗渠以前，人們必須先鑿竪井，沿着一條綫路鑿成若干竪井。竪井的作用有二：一是爲了瞭解地下水位，確定開挖暗渠的位置；二是在挖暗渠時利用竪井作通風口和出土口。四是含水層，即水源。坎兒井利用地勢落差自流灌溉，施工簡單，使用久長，因水在地下流動，既漸少了蒸發，又避免了被風沙埋没，非常適合新疆等地的自然環境。坎兒井這一地下水利工程技術於西漢時經絲綢之路西傳波斯，復經波斯再傳歐洲。

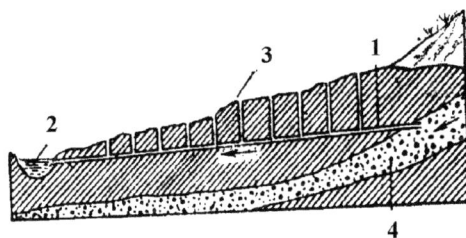

1.暗渠　2.明渠　3.竪井　4.含水層
坎兒井剖面示意圖

【井渠】

即坎兒井。此稱漢代已行用。見該文。

【卡兒水】

亦稱“坎兒井”。此稱清代已行用。王國維《觀堂集林·西域井渠考》：“今新疆南北路通鑿井取水，吐魯番有所謂卡兒水者，乃穿井若干，於地下相通以行水。”

第三節　農書考

中國作爲一個傳統農業大國，歷來非常重視對農業技術的研究、傳播與推廣，一大批總結農業生產技術的農學著作便應運而生，在當時及以後的農業生產中起着極爲重要的指導作用。中國早在戰國時期的諸子百家學説中就有農家及農家的著作，如《神農》《野老》等，但都已經失傳。《漢書·藝文志》列有農書九家，是最早著録的農書。宋代由於社會生產發展較快，雕版印刷術有了很大的提高，許多著名農書如《齊民要術》《四時纂要》等都得到普遍印刷。到清代《四庫全書》中收録農書十種、存目農書九種。

根據内容分類，中國農書可分爲綜合性農書和專業性農書兩大類。綜合性農書又有全國與地方之分。全國綜合性農書反映全國廣大地區的農業情況，最重要的有五大農書，即北魏賈思勰的《齊民要術》、元大司農司撰寫的《農桑輯要》、元王禎的《農書》、明徐光啓的《農政全書》和清乾隆年間官修的《授時通考》。這五大農書既有綜合性的共同特點，又有不同歷史背景的各自特色，是中國古代農書的典型代表。此外，戰國時《吕氏春秋》中的《上農》《任地》《辨土》《審時》四篇農學著作，反映了中國精耕細作農業傳統的發端；

《管子·地員》篇論述了土壤與植物的關係，是很重要的農學著作。成書於西漢時期的《氾勝之書》也是一部很重要的綜合性農學著作。

地方性綜合農書與全國性農書的區別就在於所論述的農業生產經驗有明顯的地域特色，有强烈的針對性與實用性。典型的有南宋的陳旉《農書》。該書提出的"地力常新壯"理論，是中國傳統農業有關土壤改良的高度概括。明末的《沈氏農書》所述的水稻施肥理論與操作完全合乎現代植物生理學原理。這兩部書反映了南宋及明末兩個不同時期蘇南、浙江農業發達地區的成就。

專業性農書是指祇涉及農、林、牧、副、漁某一方面的内容的書籍。早在《詩》中就有關於果樹名稱的記載，但果樹專著出現於唐代以後。如南宋韓彥直所著的《橘錄》、清趙吉農所著的《龍眼譜》就很翔實可信。北宋蔡襄的《荔枝譜》是世界上最早的荔枝專著。此外，更多的果樹文獻還散見於綜合性農書之中，如《齊民要術》《群芳譜》《農政全書》等都有果樹栽培的專篇。其他重要類書如唐《藝文類聚》、宋《太平御覽》、明《三才圖會》、清《古今圖書集成》中也收錄了歷代農書中的果樹資料。

中國古代蔬菜類的農書較少，現在流傳下來的祇有北宋僧人贊寧的《筍譜》、南宋陳仁玉的《菌譜》和明黃省增的《芋經》等，但有關種蔬菜的文獻則很多，多散見於綜合性農書之中。

花卉類農書現存八十多種，其中主要以明清時期居多。比較重要的有北宋周師厚的《洛陽花木記》、南宋陳景沂的《全芳備祖》、明王路的《花史左編》、清陳淏之的《花鏡》等。另外還有專記一種花卉的書籍，最早的是晋戴凱之的《竹譜》，其中比較有名的是北宋歐陽修的《洛陽牡丹記》、劉攽的《芍藥譜》、劉蒙的《菊譜》等。這類圖書注重品種與鑒賞，較少記載栽培技術革新。有關飼養的農書多散見於綜合性農書，如北魏賈思勰《齊民要術》、元王禎《農書》、明徐光啓《農政全書》。

中國最早在春秋戰國時期就已出現了伯樂、寧戚、九方皋等著名的相馬、相牛專家。兩漢時期開始有《伯樂相馬經》《寧戚相牛經》等書流傳。馬政是歷代封建王朝爲繁育戰馬而頒布的政令，明楊進喬的《馬政紀》是現存比較完整的一部馬政書。現在流傳的主要獸醫書有唐李石的《司牧安驥集》和北宋王愈的《蕃牧纂驗方》等。元卜寶的《司牧馬經·痊驥通玄論》至今仍有較大實用價值。明喻仁、喻杰兄弟編著的《元亨療馬集》編寫層次分明，治療驗方多，流傳極廣，影響曾遠及日本等地。

最早記述和研究農具的古籍當首推《周禮·考工記》，作爲農具專書的是唐陸龜蒙的《耒耜經》。元王禎《農書》中記載了大量的農具，并附了一百多幅農器圖，堪稱中國古代農具書之大成。明末《農政全書》也專列農具一門，除記述當時中國傳統農具外，還介紹了歐洲的灌溉機械。

除上述專業性農書外，中國古代還有大量有關蠶桑、水産、農田水利等方面著述，也屬於古代農書的重要組成部分。

農書

歷代關於指導農業生産和推動農業生産技術發展的書籍。起源甚早，著述豐富。春秋戰國時已形成一大學派——農家，其時即當有農書問世。農家與農書至兩漢而大盛。《漢書·藝文志》載有農家九家、著作一百一十四篇，如《神農》二十篇、《野老》十七篇、《宰氏》十七篇、《尹都尉》十四篇，等等。今傳世者唯有《氾勝之書》（下有專文）。其後歷代不衰。南朝宋鮑照《臨川王服竟還田里》詩："道經盈竹笥，農書滿塵閣。"唐柳宗元《進農書狀》："宜以二月一日爲中和節，所司進農書，永以爲恒式者。"清謝重輝《適野》詩："回顧田舍人，農書老猶讀。"

吕氏春秋

亦稱《吕覽》。戰國末期雜家的著作，由秦相國吕不韋組織門客集體編寫而成。全書二十六部分，其中《上農》《任地》《辨土》《審時》四篇可稱爲中國現存最早的農書。《上農》篇着重講重農政策，反映了先秦統治者的農本觀念；其他三篇則是總結了當時的農業生産技術。此四篇文章反映了戰國時期及其以前的農學水平和一些地區的農業生産與社會政治情况，爲研究先秦農

《吕氏春秋》
（《四部叢刊初編》本）

業歷史提供了較爲可靠詳細的資料。

【吕覽】

即吕氏春秋。此稱秦代已行用。見該文。

氾勝之書

漢代著名農學家氾勝之撰寫的一部農學專著。《漢書·藝文志》載，其書共十八篇，今已非全貌。書中詳細介紹了當時關中地區較高的農業生産技術，内容有溲種法、穗選法、區田法以及禾、黍、麥、稻、稗、大豆、麻、桑、芋等十三種作物的栽培技術，開創了中國農書對作物各論的先例，對指導當時農業生産起了很重要的作用。

四民月令

東漢崔寔著。崔寔，字子真，涿郡安平（今河北安平縣）人。曾任議郎、五原太守，官

至尚書。此書仿《禮記・月令》體裁，逐月記錄以洛陽爲代表的中原地區士、農、工、商人家生產與生活概況，分別叙述禾、麥、黍、麻、豆等作物的栽培，花果、樹木的種植，蠶桑、家畜的飼養，兼及祭祀、社交、教育、交易、飲食、醫藥、家用器物的製作與保管等活動。原書久佚，北魏賈思勰轉引入《齊民要術》，隋杜臺卿轉引入《玉燭寶典》。清代有數種輯佚本，尤以嚴可均輯本著名。

齊民要術

北魏時期的綜合性農書，也是世界農學史上最早的名著之一。作者賈思勰，曾任高陽太守。除了山東以外，賈思勰還到過今山西、河南、河北等地，經營過農牧業生產，對農業生產有較深的瞭解。在此基礎上，他寫成了這部具有農業百科知識性質的著名農書。全書共十卷九十二篇，約十一萬字，分別論述各種農作物、蔬菜、果樹、竹木的栽培，家禽、家畜的飼養，農產品加工和副業等；比較系統地總結了 6 世紀以前黄河中下游地區勞動人民的農業生產經驗。書中記載的乾旱地區農業的耕作與穀物栽培方法、梨樹提早結果的嫁接技術、樹苗的育植、家禽家畜的去勢育肥技術、多種農產品的加工技術都顯示了當時中國農業生產水

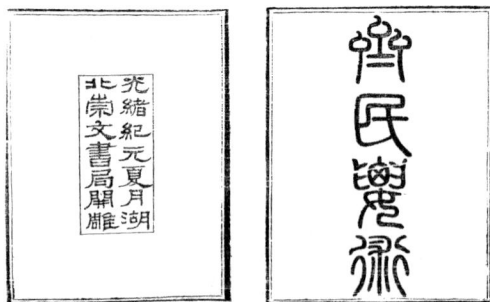

《齊民要術》
（光緒崇文書局本）

平已達到了相當的高度。書中還着重介紹了野生植物和南方植物的利用，可認爲是現存最早的南方植物志。

四時纂要

唐末或五代初韓鄂（一作諤）著。韓鄂，事迹不詳。此書中國久已失傳，日本藏有朝鮮 1540 年刊本，係據宋至道二年（996）中國舊刊本翻刻。該書逐月列舉應做農事及其具體技術措施等，近於農家曆性質。全書五卷，大多彙輯前人著述，其中農業技術部分主要引自《齊民要術》，但文字有改動。書内種木棉法，爲後人增加。該書保存了若干長期散佚民間的農事資料。《郡齋讀書志》云：“唐韓諤撰。諤遍閱農書，取《廣雅》《爾雅》定土產，取《月令》《家令》叙時宜，采氾勝種樹之書、掇崔寔試穀之法，兼删韋氏《月録》《齊民要術》編成。”《直齋書録解題》卷一〇云：“案《宋史・藝文志》作十卷。唐韓諤撰。雖曰歲時之書，然皆爲農事也。”

吴中水利書

北宋單鍔著。單鍔（1031—1110），字季隱，宜興（今屬江蘇）人，嘉祐四年（1059）進士。《四庫全書總目提要》云：“〔單鍔〕得第以後不就官，獨留心於吴中水利。嘗獨乘小舟，往來於蘇州、常州、湖州之間，經三十餘年。凡一溝一瀆，無不周覽其源流，考究其形勢。因以所歷，著爲此書。元祐六年，蘇軾知杭州日，嘗爲狀進於朝。會軾爲李定、舒亶所劾，逮赴御史臺鞫治，其議遂寝。明永樂中，夏原吉疏吴江水門，濬宜興百瀆。正統中，周忱修築溧陽二壩，皆用鍔説。嘉靖中，歸有光作《三吴水利録》，則稱治太湖不若治松江。鍔

欲修五堰，開夾苧于濱以截西來之水，使不入太湖。不知揚州藪澤，天所以瀦東南之水也。水爲民之害，亦爲民之利。今以人力遏之，就使太湖乾枯，於民豈爲利哉？其説稍與鍔異。蓋歲月綿邈，陵谷變遷，地形今古異宜，各據所見以爲論。要之舊法未可全執，亦未可全廢，在隨時消息之耳。蘇軾進書狀載《東坡集》五十九卷中，此書即附其後。書中有併圖以進之語，載於其上，加貼黃云：其圖畫得草略，未敢進上，乞下有司計會單鍔別畫。此本删此貼黃，惟存'別畫'二字，自爲一行。蓋此書久無專刻，志書從《東坡集》中録出，此本又從志書録出，故輾轉舛漏如是也。"

未耜經

唐朝末年著名文學家陸龜蒙所著的一部農具專著。該書記述了江南地區的農具，全篇六百多字，所記農具有犁、耙和礰礋等，尤以犁的結構最詳。其中曲轅犁由十一個部件構成。該書較爲全面地反映了唐朝末年江南地區農具的實際水平。

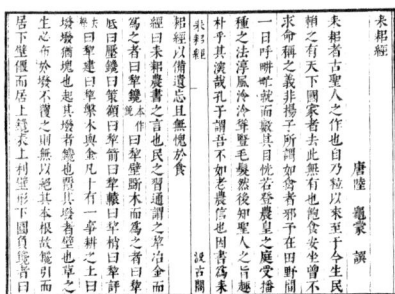

《未耜經》
（津逮秘書本）

陳旉農書

宋代論述南方農事的綜合性農書，作者陳旉。他生活在南宋偏安江南的戰亂時期，在真州隱居務農，於南宋紹興十九年（1149）寫成此書，冠以其名。全書共三卷二十二篇，一萬多字。上卷論述農田經營管理和水稻栽培，是全書的重點所在；中卷記載養牛和牛病的醫治；下卷闡述栽桑與養蠶。本書是我國第一部反映南方水田農事的專著，同時因作者親自參加農事而具有理論與實踐兩方面的特色。書中對開闢肥源、合理施肥和注重追肥等有獨到的見解。此外，書中對羊牛和蠶桑內容也有詳細的論述，反映了中國古代農業科學技術在宋代達到的新水平。

耕織圖

描繪水稻等耕種與絲麻紡織生產過程的圖畫，版本甚多。南宋樓璹曾繪《耕圖》二十一幅、《織圖》二十四幅，今有刻本流傳。樓璹（生卒年不詳），字壽玉，鄞縣（今浙江寧波）人。南宋劉松年也曾於寧宗朝繪《耕織圖》。劉松年（約1131—1218），號清波，錢塘（今浙江杭州市）人，淳熙間畫院學生，紹熙時畫院待詔。清聖祖玄燁曾命焦秉貞繪《耕織圖》（《耕圖》《織圖》各二十三幅），朱圭雕版印行，并作詩題咏。焦秉貞（生卒年不詳），字爾正，濟寧（今山東濟寧市）人，宮廷畫家。清高宗弘曆亦曾命冷枚、陳枚各繪《耕織圖》。冷枚（約1669—1742），字吉臣，號金門畫史，膠州（今山東膠州市）人，焦秉貞弟子，宮廷畫家。陳枚（約1694—1745），字載東，號殿掄，晚號枝窩頭陀，婁縣（今上海松江）人，宮廷畫家。

耕織圖詩

南宋樓璹著，共三十五首。《四庫全書總目提要》云："《文獻通考》載是書，引陳氏之言曰：'於潛令鄞樓璹玉撰。'今檢《永樂大典》所載陳振孫《書録解題》，乃作'於潛令鄞樓璹壽玉撰'，是'壽玉'乃璹之字。刊《通考》者，誤落一'壽'字也。此本後有嘉定庚午璹孫洪跋，又有作霖跋，不著其姓，謂公孫洪跋語未載公名，引樓鑰後序及宋濂《題耕織圖後》，以證此書爲璹所作。蓋作霖并未見《通考》耳。璹原書凡《耕圖》二十一，《織圖》二十四，各系以詩。今内府所藏畫本尚在，業經御題勒石。此本僅存詩三十五首，不載其圖，蓋非原本矣。"

農桑衣食撮要

元代魯明善著。魯明善（生卒年不詳），維吾爾族人，元仁宗延祐元年（1314）任壽陽（今安徽壽縣）郡監時撰寫《農桑衣食撮要》，簡稱《農桑撮要》，又稱《養民月宜》。全書共二卷：卷上自正月"驗歲朝"起，至六月"種蘿蔔"止；卷下自七月"種胡蘿蔔"起，至十二月"收羊種"止。依月列舉應做農事，是農家曆性質的農書。《四庫全書總目提要》云："此本有其幕僚導江張棗序一篇，稱明善威烏爾（舊作'畏吾兒'，今依元《國語解》改正）人，以父字魯爲氏，名鐵柱，以字行。於延祐甲寅出監壽郡，始撰是書，且鋟諸梓。又有明善自序，則稱明憲紀之任，取所藏《農桑撮要》，刊之學官，末署至順元年六月，蓋自壽陽刊板之後，閲十有七年而重付剞劂者也。考《豳風》所紀，皆陳物候。《夏小正》所記，亦多切田功。古來《四民月令》《四時纂要》諸書，蓋其遺意，而今多不傳。至元中頒行《農桑輯要》，於耕種、樹畜之法，言之頗詳。而歲用雜事，僅列爲卷末一篇，未爲賅備。明善此書，分十二月令，件繫條別，簡明易曉。使種藝、斂藏之節，開卷了然。蓋以陰補《農桑輯要》所未備，亦可謂留心民事，講求實用者矣。"

便民圖纂

著者不詳，或稱明代鄺璠著。弘治十五年（1502）初刊於蘇州。全書十六卷，前兩卷模仿宋代樓璹《耕織圖詩》，以通俗易懂的竹枝詞介紹耕織技術，并將務農與女紅描繪成圖。後十四卷以作者不詳的《便民纂》爲基礎，改編而成。《四庫全書總目提要》云："第一卷爲農務圖十五，第二卷爲女紅圖十六，每圖皆繫以竹枝詞一首。第三卷以下分十一類：曰耕穫，曰桑蠶，曰樹藝，曰雜占，曰月占，曰祈禳，曰涓吉，曰起居，曰調攝，曰牧養，曰製造。嘉靖壬子，刻於貴州。前有左布政使李涵序，稱鄺廷瑞始刻於吳中，吕經又刻於滇省。其中利民用者甚多。然意求全備，往往冗瑣，如末卷載辟鬼魅法，用桃枝洒雄黄水。蓋據《本草》桃枝殺鬼、雄黄殺精魅之説，已爲迂濶。又有祛狐狸法，云妖狸能變形，惟千百年枯木能照之，可尋得年久枯木擊之，其形自見。則據張華然華表照斑狸事，衍爲此法，殆於兒戲矣。其書本農家者流，然旁及祈福擇日及諸格言，不名一家。故附之雜家類焉。"

沈氏農書

明代沈氏著。沈氏，吳興（今浙江湖州市）人。全書分逐月事宜、運田地法、蠶務附六畜、家常日用等四部分。對水稻與蠶桑記述較詳，并強調養猪積肥。《四庫全書總目提要》云："案此編爲桐鄉張履祥所刊，稱漣川沈氏撰，不知沈氏爲誰也。其書成於崇禎末，履祥以其有益於農事，因重爲校定。具列藝穀、栽桑、育蠶、畜牧諸法，而首載《月令》以辨趨事赴功之宜。沈氏爲湖州人，故所述皆吳中土宜，與陳旉、王禎諸本互有出入。近時朱坤已刻入《楊園全書》中，而曹溶《學海類編》亦備載之云。"

補農書

　　明末清初張履祥著。張履祥（1611—1674），字考夫，又字淵甫，號念芝，又號楊園，桐鄉（今浙江桐鄉市）人。該書爲補充《沈氏農書》之不足而作，故名。篇幅雖短，但涉及面頗廣，對於稻、麥、桑、麻、果、蔬的種植和農家副業的規劃、經營、管理等，都有論述。

欽定授時通考

　　清代鄂爾泰等四十餘人於乾隆二年（1737）奉敕編著，成書於乾隆七年。全書共七十八卷，分天時、土宜、穀種、功作、勸課、蓄聚、農餘、蠶桑等八門，計90餘萬字，512幅插圖，是中國古代篇幅最大的農書。《四庫全書總目提要》云："凡八門：曰《天時》，分四子目，明耕耘、收穫之節也；曰《土宜》，分六子目，盡高下、燥濕之利也；曰《穀種》，分九子目，別物性也；曰《功作》，分十子目，盡人力也；曰《勸課》，分九子目，重農之政也；曰《蓄聚》，分四子目，備荒之制也；曰《農餘》，分五子目，種植、畜養之事也；曰《蠶桑》，分十子目，簇箔、織紝之法也。《天時》冠以《總論》，餘七門各冠以《彙考》，而詔諭御製詩文並隨類恭録焉。昔周公作《書》，以《無逸》爲永年之本，而所謂‘無逸’，在先知稼穡之艱難。故重農貴粟，治天下之本也。《管子》《呂覽》所陳種植之法，並文句典奧，與其他篇不類。蓋古者必有專書，故諸子得引之。今已佚不可見矣。劉向《七略》，綜別九流，以農家自爲一類，其書亦無一存。今所傳者，以賈思勰《齊民要術》爲最古。而名物訓詁，通儒或不盡解，無論耕夫、織婦也。沿而作者，不可殫數，惟王禎、徐光啓書爲最著。而疏漏冗雜，亦不免焉。我皇上御極之次年，即深維《堯典》授時之義，《虞廷》命稷之心，特詔删纂諸書，編爲此帙。準今酌古，務期於實用有裨。又詳考舊章，臚陳政典，不僅以自生自息聽之閭閻，尤見軫念民依之至意，非徒農家言矣。"

三農紀

　　清代張宗法著。張宗法（生卒年不詳），字師古，什邡（今四川什邡市）人，事迹不詳。《三農記》成書於乾隆二十五年（1760）。全書二十四卷，有占課、物産、水利、救濟、農作物、蔬果、樹木、藥材、畜牧、蠶、蜂、魚、擇選、謀生修藏等内容。主要叙述四川農民的耕作方法。《續修四庫全書總目提要》云："惟從序中知其（張宗法）字里，並知爲清雍乾間隱於耕畝者。自謂無可成就，貽玷於農。然捬其篇帙，頗爲浩富，非淺學薄植所能爲。耕夫老農，尤爲不易，殆亦高士之流歟？其書二十四卷，曰占，曰課，曰月令，曰物産，曰水利，曰救濟，曰穀屬，曰麻屬，曰蔬屬，曰果屬，曰服屬，曰油屬，曰染色，曰華屬，曰植屬，曰材屬，曰草屬，曰藥屬，曰畜屬，曰蟲屬，曰擇選，曰謀生，曰收藏。擇選爲二卷，其餘皆爲一卷。每卷之首，皆有小引，以當發凡。次述論，復分門別類，條列件繫。有所引徵，冠以‘參詳典故’等字。或采據資料，縷析分明。或羅列史事，以宏典實。其法記不厭詳，引不憚繁，頗稱得體。縱觀其書，自畜屬以前，大抵仿襲《農政全書》，而稍有損益。自穀屬至藥屬，凡十二卷，每條咸列舉其本性、植藝，以及效方修製，有條不紊，則又近似群芳譜也。其選擇二卷，多述農家常事，自卜居、築基以迄鑿井、修路，自牛欄、馬枋以迄息蜂、蓄魚，舉凡關繫農家營務者，弗不包羅網舉，足補前數卷之不及。至其見解，亦多卓偉之論，不似腐儒陳談。如所論月有形無光，受日光映之則白，反之則闇。其說雖不免爲掇拾前賢之語，復無關於農家。然議論不苟，發明獨精，亦足以概其他。其中稍可斟議者，即謀生、修藏二卷，所叙多婚喪嫁娶、求醫卜葬之事，類近蛇足。案，宗法此編成于鄉人老農之請，以記鄉田實事，豈其意以生養病死並逐入之乃爲便於鄉人循守耶？然間亦有可取，如釀酒、造醬、製醋、醃菹諸條，歷來諸書除《沈氏農書》以外，少有紀述。此編能搜求其事，補苴所遺，雖糅雜於日役閑文之中，亦所見甚遠矣。又此書傳世絕少，罕有著錄，版刻固不甚佳，且有誤繆，如目作卷十三染色，卷十四華屬，而原文適與目相反。第明農格物，宜求其用，登之目錄，亦足以增益農家焉。"

農候雜占

清代梁章鉅著。梁章鉅（1775—1849），字閎中，一字茝林，晚號退庵，福建長樂人。嘉慶壬戌（1802）進士，官至江蘇巡撫。《農候雜占》有同治十二年（1873）浙江書局刻本。該書主要根據南方農事活動情況，自夏曆正月至十二月，從天文、地理、人事、時令乃至草木蟲魚等，凡涉及預測天氣、解釋天氣現象或反映氣候變化者，均旁證引述，分布備列。《續修四庫全書總目提要》云："章鉅好學不倦，著述甚富，其刊行於世者，不下六十餘種。俞樾謂其'數歷封疆，政績彪炳，弱冠即嗜筆墨，五十餘年，手不釋卷，蓋仕學兼優者矣'。此編雖撮鈔群書而成，不見精義，然分別部屬，頗有條理，則其經營考訂之功，亦有足多者。先分記十二月，以重時令；次記天文、地理、草木、蟲魚，以志物候；而節取田家宜忌，與探春歷記，爲之殿；又以東南蠶桑，利甲天下，附於編後。大旨爲農家占候而作，而於節候如社日、伏日、臘日等，於韻事如駐色酒、油花占等，均加搜采，是亦記時之書也。但以正月十二日爲花朝，按云：'今人但知二月十六日爲花朝，而不知正月十二日亦爲花朝也。'又五月十五日謂之五日，前十日謂之端午，按云：'古人五日，皆當是十五日。今楚俗，亦以十五日爲大端陽，初五日爲小端陽。'此雖見於宋人紀載，而時移地易，俗已不存，何比徵引以炫博乎？他亦不免失之蕪雜，如水占記溝渠，火占記火浣布，山占記寶藏，石占記藍石等類，是與節物何關？可謂不知剪裁，自纍其書者矣。"

農具記

清陳玉璂著。陳玉璂（生卒年不詳），字賡明，號椒峰，武進（今江蘇常州）人。康熙六年（1667）進士，授內閣中書。十八年試博學鴻儒科，罷歸。《續修四庫全書總目提要》云："案玉璂字椒峰，毗陵人。此書爲其課奴子耕田，所見農具凡若干，詢之老農，又考之古昔所偁，圖書所載，有合有不合，有名异而實同，有名實俱异，而所用亦殊者，因爲文記之以備考。此本係武林王晫丹麓輯，天都張潮山來校。記中言犁之事，牛之事，耕之事，灌之事，並言布種之器，收穫之器，作場之器，治穀之器。原評謂其文字'有經有緯，雖極考核，極典古，極長極奧，使人讀之，自有綫路可尋'。又云：'於瑣屑處見奇古，於粗俗處見精詳，是注《爾雅》之才，記《考工》之法。'非溢美也。"

王禎農書

元代的綜合性農書，作者王禎，今山東東平人。曾任安徽旌德縣及江西廣豐縣尹。成書於元仁宗皇慶二年（1313）。全書三十七卷約十三萬字。内容一爲《農桑通訣》六集，作爲農業總論，體現了作者的農學思想體系；二是《百穀譜》十一集，論述了各種作物的栽培技術；三是《農器圖譜》二十卷，幾乎包括了傳統所有的農具，共分二十門，附圖二百八十餘幅，每項均有詳細的説明，包括釋名、來源、構造與用法，不僅記載了當時通用的農具，而且對有些已經失傳的古代農具也繪出復原圖，堪稱是中國古代最早的圖文并茂的農具史料，成爲後世纂寫農具書的範本。本書兼論南北農業技術，對土地利用方式和農田水利叙述頗詳，特別是對農具的廣泛介紹，可稱爲本書的最大特色。

農政全書

明代大型綜合性農書。作者徐光啓，明代著名科學家、農學家。該書共六十卷約七十萬字。内容分農本、田制、農事、水利、農器、樹藝、蠶桑、種植、牧養、製造和荒政等十二門，每門又各分若干子目。農本主要記述傳統的重農理論；田制爲土地利用方式；農事是農

《農政全書》
（平露堂刻本）

業概論；水利包括西北、東南等地的水利論述。該書雖係大量摘録前人有關著述，但經作者精心裁剪，融入作者精闢的見解與經驗體會，使該書成爲一個完整的農學體系作品。

群芳譜

明代介紹植物栽培的著作。編纂者王象晉，自稱明代隱士，山東新城（今山東桓臺縣）人，官至浙江布政使。王象晉用十多年時間編寫成此書。全書共三十卷約四十萬字。内容按天、歲、穀蔬、果、茶竹、桑麻、葛棉、藥、木、花卉、鶴、魚等十二譜分類。記載植物達四百多種，其中觀賞植物約占一半。對一些重要花卉植物收集了很多名稱。尤其重視植物形態特徵的描述，并注意訂正名稱，糾正錯謬之處，成爲該書突出的優點。

第六章　織造説

第一節　絲織考

　　中國是世界上最早養蠶和織造絲綢的國家，美麗的絲織品是中國人民的偉大發明創造。考古工作者在新石器時期的文化遺址中出土過半個割破的蠶繭，雖然這可能是隻野蠶繭，但可以證明早在這個時期，古代先民就開始對蠶桑有所認識了。1984 年，在河南滎陽青臺村遺址中發現了距今約 5000 年的絲麻織品，這些絲織品大部分是在兒童甕葬中用於包裹兒童的遺體。在河南殷墟遺址中，發現有雕刻精細的玉蠶，這種玉蠶在其他商代遺址中也時有發現，説明殷商時期人們已開始大量馴養桑蠶，絲織品越來越在社會生活中產生重要的作用。商代甲骨文中有桑、絲、帛、蠶等文字，并發現有平紋素織和挑出菱形圖案的絲織品。在浙江吳興錢山漾遺址中，人們發現了絲綫、絲帶和絹片等遺物。到了西周時期，織物品種已分爲繒、帛、素、練、紈、縞、紗、縠、綺、羅、錦等，此外還有麻、葛、羊毛和棉布。提花技術除平紋外，還出現了斜紋、重經或重緯的織物。周代絲織品的種類更多，出現了提花技術，這是絲織工藝一項巨大的進步。春秋戰國時期，中國就可以生產質地輕薄、經緯互相交纏在一起呈椒孔的絲織品。《楚辭·招魂》："翡阿拂壁，羅幬張些。"王逸注："羅，綺屬也。"這是南方炎熱地區人們喜愛的高檔絲織品。進入漢代以後，中國的絲織技術發展到了一個高峰時期。著名的馬王堆漢墓中出土的絲織品，充分展現了中國絲織品的精緻與華麗。從品種上看，有絹、羅、紗、錦、綉、綺等。就材質而言，既有毛茸厚重的絨綫錦，又有薄如蟬翼的素紗。墓中出土的單幅紗經緯度都十分均勻，厚度僅 0.05 ～ 0.08 毫米。有兩件素紗襌衣的重量還不到 50 克，其工藝之高實在令人難以置信。絨圈錦上的絨圈大小相互交替，層次分明，不僅外觀華美，而且富有立體效果。它的織造工藝須用兩個張力不同的經軸加起絨針纔能織成，説明漢代初年中國就已使用雙經軸提花機，可以控制上萬根以上的經紗。從顏色上看，有茶褐、絳紅、灰、黃棕、淺黃、青、綠、白等；從製作方法上看，有織、綉、繪等。圖案極爲豐富，有動物、植物、雲彩、花草、山水以及幾何圖案。

絲織的基礎是養蠶。蠶最初是野生的，最早的絲織品就是用野蠶絲織成的。在商朝時期，勞動人民就已經掌握了人工養蠶與絲織的技術，古文獻中有很多關於蠶絲的記載。《大戴禮記·夏小正》記在夏曆三月，人們就開始修剪桑樹，婦女們就開始養蠶。《詩》《儀禮》《左傳》中對婦女采桑養蠶的描寫也非常多。在戰國時期的銅器上，還有生動活潑的采桑圖案。在漢畫像石中這類圖案就更加普遍了。爲了提高桑葉的品質，古代先民很早就已經掌握了修整桑枝的技術，他們每年把舊桑枝剪掉，讓桑葉在新枝條上生長，這樣長出來的桑葉肥大厚實，品質好，有利於提高蠶繭的品質。

培育蠶種是搞好絲織的另一個重要環節。早在西周時期，人們就知道用水清浄蠶卵，保護蠶種。成書於南北朝的《齊民要術·種桑柘》記載："收取種繭，必須居簇中者。近上則絲薄，近地則子不生也。"在一般情況下，體質健壯的蠶喜歡在空氣流通、光綫充足、濕度適宜的蠶簇中間地帶結繭。這種蠶繭色澤正常，繭絲優良。而蠶簇上部或下部所產之繭，蠶絲較薄，絲的品質也較差。這條經驗至今仍爲蠶桑業所推重。

絲織生產的工藝非常複雜，而最主要的步驟是繅絲、練絲、穿筘、穿綜、裝造和結花本等工藝。繅絲是其中的第一道工序。所謂繅絲，就是把蠶絲從蠶繭中抽絲并除去絲膠的過程。這需要把絲從蠶繭中牽引出來，繞在框架上，形成絲絞；然後通過絡車

采桑修桑圖
（明王圻等《三才圖會》）

整理，把絲綫倒在骨行子上，再按照織造的要求製成經絲和緯絲。早在商周時期，古代先民們就已掌握利用熱水煮繭抽絲的技術。自戰國以後，人們就先把蠶繭放在沸水中煮，再用溫水脫膠。這樣可以使蠶絲質地均勻，柔韌白亮。

在漢代，山東地區的蠶桑絲織業十分發達，中央政權特地在齊設立了三服官。所謂三服官就是中央政權的官辦紡織機構，主要職責就是爲皇室生産冬、春、秋三季服裝，同時還爲朝廷生産大批高檔絲織品。從文獻資料看，齊三服官生産的主要産品有冠幘縰、紈素、輕綃、綺綉、冰紈、方空縠、吹綸絮等。冠幘縰是一種包頭髮的絲巾，顏師古稱之爲"方目紗"，也叫"方眼紗"或"方孔紗"。這種紗經緯綫比較稀疏，露出方孔，是屬平紗組織的絲織品。紈素是一種本色絹，是平紋組織的絲織品。輕綃是輕紗，是一種薄如蟬翼的薄綢；綺綉是一種具備五彩圖案的細綾，是一種精緻的斜紋起花的綢；冰紈是一種潔白如冰的細絹；方空縠是一種極薄的方目紗；吹綸絮是精緻的絲綿。這些都是齊地生産的高檔絲織品，反映了齊三服官高超的織造工藝。另外，漢代絲織品還有綺、綾等名稱。綺是一種有花紋的繒，是平紋起斜紋花的單色絲織品，分逐經緯提花型和隔經緯提花型兩種。《漢書・高帝紀下》："賈人毋得衣錦、綉、綺、縠、絺、紵、罽。"顏師古注："綺，文繒也，即今之細綾也。"

魏晉南北朝時期的紡織品仍以織錦爲主流，由於與域外印度、波斯的文化的交往，常以衆多動物圖案爲特徵，如獅子、大象之類，同時又出現了緯錦，采用緯紗新技術，由斜紋織物編織而成。就總體而言，這一時期以"魏晉風度"爲特徵，在中國文化史中占有特殊地位，在中國紡織史上也是一座重要里程碑，漸成爲後世紡織刺綉的主流之一。尤其是緯編織錦控制圖案顏色變化和精細圖像的表現，奠定了隋唐精緻織錦的技術基礎。

隋唐絲織品的主要産地在北方。安史之亂後，江南地區的絲織業也迅速發展起來。這一時期的絲織技術包括絲綢的印花、染色以及紡織機械等都有了很大的進步，所生産的絲織品尤爲精美。緙絲就是中國勞動人民在唐代獨創的一種絲織工藝，又稱刻絲。織造時以細蠶絲爲經，先架好經綫，按照底稿在上面描出圖案或文字的輪廓，然後對照底稿的色彩，用小梭子引着各色緯綫在花紋需要處與經綫交織，故緯綫不貫穿全幅，而經綫則縱貫織品。織成後，當空照視，其花紋圖案猶如鏤刻而成，故稱刻絲。這是一種非常複雜的絲織工藝，需要有高超的技術纔能完成。其主要産地在蘇州一帶。緙絲因其具體技法不同，又可分爲齊緙、搶緙、構緙、套緙、朱緙、緙金、緙鱗法等多種。不同的技法均可生産出品質獨特的緙絲産品。1973 年在新疆吐魯番出土了一條用作女舞俑束腰帶的緙絲帶，這是目前發現較早的唐代緙絲實物。緙絲帶質地呈草綠色，有用大紅、橘黃、海藍、天青、白色、沉香等八彩織成的四葉形圖案。圖案采用唐代建築、壁畫上常用的分段退暈方法，織出了花紋色暈的層次。織法采用通經斷緯，至少用八隻不同色彩的小梭子在花紋的各個局部挖花織成。從這件實物來看，當時的緙絲工藝已經是非常高超的了。

宋代又在唐代的基礎上生産出了“織錦”與“宋羅”等品種。所謂織錦就是一種織有彩色花紋的絲織品，宋以後成爲中國傳統工藝絲織品之一。它是一種以經綫和彩緯同時顯花的織錦工藝。宋錦主要可織成龍鳳、花鳥、景物等圖案，花紋精緻，色澤艷麗，質地厚密，適於製作婦女服裝、被面以及用於裝飾等。因爲宋代織錦工藝發達，在後世形成了“宋錦”這一專用名詞。所謂“宋錦”就是具有宋代織錦風格，用彩緯顯色的緯錦。相傳宋高宗南渡以後，爲滿足當時宮廷服裝和書畫裝飾的需要纔開始生産這種錦。當時已有紫鸞鵲錦、青樓臺錦等四十多種。宋錦用三種斜紋織成，兩種經紗面經用本色生絲，底經用有色熟絲，三種色緯用紋與地兼用的色緯和兩種專用紋緯組成。宋錦紋樣繁雜，配色典雅和諧。有龜背紋、綉球紋、劍環紋、古錢紋、席地紋、四方連紋、朱雀、百吉等多種圖案。宋以後成爲一種用途廣泛的織錦緞。在宋代，織羅技術有了高度發展。當時宋羅生産規模很大，全國的“貢羅”達十萬匹以上。所謂羅，就是一種經緯綫交織後形成小孔的絲織品。它質地輕薄，絲縷纖細，稀疏而又輕軟，是一種高檔的絲織品，非常適合在炎熱的夏季穿着。羅的名貴品種有孔雀羅、瓜子羅、寶花羅、滿園春羅、雲羅、方目羅等。

中國絲綢的品種豐富多彩，最通常的品種就是所謂的綢子，它屬於平紋結構，織法比較簡單。綾是屬於斜紋織物；緞是在綾的基礎上發展起來的，但没有明顯的斜紋；絨是一種起毛的絲織品，人們常説的天鵝絨即其中的一種；紗羅是比較疏朗的一種，均勻地排着多種形狀的紗孔；錦則是具有多種色彩和花紋的絲織品，織造起來比較複雜，因而十分珍貴。

與絲織業有密切關係的還有染料植物的種植。《周禮·天官·染人》:“染人掌染絲帛……掌凡染事。”證明早在西周時期就已經有專門掌管染事的官府機構。當時所用的染料是植物染料和礦物染料。《齊民要術》記載，魏晋南北朝時期山東地區的植物染料種植已經十分完備，普遍種植的有紅藍花、藍草、紫草、地黃等，這對促進當時絲織業的進步有着重大的意義。

中國絲綢和養蠶技術的西傳，主要是通過著名的絲綢之路。早在戰國時期中國的絲織品就進入了中亞和歐洲，最遲在公元前 3 世紀，歐洲人即稱中國爲"賽里斯"，就是絲綢之國的意思。漢武帝派張騫兩次出使西域，開闢了絲綢之路。從此以後，中國的絲綢製品源源不斷地輸入西方。與此同時，中國的養蠶技術和絲織技術也傳入了中亞和歐洲。絲綢之路爲溝通東西方經濟文化交流做出了重大貢獻，在人類文明史上具有重要的意義。

蠶

一種能吐絲作繭的昆蟲。喜食桑葉，有桑蠶、柞蠶、蛾蠶、天蠶等多個品種，蠶絲爲絲綢的原料來源。《説文・虫部》："任絲也。從虫朁聲。"注曰："任絲蟲也。任俗謂作吐。……言惟此物能任此事。美之也。"我國養蠶歷史悠久，自周朝開始便有明確的記載。此稱先秦時期已行用。《書・禹貢》："桑土既蠶，是降丘宅土。"《詩・大雅・鞠人》："婦無公事，休其蠶織。"《詩・豳風・七月》："蠶月條桑，取彼斧斨。"

桑蠶

亦稱"家蠶"。蠶的一種。家養蠶的品種，以桑葉爲主要食料，起源於中國，主要分布在溫帶、亞熱帶和熱帶地區。桑蠶絲爲我國絲綢織造主要的原料來源。此稱晋代已行用。晋干寶《搜神記》卷一四："言桑蠶者，是古蠶之餘類也。"晋常璩《華陽國志》："野蠶……體較家蠶短小，形質全同。"《元史・食貨志四》："六年，以濟南、益都、懷孟、德州、淄萊、博州、曹州、真定、順德、河間、濟州、東平、恩州、南京等處桑蠶災傷，量免絲料。"

【家蠶】

即桑蠶。此稱晋代已行用。見該文。

蠶室

古代王室飼蠶的宮館，後泛指養蠶的房屋。此稱先秦時期已行用。《禮記・祭義》："古者天子諸侯，必有公桑蠶室，近川而爲之，築宮仞有三尺，棘墻而外閉之。"唐孔穎達疏："'公桑蠶室'者，謂官家之桑於近而築養蠶之室。'近川而爲之'者，取其浴蠶種便也；築宮仞有三尺，棘墻而外閉之者，'築宮'謂築養蠶宮墻。七尺曰仞，言墻之七尺，又有三尺，高一丈也。……'棘墻'者，謂墻上置棘。'外閉'謂扇在戶外閉也。"《後漢書・禮儀志上》："祠先蠶，禮以少牢。"唐李賢注引漢衛宏《漢舊儀》曰："春桑生而皇后（視）〔親〕桑於苑中。蠶室養蠶千薄以上。"北魏賈思勰《齊民要術・種桑柘》："崔寔曰：'三月清明節，令蠶妾治蠶室，塗隙穴，具槌持箔籠。'"《宋書・禮志一》："皇后采桑壇在蠶室西……皇后東面躬桑，采三條，諸妃公主各采五條，縣鄉君以下各采九條，悉以桑授蠶母，還蠶室。"元王禎《農書》卷二〇："蠶室……三宮之夫人，世婦之吉者，使入蠶室，奉種浴於川，桑於公桑，此公桑蠶室也。

其民間蠶室，必選置蠶宅，負陰抱陽，地位平爽，正室爲上，南西爲次，東又次之。若室舊，則當净掃塵埃，預期泥補。若逼近臨時，墙壁濕潤，非所利也。夫縮機之制，或草或瓦，須内外泥飾材木，以防火患。復要間架寬敞，可容槌箔。窗户虚明易辨，眠起，仍於檁樺，各置照窗，每臨幕幕，以助高明。下就附地，列置風竇，令可啓閉，以除濕鬱。考之諸蠶書云：蠶室先辟東間養蟻，停眠前後，撤去西窗，宜遮西曬，尤忌西南風起，大傷蠶氣，可外置墙壁四五步以禦之。"

【繭室】

即蠶室。此稱宋代已行用。宋陸游《姜總管自築墓室名繭庵求詩》詩："君不見贅翁退隱真皇時，繭室遺名星日垂。"明宋應星《天工開物·乃服》："初上山時，火分雨略輕少，引他成緒，蠶戀火意，即時造繭，不復緣走。繭緒既成，即每盆加火半斤，吐出絲來，隨即乾燥，所以經久不壞也。其繭室不宜樓板遮蓋，下欲火而上欲風凉也。"

絲

亦稱"繢""繡"。本義指蠶吐出的像綫的東西，是織綢緞等的原料，可染色製成綢、絹等織物。引申爲絲織品，如絲綢。泛指像蠶絲一樣的細綫和其他極細的東西，如絲綫、銅絲。又比喻極小或極少的量。又特指琴、瑟、琵琶等弦樂器，因其弦在古代常以蠶絲爲之而得名。《説文·絲部》："絲，蠶所吐也。"《廣雅·釋器》："繢，絲也。"《玉篇·糸部》："繡，音紛，絲也。"絲源於中國，遠在商代甲骨文中即有記載。此稱先秦時期已行用。《書·禹貢》："〔兗州〕厥貢漆絲。"《詩·衛風·氓》："氓之蚩蚩，抱布

貿絲。"《韓詩外傳》卷五："繭之性爲絲，弗得女工燔以沸湯，抽其統理，則不成爲絲。"《周禮·考工記·㡛氏》："㡛氏湅絲以涗水。"唐李賀《浩歌》："買絲綉作平原君，有酒唯澆趙州土。"唐白居易《紅綫毯》詩："紅綫毯，擇繭繰絲清水煮，揀絲練綫紅藍染。"《新唐書·地理志二》："齊州濟南郡……土貢絲、葛、絹、綿。"明宋應星《天工開物·乃服》："凡蠶形亦有純白，虎斑，純黑。花紋數種，吐絲則同。"

【繢】

即絲。此稱三國時期已行用。見該文。

【繡】

即絲。此稱南北朝時期已行用。見該文。

【繭絲】

即絲。此稱先秦時期已行用。先秦列子《詹何釣魚》："詹何以獨繭絲爲綸，芒針爲鈎，荆條爲竿，剖粒爲餌，引盈車之魚於百仞之淵、汩流之中，綸不絶，鈎不伸，竿不撓。"宋楊萬里《上元夜里俗粉米爲繭絲書古語置其中以占》詩："兒女炊玉作繭絲，中藏吉語默有祈。"

冰蠶絲

亦稱"靈泉絲"。此稱唐代已行用。冰蠶所繰之絲。唐蘇鶚《杜陽雜編》卷中："唐元和八年，大軨國貢重明枕，神錦衾。碧麥，紫米……神錦衾。冰蠶絲所織也，方二尺，厚一寸，其上龍文鳳彩，殆非人工。"宋陸游《觀蘇滄浪草書絹圖歌》："天孫獨處河之湄，龍梭夜織冰蠶絲，機頭翦落光陸離。"清金農《張二丈伊以白苎布具遺·感作十韻》："其長四丈闊尺五，縝密何減冰蠶絲。"清谷應泰《博物要覽·志錦》："唐元和八年，大軨國貢神錦衾。錦乃冰蠶絲所織，方二尺，厚一寸，其上龍文鳳

彩，殆非人工。其國以五色石甃池，采大柘葉飼蠶於池中，始生如蚊睫，游泳於其間，及老，可長五六寸。池中有挺荷，雖驚風疾吹，不能傾動。大者可闊三尺，而蠶經十五月始入荷池中，以成其繭，形大如斗，自然五色，國人繅之以織神錦，亦謂之靈泉絲。”

【靈泉絲】

即冰蠶絲。此稱清代已行用。見該文。

【冰絲】

“冰蠶絲”之省稱。也用作蠶絲之美稱。此稱宋代已行用。宋葉適《送趙季清兼謝所惠詩》：“纍珠貫冰絲，耿光發沈淵；二千八百字，字字合管弦。”元伊世珍《琅嬛記》卷上：“沈休文雨夜齋中獨坐，……燭未及跋，得數兩，起贈沈曰：此謂冰絲，贈君造以爲冰紈。”明黃宗羲《千秋王府君墓志銘》：“兒啼午飯，婦絡冰絲。”清曹寅《望雨謠》：“旱魃聾蟲慘莫支，家家當户繅冰絲。”

縷

亦稱“纑”。泛指絲之纖維。《說文·糸部》：“縷，綫也。”清段玉裁注：“此本謂布縷，引申之絲亦名縷。”又《糸部》：“纑，布縷也。”清段玉裁注：“言布縷者以別乎絲縷也。”此稱漢代已行用。漢王充《論衡·程材》：“刺綉之師，能縫帷裳。納縷之工，不能織錦。”《後漢書·王符傳》：“或斷截衆縷，繞帶手腕。”南朝梁元帝《金樓子·立言下》：“先針而後縷，可以成帷蓋；先縷而後針，不可以成衣服。”宋蘇軾《前赤壁賦》：“餘音裊裊，不絕如縷。”元趙孟頫《題耕織圖·九月》：“教女學紡縷，舉足疾且輕。”

【纑】[1]

即縷。此稱漢代已行用。見該文。

【縝】

即縷。亦稱“纑縷”。漢揚雄《方言》卷四：“纑謂之縝。”晉郭璞注：“謂纑縷也。”《玉篇·糸部》：“縝，絲纑縷也。”

【纑縷】

即縝。此稱晉代已行用。見該文。

【帛縷】

即縷。此稱唐代已行用。唐杜牧《阿房宮賦》：“瓦縫參差，多於周身之帛縷。”宋史浩《童丱須知·娣姒篇》：“財物有通無，寒溫均帛縷。”

纑[2]

經脱膠分紡織的麻縷（紗）爲纑。此稱漢代已行用。《史記·貨殖列傳》注：“纑，紵屬，可以爲布。”紵是指苧麻。

綫

用絲、麻、棉、毛等材料製成的細縷。《說文·糸部》：“綫，縷也。”《玉篇·糸部》：“綫，可以縫衣也。”此稱先秦時期已行用。《春秋公羊傳·僖公四年》：“中國不絕若綫。”漢何休注：“綫，縫帛縷。”唐祖詠《七夕》：“向月穿針易，臨風整綫難。”宋陸游《離家示妻子》詩：“婦憂衣裳薄，紉綫重敷綿。”《紅樓夢》第一回：“那甄家大丫鬟在門前買綫，忽聽街上喝道之聲，衆人都說新太爺到任。”

【線】

同“綫”。此體先秦時期已行用。《周禮·天官·縫人》：“縫人掌王宮之縫線之事。”鄭玄注引鄭司農曰：“線，縷也。”《禮記·內則》：“右佩箴、管、線、纊。”

【綉】

同“綫”。亦作“䌥”。《集韻·去綫》：“綉，

《説文》：'縷也。'古从泉，或从延，亦作絟、
繎。"《字彙》："絟，同綫。"此體漢代已行用。
《周禮·考工記·鮑人》："察其綫欲其藏也。"漢
鄭玄注："故書綫或作綜。杜子春云：綜當爲糸
旁泉。讀爲絟，謂縫革之縷。"

【繎】

同"絟"。此體宋代已行用。見該文。

【綖】

同"綫"。《集韻·去綫》："綖，《説文》：'縷
也。'古从泉，或从延。"此體漢代已行用。《後
漢書·虞詡傳》："以采綖縫其裾爲幟。"南朝梁
簡文帝《采蓮曲》："常聞葉可愛，采擷欲爲裙，
葉滑不留綖。"唐段成式《酉陽雜俎續集·支
動》："猫，目睛暮圓，及午豎斂如綖。"

縑帛

較美的帛類絲織品。古代多用作賞賜、酬
謝之物，亦用作貨幣。此稱漢代已行用。《周
禮·天官·典絲》："掌其藏與其出，以待興功之
時。"漢鄭玄注："時者若温煗宜縑帛，清凉宜
文繡。"《史記·滑稽列傳》："數賜縑帛，簪揭而
去。"《漢書·王莽傳下》："一切稅天下吏民，訾
三十取一，縑帛皆輸長安。"《後漢書·荀淑傳》：
"冬夏衣服，朝夕稟糧，耗費縑帛，空竭府藏。"
《後漢書·蔡倫傳》："自古書契多編以竹簡，其
用縑帛者謂之爲紙。"宋趙彦衛《雲麓漫鈔》卷
七："故有刀筆鉛鈆槧之説，秦漢末用縑帛。"
清周亮工《與胡元潤書》："王荊公作字，未嘗
輕用縑帛，獨於佛語用之。"

匹帛

整匹的絲織品。此稱漢代已行用。《後漢
書·南蠻西南夷傳》："荒服之外，土地墝埆……
父子同賜，懷抱匹帛。"唐李商隱《雜纂》："有

匹帛不裝著。"宋孟元老《東京夢華録·元旦朝
會》："回紇皆長髯高鼻，以匹帛纏頭，散披其
服。"

幅帛

整幅之帛。此稱宋代已行用。宋徐積《高
樓春》詩："一竿橫掛數幅帛，題雲酒味如醍
醐。"《皇清職貢圖》卷一："〔馬辰國〕女祖身，
跣足，繫布裙過膝間，披幅帛於胸背。"

束帛

捆爲一束的五匹帛。共十端，每端丈八
尺，皆兩端合卷，總爲五匹。古代常作聘問、
婚喪、相饋贈的禮物。此稱先秦時期已行用。
《易·賁》："束帛戔戔。"《左傳·哀公七年》："邾
茅夷鴻以束帛乘韋，自請救于吳。"《儀禮·士
冠禮》："主人酬賓，束帛儷皮。"漢鄭玄注："束
帛，十端也。"唐賈公彦疏："束者十端，每端
丈八尺，皆兩端合卷，總爲五匹，故云束帛
也。"《史記·貨殖列傳》："子貢結駟連騎，束帛
之幣，以聘享諸侯，所至，國君無不分庭與之
抗禮。"《晉書·孝武帝紀》："六月癸卯，束帛聘
處士戴逵、龔玄之。"《新唐書·諸帝公主傳》：
"帝曰：'百姓租賦非我有，士出萬死，賞不過
束帛，女何功而享多户邪？使知儉嗇，不亦可
乎？'"

緦

細麻布。多用以製作喪服。此稱先秦時期
已行用。《周禮·天官·典枲》："掌布、緦、縷、
紵之麻草之物。"鄭玄注："緦，十五升布抽其
半者。"《儀禮·喪服》："緦者，十五升抽其半，
有事其縷，無事其布，曰緦。"鄭玄注："謂之
緦者，治其縷，細如絲也。"

布帛

絲、麻、棉織物的總稱。此稱先秦時期已行用。《孟子・滕文公上》:"布帛長短同,則賈相若,麻縷絲絮輕重同,則賈相若。"《禮記・禮運》:"治其麻絲,以爲布帛。"《晋書・王祥傳》:"泰始五年薨,詔賜東園秘器朝服一具,衣一襲,錢三千萬,布帛百匹。"唐白居易《秦中吟十首之二・重賦》:"生民理布帛,所求活一身。"

布

絲、麻、枲、葛等纖維織成的原始製衣材料。此稱先秦時期已行用。《論語・鄉黨》:"齊,必有明衣,布。"何晏集結引孔安國曰:"以布爲沐浴衣。"宋吕濱老《求聖詞・好事近》:"布帆無恙,著兩行親札。"明唐順之《武編前集》卷四:"三尺布中可以包藏急急如律令。"清王夫之《四書稗疏・論語》:"古之言布者,兼絲、麻、枲、葛而言之。練絲爲帛,未練爲布,蓋今之生絲絹也。"晋顧廣微《廣州記》:"蠻夷不蠶,采木綿爲絮,皮圓當竹,剥古綠藤,績以爲布。"

帛

亦稱"繒"。熟練之絲織物。此稱先秦時期已行用。《左傳・閔公二年》:"衛文公大布之衣,大帛之冠。"杜預注:"大帛,厚繒。"《説文・帛部》:"帛,繒也。"唐白居易《秦中吟・重賦》:"繒帛如山積,絲絮似雲屯。"長沙馬王堆西漢墓出土盛放絲織物的箱子上猶標有"繒箱"字樣。

【繒】

即帛。此稱漢代已行用。見該文。

綾[1]

細薄有花紋的絲織品。《説文・糸部》:"綾,東齊謂布帛之細者曰綾。"《正字通・糸部》:"綾,織素爲文者曰綺,光如鏡面有花卉狀者曰綾。"此稱漢代已行用。《漢書・高帝紀下》:"賈人毋得衣錦、綉、綺、縠、絺、紵、罽。"唐顏師古注:"綺,文繒也,即今之細綾也。"北周庾信《春賦》:"艷錦安天鹿,新綾織鳳凰。"唐白居易《賣炭翁》:"半匹紅紗一丈綾,繫向牛頭充炭直。"

綾紈[1]

一種薄而細、紋如冰凌、光如鏡面的絲織品。此稱先秦時期已行用。《韓詩外傳》卷七:"綾紈綺縠,靡麗於堂。"《藝文類聚》卷六九引《六韜》:"桀紂之時,婦女坐以文綺之席,衣以綾紈之衣。"《後漢書・桓帝紀贊》:"皇身靡續。"李賢注引晋皇甫謐《帝王世紀》:"婦人衣綾紈者三百餘人。"

縑

古代一種雙絲織成的細絹。多用作賞贈、酬謝之物,亦用作貨幣或紙張。此稱漢代已行用。《説文・糸部》:"縑,並絲繒也。"《釋名・釋采帛》:"縑,兼也,其絲細緻數兼於絹,染兼五色,細緻不漏水也。"《淮南子・齊俗訓》:"縑之性黃,染之以丹則赤。"《漢書・外戚傳上・史皇孫王夫人》:"媼爲翁須作縑單衣。"顏師古注:"縑,即今之絹也。"《玉臺新咏・〈古詩〉之一》:"織縑日一匹,織素五丈餘。"宋文瑩《玉壺清話》卷八:"絹色晦淡,酷類古縑。"

葛

亦稱"葛布"。質地挺而鬆散并有明顯橫菱紋的布類織物。采用平紋、經重平或急斜紋組織織造,分不起花的素織葛和提花葛兩類。在古代常以爲禦暑之美服。此稱先秦時期已行用。《春秋公羊傳·桓公八年》："君子之祭也，敬而不黷，疏則怠，怠則忘。士不及茲四者，則冬不裘，夏不葛。"何休注："四者，四時祭也……裘葛者禦寒暑之美服，士有公事不得及此。四時祭者則不敢美其衣服，蓋思念親之至也。"《韓非子·五蠹》："冬日麑裘，夏日葛衣。"漢袁康《越絕書·外傳記越地傳》："使越女織治葛布，獻於吳王夫差。"

【葛布】

即葛。此稱漢代已行用。見該文。

麻纖維

從各類麻植物中提取的纖維，包括一年生或多年生植物的葉、莖、皮的纖維素。《詩·陳風·東門之池》："東門之池，可以漚紵。"孔穎達疏："陸璣疏云：'紵，亦麻也。'……今南越紵布皆用此麻。"按，"漚紵"即剝取其皮而撕成纖維，以備製衣。中國目前最早的苧麻纖維織物殘片是在浙江吳興錢山漾新石器文化遺存中發現的，距今已有 4000 多年的歷史。

阿

古代一種輕細的絲織物品。此稱先秦時期已行用。《楚辭·招魂》："蒻阿拂壁，羅幬張些。"《史記·司馬相如列傳》："於是鄭女曼姬，被阿錫，揄紵縞。"裴駰集解引《漢書音義》："阿，細繒也；錫，布也。"

阿錫

亦作"阿緆"。精緻的絲織品和細布。此稱漢代已行用。《漢書·禮樂志》："被華文，厠霧縠，曳阿錫，佩珠玉。"顏師古注引如淳曰："阿，細繒；錫，細布也。"《文選·司馬相如〈子虛賦〉》："於是鄭女曼姬，被阿緆，揄紵縞。"李善注引張揖："緆與錫古字通。"

【阿緆】

同"阿錫"。此體漢代已行用。見該文。

方空縠

紗名。古時一種細而薄的方孔紗。此稱漢代已行用。《後漢書·章帝紀》："〔建初二年〕詔齊相省冰紈、方空縠，吹綸絮。"李賢注："方空者，紗薄如空也。或曰空，孔也，即今之方目紗也。"

冰紈 [1]

紗名。古時一種潔白的細紗。見"方空縠"文。

動物紋針織絛

出土戰國絲織物。湖北荆州馬山一號楚墓出土，目前世界發現最早的一件動物紋針織絛，是由連組織和單面提花成圈組成的複合針織品。花紋主題是一隻奔獸，用深紅、土黃兩色絲綫提花。

千金練

出土絲織物。因絛上織有篆書"千金"二字，故名。1972 年湖南長沙馬王堆一號漢墓出土。同時出土的竹簡稱之爲"千金絛飾"。紋樣由"千金"文字、雷紋、波折紋組成，色彩古樸，呈絳紅色。

文綉

刺綉華美的服裝或絲織品。此稱先秦時期已行用。《墨子·節葬下》："文綉素練，大鞅萬領。"《孟子·告子上》："令聞廣譽施於身，所以不願人之文綉也。"趙岐注："文綉，綉衣服也。"《漢書·賈誼傳》："且帝之身自衣皁綈，而富民墙屋被文綉。"

皁綈

黑色繒。亦指黑色厚繒做成的衣服。見

"文繡"文。

石棉布

亦稱"火浣布"。用石棉纖維紡織而成的布。具有不燃性，在火中能去污垢，所以中國早期史書中常稱之爲"火浣布"。此稱先秦時期已行用。《列子·湯問》："周穆王大征西戎，西戎獻錕鋙之劍，火浣之布……火浣之布，浣之必投於火，布則火色，垢則布色，出火而振之，皓然疑乎雪。"舊題漢東方朔《十洲記》："又有火林山，山中有火獸……乃取其獸毛，績以爲布，名曰火浣布，國人服之。"

【火浣布】

即石棉布。此稱漢代已行用。見該文。

細旃

古代地毯名。此稱漢代已行用。《漢書·王吉傳》："夫廣夏之下，細旃之上，明師居前，勸誦在後。"

魯縞

古代魯國出産的一種白色生絹。此稱漢代已行用。《漢書·韓安國傳》："强弩之末，力不能入魯縞。"唐顏師古注："縞，素也。曲阜之地，俗善作之，尤爲輕細。"唐杜甫《憶昔》詩："齊紈魯縞車班班，男耕女桑不相失。"

雜帛

滾飾旗幅側邊之素帛，旗本有顏色，以用素帛雜飾其側而得名。此稱先秦時期已行用。《周禮·春官·司常》："日月爲常，交龍爲旂，通帛爲旜，雜帛爲物。"漢鄭玄注："雜帛者，以帛素飾其側。"又泛指用色絲織成的各種絲織品。《史記·平津侯主父列傳》："因賜告牛酒雜帛。居數月，病有瘳，視事。"《漢書·孔光傳》："光年七十。元始五年薨。莽白太后，使

九卿策贈以太師博山侯印綬，賜乘輿秘器，金錢雜帛。"《後漢書·皇后紀上》："諸貴人當徙居南宮，太后感析別之懷，各賜王赤綬，加安車駟馬，白越三千端，雜帛二千匹，黃金十斤。"《資治通鑑·漢章帝建初四年》："及太后崩，但加貴人王赤綬，安車一駟，永巷宮人二百，御府雜帛二萬匹。"

花縑

絲織品的一種。織有花紋。此稱五代時期已行用。《舊五代史·梁書·太祖紀六》："〔安南〕又進南蠻通好金器六物、銀器十二，並乾陁綾、花縑氎等雜織奇巧者各三十件。"

綿

帛的一種。也指棉纖維，爲重要的紡織原料。此稱漢代已行用。《釋名·釋彩帛》："或謂之牽離，煮熟爛牽引，使離散如錦然也。"《晉書·食貨志》："令收……戶絹二匹，而綿一斤。"《宋史·食貨志上二》："帛之品十：一曰羅，二曰綾，三曰絹，四曰紗，五曰絁，六曰紬，七曰雜折，八曰絲綫，九曰綿，十曰布葛。"

繢

彩色的毛織物。此稱先秦時期已行用。《周禮·春官·司几筵》："諸侯祭祀席，蒲筵繢純，加莞席紛純，右彫几。"鄭玄注："繢，畫文也。"《漢書·東方朔傳》："木土衣綺繡，狗馬被繢罽。"唐顏師古注："繢，五綵也。罽，織毛也，即今氍毹之屬是也。"《宋書·禮志五》："虞氏作繢，采章彌文。"《舊唐書·職官志三》："掌縫三人，掌裁縫織繢。"

織成

古代名貴絲織品。它是在經緯交織的基礎上另以彩緯挖花而成的實用裝飾織物，是由錦

分化出來的一種絲織品，形成於漢代以前。彩緯衹在顯色部位織入，所以織同樣花紋圖案時用彩緯的量要比通緯省。此稱漢代已行用。《後漢書·輿服志下》："衣裳玉佩備章采，乘輿刺繡，公侯九卿以下皆織成，陳留襄邑獻之。"唐杜甫《太子張舍人遺織成褥段》詩："客從西北來，遺我翠織成。"

斑布

有色織布。利用各種色紗經緯相間，織成不同顏色的條子或格子的棉布。此稱南北朝時期已行用。《南史·夷貊傳上·林邑國》："吉貝者，樹名也，其華成時如鵝毳。抽其緒，紡之以作布……織爲斑布。"宋陸游《入蜀記》卷四："村人來往賣茶者甚衆，其中婦人皆以青斑布帕首。"

色帛

彩色的絲織品。《皇清職貢圖》卷六："〔四川省泰寧協禁右營松坪〕夷婦辮髮，挽雙髻，以青布爲高冠，復以色帛交束之。"又："〔四川省阜和營轄德爾格特〕番婦辮髮，以絳帕抹額，雜綴珠石短衣長裙，前繫緣邊色帛幅，能織褐。"

緙絲

亦稱"刻絲"。中國特有的傳統絲織工藝品之一。織造時以細蠶絲爲經。先架好經綫，按照底稿在上面描繪出圖畫或文字的輪廓，然後對照底稿的色彩用小梭子引着各色的緯綫在圖案需要處與經綫交織，故緯綫不貫穿全幅，而經綫則縱貫全幅。織成後，其花紋猶如鏤刻而成。中國緙絲的歷史很悠久，新疆樓蘭漢代遺址曾出土用緙絲織成的毛織品。吐魯番唐墓則發現有幾何形的緙絲帶，表明緙絲最晚起源於公元 7 世紀中葉。隋唐五代比較流行，到宋代已相當繁盛。宋莊綽《鷄肋篇》："定州織刻絲，不用大機，以熟色絲經於木杼上，隨所欲作花草禽獸狀。以小梭織緯時，先留其處，方以雜色綫綴於經緯之上，合以成文，若不相連。承空視之如雕鏤之象，故名刻絲。"明清時期緙絲已開始專業化生產，技術水平進一步提高。以生絲作經，各色熟絲作緯，織造時不同於一般絲織物的提花結本，而是用小梭、撥子等工具，采用搶、結、環和長短梭等技法，將多種彩色緯絲僅於花紋需要處與經絲交織，形成正反各異的花紋圖案。《清史稿·藍元枚傳》："上嘉其公當，賜緙絲蟒袍、上佩荷包，並諭。"

【刻絲】

同"緙絲"。此體宋代已行用。見該文。

絲布

亦稱"雲布"。蠶絲與麻、葛等紗交織的布。此稱南北朝時期已行用。《周書·武帝紀下》："初令民庶已上，唯聽衣綢、綿綢、絲布、圓綾、紗、絹、綃、葛、布等九種，餘悉停斷。"宋元以後有棉布。近代始有絲棉交織的絲布，多爲紗經絲緯，俗稱"棉綢"。明刊《松江府志》："以絲作經，而緯以棉紗，曰絲布，即俗所稱雲布也。"可見蠶絲與其他植物纖維交織無論作經或作緯，其織物皆稱絲布或雲布。

【雲布】

即絲布。此稱明代已行用。見該文。

綿綢[1]

由絹紡落綿爲原料織成的平紋厚實絲織物。此稱南北朝時期已行用。《資治通鑑·陳宣帝太建九年》："周制：'庶人已上，唯聽衣綢、綿綢、絲布、圓綾、紗、絹、綃、葛、布等九種，餘悉禁之。"胡三省注："綿綢，紡綿爲之。今淮人能織綿紬，緊厚，耐久服。"

莨紗

亦稱"響雲紗""香雲紗"。一種提花絲織物，表面烏黑光滑、類似塗漆且有小花透孔。主要產地在廣東順德和南海，已有逾百年的歷史。莨紗以桑蠶吐絲織成的提花絲織物爲坯，用薯莨莖塊的汁液經過染色程式，成爲正面呈烏黑色而背面呈黃棕色的產品。莨紗手感挺爽柔潤，易洗易乾，是我國南方常用的夏季服裝面料之一。由於穿着走路發出"沙沙"的聲音，所以最初叫"響雲紗"，後人以諧音叫作"香雲紗"。是國家級非物質文化遺產。徐珂《清稗類鈔·物品類》："香雲紗爲絲織物，經緯全用生絲者，爲生香雲紗，全用熟絲者，爲熟香雲紗，亦有經生緯熟者，皆爲夏時衣料。原產廣東，近時蘇州、盛澤等處亦仿造之。"清蓮園《負曝閑談》第二一回："一件香雲紗長衫袖子，在煙燈上轟轟烈烈的著起來。"

【響雲紗】

即莨紗。此稱多行用於近現代。見該文。

【香雲紗】

即莨紗。此稱清代已行用。見該文。

織金紗衣

一種加入金綫的平紋絲織衣物。此物明代已廣泛流傳。《大明會典》卷一一〇："永樂元年、賜監修官、銀一百兩、綵幣六表裏、織金紗衣一套、鞍馬一副。"《清史稿·暹羅傳》："王妃緞、織金緞，紗、織金紗，羅、織金羅各二。"

錦

泛指具有多種彩色花紋的絲織物。錦的生

湖北荆州出土戰國舞人動物紋錦

產工藝要求很高，織造難度大，所以它是古代最貴重的織物之一。《釋名·采帛》："錦，金也，作之用功重，其價如金。"古人把它看成和黃金等價。據傳唐堯時已有製作。《詩·秦風·終南》："君子至止，錦衣狐裘。"這種織物有經起花與緯起花兩種，分別叫"經錦"和"緯錦"。西周時期中國已經出現絲織提花技術。戰國時經錦技藝已有很大發展。戰國、西漢盛行以二色或三色經輪流顯花的經錦。隋唐以後織造的錦以緯起花的爲主。產生於宋代前後的宋錦以地經、地緯交織成經斜組織，按結經與紋緯交織成緯斜組織。金元之際流行加金的絲織物"織金錦"。明清時盛行以挖花四緯爲主要顯花手段的重緯織物"妝花緞"，是中國古代織錦最高水平的代表。錦在歷史上曾用多綜多躡機與束綜花樓機織造，現代多采用提花機織造。在俄羅斯貝加爾湖南、蒙古諾音烏拉、朝鮮平壤及中國內蒙古、新疆等地發現諸多漢代經錦遺物，新疆也出土了初唐時的緯錦，於高昌義和六年（唐武德二年，619）出土。參閱《中國民俗文化叢書·織錦》。

宋錦

指具有宋代織錦風格、用彩緯顯色的緯錦。相傳在南宋高宗南渡後，爲滿足當時宮廷服裝和書畫裝飾的需要開始生產。南宋時已有四十多個品種。宋錦用三斜紋組織，兩種經紗（面經用本色生絲，底用有色熟絲）、三種色緯（紋與地兼用的色緯和兩種專用的紋緯）織成。宋錦紋樣繁複，配色典雅和諧，龜背紋、綉球紋、劍環紋、古錢套圖案，朱雀等動物圖案，百吉等字形圖案最爲常見，適合於做服裝和裝潢書畫之用。元張鉉《至大金陵新志》卷一二上《古迹志》中記福城寺東有"宋錦署"舊迹。明谷應泰《博物要覽》卷二〇《志錦》列出"宋錦名目"凡紫大花錦、紫龜紋錦、青樓閣錦、青櫻桃錦、毬露錦、寶照錦、龜連錦、綬帶錦、瑞草錦等五十餘種。紋樣圖案繁多，色調典雅沉重，除製作衣物外，亦用裝裱書畫。參閱錢小萍《中國宋錦》（蘇州大學出版社，2011年版）。

【衲錦】

宋錦的一種。宋周密《齊東野語·紹興御府書畫式》："御府臨書六朝、羲、獻、唐人法帖，並雜詩賦等（内長篇不用邊道，衣古厚紙，不揭不背）。用氈路錦、衲錦、柿紅龜背錦、紫百花龍錦、皂鸞綾褾等。"《格致鏡原》卷二七引明谷應泰《博物要覽》謂宋錦幾十種中就有"衲錦"。

緞

利用緞紋組織織成的各種絲織品的總稱。緞紋組織中經、緯祇有一種以浮長形式布滿表面，并遮蓋另一種均勻分布的單獨組點，因而織物質地厚密、表面平滑有光澤。經浮長布滿表面的稱"經緞"，緯浮長布滿表面的稱"緯緞"。此稱漢代已行用。《説文》："緞，緯或從糸。"《正字通·糸部》："緞，今厚繒曰緞。"明宋應星《天工開物·乃服》："先染絲而後織者曰緞。"鍾廣言注："緞，質地厚密，一面光滑的絲織品，是我國的特產之一，一般稱爲織錦，又稱熟織物。"

荆緞

古代荆州地區生產的錦緞。具有獨特風格，經面嵌花，上有卍字欄杆、麥菱、曲綫迴紋等典型的楚地圖案。另配壽桃、精鹿、福象等吉祥紋樣。形式上組織方塊、條狀、菱形、多邊形等幾何色塊，黄、藍、紅、綠相間，呈鮮明對比，艷麗生輝，特別是圖案與色塊的配合，具有濃厚的楚文化藝術特色。其歷史可以追溯到公元前三百年的戰國時期，1982年荆州馬王堆一號楚墓出土的戰國絲綢中，即有以提花、抛梭爲編織技藝的錦緞。1975年荆州鳳凰山漢墓中出土的菱紋錦，經綫起花，結構複雜，圖案生動，色彩絢麗，與荆緞風格極爲相似。唐李白作《荆州歌》曰："荆州麥熟繭成蛾，繅絲憶君頭緒多。"可見在當時，荆州絲織品甚爲盛行。元明時荆緞已大規模普及，至清代咸、同年間，荆緞生產達於全盛。

紡

質地堅韌輕薄，表面細潔的平紋絲織物。此稱先秦時期已行用。《儀禮·聘禮》："賓裼，迎大夫賄，用束紡。"鄭玄注："紡，紡絲爲之，今之縛也。"賈公彥疏："云紡，紡絲爲之'者，因名此物爲紡。"

紈縠

紈與縠的合稱。代指上等絲織品。此稱唐代已行用。《新唐書·太平公主傳》："侍兒曳紈縠者數百。奴伯嫗監千人，隴右牧馬至萬匹。"唐柳宗元《送表弟吕讓將仕進序》："今有吕氏子名讓，生而食肉，厭粱稻，欺紈縠，幼專靖不好游。"

紗縠

輕薄精美絲織品的泛稱。此稱三國時期已行用。三國魏曹植《七啓》："繡黻之服，紗縠之裳。"南朝宋劉義慶《世說新語·輕詆》："高平劉整有雋才，而車服奢麗，謂人曰：'紗縠，人常服耳。'"宋洪邁《容齋三筆·納綢絹尺度》："周顯德三年敕，舊制織造絁綢、絹布、綾羅、錦綺、紗縠等，幅闊二尺起，來年後並須及二尺五分。"

綃縠

綃與縠的合稱。此稱三國時期已行用。三國魏曹植《迷迭香賦》："去枝葉而特御兮，入綃縠之霧裳。"唐劉禹錫《春日退朝》："瑞氣卷綃縠，游光泛波瀾。"清唐孫華《偕同年吳元朗游西涇次友人韻》："送別臨河梁，暮涼怯綃縠。"

綺縠

綺與縠的合稱。泛指綺縠一類的絲織品。此稱先秦時期已行用。《戰國策·齊策四》："士三食不得饜，而君鵝鶩有餘食；下官司糅羅紈，曳綺縠，而士不得以爲緣。"《後漢書·皇后紀上》："又御府、尚方、織室錦繡、冰紈、綺縠、金銀、珠玉、犀象、瑇瑁、雕鏤玩弄之物，皆絕不作。"唐陳鴻祖《東城老父傳》："輸於王府，江淮綺縠，巴蜀錦繡，后宮玩好而已。"明鄭若庸《玉玦記·觀潮》："紫陌長，朱樓敞，綺縠香，珠璣晃，士女王孫，馬蹄車軹。"清蒲松齡《聊齋志異·姊妹易嫁》："夫人饋以綺縠羅絹若干匹，以金納其中。"

縠帛

本指縠類絲帛，也泛指絲織物。此稱唐代已行用。唐釋道世《法苑珠林·貧賤·須達部》："即開庫藏縠帛，飲食悉皆充滿。"清唐甄《潛書·尚治》："吳越之民衣縠帛，食海珍，河汾之民衣不過布絮，食不過菜餅。豈東人侈而西人約哉？風使然也。"

錦縠

錦與縠的合稱。泛指輕薄的絲織品。此稱三國時期已行用。《魏書·島夷劉裕傳》："子業除去喪禮，服錦縠之衣。"《北史·薛琡傳》："錦縠雖輕，不委之以學割；瑚璉任重，豈寄之以弱力？"

綃

亦作"宵"。絲織品的一種。其質用生絲織成，平紋，輕薄。一說爲薄紗或薄絹。《玉篇·糸部》："綃，素也。"唐玄應等《一切經音義》卷一五引漢服虔《通俗文》曰："生絲繒曰綃。"此稱先秦時期已行用。《禮記·玉藻》："君子狐青裘豹褒，玄綃衣以裼之。"漢鄭玄注："綃，綺屬也。"《儀禮·特牲饋食之禮》："主婦纚笄宵衣，立於房中南面。"漢鄭玄注："宵，綺屬也。此衣染之以黑。其繒本名曰宵。"唐孔穎達疏："云'宵，綺屬也。此衣染之以黑。其繒本名曰宵者，謂此宵衣是綾綺之屬。'"《文選·左思〈吳都賦〉》："泉室潛織而卷綃，淵客慷慨而泣珠。"唐呂向注："綃則絹也。"《資治通鑑·陳宣帝太建九年》："周制：庶人已上，唯聽衣綢、綿綢、絲布、圓綾、紗、絹、綃、葛、布等九種，餘悉禁之。"胡三省注："綃，相邀翻，生絲繒。"晋王嘉《拾遺記》："順宗時，南海貢奇女盧眉娘，能於一尺綃上繡《法華經》，字如粟米。"清曹雪芹《紅樓夢》第七六回:"紫鵑放下綃帳,移燈掩門出去。"

【宵】

同"綃"。此體先秦時期已行用。見該文。

【綃繒】

即綃。此稱先秦時期已行用。《儀禮·士昏禮》:"姆纚笄宵衣在其右。"漢鄭玄注:"宵讀爲《詩》'素衣朱綃'之綃。《魯詩》以綃爲綺屬也。姆亦玄衣以綃爲領。"唐孔穎達疏:"此姆以玄綃爲領也。若然,《特牲》云'綃衣者謂以綃繒爲衣',知此綃爲領者,以下女從者。"

玄綃

綃的一種。其質色黑。此稱先秦時期已行用。《儀禮·士昏禮》:"姆纚笄宵衣在其右"漢鄭玄注:"宵讀爲《詩》'素衣朱綃'之綃。《魯詩》以綃爲綺屬也。姆亦玄衣以綃爲領。"唐孔穎達疏:"此姆以玄綃爲領也。"宋李廌《搗帛石》:"婺女織玄綃,欲作六銖衣。"明夏完淳《長歌》詩:"衣玄綃衣冠玉冠,明璫垂絓乘六鷖。"

綢

絲織品的一種。其質較粗。後多作絲織品的通稱。此稱漢代已行用。《急就篇》卷二:"絳緹絓綢絲絮綿。"唐顏師古注:"綢,抽引麤繭緒,紡而織之曰綢。"《説文·糸部》:"綢,大絲,繒也。"清段玉裁注:"大絲,較常絲爲大也。《左傳》'衞文公大帛之冠',大帛謂絲繒……今繒帛通呼爲綢,不必大絲也。"《釋名·釋綵帛》:"綢,抽也,抽引絲端出細緒也。"宋周去非《嶺外代答·外國門上·安南國》卷二:"歲正月七日,一兵支錢三百,綢、絹、布各一匹。"明宋應星《天工開物·乃服·腰機式》:"凡織杭西、羅地等絹,輕素等綢,銀條巾、帽等巾,不必用花機,只用小機。"明陳獻章《冬夜》詩:"高堂有老親,遍身無完獻綢。"

【綢子】

亦稱"紬子"。"紬"的俗稱。《釋名·釋綵帛》:"紬,抽也。抽引絲端出紬緒也。"《五代會要·雜録》:"足絲綿、紬子每一百兩納耗一兩,其諸色匹段並無加耗。"明朱橚《普濟方·痔漏門·治痔方》:"次用綿紬子蘸葯成餅子,如膏葯相似……貼上,不一二日全消,神效。"清曹雪芹《紅樓夢》第四二回:"這包袱裏是兩匹綢子,年下做件衣裳穿。"

【紬】

"綢"古字。此體漢代已行用。見該文。

【紬子】

同"綢子"。此體五代時期已行用。見該文。

絲綢

泛指質地光滑之綢。此稱宋代已行用。宋范處義《詩補傳·載馳》:"如濡調柔也,如絲綢直也。"《金史·輿服志》:"太常寺擬士人及僧尼道女冠有師號,並良閑官八品以上,許服花紗綾羅絲綢。"

練綢

亦稱"綢練"。綢的一種,其質柔軟潔白。《禮記·檀弓上》:"綢練設旐,夏也。"漢鄭玄注:"綢練,以練綢旐之,杠此旐葬,乘車所建也,旐之,旒緇布廣充幅長尋曰旐。"明婁堅《學古緒言·處士周君墓誌銘》:"君今歸安兮湖山周遭,同穴異藏兮丹旐練綢。"

【綢練】

即練綢。此稱漢代已行用。見該文。

平綢

一種無花紋的綢織品。此稱宋代已行用。《文獻通考・土貢考一》："魏郡。貢白綿綢八匹、白平綢八匹。今魏州。"《續通典・食貨八・賦稅・宋》："河北路大名府貢花絹、綿綢、平綢、紫草。"

綿綢 [2]

亦稱"綿紬"。綢的一種。用次繭絲紡成絲織就，平紋，表面不光整，但緊厚耐久。此稱南北朝時期已行用。《周書・武帝本紀下》："戊寅，初令民庶已上，唯聽衣綢、綿綢、絲布、圓綾、紗、絹、綃、葛、布等九種，餘悉停斷。"宋趙與時《賓退錄》卷一〇："惟《元豐九域志》爲詳，嘗取一歲所貢。……輕容紗五匹，綢一百四十五匹，花綢一十匹，綿綢五十匹，絹六百七十匹。"

【綿紬】

即綿綢。《新唐書・地理志三》："土貢：花紬、綿紬、平紬、絁、絹、紫草。"《醒世姻緣傳》第七三回："狄周媳婦袖中掏出一條綿紬汗巾，把狄希陳的肐膊咬下的那塊肉按在上面……緊緊使汗巾紮住。"

練

煮的柔軟潔白的絲麻或布帛。此稱先秦時期已行用。《周禮・天官・染人》："凡染，春暴練。"鄭玄注："暴練，練其素而暴之。"南朝齊謝朓《晚登三山還望京邑》詩："餘霞散成綺，澄江靜如練。"唐杜甫《畫鷹》詩："素練風霜起，蒼鷹畫作殊。"

素絲

本色的絲，即白絲。此稱先秦時期已行用。《呂氏春秋・當染》："墨子見染素絲者而嘆曰：'染於蒼則蒼，染於黃則黃。'"北周庾信《擬連珠》三四："白羽素絲，隨其所染。"唐駱賓王《帝京篇》："黃金銷鑠素絲變，一貴一賤交情見。"

絲綿

絲織品的一種。用下脚繭和繭殼表面的浮絲爲原料，經過精練，溶去絲膠，扯鬆纖維而成。絲綿保暖性好，可用來做衣絮和被絮。此稱漢代已行用。漢王充《論衡・別通》："內中所有，柙匱所贏，縑布、絲綿也。"《南史・臨川靖惠王宏傳》："帝與佗卿屈指計見錢三億餘萬，餘屋貯布絹絲綿、漆蜜、紵蠟、朱沙、黃屑、雜貨，但見滿庫，不知多少。"

絮

粗絲綿。《急就篇》卷二："緯緹絓紬絲絮綿。"顏師古注："漬繭擘之，精者爲綿，粗者爲絮，今則謂新者爲綿，故者爲絮。"此稱先秦時期已行用。《孟子・滕文公上》："麻縷絲絮輕重同，則賈相若。"《漢書・文帝紀》："其九十已上，又賜帛，人二匹，絮三斤。"顏師古注："絮，綿也。"唐韓愈《晚寄張十八助教周郎博士》詩："晴雲如擘絮，新月似磨鐮。"

縞

未經練染的本色精細生坯織物。此稱先秦時期已行用。《書・禹貢》："厥篚玄纖縞。"孔傳："縞，白繒。"《禮記・王制》："殷人冔而祭，縞衣而養老。"孔穎達疏："縞，白色生絹。亦名爲素。"《漢書・食貨志上》："乘堅策肥，履絲曳縞。"清任大椿《釋繒》詩："熟帛曰練，生帛曰縞。"

【素】

即縞。此稱漢代已行用。《禮記·雜記下》："純以素，紃以五采。"孔穎達疏："素，謂生帛。"《玉臺新咏·古詩〈爲焦仲卿妻作〉》："十三能織素，十四學裁衣。"唐李白《感興》詩之三："裂素持作書，將寄萬里懷。"

綾絹

綾與絹。泛指薄而細的絲織品。此稱南北朝時期已行用。《魏書·崔光韶傳》："綾絹錢布，匱篋充積。"《舊唐書·王播傳》："自淮南入觀，進大小銀碗三千四百枚，綾絹二十萬匹。"《宋史·張洞傳》："河北東路民富蠶桑，契丹謂之綾絹州。"

綾羅

泛指絲織品。此稱晉代已行用。晉張華《輕薄篇》："童僕餘粱肉，婢妾蹈綾羅。"晉木華《海賦》："若乃雲錦散文於沙汭之際，綾羅被光於螺蚌之節。"清許秋垞《聞見異辭·絹人書畫》："人以通草爲面，綾羅爲衽裳。"

杭綢

綢的一種。因產自浙江杭州而得名。其質較粗。此稱清代已行用。《紅樓夢》第七〇回："那晴雯只穿著蔥綠杭綢小襖，紅綢子小衣兒，披着頭髮，騎在芳官身上。"《皇朝文獻通考·四裔考》："特賜該國王龍緞四匹，妝緞、花緞、綾緞各八匹……杭綢七匹，冊頁一付。"亦作"杭紬"。明呂毖《明宮史》："雨衣雨帽，玉色深藍官綠杭紬或好油絹爲之。"清姚文棟《清代琉球紀錄續輯·琉球入學見聞錄潘相》："春、秋二季各給官用緞面杭紬裏綿袍、官用緞面紡絲紬裏綿褂、紡絲衫中衣各一件，絨緯涼帽各

一頂……"

【杭紬】

同"杭綢"。此體明代已行用。見該文。

寧綢

綢的一種。蠶絲織成，有明顯斜紋，面平挺，質地結實。織造前預先染色，有素織和花織兩類。適用做服裝。因產於寧（今南京）而得名。此稱清代已行用。徐珂《清稗類鈔·物品類》："寧綢爲絲織物，產於杭州，有花、素兩種，光緻柔厚，遜於花緞，而較堅韌耐久。出於鎮江府城者，稱江寧綢，品質較次。"鄭觀應《盛世危言·商戰上》："寧綢、杭緞及舊磁器，彼族零星販去，飾爲玩好而已。"

紡綢

綢的一種。以生絲、絹絲織成，再經練漂、染色等。舊時常以產地命名，浙江杭州所產者稱杭紡，江蘇吳江之盛澤所產者稱盛紡，皆平紋素地，柔韌輕薄，宜作夏季衣料。今亦有以人造絲織作者。此稱清代已行用。清劉錦藻《續文獻通考·實業考》："六紡爲略似綢類之絲織品而得名紡綢。"清韓邦慶《海上花列傳》第三回："主人係一個後生，穿着雪青紡綢單長衫，寶藍茜紗夾馬褂，先在包厢內靠邊獨坐。"

菱花白紡綢

紡綢的一種。其質素地平紡，且織有菱花。谷斯範《新桃花扇》："玉京見香君穿一件菱花白紡綢衫，着一條橄欖青紗裙，依然小小巧巧身材。"

杭紡

紡綢的一種。因初產於杭州而得名。《續文獻通考·實業考》："六紡爲略似綢類之絲織品而得名紡綢，產杭州者名杭紡。"

大練

練的一種。質地較粗疏。此稱漢代已行用。《後漢書·皇后紀上》:"〔明德馬皇后〕常衣大練,裙不加緣;朔望諸姬主朝請,望見後袍衣疏粗,反以爲綺縠,就視,乃笑。"唐李賢注:"大練,大帛也。杜預注《左傳》曰:'大帛,厚繒也。'"又《循吏傳序》:"初,光武長於民閑,頗達情僞,見稼穡艱難,百姓病害,至天下已定……身衣大練,色無重綵,耳不聽鄭衛之音,手不持珠玉之玩。"《隋書·列女傳·鄭善果母》:"自初寡,便不御脂粉,常服大練。"宋蘇轍《御試制科策》:"後宮有大練之飾,則天下以羅紈爲羞。"

幅練

成幅的白練。此稱南北朝時期已行用。北魏酈道元《水經注·湘水》:"山上有飛泉下注,卜映青林,直注山下,若望幅練在山矣。"又《淮水》:"於溪之東山有一水,發自山椒下數丈,素湍直注,頹波委壑,可數百丈,望之若霏幅練矣,下注九渡水,九渡水又北流注於淮。"清翟均廉《海塘錄》卷八:"余少居江塘慈雲嶺,南有水如幅練,俗稱長池。"

熟練

煮練過的熟絹。質地素白。此稱宋代已行用。宋陸游《立夏》詩:"日斜湯沐罷,熟練試單衣。"明王兆雲《揮麈詩話·百別詩》:"霜藤熟練瑩無暇,人去空懸對碧紗。"明宋應星《天工開物·乃服》:"凡帛織就猶是生絲,煮練方熟。練用稻稿灰入水煮。以豬胰脂陳宿一晚,入湯浣之,寶色燁然。或用烏梅者,寶色略減。凡早絲爲輕、晚絲爲緯者,練熟之時每十兩輕去三兩。經緯皆美好早絲,輕化只二兩。練後

日乾張急,以大蚌殼磨使乖鈍,通身極力刮過,以成寶色。"

澄練

潔净的白練。語本南朝齊謝朓《晚登三山還望京邑》詩:"餘霞散成綺,澄江静如練。"唐唐彦謙《漢代》詩:"水净疑澄練,霞孤欲建標。"清吳偉業《避亂》詩之五:"月出前村白,溪光炤澄練。"

匹練

本指一匹練,後用爲白絹的泛稱。此稱漢代已行用。漢王充《論衡·吉驗》:"虞子大,陳留東昏人也,其生時以夜。適兔母身,母見其上若一匹練狀,經上天。"《太平御覽》卷八一八引《韓詩外傳》:"孔子、顔淵登魯東山,望吳昌門,淵曰:'見一匹練前有生藍。'子曰:'白馬蘆芻也。'"清蒲松齡《聊齋志異·聶小倩》:"寧懼,方欲呼燕,忽有物裂篋而出,耀若匹練,觸折窗上石欞。"

文練

有花紋的練帛。此稱南北朝時期已行用。南朝齊鮑令暉《古意贈今人》詩:"寒鄉無異服,氈褐代文練。"唐喬知之《從軍行》:"曲房理針綫,平砧擣文練。"宋李彌遜《東峰亭》:"回溪縮文練,叠障環群玉。"

紈

生絹的一種。其質細白而平滑。此稱漢代已行用。《説文·糸部》:"紈,素也。"清段玉裁注:"素者,白緻繒也。紈即素也,故從丸,言其滑易也。"清朱駿聲《説文通訓定聲》:"謂白緻繒,今之細生絹也。"又云:"素者,粗細絹之大名,紈則其細者。"《戰國策·齊策四》:"士三食不得魘,而君鵝鶩有餘食;下宫糅羅紈,

曳綺縠，而士不得以爲緣。”宋鮑彪注：“紈，素也。”晋陸機《日出東南隅行》：“暮春春服成，粲粲綺與紈。”唐韓愈《咏雪贈張籍》：“砧練終宜擣，階紈未暇裁。”清曹雪芹《紅樓夢》第一回：“當此，則自欲將已往所賴天恩祖德，錦衣紈絝之時，飫甘饜肥之日……以至今日一技無成、半生潦倒之罪，編述一集，以告天下人。”

【冰紈】[2]

“紈”之美稱。其色鮮潔如冰而得名。此稱漢代已行用。《漢書·地理志下》：“〔齊地〕其俗彌侈，織作冰紈綺綉純麗之物，號爲冠帶，衣履天下。”唐顔師古注：“冰，謂布帛之細，其色鮮絜如冰者也。紈，素也。”《後漢書·章帝紀》：“癸巳，詔齊相省冰紈，方空縠，吹綸絮。”唐李賢注：“紈，素也。冰言色鮮潔如冰。”清吳偉業《宮扇》詩：“玳瑁簾開南内宴，沉香匣啓西川扇。蟬翼描來雲母輕，冰紈製就天孫艶。”

素紈[1]

紈的一種。其質細薄素白。舊時常用以作書畫或製衣物。此稱晋代已行用。晋成公綏《隸書體》：“爾乃動纖指，舉弱腕，握素紈，染玄翰。”南朝梁江淹《無爲論》：“有奕葉公子者，聯蟬七代，冠冕組望，多素紈黼裳，負長劍而耿耿。”唐李益《立春日寧州行營因賦朔風吹飛雪》詩：“捐扇破誰執，素紈輕欲裁。”清曹寅《五月十一日衣集西堂限韻》之三：“十年披素紈，相顧半老醜。”

縑布

古代一種質地細薄的絲織品。此稱漢代已行用。《後漢書·東夷列傳》：“知蠶桑，作縑布。

乘駕牛馬。嫁娶以禮。行者讓路。”《三國志·魏書·烏丸鮮卑東夷傳》：“土地肥美，宜種五穀及稻，曉蠶桑，作縑布，乘駕牛馬。嫁娶禮俗，男女有别。”《北史·袁聿脩傳》：“還後，州人鄭播宗等七百餘人請爲立碑，斂縑布數百匹，託中書侍郎李德林爲文，以記功德。”

熟縑

縑布的一種。其經煮練漂洗，質地厚密，常用以製作秋冬服裝。此稱宋代已行用。宋陸游《新凉示子通將有臨安之行》詩：“竹簟紗厨事已非，秋清初换熟縑衣。”清徐乾學《讀禮通考》卷三二：“今大夫士皆熟縑裹大帽。”

絹帛

古代絹類絲織品的總稱。此稱三國時期已行用。《三國志·魏書·武宣卞皇后傳》：“尊後曰皇太后，稱永壽宮。”南朝宋裴松之注引晋王沈《魏書》：“太后每隨車征行，見高年白首，輒住車呼問，賜與絹帛。”唐段公路《北户録·山花燕支》卷三：“山花叢生端州，山崦間多有之，其葉類藍，其花似蓼，抽穗長二三寸，作青白色，正月開，土人采含苞者賣之，用爲燕支粉或持染絹帛，其紅不下藍花。”《水滸傳》第五回：“只見前遮後擁，明晃晃的盡是器械旗槍，盡把紅緑絹帛縛著。”

絹布[1]

泛指絹類絲織品。此稱晋代已行用。《晋書·安平獻王孚傳》：“緋練百匹、絹布各五百匹、錢百萬，穀千斛以供喪事。”《南齊書·裴叔業傳》：“再戰，斬首萬級，獲生口三千人，器仗驢馬絹布千萬計。”宋洪邁《容齋三筆·納紬絹尺度》：“周顯德三年。敕，舊制織造絁紬、絹布、綾羅、錦綺、紗縠等，幅闊二尺起，來年後並須及二尺五分。"

冰絹

絹的一種。以冰蠶繭絲織成，呈白色。此稱明代已行用。明李昌祺《剪燈餘話・洞天花燭記》："須臾，婿遣媒致利市冰絹二匹，明珠二顆，信美拜受，便赴禮筵。"清許淑慧《玉樓春・畫牡丹贈謝淑眉世妹》："天香暗惹題花筆。冰絹輕盈芳影窄。畫成持贈問誰宜，只有玉臺人第一。"

生絹

未經漂煮過的絹。與"熟縑"相對。舊時常用以做服裝，或做裝飾。唐朝時亦用以作書畫。此稱宋代已行用。宋米芾《畫史》："古畫至唐初皆生絹，至吳生、周昉、韓幹，後來皆以熱湯半熟入粉，搥如銀板，故作人物，精彩入筆。"宋趙希鵠《洞天清錄畫絹》："唐人畫，或用搗熟絹爲之。然正〔止〕是生搗，令絲編不礙筆。非如今煮練加漿也。"宋高承《事物紀原・農業陶漁部・明衣》卷九："三代以來襲有明衣。唐改用生絹單衣，今但新衣而已。"元夏文彥《圖繪寶鑑》："畫梅於生絹扇上"。

【生縑】

即生絹。此稱宋代已行用。宋徐夢莘《三朝北盟會編》卷八七："用生縑爲囊，系之肘間。"明王叔承《過陳濟之精舍看寫山水圖忽聽糟床酒聲便敲青》："山人酒酣不自奈，胸中丘壑飛生縑。"

白絹

古代一種白色的薄型絲織品。此稱三國時期已行用。《三國志・魏書・倭傳》："又特賜汝紺地句文錦三匹，細班華罽五張，白絹五十匹，金八兩，五尺刀二口，銅鏡百枚，真珠、鉛丹

各五十斤。"晋張敞《東宮舊事》卷三："太子納妃，有白縠白紗白絹衫，並紫結纓。"《宋書・禮志五》："五時朝服者，加給白絹袍單衣一領。"宋吳自牧《夢粱錄・清明節》："向者從人官給紫衫、白絹三角兒，青行纏，今亦遵例支給。"

熟白絹

經煮練漂洗過的白絹。與"生絹"相對。此稱元代已行用。《御藥院方・淋渫藥》："如洗罷用綿或熟白絹揩乾上藥，如瘡破後不須上藥，只淋洗。"《喻世明言・宋四公大鬧禁魂張》："只見一個漢，渾身赤膊，一身錦片也似文字，下面熟白絹綑拽扎着，手把着個笊籬，覷着張員外家裏，唱個大喏了教化。"

綃縠

泛指輕薄的絲織物。此稱晋代已行用。晋潘岳《藉田賦》："衝牙錚鎗，綃縠綷縩。"元夏文彥《圖繪寶鑑》卷三："〔僧擇仁〕每醉揮墨於綃縠粉堵之上，醒乃添補。"

素紈[2]

白色細絹。可用於製衣、書寫等。此稱晋代已行用。晋成公綏《隸書體》："爾乃動纖指，舉弱腕，握素紈，染玄翰。"唐李益《立春日寧州行營因賦朔風吹飛雪》詩："捐扇破誰執，素紈輕欲裁。"宋陸游《風流子》詞："更乘興，素紈留戲墨，纖玉撫孤桐。"清曹寅《五月十一日夜集西堂限韻》之十三："十年披素紈，相顧半老醜。"

紈素

潔白精緻的細絹。此稱漢代已行用。漢班婕妤《怨詩》："新裂齊紈素，皎潔如霜雪。"南朝宋柳惲《擣衣詩》："念君方遠遥，望妾理紈

素。"唐杜淹《召拜御史大夫贈袁天綱》詩："且珍紈素美，當與薜蘿疏。"宋梅堯臣《答仲雅上人遺草書並詩》："來從青山下，手把紈素裁。"

綃綺

泛指有花紋的輕薄絲織品。此稱漢代已行用。《西京雜記》卷四："綃綺爲席，犀璩爲鎮。"唐杜甫《奉送魏六丈佑少府之交廣》詩："玉食亞王者，樂張游子悲。侍婢艷傾城，綃綺輕霧霏。"

絹布 [2]

泛指絲麻織物。此稱晋代已行用。《晋書·安平獻王孚傳》："緋練百匹、絹布各五百匹、錢百萬、穀千斛以供喪事。"《南齊書·裴叔業傳》："再戰，斬首萬級，獲生口三千人，器仗、驢馬、絹布千萬計。"

紗布

一種經緯稀疏而輕薄的絲織品。此稱南北朝時期已行用。《梁書·王僧孺傳》："僧孺幼貧，其母鬻紗布以自業。"《明會典·禮部·常服》："一品官常服用雜色紵絲、綾羅、綵繡；庶民止用紬絹、紗布，不許別用。"

綃練

潔白的薄紗。此稱唐代已行用。唐馮贄《雲仙雜記》卷七引唐佚名《高隱外書》："元白兩不相下，一日同咏李花，微之先成，曰'葦絹開萬朵'，樂天乃服綃練也，葦白而綃輕。"唐丘丹《奉使過石門觀瀑》詩："照日類虹霓，從風似綃練。"

夾纈

印有對稱花紋的絲織品。唐代印花染色之法，用二木板雕刻同樣花紋，將絲織物對摺夾入二板，然後在雕空處染色，成爲對稱的花紋。此稱唐代已行用。唐白居易《玩半開花贈皇甫郎中》詩："成都新夾纈，梁漢碎燕脂。"

綾 [2]

絲織品的一種。其質輕薄柔細，光如鏡面，紋如冰淩，且織有花卉。舊時多爲宫用或官用，種類繁多。《説文·糸部》："綾，東齊謂布帛之細曰綾。"《正字通·糸部》："綾，織素爲文者曰綺，光如鏡面有花卉狀者曰綾。"此稱漢代已行用。《韓詩外傳》卷七："綾紈綺縠，靡麗於堂。"唐白居易《賣炭翁》詩："半匹紅紗一丈綾，繫向牛頭充炭直。"《新唐書·地理志二》："海州東海郡……土貢：綾、楚布、紫菜。"《宋史·食貨志上》："帛之品十：一曰羅，二曰綾，三曰絹，四曰紗，五曰絁，六曰紬，七曰雜折，八曰絲綿，九曰綿，十曰布葛。"

宫綾

一種有圖案的精美光潔的絲織品，多爲皇宫内所用。此稱唐代已行用。唐張彦遠《歷代名畫記·唐朝下》："〔陵陽公竇師綸〕凡創瑞錦宫綾，章彩奇麗，蜀人至今謂之陵陽公樣。"明李東陽《次韻白宗璞員外使密雲途中遇雪》詩："此夜宫綾寒不寐，未知清景屬誰家。"

彩綾

綾的一種。其質呈彩色花紋。此稱唐代已行用。《舊唐書·玄宗本紀下》："宴群臥，賜右相絹一千五百匹，彩羅三百匹，彩綾五百匹。"《太平廣記·雜録四》："又列犢車五十乘，實以彩綾。"

紋綾

亦作"文綾"。綾的一種。其質織有彩色花紋。此稱南北朝時期已行用。《南齊書·蠻傳·扶南國》：“今其具室，上報以絳醬紫地黃、碧綠紋綾各五匹。”《魏書·畢衆敬傳》：“敬重臨還，獻珍珠瑠四具，銀裝劍一口，刺虎矛一枚，仙人文綾一百匹。”《新唐書·地理志四》：“澧州澧陽郡，上。土貢：紋綾、紵練縛巾、犀角、竹簟、光粉、柑橘、恒山、蜀漆。”

【文綾】

同“紋綾”。此體南北朝時期已行用。見該文。

白綾

綾的一種。以其質呈白色而得名。此稱宋代已行用。宋宋敏求《春明退朝録》卷中：“白綾大紙七張，法錦褾，大牙軸，色帶。”《宋史·輿服志四》：“白綾韤，皂皮履。”明王圻等《三才圖會·器用·纛旗》：“杆高一丈六尺，旗大一丈，黑綠段爲之，白綾爲邊，纓頭飾以珠絡，極其華麗。”《金瓶梅詞話》第七回：“裙邊露出一對剛三寸、恰半扠、一對尖尖趫趫金蓮脚來，穿着大紅遍地金雲頭白綾高底鞋兒。”

【白綾子】

“白綾”的俗稱。明華廣生《白雪遺音·馬頭調·奇怪奇怪二》：“我那鞋，白綾子高底，大紅緞子幫兒，綠絲綫鎖口。”《蕩寇志》卷五：“他女兒也改作軍官打扮，是一件白綾子大鑲邊的戰袍。”《紅樓夢》第四〇回：“〔賈母〕親吩咐道：‘……再把那水墨字畫白綾帳子拿來，把這帳子也換了。’”

吳綾

産於古代吳地的有紋彩的綾，以輕薄著稱。此稱唐代已行用。《新唐書·代宗紀六》：“四月戊寅，藍田西原地陷。禁大綢，竭鑿六破錦及文紗吳綾爲龍、鳳、麒麟、天馬、辟邪者。”又

《新唐書·地理志五》：“土貢：吳綾、交梭綾、海味、署預、附子。”五代薛昭蘊《醉公子》詞：“慢綰青絲髮，光砑吳綾襪。”元湯式《一枝花·贈美人》套曲：“價重如齊紈魯縞，名高似蜀錦吳綾。”清刊《吳江縣志》卷五：“吳綾見稱往昔，要唐充貢。今郡屬惟吳江有之，邑西南境多業此，名品不一，往往以其所産地爲稱（如溪綾、蕩北、南濱之類）。其紋之擅名於古，而至今相沿者，方紋及龍鳳紋，至所稱天馬辟邪之紋，今未見之。其創於後代者，奇巧日增，不可殫記。”

蜀紋

泛指蜀地所織的綾錦。此稱唐代已行用。唐羅鄴《覽陳丕卷》詩：“護把蜀紋當畫展，徒誇湘碧帶春流。”按，春，一本作“眷”。宋胡仔《苕溪漁隱叢話》卷二四：“景祐元年仲春，子美於蜀紋紙上楷寫（“紋”宋本作“綾”），字極端勁可愛。”

羅綾

綾的一種，以其似羅疏細而有花紋得名。此稱南北朝時期已行用。南朝梁劉孝標《登郁洲山望海》詩：“雲錦曜石峒，羅綾文水色。”也是羅與綾的合稱。《金史·百官志四》：“百官司俸給……從一品：左右丞相、都元帥、樞密使、郡王、開府儀同、錢粟二百貫石、麴米各三十稱石，春秋羅綾各三十匹，絹各一百匹，綿各五百兩，平章政事……春羅秋綾各二十五匹，絹各九十五匹，綿四百五十兩，大宗正，錢粟一百八十貫石，麴米麥各二十五稱石，羅綾同上，絹各九十匹，綿四百兩。”

綾紈 [2]

綾與紈。泛指質地細薄的絲織品。此稱先

秦時期已行用。《藝文類聚》卷六九引《六韜》
曰：“桀紂之時，婦女坐以文綺之席，衣以綾紈
之衣。”《韓詩外傳》卷七：“綾紈綺縠，靡麗於
堂。”《後漢書·孝桓帝紀贊》：“皇身靡續。”唐
李賢注引晋皇甫謐《帝王紀》曰：“紂多發美女
以充傾宮之室，婦人衣綾紈者三百餘人。”

綾錦

綾與錦。泛指絲織品。此稱漢代已行用。
《後漢書·西南夷傳》：“〔哀牢人〕知染采文綉，
罽㲲帛叠、蘭幹細布，織成文章如綾錦。”元張
憲《子夜吳聲四時歌》其三：“白苧鴉頭襪，紅
綾錦勒靴。”明王世貞《樂府變十章·遼陽悼》：
“綾錦出北巷，貨貝出南厘。”

綺

一種平紋底起花或圖案的絲織品。一說為
細綾。《說文·系部》：“綺，文繒也。”清段玉
裁注：“謂繒之有文者也。”《廣雅·釋器》：“綺，
緩也。”元戴侗《六書故·工事六》：“綺，織
采爲文曰錦，織素爲文曰綺。”明方以智《通
雅·衣服·布帛》：“綺，文繒也。織素爲文曰
綺。”明張自烈《正字通·系部》：“綾，織素
爲文者曰綺，光如鏡面有花卉狀者曰綾。”此
稱先秦時期已行用。《楚辭·招魂》：“纂組綺
縞，結琦璜些。”洪興祖補注：“綺，文繒也。”
《漢書·高帝紀下》：“賈人毋得衣錦綉綺縠絺紵
罽，操兵，乘騎馬。”唐顔師古注：“綺，文繒
也，即今之細綾也。”《古詩十九首·客從遠方
來》：“客從遠方來，遺我一端綺。”南朝齊謝朓
《晚登三山還望京邑》詩：“餘霞散成綺，澄江
靜如練。”南朝梁蕭衍《河中之水歌》：“河中之
水向東流，洛陽女兒名莫愁。莫愁十三能織綺，
一四采桑東陌頭。”唐李白《送王屋山人魏萬還

王屋》詩：“十三弄文史，揮筆如振綺。”

【緇】

即綺。《廣韻·平尤》：“緇，綺別名也。”

【文綺】

即綺。此稱先秦時期已行用。《六韜·盈
虛》：“帝堯王天下之時，金銀珠玉不飾，錦綉
文綺不衣。”《三國志·吳書·華覈傳》：“美貌
者不待華采以崇好，艷姿者不待文綺以致愛。”
《南史·循吏傳序》：“左右無幸謁之私，閨房無
文綺之飾。”《明史·太祖本紀三》：“壬申，罷天
下歲織文綺。”

紈綺

紈與綺的合稱。亦泛指精細華美的絲織品。
此稱晋代已行用。晋潘岳《秋興賦》：“珥蟬冕
而襲紈綺之士，此焉游處。”唐韋元甫《木蘭》
詩：“易却紈綺裳，洗却鉛粉妝。”宋蘇轍《題
王詵都尉畫山水橫卷》詩之一：“歸來纏裹任紈
綺，天馬性在終難羈。”清黃㿶來《和陶飲酒》
之六：“被服太素中，何暇問紈綺。”

羅

絲織品的一種。其質輕薄透氣，顯椒眼紋，
宜做夏服和帳幔。始於戰國前。其用絲，或練
或不練，而有生羅、熟羅之分。此稱先秦時期
已行用。《楚辭·招魂》：“蒻阿拂壁，羅幬張些。”
漢王逸注：“羅，綺屬也。”唐王勃《銅雀妓》：
“錦衾不復襲，羅衣誰再縫。”《新唐書·百官志
三》：“錦、羅、紗、縠、綾、紬、絁、絹、布，
皆廣尺有八寸，四丈爲匹。”《宋史·食貨志上
二》：“帛之品十：一曰羅，二曰綾，三曰絹，
四曰紗，五曰絁，六曰紬，七曰雜折，八曰絲
綫，九曰綿，十曰布葛。”

吳羅

古代吳地所產羅。以輕透柔軟著稱。此稱漢代已行用。元胡奎《暮春病起》："綠窗剪刀金兩股，剪吳羅，對花舞。對花舞，爲花歌，百年歡樂能幾何。"明張時徹《采葛篇》："吳羅五文采，蜀錦雙鴛鴦。"清龔翔麟《淒涼犯·爲質叔咏枕》："黃苗滑膩，並刀冷、吳羅硏了才剪。"

越羅

我國古越地所產羅。以輕柔精緻著稱。此稱唐代已行用。唐杜甫《白絲行》："繰絲須長不須白，越羅蜀錦金粟尺，象床玉手亂殷紅，萬草千花動凝碧。"宋趙次公注："'萬草千花'，言錦上羅上之繁紋也。"南唐張泌《浣溪沙》詞："越人不見時還暫語，令才拋後愛微嚬，越羅巴錦不勝春。"宋陸游《初夏》詩："越羅蜀錦吾何用，且備閩人卒歲衣。"

蜀羅

古蜀地所織之羅。此稱唐代已行用。唐杜牧《江上雨寄崔碣》詩："春半平江雨，圓紋破蜀羅。"《宋史·食貨志下六》："一日，內出蜀羅一端，爲印朱所漬者數重。因詔天下稅務，毋輒污壞商人物帛。"清陸求可《孤鸞》："並坐蜀羅帳底，說年來、別離長久。"

宮緞

古代專用於宮廷內的緞。此稱清代已行用。《紅樓夢》第一七至一八回："原來賈母的是金、玉如意各一柄，沉香拐拄一根……'富貴長春'宮緞四匹，'福壽綿長'宮綢四匹。"《女仙外史》第五四回："其各蠻國正使，每員賞宮緞、宮紗各二十四端；副使二員，分領亦如其數。"

杭緞

緞的一種。因產於今浙江杭州而得名。此稱清代已行用。《青樓夢》第五四回："他是性急的人，立刻修書十幾封，又買些杭緞及土產諸物，寄至吳中。"鄭觀應《盛世危言·商戰上》："寧綢、杭緞及舊磁器，彼族零星販去，飾爲玩好而已。"

錦段

緞的一種。以其似錦，色彩鮮艷，花紋絢麗而得名。初產於江寧（今江蘇南京市），唐代已有，爲江南貢品。可做服裝和裝飾品等。此稱唐代已行用。唐李商隱《鸞鳳》詩："金錢饒孔雀，錦段落山雞。"唐溫庭筠《博山》詩："博山香重欲成雲，錦段機絲妒鄂君。"唐釋貫休《酷吏詞》："韓娥唱一曲，錦段鮮照屋。"宋柳永《木蘭花·海棠》詞："霏微雨罷殘陽院，洗出都城新錦段。"清唐甄《潛書·七十》："非貂狐之溫不以爲裘，非錦段之華不以爲茵。"

【錦緞】

同"錦段"。此稱唐代已行用。《水滸傳》第八二回："更有御酒金銀牌面，紅綠錦緞表裏，前來招安。"《清史稿·暹羅傳》："二十二年，入貢，特賜其王蟒緞、錦緞各二，閃緞、片金緞各一，絲緞四，玉器、瑪瑙各一，松花石硯二，琺琅器十有三，瓷器百有四。"

羅緞

羅與緞的合稱。亦泛指羅緞類絲織品。此稱唐代已行用。《水滸傳》第八〇回："便取過羅緞新鮮衣服，與高太尉從新換了。"明湯顯祖《邯鄲記·度世》："我穿的細軟羅緞，吃的細料茶食。"清梁溪司香舊尉《海上塵天影》第八回："范文玉到了，穿着銀紅羅緞灑金百壽鑲邊灰鼠襖，石緑百鳥朝王洋邊散管褲，七寶堆雲髻，帶着兩枝金鳳翹，四朵翡翠蘭花，小珠荷包圈。”

織金緞

以金綫加入經綫或者緯綫的緞織品。此稱唐代已行用。《金瓶梅》第四五回：“李瓶兒早尋下一套上色織金緞子衣服、兩方銷金汗巾兒、一兩銀子。”《清史稿·暹羅傳》：“王妃緞、織金緞、紗、織金紗、羅、織金羅各二。”

洋緞

産自國外的一種絲緞。明清時已傳入中國。《清文獻通考·土貢考》：“西洋博爾都葛爾國貢珊瑚、珠寶……洋緞、羽毛緞。”清梁廷枏《海國四説·西洋諸國》：“五年，其國又遣使貢方物：……銀鍍金鑲玳瑁盒、玻璃瓶貯各品藥露、金絲緞、金銀絲緞、金花緞、洋緞、大紅羽毛緞……”

紵絲

緞的古稱。此稱唐代已行用。唐元稹有《酬樂天得稹所寄紵絲布白輕庸製成衣服以詩報三》詩。《水滸傳》第一〇回：“將次席終，王倫叫小嘍囉把一個盤子，托出五十兩白銀，兩匹紵絲來。”明洪楩《清平山堂話本·董永遇仙傳》：“果然一日一夜，織成十匹紵絲。”清翟灝《通俗編·服飾》：“今所呼緞者，宋時謂之紵絲。”

蟬紗

薄如蟬翼的紗綢。此稱五代時期已行用。宋曾慥《類説》卷六引南唐陳致雍《晋安海物異名記》：“泉女所織綃，細薄如蟬翼，名蟬紗。”明童軒《次韻李商隱無題》：“窗掩蟬紗怯晚風，刺桐垂影曲房東。”

輕紗

古代紗織物。此稱宋代已行用。宋陸游《老學庵筆記》卷六：“〔亳州〕出輕紗，舉之若無，裁以爲衣，真若烟霧。”

綵

彩色的絲織品。此稱先秦時期已行用。《晏子春秋·諫下十四》：“身服不雜綵，首服不鏤刻。”《後漢書·安帝紀》：“食不兼味，衣無二綵。”唐韓愈《寄崔二十六立之》詩：“又寄百尺綵，緋紅相盛衰。”宋孟元老《東京夢華録·駕幸臨水殿觀戰標錫宴》：“則有小舟一軍校，執一竿，上挂以錦綵銀碗之類，謂之標竿。”

織帛

已織成的絲織品。此稱先秦時期已行用。《管子·山國軌》：“女貢織帛。”《漢書·董仲舒傳》：“故公儀子相魯，之其家見織帛，怒而出其妻……曰：‘吾已食禄，又奪園夫女紅利虖！’”唐元稹《織婦詞》：“繰絲織帛猶努力，變緝撩機苦難織。”

綾綺

綾和綺。泛指薄而有花紋的絲織品。此稱三國時期已行用。《三國志·吳書·華覈傳》：“兵民之家，猶復逐俗，内無儋〔擔〕石之儲，而出有綾綺之服。”《北史·隋紀上·文帝》：“丈夫不衣綾綺，而無金玉之飾。”

紗絹

挺括而細薄絲織品之通稱。頗便染織，已見唐代實物傳世。著名者有新疆吐魯番出土的狩獵紋染纈絹。此稱晋代已行用。《廣博物志》卷三六引晋王嘉《拾遺記》：“宮中美御皆服皂衣……雖如錦綉，更以木蘭紗絹卓之。”宋趙汝適《諸蕃志》卷下："泉舶以酒米、麵粉、紗絹、漆器、瓷器等爲貨。"清富察敦崇《燕京歲時記·燈節》："各色燈綵多以紗絹、玻璃及明角等爲之，並繪畫古今故事，以資玩賞。"

新疆吐魯番出土唐狩獵紋染纈絹

熟錦

精製的錦緞。湖北荆州曾出土一幅戰國中晚期舞人動物紋錦。花紋徑嚮長 5.5 厘米，緯嚮寬 49.1 厘米。由舞蹈人物及龍、鳳、麒麟構成圖案紋樣，以橫排的三角形組成畫面骨架，爲變動的二方連續。人物以雙人爲一組，雙臂高舉，長袖和腰帶隨風飄揚，舞姿優美。錦由三色綫織成，絢麗奪目。現藏荆州博物館。熟錦之名三國時期已見行用。《太平御覽》卷八一五引三國張溫表："劉禪送臣溫熟錦五端。"

新疆吐魯番出土唐飛鳥團花紋錦

又引晉陸翽《鄴中記》："石虎冬月施熟錦流蘇斗帳，四角安純金龍頭銜五色流蘇，或用黃地博山文錦，或用紫綈及小明光錦。"《晉書·石季龍傳上》："季龍常以女騎一千爲鹵簿，皆著紫綸巾、熟錦褲、金銀鏤帶、五文織成靴，游於戲馬觀。"《元史·安南傳》："帝封光昺爲安南國王，賜西錦三、金熟錦六，並授虎符。"

宮錦

宮中特製或仿造宮樣所製的華麗錦緞。此稱唐代已行用。唐岑參《胡歌》："黑姓蕃王貂鼠裘，葡萄宮錦醉纏頭。"唐李商隱《隋宮》詩："春風舉國裁宮錦，半作障泥半作帆。"《新唐書·李白傳》："白浮游四方，嘗乘舟與崔宗之自採石至金陵，著宮錦袍，坐腹舟中，旁若無人。"前蜀毛文錫《虞美人》詞："寶檀金縷鴛鴦枕，綬帶盤宮錦。"明袁宏道《貞壽詩爲馮太史母》："宮錦到地紅，霜心與頭白。"清劉大櫆《江貞女傳》："崔君至岳州，遂以宮錦團扇，水晶連環授江氏幼女，以爲訂。"

織錦迴文

用五色絲織成的迴文詩圖。此稱晉代已行用。《晉書·列女傳·竇滔妻蘇氏》："竇滔妻蘇氏，始平人也，名蕙，字若蘭，善屬文。滔，苻堅時爲秦州刺史，被徙流沙，蘇氏思之，織錦爲迴文旋圖詩以贈滔。宛轉循環以讀之，詞甚悽惋。"相傳其錦縱橫八寸，題詩二百餘首，計八百餘言，縱橫反復，皆成章句。後遂以"織錦迴文"藉指妻子的書信詩簡，亦用以贊揚婦女的絕妙才思。元王實甫《西廂記》第二本第一折："吟得句兒勻，念得字兒真，咏月新詩，煞强似織錦迴文。"

蜀錦

蜀地所産的錦。此稱唐代已行用。唐元積《驚蟄二月節》："桃花開蜀錦，鷹老化春鳩。"宋晏殊《山亭柳·贈歌者》："蜀錦纏頭無數，不負辛勤。"元費著撰有《蜀錦譜》一書，收入"真紅天馬錦""真紅飛魚錦""真紅櫻桃錦"等十多種細色錦名目。明夏原吉《蘆花被》詩："蜀錦吳綾慙艷麗，純綿氄毳讓輕柔。"

鳳錦

錦的一種。以其織有鳳凰圖案而得名。此稱唐代已行用。唐張鷟《鴻盧寺中土蕃使人素知物情慕此處綾錦及弓箭等物請市未知可否》："觀鶴綾之絢爛，彩映冰霜；睹鳳錦之紛葩，光含日月。"宋陳允平《倦尋芳》："杏簷轉午。清漏沈沈，春夢無據。鳳錦龜紗，空閉酒塵香霧。"元張可久《雙調·沉醉東風·客維揚》："鳳錦箋，鮫綃帕。金盤露玉手琵琶，雪滿長街未到家，翠兒唱宜歌且把。"

機錦

機織之錦。此稱宋代已行用。《册府元龜》卷一六九："家機錦百疋，白羅三百疋，綾三千疋，絹三千疋。"宋梅窗《菩薩蠻·題錦機小軸》："機錦織情絲。絲情織錦機。"清葉小鸞《艷體連珠·手》："故春日迴文，逞掺掺於機錦；秋風搗練，鄉皎於砧聲。"

錦文

織有彩色花紋的絲織品。此稱漢代已行用。《禮記·王制》："錦文珠玉成器，不鬻於市。"唐蘇味道《咏石》："濟北甄神覯，河西濯錦文。"清吳偉業《浣溪沙·閨情》其二："一斛明珠孔雀羅。湘裙窄地錦文靴。紅兒進酒雪兒歌。"

羅錦

有花紋的絲錦。亦指精美的絲織品。此稱唐代已行用。唐薛調《無雙傳》："〔劉震〕乃裝金銀羅錦二十馱。"《資治通鑑·梁太祖開平四年》："五月，吳徐溫母周氏卒，將吏致祭，爲偶人，高數尺，衣以羅錦。"宋陸佃《埤雅·釋木二》："棟謂之綾，杉謂之紗，槭謂之羅，羅亦有華者，俗謂之羅錦。羅錦猶言杉錦、棟綾也，羅錦明，杉錦暗。"

綉錦

錦的一種。其質綉紋似花。此稱先秦時期已行用。《周禮·天官·玉府》："凡王之獻金玉、兵器、文織、良貨賄之物，受而藏之。"漢鄭玄注："文織，畫及綉錦。"唐李兄《獨異老》卷中：《武陵記》曰：後漢馬融勤學，夢見一林，花如綉錦，夢中摘此花食之。及寤，見天下文詞，無所不知，時人號爲'綉囊'。"宋吳文英《玉京謠·蝶夢迷清曉》："爛綉錦、人海花場，任客燕、飄零誰計。"

錦綉

泛指錦緞文綉等華貴絲織品。此稱漢代已行用。《漢書·王嘉傳》："初即位，易帷帳，去錦綉，乘輿席緣綈繒而已。"《後漢書·皇后紀上》："又御府、尚方、織室錦綉、冰紈、綺縠、金銀、珠玉、犀象、瑇瑁、彫鏤翫弄之物，皆絶不作。"宋林栗《周易經傳集解·象卦》："膏粱芻豢必求口體之充，金玉錦綉必飽妻子之欲。"《宋史·禮志十六》："殿上陳錦綉帷帟，垂香毬，設銀香獸前檻内，藉以文茵，設御茶床、酒器於殿東北楹，群臣盞斝於殿下幕屋。"

織金

用金綫織出圖案的珍貴織物。古代多用作

朝服。此稱元代已行用。《元典章·工部一·雜造》:"民間製造銷金、織金及打造金箔,並行禁止。"明沈德符《野獲編·叛賊·武定府改流》:"萬里來歸,誠可嘉尚,可特授中順大夫武定軍民府知府,並賜朝服、織金衣、紗帽、金帶。"清王士禛《池北偶談·談故二·賜衣》:"永樂中,賜内閣七人二品織金紵絲衣。"《皇清職貢圖》卷一:"〔暹羅國官制〕五等以下則以絨緞爲之,衣錦綉及織金,或花布短衣,繫錦帶。婦人以金銀爲簪,釧約指,上衣披五色花縵,下衣五綵織金花縵,拖地長二三寸,足履紅革鞁鞋。"

素布

没有染色的布。此稱先秦時期已行用。《周禮·天官·冪人》"祭祀,以疏布巾冪八尊"清孫詒讓正義:"疏布巾,蓋用素布一幅爲之。"唐白居易《叙德書情四十韻上宣歙翟中丞》:"弊衣羞素布,敗屋莊芳茨。"近人徐珂《清稗類鈔·服飾類》:"行帶,佩帉素布,視常服帶帉微闊而短,版飾惟宜,緣皆圜結,帶色金黄、石青各隨其所得用。"

帛布

無文飾之布。此稱漢代已行用。《後漢書·明德馬皇后紀》:"吾爲天下母,而身服大練,食不求甘,左右但著帛布,無香薰之飾者,欲身率下也。"宋司馬光《資治通鑑·漢章帝建初二年》:"太后詔曰:'……吾爲天下之母,而身服大練,食不求甘,左右但著帛布,無香薰之飾者,欲身率下也。'"

文布

又作"紋布"。織有花紋的布。此稱唐代已行用。《新唐書·東夷傳·日本》:"至煬帝,賜其民錦綫冠,飾以金玉,文布爲衣,左右佩銀蘤,長八寸,以多少明貴賤。"清王初桐《奩史》卷七二引《杜陽雜編》:"同昌公主有紋布巾,即手巾也。潔白如雪,光軟特異,拭水不濡,用之彌年,未生垢膩。"

【紋布】

同"文布"。此體清代已行用。見該文。

緆

亦稱"細布"。細麻布。《説文·糸部》:"緆,細布也。"清段玉裁注:"布,一本作麻……古亦呼布爲麻也。"此稱先秦時期已行用。《儀禮·燕禮》:"冪用綌若錫。"漢鄭玄注:"今文錫爲緆。"又《喪服》:"傳曰:錫者,何也?麻之有錫者也。錫者十五升抽其半,無事其縷,有事其布,曰錫。"漢鄭玄注:"謂之錫者,治者其布使之滑易也。"《文選·司馬相如〈子虚賦〉》:"鄭女曼姬,被阿緆,揄紵縞。"唐李善注引張揖曰:"阿,細繒也;緆,細布也。"

【細布】

即緆。此稱漢代已行用。見該文。

【錫】

同"緆"。此體先秦時期已行用。《儀禮·燕禮》:"冪用綌若錫。"漢鄭玄注:"今文錫爲緆。"又《大射》:"用錫若絺,綴諸箭蓋。"漢鄭玄注:"錫,細布也。"《淮南子·修務訓》:"衣阿錫,曳齊紈。"漢高誘注:"阿,細穀;錫,細布。"《急就篇》第二章:"服瑣緰帍與繒連。"唐顔師古注:"緰帍,緆布之顧惜。"

葛子

細蕉布。此稱漢代已行用。《後漢書·王符傳》:"且其徒御僕妾,皆服文組綵牒,錦綉綺紈,葛子升越,筩中女布。"

練

亦作"疏"。粗絲或粗葛織成之布。質地稀疏，略似苧布。《説文新附·糸部》："練，布屬。"此稱漢代已行用。《後漢書·逸民傳》："初，良五女並賢，每有求姻，輒便許嫁，疏裳布被，竹笥木屐以遣之。"《晋書·王導傳》："時帑藏空竭，庫中惟有練數千端。"《南史·任昉傳》："西華冬月著葛帔練裙，道逢平原劉孝標，泫然衿之。"宋周邦彦《齊天樂·秋思》詞："尚有練囊，露螢清夜照書卷"。宋陸游《幽居》詩："薄飯頻菹韭，單衣旋制練。"

【疏】

通"練"。此體漢代已行用。見該文。

【練布】

即練。亦稱"練子"。此稱晋代已行用。《晋書·王導傳》："導患之，乃與朝賢俱制練布單衣，於是士人翕然競服之，練遂踴貴。"宋陸游《出近村晚歸》詩："松枝代如意，練布制單衣。"宋洪邁《夷堅甲志·蔣寧祖》："既受命，即丐致仕，自是不御朝衣，常著練布道服。"宋范成大《桂海虞衡志·志器》："練子出兩江州峒，大略似苧布，有花紋者謂之花練，士人亦自貴重。"

【練子】

即練。此稱宋代已行用。見該文。

氈[1]

用羊毛或其他動物毛經濕、熱等作用，壓製而成的塊片狀材料。有良好的保暖、回彈、吸震等性能。多用於鋪墊及製作禦寒的衣帽、帳篷等物品。《玉篇·毛部》："氈，毛爲席。"《廣韻·平仙》："氈，席也。"《説文·毛部》："氈，撚毛也。"清段玉裁注："撚毛者，蹂毛成氈

也。"此稱先秦時期已行用。《周禮·天官·掌皮》："掌秋斂皮，冬斂革，春獻之……共其毳毛爲氈，以待邦事。"晋干寶《搜神記》卷上："太康中，天下以氈爲絈頭，及絡帶褲口。"《梁書·江革傳》："朓嘗宿衛，還過候革，時大雪，見革弊絮單席，而耽學不倦，嗟歎久之，乃脱所著襦，並手割半氈與革充卧具而去。"宋李石《續博物志》卷二："塵尾能留紅，掃氈，氈不盡。"《喻世明言·金玉奴棒打薄情郎》："是夜，轉運司鋪氈結彩，大吹大擂，等候新婿上門。"

【氈】[2]

同"氈"。《皇朝文獻通考·王禮考》："皇帝雨冠雨衣雨裳之制皆用明黄色。氈及羽緞、油防，惟其時。"《欽定皇輿西域圖志》卷四二："疏勒王戴金師子冠、鉢和國服氈裘。"

【旃】

通"氈"。《説文通訓定聲·乾部》："旃，叚借爲氈。"此稱漢代已行用。《史記·匈奴列傳》："自君王以下，咸食畜肉，衣其皮革，被旃裘。"又："其得漢繒絮，以馳草棘中，衣袴皆裂敝，以示不如旃裘之完善也。"《漢書·西域傳下》："〔烏孫公主作歌曰〕穹廬爲室兮旃爲墻，以肉爲食兮酪爲漿。"宋高承《事物紀原·舟車帷幄氈》："《周官》掌皮供毳毛爲氈，則周制也。或曰黄帝作旃，旃古'氈'字也。"

氈毺

泛指用動物毛織成的布。亦指用此布所製之衣。此稱三國時已見行用。《三國志·魏書·烏丸傳》："故但與漢末魏初以來，以備四夷之變云。"南朝宋裴松之注引晋王沈《魏書》：'烏丸者，東胡也……能刺韋作文繡，織縷氈毺。'"唐玄奘《大唐西域記·阿耆尼國》："文字取則印

度，微有增損。服飾氈毲，斷髮無巾。”又《跋初迦國》：“氣序風寒，人衣氈毲。”

氈罽

氈、毯一類毛織品。此稱晉代已行用。晉王嘉《拾遺記·蜀》：“錦繡氈罽，積如丘壠。”《舊唐書·張柬之傳》：“漢置永昌郡以統理之，乃收其鹽布氈罽之稅，以利中土。”《續資治通鑑·宋太宗雍熙三年》：“代北苦寒，人多服氈罽。”《皇清職貢圖》卷一：“〔俄羅斯〕其民聚處城堡，居止有廬舍，水陸有舟車。服氈罽，喜飲酒。”

【旃罽】

同“氈罽”。旃，通“氈”。此體漢代已行用。漢桓寬《鹽鐵論·通有》：“若各居其處，食其食，則是橘柚不鬻，胸鹵之鹽不出，旃罽不市，而吳唐之材不用也。”明田藝蘅《留青日札·禽獸衣冠》：“北齊後主馬犬有儀同、郡公之號，藉以旃罽，食物十餘種。”

織皮

亦稱“毛布”。罽的一種。初指帶皮之毛，後泛指用獸毛所織的呢、氈等。其製衣常爲地位低下的人所服。此稱先秦時期已行用。《書·禹貢》：“厥貢……熊羆、狐狸、織皮。”漢孔安國傳：“貢四獸之皮，織金罽。”唐孔穎達疏：“《釋言》云：‘氂，罽也。’舍人曰：‘氂，謂毛罽。’胡人績羊毛作衣。孫炎曰：‘毛氂爲罽，織毛而言皮者，毛附於皮，故以皮表毛耳。’”《詩·豳風·七月》“無衣無褐”漢鄭玄箋：“褐，毛布也。”唐孔穎達疏：“毛布，用毛爲布。今夷狄作褐，皆織毛爲之，賤者所服。”

《史記·夏本紀》：“華陽黑水惟梁州……貢：璆、鐵、銀、鏤、砮、磬，熊、羆、狐、狸、織皮。”又《夏本紀》：“黑水西河惟雍州……織皮昆侖、析支、渠搜，西戎即序。”南朝裴駰集解引漢孔安國曰：“織皮，毛布。”唐張説《開元正曆握乾符頌》：“織皮火毳，喝炎山，污熱海，向風來王。”宋蘇軾《賜於闐國黑汗王進奉示諭敕書》之二：“璧馬充庭，尚識漢儀之舊；織皮在筐，聊觀《禹貢》之餘。”

【毛布】

即織皮。此稱先秦時期已行用。見該文。

毛錦

毛織品的一種。以金縷和孔雀毛搓綫紡織而成。質地光耀華麗似錦而得名。周肇祥《故宮陳列所紀略》載，故宮曾展出乾隆時用孔雀毛織成的蟒衣。此稱五代時期已行用。《新五代史·四夷附錄二》：“其地多銅、鐵、金、銀，其人工巧，銅鐵諸器皆精好，善織毛錦。”清葉夢珠《閱世篇》卷八：“昔年花緞惟絲織成華者加以錦繡，而所織之錦大率皆金縷爲之，取其光耀而已。今有孔雀毛織入緞內，名曰‘毛錦’，花更華麗，每匹不過十二尺，值銀五十餘兩。”

氈毲

古代一種質料較粗之氈。此稱漢代已行用。《後漢書·烏桓傳》：“婦人能刺韋作文繡，織氈毲。”唐李賢注引《廣雅》：“氈毲，罽也。”《百喻經·賊偷錦繡用裹氈褐喻》：“昔有賊人入富家室，偷得錦繡，即持用裹故弊氈褐種種財物，爲智人所笑。”

第二節　織機考

　　絲織業發展最關鍵的要素是織造，而織造水平的高低，完全取決於織機。六七千年以前，先民們便已用紡輪來紡紗織布。陝西西安半坡遺址和姜寨遺址中都發現有紡輪和印在陶器上的麻布紋痕迹。商周以前，織機是原始的腰機；最早的紡織工具是紡墜與紡輪。紡墜又稱紡縛。在河南安陽殷墟出土的商代甲骨文裏，已經有了紡縛的象形文字，説明它是世界上最早用文字記載下來的紡紗工具名稱。它的構造很簡單，一般是用一根木棍插在另一根與之相互垂直的木棍上，利用其旋轉時産生的力量，將纖維加撚并合股。紡輪一般是用一根木杆插在一個圓形的石片或瓦片上，利用其自重和連續旋轉而紡紗。紡墜的原理雖然簡單，但它比手工撚紗提高了效率，節省了勞動力，同時促進了織布技術的進步。到了春秋戰國時期，織機發展成爲比較完整的手工機器。織機上出現了杼、軸、綜、支架等重要部件，標志着中國的織造技術已經從原始的手工工具織造發展到了完整的機織階段。《列女傳·魯季敬姜傳》：“吾語汝，治國之要，盡在經矣。夫幅者，所以正曲枉也，不可不彊，故幅可以爲將。畫者，所以均不均、服不服也，故畫可以爲正。物者，所以治蕪與莫也，故物可以爲都大夫。持交而不失，出入而不絶者，捆也。捆可以爲大行人也。推而往，引而來者，綜也。綜可以爲開内之師。主多少之數者，均也，均可以爲内史。服重任，行遠道，正直而固者，軸也，軸可以爲相。舒而無窮者，摘也，摘者可以爲三公。”這段文字就是魯季敬姜用織機構件的作用來比喻國家官吏及其職責。這裏所陳述的機械就是春秋時期魯國流行的織機，可見當時絲織業之發達。

　　秦漢以後，繅絲工具不斷進步，由手工工具逐步演變爲完整的手工機械體系。在山東滕州發現的漢畫像石中就出現了織機、紡車和調絲等圖案。1974 年在山東臨沂金雀山九號漢墓中出土了一幅長 200 厘米、寬 42 厘米的彩繪帛畫。帛的織造十分精緻，屬於漢代出土絹帛的精品。帛畫以紅色細綫勾勒，填有藍、紅、黑、白等多種色彩，其中一幅帛畫的内容描繪了墓主人生前從事絲織手工業生産的場面：一位身着左衽上衣的婦女坐在紡車前紡紗，右手在用力運轉，左手執一工具揚起抽紗，對面有兩個婦女在看她操作，一個兒童在旁招手呼喚，頗具生活氣息，充分反映了當時山東地區絲織工藝的普遍與發達。

　　把生絲變爲熟絲的過程叫練絲。練絲就是把生絲放入楝木灰或烏梅汁中浸泡，再撈出放在陽光下曝曬，反復數次。經過這樣的工序，不僅可以除去殘存的絲膠，還可以起到漂白的作用。

　　穿筘穿綜是織前安置好經綫的工序。筘是指織機上的竹筘。穿筘就是按絲織的要求，將經綫分組穿過筘齒，并可以上下翻動，以利於穿梭織造。綜是織機上使經綫上下交錯以便梭子通過的裝置。穿綜就是將經綫穿到綜筘裏，以來提綜開口，大大提高了工作效率。用踏腳板控制提綜，是織機發展史上的一大突破。從考古人員復原的漢代織機來看，機架斜放在機臺上，前後端分別有捲布輥和經軸，當織好一段布帛後，一邊扳動撑杆放經，一邊轉動捲布輥張緊經紗，繼續織造。這種織機與現代民間織機幾乎一模一樣，證明漢代的織機已經非常先進了。

　　紡車的出現，是中國手工機器紡紗的開始。早期的紡車是手搖的，衹有一個紗錠，結構也比較簡單，但它的工作效率是紡縛的二十倍。西漢時，手搖紡車已經成爲普遍使用的紡紗工具了。西漢揚雄的《方言》中有“維車”和“道軌”的記載，指的就是紡車。從地下發掘的材料來看，單錠紡車的圖像見於山東臨沂銀雀山的西漢帛畫與畫像石。1956 年江蘇銅山洪樓出土的漢代畫像石上面亦刻有非常生動的紡紗、織布和調絲操作的圖案。著名的漢代絲綢生産與這種紡車的普遍使用是分不開的。

　　隨着生産的發展和紡織機械的改進，在手搖紡車的基礎上又創造出了腳踏紡車。最早把腳踏紡車的樣子描繪出來的是東晉著名畫家顧愷之，在一幅畫中他將民間使用的三錠紡車完整地展現了出來。宋朝末年，長江、黃河流域開始植棉，迫切要求改進紡車以適應棉纖維比絲麻纖維短的紡紗要求。宋末元初，松江烏泥涇童養媳出身的棉紡織革新家黃道婆成功地解決了這個問題。黃道婆年輕時曾流落到海南島，向黎族人民學習了棉紗紡織技術。回到故鄉後，她經過反復實踐，將紡麻用的腳踏紡車改造成三錠腳踏棉紗紡車，創造了除去棉籽的軋車等新設備，還用大弓代替小弓，用彈力較大的弦代替彈力較小的弦，用檀木椎敲弦綫代替了原來的手撥弦。此外，她還系統地總結了織布中的“錯色、配色、挈花”等織造技術，大大提高了功效和品質。黃道婆改進後的棉紡車，成爲當時世界上最先進的紡紗機械。元代紡車除引用手搖單錠紡車外，已開始改用腳踏三錠紡車，宋陸游

紡車（大紡車）
（明王圻等《三才圖會》）

《初寒示鄰曲》："獲叢缺處見漁火，蓬户閉時聞紡車。"

　　宋元時期，還出現了大紡車。大紡車有三十二錠，同時采用與現代帶式傳動相仿的集體傳動。元代王禎《農書》記載，這種大紡車一天一夜可以紡麻一百斤。大紡車還可以以水爲動力，王禎稱之爲水轉大紡車，它是世界上記載最早的水力紡織機械。水轉大紡車由水輪與大紡車兩部分組成，它們分別爲動力機械和工作機械。這種大紡車長兩丈（約 6.6 米）、寬約五尺。它的左右兩側各架設一個水輪，在兩個水輪中間，是大紡車的主要工作部位。它的四角立柱，前後左右分別架上枋木和橫桄，構成大紡車的框架，在大紡車框架底部的木座上排列着三十二支紡錠，紡錠用木製呈筒狀，長一尺二寸，筒内裝入待紡的麻。在大紡車框架上部橫卧着軖床，後世稱之爲幔。它的中心是一根長軸，軸轂上安有軖腿，托着各自的軖樘。當水輪受激流冲擊不停轉動時，整個紡車也跟着轉動，軖床、紡錠在皮條帶動下同步運轉。由於軖床的轉動，麻縷從紡錠内抽出，麻紗被轉動的軖床纏繞其上，完成了全部紡紗過程。

　　水轉大紡車以紡麻爲主，稍加修改後亦可紡棉紗。1959 年，有關專家複製了一架水轉大紡車的模型，現陳列在中國國家博物館内。比起歐洲 18 世紀發明的裝有十二到十八個紗錠的"珍妮紡紗機"，水轉大紡車在技術上領先了近四百年。同現代紡織機械相比，它除了在動力强度、紗錠數量、運轉速度上有所區別外，無論在機械結構還是在動力傳送方式上，基本原理都是完全一樣的。

　　值得注意是，爲了使絲綢按照設計圖案顯示出花紋，人們又創造了裝造系統和花本，即所謂絲綢提花裝置。提花的織機都安有花樓，裝造系統就安在花樓上；結花本就是先用經綫和緯綫結成花紋圖案，作爲絲綢顯花的來源。二者互相配合，就可以在綢面上提花了。從文獻記載來看，當時山東地區常使用多綜多躡紋織機、束綜提花織機，在全國屬於比較先進的。東漢文學家王逸在《機婦賦》中，描述了黄河中下流地區使用的束綜提花機："方員綺錯，極妙窮奇；蟲禽品獸，物有其宜；兔耳跧伏，若安若危；猛犬相守，竄身匿蹄。高樓雙峙，下臨清池，游魚銜餌，纔潛其陂，鹿盧並起，纖繳俱垂，宛若星圖，屈伸推移，一往一來，匪勞匪疲。"這段記載充分説明了當時提花工藝的複雜。到了唐代，提花織機織出的綾綿花紋圖案就更多了，如盤龍、

絲　車
（明宋應星《天工開物》）

孔雀、仙芝、卍字、雙勝、天馬、梵文等圖案應有盡有。尤其是兗州上貢的鏡花綾、青州上貢的仙紋綾更是技高一籌，反映了唐代山東地區提花織機的高超水平。唐代白居易曾有詩稱贊當時絲織品的精美："應似天台山上明月前，四十五尺瀑布泉。中有文章又奇絕，地鋪白烟花簇雪。"唐代之後，絲綢提花技術已非常發達，提花織機普遍安有花樓。明宋應星《天工開物·機式》中對於花機、花樓有非常精細的描述，此一時期中國的絲綢提花技術已達於世界領先水平，至清末，漸被西方的織機取代。

紡輪

今稱"紡墜"。中國最早出現的紡織工具。一般由一根木棍插在另一根與之垂直的木棍上即可，亦可插於圓盤中心孔中。它的使用方法

良渚文化遺址出土玉紡輪

分吊錠法和轉錠法兩種。吊錠法是把紡墜吊起來，一手扯出纖維并用手指撚合，另一手轉動撚杆，使之不斷上升或下降，在轉動時將紗纏到撚杆上。轉錠法是將紡墜放在腿上，左手扯動纖維，右手搓動撚杆，然後再把撚好的紗纏在撚杆上。這種紡墜的撚杆較長。紡墜的構造雖簡單，却具備了現代紗錠最基本的功能，即合股與加撚。在新石器文化遺存中，世界各地均發現大量的紡墜等原始紡紗工具。《宋史·曹輔傳》："夕有惡鳥鳴屋極，聲若紡輪，心知其不祥，弗恤也。"

【紡墜】

即紡輪。此稱多行用於現當代。見該文。

紡錘

古時一種紡紗工具。初多用瓦製，後有用鐵、木或牛骨等物製成者。紡錘兩端尖，中間粗，把棉絮條或棉紗的一端固定在上面，通過紡錘的旋轉，就可以紡成紗或綫。

彈弓

彈棉花的器具，形狀如弓，故稱。主要用於净棉。最早人們使用的是一尺多長的綫弦小弓，彈力輕微，用手指撥動。後經黃道婆革新，出現了四尺多長的繩弦竹弧大弓，用彈椎敲

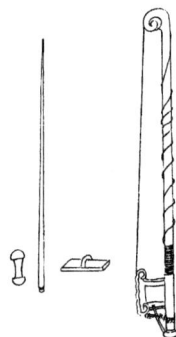

彈弓（木棉彈弓）
（元王禎《農書》）

擊繩弦。由於敲擊時振幅大，强勁有力，因而不僅提高了彈棉速度，而且彈出的棉花既鬆又净。至元末明初，經過不斷改進，出現了木製的彈弓和檀木製成的彈椎，綫弦改用蠟綫，又進一步提高彈棉的效率。元王禎《農書·農器圖譜·纊絮門》附《木棉》："木棉彈弓，以竹爲之，長可四尺許，上一截顏長而彎，下一截稍短而勁，控以繩弦，用彈綿英，如彈氈毛法，

務使結者開，實者虛。"

蠶架

放置蠶盤、蠶筐等的支架。元王禎《農書·農器圖譜·蠶繰門》："蠶架，閣蠶槃、筐具也。以細枋四莖竪之，高可八九尺，上下以竹，通作橫桄十層。每層皆閣養蠶槃、筐，隨其大小，蓋筐用小架，槃用大架。此南方槃筐有架，猶北方椽箔之有槌也。詩云：育蠶必有槃，置槃須用架。竹木互維持，層級限高下。規模等箔槌，習用足桑柘。那知富貴家，羅綺簇朱榭。"

籰

亦稱"榬""籰頭"。絡絲的工具。《方言》第五："籰，榬也。"郭璞注："所以絡絲者也。"《説文·竹部》："籰，收絲者也。"清朱駿聲《説文通訓定聲》："今蘇俗謂之籰頭，有車曳者，有手轉者。"《玉篇·竹部》："籰，榬也，所以絡絲也。"

【榬】

即籰。此稱漢代已行用。見該文。

【籰頭】

即籰。此稱清代已行用。見該文。

躡

古代織布機上用脚踩的兩隻踏板。晉傅玄《傅子·馬〔鈞〕先生傳》："舊綾機五十綜者五十躡，六十綜者六十躡。先生患其喪功費日，乃皆易以十二躡。"唐王建《七夕曲》："拋梭振躡動明璫，爲有秋期眠不足。"

桑梯

登以采桑葉之木梯。元王禎《農書》卷二一："桑梯。《説文》曰：'梯，木階也。'夫桑之稊者。用几采摘，其桑之高者，須梯剗斫，梯若不長，未免攀附；旁條不還，則鳩脚多亂；樛枝折垂，則乳液旁出。必欲趁於高下，隨意去留，須梯長可也。《齊民要術》云：采桑必須長梯，'梯不長則高枝折'，正謂此也。詩云：貫木取諸'漸'，爲梯得用'晉'。附彼墻下桑，如躡平地迅。女枝既不攀，遠揚亦可刃。何當展所施，摘蓮華峰峻。'"

桑鈎

亦稱"采桑鈎"。采桑用具。劍狀，用以鈎取高遠處枝葉。《舊唐書·蕭宗本紀》："一曰玄黃天符……十一曰皇后采桑鈎。"元王禎《農書·農器圖譜·桑蠶門》："桑鈎。采桑具也。凡桑者，欲得遠揚枝葉引近就摘，故用鈎木以代臂指扳援之勞。昔后妃世婦以下親蠶，皆用筐鈎采桑。唐蕭宗上元初獲定國寶十三，內有采桑鈎一。以此知古之采桑皆用鈎也，然北俗伐桑而少采，南人采桑而少伐，歲歲伐之，則樹木易衰，久以采之，則枝條多結。欲南北隨宜，采斫互用，則桑斧桑鈎，各有所施。故兩及之不致偏廢。梅聖俞詩云：長鈎扳桑枝，短鈎掛桑籠。南陌露氣寒，東方日光動。少婦首且笄，幼女角已總。競用采葉歸，曾非事梳櫳。"明王圻等《三才圖會·器用》所述與元王禎《農書》略同，亦繪有圖。

【采桑鈎】

即桑鈎。此稱唐代已行用。見該文。

劋刀

用以砍削桑枝的短刀。長尺餘，闊約二寸，木柄。元王禎《農書·農器圖譜·桑蠶門》："劋刀。剗桑刃也。刀長尺餘，闊約二寸，木柄一握。南人斫桑剗桑俱用此刃。北人斫桑用斧，劋桑用鐮。鐮刀雖利終非本器，不若劋刀之輕且順也。若南人斫桑用斧，北人劓葉用刀，去短就長兩爲便也。詩云：晶熒一尺鐵，煆以赫連鋼。剗斫有餘用，功最在蠶桑。樛附日以戕，新枝日以長。胡爲幽人歌，獨取斧與斨？"明王圻等《三才圖會·器用》有"劓刀"，所述及所繪圖與元王禎《農書》略同。明徐光啓《農政全書》卷三四有"劓刀"，亦本元王禎《農書》。

絍器

紡織器具。漢劉向《列女傳·楚接輿妻》："夫負釜甑，妻戴絍器，變名易而遠徙，莫知所之。"清毛奇齡《題閩縣溪麋老人偕隱卷子·黍白間從絍器排》："黍白間從絍器排，相携一上釣龍臺。"

原始腰機

紡織器具。產生於在新石器時代早期（距今七千年前），是我國新石器時代紡織技術上的重要成就之一。其主要的部件是兩根橫木。以人爲支架，用腰帶將一根橫木縛在腰上以固定，另一根橫木則用腳掌撐開，并可以靈活地掌握兩根橫木之間的距離。將經綫纏在兩根橫木上。織造時，織工席地而坐，依靠兩腳的位置及腰脊來控制經絲的張力。通過分經棍把經綫分爲上下兩層，用杼子帶緯綫穿過之後，變動分經杆的位置進行編織，并用打緯刀將緯綫壓實，不僅織出的產品緊密均勻，且生產效率有了極大提高。在雲南石寨山遺址出土的漢代銅製貯貝器的蓋子上有一組紡織鑄像，生動地再現了當時的人們使用腰機織布的場景。

綜版式織機

產生於我國的新石器時代，用於編織帶狀織物。綜版是正方形或者六角形的在上面打了幾個小孔的皮子。編織時，經綫的一端固定在樹上，穿過綜版上的小孔，另一端則固定在人腰上的捲布棍上，人通過來回扭動綜版形成梭口，緯綫穿過梭口後，用打緯刀將緯綫壓實，再反嚮轉動綜版，重複上面的動作。時至今日，我國西藏地區有些民衆還用此方法編織帶子。

紡車

亦稱"繀車""道軌""機紡車""等車"。用於紡綫之工具。最早見於漢揚雄的《方言》，稱爲"繀車""道軌"。漢《東觀漢記·崔寔傳》："命工伐木作機紡車，教民紡績。"《格致鏡原》卷四八："《說文》釋筳曰，繀絲，筦也。筦，等也。按等車，紡車也。著絲於筳，著筳於車，踏而轉之，所謂紡也。"北魏賈思勰《齊民要術·養鵝鴨》："雛欲出之時，四五日之內不用聞打鼓、紡車大叫。"清張廷玉《明史·張淳傳》："婦不能紡者，授紡車八百餘輛。"紡車有大紡車和小紡車之別。大紡車紗錠多達三十二枚。元王禎《農書·農器圖譜·麻苧門》："大紡車，其制長餘二丈，闊約五尺。先造地樹木框，四角立柱，中穿橫桄，上架枋木。紡車其枋木兩頭山口卧受卷繀，長軒鐵軸次於前。地樹上立長木座，座上列臼以承檔底鐵簨。檔上俱用杖頭版頭條，鐵環以拘檔軸。又於額枋前排置小鐵叉，分勒績條，轉上長軒仍舊左右。別架車輪。兩座通絡皮弦，下經列檔，上拶轉軒旋鼓。或人或畜，轉動左邊大輪，弦隨輪轉，衆機皆動，上下相應，緩急相宜，遂使績條成緊纏於軒上，晝夜紡績百斤。或衆家績多乃集於車下，秤績分繀，不勞可畢。中原麻布之鄉皆用之。今特圖其制度，欲使他方之民視此機括關鍵，仿仿成造，可爲普利。"明王圻等《三才圖會·器用》：“大紡車，其制長餘二丈，闊曰五尺……晝夜紡績百斤。”小紡車形制較簡略，使用普遍。明王圻等《三才圖會·器用》：“小紡車，此車之制，凡麻苧之鄉，在在有之。”

【維車】

即紡車。此稱漢代已行用。見該文。

【道軌】

即紡車。此稱漢代已行用。見該文。

【機紡車】

即紡車。此稱漢代已行用。見該文。

【莩車】

即紡車。此稱漢代已行用。見該文。

手搖紡車

手握搖把帶動輪子旋轉的紡紗器具。我國古代重要的紡織機械工具之一，戰國時期已經出現。通常以毛、棉、麻、絲等纖維材料爲原料，通過人工機械傳動，生產綫或紗。最初的紡車爲單錠紡車，在漢代已經十分普及。1976年山東臨沂銀雀山西漢墓出土的一塊帛畫上，繪有一位婦女正在用手搖紡車紡綫的圖案。1952年山東滕縣龍陽店出土的一塊漢畫像石上面，刻着幾個人物正在操控紡車、織機和絡車進行紡織工作。除此之外，許多漢畫石上刻有用紡車紡綫的場景，可見到了漢代，紡車已經成爲人們重要的生產工具，也表明漢代我國的紡織業已經很發達。古代常見的手搖紡車由木架、錠子、繩輪和手柄四部分組成，人通過搖動手柄帶動輪子轉動，通過繩子帶動錠子轉動，從而將紡好的綫纏繞在錠子上。手搖紡車的出現，使得紡搖成爲小農業生產的主要生產方式，從而開啓了中國古代男耕女織的傳統生產模式。直至中華人民共和國成立後，許多地區仍舊使用手搖紡車紡綫。

經具

牽經綫的工具。明宋應星《天工開物·經具》：“凡絲即䊰之後，牽經就織。以直竹竿穿眼三十餘，透過篾圈，名曰溜眼。竿橫架柱上。絲從圈透過掌扇，然後繞纏經耙之上。度數既足，將印架捆卷。既捆，中以交竹二度，一上一下間絲，然後扱於篾內。扱篾之後，以的杠與印架相望，登開五、七丈。或過糊者，就此過糊；或不過糊，就此卷於的杠，穿綜就織。”

經架

牽絲所用的木架。元王禎《農書·農器圖譜·織紝門》：“經架，牽絲具也。先排絲䊰於下，上架橫竹，列環以引衆緒，總於架前輕漸（與牌同），一人往來挽而歸之綯軸，然後授之機杼。前人《織圖詩》云：‘素絲頭緒多，羨君巧安排。青軛不動塵，緩步交去來。脉脉意欲亂，眷眷首重回。王言正如絲，亦付經綸才。’”明王圻等《三才圖會·器用》有“經架”，所述及所繪圖與元代王禎《農書》略同。

經耙

牽經具上掛絲之木架。明宋應星《天工開物·經具》：“凡絲既䊰之後，牽經就織。以直竹竿穿眼三十餘，透過篾圈，名曰溜眼。竿橫架柱上，絲從圈透過掌扇，然後繞纏經耙之上。”明方以智《物理小識·衣服類》：“有溜眼、掌扇、經耙、印架乃極於篾中。”

印架

織前整經工具。明宋應星《天工開物·經具》：“凡絲既䊰之後，牽經就織。以直竹竿穿眼之三十餘，透過篾圈，名曰溜眼。竿橫架柱上，絲從圈透過掌扇，然後繞纏經耙之上。度數既足，將印架捆卷。既捆，中以交竹二度，一上一下間絲，然後扱於簆内。扱簆之後，以的杠與印架相望，登開五、七丈。或過糊者，就此過糊；或不過糊，就此卷於的杠，穿綜就織。”明方以智《物理小識·衣服類》：“有溜眼、掌扇、經耙、印架、乃極於簆中。”

掌扇

牽經具上的分絞簆。明宋應星《天工開物·經具》：“凡絲既籰之後，牽經就織。以直竹竿穿眼之三十餘，透過篾圈，名曰溜眼。竿横架柱上，絲从圈透過掌扇，然後繞纏經耙之上。”

交竹

古代織機部件。牽經具上之交棒。爲兩根長二尺、精如手指之竹棍，用以夾住交錯之經綫，將經綫一上一下分開。明宋應星《天工開物·穿經》：“絲過簆，則兩指執定，足五七十簆，則縧結之，不亂之妙，消息全在交竹。”《天工開物·經具》：“度數既足，將印架捆卷。既捆，中以交竹二度，一上一下間絲，然後扱於簆内。”

綜

織機上使經綫交錯着上下分開，以便梭子通過的裝置。《説文·糸部》：“綜，機縷也。”《玉篇·糸部》：“綜，持絲交。”漢劉向《列女傳·魯季敬姜》：“推而往，引而來者，綜也。”晋傅玄《馬鈞傳》：“舊綾機五十綜者五十躡，六十綜者六十躡，先生患其喪功費日，乃皆易以十二躡。”南朝梁劉勰《文心雕龍·正緯》：“蓋緯之成經，其猶織綜，絲麻不雜，布帛乃成。”唐虞世南《中婦織流黄》詩：“綜新交縷澀，經脆斷絲多。”明宋應星《天工開物·經具》：“凡絲既籰之後，牽經就織……或過糊者，就此過糊；可不過糊，就此卷於的杠，穿綜就織。”

桄

提花機上的横木，綜框。《元史·輿服志一》：“柱下直平盤，虚櫃，中櫺三十，下外桄二。漆繪犀、象、鸚鵡、錦雉、孔雀，隔窠嵌裝花板。”明宋應星《天工開物·機式》：“其素羅不起花紋，與軟紗綾絹踏成浪梅小花者，視素羅只加桄二扇，一人踏織自成，不用提花之人。”

衢脚

提花機上控制經綫起落的部件。明宋應星《天工開物·機式》：“凡花機通身度長一丈六尺，隆起花樓，中托衢盤，下垂衢脚。對花樓下掘坑二尺許，以藏衢脚。”又：“其素羅不起花紋，與軟紗綾絹踏成浪梅小花者，視素羅只加桄二扇，一人踏織自成，不用提花之人，閑住花樓，亦不設衢盤與衢脚也。”

木棉攪車

省稱“攪車”。古時軋棉器械。門字木框作兩横軸，兩軸加轉方嚮相反，喂入棉花後，兩軸相軋，將籽落於内，棉出於外。始見於13世紀末松江地區。元王禎《農書·農器圖譜·纊絮門》：“木綿攪車，木棉初采，曝之，陰或焙乾。《南州異物志》：班布，吉貝木所生。熟時狀如鵝毳，細過絲綿。中有核如珠珣，用之則治出其核。昔用輾軸，今用攪車，尤便。夫攪車，四木作框，上立二小柱，高約尺五上，以方木管之。立柱各通一軸，軸端俱作掉拐，軸末柱竅不透。二人掉軸，一人喂上綿英，二軸相軋，則子落於内，綿出於外。比用輾軸，工利數倍。今特圖譜，使民易效。（凡木綿雖多，今用此法，即去子得棉，不致積滯。）詩云：二木相摩運兩端，宛如造物没機關。霜綿山積珠論斗，只在思樞柄用間。”元戴良《甲辰元曰對雪聯句》：“叠遥如拖練，旋空若攪車。”明王圻等《三才圖會·器用》“木棉攪車”條所述與元代王禎《農書》略同，且有圖。明徐光啓《農政全書》卷三五“木綿攪車”條所述亦本王禎《農書》。

【攪車】

“木棉攪車”之省稱。此稱元代已行用。見該文。

繅車

亦作“繰車”。繅，煮繭抽絲。繅車，繅絲用的器具。宋蘇軾《書劉景文所藏宗少文一筆畫》：“宛轉迴紋錦，縈盈連理花。何須郭忠恕，匹素畫繅車。”宋陸游《春日小園雜賦》：“自此年光應更好，日驅秧馬聽繅車。”元趙孟頫《松雪齋集·六月》：“緑樹陰相蒙，但聞繅車響。”《格致鏡原》卷四八：“繰車：《事物原始》黄帝始命元妃西陵氏養蠶制絲車，以繅絲。秦觀蠶書：繅車之制，錢眼爲版，長過鼎面，廣三寸厚九，黍中其厚插大錢一出，其端横之鼎耳後鎮，以石又爲三，蘆管長四寸，樞以圓木，建兩竹夾鼎耳，縛樞於竹中，管之轉以車下直錢眼，謂之繅。星星應車動以過添梯，添梯車之左端置環繩，其前尺有五寸，當床左足之上，建柄長寸有半匼，柄爲鼓，鼓生其寅以受環，繩之應車，運如環無端鼓。因以旋鼓上爲魚，魚半出鼓，其出之中建柄半寸，上承添梯者二尺五寸片竹也。其上揉竹爲鉤，以防絲竅，左端以應柄對鼓爲耳，方其穿以閉添梯。故車運以牽環繩，繩簇鼓，鼓以舞魚，魚振添梯，故絲不過偏。製車如轆轤，必活兩輻以利脱絲。”

【繰車】

同“繅車”。此體宋代已行用。見該文。

紑車

將麻、絲、棉、棕等纖維絞成條形的工具。通常一縷以備再絞合。元王禎《農書·農器圖譜二十·麻苧門》：“紑車，績麻臬紑緊具也。造作簨虡，高二尺，上穿横軸，長可二尺餘，貫以軖轂。左手引麻牽軖，既轉，右手續接麻皮成緊，縱纏軖上，紑縷既盈，乃脱軖，付之繩車，或作别用。詩云：形如網籰却輕便，麻縷牽來日萬旋。料得紑成付它具，作繩功力已居先。”明王圻等《三才圖會·器用》有“紑車”，所述及所繪圖與元代王禎《農書》略同。

木棉捲筳

捲棉筒之具。多以稭筳或無節竹條爲之。元王禎《農書·農器圖譜·纊絮門》：“木棉捲筳，淮民用蜀黍梢莖，取其長而滑。今他處多用無節竹條代之。其法先將棉毳，條於几上，以此筳捲而扞之，遂成綿筒。隨手抽筳，每筒牽紡，易爲匀細，捲筳之效也。詩云：折得修筳捲毳茸，就憑瑩滑脱圓筒，作棉匠具雖多巧，獨有天然造物功。”明王圻等《三才圖會·器用》作“木棉捲筳”，所述與元代王禎《農書》略同。

繩車

製繩之車。元王禎《農書·農器圖譜二十·麻苧門》：“繩車，絞合紑緊作繩也。其車之制，先立簨虡一座，植木止之。簨上加置横板一片，長可五尺，闊可四寸。横板中間排鑿八竅或六竅，各竅内置掉枝，或鐵或木，皆彎如牛角。又作橫木一莖，列竅穿其掉枝，復別作一車，亦如上法。兩車相對，約量遠近，將所成紖緊各結於兩車掉枝之足。車首各一人，將掉枝所穿橫木，俱各攬轉，候紖股勻緊，却將三股或四股撮而爲一，各結於掉枝一足，計成二繩。然後將另制瓜木置於所合紖緊之首，復攬其掉枝，使紖緊成繩，瓜木自行，繩盡乃止。凡農事中用繩頗多，故田家習制，此具遂列於農譜之內。詩云：車頭紖縷各牽連，糾索初因匠手傳。一緊續來通似脉，兩端相掣直如弦。機憑梟掉供旋轉，股入行爪作緊圓。資爾屈伸功用異，莫將良器等忘筌。"明王圻等《三才圖會·器用》所述"繩車"與元代王禎《農書》略同，亦繪有圖。

紉車

纏繞繩子的用具。元王禎《農書·農器圖譜二十·麻苧門》："紉車，繂繩器也。《通俗文》曰：'單繂曰紉。'木揉作棬，中貫軸柄，長可尺餘。以棬之上角，用單麻皮，右手執柄轉之，左手續麻股，既成緊則纏於棬上。或隨繩車，用之以助糾絞紖緊。又農家用作經織麻屨、牛衣、簾箔，此紉車復有大小之分也。詩云：身惟軸柄首惟棬，麻縷紉來儘自纏。簾箔織餘仍有用，牛衣經緯軟於氈。"明徐光啓《農政全書》卷二六亦引此文。名明王圻等《三才圖會·器用》亦引此文。

絲偈[1]

亦稱"鬼濩"。中國舊時廣東南海、順德等地對蒸汽繅絲機的俗稱。民國《順德縣續志》："繅絲之法，俗稱手濩，亦曰大濩。光緒初，又用足機，俗稱踩濩。及光緒中葉，用汽機繅絲者日盛，俗稱鬼濩，又曰絲偈。"1873年在南海創設的繼昌隆繅絲廠亦稱繼昌隆絲偈。

【鬼濩】

即絲偈。此稱清代已行用。見該文。

絡車

取絲用的工具，即繅絲車。宋惠洪《資國寺春晚》："龍鄉戒曉月空斜，喚起清圓響絡車。"元劉因《南鄉子·張彥通壽》詞："窗下絡車聲，窗畔兒童課六經。"《格致鏡原》卷四八："絡車：《方言》河濟之間絡謂之給。郭璞注：所以轉籰。《農桑通訣》：以脫軒之絲張於枳上，上作懸鉤引致緒端逗於車上。其車之制必以細軸穿籰措於車座兩柱之間，一柱獨高中爲通槽以貫其籰軸之首，一柱下而管其籰軸之末。人既繩牽軸動則籰隨軸轉，絲乃上籰，此北方絡絲車也。南人但習揮籰取絲，不若絡車安且速也。"

絡絲

將多根絲綫并在一起成爲絲縷的紡織工藝。《太平御覽》卷五九七引南朝宋劉敬叔《異苑》曰："鄱陽陳忠女，名豐，鄰人葛勃有美姿，豐與村中數女共聚絡絲。"《太平廣記》卷四四七引唐張鷟《朝野僉載》："講罷歸舍，見妹坐絡絲。"宋蘇軾《浣溪沙·麻葉層層檾葉光》："隔籬嬌語絡絲娘。"

織室

亦稱"織坊"。西漢時期官府設立的絲織監造機構。初置東西兩造室，掌皇室的繪圖器造與染色，主官有令及丞。東漢後代有設置，成爲專門機構。《晉書·孝武文李太后傳》："時后爲宮人，在織坊中。"《三輔黃圖·未央宮》："織室，在未央宮，又有東西織室，織作文繡郊廟之服。"

【織坊】

即織室。此稱晋代已行用。見該文。

火倉

舊時蠶室用的一種保温設備。元王禎《農書·農器圖譜·蠶繅門》："火倉，蠶室火籠也。凡蠶生室内，四壁挫疊空籠，狀如三星，務要玲瓏，頓藏熱火，以通暖氣，四向匀停。"

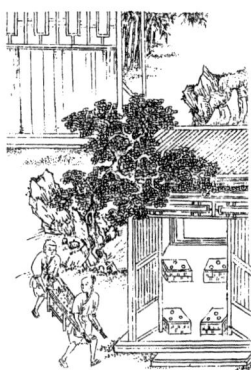

火　倉
（元王禎《農書》）

染坊

舊時經營絲綢、棉布、紗綫和毛織品染色及漂白業務的作坊。起源很早，唐已盛行。《新唐書·穆宗本紀》："四月丙申，擊鞠於清思殿。染坊匠張韶反，幸左神策軍，韶伏誅。丁酉，還宫。"宋周應合《景定建康志》卷五〇："因令染坊染碧必經宿露之，號爲'天水碧'。"明高濂《養生八箋·飲饌服食箋上》："染坊瀝過，淡灰曬乾，用以包藏生黄瓜、茄子，至冬可食。"清乾隆年間，上海地區染坊已有分工，按所染色的不同，分藍坊（專染天青、淡青、月白等色）、紅坊（專染大紅、露桃紅等色）、漂坊（專漂黄糙爲白）、染色坊（專染黄、緑、黑、紫、古銅、水墨、血牙、駝絨、蝦青、佛面金等色）等。

綾機

織綾的機具。晋傅玄《馬鈞傳》："舊綾機五十綜者五十躡，六十綜者六十躡，先生患其喪功費日，乃皆易以十二躡。"唐張鷟《朝野僉載》卷三："定州何名遠……專以襲胡爲業，貲財巨萬，家有綾機五百張。"

腰機

一種原始的織機。雲南晋寧石寨山漢代遺址出土的貯具器上所塑造的原始織機圖像，生

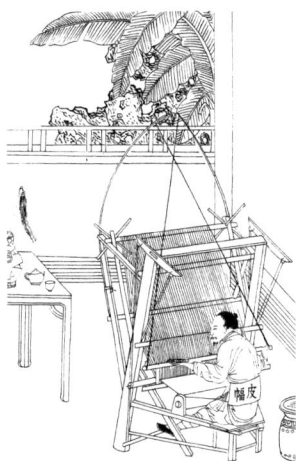

腰　機
（明宋應星《天工開物》）

動地描繪了奴隸們爲滇族奴隸主織布的生產活動場面。織布女奴穿着粗布的對襟服，腰束一帶，席地而織，足踩織機經綫木棍，右手持緯木在打緊緯綫，左手作投緯引綫的姿態。女奴彎着腰在吃力地織着布匹。這種織機可以稱爲胯織機或腰機。這種原始織機已經有了上下開啓織口、左右穿引緯紗、前後打緊緯綫的三個方嚮的運動，是現代織布機的始祖。中華人民共和國成立初期一些少數民族還保存着與腰機相類似的織機及原始的織造方法。明宋應星《天工開物·腰機式》："凡織杭西、羅地等絹，輕素等紬，銀條、巾帽等紗，不必用花機，只用小機。織匠以熟皮一方實坐下，其力全在腰尻之上，故名腰機。"清刊《浙江通志·物產六·金華府》："花布，《東陽縣志》：'匠織者謂之腰機，農家自織者謂之女機。'"

斜織機

　　紡織器械。江蘇泗洪曹莊出土的漢代畫像石上刻有"慈母投杼圖"，圖上有腳踏提綜斜織機的形狀。這種斜織機已經有了一個機架，經面與水平的機座成五六十度的傾角。這樣改進以後，操作的人既可以坐着織造，又可以一目瞭然地看到開口後經面上的經綫張力是否均勻，經綫有無斷頭。更重要的是，斜織機已經采用腳踏提綜的開口裝置。在圖中可以看到織工們用腳踏一長一短的兩塊踏板（杆）分別帶動綜綫。當腳踏動提綜踏板的時候，被踏板牽動的繩索牽拉"馬頭"（提綜擺杆，前大後小，形似馬頭），前俯後仰，就使得綜綫上下交替，把經紗分成上下兩層，成爲一個三角形的織口。手腳并用，用腳代替了手提綜的繁重動作，這樣就能使左右手更迅速、有效地進行引緯和打緯的工作。斜織機的生產效率比原始織機一般可以提高十倍以上，大幅度地提高了布帛產量。史籍記載，戰國時期諸侯間饋贈的絲綢數量，比春秋時期大得多。秦漢之際，斜織機在中國黃河流域和長江流域的廣大地區已經比較普遍，在農村中廣泛地采用了這種腳踏提綜的織機。從圖中還可以看到一把將要落地的兩頭尖的梭子。利用這小巧玲瓏的梭子，來往穿引緯紗，進一步提高了織造的速度，是織布工具的重大革新，一直爲後世所沿用。

提花機

　　亦稱"花機"。紡織機械。較之一般的織機要複雜得多。它一般由兩個人同時操作，一個人爲挽花工，坐在三尺高的花樓上，挽花提綜，提拉不同位置的經紗；另一人在機頭處，左右穿梭編進緯紗，推拉打緯用的筘，把緯打緊。明宋應星《天工開物・乃服》："凡花機通身度長一丈六尺，隆起花樓，中托衢盤，下垂衢腳。"其正文與插圖皆稱之爲"花機"。出土的商代青銅器表面有提花回紋圖案絲織品的痕迹。織造提花圖案是要用提花機的，它表明早在殷商時期就已使用提花機了。

【花機】

　　即提花機。此稱明代已行用。見該文。

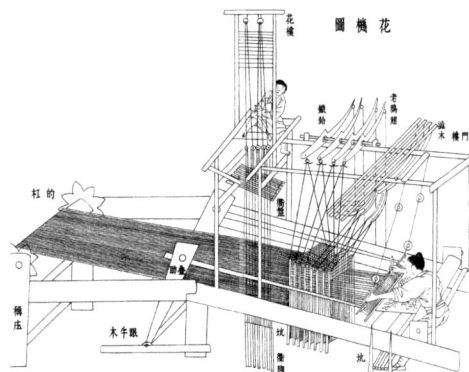

提花機
（明宋應星《天工開物》）

鬼綑

　　亦稱"絲偈"。舊時廣東順德等地對蒸汽繅絲機的俗稱。鬼，喻其怪异；"綑"，古指一種收繩的器具。民國《順德縣續志》卷一："繅絲之法，咸同間用手機，俗稱手綑，亦曰大綑。光緒初，又用足機，俗稱踩綑。及光緒中，用汽機繅絲者日盛，俗稱鬼綑，又曰絲偈。"踩，一作"踹"。

【絲偈】[2]

　　即鬼綑。此稱清代已行用。見該文。

手綑

　　清代咸同年間廣東順德等地所用繅絲機之一種。因以手操作，故稱。見"鬼綑"文。

【大緪】

　　即手緪。此稱清代已行用。見該文。

踩緪

　　清代光緒年間廣東順德等地所用繅絲機之
一種。因以足踏機運轉，故稱。見“鬼緪”文。

第七章　瓷器説

第一節　瓷史考

　　中國是世界上最早發明瓷器的國家。瓷器的發明是中國古代勞動人民對世界物質文明做出的一個重大貢獻。英文的中國（China）一詞就是指瓷器，由此可知在西方人眼中中國就是"瓷器之國"。

　　瓷器的産生與發展經歷了從陶器到瓷器、從原始青瓷到白瓷、再從白瓷發展爲彩瓷等幾個階段。大約公元前 16 世紀的商代中期，中國古代先民在燒製白陶和印紋陶的實踐中，通過提高陶窑的燒成温度和在陶器表面施釉，創造出了原始瓷器。釉是一種硅酸鹽物質，塗在陶器的表面，燒成後陶器就可像玻璃一樣光潔。如果在釉中加入不同比例的氧化鐵物質，就可以形成各種美麗鮮艷的釉彩。唐代的"唐三彩"就是其中的典型代表。

　　釉陶燒製成瓷器，需要有三個條件：一是陶土必須經過嚴格淘洗，除去其中的三氧化二鐵；二是燒成温度必須在 1200℃以上；三是陶器表面須施有可在高温下燒成的釉。到了東漢時期，現代意義上的瓷器便已經正式出現。在黄河流域及長江流域的廣大地區都發現有明確漢代紀年的青瓷器，其中較爲典型的有延熹七年（164）的麻布紋四繫罐，熹平四年（175）的青瓷耳杯、水井、熏爐和鬼竈等。三國至隋唐時期是江南瓷業大發展的時期，東起東南沿海的江、浙、閩、贛，西達長江中上游的兩湖、四川等地都相繼設立瓷窯，分別燒製出了極具地方特色的瓷器，取得了極大的成就。其中南方以越窯的青瓷水平最高；在北方，則開始出現白瓷，逐漸形成"南青北白"的基本格局。

越窯之名最早見於唐朝，但在兩晉時期，越窯就已經發展到比較成熟的階段。當時越窯主要窯場在越州的餘姚、上虞一帶，唐朝通常以所在州名命名其瓷窯，故稱其爲越窯或越州窯。唐陸羽《茶經》卷中："碗，越州上，鼎州次，婺州次……越州類玉。"又："越州瓷、岳瓷皆青，青則益茶。"唐陸龜蒙更是在《秘色越器》詩中對越瓷贊不絕口："九秋風露越窯開，奪得千峰翠色來。"

北方白瓷一般認爲出現於隋代。從各地發現的同時期白瓷來看，其燒製技術已有一定的水平，因此推斷在此之前還應該有一個發展過程。白瓷的誕生，標志着中國陶瓷手工業的又一個飛躍，是陶瓷發展史上的一個里程碑。白瓷是後來各種彩繪瓷器的基礎，沒有白瓷，就不會有青花、釉裏紅、鬥彩、五彩、粉彩等各種美麗的彩瓷。白瓷的出現，拓寬了中國製瓷業的發展道路。到了唐朝年間，北方的白瓷已經發展到了相當成熟的程度，白瓷名窯邢窯之瓷器成爲風靡一時"天下無貴賤通用之"的名瓷。唐朝著名詩人皮日休作《茶甌》，將邢窯瓷器與越窯青瓷并列同處極高的地位："邢客與越人，皆能造兹器。圓似月魂墮，輕如雲魄起。棗花勢旋眼，蘋沫香沾齒。松下時一看，支公亦如此。"

唐三彩是唐代陶瓷中的又一朵奇葩。唐三彩實際上是一種低温多彩陶器，用白色黏土作胎，用含有多種金屬元素的礦物作釉料，使器物釉色呈現深綠、淺綠、藍、黃、白、赭等多種色彩，并不限於三彩。唐三彩主要見於墓葬，造型多樣，塑技高超。凡與死者生前生活有關的物品如建築、傢俱、牲畜和人物等無不畢具，是中國藝術寶庫中獨具特色的珍品。唐三彩還在陶瓷工藝上對後世做出了重大貢獻，宋代以後各種豐富多彩的低温色釉和釉上彩瓷，大部分是在唐三彩製陶工藝的基礎上發展起來的。

釉下彩的發明是中國陶瓷發展史上的又一件大事。唐朝時的長沙窯在這方面做了具有歷史意義的嘗試，它們首創了在胎上畫彩色圖案，然後上釉燒成高温釉下彩的新工藝。釉下彩到了宋代就産生出最著名的青花系列瓷器精品，成爲中國瓷器發展的主流。而釉上彩則構成了宋以後鬥彩、五彩、粉彩等繁複多變的瓷器新品種，大大豐富了中國瓷器大家族的内容。

　　宋朝是中國瓷器發展史上一個高度繁榮的時期。從宋朝開始，歷代封建王朝都在產瓷名地設立官窰，專門燒製爲其特供的瓷器名品。這在某種程度上規範了瓷業的生產，促進了製瓷技術的進步。多種瓷窰體系的形成可以概括反映出宋代瓷業發展的基本面貌。瓷窰體系的區分，主要是根據各窰產品工藝、着色、造型與裝飾的同異來劃分。宋代形成的六大瓷窰體系有北方地區的定窰系、均窰系、耀州窰系、磁州窰系，南方地區的龍泉窰青瓷系、景德鎮的青白瓷系。

　　宋代製瓷工藝在中國陶瓷史上的最大貢獻是爲陶瓷美學開闢了新的境界。定窰的印花白瓷布局嚴謹，層次分明，對南北瓷窰均有很大的影響；耀州窰的青瓷勝越器；鈞瓷的海棠紅、玫瑰紫，燦若晚霞，變化如行雲流水的窰變色釉；磁州窰南北兼收，白瓷釉下黑、褐彩瓷器是其中的精品；景德鎮的青白瓷色質如玉；龍泉青瓷翠綠晶潤的梅子青更是青瓷釉色之美的極致；還有哥窰滿布斷紋、有意製作的缺陷美、瑕疵美；黑瓷又出現了油滴、兔毫、鷓鴣斑、玳瑁形結晶和乳濁釉等新品種。宋瓷這些新品種是中國陶瓷史上的杰作與瑰寶，它們的儀態與風範是後世陶瓷業長期追仿的榜樣，至今仍令我們贊嘆傾倒。

　　元朝的製瓷工藝在中國陶瓷史上有極重要的地位。全國各地主要窰場在前朝工藝的基礎上，仍繼續生產傳統產品，但燒製技術更加成熟。景德鎮在製瓷工藝上有了新的突破，采用瓷石加高嶺土的辦法，提高了窰室的燒成溫度，因而能燒製氣勢龐大的大型器物。其次是青花、釉裏紅的燒成，使中國繪畫技巧與製瓷工藝的結合更趨完美，將具有強烈中國特色的釉下彩瓷器發展到了一個嶄新的階段。最後是顏色釉的研製成功，高溫燒成的卵白釉、紅釉和藍釉是熟練掌握各種呈色劑的標志，從而真正結束了元代以前瓷器主要是仿金類銀的局面。元代景德鎮窰取得的成就，爲明清兩代該地製瓷工藝的高度發達奠定了基礎，爲景德鎮贏得了瓷都的桂冠。

　　明代景德鎮所產的瓷器數量大、品種多、品質高、銷路好。明宋應星《天工開物・陶埏》：“合併數郡，不敵江西饒郡產……若夫中華四裔，馳名獵取者，皆饒郡浮梁景德鎮之產也。”從品種和品質方面來説，景德鎮生產的青花瓷是全國瓷器生產的主流；以成化鬥彩爲代表的彩瓷，是中國製瓷史上的空前杰作；永樂、宣德年間銅紅釉和其他單色釉的燒製成功，則充分表明了當時製瓷業的高度技術水平。景德鎮製瓷業代表了明朝製瓷工藝的最高水平。

　　成化鬥彩是釉下青花和釉上彩色相結合的一種彩瓷工藝。鬥彩之名見於清雍正年間的

《南窑筆記》："成、正、嘉、萬俱有鬥彩、五彩、填彩三種。先於坯上用青料畫花鳥半體，復入彩料，湊其全體，名曰鬥彩。填〔彩〕者，青料雙鈎花鳥、人物之類於坯胎，成後，復入彩爐，填入五色，名曰填彩。五彩，則素瓷純用彩料畫填出者是也。"其實，若從釉下彩與釉上彩相結合的角度看，填彩也可屬於鬥彩的範疇。成化鬥彩瓷器，基本上都是官窑的産品，在明代就已有極高的聲譽。明沈德符《野獲編·時玩》："玩好之物，以古爲貴，惟本朝則不然，永樂之剔紅，宣德之銅，成化之窑，其價遂與古敵。"清谷應泰所撰《博物要覽》比較詳細記述了明末所見的成化鬥彩瓷器："成窑上品，無過五彩。葡萄鏊口扁肚靶杯，式較宣杯妙甚。次若草蟲子母鷄勸杯，人物蓮子酒盞，五供養淺盞，草蟲小盞，青花紙薄酒盞，五彩齊箸小碟、香合、各製小罐，皆精妙可人。"其實，成化鬥彩的主要成就是開創了釉下青花和釉上多種彩色相結合的新工藝。有的釉上彩顔色達六種以上，而且色彩極爲鮮艷，運用配比合理，爲明嘉靖、萬曆時期的明五彩和清康熙、雍正時期的清五彩、粉彩的發展奠定了基礎。

　　清代康熙、雍正、乾隆三朝號稱"康乾盛世"，中國瓷器的生産也在這個時期達到了歷史最高峰。凡是明代已有的工藝與品種，在此時大都有了改進或提高。康熙青花的色彩鮮艷純净，別具風格；康熙五彩因發明了釉上藍彩和墨彩，比明代的色彩更加豐富多樣，而且由於燒成温度較高，比明代的更透徹明亮；鬥彩的品種增多；單色釉中雍正青釉的燒製進入了最成熟的階段，黄、藍、緑、紅等色也有了很大的提高；明代中期一度衰落的銅紅釉和釉裏紅得到恢復并有進一步發展。這一時期還創製了很多新的彩釉品種，例如粉彩、琺瑯紅、釉下三彩、墨彩和烏金釉、天藍釉、珊瑚紅、松緑釉及胭脂紅等。乾隆時期還發展了很多特種製瓷工藝，當時仿古、仿其他工藝及仿外國瓷的製品都極爲精緻突出。

　　中國陶瓷大約於公元 8 世紀的唐朝開始就通過絲綢之路或海上絲綢之路傳到東亞、西亞和南亞，再通過這些國家傳到歐洲各國。中國瓷器以其瑰麗的色彩和高雅的氣質深得各國人民的喜愛，成爲高貴的藝術珍品。最初瓷器外輸，也許還不是有意識地開拓海外市場，但它顯然爲宋以後大規模的瓷器外銷開闢了道路。

　　宋王朝建立之初，比較重視海外貿易，先後在廣州、明州、杭州、泉州等地設立市舶司，專門負責對外貿易事宜。《宋會要輯要》記紹興七年（1137）高宗的上諭："市舶之利最厚，若措置合宜，所得動以百萬。"由於宋王朝的大力支持，海外貿易迅速發展起來，瓷器外銷在這其中占了極爲重要的份額。宋趙汝適《諸蕃志》記載，僅福建市舶司一地，與其有海外瓷器貿易業務的就有十五國之多，範圍遍及今東南亞、南亞、非洲等地。半個世紀以來，在亞非地區國家的沿海地帶陸續發現大量的宋代瓷器，由此亦可證明當時宋朝瓷器外銷數量之巨。日本更是因距中國近、交通便利之優勢，大量的中國瓷器經海路輸入日本。由海路輸入日本的中國瓷器主要集中在本州、九州、四國沿岸的經濟中心地帶，深得日本人民的喜愛。中國瓷器進入日本後，因價格較高，多爲官府、寺院所購買。

元代瓷器對外貿易對象達五十一個國家，其中對日本輸出的規模比宋代又有所擴大，海上陶瓷之路更爲繁忙。20世紀70年代，曾在韓國新安海域打撈出一艘古代沉船，上面載有六千多件瓷器，其中有數千件是景德鎮的影青瓷和白瓷。

明代，鄭和七下西洋，景德鎮青花瓷器亦隨之流傳到東南亞、非洲各地，從此景德鎮瓷器成爲世界人民喜愛的瓷器品種之一。明代後期，瓷器不僅從海路輸出，而且也從陸路輸出。長期的陸路運輸，使人們找到了一種絕妙的包裝方法，以防備運輸中的損耗。明沈德符《野獲編·夷人市瓷器》中記載了一種有趣的瓷器運輸方法：“韃靼、女真諸虜及天方諸國貢夷歸裝所載，他物不論，即瓷器一項，多至數十車。予初怪其輕脆，何以陸行萬里？既細叩之，則初買時，每一器納少土及豆麥少許，疊數十個輒牢縛成一片，置之濕地，頻灑以水，久之則豆麥生芽，纏繞膠固。試投之牢確之地，不破損者，始以登車。臨裝駕時，又從車上擲下數番，其堅韌如故者始載以往，其價比常加十倍。”

到了清朝前期，中國瓷器已在世界各地，特別是歐洲貴族中作爲炫耀財富的資本。1740年，普魯士國王爲了令他的婚禮增色，竟以六百名撒克森龍騎兵換回一批中國瓷器，這就是現在國外依舊津津樂道的十八隻近衛花瓶的由來。清康熙二十三年（1684）開放海禁，“許江南浙江、福建、廣東沿海民人用五百石以上船隻出洋貿易”。自此以後，大規模的瓷器輸出主要是通過正常的民間貿易進行的。當時中國瓷器不僅保持明代以來在日本、朝鮮等國的市場，沙俄等國還向中國訂製各種瓷器；美洲、非洲、大洋洲各國都通過各種管道購買中國的瓷器；而東南亞，波羅洲、爪哇、蘇門答臘及馬來西亞各地更是中國瓷器輸出的重要市場。在清代瓷器外銷中，歐洲市場占了很大的份額。據荷蘭東印度公司巴達維亞統計的數字，該處每年運往歐洲的瓷器竟達三百萬件之多。

瓷器

中國古代重要的發明之一。用黏土、長石和石英等爲材料，經混合成形乾燥後上釉燒成的製品。瓷器的燒成溫度必須在 1200℃ 以上，瓷土還必須經過嚴格淘洗，瓷坯製成後須經過上釉晾乾纔能燒製。商代中國已産生原始瓷器，東漢以後燒製技術已臻成熟，到唐宋時瓷器工藝取得了重大進展。明以

商代原始弦紋青瓷尊

後，景德鎮成爲中國的瓷業中心，名聞世界。《太平御覽》卷八六七引《廣雅》：“荆巴間采茶作餅成，以米膏出之，若飲，先炙令色赤，搗末置瓷器中，以湯澆覆之。”唐柳宗元《代人進瓷器狀》：“右件瓷器等，並藝精埏埴，制合規模。”宋洪邁《容齋隨筆·浮梁陶器》：“浮梁父老言，自來作知縣不買瓷器者一人，君是也。”明沈德符《野獲編·玩具·瓷器》：“本朝瓷器，用白地青花，間裝五色，爲古今之冠。”

原始瓷器

發現於商代晚期遺址中的一種帶釉瓷器。這些器物燒成溫度約在千攝氏度，

春秋原始青瓷三繫罐

叩之有金屬聲。經化驗證明，這些器物已基本具備了早期瓷器的特徵，因而稱之爲“原始瓷器”。是先民最早製造成功的生産、生活工具之一。

均

亦作“鈞”。作陶瓷器時所用的轉輪。龍山文化時期的製陶工藝，已普遍使用快輪旋製的器物，距今有五千至六千年的歷史。這一器物，先秦時稱爲“均”或“鈞”，釋之爲“陶者之輪”，實則後世之製瓷亦用其物。《集韻·平諄》：“鈞，陶旋輪。”《正字通·金部》：“均，造瓦之具旋轉者。”《管子·七法》：“不明於則而欲出號令，猶立朝夕於運均之上。”尹知章注：“均，陶者之輪也。”《墨子·非命上》：“譬猶運鈞之上，而立朝夕者也。”《淮南子·原道訓》：“均旋轂轉，周而復幣。”高誘注：“鈞，陶人作瓦器法，下轉旋者。”《太平廣記》卷三八二引《神鬼傳》：“有一輪如作甕均，徑廣二丈餘。”明方以智《東西均·開章》：“均者，造瓦之具，旋轉者也。”

【鈞】

同“均”。此體先秦時期已行用。見該文。

【甄】

即均。《説文·瓦部》：“甄，匋也。”《後漢書·郅惲傳》：“甄陶品類。”唐李賢注：“甄也者，陶人旋轉之輪也。”《晉書·潘尼傳》：“若金受範，若埴在甄。”

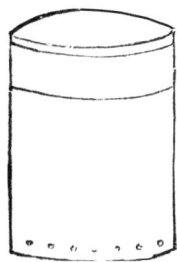

甄
（明王圻等《三才圖會》）

埒

製造瓷器的模型。《集韻·平灰》：“埒，陶器範。”此稱先秦時期已行用。《周禮·考工記·㮚人》：“膊崇四尺。”漢鄭玄注：“凡器高於此，則埒不能相勝；厚於此，則火氣不交。”清翁方綱《甘泉宮瓦歌爲候官林道山賦》：“九鉛凈擣咸陽泥，拊埒四轉無角圭。”

照子

亦稱"火照"。古代燒窯時用以檢驗火候的坯片。燒窯工匠取一坯片，削爲上寬下尖形，上端鏤一小孔，施半釉，插於窯爐火口上，燒至一定程度，便用鐵鈎將其取出，據以檢驗瓷器是否燒熟。此稱宋代已行用。《續資治通鑑・宋高宗建炎三年》："丁未，以帝至越州，命釋諸路徒以下囚，罷邠州歲貢火箸、襄陽漆器、象州藤合、揚州照子之屬。"照子在宋代各地瓷窯中已經被廣泛使用。宋蔣祈《陶記》："火事將畢，器不可度，探坯窯眼，以驗生熟，則有火照。"

【火照】

即照子。此稱宋代已行用。見該文。

瓷土

亦稱"堊""白土""陶土""白堊土""坩子土"。時人最爲熟悉者爲"高嶺土"，通稱"高嶺土"，因出產於江西景德鎮市的高嶺山而馳名國內外。據載，1712年法國傳教士昂特柯萊在其書簡中，曾以kalin之稱向歐洲廣作宣傳，於是Kaoling成爲高嶺土的通用學名。高嶺土是製造瓷器的重要原料。純凈的高嶺土是白色或灰白色的粉末，主要成分是鋁與硅的氧化物，熔點爲1750℃。據浙江上虞東漢瓷窯發現的瓷器分析，其原料即屬優質高嶺土。《急就篇》卷一："堊，白土也。"《舊唐書・職官志三》："甄官令掌供琢石、陶土之事。"明朱橚《普濟方・眼目門・青玉散》："治退醫除昏……龍骨一錢，白堊土一錢。"明方以智《物理小識・器用類》："琉璃窯，北京燒琉璃磚瓦，在陽德門、登豐門，用坩子土、馬牙石入黑鉛燒成。"

【堊】

即瓷土。此稱漢代已行用。見該文。

【白土】

即瓷土。此稱漢代已行用。見該文。

【陶土】

即瓷土。此稱唐代已行用。見該文。

【白堊土】

即瓷土。此稱明代已行用。見該文。

【坩子土】

即瓷土。此稱明代已行用。見該文。

高嶺土

即瓷土的一種。此稱多行用於18世紀前後。見"瓷土"文。

瓷窯

燒製瓷器的窯。東漢晚期許多瓷窯已經在江蘇、浙江、江西、福建、湖南、四川等地發現，成爲中國早期南方青瓷系統的產區，後漸向全國展開，而江西之景德鎮則成爲全國之中心。《宋史・食貨志下八》："〔元豐五年〕八月，置饒州景德鎮瓷窯博易務。"明宋應星《天工開物・白瓷》："真、開等郡瓷窯所出，色或黃滯無寶光。"

青瓷

中國古代著名傳統瓷器的一種。在坯體上施以鐵爲着色劑的表綠色釉，在還原焰中燒製而成。中國早期瓷器以青瓷爲主，1958年在南京清凉山三國時期吳墓中，出土了兩件青瓷器，可視爲這一時期的代表作。一件爲青瓷熊燈，燈盤底部刻有一行草書："甘露元年五月造。"可知爲公元256年之物。另一件爲青瓷羊燭臺，無銘文。兩物今皆藏中國國家博物館。後世所謂的縹瓷、千峰翠色、翠青、粉青等都是指青瓷。歷史上著名的越窯、龍泉窯、官窯、汝窯、鈞窯、耀州窯等都屬於青瓷系統。《白孔六帖》

卷一四引唐沈既濟《枕中記》：“〔道者呂公授盧生枕〕其枕青瓷而竅其端。”《太平御覽》卷九四三引唐劉恂《嶺表録異》：“鱟魚其殼瑩净，滑如青瓷。”明陸容《菽園雜記》卷一四引《龍泉縣志》：“青瓷，初出於劉田，去縣六十里，次則有金村窑，與劉田相去五里餘。外在白雁、梧桐、安仁、安福、禄遶等處皆有之。”

白瓷

白瓷是中國繼青瓷出現以後的又一大基本瓷系。它要求瓷土更加純净，燒成温度更高。此稱宋代已行用。《太平御覽》卷八二三引唐杜寶《大業拾遺録》：“於海取得鮸魚……取其精肉，縷切隨成，曬三四日，須極乾，以新白瓷瓶未經水者盛之。”宋張君房《雲笈七籤》卷七五：“遲用者，當以五月久茅屋漏水，於白瓷器中漬之，百日漉出。”明末張岱《夜航船》：“宋以定州白瓷有芒不堪用，遂命於汝州造青色諸器，冠絶鄧、耀二州。”白瓷是後來各種彩繪瓷器的基礎，没有白瓷，就不會有青花、釉裏紅、五彩、鬥彩、粉彩等各種美麗的彩瓷。白瓷的出現，拓寬了中國製瓷業的發展道路。

素瓷

白色瓷器。唐顔真卿、陸士修等《五言月夜啜茶聯句》：“素瓷傳静夜，芳氣滿閑軒。”明杜岕《雪興》詩：“素瓷看静夜，瓦缶發悲聲。”

秘色瓷

古代名窑爲進貢朝廷而特製的一種瓷器精品。據陝西扶風唐法門寺發現的十三件秘色瓷器知其大體屬於青瓷系列。宋趙德麟《侯鯖録》卷六：“今之秘色瓷器，世言錢氏有國，越州燒進爲供奉之物，不得臣庶用之，故云秘色。比見唐《陸龜蒙集·越器詩》云：‘九秋風露越窑開，奪得千峰翠色來。好向中宵成沆瀣，共稱中散鬥傳杯。’乃知唐時已有秘色，非止錢氏始。”宋曾慥《高齋漫緑》：“秘色瓷器，世言錢氏有國日越州燒，進爲供奉物，臣庶不得用，故曰秘色。”

青白瓷

宋代以景德鎮爲代表創燒的一種瓷器品種。釉色介於青、白之間，青中有白，白中顯青。自宋以後，青白瓷盛燒不衰，成爲中國最爲廣泛的瓷器品種之一。此稱宋代已行用。宋吳自牧《夢粱録》：“其巷陌街市，常有使漆修舊人，荷大斧斫柴間，早修扇子，打鑞器，修竈，提漏，供香餅炭墼，並挑擔賣油，賣油苔、掃帚……青白瓷器、甌、碗、碟、茶盞。”元汪大淵《島夷志略》：“貿易之貨，用諸色絹、青白瓷、鐵器、五色燒珠之屬。”

彩瓷

亦稱“五彩瓷”。器物表面加以彩繪的瓷器。主要有釉下彩與釉上彩兩大類，分別始於唐與宋。明清時期是彩瓷發展的全盛期，其中以景德鎮瓷窑的成就最大。清乾隆敕編《國朝宫史·經費二·恭進》有“雲華爛漫五彩瓷方碟九件”。青黄叔璥《臺海使槎録》卷五：“置桌椅及五彩瓷器，非以資用，爲美觀耳。”

【五彩瓷】

即彩瓷。此稱清代已行用。見該文。

琉璃

亦作“流離”“瑠璃”。指用鋁與鈉的硅酸化合物燒製後加工而成的玻璃質材料，常見有緑色和金黄色兩種。多附在黏土的外面，燒製成缸、盆、磚瓦等。《漢書·西域傳上·罽賓國》“璧流離”顔師古注：“今俗所用，皆銷治石汁，加以衆藥，灌而爲之，尤虛脆不貞，實非真物。"《西京雜記》卷二："〔昭陽殿〕穿扉多是綠瑠璃。"《魏書·西域傳·大月氏》："世祖時，其國人商販京師，自云能鑄石爲五色琉璃。於是采礦山中，於京師鑄之。既成，光澤乃美於西方來者……觀者見之，莫不驚駭，以爲神明所作。自此中國琉璃遂賤，人不復珍之。"《隋書·何稠傳》："時中國久絶琉璃之作，匠人無敢厝意，稠以綠瓷爲之，與真不異。"《新唐書·南蠻傳下·驃》："有百寺，琉璃爲甓，錯以金銀，丹采紫鑛塗地，覆以錦罽，王居亦如之。"清唐孫華《南嶽廟》詩："我來瞻廟貌，碧瓦琉璃光。"

【流離】

同"琉璃"。此體漢代已行用。見該文。

【瑠璃】

同"琉璃"。此體南北朝時期已行用。見該文。

第二節　名窰考

中國自商代中期以後出現了原始青瓷，標志着中國瓷業的誕生。經過漫長的發展演變，中國的瓷器生産從早期的以青瓷爲主到隋唐時期"南青北白"格局的基本形成。隋唐以前，中國瓷器以北方爲盛，傳世名品最多。

隋唐以後，中國的瓷器生産進入了成熟發展的新階段，各地名窰林立，出現了面目迥異的幾大瓷系，精彩紛呈。明清時期，中國又進入了以彩瓷爲主的階段。其中有的名窰多項成就達到了空前絶後的程度，許多瓷器精品成爲中華民族不可多得的藝術瑰寶。

早期青瓷以江浙地區的越窰、甌窰、婺州窰和德清窰等爲主，并初步形成了各有特點的瓷業體系，燒製出了各具地方特色的瓷器。其中以越窰發展最快，窰場分布最廣，瓷器品質最高。

越窰的主要所在地在浙江的上虞、餘姚、紹興等處，該地區原爲古越人所居之地。越窰名盛於唐朝陸羽的《茶經》卷中："碗，越州上，鼎州次……越瓷類玉。"又："越州瓷、岳瓷皆青，青則益茶。"唐陸龜蒙《秘色越器》詩："九秋風露越窰開，奪得千峰翠色來。"對越窰瓷器評價極高。

東漢以後，越窰青瓷已經基本擺脫了陶器與早期瓷器的工藝傳統，形成了自己的特色。瓷器胎質緻密緊硬，外施光滑發亮的釉層。釉以青色爲主，黄釉或青黄釉少見。質地純净，釉層均匀。紋飾有弦紋、水波紋、鋪首，繫耳上印葉脉紋，晚期出現斜方格網紋。

西晋以後越窰瓷器品種大增，品質明顯提高，青瓷胎質愈加厚重，胎色變深，釉呈青灰色，釉層厚而均勻。器形有盤口壺、扁壺、鷄頭壺、燈、硯、水盂、唾壺、虎子、穀倉、猪圈等。這一時期是越窰青瓷發展鼎盛的時期。到了東晋時期，越窰青瓷逐漸衰落，被江南地區其他青瓷名窰取代。

河北景縣出土北魏青瓷蓮花尊

均山窰是深受越窰影響的南方名窰。窰址在今江蘇宜興鼎蜀湯渡附近，被發現於 1959 年，又稱爲"南山窰"。均山窰是在漢代釉陶的基礎上發展起來的，并汲取了早期越窰的先進技術，燒製的青瓷器胎質較粗鬆，氣孔率及吸水性偏高。胎呈灰、青灰、土黃色，青釉常作豆綠色，微泛黃，器裏滿釉，器外施釉多數不及底部。常見器形有碗、盞、洗、壺、罐和罌等。紋飾有弦紋、水波紋、斜方格紋、聯珠紋、鋪首等，繫耳面常印有人字紋。

甌窰在浙江的溫州一帶，南與福建爲鄰。甌窰瓷胎較白，且白中略帶灰色；釉色淡青，透明度較高。三國西晋時部分甌窰的胎質不及越窰那樣緻密，坯體未完全燒結，斷面較粗，胎釉結合常有剝釉現象。東晋時甌窰胎質細膩，釉層厚而均勻，釉色多呈淡青色，部分爲青綠色，表明製瓷技術已有了很大的提高。甌窰瓷器的花紋裝飾比較簡單，常見有弦紋褐彩和蓮花瓣紋，水波紋也偶有所見，推測褐彩當時係用毛筆蘸含鐵量較高的彩料手繪而成，所以筆道粗細不勻。褐彩成爲甌窰最鮮明的特點，新穎獨特，爲其他瓷窰所不見。常見器物亦以罐、碗、壺、盤爲主。

婺州窰在今浙江中部的金華地區。此地從東吳時期即開始燒製青瓷，燒製的瓷器既不同於越窰，又與甌窰有區別。三國時期的婺州窰青瓷胎質普遍呈淺灰色，斷面較粗糙，瓷土處理不細，玻化程度較差。釉面厚薄不勻，常凝結成麻點狀，一般呈淡青色，也有青灰或青中泛黃的，裂紋密布，在胎釉結合不緊密與釉面開裂處往往有奶黃色的結晶析出，這是婺州窰青瓷特有的一種現象。西晋晚期，婺州窰以紅色黏土做坯料，燒成後胎呈深綠色，影響青釉的呈色。爲了解決這一難題，製造者就在胎的外表施一層質地細膩的白色化妝土以掩飾胎色。因有化妝土之襯托，釉層顯得滋潤柔和，釉色在青灰中泛有褐色，但釉面開裂與析晶現象更爲嚴重。器物以盤口壺、罐、盆、碗、碟、筆筒、水盂等日用器皿爲主，此外亦有猪圈、鷄籠、穀倉、水井等明器。婺州窰自三國創燒以來，製瓷工藝不斷改進提高，產品銷售到江蘇、福建等地。到了唐宋時期，婺州窰已遍布金華、東陽、蘭溪等地，成爲中國青瓷的名窯之一。

德清窯是位於杭嘉湖平原西端的南方名窯。該窯自東漢之時開始燒製，是黑瓷與青瓷兼燒的瓷窯，而以生產黑瓷爲主。黑瓷的胎色多呈磚紅、紫色或淺褐色。由於胎色較深，對青釉的呈色不利，所以普遍采用婺州窯做法，在胎外上一層奶白色的化妝土。德清窯青瓷的釉色較深，一般作青綠、豆青或青黃色，釉層均匀，光澤較好。黑瓷釉層較厚，其中最出色的產品釉面滋潤，色黑如漆，釉光閃閃，可與漆器相媲美。器物種類有碗、碟、盤、鷄頭壺、香爐、虎子、燈和盞托等。造型簡樸而實用。瓷器的裝飾十分簡單，通常是器物的口沿和肩腹部劃有幾道弦紋或飾幾滴褐色點釉，也有用褐彩畫寫文字的。德清窯的燒製歷史并不久長，到南朝初期便已結束。

到了隋唐時期，中國瓷器生產終於突破了青瓷長期一統天下的局面，形成了所謂"南青北白"的新格局，爲中國瓷器的進一步發展奠定了基礎。在這一時期，各地名窯林立，品種繁多，邢窯白瓷與越窯青瓷分別代表了北方瓷業與南方瓷業的最高成就。而最能體現盛唐風采的陶瓷藝術是唐三彩釉陶。這不僅因爲三彩釉陶色彩絢麗斑斕，反映出唐人的生活情趣；富有异邦趣味的新的器物造型，表現了唐人對异域文化廣采博收的自信與氣魄，而且三彩陶俑是當時時代的藝術記載，真實再現了唐朝開元盛世的歷史風貌。在製造工藝上，唐人創造了在燒成工藝中普遍使用的匣鉢裝燒。考古資料證實，匣鉢創製使用早於唐朝，但大量使用并作爲常規工藝來推廣，則是在中唐以後。燒製工藝的改進，爲唐以後宋代名窯的出現奠定了先進的工藝基礎。

唐代瓷業雖然出現了"南青北白"的局面，白瓷向青瓷的傳統地位提出了挑戰，但考察唐朝各期墓葬出土的瓷器，特別是現在發現的墓葬，青瓷數量仍大大超過白瓷。南方各窯仍繼續燒造青瓷，北方燒製白瓷的各窯也有兼燒青瓷的。越窯青瓷代表了當時青瓷燒製工藝的最高水平。

唐代越窯燒造仍集中在上虞、餘姚、寧波等地。唐、五代越窯瓷業大體可以分爲初唐、中晚唐、五代三個時期。初唐時期瓷器基本上保持了南朝與隋代的風格，胎質灰白疏鬆，釉色青黃，容易剥落。器物有深腹假圈足盅、盤口壺、圈足硯、龍柄鷄首壺、折腹碗等。中晚唐、五代時期越窯青瓷有了長足的發展，所用原料、加工與製作都很精細。瓷土經過很好的粉碎與淘洗，坯泥在成型前經過反復的揉搓，所以瓷胎細膩，氣孔也少。胎色呈灰、淡灰或淡紫，釉色黃或青中泛黃，滋潤而不透明，隱露精光，如玉似冰。到了唐朝晚期，越瓷胎骨更爲輕薄，釉層更爲細潤，被人稱爲“秘色瓷器”。1987 年在陝西唐扶風法門寺出土了十三件秘色瓷器，釉色除兩件爲青黃色外，其他十一件均晶瑩潤澤，青澄碧綠，堪稱越窯青瓷之極品。當時器物造型還廣泛吸取玉、石及金銀器的工藝效果，取得了極高的成就。主要器物有碗、盤、執壺、瓷罌、甌、水盂、罐、碟、匙、枕、唾壺、粉盒、印盒等。五代十國是中國歷史中又一動蕩時期，戰亂不斷，瓷窯數量已有減少，但其品質却有提高，主要瓷窯有越窯、定窯和耀州窯，以青瓷、秘色瓷最爲著名，質地細膩，色澤亮麗。

　　白瓷最早曾在長沙東漢墓中出土過幾件，疑爲早期白瓷的碗類，但未見其前後發展軌迹，成爲罕見的孤例。到了北朝的北齊時代，白瓷正式登上中國歷史舞臺。白瓷的出現是中國瓷器史上的一件大事。它是以後各種彩瓷發展的基礎，爲中國製瓷業開闢了廣闊的發展道路。

　　白瓷自北朝出現，歷隋至唐發展趨於成熟。邢窯白瓷成爲風靡一時“天下無貴賤通用之”的名瓷。文獻記載，邢窯窯址在今河北内丘。據考古調查可知，邢窯窯址就在今河北臨城祁村一帶。祁村邢窯出土的白瓷碗足輪旋極爲規整，璧形底的中心施釉者爲高級瓷，不施釉者爲一般用品。瓷胎潔白度很高，故唐陸羽在《茶經》中形容邢瓷“其白如雪”。唐皮日休作《茶甌》把邢窯與越窯放在同等高度予以稱贊：“邢客與越人，皆能造兹器。圓似月魂墮，輕如雲魄起。棗花似旋眼，蘋沫香沾齒。松下時一看，支公亦如此。”現知邢窯的器物有壺、碗、騎馬小瓷塑、盒、盞、鳳首壺、皮囊壺等。到唐末五代，邢窯白瓷的影響逐漸黯淡，日漸被北方另一支白窯體系曲陽窯所取代。

　　曲陽窯在今河北曲陽澗磁村，這裏亦是宋代著名窯口定窯的所在地之一。澗磁村白瓷的主要器物有碗、盤、托盤、注壺、盆、三足爐和玩具等。器物口沿均呈折邊厚唇、豐肩、平底，底加圓餅狀實足，有的爲玉璧底，瓷器胎骨比較厚實，斷面較粗，但透氣性較好。胎色略發灰、黃，也有的器物胎質較薄，斷面較細，胎色潔白，如各式盞托、葵瓣口盤、獸形曲柄壺等。施釉一般用蘸釉法，器物外壁的腹下部至底部都不施釉。釉的質地隨器物的胎質不同而异，厚重胎體上釉比較粗，釉面凝厚，釉色一般是白裏泛青，釉水凝結處多呈青色，釉面有開片；胎質細膩、胎色潔白者則施白釉，釉質很細，表面釉光瑩潤；胎色略爲發黃者，先在胎體上施一層潔白的化妝土，再罩以透明的玻璃釉。

　　除了邢窯和曲陽窯，北方白瓷窯口還有河南省的鞏縣窯、鶴壁窯、密縣窯、登封窯、郟縣窰、滎陽窰、安陽窰，山西省的渾源窰、平定窰，陝西省的耀州窰，安徽省的蕭窰，它們共同構成了唐朝白瓷的繁榮局面。

唐三彩是流行於唐代的彩色低温陶器，它用白色黏土作胎，用含銅、鐵、鈷、錳等元素的礦物作釉料的着色劑，經過約 800℃的温度燒製，釉色呈深綠、淺綠、翠綠、藍、黃、白、赭、褐等多種色彩。唐代盛行的三彩釉陶，主要用作隨葬明器。唐代盛行厚葬，是三彩陶器蓬勃發展的主要原因。器形凡是與死者生前有關的諸如建築、傢俱、牲畜、人物等無不畢具。生活用器有瓶、壺、罐、杯、盤、燭臺、枕等，建築物有亭臺樓閣、假山水榭，傢俱有仿木之箱櫃，牲畜有馬、驢、駱駝、豬、狗、羊、雞、鴨等，人俑有貴婦人、男女侍俑、拉馬俑、文官俑、武士俑、胡俑、天王俑等。可以説包羅萬象，遠比唐代任何手工業藝術部門的產品都要豐富。唐三彩不僅在藝術上有極高的成就，而且在製瓷工藝上也對後世做出了重大的貢獻。宋代以後各種豐富多彩的低温釉和釉上彩瓷，大部分都是在唐三彩工藝的基礎上發展起來的。

唐三彩載樂俑

唐朝以後，中國瓷器製造已發展到極爲成熟的時期，各地出現了名窰林立的局面。隨着社會生產力的發展、交通運輸的發達，宋朝統治者將瓷器貿易作爲國家的一項重要收入，社會各階層對瓷器的需求量大增。所有這一切，都極大地促進了當時製瓷業的發展，在中國大地上出現了面貌迥異的幾大瓷系，各自生產出精美絕倫的特色產品。這主要表現在形成了定窰、磁州窰、耀州窰、鈞窰、越窰、青白瓷窰、龍泉窰、建窰、官窰、汝窰、哥窰等著名窰系。它們構成了兩宋時期瓷器生產的主流，而且爲以後江西景德鎮成爲中國瓷都奠定了豐厚的基礎。

宋代製瓷工藝對中國陶瓷的最大貢獻是爲陶瓷美學開闢了一個新的境界。

鈞瓷的海棠紅、玫瑰紫，燦爛如晚霞，變化如行雲流水的窰變色釉；汝窰汁水晶瑩如堆蠟砌玉的質感；景德鎮青白瓷的色質如玉；龍泉青瓷翠綠晶潤的梅子青更是青瓷釉色之美的極致。還有哥窰布滿開片、有意製作的缺陷美、瑕疵美；釉下黑花瓷繼承了唐代長沙窰青瓷釉下彩的傳統，直接爲元代白瓷釉下彩提供了榜樣。定瓷圖案工整嚴謹的印花，耀州瓷犀利、瀟灑的刻花等都是此前不可想象的儀態和風範，反映出中國瓷器進入極爲典雅的藝術境界，達到了實用性和藝術性完美的結合。

定窯瓷系是在邢窯基礎上發展起來的重要瓷系，除河北曲陽窯、澗磁村定窯外，還有山西平定窯、陽城窯、介休窯，四川彭縣窯等等。澗磁村定窯在五代時即已形成獨特風格，主要産品有碗、罐、枕、注子、三足爐等。碗身多呈 45° 斜出，碗身長較淺，唇口寬圈足，胎較薄，裏外施釉。唇口的做法是在成型後將碗口翻折過來黏合，口外形成一條或寬或窄的唇狀口沿，這種碗具有典型的唐代後期特徵。到了宋代，定窯全面取代了邢窯的地位。定瓷胎料經過嚴格的淘洗，胎質堅密潔白細膩，釉色早期白中偏青，中期後白中泛黃，呈象牙之質感。除了白瓷外，定窯還兼燒黑釉、醬釉、絲釉及白釉剔花瓷器。定窯瓷器常以竹絲小刷修理未乾的瓷胎，因使瓷器呈現竹絲小刷痕，成爲定窯瓷器的標志之一。定瓷裝飾早期以浮雕技法爲主，刻花以蓮瓣紋爲主，後發展爲折枝或纏枝花卉輪廓綫條的刻花或劃花，有時亦作并蒂蓮花。北宋中期後出現印花。定窯印花紋飾似取材移植於定州緙絲，有的亦深受金銀器紋飾的影響。印花題材以各種花卉最爲多見。定窯印花瓷器在宋代印花白瓷中最有代表性，對南方瓷窯産生了較大的影響。帶有題款的定窯瓷器標本有十餘種，題款大都帶有“官”字。此外尚有“奉華”“風華”“慈福”“德壽”等題款。某些定窯瓷器采用了特殊的覆燒工藝。所謂“覆燒”，就是把盤、碗之類的器皿反過來燒，這樣可以節省燒造空間，節約燃料，器物不易變形。覆燒工藝最早由澗磁村定窯創造，宋代以後成爲普遍推廣的燒瓷工藝。

磁州窯系是中國北方最大的一個民窯體系，窯場主要分布在河南、河北、山西三省。磁州窯系最主要的一個特點是繼承了長沙窯釉下彩的工藝，并發展爲豐富多彩的釉下彩畫，爲元代的青花瓷器做好了準備。磁州窯系的主要窯場有磁州窯、當陽峪窯、鶴壁集窯、扒村窯、曲河窯、介休窯、吉村窯等。磁州窯系瓷品繁多，可適應不同社會階層、不同地區人們的多種需求。磁州窯是其中最主要的瓷窯之一。磁州窯分布於今河北磁縣觀臺鎮，燒造時間從北宋一直到元代。磁州窯除白釉、黑釉瓷器，還有白釉刻花、白釉剔花、白釉綠斑、白釉釉下黑彩、白釉釉下醬彩、白釉釉下劃花、白釉醬彩劃花、珍珠地劃花、綠釉釉下黑彩、白釉紅綠彩和低溫鉛釉等十多種瓷器品種。瓷器胎體比較粗糙厚重，胎色有灰白、灰褐、灰黃等色，胎體大量使用化妝土。釉色有白、乳白、黑、醬、綠等。主要器物有瓷枕、執壺、洗、盂、盆、盤、香爐、玩具等。部分瓷器附有印款、刻款、陰陽紋等，内容多爲“張家造”“王家造”“李家製”等，少量還帶有年款。除單色瓷外，磁州窯最大的貢獻是燒造了品種繁多的彩色瓷，其中最爲珍貴的有白釉釉下黑彩劃花、白釉釉下劃花填彩、白釉釉上紅綠黃彩及彩瓷中詩配畫等。白釉釉下黑彩是磁州窯最主要的裝飾手法之一，題材豐富，有折枝花紋、纏枝花紋、寶相花、各類動物圖案、大量詩詞諺語繪畫，如"衆中少語、無事早歸""有客問浮世、無言指落花"等，表現出濃郁的鄉土氣息與市井生活色彩。白釉黑彩劃花瓷器是磁州窯中的珍品，胎質細膩。製作方法是在瓷胎上先施一層潔白的化妝土，然後在細黑料繪畫紋樣上用尖狀工具勾勒刻劃出輪廓或瓣葉筋，劃去黑彩，露出白色化妝土，再施一層薄而透明的玻璃釉。燒成的瓷器形成黑白兩色，對比強烈。白釉釉上紅綠各彩是宋瓷裝飾中比較珍貴的品種，存世數量不多。在潔白的釉面上施以紅彩、綠彩、黑彩、黃彩等，有的還加上大面積的金彩，更顯得富麗堂皇、高貴典雅。

耀州窯系創燒於唐代，以陝西銅川黃堡鎮、玉華宮等處遺址爲代表。銅川宋時屬於耀州，故稱耀州窯。五代到北宋時期，受越窯的影響創燒了青釉瓷、刻花青瓷、印花青瓷，逐漸形成了自己的風格。主要窯場有陝西銅川耀州窯，河南臨汝窯、宜陽窯、寶豐窯、新安城關窯、禹縣鈞臺窯、內鄉大窯店窯，以及廣東廣州西村窯、廣西永福窯等。耀州窯燒造時代從唐朝一直到明代，五代時開始形成自己的風格。瓷器品種從多種類瓷轉向以青瓷爲主的較單一瓷，品質也日臻完美。北宋中後期，耀州窯發展到鼎盛時期。

青瓷以刻花印花裝飾爲主，尤以刻花的刀鋒犀利和綫條流暢爲宋代同類裝飾之冠。宋初耀州窯有兩種刻花裝飾，一種是在碗的外面用浮雕手法刻兩層蓮花瓣紋，一種是在碗外刻草率的似是而非的花卉紋飾。前一種風格顯然取材於越窯裝飾紋樣，繼承發展了越窯秘色瓷如玉般滋潤不透明的質感，故南宋陸游有"耀州出青瓷器謂之越器，以其類餘姚縣秘色也"之說。北宋耀州窯瓷胎有灰白、灰黃色等，有的精緻而薄，有的胎骨略厚，胎質較粗鬆，素胎上多施化妝土。釉色瑩潤透徹，青中帶黃。刻花主要紋樣有嬰戲、魚水、鴨戲、牡丹、纏枝花卉、海浪等。有的器物內外印花、劃花、刻花各種手段並用，采用堆塑、貼塑，或手製捏塑，或模製配塑，用以裝飾香爐下部的力士、人物、壺瓶上的動物、盤龍等。耀州窯瓷器品種極爲豐富，已大大超過南方的越窯。主要器物有瓶、執壺、香爐、盒、碗、尊、洗、盞托等，每種器形都有豐富繁多的造型。有些燒製精美的瓷器曾作爲貢品進獻北宋宮廷。《宋史·地理志》就有"耀州貢瓷器"的記載。元代以後，耀州漸趨衰落，產品種類明顯下降，至元末基本絕燒。

耀州窯系中的廣州西村窯和廣西永福窯是專門爲了滿足外銷需要而設置的青瓷窯場，

創燒於兩宋時期。瓷器種類除青瓷外，還燒製青白瓷、黑瓷、青白釉彩繪等幾種。西村窰青瓷中印花纏枝菊花紋小碗，除釉色稍异、碗外刻綫呆板、胎土與製作略顯粗糙外，看不出與耀州窰的其他區別，估計當時是由陝西工匠帶印模前來此地燒製的。稍有差異，是由於複製與翻刻的緣故。器形主要有碗、盤、碟、壺、罐、瓶等。西村窰與永福窰瓷器在國內極少見，在國外却有大量的出土，顯然與宋代當時瓷器的大量外銷有關。

鈞窰被後世視爲五大名窰之一，但并不見於宋代文獻記載。陳萬里先生認爲鈞窰的興起與汝窰的衰落有關。鈞窰當興起在金朝，但有的鈞瓷器物却刻有宋代宮殿名號"奉華"的題款。鈞窰系瓷場大體分布在河南禹縣、臨汝縣，元代擴大到河南鶴壁、安陽，河北磁縣，山西渾源、介休等一百多處。鈞窰瓷器獨特之處在於它使用一種乳濁釉，釉内含有少量的銅，燒出的瓷器釉色青中帶紅，猶如藍天中的晚霞。當時的工匠掌握了極爲複雜的呈色原理，成功地燒出了天青、豆青、月白、葱緑、墨緑、正紅、海棠紅、玫瑰紫等多種色彩，達到了極高的藝術成就。即使青瓷也不同於一般的青瓷，雖然色澤深淺不一，但多近於藍色，呈現一種藍色的乳色彩，創造出絢麗多彩的"窰變"釉裝飾效果，是青瓷工藝的一個突破與創造，大大豐富了中國瓷器的美學境界。鈞瓷由於釉層乾燥或初燒時出現收縮現象，又由於高溫階段黏度較低的釉汁灌入，形成特有的"蚯蚓走泥"現象，有時還出現"牛毛"紋；有的出現小開片，形成魚子眼或棕眼。宋鈞窰帶銘文的瓷器很少，僅見"奉華""省符"兩種。主要器物有深腹圈足碗、圈足盤、花盤及盆托等，此外還有碟、罐、枕、三足爐等。

青白瓷窰系是宋代以景德鎮爲代表的一種獨具特色的瓷器，因爲它的釉色介於青、白二色之間，青中有白或白中顯青，因此稱爲青白瓷，一般又習慣於稱之爲"影青"。屬於本系的主要窰場有江西景德鎮的湖田、湘湖、勝梅亭、南市街、黃泥頭、柳家灣等，江西南豐白舍窰，安徽繁昌柯家冲窰，福建閩清窰、德化窰、泉州同安窰、南安窰，湖北武昌金口窰，廣東潮安窰等。景德鎮窰是中國著名的瓷都，它最早的燒造歷史應在唐代。這裏有優質的製瓷原料，有便於燒瓷的松柴，有較爲便利的水路交通，各地工匠會集此地，爲製瓷工藝的發展準備了充分的條件。景德鎮瓷業代表了宋代瓷器的最高水平。北宋時期，景德鎮燒製出了被譽爲"假玉器""佳者瑩縝如玉"的影青瓷器。影青瓷胎質潔白細膩，早期胎質較厚，後來逐漸變薄，胎呈半透明狀，幾乎具備了與玉器無別的質地。宋李清照《醉花陰》詞就有"薄霧濃雲愁永晝，瑞腦銷金獸，佳節又重陽，玉枕紗櫥，半夜凉初透"

一段，詞中"玉枕"可能就是指色質如玉的青白瓷枕。這類瓷枕在江蘇南京、湖北漢陽等地宋墓中出土極多。南京出土的嬰戲紋枕，色質如玉，製作極爲精良，是宋代青白瓷的代表作品之一。青白瓷的燒製受定窯的影響，瓶、壺、罐等器物用"正燒法"，而盤、碗等都用"覆燒法"。青白瓷的裝飾方法有刻花、劃花、印花與貼塑。主要器物有執壺、注子、瓶等，其中最爲多見的是各式各樣的盒子。盒子主要用於盛放香料、藥品和化妝品等。宋代盒子不僅數量大，而且有專門生產盒子的作坊。這種情況與宋代大力發展海外貿易、大量使用香料有關。在很多盒子底部常見有"許家合子記""陳家合子記""張家合子記""蔡家合子記""汪""徐""程""藍"等銘文，是屬於當時作坊的標記。

龍泉窯系是受歷史上的越窯、甌窯、婺州窯及同時期的青白瓷系的影響而發展起來的，它屬於南方青瓷系統。南宋以後，龍泉窯爲了滿足宮廷用瓷的需要，開始生產一種以施黏稠釉爲特徵的仿官窯瓷器，在南宋中期以後終於形成了具有自身特點與風格的梅子青、粉青釉龍泉青瓷。龍泉青瓷的出現，最終結束了越窯的燒造歷史。它在龍泉境內有多處窯址，并延及鄰近的慶元、遂昌、雲和等地，江西吉安吉州窯、福建泉州碗窯、鄉窯也燒造龍泉風格的青瓷。到了元代，龍泉窯繼續得到迅速發展，僅在今浙江南部甌江兩岸就發現了一百五十多處龍泉窯址，在福建省境內也發現多處。到明代，龍泉窯的數量開始減少，逐漸被景德鎮窯所取代。龍泉系青瓷在宋代民窯中興起是最晚的，但因爲有海外市場的支持，終於發展成爲一個窯場衆多的龐大窯系。龍泉青瓷胎骨堅硬緻密，多白色；有的燒成白、灰黃、黑等胎色。北宋早期胎體較粗厚，中晚期開始變得薄而均匀，南宋時器型厚重。釉色在北宋早期爲淡青色，北宋中晚期青黃色，南宋時期出現龍泉青瓷的代表釉色，一種可與翡翠媲美的梅子青釉及粉青釉，其他還有豆青、黃綠、灰綠、菜綠等釉色，釉色之美達到了青瓷工藝的歷史高峰。龍泉瓷裝飾題材較爲簡單，以印花、刻花爲主，內容有花卉、雲水、蕉葉、嬰戲、蓮花、雙魚、飛雁等，在一些瓶、爐上有貼塑附件。龍泉窯瓷器種類有爐、執壺、瓶、碗、水注、水盂、筆筒等。另一個值得注意的現象是，龍泉窯中出現了不少仿古銅器和仿古玉器，表明龍泉青瓷已受到社會各界廣泛的喜愛。

汝窯和哥窯都是後世公認的宋代名窯，現未發現確切的窯址，但兩者均屬北宋官窯系統。汝窯得名當在明代宣德年間。明《宣德鼎彝譜》："內府所藏柴、汝、官、哥、定。"汝窯傳世器物以盤、碟一類器皿爲主，且器物造型均較小，一般口徑不超過 30 厘米，高不超過 20 厘米，這可以説是汝窯的一個特點。汝瓷胎色多數像剛點燃過的香灰色，透過釉色呈現出微微帶有粉色，與官窯有些近似。其釉色不同於其他同時期的青瓷，有一種特殊的風格，呈現一種淡淡的天青色，釉面無光澤的較多，有光澤的較少見。器物銘文僅見"奉華""蔡"兩種。哥窯品第高於鈞窯與定窯，久爲藏家所重。明中晚期，出現"處州縣南七十里山下琉田章生一造哥窯，章生二造弟窯"的傳說。傳世哥窯器物有各式瓶、爐、洗、盤、罐等。胎色有黑灰、深灰、土黄色等多種，其胎質有瓷胎與砂胎兩種，釉色分粉青、月白、油灰、青黄各色。

建窯瓷系是以黑釉瓷器爲代表的另一支名窯體系。因宋代社會各階層盛行"鬥茶"的習俗，茶具喜深色，故使黑釉瓷器得到了長足的發展。主要窯址有福建建陽建窯，江西吉州窯，浙江武義窯，河北定窯，河南鶴壁集窯、郟縣窯，山西臨汾窯、大同窯，陝西耀州窯等地。福建建窯曾專門燒製供宮廷鬥茶的黑盞，底部刻有"供御""進盞"等字樣。宋蘇軾《送南屏謙師》詩："道人曉出南屏山，來試點茶三昧手。忽驚午盞兔毫斑，打作春甕鵝兒酒。"宋代詩詞中提到的"兔毫霜""鷓斑碗""兔毫甌""金縷鷓鴣斑"等大都是建窯的產品。所謂"兔毫盞"就是黑釉茶盞釉面經過特殊處理，出現細長的條紋狀結晶，很像兔毛，這種紋飾銀光閃閃，有時又被形容爲鷓鴣羽毛花。這種特殊的紋樣，成爲建窯瓷器特有的標志，是製瓷工人在長期實踐中的優秀創造。建窯系瓷器絕大部分是茶盞，另還有少量的鉢、玉壺春瓶、小罐、小壺等。

宋元以後，中國瓷器發展走上了實用與藝術完美結合的新階段。除了瓷都景德鎮青花瓷一枝獨秀之外，各種彩瓷大放异彩，成爲中國瓷器最爲艷麗的花朵。明清時期名目繁多的釉裏紅、釉上彩、綠彩、鬥彩、粉彩、琺瑯彩，構成了明清以後瓷器發展的另一條主流。雖然早在南北朝時期就已有釉下彩瓷出現，但那時的瓷器還是以青瓷爲主，以後纔逐漸被白瓷所取代。直到唐朝三彩釉陶的大量出現，纔標志着中國彩瓷正式登上歷史舞臺。在當時，長沙銅官窯燒製的彩繪和釉下彩繪瓷器最具有特色。胎質在初唐時較粗軟，呈暗紅或青灰色，唐中期以後胎質堅硬，胎色呈深灰或淺灰色。釉色主要爲青絳色、青黄色，還有少量白釉、褐釉，釉面有細碎開片。彩瓷裝飾手法有刻花、劃花、雕塑、鏤空堆砌、貼花、印花等，其中長沙窯的模印貼花爲其特有的風格。它是用薄泥片模印成各式飛禽、走獸、人物等模樣粘貼於器物之上，然後再加繪彩斑，格外醒目。釉上彩瓷繪有褐、藍、綠等色，在施釉陰乾的胎體上作畫，主要題材有雲彩、彩帶、樹木、彩斑等，燒出的效果自然生動。釉下彩繪有兩種手法：一種是在坯胎上刻出花紋，在刻劃處施以彩繪；一種是用顏色直接在瓷胎上作畫，然後在上面罩一層青釉，有的釉下彩瓷器上還題有詩詞。彩繪原料中含有銅成分。用銅元素作爲高濕瓷製品裝飾材料的着色劑，是長沙窑的一大發明。

青花瓷是中國較早用含鈷元素作彩料進行胎上釉下彩繪的瓷器，在唐朝時就已有青花瓷器的燒造。當時的耀州窑、長沙窑、邛崍窑等地方都燒製出了比較成熟的青花瓷器。到了宋代，青花瓷的燒製以浙江龍泉窑爲主。元代青花瓷有了很大的發展，景德鎮窑的青花瓷生産達到了很高的水平。製瓷工人發明了瓷石加高嶺土的新配方，提高了燒成溫度，減少了器物變形，燒製出了大型的器物。釉裏紅瓷器的燒造成功，標志着製瓷工藝與中國山水畫技巧的完美結合。元代還成功地燒造出了卵白、銅紅、藍白等釉色，取得了仿玉類銀的藝術效果。景德鎮瓷窑的偉大成就，奠定了它作爲全國瓷都的中心地位。

元代釉裏紅瓷器是釉下呈紅色的瓷器，其製作工藝大體與青花瓷相當，祇是用氧化銅紅料作爲着色劑。釉裏紅是元代景德鎮瓷業的重要發明之一，它是受長沙窑銅紅釉和宋代鈞窑紅斑裝飾影響而創燒出來的新品種。胎體細白堅硬，砂底部露胎處常見"火石紅"暈，釉面肥厚、施釉不勻，常呈"鴨蛋青"色。釉裏紅瓷傳世數量不多，亦很難見到正色。這是因爲釉裏紅對窑室氣氛要求非常嚴格，銅必須在還原焰氣氛中纔能呈現紅色。主要器物有碗、盤、高脚杯、瓶、罐、菩薩像、觀音像、仕女像等。

到了明清時期，景德鎮瓷窑不僅青花、釉裏紅瓷器的燒造達到了前所未有的成熟，而且釉上彩瓷、青花加彩瓷的燒製也取得了空前的成就。彩瓷的發明是中國陶瓷發展史上的一個里程碑。彩瓷的興起，除了彩料和彩繪技術方面的因素外，還應歸功於白瓷品質的迅速提高。有了細膩潔白的白瓷做底，絢麗多彩的畫面纔能更好地表現出來。明代釉上彩常見顏色有紅、黃、綠、藍、黑、紫等數種。1964年在南京出土過洪武白釉紅彩雲龍紋盤，盤壁表裏各畫五爪紅龍及雲彩，通過燈光透映，可以清楚地看到兩面的花紋圖案重叠在一起，證明明代釉彩已經發展到了極高的境界。

在明永樂年間，景德鎮瓷窑出現了青花紅彩瓷器。這種釉下青花與釉上紅彩相結合的製作新工藝，是代表宣德年間瓷器最高成就的新品種。它運用釉下青花和釉上紅彩相結合，有的以青花做主題紋飾，用紅花作襯托；有的以紅彩做主題紋飾，用青花爲襯托。常以紅、藍兩色相襯，充分體現了製瓷工人高超的藝術構思。釉下青花和釉上紅彩相結合，在廣義上可稱之爲鬥彩，它是明成化鬥彩的準備階段。在明宣德以前，釉下青花與釉上紅彩是單獨存在的。到了宣德時期，這兩種工藝纔開始結合起來，爲明清時期鬥彩瓷器的發展奠定了堅實的基礎。鬥彩之名，首先見於清雍正年間的《南窑筆記》：“成、正、嘉、萬俱有鬥彩、五彩、填彩三種。”并認爲，凡是釉下青花和釉上彩拼鬥成完整圖案的稱鬥彩；凡是釉下青花雙勾各種圖案的輪廓綫，而以釉上彩色填入的稱填彩；單純的釉上彩，則稱之爲五彩。其實從釉下彩與釉上彩相結合的角度講，填彩也應屬於鬥彩的範疇。

五彩瓷可分爲釉上五彩瓷和青花五彩瓷兩大類。釉上五彩是用紅、黄、綠、藍、紫五彩繪製在已燒成的白瓷釉面上，再經 700℃～800℃的温度第二次燒成。具體器物不一定五彩俱全，有的可能衹有兩三種顏色。青花五彩是指用紅、黄、綠、褐、紫等釉上彩與釉下青花相結合的工藝，色彩艷麗，光澤透徹明亮。明嘉靖、萬曆年間的官窑彩瓷主要是青花五彩瓷，在嘉靖三十八年（1559），景德鎮御器廠製瓷檔案中就有“青地閃黄鸞鳳穿寶相等花碗共五千八百，紫金地閃黄雙雲龍花盤碟六千，黄地閃青雲龍花甌一千四百六十，青地閃黄鸞鳳穿寶相花盞……爵一萬三千五百二”的記載。另外，當時金彩製作特別盛行，景德鎮御瓷廠嘉靖三十一年製瓷檔案中有“純青裏海水龍，外擁祥雲地貼金三獅龍等花盤一百、爵一百八十”的記載。由於金彩容易脱落，傳世的完整金彩瓷器比較名貴。關於金彩的製作工藝，嘉靖《江西省大志》記載：“描金，用燒成白胎上全黄，過色窑。如礬紅過爐火，貼金二道，過爐火二次，餘色不上全黄。”

在清代，代表整個時代瓷器燒製水平的仍然是瓷都景德鎮，當時的法國傳教士昂特雷科萊在一封信中形象地描述了景德鎮的繁華景象：“景德鎮擁有一萬八千户人家，一部分是商人，他們有占地面積很大的住宅，雇用的職工多得驚人。按一般的説法，此鎮有一百萬人口，每日消耗一萬多擔米和一千多頭猪。”《浮梁縣志》也記載：“到了夜晚，它（景德鎮）好像是被火焰包圍著的一座巨城，也像一座有許多烟囱的大火爐。”清唐英在《陶治圖説》中也描繪了當時的盛况：“景德鎮袤延僅十餘里……以陶來四方商販，民窑二三百區，工匠人夫不下數十萬，藉此食者衆。”清朝官府經辦御瓷改變了明代派徵夫役的封建勞役剥削方式，采用了以金錢雇用勞動力的方式，對景德鎮瓷業的繁榮也起到了進一步的促進作用。御辦瓷廠集中了最優秀的製瓷工人，爲了滿足宮廷奢侈生活的需要，御廠可以不計工本地提高品質和仿製古代的名瓷，創造新品種，這也促進了技術進步和整個瓷業的發展。

當時比較有名的有臧窑、郎窑、年窑和唐窑等御辦窑廠。臧窑是由應選督造的官窑。《景德鎮陶録》記臧窑瓷器特徵：“土坯膩，質瑩薄，諸色兼備。有蛇皮綠、鱔魚黄、吉翠、黃斑點四種尤佳。其澆黃、澆紫、澆綠、吹紅、吹青者亦美。迨後有唐窯，猶仿其釉色。"
郎窯是在康熙四十四年（1705）至五十一年由江西巡撫郎廷極主持的官窯。郎窯在仿製歷
代名瓷方面做出了很大的貢獻。清劉廷璣《在園雜志》說郎窯"仿古暗合，與真無二，其
摹成宣，黝水顏色，款字酷肖……與真成毫髮不爽，誠可謂巧奪天工矣"。郎窯仿製宣德
紅釉瓷，專門創造了一種稱爲"郎窯紅"的特殊釉色。除此之外，郎窯在仿造明代脫胎白
釉瓷和宣德青花瓷方面也取得了很大的成就。年窯，是指雍正四年（1726）年希堯兼管的
景德鎮御窯廠。《景德鎮陶錄》："年窯，廠器也。督理淮安板閘關年希堯管鎮廠務，選料
奉造，極其精雅。駐廠協理官每月於初二、十六兩期解送色樣，至關呈請，歲領關幣。琢
器多卵色，圓類瑩素如銀，皆兼青彩，或描錐暗花。玲瓏諸巧樣，仿古創新，實基於此。"
除此之外，唐窯在仿古創新瓷器的製作方面也取得了很大的成就。所謂唐窯是指唐英在雍
正六年至乾隆十九年（1754）督理景德鎮御廠窯務期間創辦的瓷窯。《景德鎮陶錄》記述
了唐英督窯的成就："公深諳土脉、火性，慎選諸料，所造俱精瑩純全。又仿肖古名窯諸
器，無不媲美……法琅畫法、洋彩烏金，黑地白花、黑地描金、天藍、窯變等釉色器皿。
土則白壤，而坯體厚薄惟膩。廠窯至此，集大成矣！"清廷瓷器精品多出景德鎮。

窯竈

　　燒造瓦陶瓷器之爐竈。距今七八千年之時的磁山—裴李岡文化已經出現，後世的形式有較多變化。西周時，窯亦稱爲"陶"，然非燒瓦製陶之窯，乃是以陶築成似窯之形而供居住之處。《詩·大雅·綿》："綿綿瓜瓞，民之初生。自土沮漆，古公亶父，陶復陶穴，未有家室。"劉瑾《通釋》："'陶，窯竈也。'孔氏曰：陶瓦器竈也。蓋以陶去其土而爲之。故謂之陶。""而古公之時，居於窯竈土室之中，其國甚小，至文王而後大也。"明馮復京《六家詩名物疏》卷四六《綿》："陶復：《疏》云，陶，瓦器竈也；覆，地室也。覆者，地上爲之；穴者，

鑿地爲之。朱《傳》云：陶，窯竈；復，重窯，穴上室也。《考工記》云，摶埴之工陶旊。有虞氏尚陶。《尸子》曰，昆吾作陶。《周書》曰，神農耕而作陶。賈公彦云，古者窟居，隨地而造；若平地，則不鑿，但纍土爲之，謂之爲復，言於地上重復。"《墨子·備城門》："穴內口爲竈，令如窯，令容七八員艾，左右竇皆如此。"漢服虔《通俗文》下："陶竈曰窯。"宋陳淳《北溪字義》卷下："天地間物，惟風雷有象而無形；若是實物，皆有形骸。且如人間屋宇，用木植磚瓦等架造成個規模，木植取之山林，磚瓦取之窯竈，皆是實物，人所實見。如佛氏天堂地獄，是何處取木植？是何處取磚瓦？"

宋王溥《五代會要·城郭》："今後凡有營葬及興窰竈並草市，並須立標識七里外。"《册府元龜》卷一七四："〔後唐〕長興元年十月辛丑，宗正丞李疇奏，京畿内列聖園陵自兵亂已來，人户多於陵封内開掘燒磚窰竈，掘斷岡阜，驚動神靈，此後請嚴切禁止。奉陵州縣凡有封内窰竈，並宜修塞。從之。"宋劉克莊《築城行》："萬夫喧喧不停杵，杵聲丁丁驚後土。遍村開田起窰竈，望青斫木作樓櫓。"明徐光啓《農政全書·水利》："陶，窰竈也；瓴，甋磚也。凡瓦之土勝磚之土，用磚則謹擇之。"

龍窰

此名不見於清代之前文獻記載，爲今考古用語。由饅頭窰改造而來的窰竈形式之一。因其形體橫卧如龍，故稱。自元代開始出現於南方地區。其過度形式爲分室龍窰，又稱"鷄龍窰"；明代又從分室龍窰改進而出現階級窰，又稱"串窰"。其窰身爲一條傾斜隧道，與地平綫構成 10 ~ 20 度角，窰頭角度較大，約 20 度，中部約 15 度，後部約 11 度。窰室拱頂成弧形，兩側上部或窰頂各設一排或數排燃燒孔，沿窰長方嚮兩孔間距約爲 80 ~ 100 厘米，燃料就從這些孔道投入窰内。在窰墻一側，沿窰長開有 2 ~ 4 個高約 180 厘米的窰門，供裝胚和出窰之用。窰頭設有預熱燃燒室，窰尾不設烟囱，或有設有高達一米之煙囱者。窰長約 20 ~ 80 米，寬約 1.5 ~ 2.5 米，高約 1.6 ~ 2 米，容積約 50 ~ 400 立方米。從橫斷面來説，窰頭最小，有利於熱量的集中，流速較快，使熱烟氣順利地沿窰長方嚮流動；窰中部最大，火焰流速減慢，可保證給製品傳遞熱量，使傳熱效果更好，有利於製品燒成；窰尾又較小，使烟氣流速又增大，保證一定動壓，有利於排烟。與倒焰窰相比，龍窰熱效率高，單位産品燃料消耗少，生産周期短，産量大，燒成成本低。其缺點是勞動强度大，較難機械化或自動化，全窰燒成品質較差等。

官窰

由官府直接經營管理的瓷窰。早在北宋時期，官府就開始設立專門瓷窰，燒製宫廷專用的瓷器。明唐順之《稗編·古器》引宋葉寘《垣齋筆衡》："政和間，京師自製窰燒造，名曰'官窰'。中興渡江，有邵成章提舉後苑號邵局，襲故京遺制，置窰於修内司，造青瓷名内窰，清泥爲範，極其精緻。"明陶宗儀《南村輟耕録》卷二九亦有記載。元代在景德鎮設立官窰稱"樞府窰"。明清官窰稱"御窰"。

民窰

由民間經營的瓷窰。早在漢代已有其物，如陝西澄城堯頭窰。歷代均有著名的民窰瓷場，如北宋磁州窰、龍泉窰、耀州窰等。民窰的製瓷成就代表了中國瓷器的主流。《續文獻通考·徵榷考》："〔明神宗三十三年十二月〕除官窰煤炸内監采用外，民窰税課盡停免之。"

井陘窰

此稱未見清代以前文獻記載，爲今考古用語。北朝已創建，隋唐之後重要瓷窰之一。井陘窰遺址位於今河北井陘中北部和井陘礦區。此窰分布面廣、燒造時間長，歷經隋、唐、五代、宋、金直至元、明、清各朝，歷史有 1300餘年。河北省文物部門於 2004 年開始對井陘窰遺址進行搶救性發掘，在考古發掘中，出土大量白瓷精品，并發現罕見帶有較長送風管之連支竈炕。有關專家據出土的瓷器實物分析，初

步鑒定認定，井陘窯早在北朝時期就已經開始
燒造。

介體窯

　　宋代九大名窯之一。從邢窯發展而來，屬
於定窯系列。此外，該系列窯口尚有河北曲陽
澗磁村定窯，山西平定窯、陽城窯、介體窯、
霍窯，四川彭縣窯等。介體窯窯址在今山西介
體洪山鎮，創建於宋代，官府爲此專門在洪山
鎮設官收稅。介體窯瓷器以白釉爲主，另有白
釉刻花、白釉剔花、白釉黑花和白釉褐花等品
種。其中白地褐花爲釉下彩，爲介體窯之特色。
今介體窯存世真品極少。介體窯瓷器之特點爲，
盤、碗等小件器皿皆采用支釘支燒，燒成後盤
碗裏面遺留有三個細小支燒痕迹。此種支燒方
法爲介體窯產品所獨有。此稱未見清代以前文
獻記載，爲今考古用語。

石灣窯

　　此稱未見清代以前文獻記載，爲今考古用
語。明清著名民窯之一。位於廣東佛山石灣鎮，
始於宋。以陶塑和建築陶瓷著稱。明代著名瓷
窯，清代以後繼續燒製至今。釉有灰黑、青綠、
淡黃、灰藍等色，常帶有藍、紅等色的斑紋。
此窯仿製的鈞窯瓷器另有創造。從傳世器看，
器體厚重，胎骨暗灰或灰白。釉飾善於仿鈞窯
而有所創造，厚而滋潤，以藍、玫瑰紫、黑彩、
翠毛釉等色最佳。產品品種多，有日用器皿、
文具和陳設器具，瓦脊是其有悠久歷史之傳統
品種，而以漁、樵、耕、讀爲主題之陶塑則係
其典型之作。1949 年後，傳統品種和技藝得到
繼承和發展，除生產大量日用陶器外，陳設性
陶器，尤其是具有獨特風格的陶塑，在國內外
受到好評。陶塑題材廣泛，除傳統人物外，還

有現代人物和動物。釉色豐富，生動自然，不
僅在陶塑上有優美藝術效果，且在花瓶、燈座、
文具、花盆等陳設性陶器上也有豐富表現力。
著名陶塑藝術家有劉傳、莊稼等。

吉州窯

　　宋代南方著名民間瓷窯之一。窯址位於今
江西吉安永和鎮，吉安史屬吉州，故名；又因
燒造地在永和鎮，而稱“永和窯”。始於唐末，
盛於南宋，入元而衰。宋以前以燒青釉、白釉
器物爲主。北宋時主要製作青白瓷。南宋時產
品以白釉釉下彩繪瓷及各種裝飾黑釉瓷居多，
亦仿定窯燒製印花白瓷，并仿耀州窯燒製印花
青瓷等。其中以各類黑釉瓷爲最佳，其裝飾除
油滴、玳瑁斑、鷓鴣斑等外，還有彩繪、剪紙
貼花、木葉、剔花等，極富裝飾趣味。元代燒
造白釉釉下彩繪瓷和黑釉瓷等，明代生產青花
瓷，但水準不高。明曹昭《格古要論·古窯器
論》：“吉州窯，其色與紫定相類，體厚而質麤，
系吉州燒者，不甚直錢。”清藍浦《景德鎮陶
錄·古窯考》：“宋時吉州永和市窯，即今之吉
安府盧陵縣。昔有五窯，具白色、紫色、紫有
與紫定相類者。五窯中惟舒姓燒者頗佳。舒翁
工爲玩具，翁之女名舒嬌，尤善陶。其壚甕諸
色幾與哥窯等價。花瓶大者值數金，小者有花。
《格古要論》云：‘體厚質粗不甚足品。’”

邛窯

　　此稱未見清代以前文獻記載，爲今考古用
語。著名瓷窯之一。始創於南北朝，盛於唐和
五代，荒廢於宋，是四川古瓷窯中面積最大、
窯包最多、造型紋飾最美、出土文物最豐富、
燒造時間延續最長、器物流散最廣的著名民間
瓷窯之一，在國內外享有盛譽。邛窯是四川邛

崍境内南河什方堂、固驛瓦窯山、白鶴大魚村、西河山水子等古瓷窯的總稱，以什方堂爲最集中，因在邛崍市，故又稱"邛崍窯"。南朝至隋燒造青瓷，唐代是其極盛期。五代仍繼續生産，北宋以後漸趨衰落。所産以青釉、青釉褐斑和彩繪瓷爲主。與長沙窯有相似處。其不同點爲：邛窯胎質較粗，且泛褐色，因此以施化妝土爲多見；長沙窯胎質較佳，施化妝土的較少。器物除各種盤、碗、罐等日用器皿外，尚有各種玩具等。

年窯

清雍正年間之瓷窯，屬於景德鎮官窯，地址位於今江西景德鎮。因雍正四年（1726）内務府總管年希堯兼任景德鎮御窯廠總理而得名。釉色有粉彩、琺瑯彩、墨彩、顏色釉等品種，史書上所記載多達五十七種之多。其藍釉有粉質感，釉下有隱約可見暈散狀雲絮紋。胎體潔白細密，有如糯米粉。有"國陶器美無匹。邇年來窯稱第一"之贊譽。清藍浦《景德鎮陶錄·景德鎮歷代窯考》："雍正年年窯：廠器也。督理淮安板閘關年希堯管鎮廠窯務，選料奉造，極其精雅。駐廠協理官，每月於初二、十六兩期解送色樣至關呈請，歲領關帑。琢器多卵色，圓類瑩素如銀，皆兼青、彩，或描錐暗花玲瓏諸巧樣。仿古創新。實基於此。《文房肆考》云：'雍正初，楚撫嚴公希堯燒造廠器。'以'年'爲'嚴'，又稱'楚撫'，迨誤。"清程哲《窯器説》："近則年窯、唐窯皆入賞鑒。"徐珂《清稗類鈔·工藝類》："許守白曰：'年窯者，雍正時大將軍年羹堯督造之瓷也。青花五彩皆有之，而市肆中人，但以一種積紅小瓶小杯等物呼爲年窯，其他則不省也。年窯之紅，較之郎窯之紅爲黑而實，且不開片，其聲價亦遠遜於郎矣。'"

長沙窯

此稱未見清代以前文獻記載，爲今考古用語。唐、五代瓷窯。其前身爲湘陰窯。湘陰窯位於今湖南湘陰，故名。始燒於隋代，盛於唐，而衰終於五代。唐、五代湘陰隸屬岳州，湘陰窯稱"岳州窯"，産品仍以青瓷爲主，是唐代六大青瓷産地之一。出土遺物都具隋代作風，胎色灰白，質地細膩，部分胎壁有氣泡，多施半釉。器身多有印紋裝飾，還有劃花蓮瓣紋，僅高足盤心紋飾即達三十種以上，爲同時期其他瓷窯所少見。隋代爲湘陰窯發展的時期，其青瓷器物有碗、盤、瓶、燈、鉢、高足盤、四繫罐、盤口壺、多足硯等。胎體厚重，有青灰、灰白色。長沙窯窯址在今湖南長沙銅官鎮瓦渣坪，故又稱"銅官窯""瓦渣坪窯"。産品以青釉爲主，間燒褐、綠、白釉器物，多係壺、罐、碗、瓶、杯、盤等日用器，硯、水盂、印盒等文房用器及各式捏塑玩具，常見裝飾方法有貼附模印圖案和釉下彩繪，後者影響至爲深遠。長沙窯器物簡潔質樸，當時在南方行銷甚廣，并曾大量出口海外。

林東窯

此稱未見清代以前文獻記載，爲今考古用語。遼代官窯之一。位於今内蒙古巴林左旗遼上京故城之皇城内。以燒製白釉和黑釉瓷器爲主，也燒綠釉器物，産品有盤、碗、杯、碟、盂、盒、瓶、壺、罐等，所燒白瓷不僅水準頗高，且占比例不小。遼代官窯受北宋北方瓷窯影響頗大，尤以定窯與磁州窯之影響爲大。

周窯

明代景德鎮著名瓷窯之一。窯址位於今江

西景德鎮。明隆慶、萬曆年間蘇州人周丹泉（名時臣，字時）主要燒製仿古瓷器，所仿定窯很逼真，又能製陶印、文具、連環等。清藍浦《景德鎮陶錄・陶錄餘論》：“明末又有陳仲美、周丹泉，俱工仿古窯器，携售遠方，鎮人罕獲。周窯甚傳，若陳來去無定，仿造亦不多，今罕有知之者矣。”

董窯

著名瓷窯之一，或以爲即“東窯”之誤。窯址迄今未被發現。東窯，最早見於宋詩人張耒“碧玉琢成器，知是東窯瓷”句。清藍浦《景德鎮陶錄・景德鎮歷代窯考》：“東窯：北宋東京民窯也。即今開封府陳晋等處。土胍黎細，質頗粗厚。淡青色，亦有淺深多紫口。鐵足無紋，比官窯器少紅潤。唐氏《肆考》誤以爲董窯，又云：‘核之董窯似官，其不同者質粗欠滋潤’。蓋東、董聲相近。唐氏半采《格古要論》，乃傳聞之訛也。”又《陶錄餘論》：“按東窯色淡青，亦有紫口鐵足，未聞董窯。……‘東’‘董’音相近，各操土音，遂以‘東’訛‘董’，而《肆考》亦誤沿‘董’字也。”據傳北宋開封東窯有一種青釉瓷器，名爲東青，又稱“冬青”“凍青”，其色淡青。明清時，景德鎮曾仿製東青釉，清雍正的豆青釉也被稱作“東青”。明曹昭《格古要論卷下・古窯器論》：“董窯，淡青色，細紋多，亦有紫口鐵足。比官窯無紅色、質麄而不細潤，不逮官窯多矣。今亦少。”

象窯

宋元時期著名瓷窯之一。舊傳位於浙江寧波象山，故名。窯址確切地點尚未發現。大約創燒於南宋，盛於元代。產品以白瓷爲主，特點爲有蟹爪紋開片。色白滋潤爲貴，較多者爲釉色帶黃而質較粗者，其品質不如定窯、霍（彭）窯。1976—1977年朝鮮半島新安海底沉船內，發現一批質較粗，且色泛黃而有蟹爪紋開片之白瓷，其產地至今未明，可能屬象窯所產，有待進一步研究。另，1974年於浙江象山港發現唐代前期瓷窯址，燒製青釉高足盤、碗、鉢等實用品，施釉不到底，製作較粗。明曹昭《格古要論・古窯器論》：“象窯，有蟹爪紋，色白而滋潤者高，色黃而質麄者低，俱不甚直錢。”明高濂《遵生八箋・燕閑清賞箋下》：“冬時插梅必須龍泉大瓶，象窯敞瓶，厚銅漢壺，高三四尺以上，投以硫黃五六錢，砍大枝梅花插供，方快人意。”《金瓶梅詞話》第五九回：“樓鼻壁上文錦囊象窯瓶，插紫笋其中。”清程哲《窯器說》：“象窯，出浙江寧波府象山縣，似定而粗，色帶黃，有蟹爪紋，色白滋潤者高，俱不貴。”清陳淏子輯《花鏡・課花十八法》：“磁瓶雖不能皆哥窯、象窯、定窯、柴窯，亦須選細潤光潔好窯瓶二三，方不辱名花，而虛此一番攀折也。”

湖田窯

五代時即已建立，宋元明三朝著名瓷窯之一。位於江西景德鎮市郊。一般歸屬於景德鎮窯。五代燒造青瓷和白瓷。宋代以青白釉瓷爲主，胎質潔白，釉汁柔潤，其典型器光照見影。湖田窯宋影青瓷，是我國宋代青白釉瓷代表作。北宋中期之後，部分器物采用覆燒方法。造型多樣，各類日用瓷幾乎齊備，尤以注壺、溫碗、盞托、油盒爲突出。南宋青白瓷盛行刻、劃、印花裝飾。元代青白瓷品質有所下降，後期墊燒器物，在口沿往往塗抹一層淡褐色的假芒口。同時產黑瓷，以高足碗爲常見。青白瓷中個別透雕、玲瓏品種，是精細之作；其影青透雕瓷忱，大多爲元湖田窑所產。元代樞府卵白釉及青花和釉裏紅瓷器之燒製成功，在陶瓷歷史上意義重大。入明以後，以青花和白瓷生產爲主，但與今景德鎮官窑及民窑相比，品質較差。明隆慶、萬曆之際衰敗。清藍浦《景德鎮陶録·景德鎮歷代窑考》："鎮河南岸口有湖田市，元初亦陶，土確壚質粗，多黃黑色，即澆白者亦微帶黃黑。當時浙東西行之，器頗古雅。蔣《記》云：浙東西之器尚黃黑，則出於昌水南之湖田窑者也。今窑市已墟，湖田村落尚在，在窑器猶有見者。"又《陶録餘論》："真古窑器得之無價。嘗記少時見有人持湖田窑大方一，色素而古雅可愛，云家世珍藏，可驗晴雨，請鬻於里淳富宅。富家不辨，數争價往反，忽失手墮碎，深爲可惜。"

當陽峪窑

此稱未見清代以前文獻記載，爲今考古用語。宋代北方民間瓷窑之一。窑址位於今河南修武當陽峪。胎深褐色，器外多施一層護胎釉，裏外皆挂釉，釉色潔白晶瑩，襯以黑地或黑花，黑白色彩對比强烈。花紋以纏枝牡丹爲多，用繪花、刻花或剔花製成。此外，還有紋胎技法。

甌窑

此稱未見清代以前文獻記載，爲今考古用語。中國著名青瓷窑之一。其位址位於浙江温州一帶，因地瀕甌江而得名。東漢已開始燒造，三國、兩晋時期產量較多。胎呈灰白色，釉透明度較强，與越窑青瓷相比，有青中閃白之感。三國、西晋時期，甌窑瓷器胎質不太緻密，胎釉往往結合欠佳，常有剝釉現象。釉色不穩定，除淡青色外，尚有青黃及青綠色。東晋時，胎質細膩，胎、釉結合緻密，釉呈灰青色，已較穩定，多見加彩器。南朝時，釉色普遍泛黃，并有冰裂紋，品質有所減退。隋與唐初、中期仍處於這一減退期。至晚唐其滋潤如玉之青色釉方得以恢復，胎釉結合較緊，很少剝釉現象。其瓷器品種，大多與越窑相同，常見器物爲罐、碗、鉢、洗、壺等。紋飾簡樸，以弦紋褐彩和蓮花瓣紋爲主。入宋以後，與越窑、婺州窑一起，對龍泉窑有很大影響，最後爲龍泉窑所取代。其器物被稱爲甌瓷。宋家鉉翁《則堂集》卷五《謝劉仲寬惠茶》詩："儒臣講畢上命坐，淪茗初試瓊甌瓷。"

德化窑

中國著名瓷窑之一。窑址位於今福建德化。始燒於宋，明代臻於極盛。入清仍在生產。宋元時期燒造青瓷、白瓷、青白瓷和黑瓷。明清除燒造少量青花瓷外，主要產品爲白瓷。德化白瓷胎釉渾然一體，如同白玉。其釉色以乳白爲主，兼有象牙黃與粉黃二色，亦有貼花、印花和堆花。所製佛像最杰出。其釉柔和滋潤，猶如凝脂，有猪油白、象牙白之稱，在海外，又被稱作"鵝絨白""中國白"等。明代德化窑的產品有日用器皿和供器、雕塑等。宋代以來，德化窑產品還曾大量銷往海外。明宋應星《天工開物·埏第七》："德化窑惟以燒造瓷仙、精巧人物、玩器，不適實用；真、開等郡瓷窑所出，色或黃滯無寶光，合併數郡不敵江西饒郡產。浙省處州麗水、龍泉兩邑，燒造過釉杯碗，青黑如漆，名曰處窑，宋、元時龍泉華琉山下，有章氏造窑出款貴重，古董行所謂哥窑器者即此。"清藍浦《景德鎮陶録·古窑考》："德化窑：自明燒造。本泉州府德化縣，今改屬永春州。

碗盞亦多撇口，稱白瓷。頗滋潤，但體極厚，間有蒲者，惟佛像殊佳。”

臨汝窯

此稱未見清代以前文獻記載，爲今考古用語。宋代重要瓷窯之一。位於今河南臨汝，故名。今共發現窯址十一處，其中嚴和店、軋花溝及下任村三處所燒瓷器屬於耀州窯系印花刻花青瓷，其餘八處所燒屬於鈞（均）窯系青瓷。故有“均汝不分、耀汝相似”之說。始燒於北宋中期，興盛於北宋後期，而延續到金代（南宋），終於元代。其產品胎體較厚重，胎質較密，胎色有灰白與淺褐兩種。釉色多青中閃綠，釉層較厚；尚有丹白色釉和天蘭釉等數種，釉質純粹，色澤滋潤，氣泡較多。裝飾技藝以印花爲主，亦有印花、刻花以及素身無紋者。其印花特點，紋飾和輪廓綫皆凸起較高，紋飾與耀州窯器有不少相似之處，但較爲遜色，常見題材有纏枝、折技之菊花、團菊、牡丹花等，還有海水紋、波浪式水紋等。其圈足，宋代較寬，足內有釉，足端露胎；金元時，挖足較深，足內、足端均無釉。北宋大量燒造之民用青瓷主要有三類，其一爲天藍或葱綠釉瓷，有墊燒及滿釉支燒二種，或胎呈香灰色，玻璃光較强，曾認爲與汝官器有關。其二爲似耀州窯之青釉印花瓷（亦有少量刻花瓷），兩者主要區別在於，臨汝器釉色青中閃綠較多，耀州窯則青中泛黃者多；臨汝胎鬆而釉厚，耀州胎緊而釉薄。其三爲鈞釉瓷。元代以燒鈞釉爲盛。

繁昌窯

此稱未見清代以前文獻記載，爲今考古用語。著名瓷窯之一，宋代已有。遺址位於今安徽繁昌城南郊和西郊山地丘陵地帶，爲宋代窯址。已發現窯址多處，其中位於繁昌南郊柯家村窯址爲面積最大，蓋即繁昌窯主要生產區域，具有代表性。柯家村窯主要燒造青白釉瓷器，其次燒白釉瓷器。種類多爲壺、碗、碟、杯等民間日常生活用器，造型工整，胎質潔白細膩，釉色白中泛青、青中顯白，釉面瑩潤，製作工藝精細。

鶴壁窯

此稱未見清代以前文獻記載，爲今考古用語。宋元時代北方民間瓷窯。唐末開始燒造，北宋中期以後爲興盛時期，元代仍在燒造。唐代鶴壁窯瓷器多白釉和黃釉，唐宋時，器形有盤、碗、壺、罐等，并能燒造大件器皿，也有玩具和瓷枕。以白釉爲主，有白地黑花，亦有加綠彩者；用繪花、刻花、剔花技法，多花卉禽魚等簡潔圖案。器裏往往寫有趙、楊、張、劉等姓氏銘記。元代除燒製傳統的品種之外，還仿製鈞窯瓷器。

高麗窯

古代朝鮮瓷器之統稱。約當北宋末至南宋，以仿越窯青瓷爲主。既有素面青瓷，也有刻花雲龍、鳳凰牡丹、蓮花、鸚鵡等紋飾。以細支釘支燒之細瓷，顯係受汝窯影響。器物以瓶、盞托、盤、碗、水注、温碗、香爐等爲多見，其中以葫蘆形器及净瓶爲突出。南宋中期以後，開始出現青釉鑲嵌白彩或黑彩等各種紋飾，以白彩花朵紋爲多見。早期高麗窯與北宋越窯之色澤極爲相似。明曹昭《格古要論・古窯器論》：“高麗窯，古高麗窯，器皿色粉青，與龍泉窯相類，上有白花朵兒者不甚直錢。”明高濂《遵生八箋・燕閑清賞箋上》：“他如高麗窯，亦能綉花，盞甌式有可觀。但質薄而脆，色如月白，甚不佳也。"清程哲《窑器説》："高麗窑器，類饒産，有甜白色，而堊乾燥，微近黃皮，粗骨輕花素不等。細花竟似北定，印花青色者似龍泉，上有白花朵者不甚佳。"清朱琰《陶説·説古》："高麗窑器與饒相似，有細花仿佛北定者，故附雜窑之後。"清藍浦《景德鎮陶録·古窑考》："高麗窑：即高麗國所燒造者。不知起於何代。質頗細，薄釉，色匀。與景德鎮微類。有粉青者似龍泉器，有細花者北定類，若上有白花朵見者彼國不甚值錢。大約與越窑、秘色窑、汝窑諸式相類。惟瓜尊狻猊罐頗著異。"

缸瓦窑

此稱未見清代以前文獻記載，爲今考古用語。遼代官窑之一。位於今内蒙古赤峰以西缸瓦窑屯附近。産品以粗質白瓷爲主，細質白瓷較少，亦燒製三彩及單色釉陶器，器物多係盤、碗、杯、碟等日用品，裝飾方法有印花、刻花、劃花、剔花，而以印花爲主。遼代官窑受北宋北方瓷窑影響較大，尤以定窑與磁州窑爲甚。

洪州窑

唐代名窑之一。窑址位於江西豐城贛江西岸羅湖。始於東晋，盛於隋唐，終於晚唐。以燒青瓷爲主，釉色一般較淡，青中泛黃，色調爲深褐色。也有黃褐釉瓷，胎體加工不細，與陸羽《茶經》"洪州瓷褐"描述相符。另有一種青綠釉瓷，色調較深，灰青明亮。洪州窑講究裝飾，多刻印朵花、圖案形花葉，沿器物周壁對稱排列。清藍浦《景德鎮陶録·古窑考》："洪州窑：洪州燒造者。亦見唐洪州，今南昌府。《格古論》云：'右洪州器黃。'《茶》云：'洪州瓷褐，合器更次。'"

崔公窑

明代景德鎮著名瓷窑之一。窑址位於今江西景德鎮。因明隆慶、萬曆年間崔國懋在此燒製而得名。崔國懋在此窑所燒製之瓷器爲仿宣德、成化年間瓷器，頗爲精美。明沈德符《敝帚軒剩語》卷中："本朝窑器，用白地青花，閒裝五色，爲今古之冠。如'宣窑品'最貴，近日又'重成窑'，出'宣窑'之上。蓋兩朝天縱，留意曲藝，宜其精工如此。然花樣皆作八吉祥，五供養、一串金、西番蓮，以至鬥鷄百鳥及人物故事而已。至'嘉靖窑'，則又仿'宣成'二種而稍遜之。惟'崔公窑'加貴，其值亦第'宣成'之十一耳。"清藍浦《景德鎮陶録·景德鎮歷代窑考》："嘉、隆間人善治陶，多仿宣、成窑遺法製器，當時以爲勝，號其器曰崔公窑瓷，四方爭售。諸器中惟盞式較宣、成兩窑差大，精好則一，餘青彩花色悉同，爲民陶之冠。"

壺公窑

明代景德鎮著名瓷窑之一。窑址位於今江西景德鎮。因燒製人吳爲（吳一作昊，別號十九），自稱壺隱道人而得名。善於仿造永樂、宣德、成化年間瓷器，都很逼真。清藍浦《景德鎮陶録·景德鎮歷代窑考》："壺公窑，神廟時燒造者，號壺隱道人。其色料精美，諸器皆佳，有流霞盞、卵幕杯兩種最著。盞色明如朱砂，杯極瑩白可愛，一枚才重半銖，四方不惜重價求之。亦雅制壺類，色淡青如官、哥器，無冰紋。其紫金壺帶朱色，皆仿宜興時陳樣。壺底款爲'壺隱老人'四字，相傳爲吳十九，而籍不可知矣。"

五大名窯

宋代最著名的五大瓷窯，即官、哥、汝、鈞、定。明呂震等《宣德鼎彝譜》卷一："並內庫所藏柴、汝、官、哥、均、定各窯器皿款式典雅者，寫圖進呈揀選，照依原樣，勒限鑄成。"又："冊籍所載郊壇太廟內廷供用鼎彝等件，已經會同諸臣參酌，遵旨於博古圖錄考古諸書中，遴選欽式典雅者，紀得八十有八種，其柴、汝、官、哥、均、定中亦選得二十有九種，二共一百一十七種，謹寫圖形，進呈御覽。"此書以柴、汝、官、哥、鈞、定并稱，很可能後人因柴窯器無法確認，因此提出五大名窯説。其中，官窯應有北宋汴京官窯及南宋修內司官窯和郊壇下官窯，目前僅能識別郊壇下官窯器。哥窯是否屬宋代產品，尚待討論。汝窯是指汝官窯，并非宋代民間用瓷的臨汝窯。"五大名窯"之稱不見於宋、元、明人文獻，爲今考古用語。

越窯

亦稱"秘色磁""秘色窯"。著名瓷窯之一。越窯始自東漢，直至宋代，沿襲千餘載。唐宋時成爲著名瓷窯之一。窯址位於浙江上虞縣、餘姚縣、慈溪縣以及溫州、紹興一帶，歷史上屬越州，故名。初唐時之越窯器，爲素身青瓷，無彩繪，極少數有紋飾。中唐以後品質逐漸提高，多有花紋，紋圖繁雜而多樣，常見有花卉紋、雲龍紋、游魚飛鳥紋，還有山水人物紋案等。晚唐起，其釉色爲青中

五代越窯青瓷蓮花形盞托

微黃，或青中閃黃，以艾色爲貴，追求玉質之感，後漸變爲清澈如水，呈湖綠色。器形多樣，有碗、盤、洗、杯、盒、等，以罌和茶甌最爲突出。刻畫有花鳥、人物或幾何圖案，品質極好，故清代乾隆有"李唐越器人間無"之贊譽。五代時，部分吳越宮廷官窯之典型產品稱"秘色器"，有少數堆貼與刻花紋飾，并出現釉下褐色彩繪；北宋初刻畫圖案更趨豐富，紋飾取材於唐代金銀器。產品不僅暢銷國內，而且遠銷海外。北宋中期以後，逐漸被龍泉窯所代替。南宋後停燒。唐陸羽《茶經》："邢窯瓷類銀，越窯瓷類玉。"清吳任臣《十國春秋・吳越三・文穆王世家》："九月，王貢唐綿綺五百連，金花食器二千兩，金棱秘色甆器二百事。"清姜紹書《韻石齋筆談》卷上："野史氏曰：鼎乃重器，以備清廟明堂之儀，商周以來，典型具在。若夫越窯秘色，昉於後周，而三代無傳焉，奈何以瓦缶之微，與天球弘璧抗衡邪？"清劉體仁《七頌堂識小錄》："越窯矮足爵，栗殼浮青，轉側皆翡翠，吳越王所供，當時民間禁不敢用，故存者極少。"《浙江通志・物產四・紹興府》："越窯。《負暄雜錄》：秘色窯器，世言錢氏有國日，越州燒進，民間不得用，故云秘。陸龜蒙詩：'九秋風露越窯開，奪得千峰翠色來。好向中宵盛沆瀣，共稽中散鬥傳杯。'乃知唐世已有，非始於錢氏。《老學庵筆記》：耀州出青瓷，謂之越器，以其類餘姚秘色也，然麤樸不佳。《六研齋筆記》：南宋時餘姚有秘色磁，麤樸而耐久，今人率以官窯目之。《談薈》：吳越時，越窯愈精，謂之秘色，即所謂柴窯也；或云，制器者姓，或云柴世宗時始進御云。"清鄭方坤《五代詩話》卷一〇："秘色窯器。陶器始舜時，

三代迄秦漢，所謂甓器是也。近世不貴金玉，而貴銅瓷，遂有秘色窯器。"

【秘色磁】

即越窯。此稱清代已行用。見該文。

【秘色窯】

即越窯。此稱清代已行用。見該文。

婺州窯

浙江境内與越窯齊名的另一著名窯系。窯址在今浙江金華一帶。始於漢，經三國、魏晉南北朝，盛於唐宋，終於元代。唐宋時窯場遍布婺江沿岸。唐陸羽《茶經》將其列爲青瓷窯第三。婺州窯在西晉晚期用紅色黏土作瓷胎，并使用白色化妝土塗飾胎表，釉層滋潤柔和，釉色青灰或青黃中微泛褐色。釉面開裂，有奶黃色或奶白色結晶體析出，這是婺州窯青瓷特有的現象。今金華、蘭溪、義烏、東陽、永康、武義、衢州等地均有遺址。

邢窯

唐代最著名的白瓷窯場之一。窯址位於今河北内丘一帶，當時屬邢州，故稱。所燒白瓷胎質細膩，色純白而堅硬。器物内施滿釉，器外施釉不到足。碗多折邊，圈足厚而平實。作風樸素，不帶紋飾。古人曾以"皎潔如玉"來形容邢窯瓷器之白。唐李肇《國史補》卷下："内丘白瓷甌，端溪紫石硯，天下無貴賤通用之。"

蜀窯

唐代著名窯場之一。位於今四川大邑，産品以薄胎白瓷碗名聞一時。唐杜甫有《韋處乞大邑瓷碗》詩盛贊白瓷碗之絶妙。參閲清藍浦《景德鎮陶録》卷七。

耀州窯

唐宋名窯之一。窯址在今陝西銅川附近。唐朝開始燒製白、黑兩瓷，宋代開始燒製青瓷，北宋末期爲最盛期，是宋代北方民間青瓷最主要的産地之一。

宋耀州窯青瓷執壺

器形以碗、盤、罐、盒、瓶爲主。胎質灰白而薄，釉色匀凈。花紋多爲自由流暢的刻劃花紋與嚴謹豐滿的印花。

柴窯

中國古代著名窯場之一。傳爲周世宗柴榮時所燒造，故名。窯址在今河南鄭州一帶，但迄今未發現。柴窯瓷器品質極高，有"雨過天清雲破處，這般顏色做將來"，"青如天、明如鏡、薄如紙、聲如磬"的美譽。明謝肇淛《五雜俎·物部》："陶器，柴窯最古。今人得其碎片，亦與金翠同價矣。"參閲明曹昭《格古要論·古窯器論》、清朱琰《陶説·古窯考》。

哥窯

宋代著名瓷窯之一。相傳南宋時有章姓兄弟兩人在龍泉燒造瓷器，兄名生一，所燒者稱哥窯；弟名生二，所燒者稱弟窯，即龍泉窯。哥窯器物施濃淡不一的青釉，紫口鐵足，釉面帶開片，産品多爲小型的杯、盤、碗、瓶、爐等。據近年的研究，哥窯乃元代瓷窯，産品以仿宋代官窯爲特徵。明曹昭《格古要論·古窯器論》："哥窯，舊哥窯色青，濃淡不一，亦有鐵足紫口，色好者類董窯，今亦少有成群隊者。元末新燒者，土脉鬆燥，色亦不好。"明宋應星《天工開物·埏第七》："德化窯惟以燒造瓷仙、精巧人物、玩器，不適實用；真、開等郡瓷窯所出，色或黃滯無寶光，合併數郡不敵江西饒郡產。浙省處州麗水、龍泉兩邑，燒造過釉杯碗，青黑如漆，名曰處窯，宋、元時龍泉華琉山下，有章氏造窯出款貴重，古董行所謂哥窯器者即此。”清朱琰《陶說·說古》：“《博物要覽》：官窯品格，大率與哥窯相同，色取粉青爲上，淡白次之，油灰色，色之下也。紋取冰裂，鱔血爲上，梅花片、墨紋次之，細碎紋，紋之下也。”清藍浦《景德鎮陶録·景德鎮歷代窯考》：“哥窯，宋代所燒，本龍泉琉田。處州人章姓兄弟分造。兄名生一，當時別其所陶曰哥窯，土脉細，紫質頗薄，色青，濃淡不一，有紫口，鐵足，多斷紋，隱裂，如魚子釉，惟米色、粉青二種，汁純粹者貴。”

定窯

宋代著名瓷窯之一。窯址位於河北曲陽縣澗磁村、燕山村。古代屬定州，故名。創燒於唐，極盛於北宋及金，停燒於元代。唐、五代時，以產黃釉、黃綠釉及褐綠釉碗，盆類器物爲主，但以白瓷爲突出。晚唐白瓷玉璧底碗爲典型產品，與邢窯所產極爲相似，聚釉處往往呈青綠色，或開紋片。較粗器物施白色化妝土。五代白瓷製作更趨精美，以唇口碗爲多。荷葉洗、三棱碟、小蓋盒等均爲精緻之作。宋代以產白瓷爲主，兼燒醬釉、黑釉、綠釉。白瓷裝飾有刻花、劃花、印花與剔花多種。刻花、劃花圖案以花果、禽鳥爲多見。印花裝飾始於北宋中期。北宋後期及金代的定窯印花器，紋飾綫條清晰，可見當時刻摸和脱模技術水準之高超。圖案題材以各種花卉、龍鳳紋和禽鳥、水波游龜紋爲多見，亦有嬰戲圖案。明曹昭《格古要論·古窯器論》：“古定器：古定器土脉細，色白而滋潤者貴，質麤而色黃者價低，外有淚痕者是真，劃花者最佳，素者亦好，綉花者次之。宣和、政和間，窯最好，但艱得成群隊者。有紫定，色紫；有墨定，色黑如漆土；俱白其價高，如白定，俱出定州。東坡詩云：‘定州花瓷琢紅玉。’凡窯器茅篾骨出者價輕。”清藍浦《景德鎮陶録·鎮仿古窯考》：“定窯：宋時所燒，出直隸定州。有南定器、北定器。土脉細膩，質薄有光。素凸花、劃花、印花、綉花諸種。多牡丹、萱草、飛鳳。花式以白色而滋潤爲正。白骨而加以油水，有如淚痕者佳。俗呼‘粉定’，又稱‘白定’。其質粗而微黃者低俗，呼‘土定’。”

八大窯系

此稱未見清代以前文獻記載，爲今考古用語。指宋代最著名的八個瓷窯，即磁州、耀州、龍泉、景德鎮、鈞、定、建、越等八大窯，因其規模、影響較大而形成窯系。定、磁、鈞、耀在北方；景、越、龍、建在南方。

建窯

宋代名窯之一。所燒黑釉瓷器，以小碗爲最多，胎骨烏泥色，釉面多條狀結晶紋，細如兔毛，稱爲“兔毫盞”。有的器底刻有“供御”“進盞”等字樣。地址在今福建建陽池墩村。明曹昭《格古要論·古窯器論》：“古建器，建碗盞多是敞口，色黑而滋潤，有黃兔毫斑滴珠，大者真。但體極厚，俗甚少見薄者。”清藍浦《景德鎮陶録·古窯考》：“建窯，古建州窯也。出宋代。爲今之建寧府建陽縣。始於建安，後遷建陽，入元猶盛。碗盞多是擎口，體稍薄，色淺黑而滋潤，有黃兔斑滴珠，大者真。”

汝窯

宋代名窯之一。窯址在汝州（今河南臨汝縣），故稱。宋大觀元年（1107），朝廷以定州白瓷多芒，特命將作少監蕭服於汝州建青瓷窯。燒製的瓷器有天青、粉青、卵白諸色，其釉瑩厚如堆脂，棕眼隱若蟹爪。較之官窯質尤滋潤。明陶宗儀《南村輟耕録》："本朝以定州白磁器有芒，不堪用，遂命汝州造青窯器，故河北唐鄧耀州悉有之，汝窯爲魁。……若謂舊越窯，不復見矣。"《格致鏡原》卷三六引明曹昭《格古要論》："汝窯器，出汝州，宋時燒者，淡青色，有蟹爪紋者真，無紋者尤好。土脉滋潤，薄亦甚難得。"

磁州窯

宋代最具特色的民間瓷窯之一。窯址在今河北邯鄲彭城一帶。有"南有景德，北有彭城"之説。明謝肇淛《五雜俎·物部》："今俗語，窯器謂之磁器者，蓋河南磁州窯最多，故相沿名之。"按，"河南磁州窯"，屬於"磁州窯"系。磁州窯大量使用在胎上用筆作鐵釉畫的形式，燒成白釉黑花瓷器。開啓了中國瓷器彩繪裝飾的先河。器形以盤、碗、罐、瓶爲主，還有瓷枕、玩具等。胎質堅硬，釉白中微帶黄，器裏多不挂釉。參閲清朱琰《陶説·磁州窯》。

金磁州窯鴛鴦戲蓮梅瓶

鈞窯

宋代名窯之一。窯址在今河南禹州一帶。宋時稱鈞州，故名。胎細膩堅硬，釉具五色，渾厚濃潤。鈞窯以燒製色釉窯變爲其特色。基本釉色通體天青與紫紅斑塊相間，色彩艷麗异常。自北宋初年開始燒製，金元時期繼續燒造，成爲北方最大的民間瓷場。參閲清藍浦《景德鎮陶録》卷六。

龍泉窯

古代名窯之一。始於三國兩晋而極盛於南宋，它取代了三國以來最負盛名的越窯，成爲南方規模最大的青瓷窯系。窯址在今浙江龍泉。其瓷器胎薄如紙，釉色以翠青、梅子青與粉青爲最佳。瑩潤清澈，色澤柔和，似銀如玉。器形除一般日用器皿外，還燒製各種文具與爐、鼎等。裝飾有堆花、貼塑等。宋莊綽《雞肋編》："處州龍泉縣……又出青瓷器，謂之秘

元龍泉窯青瓷琮式瓶

色。錢氏所貢，蓋取於此。宣和中，禁庭製樣需索，龍泉青瓷益加工巧。"明謝肇淛《五雜俎·物部》："今龍泉窯，世不復重，惟饒州景德鎮所造，遍行天下。"其時章生一、章生二兩兄弟各主一窯，故有哥窯與弟窯之分。哥窯或稱"琉田窯"，弟窯或號"龍泉窯"，徑稱"章窯"。哥窯利用胎坯和釉料膨脹係數不同製成開片紋理，這種獨具特色的疵瑕美具有極強的裝飾效果。參閲明曹昭《格古要論·古窯器論》、清朱琰《陶説·古窯考》。

御器廠

明清時之官窯。位於江西景德鎮，專燒宮廷用瓷。明代以宦官主持窯務，清代以監窯官

監督燒造。朝廷集中能工巧匠，占有優質原料，分工細密，產品工藝精良，不計成本，產量往往極高。創造出五彩、鬥彩、粉彩、珐瑯彩等多種彩瓷與甜白、祭紅、孔雀藍、冬青等多種顏色釉，將古代製瓷技藝推至頂峰。因燒造秉承上命，故造型、裝飾常受到限制，龍鳳紋頗常見，且器物多帶年款。《明史・食貨志六》："三十七年，遣官之江西，造內殿醮壇瓷器三萬，後添設饒州通判專管御器廠燒造。"《江西通志・土產》："按《江西大志・陶書》云：陶廠景德鎮，在今浮梁縣西興鄉，水土宜陶，宋景德中始置鎮，因名，置監鎮一員。元更景德鎮稅課局監鎮爲提領。洪武初鎮如舊，屬饒州府浮梁縣。正德初置御器廠，專筦御器。先以兵興，議寢陶息民，至是復置。"清藍浦《景德鎮陶錄・陶錄餘論》："景德鎮自明設御器廠，因有廠，官窯今仍其舊稱。《格古要論》載，古饒器出今饒州浮梁之御土窯，體潤而薄，訛御器廠爲御土窯，且景德鎮所產，而必曰燒器，即云饒州所轄，豈饒器盡爲御土窯燒造者，是又不知有民窯、官窯之分也。"

臧窯

清代康熙中期之瓷窯，屬於景德鎮官窯。地址位於今江西景德鎮。因康熙二十年（1681）至二十七年臧應選駐廠督造而得名。器物款識多寫劉伴阮（名源）監製。釉色以紅爲最著。清藍浦《景德鎮陶錄・景德鎮歷代窯考》："康熙年臧窯，廠器也。爲督理官臧應選所造。土埴膩，質瑩薄，諸色兼備，有蛇皮綠、鱔魚黃、吉翠、黃斑點四種尤佳。其澆黃、澆紫、澆綠、吹紅、吹青者亦美。迨後有唐窯猶仿其色。唐公《風火神傳》載：'臧公督陶，每見神指畫呵護於窯火中。'則其器宜精矣！"《清稗類鈔・工藝類》："許守白曰：'又有臧窯者，爲雍、乾間臧應選所督造，然無甚特異之點，故人罕有知之者。'"

唐窯

清乾隆前期之瓷窯，屬於景德鎮官窯。地址位於今江西景德鎮。因當時唐英掌管窯務而得名。所造各色釉彩，仿造各種古瓷，以工細著稱。清程哲《窯器說》："阮葵生《茶餘客話》：御窯磁器，超越前代，規模、款識多出刑部主事劉伴阮監製。伴阮，名源。又有郎窯巡撫廷極所造，仿古酷肖，今之所謂成宣者，皆郎窯也。又熊窯亦不多讓。近則年窯、唐窯皆入賞鑒。"清藍浦《景德鎮陶錄・景德鎮歷代窯考》："乾隆年唐窯，廠器也。內務府員外郎唐英督造者。唐公以雍正戊申來，駐廠協理，佐年著美，迄乾隆初榷淮；八年，移理九江鈔關，皆仍管陶務。公深諳土脈火性，慎選諸料，所造俱精瑩純全。又仿肖古名窯諸器，無不媲美；仿各種名釉，無不巧合；萃工呈能無不盛備。又新制洋紫、法青、抹銀、彩水黑、洋烏金、珐瑯畫、法洋彩、烏金、黑地白花、黑地描金、天藍、窯變等釉色器皿。土則白壤而埴，體則厚薄惟膩。廠窯至此集大成矣。"民國黃濬《花隨人聖庵摭憶》："明昆山葉九來《金石錄補集異》云：唐靳英、希志石於崇禎末出淳縣定子村。碑下有瓦杯三，其色如秋山著雨，作純碧色，光浮瀲灩，杯中各有紅點如桃華。此唐窯之重青器又一證也。"王謇《宋平江城坊考・東南隅》："東吳下鄉顏安里二十九都十六圖有唐窯，二十二圖有居窯橋。"

郎窰

清康熙四十四年至五十一年之瓷窰，屬於景德鎮官窰。地址位於今江西景德鎮。因江西巡撫郎廷極在景德鎮督造官窰瓷器而得名。釉色以紅寶石爲最著。清阮葵生《茶餘客話》提及，御窰磁器，超越前代，規模、款識多出刑部主事劉伴阮監製。伴阮，名源。又有郎窰巡撫廷極所造，仿古酷肖，今之所謂成宣者，皆郎窰也。清趙慎畛《榆巢雜識》下卷："世所稱郎窰舊磁爲貴，紫垣中丞開府西江時所造。其仿古成、宣諸器，釉水顏色，橘皮棕眼，款字酷肖，極不可辨識。近豈得易見耶。"《彭公案》第六一回："宋仕奎帶二人進了北房，裏面擺列圍屏床帳，正北靠墻是花梨俏頭案，案上有郎窰磁瓶兩個，官窰果盤一對，當中水晶魚缸，擺着四樣盆景，案前八仙桌一張，兩邊各有太師椅子。"

景德鎮窰

宋元以後中國最大的製瓷中心。在今江西景德鎮。宋代創燒了著名的青白瓷，亦稱影青，成爲宋以後瓷器的主流。元代著名瓷器有釉裏紅、青花等。明代以青花、祭紅、甜白和霽青、鬥彩、霽紅等瓷器成就最大，其中以宣德

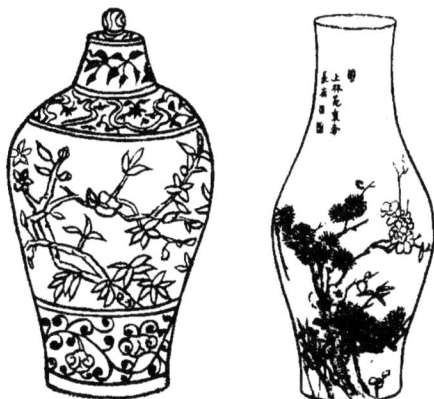

明永樂景德鎮官窰
青花帶蓋瓷梅瓶

清雍正宮廷松竹梅彩瓶
（頸部題款：上林苑裏春長在）

窰、成化窰最爲著名，形成兩朝特有風尚。清代在明基礎上更有突飛猛進的發展，青花與釉裏紅燒造技術有了進一步的提高；色釉不斷創新，品種繁多，以郎窰紅、豇豆紅、霽紅、仿均、胭脂水、油綠等色釉最爲著名；釉上彩新創有藍彩、黑彩、粉彩、琺瑯彩等。至明代末季，景德鎮瓷業毀於戰亂，清統一中原後漸恢復，至康熙時日逐興盛。御器皆出景德，官窰已成帝王之私營，傾盡全國之財力，故出品爲任何私窰所不可及。自是，不曰窰而曰瓷，且盡以帝王記矣。如康熙產物，曰康熙瓷，不曰康熙窰。參閲《宋史·食貨志下》、趙汝珍《古玩指南·瓷器》。

第八章　建築説

第一節　地上建築考

　　所謂建築，在本質上是經過改造加工、有別於叢莽混沌的自然狀態的人工環境，它可以滿足人類社會的物質生活與精神生活的需要，是人類有目的的行爲的結果。在世界建築體系中，中國古代建築是源遠流長的獨立發展的體系。這種建築體系至晚在三千多年前的商朝就已初步形成了。直到 20 世紀初，中國始終保持着自己的建築結構與布局原則，而且影響了其他國家的建築風格。中國建築自古就以風格優雅與結構靈巧而著稱。現存宋代大畫家張擇端所繪的《清明上河圖》和《金明奪標圖》，均細緻描繪了當時的建築風貌，使人至今仍能感受到古代建築的藝術魅力。

　　中國古代就已形成的特有的建築觀念和由此決定的建築格局，主要是由中國獨有的建築技術方法與社會政治制度及思想體系所決定的。所謂建築技術方法，是指中國長期以木結構爲主體，因而由於材料的力學性能與尺寸的限制，不利於向高空發展而主要形成平面展開、多重層進的布局特點。中國古代建築以院爲單位，由房舍、墻垣圍成院，串成幾組院落成爲群。北京故宮這樣規模宏大的建築群，就是中國建築平面展開的最高代表作。而影響中國古代建築格局的更爲重要的原因是社會制度、思想觀念與行爲方式，這包括中國封建社會長期形成的封閉性、内嚮性；以皇權爲中心的面南爲尊的封建理念；三綱五常、陽尊陰卑的最高倫理觀念；重視人與環境協調、人與自然融爲一體等原則。

　　回顧中國建築史，原始人類最早栖身於洞穴，如北京周口店的“猿人洞”。中國古代文獻中也有不少巢居的記載。《韓非子·五蠹》：“上古之世，人民少而禽獸衆，人民不勝禽獸蟲蛇。有聖人作，構木爲巢，以避群害。”隨着原始農業的逐步發展，人類開始定居，用土木草石等天然材料建造簡易房屋。在南方某些低窪地區，還從巢居逐步發展爲用樁基與木材架空的干欄式建築。新石器時期的仰韶文化西安半坡遺址中，已經有了可分出居住、燒製陶器、墓葬不同區域的建築，居住區外還有寬而深的大溝，作爲防護之用。至夏代後期，已出現了以河南偃師二里頭遺址爲典型的二里頭文化。二里頭遺址是著名的青銅時代都城遺址，距今爲三千五百至三千八百年。

　　商周時期是中國建築大發展的時期。直承夏代的商代早期文化河南二里頭遺址與安陽遺址是兩種不同性質的建築形式，前者是迄今爲止中國最早、最宏大的建築群體之一，它使用的是一種縱架式結構；後者殷墟大墓葬中使用的是井幹式結構，顯然是夏代建築的進一步發展。這兩種結構形式，對中國以後的建築風格都產生了重大的影響。

　　後世出土的周代銅器反映出了當時建築的局部形象，如櫨斗、門、勾欄等。尤其是在東周戰國中山王墓中出土的一件銅案中，四角鑄出了精美的斗拱形象，由此可知當時建築中已經使用斗與拱，并有了簡單的組合形式。同時戰國時期的《中山王陵兆域圖》，用金銀絲嵌在銅版上，是中山國陵墓建築群的平面示意圖。圖上有尺寸，與王陵實物的比例爲500∶1。湖北蘄春發掘出的周代遺址，則説明當時已普遍使用干欄式建築。戰國時期留下許多城市遺址，反映了當時城市建設的發達。而秦始皇好大喜功之情在建築上也反映得淋漓盡致，所建阿房宮前殿夯土基址現存面積東西長 1000 餘米，南北寬 500 餘米，殘高 8 米。《史記·秦始皇本紀》所載“上可坐萬人，下可以建五丈旗”，并非虛言。

　　西漢初期的建築仍然承襲前代的形式與縱架結構。西漢末臺榭建築漸少，樓閣建築開始興起。戰國以來長時期大規模的建營臺榭宮殿，促進了結構技術的進步，促使了井幹和斗拱構造的發展，在許多石闕雕刻上，已可見到叠壘的井幹或斗拱結構形式。

　　在建築史上，東漢是一個重要的轉折時期。這時期的建築實物雖然沒有保存下來，但建築形象的資料却非常豐富。漢代崖墓的外廊、外門、石柱、斗拱等都是木結構建築局部的真實類比。大量的壁畫、畫像磚、畫像石及明器中陶樓、陶屋對真實建築的形象、室內布置、建築組群布局等方面都有最直接、最形象的説明。史籍記載最早的佛教建築是東漢末年所建的浮圖祠。近年在洛陽發掘出的永寧寺遺址，階基長寬均爲 38.2 米，每面九間，按九層估計，高近百米，當是中國歷史上最高大的木結構建築之一。

進入隋唐以後，中國古代木結構建築又有進一步發展，其實例就是保存至今的山西南禪寺大殿和佛光殿。通過佛光殿，可以判斷自戰國時期創建臺榭建築以來，創造出由斗、拱、枋組合成的"鋪作"，再進而創造出整體的鋪作結構層，成爲木結構建築形式成熟的標志。這種水平分層叠叠的形式，適宜於建造大規模的高層建築物。經過多次考古發掘的唐長安城，明確了部分宮殿的位置、規模，辨認了城門、道路、里坊的具體位置和尺度，使唐代宮殿組群布局大白於天下。依據考古發掘準確繪製出的唐長安城的詳細布局圖，是中國古代建築史上第一幅具體的古代城市平面圖。唐朝還在全國各地留下了許多風格不一、造型迥異的佛塔，這種宗教性建築氣勢宏偉，已經成爲中國一種地區性的標志。

宋、遼均繼承唐代建築制度，而遼的建築風格尤接近唐代。如獨樂寺的觀音閣、山門都保持着唐代豪邁、樸實、典雅的風格。北宋後期漸趨秀麗，這種建築風格逐漸被金代所繼承。北宋建築學家李誡還彙編成《營造法式》一書。書中確立了建築結構的各種標準，爲中國古代建築提供了重要規矩，成爲後世遵循的楷模。

明清兩代建築實物隨處可見，宏大、完整的建築組群數量很多。其中著名的有北京故宮、明十三陵、承德避暑山莊、清東陵與西陵等。明清時期中國各少數民族的建築也有很大的發展，如西藏布達拉宮、新疆吐虎魯克麻扎等建築群體。承德外八廟建築則反映了漢藏建築藝術的交流融合。

中國古代建築的另一朵奇葩是園林藝術。中國古典園林經過兩千多年發展，達到了極高的藝術水平，并在世界園林體系中形成自己獨特的風格，成爲世界三大園林體系之一。中國古典園林分爲皇家園林和私人園林兩大類型。

秦始皇統一中國後，便開始了"鑿平蜀山"、營造阿房宮這一前所未有的驚人之舉。自此之後，幾乎每一代帝王都要營造自己的皇家園林。比較典型的有著名的承德避暑山莊和北京的秀山靜宜園、玉泉山靜明園、清漪園（頤和園）、暢春園、圓明園等。它們集中體現了皇家園林有別於其他類型園林的主要特點。

皇家園林規模宏大，一般占地都在數千畝以上，工程量極爲浩大。在苑囿布局上體現了封建帝王唯我獨尊、好大喜功的思想。如通常設置一群地位顯赫的建築，以象徵它們至高無上的皇權，如頤和園中的排雲殿建築群等。秦阿房宮"蜀山兀，阿房出，覆壓三百餘里，隔離天日"；圓明園極盛時期共有一百多處景觀，二百多座宮殿和上百座大小橋梁，占地350公頃，僅建築面積就與故宮的總占地面積相當。乾隆當年曾誇耀説："天寶地靈之區，帝王游豫之地，無以逾此。"另外，各朝皇家園林一直沿用"一池三山"的水面布局，即把神話傳説中的蓬萊、方丈、瀛洲三山搬入園囿之中，體現了歷代帝王謀長生不老的思想追求。

　　與皇家園林的宏偉、龐大相比，私家園林却以質樸自然、清新素雅和小巧玲瓏爲其特色。中國自漢代開始出現私家園林，當時尚處比較原始、粗放的狀態。漢以後，私家園林注重"鑿渠引水，穿池築山"，人工山水已成爲造園的骨幹。園林建築往往出於畫家之意，使得園景在仿寫自然的基礎上，達到了妙極山水的境界。從唐、五代到宋，繪畫藝術對園林意境的創造有了更深刻的影響，寫意山水園林的形式逐漸形成。這種園林常在一小塊面積内建成千山萬壑之勢，并常描繪出花樹茂盛的景象。唐孟浩然《浮舟過滕逸人別業》詩"水亭涼氣多，閑櫂晚來過。澗影見松竹，潭香聞芰荷"，表現出一副水村野居的情調。

　　宋代私家園林受寫意畫派的影響很深，他們不求形似，竭力主張以簡約的手段達到深遠廣大的藝術效果。園中引水鑿池，盛植花卉竹木，積土爲山，少量廳堂亭榭錯落於山池林木之間，頗具自然之趣。園林中以采用借景的手法爲其特點，後來明清園林的基本風格和布局手法都受到了宋朝園林的影響。

　　明朝園林的主要成就表現在對假山造型有了更進一步的雕琢和運用。南京、蘇州、杭州的園林，或峰巒洞壑，或峭壁危徑，彼此間競以奇峰陰洞取勝，并成爲一時風尚。與此同時，出現了一批關於園林設計的專門著作，其中尤以明計成的《園冶》成就最高。該書對造園的指導思想、園址選擇、建築布局、借景等都有系統的闡述。他主張因地制宜，巧借自然，追求塑造曲折、變化、高低錯落有致的氣氛，力求幽雅、清静，極力脱俗。全書共三卷，一萬多字，插圖二百餘幅，是一部中國古代園林設計的寶貴文獻。它總結了明代以前的造園理論，對後來的園林藝術産生了巨大的影響。

　　與此同時，在經濟、文化較爲發達，氣候温和的江南一帶，私家園林也有了長足的發展。這時的園林在造園意境上更加接近於自然美、建築美、繪畫美和文學藝術美的有機統一，使園林藝術成爲建築、山水、花木、雕刻、書法、繪畫等多種藝術的綜合體。園林藝術發展到清代，達到了中國封建社會後期園林發展史上的又一個高峰。

中國"本於自然，高於自然"的山水園林理論及其創作實踐，不僅對東方，而且對西方一些國家的園林藝術都發生過重大的影響。中國園林無愧享有"世界園林之母"的美譽。

因《博考》專設《居處卷》，有關中國歷代建築技術已有詳備論說，故本考文與專文祇着重同科技緊密相關、難以割捨者，其他一概從略。

干闌

亦作"幹闌""幹欄"。中國古代流行於長江流域及其以南地區的一種原始形式的住宅，即用豎立的木樁構成底架，建成高出地面的一種房屋。今西南地區的一些地方仍在使用。《魏書・獠傳》："依樹積木，以居其上，名曰'干闌'，干闌大小，隨其家口之數。"《北史・獠傳》作"幹闌"《舊唐書・西南蠻傳・南平獠》："人並樓居，登梯而上，號爲'幹欄'。"《新唐書・南蠻傳下・南平獠》："山有毒草、沙虱、蝮蛇，人樓居，梯而上，名爲幹欄。"參見本書《居處卷・陋室民居說・民居考》"干闌式住宅"文。

【幹闌】

同"干闌"。此體南北朝時期已行用。見該文。

【幹欄】

同"干闌"。此體唐代已行用。見該文。

營表

古代建造宮室時測量地基，立表確定位置，謂之營表。《詩・大雅・靈臺》："經始靈臺，經之營之。"漢鄭玄箋："文王應天命，度始靈臺之基趾，營表其位。"孔穎達疏："營表其位，謂以繩度立表，以定其位處也。"《文選・班固〈西都賦〉》："水衡虞人，修其營表，種別群分，部曲有署。"李善注："《周禮》曰：'虞人萊所田之野爲表。'鄭司農曰：'表，所以認識正行列也。'"

塔

亦稱"佛塔"。起源於印度的一種佛教建築。爲梵文的音譯，多用以收藏舍利或經卷。在中國自東漢以後，發展甚快，形制已有巨大變化，形成獨具特色的中國式建築。《晉書・龜茲國》："龜茲國西去洛陽八千二百八十里，俗有城郭，其城三重，中有佛塔廟千所。"《魏書・肅宗本紀》："丁亥，以牧守妄立碑頌，輒興寺塔。"平面以方形、八角形居多，亦有圓形或異形的。層數一般爲單數，用木、磚、石等材料製成。

【佛塔】

即塔。此稱晉代已行用。見該文。

長城

春秋戰國時，各諸侯國爲相互防禦，在地勢險要之處修築長城。秦統一中國後，將秦、趙、燕三國北邊的長城連爲一體，形成西起臨洮、北傍陰山、東到遼東的長城。《史記・秦本紀》："魏築長城，自鄭濱洛以北，有上郡。"《三國志·魏書·烏丸鮮卑東夷傳》："夫餘在長城之北，去玄菟千里，南與高句麗，東與挹婁，西與鮮卑接，北有弱水，方可二千里。"此後代有修繕，至明代前後修長城十八次，東起山海關、西至嘉峪關，築成全長約6700公里的萬里長城。萬里長城是世界歷史上最偉大的工程之一，是中國人民最杰出的歷史創造之一。參見本書《居處卷·城邑說·城郭考》"長城"文。

方城

春秋時楚國北部的長城，爲古九塞之一。《淮南子·墬形訓》："何謂九塞，曰：太汾、澠陌、荊阮、方城、殽阪、井陘、令疵、句注、居庸。"由今之河南方城，循伏牛山，北至今鄧州。秦始皇統一六國後被毀，今遺迹尚存。《生活日報》2002年10月30日載："位於河南省境內的楚長城遺存，分爲西綫、北綫和東綫三部分，整體輪廓呈倒U形，橫跨平頂山市的魯山縣、葉縣、舞鋼市和南陽市的方城縣、南召縣，總長度約八百公里。"

玉門關

省稱"玉門"。古關名。漢武帝置。以西域輸入玉石時取道於此而得名。漢時此關爲通往西域各地的門戶。故址在今甘肅敦煌西北小方盤城。《漢書·西域傳上·鄯善國》："時漢軍正任文將兵屯玉門關，爲貳師後距，捕得生口，知狀以聞。"又《西域傳序》："〔西域〕東則接漢，阨以玉門、陽關，西則限以葱嶺。"南朝宋鮑照《建除》詩："成軍入玉門，士女獻壺漿。"唐駱賓王《在軍中贈先還知己》詩："魂迷金闕路，望斷玉門關。"宋陸游《枕上》詩："荷鋤家圃知何憾，猶勝生求入玉門。"明汪廷訥《種玉記·妃怨》："離龍樓倏度玉門關，恨胡天遥隔昭陽殿。"

【玉門】

"玉門關"之省稱。此稱漢代已行用。見該文。

朱城

南朝建康及唐都長安之紫禁城。前者在今江蘇南京，後者在今陝西西安。南朝陳徐伯陽《日出東南隅行》："朱城璧日啓朱扉，青樓含照本暉暉。"唐駱賓王《上吏部侍郎帝景篇》："丹鳳朱城白日暮，青牛紺幰紅塵度。"唐李賀《春晝》詩："朱城報春更漏轉，光風催蘭吹小殿。"王琦注："朱城，紫禁也。"

鐘樓

古代報時建築。樓上懸大鐘，擊鐘報時用，故稱。唐段成式《酉陽雜俎續集·寺塔記上》："寺之制度，鐘樓在東。"宋曾鞏《江州景德寺新戒壇記》："〔智遷〕不捨其晝夜之勤，凡二十年，爲佛殿、山門、兩廊、鐘樓與戒壇。"《醒世恒言·獨孤生歸途鬧夢》："這寺叫龍華寺……又有一座鐘樓，樓上銅鐘，響聞五十里外。"往往與鼓樓相對峙，多爲明清時所建。現保存完好者有西安、北京、南京、吉安四大鐘樓。

西安鐘樓

古代鐘樓。位於陝西西安市內東、西、南、北四條大街交會處。初建於明洪武十七年（1384）。原址在今西大街廣濟街口，萬曆十年（1582）重修。樓上原懸大鐘一口。基座爲正方形，高8.6米，寬35.5米，以青磚砌築。四面各有高、寬均爲6米的券形門洞。磚木結構，通高36米。重檐四角攢尖頂，每層均施斗拱。內有樓梯可盤旋而上。

北京鐘樓

古代鐘樓。位於北京地安門外大街鼓樓北，舊址爲元萬寧寺中心閣。明永樂十八年（1420）建，後毀於火，清乾隆十年（1745）重建。築於高大磚石城臺上，灰筒瓦綠剪邊歇山頂，四面開券門，高約 33 米，全部磚石結構，精緻堅固。樓內原懸有永樂年間鑄大鐵鐘，後改懸一厚約 27 厘米的銅鐘，有永樂年題款。鐵鐘換置鼓樓後，至今尚存。鐘、鼓二樓位於北京中軸綫的北端，與西側什剎海遥相呼應，互爲借景，是研究北京城市規劃布局的重要實物。

鼓樓

舊時報警報時之樓。因樓中置牛皮大鼓，故稱。《重修滑縣志》載："北魏時，兖州多盜。李崇爲刺史，乃村置一樓，盜發之處，雙槌亂擊。四面之村始聞者，撾鼓一通，次復聞者，以二爲節次，後聞者以三爲節次，各擊鼓千槌，諸村聞鼓，皆守要路。是以俄頃之間，聲布萬里之內……故後世效之，州縣多置鼓樓。"宋孔平仲《孔氏談苑·封置鼓樓》亦載："齊李崇爲兖州刺史，州劫盜，崇乃村置一樓，樓懸一鼓，盜發之處，槌鼓亂擊，諸村始聞者，槌鼓一通，次聞者，復撾以爲節，俄頃之間，聲布百里，伏其險要，無不擒獲。諸村置鼓樓，自此始也。"可見鼓樓始於北魏，爲李崇所創。之後，各州相次推行，歷代重鎮皆置鼓樓，有事報警，無事報時。利用擊鼓報警傳遞信息是繼烽火狼烟之後的又一創舉。但後來鼓樓逐漸失去了原來的作用。明清時之鼓樓專用於向全城擊鼓報時。現在則以其建造之美供人觀賞。現存較大的有北京鼓樓、天津鼓樓、南京鼓樓、西安鼓樓以及甘肅永昌之鐘鼓樓。樓內一般置鐘、鼓與記時的銅壺滴漏。這五座鼓樓均建於明代，明清兩代幾經修葺，一直保存至今。

里耶古城

戰國至秦漢時期的古城遺址。位於今湖南龍山里耶鎮里耶盆地的中部。里耶古城東臨酉水，城址呈長方形，面積 20000 平方米，城址西北部尚存一段城壕遺迹。2002 年 4 月中旬開始，湖南省文物考古所等爲配合碗米坡水電站建設對里耶鎮防洪大堤及城址進行了搶救性考古發掘。發掘面積近 1000 平方米。發現古城內外、城垣、城壕等各部分不同時期的豐富遺迹和遺物。在城址內已發現古井多座。其中始建於戰國、廢弃於秦末的一號井，井口距現存地表 3 米，呈圓形直筒狀，直徑 4 米，深 14.27 米。井壁四周以厚 15 厘米左右的木板，以榫卯結構嵌砌，築成井圈。井內堆積由明顯的淤泥和生活遺弃物構成。有的層內夾雜有 10 多厘米草木，保存情況良好。出土遺物中，食物類多見果核、動物骨骼。工具中有木質的鏟、橛、椎、錘、楔和竹篾編織物，金屬製刀、斧、削、錘、箭鏃、錐、劍、游及鐵絲、銅絲等。陶器中最多的是筒瓦、板瓦建築材料以及陶罐、陶豆等。此外，還有封泥和秦半兩。遺物中最多、最常見的是木屑和各種形式的木質材料，其中最重要的是簡牘。里耶古城一號井出土的秦代簡牘，超出了整個 20 世紀所出土秦簡的總和，是秦代考古學的又一重大發現，亦是進入 21 世紀以來，中國考古學上重要的發現之一。

洛陽故城

周曰洛邑，亦作雒邑。戰國秦襄王以爲雒陽縣，蓋於雒水之陽而名。曹魏以後改稱洛陽。《詩·周頌·清廟序》："周公既成雒邑。"鄭玄箋：“雒，音洛，本示作洛。”後爲東周國都。《書·召誥序》：“〔周〕成王在豐（鎬京），欲宅洛邑，使召公先相宅。”又《洛誥序》：“召公既相宅，周公往營成周。”有二城：王城，在澗水東，周平王曾遷都於此；成周，在澗水東，周敬王曾遷都於此。二城相去十八里，故址都在河南洛陽。東漢、三國魏、西晉、北魏與五代的唐皆建都於此。隋唐以此爲東都。五代的梁唐晉漢周和北宋亦以此爲陪都。

東周洛陽王城

東周時期的都城遺址。在河南洛陽市澗、洛兩河交匯處。周公攝政五年，成王在豐（鎬京），使召公營建洛邑，謂之王城，是爲東都。周平王避犬戎之難，自鎬京遷都於東都王城。至周景王止，以王城爲國都凡十二世，周敬王時因避王子朝之亂遷都成周，至周赧王又遷回王城。《書·洛誥》：“我乃卜澗水東，瀍水西，惟洛食。”《舊唐書·地理志一》：“周之王城，平王東遷所都也。故址在今苑内東北隅。自赧王已後及東漢、魏文、晉武，皆都於今故洛城。”《元和郡縣圖志·河南府》：“周成王定鼎於郟鄏，使召公先相宅，乃卜澗水東，瀍水西，是爲東都，今苑内故王城是也。”1954年至1960年中國科學院考古研究所對其進行了勘察和發掘。城址平面呈方形，夯土城垣殘長7000餘米，北墙外有深5米的護城壕溝。城墙後期修補較多，寬度增加，一般寬約10米，用版築法夯築而成。城内北部有製陶、製骨、製石及鑄銅作坊址。南部有兩處大型夯土建築基址，似爲宮殿區。城中部的建築遺迹已被漢河南縣城破壞。在今中州路一帶分布有東周時期的墓葬。城中亦有居民房屋以及城内的排水設施等遺迹。洛陽東周王城的興建年代不晚於東周初年，西漢以後逐漸荒廢。

闔閭城

亦作“闔廬城”。蘇州之古稱。春秋時吳國都城，爲吳王闔閭時所築。漢袁康《越絶書·外傳記·吳地傳》：“昔者，吳之先君太伯。周之世，武王封太伯於吳，到夫差計二十六世，且千歲。闔廬之時，大霸，築吳城。城中有小城二，徙治胥山……吳大城，週四十七里二百一十步二尺。陸門八，其二有樓；水門八。南面十里四十二步五尺，西面七里百一十二步三尺，北面八里二百二十六步三尺，東面十一里七十九步一尺。闔廬所造也。吳郭週六十八里六十步。吳小城週十二里，其下廣二丈七尺，高四丈七尺。門三，皆有樓。其二增水門二，其一有樓，一增柴路。”《史記·吳太伯世家》唐張守節正義：“吳，國號也。太伯居梅里，在常州無錫縣東南六十里……至二十一代孫光，使子胥築闔閭城都之，今蘇州也。”後成爲江南水鄉著名古城，歷代文人騷客常賦詩吟誦。唐李嘉祐《贈別嚴士元》詩：“春風倚棹闔閭城，水國春寒陰復晴。”明唐寅《春日城西》詩：“衣試新裁襪試穿，闔閭城外暮春天。”清錢謙益《夜泊滸墅關却寄董太僕崇相》詩之二：“闔廬城下雨蕭蕭，有客方舟共策遼。”

【闔廬城】

同“闔閭城”。此體清代已行用。見該文。

咸陽故城

亦稱“渭城”。秦之故都。自秦孝公十二年（前350）建咸陽，至秦始皇、胡亥，均以此爲都城。《史記·秦本紀》：“〔秦孝公〕十二年作爲咸陽，築冀闕，秦徙都之。”唐張守節正義：“《括地志》云‘咸陽故城亦名渭城’，在雍州咸陽縣東十五里，京城北四十五里，即秦公徒都之者。”《三輔黃圖・咸陽故城》：“自秦孝公至始皇帝、胡雍竝都此城。案，孝公十二年作咸陽，築冀闕，徒都之。始皇二十六年，徒天下高貲富豪於咸陽十二萬户。諸廟及臺苑皆在渭南。秦每破諸侯，徹其宮室作之咸陽北阪上。南臨渭，自雍門以東至涇渭，殿屋複道，周閣相屬，所得諸侯美人鐘鼓以充之。二十七年，作信宮渭南，已而更命信宮爲極廟，象天極。自極廟道通驪山，作甘泉前殿，築甬道，自咸陽屬之。始皇窮極奢侈，築咸陽宮，因北陵營殿，端門四達，以制紫宮，象帝居。引渭水灌都，以象天漢。橫橋南渡，以法牽牛。橋廣六丈，南北二百八十步，六十八間，八百五十柱，二百一十梁。橋之南北堤，繳立石柱。咸陽北至九甘泉，南至鄂杜，東至河，西至汧渭之交，東西八百里，南北四百里，離宮別館，相望聯屬，木衣綈綉，土被朱紫，宮人不移，樂不改懸，窮年忘歸，猶不能遍。”

【渭城】

即咸陽故城。此稱唐代已行用。見該文。

建康故城

自公元 317 年東晉奠都起，至公元 589 年南朝陳亡止，建康皆爲中國南部各朝之都城。建康原名秣陵、建業，爲三國時吳王城之舊址。其位於今江蘇南京長江東南岸，北接玄武湖，東北依鍾山，西側丘陵起伏，東側湖泊、青溪縈迴其間，秦淮河環繞城外南、西兩面。東晉經營建康，就是在三國吳建業舊址基礎上發展起來的。後南朝宋、齊、梁、陳續有營建。建康城南北長，東西略狹，周圍二十里，南面設三座城門，東、西、北面各二門。宮城在都城中心偏東北處，平面亦爲長方形，南面設宮門二座，東、西、北各一門。宮殿布局依仿魏晉舊制，正中太極殿爲朝會之正殿，正殿兩側建有皇帝聽政、宴會的東西二堂，殿前又有東西兩閣。宮城外西南有永安宮，苑囿位於城外東北一帶。都城南北中軸綫上有大道向南面延伸，跨秦淮河建浮橋，直達南郊。大道東西散布民居、商店、佛寺廟宇。貴族宅第則多建於青溪附近的風景區。爲適應軍事需要，在城外東南建東府城，西北建石頭城。三國吳時興建有太初宮、顯明宮、太廟，未立郊兆。《三國志・吳書・孫權傳》：“〔建安〕十六年，權徒治秣陵。明年，城石頭，改秣陵爲建業。”又《張紘傳》載：“紘建計宜出都秣陵，權從之。”裴松之注引《江表傳》曰：“紘謂權曰：秣陵，楚武王所置，名爲金陵。地勢岡阜連石頭，訪問故老，云昔秦始皇東巡會稽經此縣，望氣者云：金陵地形有王者都邑之氣，故掘斷連岡，改名秣陵。今處所具存，地有其氣，天之所命，宜爲都邑。權善其議，未能從也。後劉備之東，宿於秣陵，周觀地形，亦勸權都之。權曰：智者意同。遂都焉。”又《孫權傳》曰：“〔赤烏十年〕春二月，權適南宮。三月，改作太初宮，諸將及州郡皆義作。”清顧炎武《歷代宅京記・建康》載：“〔赤烏十一年春三月〕宮（太初宮）成。《孫亮傳》曰：‘五鳳二年冬十二月，作太廟。’《孫皓傳》曰：‘甘露元年秋九月，從西陵督步闡表，徒都武昌。寶鼎元年冬十二月，還都建業。二年夏六月，起顯明宮，冬十二月，皓移居之。’《太康地記》曰：‘吳有太初宮，方三百丈，權所起也。昭明宮，方五百丈，皓所作也。避晋諱,故名顯明。'《吳歷》云:'顯明在太初之東。'《江表傳》曰:'皓營新宮,二千石以下皆自入山督攝伐木。又破壞諸營,大開園囿,起土山樓觀,窮極伎巧,工役之費以億萬計。陸凱固諫,不從。'《宋書·禮志》曰:'孫權始都武昌及建業,不立郊兆。至末年,太元元年十一月,祭南郊,其地今秣陵縣南十餘里郊中是也。'又曰:'權卒,子亮代立。明年正月,於宮東立權廟曰太祖廟。孫皓追尊父和曰文皇帝,寶鼎二年立廟京邑,號曰清廟。'"東晋元帝定都建康,建宗廟立社稷,即位東府,殊爲儉陋。明帝不改其制。成帝時,以"蘇碩攻臺城,焚太極東堂、秘閣,皆盡"。乃以建平園爲宮,并於咸和五年(330)九月造新宮,始繕苑城。孝武帝改作新宮,内外軍六千人營築。太極殿高八丈,長二十七丈,廣十丈。帝初奉佛法,立精舍於殿内,引諸沙門以居之。南朝宋齊梁陳均都建康。宋武帝崇尚儉約,因晋之舊,無所改作。文帝則新作東宮,又築北堤,在樂游苑北開玄武湖、築景陽山於華林園。及宋世祖(孝武帝)承統,制度奢廣,更造正光、玉燭、紫極諸殿,又於玄武湖北立上林苑,起明堂於國學之南,爲先蠶設兆域,置大殿七間,又立蠶觀。置凌室於覆舟山,修藏冰之禮。自閶闔門至朱雀門,又自承明門至玄武門修建馳道。齊朝宮苑之侈,以東昏侯爲最。《南齊書·東昏侯紀》載:"後宮遭火之後,更起仙華、神仙、玉壽諸殿,刻畫雕綵,青金口帶,麝香塗壁,錦幔珠簾,窮極綺麗。爇役工匠,自夜達曉,猶不副速,乃剝取諸寺佛剎殿藻井仙人騎獸以充足之。世祖興光樓上施青漆,世謂之青樓。帝曰:武帝不巧,何不純用琉璃……三

年夏,於閱武堂起芳樂苑,山石皆塗以五采,跨池水立紫閣諸樓觀,壁上畫男女私褻之像。種好樹美竹,天時盛暑,未及經日,便就萎枯。於是徵求民家,望樹便取,毀徹墻屋以移致之,朝栽暮拔,道路相繼,花藥雜草,亦復皆然。"蕭梁時期,梁武帝於天監四年(505)二月立建興苑於秣陵建興里;於五年八月作太子宮;於七年正月作神龍、仁虎闕於端門、大司馬門外;二月新作國門於越城南;十年,初作宮城門三重樓及開二道;十二年二月,新作太極殿,改爲十三門;六月,新作太廟,增基九尺。武帝蕭衍崇信佛道,在建業大修佛寺。《魏書·蕭衍傳》曰:"衍崇信佛道,於建業起同泰寺,又於故宅立光宅寺,於鍾山立大愛敬寺,兼營長千二寺,皆窮工極巧,殫竭財力,百姓苦之。"在苑囿方面,則建有王游苑。侯景之亂後,梁元帝即位江陵,而建業遂凋殘。陳武帝以侯景之平也,太極殿被焚,乃於永定二年(558)七月起太極殿。天嘉中,盛修宮室,起顯德等五殿,稱爲壯麗。至陳後主乃起三閣,裝飾豪華奢麗。《陳書·皇后傳》曰:"後主初即位,以始興王叔陵之亂,被傷臥於承香閣下,時諸姬並不得進,唯張貴妃侍焉。而柳太后猶居柏梁殿,即皇后之正殿也。後主沈皇后素無寵,不得侍疾,別居求賢殿。至德二年,乃於光照殿前起臨春、結綺、望仙三閣。閣高數丈,並數十間,其窗牖、壁帶、懸楣、欄檻之類,並以沉檀香木爲之,又飾以金玉,間以珠翠,外施珠簾,内有寶床、寶帳,其服玩之屬,瑰奇珍麗,近古所未有。每微風暫至,香聞數里,朝日初照,光映後庭。其下積石爲山,引水爲池,植以奇樹,雜以花藥。後主自居臨春閣,張貴

妃居結綺閣，龔、孔二貴嬪居望仙閣，並複道交相往來。"後主末年，又起齊雲觀。國人歌之曰："齊雲觀，寇來無際畔。"參閱清顧炎武《歷代宅京記·建康》、梁思成《中國建築史·魏晉南北朝》。

隋大興唐長安故城

隋唐都城。故址在今陝西西安市區及周圍。著名建築家宇文愷奉隋文帝詔規劃、修建。於開皇二年（582）始建，開皇三年即遷入新都宮城，定名"大興城"，面積達83.1平方公里，爲明清西安城的七倍。唐滅隋後，仍以大興城爲都城，更名"長安城"，并對都城做了局部修建和擴充。唐末天祐元年（904），朱全忠迫昭宗遷都洛陽，并令拆長安宮室屋木自渭水浮漂入黃河運往洛陽。隋大興、唐長安城作爲國都三百二十餘年，至此全部廢弃。嘉慶《重修一統志·西安府·大興故城》："《隋書·高祖紀》：開皇二年詔曰，長安城從漢窮殘日久，龍首山川原秀麗，卉物滋阜，宜建都邑。詔左僕射高熲等創造新都，名曰大興城。《地理志》：城東西十八里一百一十五步，南北十五里一百七十五步。《元和志》：初隋氏營都，宇文愷以朱雀街南北有六條高坡，爲乾卦之象，故以九二置宮殿，以當帝王之居；九三立百司，以應君子之數。九五貴位，不欲常人居之，故置元都觀、興善寺以鎮之。《舊唐書·地理志》：隋自漢長安故城東南移二十里置新都，今京師是也。皇城在西北隅，謂之西内。又有大明、興慶二宮，謂之三内。《唐書·地理志》：皇城長千九百一十五步，廣千二百步。宮城在北，長千四百四十步，廣九百六十步，週四千八百六十步。其崇三丈有半。京城前直子

午谷，後枕龍首山，左臨灞岸，右抵澧水，其長六千六百六十五步，廣五千五百七十五步，周二萬四千一百二十步。其崇丈有八尺。《長安志》：唐京城亦曰外郭城，即隋大内城，周六十七里。南面三門，正中曰明德，東曰啟下，西曰安化。東面三門，北曰通化，中曰春明，南曰延興。西面三門，北曰開遠，中曰金光，南曰延平。北面一門曰光化。郭中南北十四街，東西十一街，其間列置諸坊。有京兆府，萬年、長安二縣所治。寺觀邸第，編户錯居焉。當皇城南面朱雀門，有南北大街，曰朱雀門街，東西廣百步。萬年、長安二縣，以此街爲界。萬年領街東五十四坊及東市。長安領街西五十四坊及西市。"

1957年陝西省文物管理委員會對城址進行了初步勘探。自該年以來，中國科學院考古研究所對隋大興唐長安城進行了全面勘查和部分發掘。從而對城址的平面布局、坊市形制、宮殿的分布及其建築基址的基本結構等，有了進一步的認識。隋滅北周後，在漢長安城東南龍首原一帶營建新都。隋大興唐長安城由郭城、宮城和皇城構成。郭城平面呈長方形，周長36.7公里，每面置三門，城牆夯土版築，城門處内外包磚。牆外有護城壕。宮城平面呈長方形，位於郭城北部正中，南連皇城，北接禁苑，周長約8.6公里。南面正門隋稱廣陽門，唐改稱承天門，北面有玄武門。宮城中部爲大興宮，唐稱太極宮，其正殿名大興殿，唐稱太極殿；東部爲太子所居之"東宮"，西部爲宮女住處掖庭宮。唐太宗時，又在太極宮東北禁苑内修建大明宮。玄宗則在郭城東城另建興慶宮。皇城位於宮城南，無北牆，平面呈長方形，周

長 9.2 公里。南部正門名朱雀門。郭城内有南北嚮大街十一條，東西嚮大街十四條。朱雀大街是明德門内南北大街，連接皇城朱雀門，寬150～155 米。城内街道縱橫交錯，將城區劃分爲一百一十個坊。坊内有衙署、寺觀、民居住宅。坊門早開晚閉，以便控制與管理。城中著名的寺觀有興善寺、玄都觀、青龍寺、慈恩寺等。慈恩寺内的大雁塔至今猶存。商業區有東、西二市，分別位於皇城的東南和西南方，面積爲均占兩坊之地。主要管道有隋開鑿的龍首、清明、永安三渠，分別從城東和城南引滻水、沈水和交水入城；唐天寶元年（742）開鑿的漕渠引滻水入城。城東南有風景游覽場所芙蓉園和曲江池。隋大興唐長安城是中世紀世界上最大的城市之一，其規劃布局，繼承了我國古都城"中軸對稱、方正規則"的傳統，結構嚴謹，區劃整齊。南北中軸綫爲朱雀大街，從外郭城南面正門明德門到皇城正門朱雀門，正對宮城承天門。在朱雀大街兩側布置東、西兩市。直通城門的縱橫大街，構成了城市的主要骨架，用整齊的街道，分隔成一塊塊坊里。中軸對稱之布局，突出了位於城市中心的宮城，彰顯了皇帝至高無上的地位與權勢。隋大興唐長安在中國都城發展史上占有特殊地位，對當時邊疆地區的地方政權和鄰近國家都城形制產生過影響。

開封故城

　　開封，古稱汴州。唐曰宣武軍。五代時，後梁以汴州爲開封府，建爲東都。後唐滅梁，復爲宣武軍。後晉天福二年（937），升爲東京；後漢、後周因之。宋太祖受周禪，仍以開封爲東京，纍朝建都於此，極稱繁華。又以洛陽爲宋西京，然已退處屏藩，拱衛京畿，附帶繁榮而已。北宋時期，東京乃政治、經濟、文化之中心，集中力量在此建設百數十年。汴京宮室坊市繁盛之狀最能代表北宋建築之發展趨勢。東京舊爲汴州城，乃唐建中年間節度使李勉重築，周二十里許，宋初稱曰裹城。新城爲周顯德年間增築，周四十八里許，號曰外城。宋太祖因襲周制，僅略增廣城東北隅，仿洛陽制度修大内宮殿而已。宋真宗以都城之外居民頗多，故又置京都新城外八廂。神宗、徽宗再繕外城，建敵樓、甕城，又稍增廣，新城始周五十餘里。《宋史·地理志一》載："舊城周迴二十里一百五十五步。東二門：北曰望春，南曰麗景。南面三門：中曰朱雀，東曰保康，西曰崇明。西二門：南曰宜秋，北曰閶闔。北三門：中曰景龍，東曰安遠，西曰天波。新城周迴五十里百六十五步。南三門：中曰南薰，東曰宣化，西曰安上。東二門：南曰朝陽，北曰含輝。西二門：南曰順天，北曰金輝。北四門：中曰通天東曰長景，次東曰永泰，西曰安肅。汴河上水門，南曰大通，北曰宣澤。汴河下南曰上善，北曰通津。惠民河上曰普濟，下曰廣利。廣濟河上曰成豐，下曰善利，上南門曰永順。其後又於金輝門南置開遠門。"其濠曰護龍河，闊十餘丈，濠之内外皆植楊柳，粉墻朱户，禁人往來。城門皆甕城三層，屈曲開闔，唯南薰、新鄭、新宋、封丘正門，皆直門兩重，以通御路。金、元以後多湮塞。舊有十三門：南曰南薰、陳州、戴樓，東曰新宋、揚州、新曹，西曰新鄭、萬勝、固子，北曰陳橋、封丘、新酸棗、衛州。今道路所通者，唯曹、鄭、陳州、揚州、南薰、固子、封丘七門耳。清顧炎武《歷代宅京記・開封》引趙德麟《侯鯖録》曰："舊城周迴二十里一百五十五步，即汴州城，唐建中二年節度使李勉重築。國初號曰闕城，亦曰裹城。新城乃周世宗顯德二年四月，詔別築新城，周迴四十八里二百二十三步，號曰外城，又曰羅城，亦曰新城。元豐中，裕陵命内侍宋周臣重築之。"又引宋敏求《東京記》曰："周世宗顯德二年四月，詔京城四面別築羅城。三年正月，發京畿滑、鄭、曹之民，命薛可言等督之，仍命韓通總其事，王樸經度，凡通衢委巷，廣袤之間，皆樸定其制，踰年而成。神宗熙寧中，始四面爲敵樓，作甕城及濬治濠塹。"汴京大内本爲唐代節度使治所，後梁建都以爲建昌宮，後晉曰大寧宮，後周加營繕，然皆未增擴。至宋太祖始擴展皇城東北隅，仿洛陽宮殿之制營造宮城。《宋史・地理志一》曰："東京，汴之開封也。梁爲東都，後唐罷，晉復爲東京，宋因周之舊爲都。建隆三年，廣皇城東北隅，命有司畫洛陽宮殿，按圖修之，皇居始壯麗矣。雍熙三年，欲廣宮城，詔殿前指揮使劉延翰等經度之，以居民多不欲徙，遂罷。宮城周迴五里。南三門：中曰乾元，東曰左掖，西曰右掖。東西兩門曰東華、西華。北一門曰拱宸。乾元門内正南門曰大慶，東西橫門曰左、右升龍。左右北門内各二門曰左、右長慶，左、右銀臺。東華門内一門曰左承天祥符，西華門内一門曰右承天。左承天門内道北門曰宣祐，正南門内正殿曰大慶，東西門曰左、右太和。正衙殿曰文德，兩掖門曰東、西上閣，東西門曰左、右嘉福。大慶殿北有紫宸殿，視朝之前殿也。西有垂拱殿，常日視朝之所也。次西有皇儀殿，又次西有集英殿，宴殿也。殿後有需雲殿，東

有昇平樓，宮中觀宴之所也。宮後有崇政殿，閱事之所也。殿後有景福殿，西有殿北向，曰延和，便坐殿也。凡殿有門者，皆隨殿名。宮中又有延慶、安福、觀文、清景、慶雲、玉京等殿，壽寧堂，延春閣，福寧殿。東西有門曰左、右昭慶。觀文殿西門曰延真，其東真君殿曰積慶。前建感真閣，又有龍圖閣，下有資政、崇和、宣德、述古四殿。天章閣下有群玉、蘂珠二殿，後有寶文閣，閣東西有嘉德、延康二殿，前有景輝門。後苑東門曰寧陽，苑内有崇聖殿、太清樓，其西又有宜聖、化成、金華、西凉、清心等殿，翔鸞、儀鳳二閣，華景、翠芳、瑤津三亭。延福宮有穆清殿，延慶殿北有柔儀殿，崇徽殿北有欽明殿。延福殿北有廣聖宮，内有太清、玉清、冲和、集福、會祥五殿，建流盃殿於後苑。又有慈德殿、觀稼殿，延義閣、邇英閣，隆儒殿、慈壽殿、慶壽宮、保慈宮、玉華殿、基春殿、睿思殿、承極殿，崇慶、隆祐二宮，睿成宮、宣和殿、聖瑞宮、顯謨閣、玉虛殿、玉華閣、親蠶宮、燕寧殿、延福宮、玉清神霄宮、上清寶籙宮，萬歲山艮嶽。"宋徽宗性好奢麗，多所營建，大興土木，新作延福宮、玉清宮霄宮、上清寶籙宮，營造御苑艮嶽萬歲山，擴建金明池等。《宋史・地理志一》曰："政和三年春，新作（延福宮）於大内北拱宸門外。舊宮在後苑之西南，今其地乃百司供應之所，凡内酒坊、裁造院、油醋、柴炭、鞍轡等庫，悉移他處，又遷兩僧寺、兩軍營，而作新宮焉。始南向，殿因宮名曰延福，次曰飌珠，有亭曰碧琅玕。其東門曰晨暉，其西門曰麗澤。宮左復列三位。其殿則有穆清、成平、會寧、睿謨、凝和、崑玉、群玉……會寧之北，叠石

爲山，山上有殿曰翠微，旁爲二亭，曰雲鼺，曰層巘。凝和之側閣曰明春，其高踰三百一十尺。閣之側爲殿二，曰玉英，曰玉澗。其背附城，築土植杏，名曰杏岡。覆茅爲亭，脩竹萬竿，引流其下……鑿圓池爲海，跨海爲二亭，架石梁以升山，亭曰飛華，橫度之四百尺有奇，縱數之二百六十有七尺。又疏泉爲湖，湖中作堤以接亭，堤中作梁以通湖，梁之上又爲茅亭、鶴莊、鹿砦、孔翠諸柵，蹄尾動數千，嘉花名木，類聚區別，幽勝宛若生成，西抵麗澤，不類塵境。初，蔡京命童貫、楊戩、賈詳、藍從熙、何訴等分任宮役。五人者因各爲制度，不務沿襲，故號‘延福五位’……及作景龍江，江夾岸皆奇花珍木，殿宇比比對峙，中塗曰壺春堂，絕岸至龍德宮。其地歲時次第展拓，後盡都城一隅焉，名曰擷芳園，山水美秀，林麓暢茂，樓觀參差，猶艮嶽、延福也。”又曰：“政和七年，始於上清寶籙宮之東作萬歲山。山周十餘里，其最高一峰九十步，上有介亭，分東西二嶺，直接南山。”爲造艮嶽，驅役萬夫，大興土木，五六年間，窮索珍奇，綱運花石，怪石嶄崖，洞峽溪澗，巧牟造化，盡天下之精工絕技，以營假山、池沼。而亭臺館閣，日增月益，不可殫記。其部署締構皆越常規，非建築壯健之姿態，實失藝術之真旨。時金已滅遼，宋人納歲幣於金，引狼入室，而宮庭猶營建不已。後世目艮嶽爲亡國之孽，誠非無因。宋真宗、仁宗以後，商業繁榮，巨量交易出入京師，官方管理機構及民間商業建築，皆因之侈大。公卿商賈之園林宅第，均爭尚靡麗。市街店樓之各種建築因汴京之富，乃登峰造極。商業區如潘樓街、南通一巷，謂之界身，乃金銀彩帛交易之所，屋宇雄偉，門面廣闊，望之森然。娛樂場所如所謂“瓦子”，則其中大小勾欄五十餘座，中瓦蓮花棚、牡丹棚，裏瓦夜叉棚、象棚，最大者可容數千人。酒樓則門首皆縛彩樓歡門，夜晚燈燭熒煌，上下相映。其他店面如馬行街，南北十幾里，夾道藥肆，蓋多國醫，咸巨富。上元夜燒燈，尤爲壯觀。宋代東京汴梁城商業繁華，巨賈雲集，店鋪林立，乃名副其實全國商業大都市。宋代自太祖始崇奉道教，故宮觀極盛。宋太祖將後周之太清觀改爲建隆觀，又詔令揚州行宮亦爲建隆觀。太宗建上清太平宮，規模始大。真宗尤溺於符讖之說，營建最多，尤侈麗無比。於大中祥符元年（1008），將建隆觀增建爲玉清照應宮，凡役工日三四萬。徽宗惑於道士林靈素，作上清寶籙宮。佛寺建築惟承續唐風，仍其既成勢力，不時修建。太祖改唐代封禪寺爲開寶寺，仁宗時在寺內上方院建鐵色琉璃磚塔，俗稱鐵塔，至今猶存，爲開封古迹之一。規模最宏偉者爲相國寺，始建於北齊，宋代擴建并題額“大相國寺”。寺內僧房散處，中庭、兩廡可容萬餘人，凡商旅交易皆萃其中。四方趨京師以貨物求售轉售，必由於此。實爲東京最大之瓦市商場。明代開封則降爲省城，於洪武初重築。清顧炎武《歷代宅京記·開封》引和維《愚見記忘》曰：“今省城國朝洪武初重築，外包以磚。門五：東曰麗景，南曰南薰，西曰大梁，北曰安遠，東北曰仁和。外建月城，上各建樓，其西舊名望京。角樓四，敵臺八十四，窩鋪八十三。東、西、南門甕城內，皆有漢壽亭侯廟，西北門甕城內，則玄帝廟也。皆近時建。”

阿房宮

省稱"阿房"。亦稱"阿城"。秦代著名建築。遺址在今陝西西安阿房村。始建於秦始皇三十五年（前212），全部工程至秦亡時還未完工。《史記·秦始皇本紀》："先作前殿阿房，東西五百步，南北五十丈，上可以坐萬人，下可以建五丈旗。周馳爲閣道，自殿下直抵南山。表南山之顛以爲闕。爲複道，自阿房渡渭，屬之咸陽，以象天極閣道絶漢抵營室也。"《史記·李斯列傳》："高聞李斯以爲言，乃見丞相曰：'關東群盜多，今上急益發繇治阿房宮聚狗馬無用之物。'"《史記·秦始皇本紀》"先作前殿阿房"張守節正義："房，白郎反。《括地志》云：秦阿房宮亦曰阿城，在雍州長安縣西北一十四里。按，宮在上林苑中，雍州郭城西南面，即阿房宮城東面也。顏師古云'阿，近也。以其去咸陽近，且號阿房'。"參見本書《居處卷·堂殿樓臺説·堂殿考》"阿房宮"文。

【阿房】

"阿房宮"之省稱。此稱秦代已行用。見該文。

【阿城】

即阿房宮。此稱唐代已行用。見該文。

未央宮

西漢主要宮殿之一。在今陝西西安故城西南。漢高祖七年（前200）由丞相蕭何主持建造。《史記·高祖本紀》："八年，高祖東擊韓王信餘反寇於東垣。蕭丞相營作未央宮。"張守節正義："《括地志》云：'未央宮在雍州長安西北十里長安故城中。'顏師古云：'未央殿雖南嚮，而當上書奏事謁見之徒皆詣北闕，公車司亦在北焉。'是則以北闕爲正門，而又有東門、東闕，至於西南兩面無門闕也。蕭何初立未央宮以厭勝之術，理亦然乎。"立東闕、北闕、前殿、武庫、太倉等。宮垣東西長約2300米，南北寬近2000米。今前殿基址仍保存在馬家寨村，北端最高處有10餘米。按，未央宮省稱"未央"，亦稱"壽成宮"。

漢魏洛陽城

東漢、曹魏、西晉、北魏的都城遺址。位於河南省洛陽市東約十五公里處。西周初在此築城，稱成周。因在雒水之北，戰國時稱雒陽，兩漢因之，曹魏以後改稱洛陽。《元和郡縣圖志·河南府》："周成王定鼎郟鄏，使召公先相宅……又卜澗水東，召公往營之，是爲成周，今河南府東故洛城是也……漢改爲河南郡。後漢光武建武元年，入洛陽，遂定都焉。及董卓逼遷獻帝，西都長安，盡燒洛陽宮廟，後又都焉。魏文帝受禪，亦都洛陽。"嘉慶《重修一統志·河南府·洛陽故城》："在今洛陽縣東北三十里，即故成周城也……後漢更始元年，都洛陽……世祖建武元年，幸洛陽却非殿，遂定都焉，改洛爲雒。三國魏復故。魚豢《魏略》：漢火行也，火忌水，故洛去水而加隹。魏於行次爲土，土，水之牡也，故除隹而加水，變雒爲洛。"從1962年開始，中國科學院考古研究所長期在這裏進行全面調查和發掘，基本上弄清了城址的形態和布局。東漢洛陽城平面略呈長方形，南北約爲漢代九里，東西約爲漢代六里，故稱"九六城"。城牆夯築，厚約14～25米。實測東牆長4200米，南牆長約2400米、西牆長約3700米，北牆長約2700米。全城共設城門十二，東牆三座自北而南爲上東門、中東門、秏門；西牆三座自北而南爲上西門、雍門、廣陽門，北墙二座自東至西爲穀門、夏門，南墙四座自東而西爲開陽門、平城門、小苑門、津門。城門爲三個門道。城內主要大街都通向城門，大街相互交叉，分隔成二十四段。大街寬約 20 ～ 40 米。城中主要宮殿爲南宮和北宮。南宮在西漢時就有一定的規模，建武元年（25）光武帝劉秀定都洛陽，先居住在南宮却非殿，後不斷擴建，於建武十四年建成規模最大的前殿。其平面呈長方形，南北長約 1300 米，東西長約 1000 米。北宮始建於永平三年（60），至永平八年建成。北宮德陽殿規模宏大，“周旋容萬人，陛高二丈”。南、北兩宮相距爲一里。城東北隅有太倉和武庫。工商業區南市在南郊，馬市在東郊，金市在城內南宮的西北。魏晋洛陽城，曹魏在東漢雒陽城的廢墟上重新建築的都城，規模未超過東漢。西晋時城的形制和布局無多大改變。魏明帝曹叡，在洛陽城西北隅建金鏞城。南北長約 1080 米，東西長約 250 米，分隔爲三部分，各有門道相通。此地區地勢高亢，具有軍事性的城堡。在西晋永嘉之亂的洛陽爭奪戰中，成爲必爭之地，時稱“洛陽壘”。魏晋時期在洛陽城西北城墙外和金鏞城外壁設置的許多墩臺也被發現，這是當時戰亂頻繁的真實反映，其形制和效用如同“馬面”，這是我國古代城制上的創舉。北魏洛陽城，北魏在洛陽建都，仍用東漢、魏晋城墙，東漢以來的十二座城門，除開陽門外，都在魏晋和北魏時期更改了名稱。上東門改稱建春門，中東門改稱東陽門，耗門改稱青陽門，上西門改稱閶闔門，雍門改稱西陽門，廣陽門改稱西明門，平城門改稱平昌門，小苑門改稱宣陽門，津門改稱津陽門，穀門改稱廣莫門，夏門改稱大夏門。這十一座城門均在漢代城門舊址上重建，僅西陽門在漢雍門舊址向北移了約 500 米。孝文帝時在西城墙北端近金鏞城處闢建承明門，從而使洛陽城的城門增至十三座。北魏洛陽城的重要改變是廢除了東漢以來的南北兩宮制，而建立了單一的宮城。宮城位於城址的北部略偏西處，是在漢魏北宮的基礎上興建的。平面呈長方形，東、西墙均長 1400 米，南、北墙長約 660 米。在南墙偏西處有宮城正門——閶闔門遺址。正殿太極殿在宮城前部，與正門相對，其基址南北長約 60 米，東西寬約 100 米。西陽門和東陽門之間的大街將城址分爲南北兩部分。北部主要是皇家的宮殿和園囿，南部則分布着官署、寺院和貴族宅邸。閶闔門和南墙的宣陽門之間的銅駝街則是全城的中軸綫，宗廟、社稷和太尉府、司徒府等高級官署分布在其兩側，著名的永寧寺遺址即在其西側。據記載，宣武帝景明二年（501），在洛陽興建外郭城，範圍極廣，其布局改變了“面朝後市”的傳統，爲隋大興城、唐長安城和洛陽城開創了先例而具有劃時代的意義。東漢的辟雍、明堂和靈臺亦都發現。它們都始建於光武帝建武中元元年（56）。辟雍在開陽門外大路東側，平面呈方形，邊長 170 米，四面築有圍墙。曹魏和西晋在東漢舊址上重建辟雍，曾出土晋武帝三臨辟雍碑及其碑座，北魏建辟雍，未完成。明堂在開陽門外大路西側，平城門外大路的東側，東距辟雍約 150 米，平面呈方形，邊長約 240 米，其中有一直徑 62 米的圓形臺基，爲主體建築之所在。西晋和北魏都重建明堂，當在舊址之上。靈臺在平城門外大路西側，東距明堂約 80 米，平面基本呈方形，東西長 220 米，南北長 200 米，四面築有圍墻，中央有一高臺，基部 50 米見方，殘高 8 米，房屋建在高臺四周，上下兩層，下層是迴廊，廊外用卵石鋪砌"散水"。上層比下層高 1.86 米，有坡道可登高，房屋每面各五間，長方形磚鋪地，東面屋壁塗青色，西面塗白色，南面塗紅色，北面塗黑色，是按四神（青龍、白虎、朱雀、玄武）分主四方的學說設計的。曹魏和西晉沿用之，西晉末年遭戰亂破壞嚴重，北魏時廢而不用。太學遺址範圍大，主要有兩部分。一部分在辟雍之北，平面大體呈長方形，東西長約 200 米，南北長約 100 米，附近曾出土石經碎片，應是東漢太學的主要部分。另一部分在它的東北約 100 米處，平面呈長方形，南北長約 200 米，東西長約 150 米，四面築墻。東漢太學始建於光武帝建武五年（29），至順帝陽嘉元年（132）全部建成。太學生達三萬多人。靈帝熹平四年（175），立石經於太學，稱"熹平石經"。漢末董卓燒洛陽宮廟，殃及太學。魏文帝黃初五年（224），在舊址重建太學，正始中又新立石經，史稱"正始石經"。西晉初年，依漢魏之制興太學，而咸寧二年（276）又立國子學，與太學并存。漢魏洛陽城，漢光武帝建武元年在此建都，至漢獻帝初平元年（190）遷都長安，洛陽宮廟、民居被焚毀。魏文帝黃初元年（220）在廢址上建都。西晉繼之，至永嘉五年（311）後，又在戰亂中被破壞。北魏孝文帝太和十九年（495）自平城遷都於此，經大規模改建，都城形制爲之一變。孝靜帝天平元年（534）遷都鄴城，元象元年（538），洛陽又在戰火中被毀。隋唐洛陽城向西移至今洛陽市區一帶，漢魏洛陽城漸廢弃。1961 年，中華人民共和國國務院

公布爲全國重點文物保護單位。

臨安故城

本爲五代時吳越王錢氏之都城。北宋爲杭州治所。建炎三年（1129）宋高宗自建康偏居臨安，以州治爲行宮。自高宗至衛王，九帝皆都臨安，實爲南宋之都城。皇城九里，宮室制度不尚華飾，宮殿尤樸。《宋史·地理志一》曰："行在所。建炎三年閏八月高宗自建康如臨安，以州治爲行宮。宮室制度，皆從簡省，不尚華飾。垂拱、大慶、文德、紫宸、祥曦、集英六殿，隨事易名，實一殿。重華、慈福、壽慈、壽康四宮，重壽、寧福二殿，隨時異額，實德壽一宮。延和、崇政、復古、選德四殿，本射殿也。慈寧殿，紹興九年，以太后有歸期建。欽先孝思殿，十五年建，在崇政殿東。翠寒堂，孝宗作。損齋，紹興末建，貯經史書，爲燕坐之所。東宮，在麗正門內，孝宗、莊文、景獻、光宗皆常居之。請筵所、資善堂，在行宮門內，因書院而作。天章、龍圖、寶文、顯猷、徽猷、敷文、煥章、華文、寶謨九閣，實天章一閣。"又《輿服志六》曰："宮室，汴宋之制侈而不可以訓。中興服御惟務簡省，宮殿尤樸。皇帝之居曰殿，總曰大內，又曰南內，本杭州治也。紹興初創爲之，休兵後作崇政、垂拱二殿，久之又作天章等六閣。寢殿曰福寧殿。淳熙初，孝宗始作射殿，謂之選德殿。八年秋，又改後殿擁舍爲別殿，取舊名謂之延和殿，便坐視事則御之。他如紫宸、文德、集英、大慶、講武，帷隨時所御，則易其名。紫宸殿遇朔受朝則御焉，文德殿降赦則御焉，集英殿臨軒策士則御焉，大慶殿行冊禮則御焉，講武殿閱武則御焉。其實垂拱、崇政二殿，權更其號而已。

二殿雖曰大殿，其修廣僅如大郡之設廳。淳熙再修止循其舊。每殿爲屋五間，十二架，修六丈，廣八丈四尺。殿再檐屋三間，修一丈五尺，廣亦如之。兩朵殿各二間，東西廊各二十間，南廊九間。其中爲殿門，三間六架，修三丈，廣四丈六尺。殿後擁舍七間，即爲延和，其制尤卑，陛階一級，小如常人所居而已。奉太上則有德壽宮、重華宮、壽康宮，奉聖母則有慈寧宮、慈福宮、壽慈宮。德壽宮在大内北望仙橋，故又謂之北内，紹興三十二年所造，宮成詔以德壽爲名，高宗爲上皇御之。重華宮即德壽宮也，孝宗遜位御之。壽康宮即寧福殿也。初丞相趙汝愚議以秘書省爲泰寧宮，已而不果行，以慈懿皇后外第爲之。上皇不欲遷，因以舊寧福殿爲壽康宮，光宗遜位御之。大内苑中亭殿亦無增，其名稱可見者，僅有復古殿、損齋、觀堂、芙蓉閣、翠寒堂、清華閣、櫂木堂、隱岫、澄碧、倚桂、隱秀、碧琳堂之類，此南内也。北内苑中則有大池，引西湖水注之，其上叠石爲山，象飛來峰。有樓曰聚遠，禁籞周回四分之。東則香遠、清深、月臺、梅坡、松菊三徑、清妍、清新、芙蓉岡，南則載忻、欣欣、射廳、臨賦、燦錦、至樂、半丈紅、清曠、瀉碧，西則冷泉、文杏館、靜樂、浣溪，北則絳華、旱船、俯翠、春桃、盤松。皇太子宮曰東宮。其未出閣，但聽讀於資善堂，堂在宮門内。已受册，則居東宮，宮在麗正門内。紹興三十二年始置，孝宗居之，莊文太子立，復居之。光宗爲太子，孝宗謂輔臣曰：今後東宮不須創建，朕宮中宮殿，多所不御，可移修之。自是皆不别建。淳熙二年，始創射堂一，爲游藝之所，圃中有榮觀、玉淵、清賞等堂、鳳山樓，皆宴息之地也。幕殿即《周官》大、小次也。東都時，郊壇大次謂之青城，祀前一日宿齋詣焉。其制中有二殿，外有六門：前曰泰禋，後曰拱極、東曰祥曦、西曰景曜，東偏曰承和，西偏曰迎禧。大殿曰端誠，便殿曰熙成。中興後以事天尚質，屢詔郊壇不得建齋宮，惟設幕屋而已。其制架木而以葦爲障，上下四旁周以幄帟，以象宮室，謂之幕殿。及行事，又於壇所設小次。大、小次之外，又有望祭殿，遇雨則行事於中。東都時爲瓦屋五間，周圍重廊。中興後惟設葦屋，蓋仿清廟茅屋之制也。”清顧炎武《歷代宅京記·臨安》引《玉海》曰：“紹興四年，將還臨安，始命有司建太廟。十二年，作太社、太稷、皇后廟、都亭驛、太學。十三年，築圜丘、景靈宮、高禖壇、秘書省。十五年，作内中神御殿。十六年，廣太廟，建武學。十七年，作玉津園、太一宮、萬壽觀。十八年，築九宮貴神壇。十九年，建太廟，齋殿。二十年，作玉牒所。二十二年，作左藏庫、南省倉。二十五年，建執政府。二十六年，築兩相第，太醫局。二十七年，建尚書六府。凡定都二十年，而郊廟宮省始備。”又引陳隨應《南渡行宮記》曰：“杭州治舊錢王宮也。紹興因以爲行宮。皇城九里。”

隋唐洛陽城

隋唐兩代的東都城遺址。位於河南洛陽市城區及近郊。《新唐書·地理志二》：“東都隋置，武德四年廢。貞觀六年號洛陽宮，顯慶二年曰東都，光宅元年曰神都，神龍元年復曰東都。天寶元年曰東京，上元二年罷京，肅宗元年復爲東都。皇城長千八百一十七步，廣千三百七十八步，周四千九百三十步。其崇三丈七尺，曲折以象南宮。垣名曰太微城。宮城在皇城北，長千六百二十步，廣八百有五步，周四千九百二十一步。其崇四丈八尺，以象北辰。藩衛曰紫微城。武后號太初宮。上陽宮在禁苑之東，東接皇城之西南隅。上元中置，高宗之季，常居以聽政。都城前直伊闕，後據中山，左澗右瀍，洛水貫其中，以象河漢。東西五千六百一十步，南北五千四百七十步。西連苑北，自東城而東，二千五百四十步，周二萬五千五十步。其崇丈有八尺。武后號曰金城。”1954 年中國科學院考古研究所對隋唐洛陽城進行了勘查，1959 年進行了重點探索，并發掘了皇城南面的右掖門，1960—1965 年繼續進行了勘查，并在宮城內做了發掘。城址南對伊闕，北據邙山，中貫洛水，東逾瀍河，西臨澗水。隋煬帝大業元年（605），“詔尚書令楊素、納言楊達、將作大匠宇文愷營建東京”。大業二年，東京城成。唐高宗乾封二年（667），在東都苑東部、皇城西南隅建上陽宮，唐武則天長壽二年（693），增高外郭城垣。城址略近方形，周長約 27.5 公里。宮城、皇城在郭城的西北角，城牆均夯築包磚。宮城南北略短，東西稍寬，東牆長約 1275 米，西牆長約 1270 米，南牆長約 1270 米，北牆長約 1400 米，牆寬 15～16 米。南面正中置城門一座，隋曰“則天門”，唐改稱“應天門”。東西兩側有向外凸的夯土牆，相距 83 米，各寬 17.5 米，應是“左右連闕”所在。應天門東側爲隋興教門，唐稱明德門，西側爲隋光政門，唐稱長樂門。北有玄武門，西有嘉豫門。東宮在宮城東南隅，自爲一城，東西 330 米，南北約 1000 米。宮城北部有陶光園，西北部有九洲池。在宮城內

的中軸綫上，由北而南有中央各殿的殿址。宮城西部有規模較小的殿址和亭址。中軸綫略偏西處有規模比較大的長方形宮殿址和圓形建築遺址。皇城圍繞在宮城的東、南、西三面，東西兩側與宮城之間形成夾城，城牆西牆保存較好，長約 1670 米，城牆寬約 14～16 米。唐代又在夾城南端添築寬約 9 米的南牆，皇城南面西側右掖門爲一門三道。門址寬 24 米，門道寬 6 米，門道兩側采用磚壁夾柱結構，每側有立柱十三根，城門爲上架過梁建築形式，其上建讓樓。門扉在門道中央，向內開啓，門道內壁經粉飾，左右門道內有車轍，寬 1.26 米，印證了當時“左入右出”的制度。皇城內還發現清理了隋代的子羅倉。宮城之北有狹長的曜儀城，東西長約 2100 米，南北寬約 120 米，曜儀城北爲平面呈矩形的圓璧城，東西長約 2110 米，東端寬 590 米，西端寬 460 米。圓璧城的南門和北面的龍光門，均爲單門道建築。皇城東側有東城，平面呈長方形，南北長約 1270 米，東西寬約 620 米。東城之北有含嘉倉城，平面呈長方形，東西約 615 米，南北約 725 米。北面的德猷門爲單門道結構。城內糧窖密集，已探出二百五十九座。在已清理的六座唐代糧窖中出土有調露（唐高宗年號，679—680）、長壽（唐武則天年號，693—694）、天授（唐武則天年號，690—692）、〔萬歲〕通天（唐武則天年號，696—697）、聖曆（唐武則天年號，698—700）等刻有年號的銘文磚，記載着倉窖在倉城中的位置、儲糧數目、入窖年月日及管理人員的官職和姓名。第一百六十號窖中還保存有約五十萬斤碳化了的穀物，絕大部分保持顆粒狀。宮城東北角和西北角外，築有長方形小城各一座，

東北角小城南北長約 275 米，東西長約 520 米。西北角小城南北長約 275 米，東西長約 180 米，其西牆正中偏北處有單門道城門址一座，寬約 10 米。因兩城與宮城、皇城相隔，故可稱爲東西隔城。隋大業元年（605）五月在洛陽城西築西苑，周二百里，唐代縮小爲一百二十六里。皇城西南的上陽宮爲唐上元中司農卿韋機建，唐高宗、武則天曾居此聽政。郭城城牆全部用夯土築成，設有八門，城内街道縱橫相交，形成棋盤式布局，精成里坊（隋曰里，唐曰坊），坊周有坊牆，四牆正中開門，嚴格的里坊制度，強化了對居民的控制。現已探出坊址六十四個。城中設有三市，均臨河渠而設，北市在洛北，西市、南市在洛南。洛陽城的規劃設計和布局對當時新建或改造地方城市及鄰近國家的都城建設都有一定的影響。1988 年中華人民共和國國務院公布爲全國重點文物保護單位。

大明宮

唐代長安城的主要宮殿，遺址在今陝西西安城北的龍首原上。初建於貞觀八年（634），宮城周圍長 7628 米。《舊唐書·玄宗本紀》：“丁未，至京師，文武百僚、京城士庶夾道歡呼，靡不流涕。即日御大明宮之含元殿，見百僚，上皇親自撫問。人人感咽。”考古勘察與發掘表明，宮中各重要遺址如含元殿、麟德殿等均有遺迹可尋，爲研究唐代宮殿制度及其建築提供了重要資料。按，大明宮亦稱“永安宮”“東内”“蓬萊宮”。

布達拉宮

中國古代在西藏拉薩布達拉山所建的著名建築。相傳 7 世紀吐蕃贊普松贊干布所建，後屢有修建，始具有今日之規模。建築依山疊砌，蜿蜒至山頂。殿宇重叠，巍峨聳峙，金碧輝煌，氣勢雄偉，充分體現了藏族人民的智慧與建築藝術。

元大都

元代京城。在北京市舊城的内城及其以北地區。《元史·地理志一》曰：“大都路，唐幽州范陽郡。遼改燕京。金遷都，爲大興府。元太祖十年，克燕，初爲燕京路，總管大興府。太宗七年，置版籍。世祖至元元年，中書省臣言：開平府闕庭所在，加號上都，燕京分立省部，亦乞正名。遂改中都，其大興府仍舊。四年，始於中都之東北置今城而遷都焉。京城右擁太行，左挹滄海，枕居庸，莫朔方。城方六十里，十一門，正南曰麗正，南之右曰順承，南之左曰文明；北之東曰安貞，北之西曰健德；正東曰崇仁，東之右曰齊化，東之左曰光熙；正西曰和義，西之右曰肅清，西之左曰平則。海子在皇城之北，萬壽山之陰，舊名積水潭，聚西北諸泉之水，流入都城而匯於此，汪洋如海，都人因名焉。恣民漁采無禁，擬周之靈沼雲。九年，改大都。”清顧炎武《歷代宅京記·幽州》引《南村輟耕錄》云：“至元四年正月，城京師，以爲天下本。右擁太行，左注滄海，撫中原，正南面，枕居庸，莫朔方，峙萬歲山，浚太液池，派玉泉，通金水，紫畿帶甸，負山引河。壯哉帝居，擇此天府。城方六十里二百四十步，分十一門。”

20 世紀 30 年代對文獻記載和地面建築遺迹進行了調查，從建築史角度探討大都的平面布局和規劃。50 年代中期，清華大學建築系趙正之教授對大都城市規劃做了全面研究，提出了元大都的中軸綫即明清北京城的中軸綫的新論點。1964 年至 1974 年，中國科學院考古研究所和北京市文物工作隊對元大都進行了全面勘察和部分發掘，對元大都的平面規劃做了復原。元大都平面呈長方形，城牆全部用夯土築成，牆基寬 24 米。南北長約 7600 米，東西寬 6700 米，面積約 50 平方公里。南牆垣在今東西長安街稍南處，北城垣在今安定門小關和德勝門小關一綫，東、西垣即明清北京內城東西垣。皇城在城南部的中央地區。城牆基寬約 3 米，俗稱「闌馬牆」。東牆在今南北河沿西側，西牆在今西皇城根，北牆在今地安門南，南牆在今東、西華門以南。宮城位於皇城東部，其東、西垣約在今故宮東，西垣附近，宮城南門（崇天門）約在今故宮太和殿的位置上，北門（厚載門）在今景山北部，它的夯土基礎已被發現。縱貫宮城中央的南北中軸綫，爲明清北京城所沿用。在城的東北部發現街道遺迹。南北嚮主幹道兩側有等距離排列的東西嚮胡同，爲成熟的開放式街巷形式。主幹道寬 25 米左右，胡同寬約 6～7 米。今北京城內的許多街道和胡同仍保存着元大都街道布局的舊迹。大都城內河湖水系有兩個系統，一是由高粱河、海子、通惠河構成的漕運系統，二是由金水河、太液池構成的宮苑用水系統。居住址發掘清理十餘處，其中以後英房胡同的居住址保存較好。這是一座大型住宅，主院正房建在臺基上，東院正房爲宋元時期最流行的平面呈「工」字形建築。1969 年拆除西直門箭樓時，發現了壓在明代箭樓之內的元大都和義門甕城城門，門洞內有至正十八年（1358）題記。元大都的東、西垣北段和北垣西段發掘出三處水涵洞遺址，爲向城外排水的設施。城內幹道兩側的排水渠在

今西四地下發現，渠內石壁上留有當時工匠鑿刻的「致和元年五月日，石匠劉三」等字迹。元大都是當時世界著名的大城市，其規劃在中國封建社會後期都城發展中占有重要地位。元大都始建於至元四年（1267），至元十一年建成宮城，至元十三年建成大城，至元二十年頒布從金中都舊城遷居大都新城的占地辦法，開始全面營建大都。

故宮

明清兩代的皇宮，同時也是中國現存最大最完整的古建築群。始建於明永樂四年（1406）至十八年，後經多次增建。故宮由大小數十個院落、九千多間房屋組成，建築面積約 15 萬平方米。周圍有 10 多米高的城牆與 10 多米寬的護城河，四隅有角樓，南面正中爲午門。整個建築群按中軸對稱布局，集中體現了中國古建築藝術的優秀傳統與獨特風格。

雍和宮

清代北京所建著名宮殿之一，創建於康熙三十三年（1694）。雍和宮具有將多民族建築藝術融爲一體獨特的風格，是一組巍峨壯麗的古建築群。建築主綫分爲三路，中路位於南北中軸綫上，七進院落，五進殿宇，左右又以多種配殿、配樓相呼應。典雅華麗，風格迥异。雍和宮素以其建築藝術而著稱於世。

園林

爲滿足某種社會需要，在特定的區域內，以山石、水面、植物、建築等作爲表現素材，按一定的藝術構思和表現手法給予規劃與設計，使其成爲具有實用和審美雙重功能的綜合體。《宋書・樂志》：「《雉子游原澤篇》：雉子游原澤，初懷耿介心。飲啄雖勤苦，不願栖園林，古有

避世士，抗志清霄岑。"園林是社會政治、經濟發展到一定高度的産物，可滿足人們對自然環境觀賞、休閑之需要。中國園林藝術出現很早，并在世界園林體系中形成了自己獨特的風格，成爲世界園林史中三大園林體系之一。

靈囿

周文王時期所建的王家園林。它基本上是一個天然園囿，供帝王畋獵囿游。方園達百里之廣。一説爲七十里。《詩·大雅·靈囿》："王在靈囿，麀鹿攸伏。"毛傳："囿，所以域養禽獸也。天子百里，諸侯四十里。靈囿，言靈道行於囿也。"《孟子·梁惠王下》："文王之囿，方七十里，芻蕘者往焉，雉兔者往焉，與民同之。"《後漢書·班固傳下》："外則因原野以作苑，順流泉而爲沼，發蘋藻以潛魚，豐圃草以毓獸，制同乎梁騶，義合乎靈囿。"李賢注："此言魚獸各得其所，如文王之靈囿也。"

頤和園

清代著名園林之一。主要由萬壽山、昆明湖兩部分組成。全園共有各種宮殿、寺廟、園林建築三千多間。從使用性質來看可分爲政治活動區、居住區與風景游覽區三大部分。風景游覽區是全園的精華所在。園内建築群形式多樣，色彩豐富，有殿堂廳室、廊館軒榭、亭臺樓閣、塔舫橋關。除木結構外，還有銅鑄、石砌、琉璃鑲嵌等結構。在布局上運用中國園林藝術中"雖有人作，宛自天開"的傳統手法，人工創造與自然環境有機結合，顯得十分協調。頤和園是中國古典園林的典範。

承德避暑山莊

規模宏大的皇家園林。爲清皇室在承德修建的一所離宮別館，建於 1703—1790 年，由宮殿和園林兩部分組成。宮殿布局嚴謹，建築樸素；苑囿充分利用豐富多變的自然地形，分平原、湖區、山巒三個景區。運用中國傳統的造園方法，集中了古代南北園林的藝術精華。

橋

始稱"梁"，亦稱"樑""橋梁""橋樑"。架於水上或空中便於通行的建築物。《詩·大雅·大明》："造舟爲梁，不顯其光。"孔穎達疏："造其舟以爲橋梁。"《鶡冠子·備知》："山無徑跡，澤無橋梁，不相往來。"《説文·木部》："橋，水梁也。從木，喬聲。騈木爲之者。""梁，水橋也。"段玉裁注："水梁者，水中之梁也……凡獨木者曰杠，騈木者曰橋，大而爲陂陀者曰橋。""梁之字，用木跨水，則今之橋也。《孟子》：'十一月輿梁成。'《國語》引《夏令》曰：'九月除道，十月成梁。'《詩·大雅》：'造舟爲梁。'皆今之橋制，見於經傳者，言梁不言橋也。若《爾雅》'堤，謂之梁'，《毛詩》'石絶水曰梁'，謂所以偃塞取魚者，亦取亙於水之義謂之梁。凡《毛詩》自'造舟爲梁'外，多言魚梁。"《正字通·木部》："樑，俗梁字。"《淮南子·主術訓》："先王之政，四海之雲至，而修封疆。蝦蟆鳴燕降，而達路除道。陰降百泉，則修橋梁。"漢嚴忌《哀時命》詩："道壅塞而不通兮，江河廣而無梁。"漢曹操《苦寒行》："水深橋樑絶，中路正徘徊。"晉祇多蜜譯《佛説寶如來三昧經》卷上："新發意諸天人民。作橋樑如是，佛語如來。"《北史·魏孝文帝紀》："粗修橋梁，通輿馬便止，不須去草剗令平也。"北齊顔之推《還冤記》："事未遂，〔張璀〕嘗與玄静同車出城西門，橋梁牢壯，而忽摧折。"南朝梁江淹《去故鄉賦》："若濟河無梁兮，沉此心於千里。"《世說新語·文學》：〔鄭〕玄亦疑有追，乃坐橋下，在水上據屐。"唐玄奘譯《大般若波羅蜜多經》卷五五二："我應堪耐一切有情長時履踐，猶如道路。亦如橋樑。"唐白居易《江樓晚眺景物鮮奇吟玩成篇寄水部張員外》詩："靨散雲收破樓閣，虹殘水照斷橋樑。"唐劉禹錫《浪淘沙》詞："洛水橋邊春日斜。"唐杜牧《阿房宮賦》："長橋臥波。"唐鄭棨《開天傳信記》："橋樑、山水、車輿、人物、草樹、鴈鳥、器仗、帷幕，吳道玄主之。"唐羅隱《昇仙橋》詩："危梁枕路歧，駐馬問前時。"宋王明清《玉照新志》卷六："嗣宗是歲以橋樑渡長江爲賦題，蓋當年下江南一時勝捷故耳。"元張鉉《至大金陵新志》卷五下："唐開元十七年，蔣日用作《本縣城隍記》云：此〔溧陽〕縣南壓中江，風波不借，舟楫無施。縣宰喬翔創浮梁以便行旅。中江橋梁之設昉於此。"元吳萊《次定海候濤山》詩："驅鰍作旗幟，駕鱉爲橋樑。"明何景明《自武陵至沅陵道中雜詩》其六："我行路中斷，欲渡無橋樑。"明鄭仲夔《耳新》卷五："師卓錫岑山，苦心實行，所造橋梁甚多。"清張履祥輯補《補農書》下卷："至於墳墓、居址，以及道路、橋樑，凡屬已所當爲，雖於農務無關，亦當乘隙料理，非度外可置也。"清魏裔介《將歸》詩："河之水兮波洋洋，我不濟兮非無梁。"又《送邵子湘之登州》詩："海神駕橋樑，大魚射澎湃。"

梁[2]

橋之始稱。此稱先秦已行用。按，"橋"與"梁"異名同義，然亦稍有差別。"喬，高而曲也，橋之爲言趫也，矯然也。"（徐鍇《說文解字繫傳通釋》注）據此，"則橋字又形象地顯示有坡度而中高的形狀，與梁字僅訓爲跨水或絕水者有所不同"（茅以昇《中國古橋技術史·概論》）。而"梁"不僅指架木跨水的橋，亦指壘石培土截斷水流的堤梁，《爾雅·釋宮》："隄謂之梁。"《荀子·王制》："修隄梁，通溝澮，行水潦，安水藏，以時決塞。"楊倞注："隄，所以防水；梁，橋也。"見該文。

【橋梁】

橋與梁之合稱，亦爲各類橋之總稱。此稱先秦已行用。見該文。

【橋樑】

同"橋梁"。此體三國時期已行用。見該文。

津衢

水上的通道，即橋。此稱唐代已行用。《法苑珠林·發願篇·述意部》："一念興行，遂感塵劫之瑞華；半刻虔躬，乃得大千之甘露。蓋是大乘之根基，種智之津衢也。"宋張方平《樂全集》卷三七："永城劇邑，當津衢衝要。"明王慎中《遵巖集·鄭海亭墓志銘》："過無錫，士民走哭，道踵相屬，津衢咽塞，舟厄不得行。"明徐弘祖《徐霞客遊記·粵遊日記二》："又東即大藤渡峽處，南北兩岸，俱有石突立江心，昔有巨藤橫架江上，故南北兩山猺賊，此追彼竄，得藉爲津衢。韓公雍破賊斷之，因名斷藤峽。"衢，一本作"梁"。

虹橋

拱曲如虹的長橋。唐谷神子《博異志·許漢陽》："池中荷芰芬芳，四岸砌如碧玉，作兩道虹橋，以通南北。"唐劉象《早春池亭獨遊》詩其二："清流環綠筱，清景媚虹橋。"宋王闢之《澠水燕談録·事志》：“陳希亮守宿，以汴橋壞，率嘗損官舟害人，乃命法青州所作飛橋，至今沿汴皆飛橋，爲往來之利，俗曰虹橋。”宋史浩《花心動·競渡》詞：“恁時彩艦虹橋畔，春容引、寶魬霞液。”元李延興《贈雄縣劉尹》詩：“香凝鴨鼎琴堂雨，木落虹橋酒市風。”明王世貞《與於鱗諸子即席分賦得懷太湖陰字》詩：“雨霽虹橋秋艷艷，天低黿窟晝陰陰。”清龔自珍《己亥雜詩》之一一二：“七里虹橋腐草腥，歌鐘詞賦兩漂零。”清丘逢甲《遊靈山護國禪院作》詩其一：“十月虹橋買棹行，臨昆山色眼中橫。”

木橋

木製之橋。上古時期已行用。亦爲先秦時期普遍行用之橋梁形式，如木柱梁橋。因其材質易腐，兼受強度、長度等因素制約，至南北朝後漸爲木石混合或石構橋梁所替代，但後世仍見行用。宋葉紹翁《聞頂山徐道人改卜》詩：“坐諳苔石穩，醉忘木橋危。”宋姜特立《贈湯仲輝郊居》詩：“木橋橫野水，竹徑踏晴沙。”元徐再思《喜春來》散曲：“春雲巧似山翁帽，古柳橫爲獨木橋，風微塵軟落紅飄。”明馮夢龍《智囊·兵智部》：“乃使人撤木橋，易以鐵石，一宵而成。”明顧起元《客座贅語》卷八：“又以泮池河水不畜於下手，造文德木橋以止水之流。”清嚴光禄《過蔡林》詩：“遠從田父問，危上木橋過。”清周郁濱《珠里小志》卷五：“教化弄，在瑚階港西木橋南。”清李斗《揚州畫舫録·城西録》：“轉角橋在城西北角，俗名仙鶴膝，木橋三孔，有橋渡二夫司啓閉，日中橋不皮板，以通畫舫。”

獨木橋

亦作“獨梁”。用一根木頭置於溪流、溝澗之上搭成的小橋。此物原始時代已見，爲橋之最早形態。《淮南子·繆稱訓》：“故若行獨梁，不爲無人，不兢其容。”高誘注：“獨梁，一木之水橋也。”宋釋道元《景德傳燈録·大安禪師》：“如人負重擔從獨木橋上過，亦不教失脚。”清朱彝尊《李檢討紺園雜咏·緑水軒》：“軒中獨木几，檻外獨木橋。”

【獨梁】

即獨木橋。此稱漢代已行用。見該文。

石橋

以石砌築的橋。其最早形式爲在溪澗小河中堆聚石塊而成的一種堤梁式石橋，原始時代已行用。春秋戰國之際出現石墩木梁跨空式橋，西漢時演變爲石柱式石梁橋，東漢時單跨石拱橋面世，隋代創造出世界上第一座敞肩式單孔弧形石拱橋，唐代李昭得造船形墩多孔石梁橋。宋代大型石橋勃興，福建泉州洛陽橋、安平橋及漳州虎渡橋皆爲橫跨江海交匯處的巨型石梁橋。《淮南子·墜形訓》：“遼出砥石，釜出景，岐出石橋，呼沱出魯平，泥塗淵出樠山，維濕北流出於燕。”北魏酈道元《水經注·濟水二》：“河東岸有石橋，橋本當河，河移，故厠岸也。”南朝宋謝靈運《山居賦》：“凌石橋之莓苔，越楢溪之紆縈。”唐陸廣微《吳地記》：“內有水池石橋，銅像一軀，高一丈六尺。”唐馬戴《石橋通送道友入天台山作》詩：“觀寒琪樹碧，雪淺石橋通。”宋文紳儀《游靈岩》詩其一：“古洞遺仙跡，流泉傍石橋。”元栖堂《山居》詩其五：“轉憶天台松樹下，倚看瀑布石橋東。”明陶宗儀《題詩意圖》詩：“流水石橋松影合，溪童指點亂雲間。”清屈大均《雨過坐三峽橋望石人峰流水》詩：“復有石橋月，宜人秋夜看。”

竹橋

竹搭之橋。常見於南方，西南地區猶多見。一般於較狹河流上作臨時性架渡之用。其最早形態爲用竹索編織而成的架空吊橋，稱竹索橋。後又有竹浮橋和竹板橋等。竹索，即用竹篾擰成之索，古作“筰”，亦通“笮”，故亦名“筰橋”“笮橋”。竹索橋於秦通蜀前已行用。文獻記載則始於漢代。《四川名勝記》引漢揚雄《蜀記》：“四夷星橋，今名筰橋。”晋任豫《益州記》：“司馬相如宅在州西筰橋北百許步。”北魏酈道元《水經注·渭水》：“司馬懿因水長，攻琰營，臣作竹橋，趙水射之。”又《水經注·江水一》：“縣，即汶山郡治，劉備所置也。渡江有笮橋。”唐李吉甫《元和郡縣圖志》卷三一：“凡言筰者，夷人於大江水上置藤橋，謂之筰。其定筰、大筰，皆是近水置筰橋處。”“蜀中又謂流江爲懸筰橋水。”唐白居易《張常侍池凉夜閒宴贈諸公》詩：“竹橋新月上，水岸凉風至。”唐杜甫《桔柏渡》詩“連笮動嫋娜”，清仇兆鰲注：“《梁益記》：‘笮橋，連竹索爲之，亦名繩橋。’”宋楊萬里《記丘宗卿語紹興府學前景》詩：“竹橋斜度透竹門，墻根一竿半竿竹。”宋陸游《雙溪道中》詩：“曉出笮橋門，天低日未暾。”明袁華《次韻》：“竹橋滑春霜，往來定非誤。”《紅樓夢》第四九回：“四面皆是蘆葦掩覆，一條去徑，逶迤穿蘆度葦過去，便是藕香榭的竹橋了。”清李斗《揚州畫舫録·虹橋録下》：“城内富貴家好晝眠，每自旦寢，至暮始興……即有船之家，但閑泊浦嶼，或偶一出游，多於申後酉初，甫至竹橋，紅日落盡，習慣自然。”又《橋西録》：“‘梅嶺春深’即長春嶺……嶺在水中，架木爲玉板橋，上構方亭，柱欄檐瓦，皆裹以竹，故又名竹橋。湖北人善製竹，棄青用黄，謂之反黄，與剔紅珐瑯諸品，同其華麗。郡中善反黄者，惟三賢祠僧竹堂一人而已。是橋則用反黄法爲之。”清魏源《聖武記》卷七：“萬山叢矗，中遶洶溪，皮船笮橋，曲折一綫。”

藤橋

藤製之橋。多見於西南地區。其出現年代及製作與竹橋大致相同。《舊唐書·高仙芝傳》：“阿弩越城胡並好心奉迎，娑夷河藤橋已斫訖。”宋陶弼《望安南海口》詩：“惆悵藤橋兵死鬼，年年沙上哭墳骨。”《資治通鑑·唐玄宗天寶六年》：“娑夷，即弱水也，其水不能勝草芥。藤橋者，通吐蕃之路也……藤橋去城猶六十里，仙芝急遣元慶往斫之，甫畢，吐蕃兵大至，已無及矣。藤橋闊盡一矢，力修之，期年乃成。”

鐵橋

以鐵爲材建造之橋。出現年代尚無定考。古時之鐵橋主要有鐵索橋及鐵柱橋兩種形態，前者較多見。或謂西漢樊噲所建之陝西褒城馬道驛寒溪樊河橋，乃迄今所知最早之鐵索橋。漢宣帝甘露四年（前50），曾於蜀地建成長達百米之鐵索橋。至唐，鐵索橋之建造已很普遍。現存鐵索橋則多爲明清時期建造。鐵柱橋實爲木鐵混合橋，然極罕見。唐玄奘《大唐西域記·八國》：“從此東南登山履險，度鐵橋，行千餘里，至迦濕彌羅國。”清錢謙益《後秋興》詩之一：“八極地標銅柱界，四游天覆鐵橋陰。”清康熙《浮梁縣志》：“橋在浮梁東五十里臧灣。宋時里人臧洪，範鐵柱十二，架木爲橋，至宋末毀於兵燹。”現代之鐵橋，多爲通火車之用。

棧橋

有梁有柱之棧道。明吳孺子《晚歸海虞》詩：“逆浪舍舟湖水闊，入林跨馬棧橋通。”清顧炎武《天下郡國利病書》卷二六：“益門鎮在渭南二十里，而風景氣候與關陝迥別。秦漢界限，天地自然之理也。自此入連雲棧七百餘里，惟鳳縣嶺、鷄頭關二處最險。鳳嶺則迆而高鷄關則陡峻，而裹自入武關而南棧，明始相連屬，有甚孤危處，真天下之險道也。武關以北，棧道才十一爾。案宋《大安軍圖經》云：‘橋閣共一萬九千二百一十八間，護險偏欄共四萬七千一百三十四間。’本朝洪武間，普定侯所修連雲棧橋凡四十五處共九百六十七間。”清道光《昭化縣志》卷九：“白水岸，有棧橋故迹十餘所，皆石鑿圓孔，以立橫梁。其孔深二、三尺，廣一、二尺，每孔相距不及一丈。粗石棧更鑿平穴，布受木板。”清顧祖禹《讀史方輿紀要·陝西五》：“自鳳縣至褒城，皆大山，緣坡嶺行，有缺處，以木續之成道，如橋然，所謂棧道也。”位於四川廣元朝天鎮北嘉陵江明月峽和清風峽東岸石壁上的古棧道橋，鑿於西周初，盛於戰國。幾經修復，爲歷代廣泛利用。

偏橋

山區道路中斷之處連接的橋梁，爲棧道之一種。因偏於河谷一側，故稱。秦漢時期於秦嶺及西南夷棧道中修建不少偏橋。今貴州施秉西北因架有偏橋，其地名亦以偏橋稱之。北魏酈道元《水經注·濁漳水》：“嶂路中斷四五丈，中以木爲偏橋，劣得通行。”明薰崇雅《賈大司馬修棧記》載康熙初年陝西巡撫賈漢復主持修復連雲棧道，共修偏橋一百一十八處，計一百五十七丈；去偏橋而壘石以補之者，自江面至岸高三丈許，共長六十五丈二尺，凡十五處。明潘希曾《偏橋》詩：“匹馬偏橋路，悠悠向夕曛。”

趙州橋

原名“安濟橋”。位於今河北趙縣城南洨河上。它是世界上現存最古老、跨度最大的橋梁之一。由隋朝著名工匠李春設計建造。全橋長51米，寬9米，净跨長37.37米。主拱爲扁平弧形，主拱之上兩側各設有兩小拱，不僅能分散橋的壓力，減輕橋身重量，洪水來臨之時，還可以增加排水面積，迅速泄洪，以減輕水流對橋身的冲擊。這種精巧的構思，造就了世界第一座敞弧圓弧拱橋，成爲聞名世界的杰作。宋周煇《北轅録》：“未至城（趙州）五里渡石橋，石橋從空起，工極堅緻，南北長十三丈，闊四之一，實隋人李春所造。元祐間賜名安濟，有張果老驢迹。”明湯顯祖《邯鄲記·入夢》：“驀過趙州橋，蹬上這邯鄲道。”

趙州橋

【安濟橋】

即趙州橋。此稱宋代已行用。見該文。

昇仙橋

位於今四川成都北之橋。跨昇仙水，故稱。明曹學佺《蜀中名勝記》卷三：“李膺《益州》記云：‘昇仙水起自始昌堰，有兩叉，中流即昇仙'。《成都記》云：'城北有昇仙山，昇仙水出焉。相傳三月三日張伯子道成，得上帝詔，駕赤文於菟於此上昇也。'"相傳橋爲秦李冰所建。因西漢司馬相如過此題字勵志而聞名。晉常璩《華陽國志·蜀志》："城北十里有昇仙橋，有送客觀。司馬相如初入長安，題市門曰：'不乘赤車駟馬，不過汝下也。'"唐李吉甫《元和郡縣圖志·劍南道上》："昇仙橋，在縣北九里。相如初入長安題其門'不乘高車駟馬，不過汝下'。"唐岑參《昇仙橋》詩："及乘駟馬車，却從橋上歸。"一本作"昇僊橋"。或謂"遷"形近"僊"，轉訛爲"仙"。

洛陽橋

亦稱"萬安橋"。位於今福建泉州洛陽江入海處。它是中國歷史上第一座跨海石橋，以"北有趙州橋，南有洛陽橋"而聞名天下。北宋時期由泉州太守蔡襄主持修建。據蔡襄手書之《萬安橋記》介紹，該橋當時長三千六百尺，橋面寬十五尺，上鋪石板，兩側設欄杆，橋下有石墩四十六個。建橋者爲防止石堤與橋墩被水冲散，將當地盛產的牡蠣大量拋在石塊上，牡蠣附石而迅速繁殖，以其硬殼將橋基黏合爲堅固的整體。這在造橋史上是一個創舉。

【萬安橋】

即洛陽橋。此稱宋代已行用。見該文。

盧溝橋

位於今北京廣安門外的永定河上，因此河古稱"盧溝"而得名。此橋建於金代1189年至1192年間，是一座十一孔厚墩連拱石橋。橋面分河身與雁翅兩部分，河身橋面長213米，净寬7.5米，中央微高起，坡勢平緩；雁翅橋面則呈喇叭口形，斜長28米，入口處寬32米，

盧溝橋
（清高晉等《南巡盛典》）

坡度較大。橋下石墩形狀奇特，爲前尖後方的船形，迎水面砌成尖長近5米的分水尖，其上垂直安裝一根三角形鐵柱，稱爲"斬龍劍"。爲使分水尖更爲穩固，其上加設壓面石。另外橋身拱石之間都用腰鐵連繫，以加强整體性。盧溝橋造型極爲堅雄華麗，尤其令人稱奇的是橋上兩側的石欄杆望柱上有神態各異的石雕獅子，使盧溝橋成爲燕京八景中著名的"盧溝曉月"而名聞天下。

玉溪橋

位於雲南玉溪紅塔區大士庵畔之橋。跨玉溪河。明洪武初年（1368）建有木橋，常圮。崇禎十年（1637），禮部尚書、邑人雷躍龍"易木置石礅，立柱覆瓦"，改建爲五孔石臺木梁廊橋，長十五丈六尺，覆屋十九，并賦《玉溪橋》詩："試問溪橋古有無，於今高插一虹弧。蜃樓異氣浮位於霄練，銀漢長煙散曉珠。雙鎖五雲巢翡翠，倒流九峽引蒼梧。龍城歸騎爭箾鼓，驢背詩囊自畫圖。本許潯潮通近信，肯教明月下平湖。西南紀載誰相似，銅柱橫叙大海隅。"清康熙九年（1670），知州耿文明修葺。五十三年，知州任中宜增高三尺，仍覆瓦屋。乾隆十二年（1747），沙淤橋圯，知州徐正恩加高石礅五尺，蓋瓦二十一間，東西各建一坊以

成長廊。嘉慶四年（1799），知州劉嶙增高四尺，以利通舟。光緒十八年（1892），知州周應芳重修，彩繪長廊，兩塊各懸"玉溪橋"匾，聯曰"玉澗長虹，長橋卧波"。橋東建亭閣，可供行者小憩。民國二十三年（1934），拆橋屋坊，寬以巨木。三十六年改建爲五孔石拱橋，長約二十丈，寬約二丈。1966年，北埃新增橋臺，復以鋼筋混凝土澆灌懸臂梁橋面。此橋昔與"大士庵""荷花池""賞荷軒""石庵亭""大觀樓""緑柳長堤歌舞臺"等，同爲玉溪名勝，春夏游者往來不絶，文人騷客多有吟咏。明陳文修《景泰雲南圖經志書・沾益州・橋梁》："玉溪橋。在州治西白城鄉。所跨之溪，其水縈帶，蒼碧如玉，因以名橋。"明雷躍龍《玉溪雜興》詩其一："坐卧玉溪沙畔，嘯歌白石江邊。樹頭樹底秋色，橋北橋南晚煙。"清毛琨《玉溪橋》詩："萬里乘槎客，尋幽到玉橋。"清夏昌《重修玉溪橋碑記》："溪中有橋，建自有明雷宗伯。日久傾圮，刺史耿文明增修。閱數十年，而刺史任中宜重修。及今四十餘載，沙淤水冲，橋梁損壞，房屋坍塌……刺史徐君，方思酌修。時有紳士孫敬等慨然各肩其任，於是興工於丁卯歲之冬，告成於戊辰歲之春，照依舊址，石墩五座，每墩增高五尺，橋西迎水馬頭增添八丈，又添楞木加扣承，上覆瓦房二十間以蔽風雨。兩岸建牌坊二座，橋東立庵閣三楹，中塑觀音大士像，兩厢各設官廳三間，以便憩息，門外立牌坊三間，均以石獅砥柱。"清徐正恩《重修玉溪橋碑記》："棋州之溪十有五，以玉溪爲最……離城五里許橫架一橋，額曰'玉溪'，以河名也……自有明創建石橋，屢經前任修補，率數十年而傾頹。予莅任兩載，每

一渡橋，見墩臺傾側，扶欄欹斜，思重修以便利涉……徑始於丁卯之十月，閱明年三月而工竣。橋長二十餘丈，廣九尺。翼以扶欄，覆以瓦屋二十一間。壘石爲橋基，較舊高五尺，下通水道五門。橋頭各鎮以坊，又增高兩堤而樹之木。更以餘材於橋之東南建一杰閣，以奉大士，意者神靈式憑斯橋，實永賴耳。落成之日，但見飛虹偃波，巨蜃跨漢，長廊垂翼，高閣臨江，竟焕然一大觀矣。"

大枋橋

亦稱"壽世橋"。位於臺灣臺南東安坊嶺仔後之橋。古木梁橋。始建於鄭氏時期（1661—1683）。清康熙二十三年（1684）水患橋圮。知府蔣毓英捐俸修葺。三十三年復圮，知府吳國柱又重修。乾隆十年（1745），海防同知方邦基重建。架木爲梁，鋪以大枋，故名。嘉慶間，邑紳吳春貴、韓必昌、黃拔萃鋪以磚。道光五年（1825），韓必昌又易以石。後更名爲"壽世橋"。清刊《重修臺灣府志・規制志・橋梁》："大枋橋在東安坊嶺。康熙二十三年，知府蔣毓英重修。三十三年，知府吳國柱重修。"清刊《重修臺灣縣志・建置志・橋渡》："大枋橋在東安坊嶺後通衢，往來之衝。偽時建。康熙二十三年，知府蔣毓英修。三十三年，知府吳國柱重修。乾隆十年，海防同知方邦基重建。架木爲梁，鋪以大枋，故名。"清刊《福建通志・臺灣府》："大枋橋在東安坊嶺後，架枋爲之，偽鄭時建。康熙間，知府蔣毓英修。乾隆間，臺防同知方邦基、邑貢生陳河瑞先後修。嘉慶間，邑紳吳春貴、韓必昌、黃拔萃鋪以磚。道光五年，韓必昌又易以石。今改爲壽世橋。"

【壽世橋】

即大枋橋。此稱清代已行用。見該文。

鐵綫橋

位於臺灣嘉義茅港尾之橋，距茅港尾橋十里。舊時冬春水涸時以粗鐵綫串連竹排爲橋，河岸兩端分繫巨型鐵牛予以支撐。夏秋水漲則設渡以濟。或謂此法隋唐時已行用。清康熙五十五年（1716）縣事周鍾瑄始建木橋。乾隆二十七年（1762）重修并拓寬加固。今橋已不存。乾隆三十一年《再重修鐵綫橋碑記》："維橋鐵綫，南北通行也。前人創造利渡，由木而竹，由竹而木，多歷年所，澤雲普矣。然屢修屢廢，其如陽侯爲災，何哉？客歲仲夏，天降淫雨，橋梁漂流殆盡。〔蔡〕珍等募題重修，悉仍舊貫，不踰月而工告竣。"（《臺灣文獻史料叢刊・臺灣南部碑文集成》）清刊《重修臺灣府志・規制・橋梁》："鐵綫橋、茅港尾橋：俱屬開化里。二橋各爲一港，相去十里，爲縣治往郡必由之路。冬春架竹爲之，上覆以土。夏秋水漲漂去，設渡以濟行人。時壞時修。"連橫《雅堂筆記》卷五："鐵綫橋在鐵綫橋堡，爲往來孔道。舊《志》謂春夏之間，橋之南北，一晴一雨，農功未遍，因名通濟橋。"

雲南橋

位於西藏昌都藏川滇交界跨鄂穆楚河之橋。因通雲南，故名。始建不詳。爲多孔伸臂木梁橋。橋墩用積木組成木籠，内填卵石。左右伸臂出層木梁。梁於墩上再以木籠填卵石鎮壓。清刊《衛藏通志》："察木多，古名康，又名喀木……三山環逼，二水合流，爲西藏門户，界通川滇。北河有四川橋，南河有雲南橋，滇省舊曾設鎮於此。"清黄沛翹《西藏圖考》："察木多（今昌都）在乍丫西北，即古康地，古稱前藏，一名喀木，界通川滇。其北河有四川橋（因路通四川而名），南河有雲南橋（路通雲南）。江巴林寺系江心濯結所建。左水名昌河，右水名都河，故有名昌都。"清陳觀潯《西藏志・西藏城郭考》："察木多在乍丫西，即古康地。古稱前藏，界通川滇，北河有四川橋，南河有雲南橋。其城在巴塘城西一千四百里。"劉贊廷《昌都縣志略》："本縣據雜楮河、鄂穆楚河二水合流之處，中現平原一隅。於雍正八年建土城一座……寺前跨雜楮河橋，因通四川名'四川橋'；城西鄂穆楚河一橋，因通雲南名'雲南橋'。城北爲獅子山，形勢扼要，向爲川滇進藏之咽喉，西南一重鎮也。"

蘇州萬年橋

位於江蘇蘇州胥門外的石墩木梁橋。跨城壕。舊有巨板橋，明初建，跨徑百米。年久壞毁，改設舟渡。清乾隆五年（1740）知府汪德馨始建石墩木梁橋，三孔，長三十三丈五尺餘，高三丈四尺四寸，寬二丈四尺。橋堍有石牌坊，正背面分別書額"萬年橋""三吳第一橋"。汪德馨有聯曰："佳氣氤氳迎漢渚，恩波浩蕩達江湖。"嘉慶二十五年（1820）重建。咸豐元年（1851）再度重建，十年毁於兵火。同治九年（1870）江某獨任修建，用費萬緡。據傳，嘉靖間嚴嵩臨蘇州，驚其精妙，召工匠，采石料，於故鄉江西分宜城外袁水之上仿建一橋。或謂拆此而移建。明嚴嵩《分宜縣萬年橋記》："先是予往來吳中，閱橋而美，於是征匠買石於吳州，運山伐石，載以巨艦，溯江而入湖。"清乾隆《吳縣志》："萬年橋，在日暉橋東北，乾隆五年知府汪德馨建。"清道光《蘇州府志·津梁》："萬年橋，在胥門外三渡。本朝乾隆五年建，石塊架木三，跨胥江上，巡撫都御史徐士林、知府汪德馨各有記。嘉慶二十五年重建。"清顧震濤《吳門表隱》："胥門河有吊橋，紫石甚古，明嘉靖時，嚴嵩愛而拆去，今在袁州城外，亦名萬年橋。"清潘次耕《萬年橋》詩："相傳吳胥門，有橋甚雄壯。不知何當事，讒媚分宜相。拆毀遠送之，未悉其真妄。茲來經秀江，巍橋儼在望。橫鋪八九筵，袤亙數十丈。石質盡堅瑤，蹲獅屹相向。皆言自蘇來，運載以漕舫。嚴老自撰碑，亦頗言其狀。始知言不虛，世事多奇創。橋梁是何物，乃作權門餉。鞭石與驅山，勢力且多讓。冰山一朝摧，籍沒無留藏。獨此巋然存，千秋截江漲。頌署兩不磨，功罪亦相當。猶勝庸庸流，片善無足況。吳山多佳石，胥江足良匠。"清徐士林《萬年橋記》："或曰前朝故有巨板橋，毀且久，民畏役重，弗克舉……未幾，吳郡汪守德馨來，聞予言，慨以身任，抗義既高，衆志悉協，於是乃首倡勸捐，一呼四應，倒篋爭輸者肩摩踵接，如流水大用已集，遂於夏四月朔二日鳩工。又三月，制府楊公超曾至，聞其事，剟獎汪守。而是時陳君弘謀亦方以按察莅司事，益相鼓舞。又五月而橋工就，則爲乾隆五年仲冬朔長至節前之二日也。是日龍口合，又二日而行人通，橋乃大成……萬衆歡騰，呼嵩共祝，請名曰萬年橋……橋長三十二丈五尺有奇，闊二丈有四尺，高三丈四尺有四寸，計費一萬六百餘金。"清徐揚所繪《姑蘇繁華圖》有其形象。1952年，改建爲三孔鋼筋水泥梁橋。2004年，改建成三孔石拱橋。

石梁橋

亦稱"平橋"。我國古代最早、最普遍出現的橋梁類型之一。初將石梁和木頭架於溪流兩岸即成。後於較寬河流中間砌石墩若干，上鋪以石梁或木梁，使之成爲較長的梁橋。宋代以後，以石墩石梁橋爲多。如建於南宋紹興八年（1138）的福建泉州太平橋叠石爲墩，鋪石爲梁，長2200多米。《五燈全書補遺·臨濟宗·南嶽下》向上具瞻仰禪師："一僧曰：今古石梁橋，幾人能得度！"《江南通志·輿地志·關津四（橋梁鎮市附）》："濟美橋，縣西三十里，即古石梁橋也，歲久傾圮。"

張侯橋

位於今江蘇南京市西中華門附近，大"長干道"北端之橋。三國東吳時建於張昭宅在其地，故名。張昭，字子布。東晉義熙六年（410），盧循攻建康，敗徐赤特於此。明洪武時（1368—1398）重建。《初學記》卷七引山謙之《丹陽記》曰："大長安道西張侯橋者，本張子布宅處也。"長安道，或爲"長干道"之誤。唐許嵩《建康實錄》卷二："案《丹陽記》，大長干寺道西有張子布宅，在淮水南，對瓦官寺門，張侯橋所也。橋近宅，因以爲名。"《梁書·東夷傳》："晉咸和中，丹陽尹高悝行至張侯橋，見浦中五色光長數尺，不知何怪，乃令人於光處捨視之，得金像，未有光趺。"《南史·宋本紀上》："帝既北，賊焚查浦而至張侯橋，赤特與戰，大敗。"清顧祖禹《讀史方輿紀要·南直二》："〔張侯橋〕在府南。盧循犯建康，焚查浦，至張侯橋，劉裕將徐赤特擊之，爲賊所敗。又侯景逼建康，度朱雀桁，蕭正德帥衆於張侯橋，迎景入宣陽門。蓋秦淮北岸橫橋也。"

皋門橋

　　石梁橋。位於今河南洛陽西。始建於魏明帝太和五年（231）。晋惠帝元康二年（292）重修。寬七尺，高出水面三丈，左右有石堤連通兩岸。橋亦作水閘，閘上覆枋屋。橋西碑文稱："晋元康二年十一月二十日改治水巷水門，除豎枋，立作覆枋屋，前後闌級續石漳便南北入岸，築治漱處。"晋潘岳《西征賦》"爾乃越平樂，過街郵，秣馬皋門，稅駕西周"，即此。北魏酈道元《水經注・穀水》："雖石磧淪敗，故迹可憑，準之於文，北引渠東合舊瀆，舊瀆又東。晋惠帝造石梁於水上，按橋西門之南頰文稱，晋元康二年十一月二十日，改治石巷水門，除豎枋，更爲函枋，立作覆枋，屋前後闌級續石障，使南北入岸，築治漱處，破石以爲殺矣。到三年三月十五日畢訖，並紀列門廣、長、深淺於左右，巷東西長七尺，南北龍尾廣十二丈，巷瀆口高三丈，謂之皋門橋，又潘岳《西征賦》曰秣馬皋門，即此處也。"宋樂史《太平寰宇記》卷一："穀水上有皋門橋，即晋惠帝所造，故潘岳《西征賦》云'秣馬皋門'。"

石拱橋

　　石砌拱橋。爲拱橋主要形式之一。源自拱形結構之建築。據歷年墓葬發掘調查，西漢時已有多邊形磚拱和圓形筒拱結構出現，如於今寧夏烏蘭布和沙漠發現的漢武帝元朔二年（前127）墓葬之半圓形磚拱頂和甘肅武威雷臺東漢墓葬之橢圓形磚拱。有關石拱橋的史籍文獻記載，最早見於北魏酈道元《水經注・穀水》："凡是數橋，皆壘石爲之……橋去洛陽宮六七里，悉用大石，下圓以通水，可以受大舫過也。"所謂"下圓以通水"者，當爲石拱橋。隋代河北趙縣之安濟橋（亦稱趙州橋）乃迄今世界上最古老，保存最完善之石拱橋。古代石拱橋因南北河道性質及陸上運輸工具之不同而構造各异。北方多爲平橋（或平坡橋），實腹厚墩厚拱，如北京之盧溝橋；南方水網地區則爲駝峰式薄墩、薄拱，如蘇州吳江之垂虹橋。清劉璈《巡臺退思録・稟奉查勘彰化撲子口等處地形由》："〔撲子口〕自南至北，計長一百零四丈，擬建石拱橋一道，分作十數甕，每甕約寬六七尺，高五丈之譜；須僱内地慣造拱橋之石匠到地審量，方可定局。"

木拱橋

　　木製拱橋。爲拱橋主要形式之一。以木材建造，故稱。此類橋多爲叠梁式，由大木組成多節拱骨，交錯搭置，縱橫相架，互相承托，上受橋面，添設欄杆而成。具有簡便短構長跨、預製裝配、强度好等性能，爲世界橋梁史之獨創。肇始於宋。見諸文獻記載者爲宋仁宗明道年間（1032—1033）青州（今山東青州市）南洋河之南洋橋，亦稱萬年橋。宋張擇端《清明上河圖》繪有汴水木拱虹橋。調查發現，在今浙江、福建山區一帶尚存古木拱橋數十座，結構多爲單孔，如浙江雲和梅崇橋、泰順泗溪溪東橋等。有的橋上還建有美麗廊屋，爲保護木料，兩側釘蓑衣式木板。參閱唐寰澄《中國木拱橋的故事》。

楓橋

　　亦稱"封橋"。位於江蘇蘇州楓橋鎮，跨運河楓橋灣，與寒山寺相望的單孔半圓形石拱橋。始建年代不詳。至遲唐代已見，因張繼《楓橋夜泊》詩而聞名，宋王珪曾親書其詩。清乾隆三十五年（1770）重修。咸豐十年（1860）毀。

今橋爲同治六年（1867）再度重建爲單拱石橋，長十一丈八尺八寸，高一丈七尺，寬一丈三尺二寸，跨徑三丈一尺五寸。薄礅薄拱，拱券縱聯分節并列砌築，造型古樸雄健。西坡踏步二十八級，東坡落於鐵鈴關内。額鐫“重建楓橋”。橋南柱刻“仁濟堂安仁局董事經辦”，“同治六年丁卯八月建”。彭福保撰《重修楓橋記》以紀之。唐張祐《楓橋》詩：“唯有別時今不忘，暮煙疏雨過楓橋。”宋范成大《吳郡志》卷一七：“楓橋，在閶門外九里道傍。自古有名，南北客經由未有不憩此橋而題咏者。”明高啓《楓橋》詩：“畫橋三百映江城，詩裏楓橋獨有名。”清趙翼《西岩齊頭自鳴鐘分體得七古》詩：“何須景陽催曉妝，豈但楓橋驚夜泊。”清葉廷琯《吹網録·閔榮墓志》：“據乾隆《府志》引周遵道《豹隱紀談》云：楓橋舊作封橋。因張繼詩相承作‘楓’……大約楓橋稱在最先……封橋則鄉里相沿傳寫……逮宋中葉以後乃雅俗皆書‘楓’字，不復知有封橋之名矣。”清張鵬翮《楓橋》詩：“閶門閶闔接楓橋，幾度經過水月遙。今日重來憶張繼，暮煙疏雨草蕭蕭。”

【封橋】

即楓橋。此稱唐宋時期已行用。見該文。

興安萬里橋

位於廣西興安城東，跨靈渠之虹式單孔石拱橋。唐寶曆元年（825）桂管觀察使李渤始建，因距京城長安約萬里，故名。橋長四丈三尺餘，寬約一丈八尺餘，拱高近一丈三尺餘。長方條石錯縫圍砌，翼以扶欄，欄上題刻多處。明初知縣魯孔達增修橋亭，後屢圮屢修。成化年間重建亭，橋頭立吳玉《萬里橋記》：“碑高丈一，闊五尺，巨龜載碑，萬民誦讀。”民國

三十三年（1944）橋毀於火。1985年重建。此橋昔爲“通行楚粵要津”，橋北即全州至興安驛道，橋南爲興安至桂林驛道，過往之達官貴人、文人墨客不計其數，并多有詩文傳世。明嚴嵩《萬里橋》詩：“興安城廓枕高邱，湘漓分水南北流。萬里橋頭風雪暮，不知何處望神州。”詩前小序曰：“城西有萬里橋，昔人以京師至此萬里，因名。”明董傳策《興安渡萬里橋》詩：“憶昨含香侍聖朝，風煙回首隔迢遥。客游忽到三江峽，世路今過萬里橋。”明徐弘祖《徐霞客游記·粵西游日記》：“興安縣萬里橋，橋下水繞北城市西去，兩岸甃石，中流平而不廣，即靈渠。”

太倉州橋

位於江蘇太倉城廂鎮，跨致和塘之三孔卵拱石橋。元天曆二年（1329）建。南北走嚮，長約十丈九尺，中寬約一丈，兩邊寬一丈二尺。拱券分節并列砌置，孔上有梁，券石有榫。石刻浮雕及“大元天曆二年”等字樣。正中地福石一側刻“安福”兩字，古樸蒼勁。今僅存一孔。與州橋、周涇橋、皋橋、金鷄橋并稱爲太倉石拱橋。屬全國重點文物保護單位。

周涇橋

位於江蘇太倉城廂鎮東門、跨護城河之三孔石拱橋。元代至順元年（1330）建。南北走嚮，長約五丈二尺，高一丈五尺餘，中寬一丈四尺，兩邊寬一丈四尺六寸。長繫石兩端雕荷葉圖案，石欄雙面刻獅子戲球、纏枝花卉圖案。中孔券石刻“至順元年”題記。因年代久遠，河道淤積，北次孔湮没，南次孔僅露部分。橋有“海門第一橋”之稱。與州橋、皋橋、金鷄橋、井亭橋并稱爲太倉石拱橋。屬全國重點文

物保護單位。《古今圖書集成·方輿編·職方典》："周涇橋，在水東關內，元至順元年郊道高建。石橋下石刻有'福海'二字及'宣武'等字，歲久剝落不詳。"

拱宸橋

位於浙江杭州拱墅區臺州路，跨運河之三孔駝峰石拱橋。明崇禎四年（1631）始建，清順治八年（1651）毀，康熙五十三年（1714）重修。橋長三十四丈五尺，寬一丈七尺餘，高四丈八尺。邊孔净跨三丈五尺七寸，中孔净跨四丈七尺四寸。雍正四年（1726）右副都御史李衛率屬捐俸重修，增厚及加寬各二尺，并作橋記。同治二年（1863）秋，太平軍設堡於橋心，左宗棠攻之，橋再塌。今橋爲清光緒十一年（1885）重建，三孔，全長二十九丈四尺，高四丈八尺，中孔跨徑四丈七尺四寸，邊孔跨徑三丈五尺七寸，均用細條石砌築。薄墩薄拱，凌空高架，氣勢雄偉，爲杭州最高最長之古石拱橋，亦爲京杭大運河上著名古橋之一。清李衛《重建拱宸橋記》："去北新關外可三里許，河面較闊，河身較深，聖湖、苕川二水皆匯注於此焉。漕艘之所出入，百貨商賈民船之所來往，風起衝擊，勢至險也。術家又言，省會地氣，向東南而趨西北，直瀉不留，不可不有以鎖鎮之相、厥地形爲扼要處所，則拱宸橋所宜亟建也。橋圮迄今六十餘年矣。方伯段公甫下車咨閭閻利弊，當興當革拱宸一橋關繫省會甚大，毅然爲之。自創始以迄落成，凡三年。"清王麟書《重建拱宸橋記》："橋在會城北十五里。跨下塘河，創始前明。一修於康熙壬辰，再修於雍正丙午。咸豐庚申辛酉間，賊壘於橋心，率以數千人持槍相擬，橋身不支。光緒間，

橋將傾圮。方伯德公馨因里民請言於中丞劉公，乃屬丁君丙董斯役。橋長二十一丈四尺，廣一丈三尺。橋下三洞，中洞廣四丈六尺，左右洞廣二丈六尺。"清嵇曾筠《浙江通志·關梁一》："拱宸橋:《錢塘縣志》：在北新關外，聖湖、苕川之水交匯於關河，由此宣洩。明崇禎四年，舉人祝華封等募建。國朝順治辛卯圮。康熙辛卯，里人呈請興復，布政使段志熙倡率捐修，雲林寺僧慧輅募助，始事於甲午二月，竣工於丁酉十二月。橋長三十四丈五尺，高四丈八尺。未久，漸至漏裂敧傾。雍正四年，總督李衛率屬捐俸重修，視舊加厚二尺，加闊二尺有餘，自春及冬工成。堅固完好，民稱利涉焉。"清高鵬年《湖墅小志》卷四："北新關外拱宸橋，左右一片曠野，兩岸農桑田畝，雜有廬墓，原通都大會，其東北百里至海寧，又東二百里至於乍浦，乃爲海口或則可以通商也。"清何振岱《拱宸橋舟中曉望》詩："櫓枝搖及曙光柔，星落漁燈淡不收。舟宿向來能早起，沙頭猶有睡鳧鷗。"清昂孫《網廬漫墨》："四明虞姓者，父商於滬，置產數十萬，顧年久不歸。子某美豐儀，固翩翩年少也，慕西泠風景，挾巨資作名士游。既抵杭，則爲友人嬲至拱宸橋。"《負曝閑談》第一七回："由錢塘門雇乘轎子，直擡到拱宸橋租界大東公司碼頭。"近代陳蝶仙《竹枝詞·拱宸橋》："不數秦淮紅板橋，長虹壓水暗通潮。"參閱《古今圖書集成·杭州橋梁考》、清康熙《杭州府志》。

法海橋

位於江蘇揚州瘦西湖內法海寺東南側之單拱石拱橋。始建待考。或云法海寺建於元至元間，寺既有徵，橋以寺名，自當斷以元至元間

爲始。明嘉靖四年（1525），揚州衛指揮火晟重建。清乾隆前爲畫舫抵達平山堂的必經之地。橋長29.1米，寬4.8米。欄杆橙板上飾蓮花圖案。法海寺後改稱"蓮性寺"。橋於1963年重修石階，湖道遍植荷花，更名"藕香橋"。清李斗《揚州畫舫錄·橋西錄》："法海橋在關帝廟前，東西跨炮山河。炮山河受蜀岡、金匱、甘泉諸山水，由廿四橋出是橋，乃得與保障湖通，故炮山河亦名保障河。尹太守記云'襟帶蜀岡，繞法海以南，通古渡'謂是。迨開蓮花埂，浚河通山堂，湖上畫舫，皆過蓮花橋，不復過法海橋。遂不知法海橋內河，正古炮山河故道也。是橋創建已久，府志以明火指揮重建爲始；其時馬知縣駙記中有'創造經始莫可考'之語。惟法海寺建於元至元間，寺既有徵，橋以寺名，自當斷以元至元間爲始。"

九龍橋

位於江蘇連雲港雲臺山南天門與三元宮之間的單孔石拱橋。因東、北、西三面群峰迴環，有山澗九股匯於橋下，故名。始建於明萬曆十五年（1587）。磚構橋拱，餘皆石構。長十丈，寬二丈四尺，高六丈。拱頂高聳，拱門長跨，結構穩健。遺存石雕仍顯明代風格。橋面及附近原有過橋樓、九龍將軍廟、引行茶庵等，今皆不存。清凌廷堪《九澗爭流》詩："萬壑瀉飛泉，千山瀑布懸。相看九澗水，爭落一溪煙。響與松聲合，寒隨雨氣連，石橋閑憩息，雲樹總茫然。"

斷橋

位於浙江杭州西湖孤山旁的小石橋。界於裏湖、外湖間。兩端各與白堤及環湖北路相接。白堤自孤山至此而斷，故名。始建無考。唐張祐有《題杭州孤山寺》詩曰"斷橋荒蘚澀，空院落花深"，據此，至遲唐代已有此橋及稱。橋上設木柵門，朝開暮閉。宋潛說友《咸淳臨安志》卷二一："斷橋，今名寶祐橋。"宋吳自牧《夢粱錄·西湖》："曰孤山橋，名寶祐，舊呼曰斷橋，橋裏有梵宮，以石刻大佛，金裝，名曰'大佛頭'……橋外東有森然亭，堂名放生，在石函橋西。"宋孝宗時吳禮之吊陶師兒、王宣教投水詞，有"長橋月、短橋月"之句，或以爲短橋即指斷橋。宋周密《秋霽》詞："年華易失，段橋幾換垂楊色。"宋趙汝茪《夢江南》詞："昨夢醉來騎白鹿，滿湖春水段家橋，濯發聽吹簫。"明洪丞《斷橋閒望》詩："閑餘步上斷橋頭，到眼無窮勝景收。細柳織煙絲易滑，青屏拂鳥影難留。斜拖一道裙腰繞，橫看千尋鏡面浮。孤老近來忘俗纍，眷懷浦客舊風流。"明成化《杭州府志》："成化十年，知府李端修段家橋。"明錢惟善《竹枝詞》："阿姨近居段家橋。"明田汝成《西湖游覽志·孤山三堤勝迹》："斷橋，故名寶祐橋，自唐時呼爲斷橋。張祐詩云'斷橋荒蘚合'是也。豈以孤山之路至此而斷，故名之歟？元時錢惟善《竹枝詞》，有段家橋之名，聞者哂之，以爲杜撰，然楊、薩諸詩，往往亦稱段橋，未可謂無證也，故兩存之。"清雍正《西湖志》卷三："出錢塘門，循湖而行，入白沙堤。第一橋曰斷橋，界於前後湖之中。水光艷瀲，橋影倒浸，如玉腰金背。凡探梅孤山，蠟屐過此，輒值春雪未消。葛嶺一帶，樓臺高下，如鋪瓊砌玉，晶瑩朗徹，不啻玉山上行。昔人稱詩思在灞橋雪中，此較更勝。"斷橋殘雪"爲西湖十景之一。民間傳說《白蛇傳》之白娘子和許仙相會即此。清康熙帝御書"斷橋殘雪"四字，刊碑立橋左，橋上有御書亭，咸豐末兵燹後已不存，橋亦毀。同治三年（1864）重建。宋陳清波有《斷橋殘雪圖》。清翟灝《湖山便覽》卷二："斷橋殘雪亭在斷橋北。宋陳清波有《斷橋殘雪圖》。康熙三十八年，聖祖仁皇帝御書四字爲西湖十景之一。四十一年有司勒石建亭於此。"今橋乃民國三十年（1941）改建，爲單孔券洞。

萬歲橋

位於南宋都城臨安（今浙江杭州）大内宫苑内御園内。長六丈餘。白玉石甃成，四畔雕鏤欄檻。橋上以白欂木造四面亭，與橋一色，頗爲瑩徹雅潔，爲苑内重要景物。宋周密《武林舊事》卷七："淳熙九年八月十五日……晚宴香遠堂。堂東有萬歲橋，長六丈餘。並用吳璘進到玉石甃成，四畔雕鏤欄檻，瑩徹可愛。橋中心作四面亭，用新羅白欂木蓋造，極爲雅潔。"明周楫《西湖二集》第二卷："後八月十五日，孝宗過德壽宫。太上釣魚爲樂，遂留孝宗賞月，宴於香遠堂。堂東有萬歲橋，長六丈餘，以白玉石妝成，雕欄瑩徹。橋上造四面亭，都是新羅白木，與橋一色，蓋造極其雅潔。"

鏡橋

昆明湖西堤六橋之一。位於北京市清漪園（今頤和園）昆明湖西堤之上。始建於清乾隆年間。長約六丈八尺，中部寬約二丈二尺。一平二坡式橋身，花崗岩石砌。上建八角重檐攢尖橋亭一座，亭高約二丈六尺。四望湖水如鏡。橋名取唐代李白"兩水夾明鏡，雙橋落彩虹"詩意。乾隆帝有詩咏曰："若道湖光宛是鏡，阿誰不是鏡中人。"

戰橋

即浮橋。因多用於軍事，故稱。此稱至遲三國時期已行用。《三國志·魏書·袁紹傳》裴松之注引《英雄記》："〔公孫〕瓚殿兵還戰橋上，〔白馬〕義復破之，遂到瓚營，拔其牙門，營中餘衆皆復散走。"《續資治通鑑長編·宋神宗熙寧七年》："北京城西偏帶沙低薄，已檢計立限修築上下水關。其護關戰橋並左右引手，城未高堅，相度增築，置樓櫓守具。"明丘濬《國朝典故》卷九一："又增築土城於多邦隘，樹柵立城，連橋接艦七百餘里。"

瀘定橋

亦稱"鐵索橋"。位於四川瀘定瀘橋鎮，跨大渡河之鐵索橋。清康熙四十五年（1706）建。長三十丈，寬八尺四寸，橋面距枯水位四丈三尺餘。維以各重達二噸半之大鐵鏈十三。平行於兩岸九，上鋪木板爲橋。以爲欄杆四。橋臺砌築條石，高六丈餘。橋臺後設錨錠坑，長一丈五尺，寬六尺，深一丈八尺，置鐵樁八。西岸爲二郎山與海子山，大渡河浪濤洶涌，人援索攀渡，甚爲壯觀。橋頭懸康熙御匾"瀘定橋"，橋東立康熙《御製瀘定橋碑》。《古今圖書集成·方輿編·職方典》："〔瀘定橋〕在瀘水（大渡河）上，地屬沈冷姜村。康熙四十五年所

瀘定橋

製鐵索橋也。"《四川通志·兵制》:"令右營都司帶領把總一員、兵二百名,分防瀘定橋。"橋爲全國重點文物保護單位。

【鐵索橋】

即瀘定橋。此稱清代已行用。見該文。

堡壘

亦稱"保壁""堡壁"。用於守禦的建築物。《後漢書·陳俊傳》:"視人保壁堅完者,敕令固守;放散在野者,因掠取之。"《三國志·魏書·常林傳》:"林率其宗族,爲之策謀。見圍六十餘日,卒全堡壁。"唐柳宗元《柳州司馬孟公志》:"伐趙之役,堅立堡壘,誓死麾下。"《資治通鑑·晋孝武帝太元九年》:"十一月,嘉入長安,衆聞之,以爲堅有福,故聖人助之,三輔堡壁及四山氐羌歸堅者四萬餘人。"朱德《冀中戰況》:"河旁堡壘隨波湧,塞上烽遍地陰。"

【保壁】

即堡壘。此稱漢代已行用。見該文。

【堡壁】

即堡壘。此稱三國時期已行用。見該文。

堡障

用於防守的小土城。唐司空圖《解縣新城碑》:"彼或蔽得邊荒,繕修堡障,猶誇溢美,顯示將來。"《新唐書·裴識傳》:"識至,治堡障,整戎器,開屯田。"《續資治通鑑·宋仁宗天聖四年》:"黃龍府請建堡障三,烽臺十,遼主命俟農隙築之。"

戍

亦稱"戍堡""戍壘"。邊防駐軍的城堡、營壘。《晋書·庾翼傳》:"其謝尚、王愆期等,悉令人還據本戍。"唐劉長卿《奉使至申州傷經陷没》詩:"歸人失舊里,老將守孤城,廢戍山

出,荒田野火行。"宋蘇軾《雪後至臨平》詩:"落帆古戍下,積雪高如丘。"宋賀鑄《游金陵雨花臺》詩:"戍堡定荒凉,投身計何拙。"清周亮工《初聞徙信寄白門羅星子等》詩:"一帶黃雲迷戍堡,半生明月夢秦淮。"宋韓琦《聞角》詩:"數起伴風吹戍壘,幾番侵夢入賓郵。"清納蘭性德《浣溪沙·身向雲山》:"一抹晚荒戍壘,半竿斜日舊關城。"

【戍堡】

即戍。此稱宋代已行用。見該文。

【戍壘】

即戍。此稱宋代已行用。見該文。

戍樓

邊塞駐軍的瞭望樓。南朝梁元帝《登堤望水》詩:"旅泊依村樹,江槎擁戍樓。"唐許渾《金陵懷古》詩:"《玉樹》歌殘王氣終,景陽兵合戍樓空。"明尹耕《紫荆關》詩:"斥堠直通沙磧外,戍樓高并朔雲平。"清吳偉業《送紀伯紫往太原》詩:"相依劉越石,清嘯戍樓中。"

圍[2]

古代用土石或樹木構成的禦敵寇之堡。《三國志·吳書·陸遜傳》:"敕軍營更築嚴圍。"宋趙彦衛《雲麓漫鈔》卷一二:"以城圍大小分爲兩等。"清薛福成《書金寶圩圍練禦賊事》:"今人於南方衛田之隄,北方禦寇之堡,通之曰'圍'。"

堠

瞭望敵情的土堡。唐姚合《送少府田中丞入西蕃》詩:"蕭關路絶久,石堠亦爲塵,護塞空兵帳,和戎在使臣。"宋劉克莊《贈防江卒六首》之五:"戰地春來血尚流,殘峰缺堠滿淮頭。"清納蘭性德《滿庭芳》詞:"堠雪翻鴉,

河冰躍馬，驚風吹度龍堆。”

壁壘

軍營之圍牆。爲進攻或退守之工事。《六韜・王翼》：“修溝塹，治壁壘，以備守禦。”《史記・黥布列傳》：“深溝壁壘，分卒守徼乘塞。”《新唐書・叛臣傳上・李懷光》：“明日，李晟會陳濤斜，壁壘未具，賊大至。”李光《河山四律》：“將帥凋零鼙鼓動，四郊壁壘九邊烽。”

【壘壁】

即壁壘。《墨子・備城門》：“復使卒急爲壘壁，以蓋瓦復之。”《史記・白起王翦列傳》：“七月，趙軍築壘壁而守之。”宋蘇轍《臣事策》：“息兵而爲營，三軍之士其心在壘壁，而其氣在禦。”

敵樓

建於城牆之上，用以瞭望、禦敵的城樓。《隋書・禮儀志七》：“又於城四角起樓敵二，門觀、門樓檻皆丹青綺畫。”按，“樓敵”當作“敵樓”。宋曾鞏《瀛州興造記》：“迺築新城，方十五里，高廣堅壯，率加於舊，其上爲敵樓、戰屋。”金董解元《西廂記諸宮調》卷一：“西有黃河東華嶽，乳口敵樓没與高，佛佛來到雲霄。”清蒲松齡《聊齋志異・羅刹海市》：“少時，抵城下，視牆之磚，皆長與人等。敵樓高接雲漢。”何垠注：“敵樓，城上守禦之樓。”

烽臺

即烽火臺。烽者，古代邊境報警的烟火。我國自西周始，爲了保衛周天子的安全，采用烽火報警，即在邊防綫上每隔十餘里建一舉烽的墩臺，漢時又稱亭燧或烽燧，遇有外敵入侵，白天則舉烟，夜則舉火，諸侯見警號，便立即起兵勤王，這樣數百里内便可迅速趕至。《墨子・號令》：“晝則舉烽，夜則舉火。”這些舉烽火以報警的墩臺稱烽臺或烽火臺。《太平御覽》卷三三五引唐李靖《兵法》：“烽臺於高山四顧險絶處置之。”宋蘇舜元、蘇舜欽《瓦亭聯句》：“烽臺屹屹百丈起，但報平安摇桔橰。”

第二節　地下建築考

所謂地下建築物，是指建築在岩層或土層中的各種建築物和構築物。除却全部處於地下的建築之外，地面建築的地下部分也屬地下建築，一部分露出地面、大部分處於岩石或土壤中的建築物和構築物則屬半地下建築。中國古代的地下建築物一般是指建在地下的宫殿、陵墓、居室、倉庫、軍事設施、礦井等。

人類對地下空間的利用，經歷了一個從自發到自覺的漫長過程。在遠古時期，人類就開始利用天然洞穴作爲居住之用。在北京西南郊周口店村龍骨山上發現的北京猿人頭蓋骨和使用火的遺迹，距今已有五十萬年之多，説明當時的原始人類就曾居住在自然條件比較好的天然岩洞中。在周口店發現距今三萬多年的"山頂洞人"，也是生活在天然洞穴之中的人類先祖。

在新石器時代，一些氏族部落從游牧開始轉爲聚居，天然岩洞已不能滿足需要，故大量土穴居所開始出現。當時的土穴居所一般爲圓形或方形的豎穴，上面用樹枝等物支蓋起傘狀屋頂。黄河流域典型的居住村落遺址有西安半坡等，住房多爲土穴，房中央有火塘。龍山文化時期的土穴居所出現了套間房址和井址，地穴越來越淺，居所逐漸開始向地面建築過渡。但是在黄土高原，因爲獨特的地理條件和氣候環境，生活在這裏的歷代勞動人民在長期的社會實踐中，創造出黄土窰洞這種別具特色的民居形式。統計表明，截至 20 世紀 90 年代末，在黄土高原約 63 萬平方公里的土地上，仍有四千萬人口生活在窰洞式民居中。

窰洞民居，由於各地所處的自然環境、地形地貌和地方風土不同，形成了多種多樣的布局和結構形式，大體可以分爲三種類型：第一種爲靠崖窰，是指在天然的垂直崖面上開掘的土窰。較大的窰洞常是數洞并列，内部可以互相連通；或是有上下數層的退臺式窰洞，遠遠望去，很是雄偉壯觀。規模較大的則在崖外建房，組成院落。第二種爲下沉式窰洞或叫地下天井窰，就是先在地上垂直向下挖出院子般大小的天井，然後向坑壁四個方嚮掏挖出横洞。在西北地方，有很多這樣掏成的三合院和四合院，它們一個個星羅棋布地分布在大片黄土原上。當地人形容爲："上山不見山，入村不見村，祇聞雞犬聲，院落地下存。"第三種爲獨立式窰洞，是指在地面上用土坯或磚石砌成拱券窰頂和墙身，上面用土覆蓋築成。這類窰洞有半埋式，也有築在地上的，布局結構仍以四合院式爲主。

人類移居地面以後，開始發掘地下空間以滿足居住以外的多種需要。在中國封建社會這一漫長的歷史時期中，地下空間的開發絶大部分用於建造地下陵墓，歷代帝王陵墓代表了中國古代建築的最高水平。由於視死如生、靈魂不死的觀念，中國形成了一整套隆重的墓葬制度和祭祀禮儀，在陵墓形制中分爲地上、地下兩部分。地上部分供人舉行祭祀和安放神主，有祭壇或廟堂等；地下則效仿死者生前居住情況，安置與埋葬死者的遺體和遺物。地上和地下結合，集安葬與祭祀於一體，是中國古代陵墓建築的特點之一。陵墓的地面建築大多數爲木結構，經過歷代兵焚戰亂的人爲破壞，以及風雨雷電等自然災害損毀，基本上已蕩然無存。祇有地下墓室被比較完整地保存下來。

陵墓亦稱"地宫""玄宫"或"幽宫"，是帝王陵墓中最具神秘色彩的部分。從商朝開

雲岡石窟露天大佛

莫高窟壁畫伎樂飛天

始，直至西漢，帝王、貴族墓室的一個共同特點是采用大型木槨。不同的等級，棺槨數目有嚴格的區別。《禮記·檀弓上》："天子之棺四重，水兕革棺被之，其厚三寸，杝棺一，梓棺二，四者皆周。"鄭玄注："諸公三重，諸侯再重，士不重。"殷墟商王墓地墓室平面呈"亞"字形，最大的有四五百平方米，四邊長約 20～30 米，深度 10～13 米。墓穴由夯土建成，口大底小，四壁坡度爲 60 度左右，槨室位於墓穴底部中央。有的四面各用九根巨木作墻壁，又各用三十根巨木爲底和頂，構成井幹式結構。聯接墓穴和地面的通道稱爲"羨道"。

公元前 206 年建成的秦始皇陵地宫，基本沿用商周以來四出羨道、木槨大墓的形式。《史記》記載，地宮深邃堅固，不僅砌築了"紋石"堵絕地下水流，并塗以"丹漆"防潮，還用銅汁加固槨室；墓中還建造有宮殿及百官位次，放滿珠玉珍寶，還燃燒一種用"人魚"膏做成的蠟燭，可以長久不滅；墓內設置防備盜墓者而自動發射的弩機弓矢，川流不息。這完全是一幅搬至始皇陵中的秦王朝宮殿的縮影，《水經注》稱始皇陵"斬山鑿石，旁行周圍三十餘里"。結合已發掘的秦兵馬俑坑群的情況來看，可以斷定秦始皇陵是中國歷史上最大的地下陵墓。

秦以後的歷代陵墓，更是講究融建築、雕刻、繪畫與自然環境爲一體的藝術特色。例如河北滿城的劉勝墓、陝西乾縣的唐章懷太子墓和永泰公主墓等，都表現出規整的格局、嚴密的結構和較好的防水技術。武則天與高宗李治的合葬墓乾陵，坐落於海拔 1049 米的梁山之上，顯示了唐代"以山爲陵"、藉山勢之高突出陵體之高的陵墓建築特色。位於北京昌平的明代十三陵，在建築設計上則是模仿帝王生前活動的主要場所紫禁城，采用"前朝後寢"的形式，長陵祾恩殿規模、格局均同太和殿，體現了"事死如生"的設計原則。從宋代開始，同朝帝王的陵墓開始建在一起，形成皇陵區。如宋代鞏縣八陵、明代十三陵、清代河北遵化東陵和河北易縣西陵等，體現了同宗同族血緣親疏的封建倫理道德。

佛教自東漢時期從印度傳入中國，在南北朝至五代幾百年間發展最盛，其間興建了大量爲滿足宗教特殊要求的佛教建築，地下空間的利用和開發爲保存宗教藝術珍品提供了良好的條件。在陡峭岩壁上鑿掘洞窟形佛教建築稱爲石窟寺。其中最著名的有山西大同的雲岡石窟、河南洛陽的龍門石窟、甘肅敦煌的莫高窟、甘肅天水的麥積山石窟、河北邯鄲的響堂山石窟等。這些石窟岩洞的形成與以佛教故事爲題材的浮雕藝術融爲一體，使整個岩洞成爲一個大型的雕刻藝術殿堂。

除却觀念性、象徵性的陵墓建築、石窟建築外，尚有實用性地下建築，大抵可分四種類型：一曰儲藏型，二曰蓄水型，三曰軍事型，四曰獄用型。茲分述如下。

一、儲藏型。1971 年，在河南洛陽東北郊發掘出一座大型古代地下糧庫"含嘉倉"。該糧庫建造於隋朝，一直使用到唐朝。庫區面積 42 萬平方米，已發掘出半地下式糧倉近二百個，其中第一百六十號倉直徑 11 米，深 7 米，容量 445 立方米，可儲糧 2500 ~ 3000 噸。隋代另有"太倉""太原倉""斗倉""洛口倉"等，下有專文，此不複述。據考，中國自魏晉南北朝以來，或因民族雜居影響，或因戰爭所致，時有地倉之建造，但其具體位址已難確考。含嘉倉是目前所知最大、最古老之地倉。《史記·平準書》中已有"太倉之粟，陳陳相因"之語，未知此"太倉"是否爲地倉，或明倉與地倉連用。

二、蓄水型。在中國新疆地區，有一種特有的地下建築——灌溉工程坎兒井。因新疆地處西北乾旱地區，年平均降水量不到 200 毫米，人們生產和生活用水主要依靠天山、昆侖山和阿爾泰山冰雪融化。早在二千多年以前，勤勞的新疆各族人民就獨創出坎兒井這種地下建築，用以利用冰雪融化的伏流和潛水。坎兒井主要由三部分組成：一是暗渠，也叫橫渠，使地下水從暗渠流到用水的地方，它實際上是地下的集水道和輸水道。二是明渠，即露出地面的水渠，是引水灌溉田地的管道。三是豎井，也叫立井。在開挖暗渠以前，人們必須先鑿豎井，沿着一條綫路鑿成若干豎井。豎井的作用有二：一是爲了瞭解地下水位，確定開挖暗渠的位置；二是在挖暗渠時利用豎井作通風口和出土口。其中暗渠與豎井皆屬地下建築。坎兒井利用地勢落差自流灌溉，施工簡單，使用久長，因水在地下流動，既減少了蒸發，又避免了被風沙埋没，非常適合當地的自然環境。清《新疆圖志》記載，坎兒井幾乎遍布新疆各地，僅吐魯番就有二十八處，葉城縣五十一處。最長的坎兒井長達150餘里，是一種特殊的管道。

三、軍事型。1961年在河北峰峰礦區發掘的古代地道，是宋朝時所建。該地道當時用於軍事目的，蜿蜒400多米，走嚮很不規則，距地表約4米，有些部分在空間上有立體交叉，還有通向地面的通風竪井。在一些古籍中，也常有利用地道攻城、作戰的記載。《墨子》稱之"穴土而入，縛柱施火"。《商子・境内篇》對這種攻城方法記述稍詳："其攻城圍邑也，國司空訾（計算）其城之廣厚之數，國尉分地，以徒校分積尺而攻之……内通則積薪，積薪則燔柱。陷隊之士面（每崩毀的城墻缺口）十八人……以中卒（中軍精鋭）隨之。將軍爲木臺，與國正監，與王御史參望之。"實際上，穴攻就是通過挖地道將城墻基部挖空，以梁柱支撐，再積薪放火，燒毀支柱橫木，使城墻崩塌，爾後指揮突擊隊搶占城墻缺口，并在此處投入主力，擴大戰果。

另一種地道戰法稱之爲空洞，即攻方挖掘若干條通入城内的地道，令突擊部隊潛入城内，爾後攻方裏應外合，協同攻擊守城部隊。《三國志・魏書・公孫瓚傳》注引《英雄記》，公元199年，袁紹圍公孫瓚於易京（今河北雄縣西北），久攻不下。袁紹遂采用"穴攻"戰術，"分部攻者，掘地爲道，穿穴其樓下，稍稍施木柱之，度足達半，便燒所施之柱，樓輒傾倒"，終於消滅了公孫瓚。

清光緒十一年（1885），中法鎮南關大戰中，清軍首創了"地營"這種野戰工事，取得了鎮南關大捷。地營的出現，是清軍工事構築的一大變革，標志着過去在地面上築壘發展爲向地下挖掘。清唐景崧《請纓日記》記載，滇軍地營的構築是相當完美的。其制："掘地作方坑，深六尺，大小度地勢爲之，坑内四圍密竪大木，出地尺許，開槍眼，上鋪大木、覆土，取其低不受炮，遥見不知有營也。坑背開地槽，通入坑，坑口有柵。一人閉柵坐，則坑内數十人皆不得出，既可避彈，且免潰走……或迴掘數營皆於地下開槽，營營可通，互相策應，水米藥彈均儲其中。又於營地外開曲折明槽，人頂齊地，寬僅尺五，長至一丈即轉，太寬彈易落入。一丈即轉，彈雖落亦僅擊及一丈也。明槽所以護地營，恐軍全在暗坑，不明敵情也。地營三丈外用槎椏樹枝，以藤纏之，密排三層，是謂鹿角架，防敵衝突。再於四角埋置地雷，尤爲有備。但須離本營二十丈遠，始不自轟。"

四、獄用型。典籍記載，中國自漢代以來，即有掘地爲牢的史實。其所以掘地爲牢，乃因地牢較之地上之建築更易看守，且可節省資費。地牢之結構并無一定規矩，隨意性甚大，通常多作“凹”形，其上厚加蓋板石，以便嚴守。《漢書·酷吏傳·尹賞》記曰：“賞至，修治長安獄，穿地方深各數丈，致令辟爲郭，以大石覆其口，名爲‘虎穴’。”顏師古注：“致謂積絫之也；令辟，甀甎也；‘郭’謂四周之内也。”據注文可知，此“虎穴”之四周以“甀甎”砌成，甚堅固。“甀甎”乃狹長之磚，以便嵌入四壁。結果常是“虎穴中百人爲輩……數日壹發視，皆相枕藉死”。又《谷永傳》曰：“以掖庭獄大爲亂阱……絕滅人命。”顏師古注：“穿地爲坑阱，以拘繫人也。亂者，言其非正而又多也。”據注文可知，西漢時除官方所掘“虎穴”之類地牢外，另有衆多非法地牢。此後，《魏書·楊津傳》《北齊書·崔暹傳》《續資治通鑑·宋理宗景定三年》皆有官設地牢之記載。

　　蓄水型的坎兒井在前面《農田水利說》中已有闡釋，本考不再複述。“礦井”其物，早在史前時期即有，最初爲銅礦、錫礦、鉛礦之類，至春秋戰國時金屬礦與非金屬礦已甚普遍。這些皆屬於構築物，爲今人所熟知，本考亦不予贅述。

陵墓

　　歷代帝王的墳墓，是中國古代建築的一個重要類型。中國古代慣用土葬，新石器時期墓葬大多爲長方形或方形土坑豎穴墓，地面無標志。在河南安陽，曾發現大量商朝巨型墓穴，有的距地表深達 10 餘米，邊長 20～30 米，占地數百平方米，并有大量的奴隸殉葬和車、馬、青銅器等隨葬品。這些陵墓大多是商朝歷代帝王的墓室。戰國時期的陵墓開始出現巨大的墳丘，設有固定的陵區。秦始皇陵在陝西臨潼境内，規模巨大，封土高達 120 多米；圍繞陵丘設内外二城及享殿、石刻、陪葬陵、兵馬俑坑群等。據記載，始皇陵地下寢宮裝飾華麗，隨葬各種奇珍异寶。其建築規模對後世影響很大。漢代帝王陵墓多在陵側建城邑，稱爲陵邑。唐代是中國陵墓建築史上的一個高潮期，陵墓大多因山而建，氣勢雄偉，典型的有武則天與唐高宗李治合葬的乾陵。明代是中國陵墓建築史上的又一個高潮期，除朱元璋孝陵在南京外，其餘各帝陵墓均在北京昌平的天壽山，總稱明十三陵。各陵都背山而築，在地面按軸綫布置地宮、寶頂、方城、明樓、石五供、欞星門、棱恩殿等。其中定陵經考古發掘得知，地下寢宮由前殿、中殿、後殿和左右配殿組成，全部用石材建成。清代陵墓，前期在遼寧新賓、瀋陽，其餘陵墓建在河北遵化和易縣，分別稱爲清東陵和清西陵，其建築布局與形制沿襲明陵，建築風格更爲奢華。按，陵墓初稱“山陵”，亦稱“陵墳”“墳陵”。

秦始皇陵

　　中國秦朝第一位皇帝嬴政的陵墓。在今陝西西安臨潼東約 5 公里處的驪山脚下，建成於公元前 210 年。陵爲夯土築成，現存爲截頂方錐形，高 76 米。《史記·秦始皇本紀》：“始皇初即位，穿治驪山，及并天下，天下徒送詣七十餘萬人，穿三泉，下銅而致椁，宮觀百官廳器珍怪徒臧滿之。令匠作機弩矢，有所穿近者輒射之。以水銀爲百川江河大海，機相灌輸，上具天文，下具地理，以人魚膏爲燭，度不滅者久之。"又張守節正義："《關中記》云："始皇陵在驪山。泉本北流，障使東西流。有土無石，取大石於渭諸山。"《括地志》云："秦始皇陵在雍州新豐縣西南十里。"秦始皇陵是中國歷史上規模最大的陵墓之一，當時地面上還有享殿等建築。項羽軍入關中時，始皇陵被火焚毀。地下墓室有待今後考古發掘。

漢代崖墓

中國東漢時期在崖壁上開鑿洞穴放置棺木的墓葬形式。分布於四川、湖南、江西、貴州等地，以四川爲最多。漢代崖墓一般可以分爲單室墓、重室墓、前堂後穴墓三種類型。較大型墓室多數均模仿生前生活形式，在墓室中設置前堂後室，有多重墓室。前堂供整個家族祭奠之用；後室還爲後代留出開鑿墓穴的位置。這種崖墓主要是爲了防止被盜，同時也受當時墓葬習俗的影響。

茂陵

西漢武帝劉徹的陵墓，在今陝西興平境内。始建於武帝建元二年（前139），歷時五十三年，耗資巨大，所需費用占每年賦稅收入的三分之一。建築非常宏偉，墓内殉葬品也極爲豪華豐厚。《漢書·貢禹傳》載："金錢財物、鳥獸魚鱉牛馬虎豹生禽，凡百九十物，盡瘞藏之。"現茂陵封土實高46.5米，與《漢書·武帝紀》及有關史料記載基本一致。

乾陵

在陝西乾縣北約6公里的梁山上，是唐高宗李治與女皇武則天的合葬墓。乾陵依山爲陵，在利用天然地勢上取得了很大的成功。較之前代封土爲陵，氣勢上更加雄偉，是唐陵中具有代表性的一座。陵墓原有兩種垣墙，四面均有闕門和巨型石刻，今保存有六棱柱華表一對，翼馬和鴕鳥各一對，石馬五對，戴冠着袍持劍的直閣將軍石人十對，并有兩座石碑，參加高宗葬禮的少數民族首領與外國使節的石刻造像六十一尊。内城四門外各有石獅一對，雕刻手法簡練，神態威武。北門外還有石馬三對。在乾陵周圍還分布着許多大臣的陪葬墓，其中章懷太子李賢墓中出土了反映唐代宮廷生活的大型壁畫，李重潤墓中的城闕圖是研究唐代建築的重要形象資料。參閱新舊《唐書·高宗紀》。

乾　陵

石窟寺

在山崖陡壁上開鑿洞窟作爲寺院。窟内設佛像或有關佛教教義、佛教故事之群像，或石刻，或雕塑，或畫於窟壁。石窟寺起源於印度，後隨佛教傳入中國。中國石窟寺的開鑿約始於晋末，盛行於南北朝。此稱南北朝時期已行用。《南齊書·魏虜傳》："宏父弘禪位後，黄冠素服，持戒誦經，居石窟寺。"著名的石窟有雲岡石窟、龍門石窟、敦煌石窟、麥積山石窟、響堂山石窟、石空寺石窟等。

敦煌石窟

指建在甘肅敦煌三危山和鳴沙山之間的莫高窟。洞窟鑿在鳴沙山東麓的斷崖上，上下五層，高低錯落，鱗次櫛比，南北長 1600 多米。相傳初建於前秦建元二年（366），至唐代時已有洞窟千餘座。現尚保存北魏至元代洞窟四百九十二個，壁畫 45000 平方米，彩塑二千四百一十五尊，唐宋木構建築五座，蓮花柱石和鋪地花磚數千塊。石窟最大者高 40 餘米，30 米見方；最小者高不盈尺。造像均爲泥質彩塑，有單身像和群體像兩類。壁畫内容有佛像、佛教史迹、經變、神話、供養人等題材和裝飾圖案。乃中國現存規模最大、内容最豐富的石窟藝術寶庫之一。

麥積山石窟

位於甘肅天水東南約 30 公里的山中。因該山狀如農家積麥，故稱。這裏造像始於後秦，迄於明清。麥積山遺存北魏、北周時期窟龕較多，占總數的一半以上。崖閣式巨型洞窟是麥積山石窟的典型窟型，其主要特徵是在佛龕外

麥積山石窟

鑿仿木構柱廊，構成殿堂形外觀。歷代造像在距山基 20 ～ 70 米高的懸崖峭壁上，層層相叠，密如蜂房。相互間聯係主要靠棧道，洞窟中保存了各種泥塑、石雕像七千餘座，壁畫 1300 多平方米。泥塑有高浮雕、圓塑、粘貼塑、壁塑四種。數以千計的與真人大小相仿的塑像極富生活情趣，在雕塑藝術史上有很高的價值。五代范資《玉堂閑話》評價麥積山石窟："其青雲之半，峭壁之間，鑴石成佛萬龕千室，雖自人力，疑其鬼功。"

雲岡石窟

在山西大同西 16 公里的武周山南側，依山開鑿，東西綿延 1 公里。現存主要洞窟五十三個，造像五萬一千餘尊，是中國最大的石窟

云岡石窟

群之一，也是世界聞名的藝術寶庫。始鑿於北魏興安二年（453），大部完成於太和十九年（495）。《水經注·瀠水》："〔雲岡石窟〕鑿石開山，因巖結構，真容巨壯，世法所希。山堂水殿，烟寺相望，林淵錦鏡，綴目新眺。"石窟中大佛最高者 17 米，最小者高僅爲幾厘米。菩薩、力士和飛天等形象生動活潑，特別是平棋藻井上成群的飛天凌空飛舞，姿態飄逸。塔柱上的雕塑繼承發展了秦漢以來的藝術風格，并吸收融合了外來藝術的精華，對隋唐藝術的發展起到了承上啓下的作用。

響堂山石窟

位於河北邯鄲西南的峰峰礦區，現存主要

洞窟十六個，分南北兩部分。石窟始於北齊，北齊宣帝高洋於此營造宮苑，鑿窟建寺。後來隋至明清各朝均有增築和修葺。南北響堂山共有大小造像三千四百餘尊。石洞幽深，構思巧妙，窟內石像造型優美，栩栩如生。石窟的附屬建築規模宏大，殿閣亭樓依山而築，與山渾然一體，并有歷代書畫篆刻。乃中國古代建築、雕塑、書法、繪畫藝術的珍貴遺產。

龍門石窟

在河南洛陽南 13 公里處的伊河兩岸。龍門石窟是中原地區大型的石窟群，保存着從北魏到唐代的許多建築、雕塑和書法藝術資

龍門石窟

料，是世界聞名的藝術寶庫。其代表性洞窟有北魏時期的古陽洞、賓陽洞、蓮花洞和唐代的潛溪寺、萬佛洞、奉先寺、看經寺等。共計窟龕兩千一百多個，造像十萬餘尊，題記、碑三千六百多品，佛塔四十餘座。這些豐富多彩的藝術造像成爲研究中國古代歷史與藝術的重要資料。在龍門石窟中，還可以看到一些佛塔和房屋建築的細部形象，對研究中國古代建築有重要的參考作用。

地窟

在地下挖掘的洞穴。《晋書・皇甫重傳》：

"〔司馬〕又既敗，重猶堅守，閉塞外門，城內莫知，而四郡兵築土山攻城，重輒以連弩射之，所在爲地窟以防外攻。"《南史・宋南郡王義宣傳》："義宣反問至，〔劉〕愷於尚書寺內著婦人衣，乘問訊車投臨汝公孟翽，翽於妻室內爲地窟藏之。"

地窨子

地下室或地窟。元佚名《七國春秋平話後集》卷上："却説孫子天晚出地窨來，憑探便行向屏風上，見和詩一首。"元王禎《農書・農器圖譜二十》："揀一色白苧麻，水潤，分成縷⋯⋯以發過稀糊調細豆麵，刷過更用油水刷之，於天氣濕潤時，不透風處或地窨子中，灑地令濕，經織爲佳。"《水滸傳》第二二回："板底下有條索頭，細將索子頭只一拽，銅鈴一聲響，宋江從地窨子裏鑽將出來。"

太倉

古代京師儲穀之大倉。《史記・平準書》即有"太倉之粟，陳陳相因"之語。至隋朝之時，大加擴建，深築地窟，遂成全國最大之糧倉。其糧倉在大興城，即今陝西西安及其東、南、西一帶。《通典・食貨七》："隋氏西京太倉，東京含嘉倉、洛口倉，華州永豐倉，陝州太原倉，儲米粟多者千萬石，少者不減數百萬石。"

太原倉

修建於地下的大型糧倉之一。建於隋朝，一直使用到唐代。《舊唐書・高宗本紀》："十一月庚辰，發九州人夫，轉發太原倉米粟入京。"隋屬陝州。位於今山西太原一帶。

永豐倉

建於地下的大型糧倉之一。隋朝始建，一直使用到唐朝。《隋書・食貨志》："代王侑與衞

玄守京師，百姓饑饉，亦不能救。義師入長安，發永豐倉以賑之，百姓方蘇息矣。”隋屬華州郡，即今陝西渭南華州區，參閱《通典·食貨七》。

含嘉倉

建於地下的大型糧倉，位於洛陽附近，隋朝始建，一直使用到唐朝。庫區面積 42 萬平方米，已發掘出半地下式糧倉近二百個，其中第一百六十號倉直徑 11 米，深 7 米，容量 445 立方米，可儲糧 2500 ～ 3000 噸，爲目前中國發現最大的地下糧庫。《通典·食貨十》：“自河陰候水調浮，漕送含嘉倉。”宋王應麟《困學紀聞·歷代漕運考》：“《六典》：東都曰‘含嘉倉’。自含嘉倉轉運以實京之太倉。”嘉，一本作“加”。

洛口倉

亦稱“興洛倉”。在今河南鞏義東南。隋煬帝於此築倉城，周長二十餘里。鑿三千窟，每窟容糧 8000 石。此稱唐代已行用。《隋書·煬帝本紀》：“庚寅，賊帥李密、翟讓等陷興洛倉。越王侗遣武賁郎將劉長恭、光祿少卿房崱擊之，反爲所敗，死者十五六。”《新唐書·李密傳》：“時邴元真守洛口倉，性貪鄙。宇文溫每謂密曰：‘不殺元真，公難未已。’密不答。”後唐將李密攻克其城，復擴至四十餘里，但衹重軍事設置，不重倉儲。唐開元年間，復置洛口倉於其地。參閱《通典·食貨七》《舊唐書·玄宗本紀》。

【興洛倉】

即洛口倉。此稱隋代已行用。見該文。

地道

亦稱“地隧”。地下通道。在古代常作爲軍事設施，用以掩護暗中攻城。《墨子·備城門》：“今之世常所以攻者，臨、鈎、衝、梯、堙。”孫怡讓聞詁引《通典》注云：“即《孫子》所謂距闉也。鑿地爲道，行於城下，用攻其城。”《商君書·竟内》載其攻法尤詳。其文稱地道掘至敵城下時，“積薪則燔柱”，柱焚則城塌，可證地道工程之巨大。據以上引證可知，在春秋戰國之時已諳熟構築地道之法。“地道”一詞，《後漢書·袁紹傳》中始見行用。該傳稱：“紹爲地道欲襲操，操輒於内爲長塹以拒之。”清魏源《聖武記》卷一〇：“先是，城外連掘地隧十餘，皆爲賊覺，或水灌之，或濠截之。”

【地隧】

即地道。此稱清代已行用。見該文。

第九章　冶鑄漆器説

第一節　冶鑄考

　　人類金屬冶煉最早是從煉銅開始的。就銅鐵冶鑄的歷史來看，國外要比中國早得多。但後來者居上，中國在冶鑄技術方面長期處於領先地位，并對世界冶煉技術的進步産生了重大的影響。考古資料證明，中國在新石器晚期齊家文化遺址中就已發現不少用紅銅製成的工具和裝飾品。經科學家鑒定，當時的紅銅製品有的純度高達 99.8% 以上，可見當時的冶煉技術已具相當水平。《史記·封禪書》："黄帝采首山銅，鑄鼎於荆山下。鼎既成，有龍垂胡髯下迎黄帝。黄帝上騎，群臣後宫從上者七十餘人，龍乃上去。"又："禹收九牧之金，鑄九鼎，皆嘗亨鬺上帝鬼神。遭聖則興，鼎遷于夏、商。周德衰，宋之社亡，鼎乃淪没，伏而不見。"這些文獻記載與考古發現相結合，證實在相當於新石器晚期時代的黄帝鑄造銅鼎是完全可能的。

　　青銅是銅與錫的合金。由純銅到銅合金，這是煉銅技術的重大進步。商周時期是使用青銅器極盛的時期，不僅有青銅農具等各種生産工具，還有大量的青銅兵器、禮樂器。它們有的碩大無朋，有的小巧精緻，製造工藝極爲複雜。1939 年在河南武官出土的商代后母戊大方鼎，器高 133 厘米，橫長 110 厘米，寬 78 厘米，重 875 公斤。在長期的冶銅實踐基礎上，古代先民們已認識到了合金成分、性能與用途的關係。成書於戰國時期的《考工記》詳細記載了六種不同的銅錫比例的配方，而且明確指出銅與錫的比例爲 6：1 時最適合造鐘鼎，5：1 時適合造斧頭，4：1 時適合造戈戟，3：1 時適合造刀劍，5：2 時適合造箭鏃，2：1 時適合造銅鏡。這些大體正確的合金比例配方，是世界冶金史上最早的經驗總結，也是中國在青銅冶煉方面長期處於世界領先地位的確鑿證據。

中國的煉鐵術是從冶銅術中得到啓發而發展起來的。雖然煉鐵技術起步較晚，但因爲有先進的冶銅技術作基礎，煉鐵技術發展很快。人們最初煉的鐵叫 "塊煉鐵"，這是一種含碳量低於 0.1% 的熟鐵。它含雜質較多，質地較軟。隨着冶煉技術的進步，人們開始提高爐溫冶煉生鐵，就是通過加溫除去雜質，使含碳量大於 2%，成爲鑄鐵。從塊煉鐵到鑄鐵，是冶金史上的一次飛躍，最後纔出現含碳量大於 0.1%、小於 2% 的各型鋼。

春秋戰國時期，中國出現了生鐵冶鑄技術和鑄鐵柔化技術。因爲生鐵硬度高，更適合製作生產工具，所以冶煉生鐵的技術很快就推廣開來。在湖南長沙一座春秋晚期墓葬中出土了一尊白口鑄鐵鼎，一把碳鋼製成的劍，至今劍鋒鋒利無比。而歐洲直到 14 世紀纔出現鑄鐵，比中國約晚了一千九百年。鑄鐵柔化技術就是讓鑄鐵件在高溫下長時間加熱，使鐵中的化合碳發生變化，進行柔化處理，就可以産生可鍛鑄鐵，其性能介於鑄鐵與鋼之間。由於處理時溫度控制方法的不同，可鍛鑄鐵又分爲兩種，一種是 "白心可鍛鑄鐵"，又稱 "脱碳可鍛鑄鐵"；另一種是 "黑心可鍛鑄鐵"，又稱 "石墨可鍛鑄鐵"。白心鑄鐵在冶金史上一直被認爲是 1772 年由法國人發明的，黑心鑄鐵被認爲是 1826 年由美國人發明的，而中國早在戰國時期就已經普遍運用黑心與白心鑄鐵了。湖北大冶銅綠山戰國古礦井出土的六角鋤，是用白心可鍛鑄鐵製成的；河南洛陽水泥廠工地出土的戰國初期鐵鏟，是用黑心可鍛鑄鐵製成的。這些事實無可爭

錘錨圖
（明宋應星《天工開物》）

辯地説明中國是最早發明可鍛鑄鐵的國家。鑄鐵的逐漸普及，促進了鐵器的廣泛使用，極大地促進了社會生産力的發展。

《荀子・議兵》："楚人鮫革犀兕以爲甲，堅如金石，宛鉅鐵鈍，慘如蜂蠆。"這裏所説的鉅就是鋼。原始的塊煉鐵經過不斷地加温和反復鍛打，使之逐漸增碳變硬，減少其中雜質，就變成了塊煉滲透鋼。這種原始的鋼可以用來造劍，其實物即在長沙春秋晚期墓葬中出土的滲碳鋼劍，證明在春秋晚期中國就已掌握了鍛煉滲碳鋼的技術，這是世界冶金史上的又一個奇迹。

在煉鋼技術方面，中國也有很多貢獻。其中炒鋼法就是中國古代勞動人民最早發明的。炒鋼是以生鐵爲原料，將其加熱到液態或半液態，再加入精礦粉，使生鐵中的碳與其他雜質氧化，讓碳的含量降低到鋼的範圍内。因其在冶煉過程中要不斷地進行攪拌，使其與雜質充分氧化，就像炒菜一樣，故稱之爲炒鋼法。炒鋼法得到的大都是低碳鋼，也有少量的中碳鋼和高碳鋼。用炒鋼法冶煉鋼鐵有很多優點，此法可大規模連續生産，所得産品品質較高，且成本較低。炒鋼法實際上就是兩步煉鋼法，即先煉出生鐵，再用生鐵來煉鋼。兩步煉鋼法具有劃時代的意義。煉鋼技術出現於西漢時期，最早記載見於成書於東晋時期的《太平經》卷七二。而國外在18世紀中期纔由英國人發明炒鋼法，對當時的英國工業革命起到了極大的推動作用。

中國古代還有一種稱爲"百煉鋼"的工藝。它是隨着炒鋼工藝的逐步完善而發展起來的，原料就是炒鋼。這種工藝的特點是將鋼反復加熱鍛打，所謂百煉鋼，就是這個意思。鍛打可以除去雜質，使成分更加均匀緻密，強度提高。百煉鋼大都用來製造寶刀、寶劍之類的兵器。山東蘭陵曾出土一把東漢永初六年（112）造的大刀，上有"卅湅大刀"的銘文。"卅湅"即經過三十次鍛打。到東漢末與三國時期，這種百煉鋼的工藝已經十分普遍。曹操曾造過"百煉利器"，劉備曾讓著名煉鋼能手蒲元造寶刀數千把，當時被稱爲神刀。曹植的《寶刀賦》中盛贊這種寶刀的鋒利，説它可以"陸斬犀革，水斷龍舟"。這種百煉鋼製成的兵器不僅鋒利無比，而且柔韌性極強。西晋劉琨《重贈盧諶》詩云："何意百煉鋼，化爲繞指柔。"

中國古代在鋼鐵冶煉方面的另一項重大發明是鑄鐵脱碳成鋼技術，這是中國古代一種最獨特、最簡便的煉鋼方法。它將鑄鐵加熱，退火脱碳，祇要掌握適當的火候，就可以得到含碳量不同的高碳鋼或低碳鋼。

中國古代銅鐵的鑄造技術也十分精湛。所謂鑄造，是指將銅鐵等金屬熔化爲液體後，將其注入特製的模具，待其冷却後即可得到所需的器物。鑄造在金屬加工技術中有十分重要的地位。在長期的生産實踐中，中國勞動人民創造了富有特色的鑄造工藝，其中最主要的就是泥範、鐵範和熔模鑄等三大鑄造工藝。

宴樂漁獵攻戰紋壺展示圖

在青銅鑄造階段，后母戊大方鼎、四羊方尊等一系列巧奪天工的器物都是用泥範鑄成的。所謂範，就是鑄造器物時所需的模子。

泥範是用沙泥做成的。製造鑄模時，先要選擇質地純净、耐高温的沙泥。泥範表層所用的面泥要選用極細極純的所謂“澄泥”，以保證有較好的可塑性和強度。背泥可選用較粗的沙泥，以增加鑄範的透氣性。爲了鑄造出複雜的器形，人們又發明了分鑄法，即先鑄成主體或附件，再在合範上澆鑄另一部分，使之自然地連爲一體。到了戰國時期，更進一步創造了叠鑄法。就是把許多範塊組裝成套，從一個澆口注入金屬熔液，一次可以鑄造出幾十個甚至幾百個鑄件。在河南温縣一座漢代烘範窑中，發掘出五百多套叠鑄泥範，大多是用來鑄造車馬件的。從這裏我們可以得知，漢代時叠鑄法已普遍使用，鑄造工藝已相當細緻精巧。

在泥範叠鑄法盛行的同時，人們又對泥範加以改進，使之成爲金屬範。在河北興隆的燕國與磁縣的趙國冶鐵遺址中出土的鐵範，是目前發現最早的戰國鐵範。鐵範屬於永久性範模，可以多次重複使用，大大提高了工作效率，并有利於鑄件的規整。從泥範到鐵範，是鑄造技術很大的進步。這種工藝是先用泥範翻鑄出鐵範，再用鐵範翻鑄器物。鐵範的出現促進了冶煉技術的發展。因爲鐵範鑄件冷却快，有利於得到白口組織，生成可鍛鑄鐵。隨着生産實踐經驗的積纍，人們掌握了一整套的鐵範澆鑄技術。例如先對鐵範預熱，使用簡易的裝卡機構等。在戰國時期就開始使用鐵範，是中國古代鑄造技術領先於世界的又一個證明。1965年2月四川成都百花潭出土一件戰國時代宴樂漁獵攻戰紋壺。口小而外侈，長頸斜肩，深腹外凸，平底圓足。有蓋，蓋面微拱，上有三鴨形鈕。壺身共五條帶紋，以三條帶紋分爲四層畫面：第一層爲采桑射獵圖；第二層爲宴樂弋射圖；第三層爲水陸攻戰圖；第四層爲上下兩組，上組爲狩獵圖，下組有用獸頭組成的十三個桃形圖一周。此壺不僅鑄造工藝精湛，其圖全部采用錯鉛銅技術，是用鑲嵌法裝飾的又一杰作；鑲嵌物與壺體形成色澤鮮明的對比，經磨研抛光，渾然一體，與 1935 年河南汲縣（今河南衞輝市）山彪鎮出土的戰國水陸攻戰紋鑑有异曲同工之妙。

　　熔模鑄又稱"失蠟""出蠟"澆鑄法。這種方法是先用油蠟製成欲澆注器物之形狀，放入桶狀的容器之中，用精選的澄泥澆淋填實，再撤去桶板將其入窑焙燒，熔去蠟模，將空心的泥範燒硬，趁熱澆注。這種先進的鑄造工藝産生於戰國時期。在湖北隨縣曾侯乙墓出土有用失蠟澆鑄法鑄造的一件青銅酒尊，尊盤口沿上有鏤空附飾，表層有紋飾；紋飾又由雙層不同的圖案組成，外層爲蟠虺紋，内層爲蟠螭紋，鏤空的範紋互不相接，全靠裏面的銅梗支撑。整個造型玲瓏剔透，纖細精巧，可見當時的熔模鑄造工藝已達到極爲成熟的階段。到了漢代以後，熔模鑄造法一般用來鑄造小型物品，如銅璽、神像等。《唐會要》中有用蠟模鑄造開元通寶銅錢的記載："詢初進蠟樣日，文德皇后掐一甲文，故錢上有掐文。"這是中國古代文獻中關於熔模鑄造法的最早記載。

　　中國的鐵器冶煉技術很早就傳到了國外，對世界文明産生了不可估量的影響。《漢書·西域傳上·大宛》："自宛以西至安息國，雖頗异言，然大同……其地無絲、漆，不知鑄鐵器。及漢使亡卒降，教鑄作它兵器。得漢黄、白金，輒以爲器，不用爲幣。"這表明，中國冶鐵技術最晚在漢代就已經傳到中亞地區。13 世紀成書的印度醫藥著作《藥學字典》稱鋼爲"中國生"。公元 1 世紀羅馬博物學家普林尼在其著作中説："雖然鐵的種類很多，但没有一種可以和中國來的鋼相媲美。"這就是古代西方人對中國冶鑄技術的贊美和高度評價。（《自然史》，上海三聯書店 2018 年版，第 308 頁）

青銅

　　銅錫合金。呈青灰色或青黄色，硬度大，耐磨抗腐蝕性能好，是商周時期鑄造器物的主要材料。此稱漢代已行用。漢辛延年《羽林郎》："貽我青銅鏡，結我紅羅裾。不惜紅羅裂，何論輕賤軀。"唐杜甫《歲晏行》："往日用錢捉私鑄，今許鉛鐵和青銅。"明宋應星《天工開物·銅》："凡銅世用，出土與出爐，止有赤銅……杏、硝等藥製煉爲青銅。"

青銅器

　　在中國考古學意義上，主要是指先秦時期用銅錫合金製成的器物，包括工具、禮樂器、兵器等。中國的青銅器製作精美，紋飾極爲繁複，爲世界工藝史上所罕見。許多青銅器均鑄

河北興隆出土戰國鐵斧範

有銘文，是研究中國古代歷史的珍貴史料。

熟銅

經過精煉可供錘鍛的銅。《舊唐書·食貨志上》："則天長安中，又令懸樣於市，令百姓依樣用錢……其有熟銅、排斗、沙澀、厚大者，皆不許簡。"明宋應星《天工開物·炮》："凡鑄炮，西羊、紅夷、佛郎機等用熟銅。"

熟鐵

用生鐵精煉而成的含碳量在 0.15% 以下的鐵，有韌性和延展性，強度較低，容易鍛造與焊接，不能淬火。宋蘇軾《論高麗買書利害札子》之三："譬《編敕》禁以熟鐵與人使交易，豈是外國都未有熟鐵耶？"明宋應星《天工開物·鐵》："凡冶鐵成器，取已炒熟鐵爲之。"

範

鑄造器物的模型。《荀子·强國》："刑範正，金錫美，工冶巧，火齊得，剖刑而莫邪已。"王先謙集解引郝懿行曰："皆鑄作器物之法也。"《禮記·禮運》："範金合土。"鄭玄注"範金"，"鑄作器用"。徐珂《清稗類鈔·鑑賞類》："其法，刻木模蠟範銅澆鉛，經種種手續，而成方體字一種，長體字三種，扁體字三種焉。"在早期歷史中，人們開始用泥範、陶範鑄造器物。

戰國時，鐵的冶煉技術出現以後，又開始用金屬範來鑄造器物。《漢書·董仲舒傳》："由金之在熔，惟冶者之所鑄。"除鐵範外，另有範熔模鑄造。此技術大約出現於戰國時期，漢代以來又有發展。熔模鑄造又稱"失蠟"或"拔蠟"等。明宋應星《天工開物》曾記載了用熔模法鑄造大型鑄件"萬鈞鐘"的事例。

型

亦作"刑"。鑄造器物的模子。《説文·土部》："型，鑄器之法也。"段玉裁注："以木爲之曰模，以竹曰範，以土曰型。"《荀子·强國》："刑範正，金錫美，工冶巧，火齊得，剖刑而莫邪已。"楊瓊注："刑範，鑄劍規模之器也。"《淮南子·修務訓》："明鏡之始下型，矇然未見形容。及其粉以玄錫，摩以白旃，鬢眉微豪，可得而察。"又《繆稱訓》："金錫不消釋，則不流刑。"于省吾新證："刑，謂範也。"南朝宋謝靈運《命學士講書》："鑠金既云刃，凝土亦能型。"

【刑】

同"型"。此體先秦時期已行用。見該文。

局

磨鏡所用之匣。古用銅鏡，須常磨光方能照影。此稱漢代已行用。《增韻·燭》："局，匣也。"漢劉向《列仙傳·負局先生》："負局先生者，不知何許人也，語似燕代間人，常負磨鏡局徇吳市中。"唐劉禹錫《磨鏡篇》："流塵翳明鏡，歲久看如漆。門前負局人，爲我一磨拂。"元辛文房《唐才子傳·呂巖》："（嚴）常負局奩於市，爲賈尚書淬古鏡。"清納蘭性德《生查子》："玉局類彈棋，顛倒雙栖影。"

坩堝

亦作"甘鍋"。省稱"堝"。熔煉金屬或其他物質的器皿。《玉篇·土部》:"堝,甘堝,所以烹煉金銀。"早在商代勞動人民就發明了這種器皿,來避免熱量的散失。近年大規模開展的三峽地區考古,大寧河流域及整個庫區不同古文化遺址都發現了大量花邊口圜底陶罐和平口尖底陶杯,考古專家認爲,這兩種陶器就是古代巴人煮鹽的陶製坩堝。宋薛季宣《浪語集·還返釋言》:"誰何液渾金,坩鍋置煎烹。"明盧之頤《本草乘雅半偈·本經中品·雄黃》:"用甘草、紫背天葵、地膽、碧楞花各五兩細銼,以東流水入坩鍋中。"

【堝】

"坩堝"之省稱。此稱南北朝時期已行用。見該文。

【甘鍋】

同"坩堝"。此稱明代已行用。見該文。

排

亦作"韛"。古代鼓風吹火的皮囊,多用於冶煉。《玉篇·韋部》:"韛,韋,囊也,可以吹火令熾。"《後漢書·杜詩傳》:"〔杜詩〕造作水排,鑄爲農器,用力少見功多,百姓便之。"李賢注:"冶鑄者爲排以吹炭,令激水以鼓之也。"《世說新語·簡傲》:"〔嵇〕康方大樹下鍛,向子期爲佐鼓排。"唐施肩吾《早春游曲江》詩:"羲和若擬動爐韛,先鑄曲江千樹紅。"《新五代史·死節傳·王彥章》:"命甲士六百人皆持巨斧,載冶者,具韛炭,乘流而下。"《資治通鑑·梁武帝大同元年》:"又於塹外積柴貯火,敵有在地道內者,塞柴投火,以皮排吹之。"胡三省注:"排,讀與韛同,音步拜翻,韋囊也,所以吹火。"宋釋普濟《五燈會元·聖賢》:"鑪韛之所鈍鐵,良醫之門足病人。"宋沈括《夢溪筆談·神奇》:"〔畢〕昇云:'其法爲爐竈,使人隔墻鼓韛。'"明宋應星《天工開物·冶鑄·鐘》:"其爐墊土墩之上,各爐一齊鼓韛熔化。"明歸莊《冬日大風撼我屋憂怖感傷成五百字》詩:"著物鳴笙竽,翔空響皮韛。"

【韛】

同"排"。此稱南北朝時期已行用。見該文。

水排

古代一種利用水力推動革囊鼓風的冶鐵裝置,大約發明於東漢初年。《後漢書·杜詩傳》:"〔杜詩〕造作水排,鑄爲農器,用力少見功多,百姓便之。"李賢注:"冶鑄者爲排以吹炭,令激水以鼓之也。"公元31年,杜詩到南陽做太守,因他"善於計略,省愛民役",設法創製了水排。傳曰:"造作水排,鑄爲農器,用力少見功多,百姓便之。"水排發明後,逐漸推廣到各地。三國時,南陽人韓暨曾把水排運用到了魏國官營的冶鐵作坊中。《三國志·魏書·韓暨傳》:"舊時冶作馬排,每一熟石用馬百匹;更作人排,又費功力;暨乃因長流爲水排,計其利益,三倍於前。"《太平御覽》卷七五六引《武昌記》說,南朝宋元嘉初年,曾在武昌地方興建冶塘湖,利用水排冶鐵。清嘉慶《安陽縣志》卷五引《水冶圖經》:"後魏時,引水鼓爐,名水冶。"唐《元和郡縣圖志》卷一八曾提到了蔚州孤縣的水冶。宋《東坡志林》卷四亦說到了蜀中水冶。水排的結構今已很難瞭解,但元代王禎《農書·農器圖譜十五》載有兩種,一爲立輪式,一爲臥輪式。實際上原理是一樣的,都是先在激流中置一水輪，讓水冲擊水輪轉動，并帶動輪軸轉動，然後再通過各種傳動帶、連杆，把輪軸的旋轉運動變爲風扇拉杆的直綫往復運動，使風扇不斷啓閉而達到鼓風的目的。水排發明前，冶鑄鼓風的動力主要是人力、畜力，相應地叫"人排""馬排""牛排"等。顯然，不管是鼓風强度還是鼓風的均匀性、連續性，它們都比不上水排。

水排的發明，首先是生産實踐的需要。西漢中期以後，由於鐵業官營，相繼出現了一批規模較大的冶鑄用爐，這些爐子需要提供較大的風量和風壓。其次，在兩漢時期，機械技術和對水力的利用也有了較大的發展，如當時出現了水碓。從技術上看，水排與水碓是有密切關係的。水排必須利用水力，而無水的地方，大多仍用排橐。

水排發展到宋元時期，其鼓風器已不再是排橐，而代之以木扇了，這是一個進步。據《天工開物·冶鑄》所載，明代已有活塞式風箱出現，據同書《乃粒》所載，可知使用活塞式木風箱的水排在明代亦已出現。而東漢人杜詩發明的水排，要比歐洲早一千二百多年；歐洲發明活塞式鼓風機遲至 18 世紀後期，比中國晚

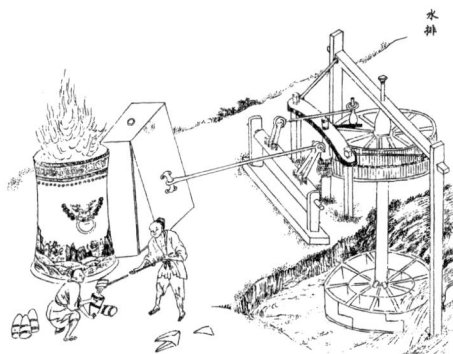

了一個多世紀。明徐光啓《農政全書》卷一八："此排古用韋囊，今用木扇。其制當選湍流之側，架木立軸作二臥輪，用水激轉下輪，則上輪所周弦索通激輪前，旋鼓掉枝一例隨轉。其掉枝所貫行桄因而推挽臥輪左右攀耳以及排前直木，則排隨來去，搧冶甚速……又有一法，先於排前直出木簨約三尺，簨頭置偃木，形如初月，上用鞦轆索懸之，復於排前植一勁竹，上帶牽索，以控排扇，然後却假水輪、臥軸。所列拐木，自上打動排前偃木，排即隨入；其拐既落，牽竹引排復回。如此間打一軸可供數排……亦甚便捷。"

橐籥

古時冶煉用以鼓風吹火的裝置。周罩於外者爲橐，鼓扇於内者爲籥。《老子》第五章："天地之間，其猶橐籥乎？"朱謙之校釋引吳澄曰："橐籥，冶鑄所以吹風熾火之器也。爲函以周罩於外者，橐也；爲轄以鼓扇於内者，籥也。"唐劉禹錫《問大鈞賦》："橐籥圈匡，鎔煉消息。"

橐

亦稱"排橐""皮排"。古代冶煉時用以鼓風吹火的裝置，亦專指該裝置外殼，多以皮革製成，猶今之風箱。《老子道德經》上篇："天地之間其猶橐籥乎，虚而不屈，動而愈出。"王弼注："橐，排橐也；籥，樂籥也。"《墨子·備突》："門旁爲橐，充竈伏柴艾，寇即入，下輪而塞之，鼓橐而熏之。"《淮南子·本經訓》："鼓橐吹埵，以銷銅鐵。"高誘注："橐，冶鑪排橐也。"《北史·韋孝寬傳》："又於壍外積柴貯火，敵人有在地道内者，便下柴火，以皮排吹之。"《文選·陸機〈文賦〉》"同橐籥之罔窮"李善注："河上公曰：橐籥中空虚，故能育聲氣也；王弼

曰：橐，排橐。”元柳貫《袁伯長侍講伯生伯庸二待制同赴北都却還夜宿聯句歸以示予次韻效體發三賢一笑》詩：“俯疑日沉車，闐若風鼓橐。”

【排橐】

即橐。此稱三國時期已行用。見該文。

【皮排】

即橐。此稱南北朝時期已行用。見該文。

籞

古時冶煉所用通風鼓火裝置的部件。鼓扇於內者爲籞，外殼爲橐。見“橐籞”文。

巨橐

古代金屬冶煉時所用的大型鼓風吹火裝置。三國魏曹丕《典論・劍銘》：“選茲良金，命彼國工，精而煉之，至於百辟。其始成也，五色駭爐，巨橐自鼓。”唐白行簡《金躍求爲鏌鋣賦》：“徒觀其扇巨橐，鑠利金，聲激射，勢浮沈。”

煤

亦稱“煤炭”。古代重要燃料。爲遠古時埋藏於地下的植物經歷了生物化學與物理化學變化而漸形成的可燃性礦物。《玉篇・火部》：“煤，莫懷切。炱煤。”據考，元代始用今時之煤作燃料。《元史・百官志一》：“至大元年，始置煤木所，提領一員，從八品，大使一員，從九品。”《元史・王約傳》：“請定丁憂之制，申旌表之恩，免都城煤炭之徵。”明劉定之《游梁氏園記》：“其土接皆正黃土，人取之，和煤炭以燒，亦有即之。”《明史・包見捷傳》：“王朝嘗言：近京採煤，歲可獲銀五千，乃率京營兵劫掠西山諸處煤戶。”

【煤炭】

即煤。此稱元代已行用。見該文。

礁

焦炭。用煤燒煉而成的高效燃料。明方以智《物理小識・金石類・煤炭石墨》：“煤則各處產之，臭者燒熔而閉之成石，再鑿而入爐曰礁，可五日不絕火，煎礦煮石，殊爲省力。”又《玻璃琉璃》：“今山東益都顏神鎮燒琉璃，采諸石以礁化之，即臭煤也。慢礁三日不熄，緊礁五日不熄，煮石爲漿，重瀘而凝，即玻璃也。”

響銅

合金之一種。《續文獻通考・樂考・笙》：“簧用好響銅薄片，鵲舌尖頭上，用黃蠟和栗青作點頭。”

六齊

六種合金。或曰冶煉青銅技術的六種銅錫配比。《周禮・考工記・輈人》：“金有六齊：六分其金而錫居一，謂之鐘鼎之齊；五分其金而錫居一，謂之斧斤之齊；四分其金而錫居一，謂之戈戟之齊；參分其金而錫居一，謂之大刃之齊；五分其金而錫居二，謂之削殺矢之齊；金錫半，謂之鑒燧之齊。”唐張說《蒲津橋贊》詩：“賦晉國之一鼓，法《周官》之六齊。”

刀

古代用於劈砍的短柄格鬥兵器。單面側刃，厚脊。由刀身和刀柄組成。早在新石器時代，就已經出現了多種形制的石刀，如兩側缺口石刀、長方形有孔石刀、半月形有孔石刀、多孔石刀、斜柄石刀等。均爲磨製而成，刃口鋒利，便於把握。最早的青銅刀，出土於甘肅東鄉林家遺址馬家窰類型地層中，單範鑄成，青銅製，年代在公元前 3000 年左右。此外在甘肅永登蔣家坪遺址馬廠類型地層中，在廣河西坪齊家文化遺址和武威娘娘臺遺址都有青銅刀出土。這些刀器形窄小，有的背脊凸起，當爲嵌入骨、木柄而設。商代，青銅刀大量出現。因其用處不同而形制不同。一種爲長身、直背、凸刃，刃呈彎鈎形，金文中的刀形（《中國古代兵器圖集·商代兵器》）可裝木柄的長條刀。最長約 80 厘米，寬 10 餘厘米。係砍殺兵器。另一種爲長身、寬刃之短柄刀，柄端多飾獸首，較爲輕便，用於衛體和近體搏鬥。西周時期，青銅短柄刀基本消失，但裝長木柄的青銅大刀仍斷續使用。相傳周武王誅殺紂王便是用青銅刀。《書·顧命》："越玉五重，陳寶、赤刀、大訓、弘璧、琬琰在西序。"鄭玄注："赤刀者，武王誅紂時刀。"此後，青銅刀始終未能成爲軍隊主要兵器。至東周，爲青銅劍所取代。西漢時，鋼鐵劍爲軍隊主要短柄格鬥兵器。由於騎兵作戰以劈砍爲主，劍鋒的突刺作用便形同虛設。而劍身用於劈砍的衹有一側，另一側劍刃不但無用，而且使製造工藝複雜。要在狹窄的劍身兩側都鑄出鋒利的刃口，并把最厚的地方安排在劍身中間脊處。受兩面刃的限制，脊處不能太厚，故作戰時極易折斷。爲了解決上述矛盾，西漢中期，出現了一側有刃，另一側鑄成厚實的脊的專用於劈砍的刀。漢刀長 1 米左右，因刀柄呈環狀，故名環首刀。環首刀滿足了騎兵在快速賓士中劈砍殺敵的要求，製造工藝也較兩面有刃的鋼鐵劍簡單。《釋名·釋兵》云："刀，到也。以斬伐到其所乃擊之也。"對刀的特點，做了準確的叙述。此後，刀漸多見於史載。《漢書·李廣傳》記李廣隨大將軍衛青出塞擊匈奴，因迷失道路，回軍後"引刀自剄"。《漢書·蘇武傳》記匈奴逼蘇武投降時，"武謂惠等：'屈節辱命，雖生，何面目以歸漢！'引佩刀自刺"。至東漢，由於鋼鐵冶鑄水準的提高，采用"百煉鋼"法造刀，提高了刀的品質，也加速了刀成爲軍隊中主要短柄武器的進程。其間出現的"卅湅鋼刀"和"百煉清剛刀"，成爲東漢優質鋼刀的代表。刀興起後，文武百官也由佩劍逐漸改爲佩刀。《後漢書·輿服志下》："漢制，自天子至於百官無不佩刀。"對佩刀制度并有詳細叙述："佩刀，乘輿黃金通身貂錯，半鮫魚鱗，金漆錯，雌黃室，五色罽隱室華。諸侯王黃金錯，環挾半鮫，黑室。公卿百官皆純黑，不半鮫。小黃門雌黃室，中黃門朱室。童子皆虎爪文，虎賁黃室虎文，其將白虎文，皆以白珠鮫爲口之飾。乘輿者，加翡翠山，紆嬰其側。"東漢皇帝在賜給功臣劍時也常同時賜刀。《後漢書·虞延傳》載，光武帝曾賜給虞延"錢及劍帶佩刀"。《後漢書·孫石傳》載，安帝時，曾賜孫石"駮犀具劍、佩刀、紫艾綬、玉玦各一"。東漢末年，刀已完全取代了鐵劍。三國和西晋時期，環首刀是使用最廣泛的兵器之一。據《太平御覽》卷三四五引《浦元傳》，諸葛亮曾讓浦元在斜谷造刀三千口，"稱絶當世，因曰'神刀'"。南朝梁陶弘景《古今刀劍録》記孫權在黃武五年（226）采武昌山銅鐵作萬口刀。《三國志·吳書·甘寧傳》載，甘寧率百騎劫魏營歸來，孫權以絹千匹、刀百口獎甘寧，可見東吳用刀之多。兩晋南北朝時期，環首刀仍然是步、騎兵主要短柄格鬥兵器。但有些刀的形制發生了變化，預示着鋼鐵刀形制的改變。如《太平御覽》卷三五四引《靈異志》記載北朝陳安"雙持二刀，皆長七尺，馳馬運刀，所向披靡"。當時七尺，合今 1.6 米，其長度超過一般環首刀。手持二刀，刀首可能有柄。有的刀頭前鋭後斜，刀體較環首刀寬。還出現了可安裝長柄的鐵刀和無環首長刀。隋代，仍以環首刀爲主，但亦使用無環短柄佩刀。唐代，環首刀爲佩刀、陌刀取代。《唐六典・武庫令》："刀之制有四，一曰儀刀，二曰障刀，三曰橫刀，四曰陌刀。"儀刀爲儀仗用刀。障刀爲防身用刀。橫刀即佩刀，始於隋，無環，短柄，直體單刃，是士兵所用主要短柄格鬥兵器。陌刀（或作拍刀）爲步兵所用長柄大刀，盛行於唐，唐以後未見記載。唐代軍中刀的數量，唐李筌《神機制敵太白陰經・器械篇》載，在一軍一萬二千五百名士兵中，裝備佩刀"八分"，即一萬口，陌刀"二分"，即二千五百口。平均每人一口刀。宋代格鬥兵器仍以刀爲主。短柄刀稱"手刀"，單手握，刃口曲弧并帶有護手，更利劈砍。長柄刀前鋭後闊，木杆，末端置鐵鐏。據宋曾公亮等《武經總要前集・器圖》，長柄刀有"屈刀""掩月刀""眉尖刀""鳳嘴刀""筆刀""戟刀""掉刀"等。元代，漢軍和蒙軍均重視刀的作用。漢軍用刀大體襲用北宋形制。明代火器盛行，由於鳥銃等火器裝填速度慢且不能進行白刃格鬥，故士兵仍然裝備刀。明代刀有長柄、短柄之分。長柄刀沿襲宋代，有用於演習、操練的偃月刀，作戰用的鉤鐮刀、夾棍刀等。短柄刀因受日本長刀影響，刃部狹長彎曲，極鋒利；包括騎兵用的短刀、與藤牌并用的腰刀和柄加長雙手使用的長刀。明戚繼光《練兵實紀・雜集・軍器制解》中，將腰刀列爲馬（騎）步兵都要用的武器；指出腰刀、夾刀、長刀爲部隊武器中之裝備。清代，刀仍爲主要格鬥兵器之一，同時作爲皇室、官佐之佩用。刀仍有長柄、短柄之分。長柄刀形制承襲明代，使用不多。短柄刀爲兵卒用刀，包括雙手握柄，刀刃寬大厚重利於劈砍的大刀；單手握柄，與藤牌配合使用，刀刃尖鋭利於割刺之短刀。另有官佐佩刀。刃窄薄，刃上有血槽，前部微曲，刀柄作弓曲弧形，有鞘。官佐一律佩用。皇室寶刀，爲皇室使用特製。形制大體同官佐佩刀，但製作更爲精美。清末，新建陸軍。光緒三十一年（1905），清廷練兵處奏議改革軍衣佩飾制度，軍刀遂成軍官、軍佐佩飾之物。此時之佩刀，亦稱指揮刀，是級別之象徵，并非用於作戰。據清末練兵處編《陸軍軍刀圖説》，佩刀刀柄和護手均銅製，鍍金。柄尾高鏨蟒頭，花紋分等以纏刀柄，金絲亦分級。上等官刀柄及護手高鏨蟒鱗花紋。中等官均平鐫蟒鱗花。下等官均用光面不製花紋。各等軍刀又分三級。第一級刀柄纏金絲三道，第二級刀柄纏金絲二道，第三級刀柄纏金絲一道。軍佐佩刀與軍官形制和等級區分相同，衹是刀柄護手及纏刀柄綫帶扣等件均用銅製鍍銀色。軍官、軍佐佩刀之刀身亦銅製，鞘爲鋼製。上級軍官佩刀通長93厘米，鞘長83厘米，鞘邊飾花紋。中級軍官佩刀通長97厘米，鞘長83厘米，鞘邊無花紋。下級軍官佩刀通長92厘米，鞘長78.5厘米，無鞘邊。因刀在作戰中特別是近體搏鬥中，靈活便捷，且携帶方便，製作工藝簡單，故近代步槍出現後，刀仍長期保留在軍中。民國時期，刀爲軍官佩飾，但也用於作戰。

三十涑鋼刀

東漢鋼刀。山東蘭陵收集。全長1.15米，身寬3厘米。銘"永初六年五月丙午造卅涑大刀吉羊"。"永初六年"即公元 112 年。"卅涷"即三十煉，代表一定的工藝品質標準。"吉羊"即吉祥。經鑒定，該刀係用含碳 0.6% ~ 0.7% 的炒鋼爲原料，反復加熱摺叠鍛打製成，刃口經過淬火處理。屬百煉鋼製品。現藏山東博物館。

第二節　漆器考

　　中國是歷史上最早用漆的國家。漆原是漆樹的分泌物。夏天在漆樹上割幾個小口，漆液就會流出來，這就是所謂的生漆。生漆經過脱水處理後，就成了熟漆。把它髹塗到各種日用器皿或傢俱上，就會形成一層保護性薄膜，使其具有抗熱、抗酸、耐腐蝕之功效。如再裝飾上花紋，便能發出美麗的光澤。到了戰國時期，人們就開始使用桐油作爲漆液的稀釋劑。桐油是從桐樹種子中榨取出來的一種黄色油，主要成分是桐油酸，是一種優秀的光亮劑。桐油與漆液混合使用，既降低了成本，又增加了亮度，是古代勞動人民在漆器工藝上的一項偉大創造。最晚在戰國以前，中國勞動人民就已經熟練地掌握了漆的提煉、收貯和調和等技術。在出土的戰國時期的漆器中，已經有了紅、藍、黄、白、黑等各種顏色，顏料主要是礦物性顏料和藍靛等植物性顏料。考古資料證明，早在新石器時期，浙江餘姚河姆渡文化遺址中就已發現了一件漆木碗，四壁均髹塗有朱紅色漆，至今仍微有光澤。這是中國目前發現最早的漆器，距今已有七千多年。1957—1960 年，在江蘇吴江出土了漆繪的黑陶杯和黑陶罐，屬太湖地區良渚文化時期的遺物，相當於新石器文化晚期。在這些黑陶器上有用生漆繪着的粗綫紋，有的漆色呈赭黄，綫條較寬。這證明早在新石器時代，古代先民就用生漆來塗抹、美化陶器。

　　古代文獻中也有很多關於用漆的記載。《書·禹貢》："濟河惟兗州……厥貢漆絲，厥篚織文。"説明早在周代以前，漆就是貢品之一。《韓非子·十過》："堯禪天下，虞舜受之，作爲食器。斬山木而財之，削鋸修其迹，流漆墨其上，輸之於宮，以爲食器。諸侯以爲益侈，國之不服者十三。舜禪天下而傳之於禹。禹作爲祭器，墨漆其外，朱畫其內。"這表明，在堯舜時代，貴族階層已將漆器用作食器和祭器。

　　春秋戰國時期，社會生産力有了很大的提高，各地手工藝與商業也很發達，社會分工越來越細，給漆器工藝的發展提供了較好的條件；統治階級的窮奢極欲，對漆器日用品的要求越來越高，也對漆器工藝的發展起到了一定的促進作用。戰國時期還出現了官營的漆園，并設置專門的官吏進行管理。戰國時期著名的思想家莊子就曾任過漆園吏一職。漆器由於本身特有的優越性，色澤華麗典雅，重量輕，勞動價值大，發展到戰國時期已成爲一個比較成熟的手工行業。成熟的漆器日用品逐漸取代了青銅器用品，成爲貴族特權階層的首選。到了三國魏晉之後，新興的瓷器纔逐漸取代漆器日用品。漆器工藝品則在螺鈿、雕漆、鑲嵌等方面得到了更大的發展。

戰國時期中國有兩大漆器品類：一是以長沙爲中心的楚器；一是以咸陽爲中心的秦器。兩大漆器均有比較鮮明的地方特色。楚器胎質厚重，除木胎外，還有籚胎、夾胎、皮胎等；漆器顏色以紅、黑爲主，兼有黃、綠等色；圖案紋樣繼承了商周銅器、玉器的風

雙層漆奩
（湖南長沙馬王堆三號漢墓出土）

格，保留有饕餮、夔龍、蟠螭、蟠鳳及幾何、雲紋、回紋、雷紋等，但都較以前有了新的變化發展。此外還出現了狩獵、人物等圖案，表現出當時極爲豐富的漆器繪畫題材與繁複多變的繪畫藝術風格。主要器物有湖北荊州出土的戰國木雕小座屏，湖北曾侯乙墓出土的箱、案、几、盒、杯、豆等生活用具。其中一件衣箱蓋上繪有青龍、白虎、北斗圖案，圍繞北斗，標有二十八宿的名稱位置。這是迄今爲止中國發現最早的關於二十八宿的文字記載，這在古代天文學研究方面有極高的史料價值。從戰國至秦末，咸陽的漆器工藝一直都很發達。20 世紀 70 年代在雲夢睡虎地等處出土了大量秦國漆器，主要器形有鳳形勺、雙耳長盒、盂、圓盒、扁壺、盤、匕、巵、奩、樽等，上面大多繪有精美的圖案。漆器用色主要爲紅、黑兩色，兼有褐、金、銀等色。漆器上常烙有戳記。這種戳記印在木胎上，後用漆色蓋上。戳記常與製作地點有關，最大量的戳記是亭、成亭、咸亭等。成亭是當時咸陽市官府管理手工業作坊的機構。秦器絕大部分有相同或相近的圖案，說明當時秦官府的力量很強大。

秦漢時期，中國的油漆技術發展到了一個新階段。輕巧、方便、華麗的漆器在貴族豪強生活用器中占有重要的地位。它進一步取代青銅器，使用範圍更加擴大。這時出現了專門刷漆用的“陰室”。陰室保持一定的濕度，使漆器在這裏可以比較容易成膜，乾後又不會出現裂紋，可以大大提高漆器的品質。漢代還出現了用金、銀、銅等貴金屬裝飾的所謂“扣器”，使漆器更顯得富麗堂皇。漢桓寬《鹽鐵論‧散不足》：“富者銀口黃耳，金罍玉鐘，

中者野王紵器，金錯蜀杯。夫一文杯得銅杯十……故一杯棬用百人之力，一屏風就萬人之功。”從這裏我們得知，製作一件有紋飾的漆器需要花去一百個勞動日，其豪華程度可略見一斑。

據出土的漢代漆器銘文記載，不少漆器都有詳細的製作年代、製作地點、工官姓名、工匠名稱及分工等内容。在貴州與朝鮮出土的部分漆器中即刻有四川蜀郡、廣漢郡官營工場所造的銘文。如：“始元二年，蜀西工長廣成，丞何放，護工卒史勝，守史母弟、索喜、佐勝，髹工當，畫工文，造。”“建武廿一年，廣漢郡工官造乘髹木夾杯，容二升二合，素工伯、髹工魚、上工廣、洀工合、造工隆，造。護工卒史凡、長巨、丞頗、橡恂、史令郎，主。”從以上銘文可以瞭解到漢代漆器製造的盛況及發展情況。當時的漆器製作專業分工已很細緻：素工是專門從事在各種素胎上漆灰底的工序，即髹漆前的工序；髹工是專門從事在素胎上髹漆的工序；畫工是專門從事在漆器上描繪花紋的工序；上工是專門從事在漆器上鑲嵌金屬的工序；洀工是專門髹塗朱色漆的工序；黃塗工是在漆盤等器物上進行鎏金的工序；清工是專門檢查漆器品質的工序；造工專門負責製造器型的素骨胎；供工專門負責製造和供應原材料。從以上分工可以看出，當時漆器工廠的規模之大及分工之詳細。

在兩晋南北朝時期，由於佛教的興起，利用漢代夾紵漆胎之法廣泛製造夾紵造像。所謂夾紵造像就是先用木頭和泥土塑出胎底，然後在塑像上用漆裱上多層粗麻布，再經漆灰打磨，待十分乾燥後，除去胎底，即成夾紵。經過髹漆畫彩，或塗成金像，便變得堅固異常，且不怕日曬雨淋，又極輕便，最適宜做行像。這是古代油漆技術一個很大的進步。當時漆工們還創造了斑漆這種新的漆器裝飾方法。所謂斑漆，就是用兩種以上色漆有意識地互相交錯使用，成爲各種紋彩，有如動植物上面的斑紋。斑漆的做法簡便，却新奇美觀，變化無窮，具有重要的實用美學價值。戰國以前的漆器，都是以朱、黑漆爲底色的，但到了南北朝時期，綠沉漆開始大爲興盛。綠沉漆是一種較爲深沉的綠色漆，以它作爲漆器的底色，增加了光潔度，使漆器面貌一新。綠沉漆廣泛使用於建築、屏風、筆管等生活日用器具。金銀鑲嵌是一種貴重的漆器裝飾，它起源於漢代的金銀製器。到南北朝時期，金銀鑲嵌螺鈿技術又有了很大的發展。晋嵇康《琴賦》：“錯以犀象，藉以翠綠。”熱情讚譽了鑲嵌螺鈿器物的精妙。在遼寧三道壕晋墓中發現的漆器鏡盒，上有水晶鑲件一顆，潔白透明，可以看出當時鑲嵌螺鈿工藝的高超。

隋唐五代時期，漆器工藝又取得了很大的進步。從文獻記載及考古實物來看，金銀細工與漆器的結合成了當時裝飾的主流。螺鈿鑲嵌及夾紵造像亦有了進一步的發展，特別是創造了金銀平脫、末金鏤、雕漆等新的技法。金銀平脫是先將金銀薄片剪刻成各種人物、花卉、鳥獸紋樣，用膠漆將其粘貼在髹塗打磨光滑的漆胎上面，待其乾透後，再髹漆多遍，研磨顯現金銀花紋，顯得極爲高貴華麗。末金鏤是指在漆胎上髹塗一層薄漆後，在上面撒金屑以成花紋。日本正倉院收藏的唐代"金銀鈿莊唐大刀"，其鞘身飾有末金鏤紋樣。雕漆又稱剔紅，即雕紅漆，這是唐代漆器技法一個很重要的創造。它是在髹塗多遍的朱紅底漆上雕刻出設計的花紋圖案。也可以髹塗其他底漆，雕黃漆稱爲剔黃，雕黑漆稱爲剔黑，雕綠漆稱爲剔綠，有幾種不同漆色層次的，稱爲剔彩。髹塗到所需要的厚度，就可以雕刻出各種花紋。這樣，漆器表面就顯現出浮雕的立體效果，成爲非常精美的高級藝術品。

　　自兩宋始，漆器工藝已漸走向成熟。宋孟元老《東京夢華録·宣德樓前省府宮宇》描述曰"南則唐家金銀鋪、溫州漆器什物鋪，直至十三年樓"，極陳商業繁華狀況。其時已將漆器鋪與金銀鋪相提并論。尤以浙漆爲最佳，號稱"天下第一名漆"。及至元代，由於當權者的奢華追求，漆器品類大增，遍及朝野，文獻記載共有十一大類，其中的雕漆已遠超前代，被後世稱之爲"極致之作"。著名的"剔紅"工藝已可以在器面上反復塗漆數十層，甚至上百層，待漆乾後，再雕刻出浮雕紋樣，巧奪天工，所成諸種名品，迄今被譽爲"世界之最"。明代在繼元代雕漆工藝之後，又有戧金漆、描金漆、填漆、螺鈿漆、款彩漆及百寶嵌等漆型。宮廷內官監下設"油漆作"御用監所屬"漆作"已成朝廷專用機構。中國的第一部漆藝專著黃成的《髹飾録》亦誕生於明代。清代漆器繼承了明代的風格，并大力向民間發展，漸形成了諸多中心地域及地方特色，如北京雕漆、揚州螺鈿、福建脫胎、貴州皮胎等，已遍傳中外，在康乾之前，被稱爲"漆器發展的黃金時代"。此後就走向了衰落時期。

漆器

　　用漆塗抹在各種器物表面製造的器具。漆器具有色澤晶瑩、光彩奪目、防腐耐酸、耐鹼等特點，實用價值與審美價值兼有。《舊唐書·褚遂良傳》："十七年，太宗問遂良曰：'舜造漆器，禹雕其俎，當時諫舜、禹者十餘人。食器之間，苦諫何也？'"漆器是中國一種古老的傳統手工藝產品，目前發現最早的漆器是在浙江河姆渡新石器文化遺址中的漆木碗，距今已有七千多年。到商周時期，中國的漆器工藝水平就已經達到相當高的程度。以後各個時期均有發展，成爲中國最具特色的民族工藝品之一。

熟漆

漆的一種。生漆經過氧化或加熱而成，棕黑色，比生漆有光亮。

湖南長沙馬王堆三號漢墓出土雲紋漆鈁

扣器

盛行於戰國秦漢時期的一種漆器。當時漆胎用夾紵等法製成，爲加強漆器堅固程度，在漆器口沿、底部邊緣等部位加上金屬箍，名爲"扣器"。箍金的稱金扣，箍銀的稱銀扣，箍銅的稱銅扣。《後漢書·和熹鄧皇后紀》："其蜀、漢扣器九帶佩刀，並不復調。"李賢注："扣，以金銀緣器也。"

夾紵

漢時製作漆胎的一種方法。先用泥塑器胎，後用漆把麻布等物貼在泥胎外面，待漆乾後，再反復塗刷多次，最後取出泥胎成器。這樣製成的漆器輕便堅固，經久耐用。南北朝以後人們又用這種方法製造佛像，成爲獨具特色的夾紵佛像。這種佛像質地很輕，方便隨時搬動，故又稱行像。唐張鷟《朝野僉載》卷五："其中大象高九百尺，鼻如千斛船，小指中容數十人

並坐，夾紵以漆之。"

螺鈿

用貝殼或金銀等薄片製成各種人物或花鳥圖案嵌在雕鏤或髹漆器物上的一種裝飾技法。此種工藝起源較早，在商周時期就已出現。從現存唐代實物來看，當時的螺鈿工藝已有很高的水平。宋周密《癸辛雜識別集下·細屏十事》："王楠……初知郴州，就除福建市舶。其歸也，爲螺鈿桌面屏風十幅，圖賈相盛事十項，各係之以贊以獻之。"

雕漆

在堆起的平面漆胎上剔刻花紋的一種技法，始於唐代。雕漆常以木質或金屬器爲胎，在其上堆刷多層多色油漆，待乾後將其底層漆色雕剔出來。剔出紅色爲剔紅，黃色爲剔黃，黑色爲剔黑。這種髹漆方法一般以錦紋爲底，花紋隱起，精美華麗而富有莊重感。明徐樹丕《識小錄》卷一："雕漆起於宋，謂之宋剔。有金銀胎者，至今傳寶。"明曹昭《格古要論·古漆器論·剔紅》："剔紅器皿無新舊，但看鏤厚色鮮紅潤堅重者爲好，剔劍環香草者尤佳。"

瓷胎雕漆

中國在明清時期出現的一種漆器新品種。即以瓷器作漆胎，在外刷上多層不同色彩的油漆，然後在上面雕刻出各種花紋圖案。瓷胎雕漆具有色彩鮮艷、古樸大方的特點。

第十章　度量衡説

第一節　度　考

所謂度，就是一種計量長短的標準。《漢書·律曆志》："度者，分、寸、尺、丈、引也。"古代稱男子爲"丈夫"，意思就是成年男子通常身高一丈。《説文·尺部》段玉裁注："周制八寸爲尺，十尺爲丈。人長八尺，故曰丈夫。"實際上，周尺相當於今市尺的 0.675 尺，八尺之丈夫實際也就是當今常人之身高。所以，無論是閱讀古文獻或從事古代史專項研究，都離不開對各個歷史時期的度量衡的瞭解，它是我們各種研究工作的基礎，是"百物制度的標準"。

度量衡是社會生産力發展到一定水平的産物，是伴隨着産品交換的發展而産生的。隨着人類歷史的發展，原始社會後期出現了兩次大的社會分工，産品不僅有了剩餘，而且出現了以交換爲目的的商業活動。在交換中，人們需要確立一種標準，統一計量的方法，以保證交換能在公平的原則下進行，這就爲度量衡的出現提供了必要的社會基礎。大約在原始社會後期，中國就出現了最初的度量衡器具。

關於度的標準，歷代説法不一，其中一説爲取人體作爲準則。《大戴禮記·王言》：

"布指知寸，布手知尺，舒肘知尋，十尋而索，百步而堵，三百步而里。"《小爾雅·廣度十一》："跬，一舉足也。倍跬謂之步，四尺謂之仞，倍仞謂之尋。尋，舒兩肱也。倍尋謂之常，五尺謂之墨，倍墨謂之丈，倍丈謂之端，倍端謂之兩，倍兩謂之匹。"《說文·尺部》釋尺："十寸也，人手却十分動脉爲寸口，十寸爲尺。"又："周制：寸、尺、咫、尋、常、仞諸度量，皆以人體爲法。"雖然人體各有差異，難以度量準確，但它反映了度產生時的原始狀態，是比較粗糙的制度。古代埃及以手爲準，英國也傳說"碼"就是英王亨利一世從鼻端到大拇指尖的長度。一說爲取自然物爲標準。這些都反映了度量衡最初產生時的原始狀態。最原始的計量方法，人們很可能就是利用人體各部位作參照標準來進行度量的。隨着交換的頻繁，必然會發展到用精密的度量衡來保證交換的公正客觀。

關於度的變化，總的歷史趨勢是一定單位的長度由短變長。在春秋戰國時期，社會分裂成衆多互不統屬的國家，度的標準非常混亂，各諸侯國或某一政治集團爲了達成某種目的就可以任意改變度量衡的標準，度量衡成爲政治鬥爭的工具。直到秦統一中國，秦始皇下詔，在全國範圍內頒布"度、衡、石、丈、尺"的詔令，統一度量衡，基本沿用了商鞅時期的度量衡標準，這纔大體上結束了度量衡的混亂狀態。統一度量衡，有利於國家田賦的徵收，有利於商品交換，有利於中央集權的統治。"漢承秦制"，兩漢時期度的變化不大。到了王莽改制時，他推出了新嘉量，這是中國度量衡制度發展到完備的標志。此器物與《漢書·律曆志上》所記的有關內容相符，確實實現了"用度數審其容"的原則。根據新嘉量可以準確推算出新莽時一尺的長度爲 23.08864 厘米。新嘉量製作精巧，成爲後世歷朝修訂度量衡制度的重要依據。

若以王莽新嘉量爲基數，中國度的增長的趨勢大致可分爲三個時期：第一時期爲從王莽新政至西晉的三百年間，度的基數約增長了 3%；第二時期爲南北朝至隋的三百年間，度的基數約增長了 140%；第三時期爲唐至清的一千三百年間，度的基數約增長了 70%。度量衡增長的原因之一是各級統治者企圖利用增大度量衡的辦法來加重對人民的剝削。統治階級越腐敗，往往度量衡的增率就越大。另外，中國封建社會自給自足的自然經濟長期占統治地位，地方與中央時常處於對立狀態，這也是度量衡制長度比較混亂與不斷增大的原因之一。

每當改朝換代之際，新王朝就會頒布新制度，甚至同一朝代、同一皇帝有時也頒布新法。度量衡就在這不斷變化中持續增大。度量衡的增大，不僅加重了人民的痛苦，亦助長了地方度量衡的混亂。於是官方的度量衡僅用於官方的收支，民間另自有一套度量衡體系維持着自己的交易，兩者各自有使用範圍。但這并不意味着官方的度量衡體系排斥民間的體系，相反它們還可以相容，舊的民間標準有時也可以轉化成新的官方標準。所以兩者的關係是在橫的空間上相對立，但在縱的時間上又統一起來了。如劉宋時民間所用的市尺（24.57 厘米），後來成爲齊、梁、陳三朝的官尺；北周民間通行的市尺（29.58 厘米），到隋代就定爲開皇官尺。

　　中國封建社會度的增長沿着由小到大的方嚮演變，主要是指官方與民間市場交易所用之標準。而在民間的手工製造、裁衣、丈量土地、禮制樂律等尺度方面有其自身的特殊性。木工用於建房的木工尺在歷史上自成系統，稱魯班尺或營造尺。它在春秋末年由魯班改定後，基本不受歷代官尺增長的影響，保存了自己的一套制度。但各地所用的營造尺也存在一定的差異。裁縫所用之尺叫裁尺，亦稱衣工尺。衣工淵源極爲久遠，《周禮・天官・縫人》："縫人掌王宮之縫綫之事，以役女御，以縫王及后之衣服。"但裁尺長期以來并無通行之標準，往往通用之尺就視爲裁尺，故各地標準相差很大。樂律尺是中國特有的一種尺度，它本來是用作校定音律高低的一種標準，是自成體系的樂律制度的一種體現。在曹魏以前，樂律尺與官定的常用尺度是一致的，由於後代常用尺不斷增長，後代音高與前代也不同。晋中書監荀勖考校了七種古器，復原了古尺，專門用於調校音律，史稱"晋前尺"。《晋書・律曆志上》："武帝泰始九年，中書監荀勖校太樂，八音不和，始知後漢至魏，尺長於古四分有餘。"從此後樂律尺與常用尺分離，至清代仍有專門的樂律尺。

尺

　　測量長度之工具。以象牙、骨、木、竹、銅、鐵等材料製成。今所見中國最早的尺是商代的象牙尺。其制一般爲一尺十寸，一寸十分。《墨子・經説下》："夫名，以所明正所不智，不以所不智疑所明，若以尺度所不智長。"孫詒讓

閒詁："言以所明正所不知，若不知物之長而以尺度之也。"《太平御覽》卷八三○引三國魏魚豢《魏略》："昔長安市儈有劉仲始者，一爲市吏所辱，乃感激蹋其尺折之，遂行學問。"唐韓愈《和侯協律咏笋》："驗長常携尺，愁乾屢側盆。"

河南洛陽金村戰國墓戰國銅尺

度

　　計算長短的標準和器具。《玉篇・又部》："度，尺曰度。"《書・舜典》："同律、度、量、

衡。”陸德明釋文：“度，丈尺也。”《禮記·王制》：“用器不中度，不粥〔鬻〕於市。”鄭玄注：“度，丈尺也。”清趙翼《陔餘叢考》卷三〇：“分與厘毫絲忽，本亦度之名。”

尺度

計量長度的定制。《宋書·律曆志上》：“勘又以魏杜夔所制律吕，檢校太樂、總章、鼓吹八音，與律乖錯，始知後漢至魏，尺度漸長於古四分有餘。”又：“乾德中，又禁民間造者。由是尺度之制盡復古焉。”明王鏊《震澤長語·音律》：“臣依周法，以秬黍校定尺度，長九寸，虛徑三分，爲黃鍾之管。”

商代牙尺

以象牙製成之商代尺，爲中國目前發現之最早量具。據傳出土於河南安陽殷墟，共兩把，今分藏中國國家博物館與上海博物館。其一長15.78 厘米，寬 1.6 厘米，厚 0.5 厘米；其一長15.8 厘米，寬 1.8 厘米，厚 0.5 厘米。兩尺正面皆分刻十寸，每寸又分刻十分。分、寸皆采用十進位。

戰國銅尺

銅製戰國中晚期尺。相傳 1931 年出土於河南洛陽金村之東周古墓，今藏南京大學。銅尺長 23.1 厘米，寬 1.7 厘米，厚 0.4 厘米。其橫斷面略呈拱形，正背兩面均無刻度，僅於一側刻十寸。第一寸分刻十一格，其餘九寸未刻分。五寸處刻交午綫。尺一端有孔。

西漢錯金鐵尺

鐵製西漢尺。因其兩面刻有錯金雲紋，故稱。1968 年出土於河北滿城陵山二號漢墓，今藏中國社會科學院考古研究所。據考證，應是漢武帝太初元年（前 104）以前所製。尺長

23.2 厘米，寬 1.2 厘米，厚 0.3 厘米。正背兩面皆等分十寸，其中一邊第三寸等分爲三，第五寸等分爲五，第七寸等分爲七，第九寸等分爲九，其餘各寸未刻分。尺星爲錯金三角形小點，估計是爲某種特殊用途而製。此尺出土時已殘壞，中間折斷，兩端銹蝕，部分尺星殘損，且第一、五、六、九、十各寸無法測量。

西漢竹尺

竹製西漢尺。1973 年出土於甘肅金塔漢代肩水金關遺址，今藏甘肅省博物館。尺長 23.6厘米，寬 1.5 厘米，厚 0.3 厘米。正背兩面皆未刻分寸，僅一側刻十寸。一端有孔，近孔處殘存墨書，似爲“優優”二字，其義未明。疑以廢竹簡製成。做工粗糙，恐是民間日常用尺。

新莽銅丈

王莽時代之標準銅丈。1927 年出土於甘肅定西秤鈎驛。該丈已折爲兩截，一截稍彎曲。丈面無綫紋以示分寸尺等，僅刻銘文兩行八十一字：“黃帝初祖，德帀于虞。虞帝始祖，德帀於新。歲在大梁，龍集戊長。戊辰直定，天命有民。據土德受，正號即真。改正建丑，長壽隆崇。同律度量衡，稽當前人。龍在己巳，歲次實沈。初班天下，萬國永遵。子子孫孫，亨傳意年。”《漢書·律曆志上》：“度者，分、寸、尺、丈、引也，所以度長短也……其法用銅，高一寸，廣二寸，長一丈，而分寸尺丈存焉。”學者考證，該銅丈廣與高之比爲二比一，恰與《漢書》所記相符。

東漢玉尺

玉製東漢尺。1959 年出土於河南洛陽中州大渠十九號東漢墓，今藏河南博物院。殘存八寸，斷爲三截；刻有寸綫，未刻分綫；一端有

孔。殘長 18.3 厘米，寬 1.6 厘米，厚 0.3 厘米。推算其尺長應爲 22.9 厘米。

建武銅尺

建武爲東漢光武帝劉秀年號。此尺爲東漢尺，其長度與荀勖律尺同。《隋書・律曆志上》引梁武帝《鍾律緯》云："祖冲之所傳銅尺，其銘曰：'晋泰始十年，中書考古器，揆校今尺，長四分半。所校古法有七品：一曰姑洗玉律，二曰小吕玉律，三曰西京銅望臬，四曰金錯望臬，五曰銅斛，六曰古錢，七曰建武銅尺。姑洗微强，西京望臬微弱，其餘與此尺同。'此尺者，勖新尺也。今尺者，杜夔尺也。"

漢官尺

東漢尺。漢章帝時史奚景所製。其長度爲晋前尺一尺三分七毫。《晋書・律曆志上》："漢章帝時，零陵文學史奚景於泠道舜祠下得玉律，度以爲尺，相傳謂之漢官尺。以校荀勖尺，勖尺短四分。漢官、始平兩尺長短度同。"《隋書・律曆志上》："漢官尺，實比晋前尺一尺三分七毫……蕭吉《樂譜》云：'漢章帝時，零陵文學史奚景於泠道縣舜廟下得玉律，度爲此尺。'"

新莽尺

亦稱"劉歆斛尺""劉歆銅斛尺"。王莽時之標準尺，爲劉歆所製。《漢書・律曆志上》："漢興，北平侯張蒼首律曆事，孝武帝時樂官考正。至元始中王莽秉政，欲耀名譽，徵天下通知鍾律者百餘人，使羲和、劉歆等典領條奏，言之最詳。"可見劉歆曾參與定標準尺之事。《隋書・律曆志上》："《漢志》，王莽時劉歆銅斛尺。"又："魏陳留王景元四年，劉徽注《九章》云：'王莽時劉歆斛尺，弱於今尺四寸五厘。比魏尺，其斛深九寸五分五厘，即晋荀勖所云杜夔

尺長於今尺四分半是也。'"近人劉復據對新莽嘉量之測定，推算新莽尺之長度應爲 23.08864 厘米。或據學者對現存始建國銅方斗之實測，推算新莽尺長度應爲 23.03 厘米。

【劉歆斛尺】

即新莽尺。此稱漢代已行用。見該文。

【劉歆銅斛尺】

即新莽尺。此稱隋代已行用。見該文。

蔡邕銅籥尺

亦稱"蔡邕古籥"。東漢蔡邕所製之尺。其長度與後周玉尺同。《隋書・律曆志上》："蔡邕銅籥尺，後周玉尺，實比晋前尺一尺一寸五分八厘。從上相承，有銅籥一，以銀錯題，其銘曰：'籥、黄鍾之宫，長九寸，空圍九分，容秬黍一千二百粒，稱重十二銖，兩之爲一合。三分損益，轉生十二律。'祖孝孫云：'相承傳是蔡邕銅籥。'後周武帝保定中，詔遣大宗伯盧景宣、上黨公長孫紹遠、岐國公斛斯徵等，累黍造尺，從横不定。後因修倉掘地，得古玉斗，以爲正器。據斗造律度量衡，因用此尺。大赦，改元天和。百司行用，終於大象之末。其律黄鍾，與蔡邕古籥同。"

【蔡邕古籥】

即蔡邕銅籥尺。此稱隋代已行用。見該文。

吴銀乳釘竹尺

竹製三國吴尺。因竹面有乳釘，故稱。1979 年出土於江西南昌，今藏江西省博物館。尺長 24.2 厘米，寬 2.4 厘米，厚 0.6 厘米。該尺兩端鑲有銅包頭。一段以銀乳釘劃分爲五個寸格，每處三個銀乳釘并列。另一段爲素面。尺背面於中間鏤刻一個米字形圖案。

吳銅尺

銅製三國吳尺。1964 年出土於江西南昌罈子口一號墓，今藏江西省博物館。尺長 23.5 厘米，寬 2 厘米，厚 0.3 厘米。銹蝕較爲嚴重。下面分二段，其中一段刻五寸，未刻分；另一段刻有花紋。背面未刻分寸。

魏尺

亦稱"杜夔尺"。三國魏人杜夔所製調律尺。長度爲晉前尺一尺四分七厘，合今制 24.2 厘米。《晉書·律曆志》："魏景元四年，劉徽注《九章》云：王莽時劉歆斛尺弱於今尺四分五厘，比魏尺其斛深九寸五分厘；即荀勗所謂今尺長四分半是也。"又："勗銘其尺曰："晉泰始十年……銘八十二字。此尺者，勗新尺也；今尺者，杜夔尺也。"《宋史·律曆志四》："魏尺，杜夔之所用也，比晉前尺爲一尺四分七厘。"

【杜夔尺】

即魏尺。此稱晉代已行用。見該文。

荀勗律尺

亦稱"荀勗新尺""晉前尺"。晉武帝泰始年間中書監荀勗所製標準調律尺，該尺合於古尺。《晉書·律曆志上》："武帝泰始九年，中書監荀勗校太樂，八音不和，始知後漢至魏，尺長於古四分有餘。勗乃部著作郎劉恭，依《周禮》製尺，所謂古尺也。依古尺更鑄銅律呂，以調聲韻。以尺量古器，與本銘尺寸無差。"又："荀勗新尺惟以調音律，至於人間，未甚流布，故江左及劉曜儀表，並與魏尺略相依准。"《隋書·律曆志上》："晉泰始十年荀勗律尺爲晉前尺。"唐段成式《酉陽雜俎·廣知》："梁主客陸緬謂魏使尉瑾曰：'我至鄴，見雙闕極高，圖飾甚麗，此間石闕亦爲不下。我家有荀勗所造尺，以銅爲之，金字成銘，家世所寶此物。往昭明太子好集古器，遂將入內。此闕既成，用銅尺量之，其高六丈。'瑾曰：'我京師象魏，固中天之華闕。此間地勢過下，理不得高。'魏肇師曰：'荀勗之尺是積黍所爲，用調鍾律，阮咸譏其聲有湫隘之韻。後得玉尺度之，過短。'"

【荀勗新尺】

即荀勗律尺。此稱晉代已行用。見該文。

【晉前尺】

即荀勗律尺。此稱隋代已行用。見該文。

晉後尺

東晉時長江以南地區所用之尺。其長度爲晉前尺一尺六分二厘。《晉書·律曆志上》："元帝後，江東所用尺，比荀勗一尺六分二厘。"《隋書·律曆志上》："晉後尺，實比晉前尺一尺六分二厘。蕭吉云：'晉氏江東所用。'"

田父玉尺

晉武帝時老農於田野中所得周代玉尺。《晉書·律曆志上》："《世説》稱，有田父於野地中得周時玉尺，便是天下正尺。荀勗試以校己所治金石絲竹，皆短校一米。"元脱脱等《宋史·律曆志》："二、晉田父玉尺，與梁法尺同，比晉前尺爲一尺七厘。"此尺是否爲周代尺，尚存疑竇。學者研究，似屬新莽以後之制。參閱吳承洛《中國度量衡史》。

後梁骨尺

骨製後梁尺。現已發現兩枚，形制、長度皆同，今藏敦煌文物研究所。長 24.2 厘米，寬 2 厘米，厚 0.2 厘米。正面刻十寸，每寸處上下各刻一個圓圈；五寸處上、中、下各刻一個圓圈；一端有孔。

北涼木尺

　　木製北涼尺。1963 年出土於新疆吐魯番阿斯塔那二十二號墓，今藏新疆維吾爾自治區博物館。該尺長 24.5 厘米，寬 1.9 厘米，厚 0.8 厘米。正背面都未刻分寸，僅於綾側刻綾兩道。

南朝銅尺

　　銅製南朝尺。今藏中國國家博物館。該尺一側已有殘缺。尺長 25 厘米，寬 2.2 厘米，厚 0.3 厘米。正面分刻 5 寸，每寸處以 6 個圓圈爲尺星，其餘 5 寸未刻分寸。一端有孔。《隋書·律曆志上》記載，劉宋民間尺度爲晋前尺一尺六分四厘，齊、梁、陳三代沿用。由此推算，劉宋民間尺一尺爲 24.6 厘米。此銅尺長度與文獻記載十分接近。

宋氏尺

　　南朝劉宋所用尺。其長度爲晋前尺一尺六分四厘。學者推算，合今制 24.6 厘米。《隋書·律曆志上》：“宋氏尺，實比晋前尺一尺六分四厘。”又：“西魏廢帝元年，周文攝政，又詔尚書蘇綽詳正音律。綽時得宋尺，以定諸管，草創未就。”又：“宋氏尺即鐵尺，黄鍾凡二，其一容一千二百；其一容一千四十七。”

後魏前尺

　　北魏所用之尺。其長度爲晋前尺一尺二寸七厘，經推算，合今 27.9 厘米。《隋書·律曆志上》：“後魏前尺，實比晋前尺一尺二寸七厘。”後魏有前、中、後三等尺，大約從後魏初年至西魏末年用於北朝，但其間分用年代已不可考。而後魏後尺，北周時似仍沿用爲市尺，後中斷，至隋開皇年間復用，迄仁壽末年終止。

後魏中尺

　　北魏所用之尺，其長度爲晋前尺一尺二寸一分一厘，經測算，合今制 28 厘米。《隋書·律曆志上》：“〔後魏〕中尺，實比晋前尺一尺二寸一分一參厘。”

後魏後尺

　　北魏所用之尺。其長度爲晋前尺一尺二寸八分一厘，經測算，合今制 29.6 厘米。《隋書·律曆志上》：“〔後魏〕後尺，實比晋前尺一尺二寸八分一厘。”

東魏尺

　　東魏元延明所製之尺。其長度爲晋前尺一尺三寸八毫，經測算，合今制 30.1 厘米。《隋書·律曆志上》：“東魏尺，實比晋前尺一尺五寸八毫（按，中華書局點校本校勘記改‘五’爲‘三’）。此是魏中尉元延明纍黍用半周之廣爲尺，齊朝因而用之。”

梁表尺

　　南朝梁用以測日影之尺。其長度爲晋前尺一尺二分二厘一毫有奇。隋大業年間曾用之調律。《隋書·律曆志上》：“梁表尺，實比晋前尺一尺二分二厘一毫有奇。蕭吉云：‘出於《司馬法》，梁朝刻其度於影表以測影。’案，此即奉朝請祖暅所算造銅圭影表者也。經陳滅入朝。大業中，議以合古，乃用之調律，以製鐘磬等八音樂器。”

梁法尺

　　南朝梁法定通用之尺。蓋由民間俗尺重新製定，其長度爲晋前尺一尺七厘。《隋書·律曆志上》：“梁法尺，實比晋前尺一尺七厘。”

梁朝俗間尺

　　南朝民間所用尺。其長度爲晋前尺一尺七分一厘。《隋書·律曆志上》：“梁朝俗間尺，長於梁法尺六分三厘，於劉曜渾儀尺二分，實比晋前尺一尺七分一厘。梁武《鍾律緯》云：‘宋武平中原送渾天儀、土圭，云是張衡所作，驗渾儀銘題是光初四年鑄，土圭是光初八年作，並是劉曜所製，非張衡也。制以爲尺，長今新尺四分三厘，短俗間尺二分。’新尺謂梁法尺也。”

渾天儀土圭尺

亦稱“劉曜渾儀尺”。前趙劉曜所製之尺。用以製渾天儀、土圭，故稱。其長度爲晋前尺一尺五分。《晋書·律曆志上》：“趙劉曜光初四年鑄渾儀，八年鑄土圭，其尺比荀勖尺一尺五分。荀勖新尺惟以調音律，至於人間，未甚流布。故江左及劉曜儀錶，並與魏尺略相依准。”《隋書·律曆志上》：“趙劉曜渾天儀土圭尺，長於梁法尺四分三厘，實比晋前尺一尺五分。”同書《律曆志上》：“梁朝俗間尺……於劉曜渾天儀尺二分，實比晋前尺一尺七分一厘。”

【劉曜渾儀尺】

即渾天儀土圭尺。此稱隋代已行用。見該文。

開皇宮尺

隋代所用之標準尺。其長度與後周市尺同，爲晋前尺一尺二寸八分一厘，經推算，合今制29.6厘米。隋文帝時冀州刺史趙煚即據以製爲鐵尺。《隋書·律曆志上》：“〔後魏〕後尺，實比晋前尺一尺二寸八分一厘。（原注：‘即開皇宮尺及後周市尺。’）後周市尺比玉尺一尺九分三厘。開皇宮尺即鐵尺一尺二寸。此後魏初及東西分國，後周未用玉尺之前，雜用此等尺。甄鸞《算術》云：‘周朝市尺得玉尺九分二厘，或傳梁時有志公道人作此尺，寄入周朝，云與多鬚老翁。周太祖及隋高祖各自以爲謂己。周朝人間行用，及開皇初，著令以爲官尺，百司用之，終于仁壽。大業中，人間或私用之。’”又《趙煚傳》：“冀州俗薄，市井多奸詐，煚爲銅斗、鐵尺，置之於肆，百姓便之。上聞而嘉焉，頒告天下，以爲常法。”

唐大尺

唐代所用尺。唐承隋制，尺有大小之分。大尺當小尺之一尺二寸，與後周市尺當後周鐵尺一尺二寸情形相同。《唐六典·尚書户部·金部郎中員外郎》：“凡度，以北方秬黍中者一黍之廣爲分，十分爲寸，十寸爲尺，一尺二寸爲大尺，十尺爲丈……凡積黍爲度量權衡，調鍾律，測晷景，合湯藥及冠冕之制用之。内外官司，悉用大者。”另據清吳大澂《權衡度量實驗考》，唐代工部營造尺亦爲大尺，當開元尺一尺二寸。

唐鳥獸花卉紋牙尺

盛唐象牙尺。長30.25厘米，寬3厘米，厚0.55厘米。正反兩面皆以單綫爲欄，内以雙綫等分爲十個寸格，寸格内刻鏤鳥獸、花卉、亭臺及圖案紋飾。左右邊欄刻小朵海棠二十一朵，花蕊圈形，猶如尺星。若以圈心設點，其間距1.5厘米，共二十等分。若以十格圖像兩條的花蕊心點測量，約30厘米，等於一尺。兩面紋樣一律竪式排列，甚精巧，國内僅此一支。當屬唐大尺。現藏上海博物館。

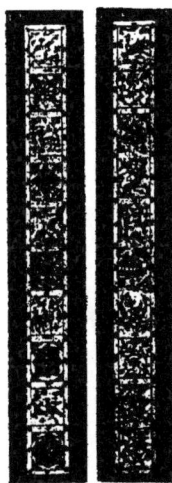

唐鳥獸花卉紋牙尺

後周鐵尺

鐵製北周調律尺。北周初年由蘇綽所製，至隋開皇年間尚用之。經推算，其長度合今制23.68厘米。《隋書・律曆志上》："後周鐵尺……宣帝時，達奚震及牛弘等議曰：'……謹尋今之鐵尺，是太祖遣尚書故蘇綽所造，當時檢勘，用爲前周之尺。驗其長短，與宋尺符同。即以調鍾律，並用均田度地……臣等詳校前經，斟量時事，謂用鐵尺於理爲便。'未及詳定，高祖受終。牛弘、辛彥之、鄭譯、何妥等久議不決。既平陳，上以江東樂爲善，曰：'此華夏舊聲，雖隨俗改變，大體猶是古法。'祖孝孫云，平陳後廢周玉尺律，便用此鐵尺律。以一尺二寸即爲市尺。"

後周市尺

北周所用之尺。長度與後魏後尺同，爲後周鐵尺一尺二寸，相當於晉前尺一尺二寸八分一厘，經測算，合今制29.6厘米。該尺北周行用，隋初仍用，後廢。《隋書・律曆志上》："〔後魏〕後尺，實比晉前尺一尺二寸八分一厘。"又："後周市尺比玉尺一尺九分三厘……甄鸞《算術》云：'周朝市尺得玉尺九分二厘，或傳梁時有志公道人作此尺，寄入周朝，云與多鬚老翁。周太祖及隋高祖各自以爲謂己。周朝人間行用，及開皇初，著令以爲官尺，百司用之，終於仁壽。大業中，人間或私用之。'"

宋影表尺

宋太祖、仁宗時，判太常寺和峴、翰林學士丁度等先後據司天臺影表尺所造新尺。《宋史・律曆志一》："宋乾德中，太祖以雅樂聲高，詔有司重加考正。時判太常寺和峴上言曰：'古聖設法，先立尺寸，作爲律呂，三分損益，上下相生，取合真音，謂之形器。但以尺寸長短非書可傳，故累秬黍求爲準的，後代試之，或不符會。西京銅望臬可校古法，即今司天臺影表銅臬下石尺是也。及以〔王〕樸所定尺比校，短於石尺四分，則聲樂之高，蓋由於此。況影表測於天地，則管律可以準繩。'上乃令依古法，以造新尺並黃鍾九寸之管。命工人校其聲，果下於朴所定管一律。又内出上黨羊頭山秬黍累尺校律，亦相符合。"又《律曆志四》："又詔度（丁度）等詳定太府寺並保信（鄧保信）、逸（阮逸）、瑗（胡瑗）所製尺。度等言：'……今司天監影表尺，和峴所謂西京銅望臬者，蓋以其洛都舊物也。今以貨布、錯刀、貨泉、大泉等校之，則影表尺長六分有奇，略合宋、周、隋之尺……謹考舊文，再造影表尺一、校漢錢尺二並大泉、錯刀、貨布、貨泉總十七枚上進。'詔度等以錢尺、影表尺各造律管，以驗逸、瑗並太常新舊鐘磬，考定音之高下以聞。"

北宋木尺

亦稱"太府布帛尺"。木製北宋尺。今已發現多枚。宋初民間通用三司布帛尺。宋蔡元定《律呂新書》載，"太府布帛尺比晉前尺一尺三寸五分"。在湖北武漢十里鋪北宋墓中發現的木尺與其尺度相當。長31.2厘米，寬2.3厘米，厚0.5厘米，正面等分十寸，每寸又分爲十等分。尺星爲銅點鑲嵌而成，多已殘缺。今藏湖北省博物館。1973年10月江蘇蘇州西郊橫塘公社出土一枚褐漆

北宋褐漆浮雕尺

浮雕木尺，長 31.7 厘米，寬 3.1 厘米，厚 0.6 厘米。等分爲五格，每格一寸，長 3.17 厘米，内有微細差异，格内雕折枝牡丹童子，活潑可愛。尺背一端有明顯使用痕迹，今藏蘇州博物館。

【太府布帛尺】

即北宋木尺。此稱宋代已行用。見該文。

南宋黑漆雕花木尺

木製南宋尺。因其通體塗有黑漆，且雕刻花卉，故稱。1975 年出土於福建福州浮倉山南宋墓，今藏福建博物館。尺長 28.3 厘米，寬 2.3 厘米，厚 1.25 厘米。其長度略短於宋代統一用尺，可能是民間地方用尺。正背兩面紋飾相同，均分爲兩段：其中一段刻五個寸格，寸格内陰刻銅錢等紋飾；另一段不刻寸格，僅陰刻折技牡丹。紋地内皆填充緑彩，通體塗黑漆。

明嘉靖牙尺

明代嘉靖年間以象牙製成之營造尺。今藏故宫博物院。尺長 32 厘米，寬 2.4 厘米，厚 1.1 厘米。正背兩面皆刻十寸，每寸均刻十分。二寸、五寸、八寸處刻有花紋。尺之一側中間刻有"大明嘉靖年製"六字，爲楷體。製作精緻。

清康熙牙尺

清代康熙年間所製象牙尺。今藏中國國家博物館。該尺僅殘存五寸餘，按今制，長爲 17.5 厘米，寬 1.4 厘米，厚 0.5 厘米。一端平直，一端磨損成弧形。正背兩面刻陰綫六道。正面第一格（半寸）刻有"康熙御製"四字，爲楷書；第二格（半寸）以斜綫等分爲十個小格。背面第一格（一寸）以斜綫等分爲十分，其餘未刻分。每寸之長爲 3.2 厘米，全尺長應爲今制 32 厘米。據學者研究，此尺長度合於清營造尺。尺的橫綫與斜綫是依照當時之計算尺刻劃的，目的在於提高尺的讀數精度。

第二節 量 考

所謂量，就是用來計量物體體積多少的容器。《書·舜典》："協時月正日，同律度量衡。"陸德明釋文："量，力尚反，斗、斛也。"這種可以計量物體多少的容器，自然可以被人用作計量的標準。早在原始社會晚期，中國就出現了最初的量器。《孔子家語·五帝德》："〔黄帝〕設五量。"王蕭注："五量：權衡、升斛、尺丈、里步、十百。"這種文獻記載的度量衡制度，在考古發現中還没有可予資證的實物材料。目前發現較多的量器實物，大多是春秋戰國以後的。春秋以前的實物很少，制度也比較混亂。《左傳·昭公三年》記載："齊舊四量，豆、區、釜、鍾。四升爲豆，各自其四，以登於釜。釜則十鍾。陳氏三量皆登一焉，鍾乃大矣。以家量貸，而以公量收之。"這就是春秋時期齊國貴族陳氏爲達到收買民心的目的，在一個諸侯國政權内部實行不同計量的真實寫照。僅從這一件事上看，就可以想見當時的度量衡制度混亂到了什麼樣的程度。陳氏就是憑藉在量器上做手脚這樣的小恩小惠，收買了齊國的民心，最終取得了齊國的政權。爲了達到奪取政權的目的，竟然可以改變量器的進位方式，度量衡被用來作爲政治鬥爭的工具。可嘆這在當時并不是個別現象。在楚國，白公勝發動政變，采用的也是"大斗斛以出，輕斤量以納"的辦法。春秋戰國時期度量衡制度如此混亂，從一個側面也可瞭解到當時社會變革的劇烈程度。

隨着春秋戰國時期各國兼併戰爭的加劇，各國間政治、經濟交往日益頻繁，人們迫切需要統一度量衡。從現在發現的考古材料來看，戰國時期各國的度量衡開始出現了趨同的傾嚮。韓非在《韓非子·揚權》一文中公開宣稱度量衡是君權的組成部分，是鞏固統一的一種手段。他説："上操度量，以割其下，故度量之立，主之寶也。"在這樣一種歷史背景下，秦國孝公時期的商鞅變法，統一了秦國的度量衡，正是一種適應歷史發展潮流的必然變革。正因爲這樣，秦始皇統一中國後，基本上就以商鞅變法時推行的標準爲基礎，統一了全國的度量衡。車同軌，書同文，統一度量衡。秦始皇就是憑藉這些千古不朽的改革政令，開創了中國大一統的封建社會基業。

量器在王莽改制時得到了最明確的界定。王莽新嘉量是中國度量衡制度發展到比較完備的產物。根據新嘉量銘文所載的五量（龠、合、升、斗、斛）的徑、深、底面積與容積之值，及"其重二鈞"的相互關係，可以推算出新莽時一尺長 23.08864 厘米，一升容 200.63492 毫升，一斤重 226.666 克。新嘉量實際上構成了一個空前完整的度量衡標準，而彼此之間又存在着相成相通的内在聯係。新嘉量製作精巧，成爲後世歷代王朝修訂度量衡的依據。

中國度量衡發展的趨勢是越來越大，其中量器的增率更爲明顯。若把秦漢以後的中國歷史分爲從王莽至西晉、南北朝至隋、唐至清三段，則量的增率分別爲第一段是 3%，第二段是 100% ～ 200%，第三段爲 200%。在度量衡中量的增幅是最大的，三段總的增率幾乎達到 400%。量器增率最大，是因爲量器的大小最難於判定，不像其他度、衡那樣易於鑒別。但最主要的原因是中國封建社會一直以徵收實物形式向廣大勞動人民徵收賦税，并且是以量器作單位來實施的。所以歷代統治者都竭力在增大量器上做文章。《隋書·律曆志》記載："開皇以古斗三升爲一升。"唐孔穎達《左傳正義·定公八年》："北魏、北齊斗二倍於古斗，周、隋三倍於古。"清代著名學者顧炎武在考證了宋元量器與衡器之後，在《日知録·大斗大兩條》得出這樣的結論，"宋時權、量又大唐"，"元之斗斛又大於宋也"。到了明清時期，量的增幅達到了五倍於王莽時期的程度。

　　由於中國封建社會自給自足的自然經濟占了絕對的統治地位，加上中央政權時與地方政權處在對立的狀態，各地之間的度量衡標準非常混亂，同一地區不同行業所用的度量衡標準也往往相差很大。清顧炎武在《日知録・斗斛丈尺》中描述了明代量器的混亂情況："今北方之量鄉異而邑不同，至有以五斗爲一斗者，一廛之市，兩斗並行。"

升

　　古代量器。十合爲一升。《周禮・考工記・奧氏》："奧氏爲量……其耳三寸，其實一升。"《漢書・歷律志上》："十合爲升，十升爲斗。"

斗

　　古代量器。十升爲一斗。《論語・子路》："子曰：噫，斗筲之人何足算也。"何晏集解："鄭曰：'噫，心不平之聲；筲，竹器，容斗二升。'"《漢書・歷律志上》："十合爲生，十升爲斗。"

斛

　　古代量器。十斗爲斛，南宋末改爲五斗。《莊子・篋篋》："爲之斗斛以量之，則並與斗斛而竊之。"《韓非子・二柄》："故田常上請爵禄而行之群臣，下大斗斛而施於百姓。"漢莊忌《哀時命》："世並舉而好朋兮，壹斗斛而相量。"宋辛棄疾《添字浣溪沙・用前韻謝傅巖叟瑞香之惠》詞："赤脚未安芳斛穩，蛾眉早把橘枝來。"

斛
（元王禎《農書》）

斛斗

　　斛與斗。度量糧食體積的量具。其容量古以十斗爲斛，南宋末年改爲五斗一斛。《宋書・律曆志上》："器有大小，故定以斛斗。"北魏賈思勰《齊民要術・笨麴並酒》："其七酘以前，每欲酘時，酒薄霍霍者，是麴勢盛也……雖勢極盛，亦不得過次前一酘斛斗也。"

斛櫥

　　糧食量具。《元典章・户部七・行用圓斛》："官司所用斛櫥，底狹面闊，吏卒收受，概量之際，輕重其手，弊倖多端。"

子禾子銅釜

　　戰國時齊國銅製官定量器。子禾子，乃齊國田和爲大夫時之稱，"禾"與"和"古通。此器爲田和未立諸侯時所鑄造，故稱。據學者研究，該銅釜大約鑄造於公元前 404～前 385 年。1857 年出土於山東膠縣（今膠州市）靈山衛，今藏中國國家博物館。器形口小腹大，腹兩側有耳。高 38.5 厘米，口徑 22.3 厘米，腹徑 31.8 厘米，底徑 19 厘米，容量爲 20460 毫升。腹壁刻有銘文九行，其中有些字已銹蝕不清，無法通讀。大意是子禾子給齊國守"左關"關卡之人下達的命令：左關釜之容量必以倉廩的標準量器"廩釜"爲準，關鈉則以廩舒爲準，若有舞弊，當予制止，若不從命，則予處罰。據此可知，戰國時期的度量衡已有明確的校量制度及管理措施。

左關銅鉌

戰國時田氏齊國銅製官定量器。1857年出土於山東膠縣（今膠州市）靈山衛，今藏上海博物館。器爲半球形，上口有流。高10.8厘米，口徑19.4厘米，容量爲2070毫升。器腹外壁有兩行四字刻銘："左關之鉌"，因稱"左關銅鉌"。子禾子銅釜銘文中之"關鉌"即指此。《左傳·昭公三年》："齊舊四量：豆、區、釜、鍾。四升爲豆，各自其四，以登於釜。釜則十鍾。陳氏三量皆登一焉，鍾乃大矣。"可知姜氏齊國舊量爲四進位，即四升爲豆，四豆爲區，四區爲釜，十釜爲鍾。陳氏即田氏，其三量皆於姜齊舊量加一，故田齊三量爲：五升爲豆，五豆爲區，五區爲釜。《管子·輕重丁》："今齊西之粟，釜百泉則鏂二十也；齊東之粟，釜十泉則鏂二錢也。"又《海王》："鹽百升而釜。"此可證田齊一釜等於五區或一百升，恰與《左傳》之說相符。子禾子銘"關鉌節於廩釬"，"釬"即應《說文·斗部》"料"字："量物分半也。從斗，從半，半亦聲。""釬"後應還有"區"字，被省略，此乃戰國銘文常例。五區爲釜，鉌乃區之半，故十鉌爲釜，釜爲百升，故十升爲一鉌。可知升、鉌、釜之間形成十進位關係。田齊新量增加"鉌"，與姜齊舊量之四進位制相比，顯然是一大進步。今實測子禾子銅釜、陳純銅釜、左關銅鉌三器之容量，一釜相當於十鉌。

陳純銅釜

戰國時齊國銅製官定量器。因其冶器人爲陳純，故稱。1857年出土於山東膠縣（今膠州市）靈山衛，今藏上海博物館。器小口大腹，腹兩側有耳。高39厘米，口徑23厘米，腹徑32.6厘米，底徑18厘米，容量爲20580毫升。該器腹壁鑄有銘文七行，大意是：陳猶苣事之年的某月戊寅，命左關師發督造左關所用之釜，并要求以倉廩之標準釜進行校量，冶器人陳純。據此銘文可知，戰國時對度量衡已有明確之校量、管理制度。此器將監造人與冶器人姓名鑄於器物之上，可見當時統治者對度量衡器物製作的重視。

商鞅銅方升

戰國時秦國銅製標準量器，今藏上海博物館。器呈長方形，若今抽屜狀，有短柄。全長18.7厘米，內口長12.4774厘米，寬6.9742厘米，深2.323厘米，容積爲202.15立方厘米。器壁三面及底部均刻有銘文。左壁刻："十八年，齊率卿大夫衆來聘，冬十二月乙酉，大良造鞅，爰積十六尊五分尊壹爲升。"器壁與柄相對之一面刻"重泉"二字，底部刻："廿六年，皇帝盡并兼天下諸侯，黔首大安，立號爲皇帝，乃詔丞相狀、綰，法度量則不壹歉疑者，皆明壹之。"右壁刻一"臨"字。其中"重泉"與左壁銘文字體一致，當爲一次所刻，故此器初置於"重泉"（今陝西蒲城），其後輾轉發至"臨"地。而"臨"字與底部詔書乃第二次加刻。《史記·秦本紀》："〔孝公〕十年，衛鞅爲大良造。"故銘文中的"十八年"應爲秦孝公十八年（前344）。此器即商鞅

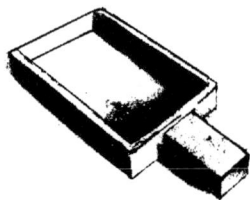

商鞅方升

任大良造時所頒發的標準量器。底部銘文爲加刻之秦始皇二十六年詔書，兹可證秦始皇統一中國後，仍以商鞅所規定之制度與標準統一全國度量衡。考左壁銘文，乃以十六又五分之一立方寸的容積爲一升，可見當時 "以度審容" 之科學方法。據此器推算，戰國時秦國一立方寸合 12.478 立方厘米，一寸長合 2.32 厘米，一尺長合 23.2 厘米。

秦陶量

戰國時秦國陶製量器。1976 年出土於湖北雲夢睡虎地七號墓，今藏雲夢縣文化館。該器圓口直壁平底，外壁有暗弦紋十餘道。高 9.1 厘米，口徑 18.5 厘米，容積爲 2000 毫升。雲夢在戰國晚期屬於秦國南郡。七號墓之木椁室門楣上刻有 "五十一年曲陽士王邦" 九字，考秦王

秦陶量

在位超過五十一年者，僅秦昭襄王一人，在位五十六年。故此墓葬時間當爲秦昭襄王五十一年，即公元前 256 年。該器容積爲商鞅銅方升之十倍，乃一斗之值。

廩陶量

戰國陶製量器。因其爲倉廩所用，故稱。1977 年出土於河南登封告城古陽城遺址，今藏河南博物院。該器鼓腹，侈口，平底。高 11.2 厘米，口徑 15.5 厘米，容積爲 1670 毫升。口沿有印文三方，其中一方已殘。印文用字字與子禾子銅釜、陳純銅釜中的 "廩" 字頭相同，當釋爲 "廩"。《周禮·地官·廩人》："廩人掌九穀之數。" 故廩實爲官府貯藏糧食之倉庫。此量即爲倉廩所用之物。此量器已發現多個，此其一。

公豆陶量

戰國時齊國陶製量器。相傳出土於山東臨淄，今藏中國國家博物館。廣口，深腹，高 11.6 厘米，口徑 14.9 厘米，容量爲 1300 毫升。腹壁有印文兩處：一處爲陽文 "公豆" 二字；一處爲陰文，字迹已模糊不清。

公區陶量

戰國時齊國陶製量器。相傳出土於山東臨淄，今藏中國國家博物館。廣口，深腹，高 17 厘米，口徑 20.5 厘米，容量爲 4847 毫升。其腹部有繩紋，壁上有戳印銘文兩處：一處爲陽文 "公區" 二字，一處爲陰文 "叟圂里人忑" 五字。其器形制、印文均與公豆陶量近似。《左傳·昭公三年》："齊舊四量：豆、區、釜、鍾。" 可見公豆陶量與公區陶量大約爲齊國通用之量器。

郢大府銅量

戰國時楚國銅製量器。1976 年出土於安徽鳳陽，今藏安徽阜陽展覽館。其器廣口，直壁，高 12.5 厘米，口徑 11.6 厘米，容量爲 1110 毫升。器有一環形柄。刻銘兩處：外壁爲 "郢大府之口笒"，底部爲 "少"。"郢" 乃楚國都城之泛稱。據《周禮·天官·大府》記載，其應爲管理貢賦之機構。"笒" 當是 "箈"。《説文·竹部》："箈，陳留謂飯帚曰箈。從竹笞聲。一曰飯器，容五升。" 該器自銘 "笒"，恐爲五升之

郢大府量

量，折算每升當合 222 毫升。

始皇詔銅方升

秦國銅製標準量器。其上刻有秦始皇詔書，故稱。現已發現兩件，其中一件今藏上海博物館。器之形制與商鞅銅方升相似。全長 18.7 厘米，深 2.51 厘米，計算其容積爲 215.65 立方厘米。其器外壁一側刻有秦始皇二十六年（前 221）詔書三行：“廿六年，皇帝盡並兼天下諸侯，黔首大安，立號爲皇帝。乃詔丞相狀、綰，法度量則不壹歉疑者，皆明壹之。”此器應爲秦始皇統一度量衡所用之標準器。

黽池宮銅升

西漢銅製量器。以其爲黽池宮製造，故稱。今藏陝西西安市文物商店。器呈橢圓形，口沿有唇，并有短柄。全長 17.5 厘米，口徑 10.2 厘米，寬 7 厘米，重 267.3 克，容量爲 198 毫升。其外壁有兩次刻銘，第一次刻於唇上，銘文爲：“黽池宮銅升，重一斤二兩，五鳳元年工常勞造，守屬順臨，第六。”第二次刻於第一次銘文之右，銘文爲：“上林共府初元三年受弘農郡。”黽池，縣名，即今河南澠池縣。《漢書·地理志上》記屬弘農郡。注云：“高帝八年復黽池中鄉民。景帝中二年初城，徙萬家爲縣。”五鳳，漢宣帝年號，五鳳元年即公元前 57 年。常勞，人名，造此器之工匠。守屬，下級官吏。順，人名，造器時親主其事之人。上林，秦舊苑名，位於都城長安附近。初元，漢元帝年號，初元三年是公元前 46 年。受弘農郡，謂該器由弘農郡調用。

上林共府銅升

西漢銅製量器。以該器由上林共府調用，故稱。今藏天津藝術博物館。器爲圓口，平底，有柄，重 321.3 克。全長 16 厘米，高 4.5 厘米，口徑 9.2 厘米，容量爲 200 毫升。外壁刻有銘文四行：“上林共府，初元三年受琅邪。容一升，重斤二兩。工師駿造。”該器在漢元帝初元三年（前 46）由琅邪郡調至上林苑使用。琅邪郡在今山東諸城。

楚私官銅量

西漢銅製量器。爲西漢諸侯國楚國王室使用，故稱。1972 年出土於江蘇銅山小龜山西漢崖洞墓，今藏南京博物院。器圓口，平底，重 250 克，高 6 厘米，口徑 7.5 厘米，底徑 6.6 厘米，容量爲 200 毫升。腹壁刻銘乃三次分刻。第一次刻：“楚私官，重一斤一兩十八朱。”第二次刻：“元園重一斤一兩十二朱。”第三次刻：“今北平園。”楚爲西漢諸侯國，齊邦封其少弟劉交爲楚元王，建都彭城（今江蘇徐州）。《漢書·張湯傳》：“大官私官並供其第。”顏師古注引服虔曰：“私官，皇后之官也。”元園，乃劉交陵園。北平園，疑爲北平文侯張蒼陵園。故此器當初爲楚王室所用之物，後用於陵園。

新莽銅嘉量

新莽時代銅製之標準量器。嘉，即好之意，亦可指符合標準之物，故稱。其器分五部分，包括龠、合、升、斗、斛。中央爲一大圓柱體，近下端處有底，底上爲斛，底下爲斗；左耳爲小圓柱體，爲升；右耳亦爲小圓柱體，底之上下兩端分別爲合與龠。《漢書·律曆志上》：“量者，龠、合、升、斗、斛也，所以量多少也。本起於黃鍾之龠，用度數審其容，以子穀秬黍中者千有二百實其龠，以井水準其概。合龠爲合，十合爲升，十升爲斗，十斗爲斛，而五量嘉矣。其法用銅，方尺而圜其外，旁有庣焉，其上爲斛，其下爲斗。左耳爲升，右耳爲合、龠。其狀似爵，以縻爵禄。上三下二，參天兩地，圜而函方，左一右二，陰陽之象也。其圜象規，其重二鈞，備氣物之數，合萬有一千五百二十。聲中黄鍾，始於黄鍾而反覆焉，君制器之象也。龠者，黄鍾律之實也，躍微動氣而生物也。合者，合龠之量也。升者，登合之量也。斗者，聚升之量也。斛者，角斗平多少之量也。夫量者，躍於龠，合於合，登於升，聚於斗，角於斛也。職在太倉，大司農掌之。"由此可知，新莽銅嘉量實物之形制與典籍所記相符。器壁正面有總銘八十一字，與新莽銅丈銘文相同。在五量中，每一量又各有分銘。其銘文如下："律嘉量龠，方寸而圜其外，庞旁九毫，冥百六十二分，深五寸，積八百一十分，容如黄鍾。""律嘉量合，方寸而圜其外，庞旁九豪，冥百六十二分，深寸，積千六百二十分，容二龠。""律嘉量升，方二寸而圜其外，庞旁一厘九豪，冥六百四十八分，深二寸五分，積萬六千二百分，容十合。""律嘉量斗，方尺而圜其外，庞旁九厘五毫，冥百六十二寸，深寸，積百六十二寸，容十升。""律嘉量斛，方尺而圜其外，庞旁九厘五豪，冥百六十二寸，深尺，積千六百二十寸，容十斗。"該嘉量銘文所記五量之徑、深、底面積及容積，爲研究新莽時期之度量衡制度提供了實物依據。歷代亦曾以此嘉量爲標準校核度量衡制度。近人劉復對此器作過精細測量，著有《新莽嘉量之校量及推算》。據實測，其五量資料如下：龠，口徑 3.231 厘米，深 1.2865 厘米，容量 10.65 毫升；合，口徑 3.29 厘米，深 2.4165 厘米，容量 21.125 毫升；升，口徑 6.494 厘米，深 5.7795

厘米，容量 191.825 毫升；斗，口徑 32.5645 厘米，深 2.2675 厘米，容量 2012.5 毫升；斛，口徑 32.948 厘米，深 22.895 厘米，容量 20097.5 毫升。嘉量製造精湛，比例準確，是中國古代度量衡器具的典範。參閲《中國古代度量衡圖集》。

永平大司農銅合

東漢永平年間銅製標準量器。因其由大司農監製，故稱。今藏南京博物院。器爲平底，口略呈橢圓形。柄寬而長，柄端有圓孔。正面刻有銘文一行："大司農平合，永平三年三月造。"柄背有一凸起方框，其内可嵌置銅製檢封。檢封正面印文爲"官律所平"，背面鑄"鼓鑄爲職"，兩者均爲陽文。大司農爲掌管財經之官，"大司農平合"乃由大司農監製校量之標準量器。永平爲漢明帝年號，永平三年即公元60 年。該器全長 15.7 厘米，高 2.3 厘米，口徑 4.1×4.5 厘米，容量爲 20 毫升。

東漢一分銅量

東漢銅製量器。因其上刻有"一分"字樣，故稱。今藏中國國家博物館。形似小勺，有長柄。全長 6.9 厘米，高 1.03 厘米，口徑 1.9 厘米，容量爲 1.2 毫升。器柄上刻有銘文："二分容黍粟六十四枚。"《漢書·律曆志上》："以子穀秬黍中者千有二百實其龠。"又："量多少者不失圭撮。"顔師古注引應劭曰："四圭曰撮，三指撮之也。"引孟康曰："六十四黍爲圭。"始建國銅撮銘文曰："……積百六十二分，容四圭。"據以上記載及實物測量，可推算出新莽時期一龠爲五撮，一撮爲四圭，一圭容水 0.5 毫升，容黍六十或六十四枚。今實測一分銅量容水 1.2 毫升，爲二圭有餘，容黍一百二十八枚。故此量實際容量約相當於二圭。自銘中"一分"乃容量單位，但未見史籍記載。據學者研究，此等小型量器爲量藥物用。今傳世及出土者頗多，而時代大多在魏晉南北朝之前。

嵩德宮銅量

遼代銅製量器。因其爲嵩德宮造，故稱。1950年出土於遼寧義縣清河門遼墓，今藏中國國家博物館。器呈筒狀，有扁圓形柄。器底在筒高三分之二處，爲上、下二量。其制與新莽銅嘉量相似。全長27.2厘米，高8.4厘米，口徑16.4厘米，底徑16.7厘米，上部容量爲1047毫升，下部容量爲500毫升，重1000克。腹壁下部口沿處刻有銘文一行："嵩德宮造，重一斤口口口三日。"《遼史·營衛志上》"宮衛"中有"崇德宮"。嵩、崇音近，疑爲崇德宮。崇德宮爲遼景宗耶律賢之妻蕭綽宮寢。

成化兵子銅斗

明代銅製量器。因其爲成化年間兵子所造，故稱。今藏中國國家博物館。器呈方形，底小口大，上有橫梁。四壁正中分別鑄有陽文"福、壽、康、寧"。底部鑄有銘文一行："成化兵子造。"成化爲明憲宗朱見深年號。器高18.6厘米，口方邊長28.4厘米，容量爲9600毫升。此器較記載推算之容量大約小6%。

户部鐵方升

清代鐵製方形量器。因其由户部頒發，故稱。今藏故宮博物院。器呈方形，深6.32厘米，内口方邊長12.8厘米，容量爲1043毫升。外壁正面鑄有銘文五行："户部樣，倉升，康熙五十四年十月造。"康熙五十四年即1715年。故此器當爲清廷所頒發之標準斗量器。

邑廟木斛

清代木製量器。因其爲邑廟商業交易所用，故稱。今藏故宮博物院。器爲底大口小之方形，兩側均有柄，周身塗黑漆。正面朱漆楷書"邑廟公斛，奉上海縣正堂，嘉慶拾捌年較準"，相對一面書"奉憲頒發"四字，兩側各有"正堂方"字樣與簽押。器高40.1厘米，深34厘米，内口方邊長25厘米，内底方邊長50.5厘米，計算其容積當爲49583.3立方厘米。因器已有破損，無法實測容量。據其自銘，上海邑廟當即舊上海縣城隍廟，始建於明朝永樂年間，明清以來爲上海商業行會之中心。此器當係其時官定商業交易所用之標準斛量器。

第三節　衡　考

所謂衡器，就是用來稱重量的器具，衡本身是秤的意思。《國語·周語下》："先王之製鐘也，大不出鈞，重不過石，律度量衡，於是乎生。"韋昭注："衡，稱上衡。衡有斤兩之數。"《荀子·王霸》："國無禮則不正。禮之所以正國也，猶衡之於輕重也。"隨着社會生產力的發展，社會勞動分工的擴大，私有制的確立，商品交換日益成爲社會政治、經濟生活中不可或缺的内容。爲了保證商品交易的等價進行，標準計量在商品交換中就顯得尤爲重要。標準計量的器具在商品交換過程中逐漸形成和日益完善，并迅速爲政權機構承認并加以制度化。故《國語·周語下》轉引《夏書》中的記載“關石、和鈞，王府則有”，即説明度量衡是由國家掌握的標準器具。

　　春秋戰國時期衡制的發展特別混亂，當時各國衡制的名稱不一、進率不一，相互間無法進行正確的比照換算，極大地影響了各國間的商品交流。楚、趙、魏、韓等國通行石、鎰、斤、兩、銖、刀等衡制單位，但相互之間制值却是不一樣的。如趙國一石相當於今制3萬克，而中山國一石相當於今制9600克，秦國却是一石相當於今制30360克。這種混亂的狀態勢必極大地影響各國間經濟交往的正常進行，嚴重滯礙社會生產力的發展。僅從這個意義上來説，秦統一中國就是一種歷史的必然。祇有確立起大一統的封建統治，纔能最大限度地結束度量衡的混亂狀態。

　　因爲秦以後度量衡總的發展趨勢是由小變大，但衡的變化相對於度與量的變化而言增率較少。其中第一期王莽至西晉三百年間變化不明顯，第二期南北朝至隋的三百年間增率爲200%，第三期唐至清一千三百年間幾乎没有什麽變化。由於衡不是國家徵收税收的主要標準器，故其總的增率變化要小於度與量。第二期由於政權更迭頻繁，社會秩序混亂，衡制增率較大。故唐孔穎達《左傳正義·定公八年》記載：“魏、齊斗稱於古二而爲一，周、隋斗稱於古三而爲一。”《隋書·律曆志上》亦記載：“開皇以古稱三斤爲一斤，大業中依復以古稱。”民間亦用大秤，故衡的增率到隋朝時幾乎相當於王莽時的三倍。唐高祖武德四年（621）七月，官府鑄造了“開元通寶”錢幣，“積十文重一兩”（《舊唐書·食貨志上》），并以此作基準審核衡器，使得衡器製造大體有規律可循。其後隨着兩税法的推行，官府逐漸開始以實物折錢納税。宋代的租税徵收、官俸、對外貿易等大多以銀兩來兑現，從唐宋以後銀兩逐漸取得了流通的地位。由於對貴金屬的計量要求比其他實物來的精確，它在重量上微小的差異都會影響到交換者之間的利益，因此整個社會對衡的精度要求比任何標準計量都嚴格，這也是爲什麽從唐朝一直到清朝這一千三百多年間裏衡器幾乎没有變化的主要原因之一。

　　在宋代，人們對權衡的制度做了重大的改革。隨着商品貨幣經濟的發展，金銀的地位越來越重要，爲求計量的準確，產生了厘毫進位法，在兩以下設立了錢、分、厘、毫、絲、忽等計數單位，并都以十進位的方式遞進。這種小劑量的權衡單位有利於更精確地分割金銀，以保證商品交易的公正客觀。同時宋代還繼續保留了前代遺留下來的纍黍進位法以兩、銖、撮、黍爲單位。一兩相當於二十四銖并十錢，這樣兩套權衡劑量單位就可以相互轉換，并行不悖，以滿足不同範圍内商品交換的需要。

在通用官方定制權衡的同時，民間某些特殊行業仍然使用着以前的權衡計量。隋開皇年間，當時依據北朝以來遞次增大的計量值確定了當時的度量衡，定爲官制。但在大業年間，隋煬帝又宣布恢復古制。《隋書・律曆志上》：“開皇以古稱三斤爲一斤，大業中依復古秤。”説明在隋朝時就存在着兩套大小不同的度量衡制度。《唐六典》卷三記載，唐代以一尺二寸爲大尺，三斗爲大斗，三兩爲大兩，也是兩種制度并行。其中調鍾律、測晷影、合湯藥以及冠冕之制就用小的度量衡體系。這是因爲這些領域有其特殊性，調鍾律是爲了尊奉先聖既定音律；測晷影是爲了滿足天文觀測繼承性的需要；合湯藥用古秤，是因爲古藥方的劑量必須要用古秤，如果用增大幾倍的衡器就會造成整個劑量的失衡。早在西晉元康時期，裴頠就曾以醫方爲人命之急，而古今秤兩不同，爲害特重，對這個問題提出過嚴正的警告，認爲宜因此改治權衡，不用通行之衡器而改用古制。這也是唐代繼續用小的衡制配藥的緣故。

衡

秤杆，秤。《國語・周語下》：“先王之制鍾也，大不出鈞，重不過石，律度量衡，於是乎生。”韋昭注：“衡，稱上衡。衡有斤兩之數。”《淮南子・説林訓》：“懸衡而量不差。”高誘注：“衡，秤也。”《文選・張衡〈東京賦〉》：“同衡律而壹軌量。”李善注引薛綜曰：“衡，秤也；軌，法也。”

右伯君銅權

春秋時齊國銅製衡器。以右伯君主造，故稱。今藏中國國家博物館。器呈半圓形，上有鼻鈕。器表環鑄陰文銘文：“右伯君，

銅　權

西里疽。”右伯君爲主造人。疽應爲鑄造工匠名。西里，地名，乃工匠所居之地。根據字體風格推測，當爲春秋時期齊國器物。器高3.6厘米，底徑3.8厘米，重量爲198.4克，似爲一斤權。

司馬禾石銅權

戰國時期銅製衡器。今藏中國國家博物館。器呈球形而平底，鼻鈕已殘。高15厘米，底徑19.5厘米，重30350克。根據殘留痕迹配鈕修復後，權重30973克。所謂“禾石”即120斤之權。《説文・禾部》：“禾石，百二十斤也。”折算每斤當爲258.1克。其器腹部刻有銘文：“五年，司馬成公朔，口事命代贅，與下庫工師孟，關師四人，以禾石半石甾平石。”司馬，官職

名；成公，複姓；朔，人名；下庫工師，官職名；孟，人名，爲主造者；關師四人，爲權之實際鑄造者。據其銘文字體與內容分析，此器似爲三晉所製。

侯興銅權

戰國時期銅製衡器。因其鑄造人爲侯興，故稱。今藏中國國家博物館。器呈半球形，上有鼻鈕。高 2.6 厘米，底徑 2.85 厘米，重 70.7 克。器表上部環刻銘文："侯興寸（鑄）半鐱三。"侯興，人名；半鐱，似指重量。其字體與司馬禾石銅權相近似，當同爲三晉器物。此器乃至今所見戰國最小之半球形銅權。

戰國楚木衡盱子銅環權

戰國時期楚國的一套權衡器。木衡相當於今之秤，銅環權相當於今之秤錘。1933 年出土於安徽壽縣朱家集，今藏中國三峽博物館。衡杆爲木質，長 41.1 厘米，中間有提鈕，兩端各以絲緂四根繫銅盤。銅盤直徑爲 7.3 厘米。銅環權大小共六枚，依大小順序排列，其外徑分別爲 1.4 厘米、2 厘米、2.5 厘米、3.1 厘米、3.9 厘米、4.9 厘米，其重量分別爲 3.7 克、7.6 克、15.6 克、31.4 克、62 克、125.5 克。其重量大體上以倍數增加，分別爲六銖、十二銖、一兩、二兩、四兩、半斤。以半斤權推算，一斤當合今 251 克。其第四枚銅環權上刻有 "盱之官環" 銘文。"盱" 是 "盱" 和 "子" 的合文。"官環" 係由官府監製、頒發之環權，即相當於今之標準砝碼。

戰國楚木衡銅環權

戰國時期楚國之一套權衡器。木衡相當於今之秤；銅環權，相當於今之秤錘。1954 年出土於湖南長沙左家公山十五號墓，今藏湖南博物院。木衡分木杆及銅盤兩部分。杆長 27 厘米，爲扁條形，正中鑽一孔，孔內穿絲緂以爲提鈕。杆兩端內側 0.7 厘米處，各鑽一小孔，內穿絲緂以繫銅盤，其絲緂長 9 厘米。銅盤有兩個，直徑均爲 4 厘米。其底略圓，邊緣有對稱小孔四個，用以繫緂。銅環權大小共九枚，依其從小到大次序排列，其外徑分別爲 0.72 厘米、0.88 厘米、1.03 厘米、1.4 厘米、1.7 厘米、2.36 厘米、2.96 厘米、3.8 厘米、4.95 厘米；其重量分別爲 0.6 克、1.2 克、2.1 克、4.6 克、8 克、15.6 克、31.3 克、61.82 克、125 克。環權重量基本上以倍數遞增，分別爲一銖、二銖、三銖、六銖、十二銖、一兩、二兩、四兩、半斤。以半斤權推算，其時之斤當合 250 克。此器明顯爲小型權衡器。據學者研究，當係戰國時期稱量黃金之用器。

王銅衡杆

戰國時期楚國銅製衡杆。共發現兩根。因其背面鈕下刻有 "王" 字，故稱。相傳出土於安徽壽縣，今藏中國國家博物館。器皆扁平，正中間有鈕，鈕下拱肩。一杆業經除銹，正面顯示貫通上下之十等分刻緂。杆長相當於戰國一尺，每等分爲一寸。經實測，重 93.2 克，長 23.1 厘米，臂高 1.22 厘米，臂厚 0.35 厘米，鼻鈕處高 2.15 厘米，鼻鈕孔徑 0.38 厘米。因長期埋於地下，杆略顯彎曲。銅衡杆上面中部刻有尖端向下之夾角，并爲第五寸刻緂所平分。器身上皆刻戰國文字，但絕大多數已模糊不清。安徽壽縣曾爲楚國都城，而刻有 "王" 字之楚器時有發現。據此，學者認爲，王銅衡杆似爲楚國宮廷之遺物。

高奴禾石銅權

　　戰國時期秦國銅製衡器。百二十斤之銅權，製造地爲高奴，故稱。1964 年出土於陝西西安阿房宮遺址，今藏陝西歷史博物館。器呈半球形，平底，上有粗大鼻鈕。高 17.2 厘米，底徑23.6 厘米，重量爲 30750 克。正面鑄有凸起陽文銘："三年，漆工邸、丞詘造，工隸臣牟。禾石，高奴。"銘文第一行"三"字前有一凹陷，當爲鑄造時所致。另一面加刻秦始皇十六年（前 231）詔書與"高奴石"三字，并加刻秦二世元年（前 209）詔書。故此權自始鑄至秦二世元年，曾三次鑄刻銘文，乃長期使用之標準衡器。折算銅權，每斤當合 256.3 克。其初鑄銘文中漆爲地名；工即工師，當爲此器監造者；丞爲官名，爲主造者；工隸臣，乃刑徒身份之工匠；邸、詘、牟，皆人名。工師、丞、工三級，係秦國官府手工業之組織系統。高奴，地名，在今陝西延川境。禾石，乃秦代量制物之標準器，其重量爲一百二十斤。

咸陽亭半兩銅權

　　秦代銅製衡器。因其上有"咸陽亭"及"半兩"銘文，故稱。今藏上海博物館。其器略呈扁方體，下寬而上窄，頂部冠以弧形鼻鈕。高 2.35 厘米，寬 1.1 厘米，厚 0.45 厘米，重量爲 7.55 克。按自銘半兩推算，每斤當合 241.6克。權身一面刻"咸陽亭"三字，一面刻"半兩"二字，皆爲秦隸。亭爲"旗亭"之省稱。自戰國至西漢，市府駐地設市樓，開市時樓上懸起一旗，下市時降旗，故"旗亭"起於樓上立旗以當市之制度。此權據其自銘，當爲咸陽市府所製。秦權中斤以下者較少發現，故此權彌足珍貴。

始皇詔八斤銅權

　　秦代銅製衡器。呈半球形，有鼻鈕，今實測高 5.5 厘米，底徑 9.8厘米，重 2063.5 克。權身刻秦始皇二十六年（前 221）詔書，鑄有詔文"八斤"二字。據其銘文及實測重量推算，一斤合 257.9 克。今藏中國國家博物館。

"八斤"銅權

始皇詔銅石權

　　秦代銅製衡器。因其稱重一百二十斤，并刻有秦始皇二十六年（前 221）詔書，故稱。1965 年出土於江蘇盱眙東陽公社，今藏南京博物院。高 15.6 厘米，腹徑 19.2 厘米，重量爲 30430 克。折算每斤當含 253.6 克。權略呈球形，上部平面略微傾斜，底部亦不平整。上面鼻鈕大部殘損。權身刻有秦始皇二十六年詔書，共六行，銹蝕較爲嚴重，有些字已經模糊不清。

旬邑銅權

　　秦代銅製衡器。因其上有"旬邑"字樣，故稱。今藏天津博物館。器呈八角棱體，空腹，頂部有橫梁。高 6.5 厘米，面徑 8.4 厘米，底徑9.6 厘米，重量爲 2270 克。按九斤權折算，每斤當合 252.2 克。權身八面，其中四面有秦始皇二十六年（前 221）詔書，另四面有秦二世詔書。頂部橫梁左右分別爲"旬邑"二字，係陽文篆書。旬邑，地名。《漢書・地理志上》"右扶風"有"栒邑"，即此旬邑。其故址在今陝西旬邑東北。此權文字規整，乃秦權精品，有別於一般半球形之秦權。

西漢十五斤鐵權

　　西漢鐵製衡器。自銘十五斤，故稱。今藏

中國國家博物館。器呈半球形而略扁，上有鼻鈕。高 7.7 厘米，底徑 12.3 厘米，重量爲 3575 克。按自銘十五斤推算，每斤重當合 238.3 克。銹蝕較爲嚴重。權身橫鑄陽文銘："口州，十五斤。"前兩字應爲地名。由字體分析，當係西漢時器。

嬰家竹衡杆銅環權

西漢衡器，分爲竹製秤杆及銅製環形秤錘。因其爲嬰家所有，故稱。1975 年出土於湖北江陵鳳凰山一百六十八號漢墓，今藏荆州博物館。竹衡杆長 29.2 厘米，寬 1 厘米，厚 0.3 厘米。正中上側釘一銅環。兩端鑽孔，内插竹釘，以便緊固衡盤繫綫。衡杆上有墨書四十一字，一面爲："正爲市陽户人嬰家稱錢衡，以錢爲累，劾日四朱，兩端口。"另一面爲："十，敢擇輕重衡，乃弗用，劾論罰繇，里家十日。"側面爲"黄律"二字。其大意爲：市陽里正發給從事商業之嬰家稱錢衡器，將自行鑄造之四銖錢，以標準權進行校量，檢驗其是否與官府規定重量相符。若使用不合標準之衡器，則罰以徭役，到里正處服役十天。黄律，則是此條律令之名稱。銅環權一枚，外徑 3 厘米，重 10.75 克，相當於西漢之十六銖。乃一套環權中之一枚，可用以稱量四枚四銖錢。據此推算，每兩當重 16.125 克，每斤當合 258 克。

新莽銅衡杆銅環權

新莽時代衡器。分爲銅製秤杆與銅製環形秤錘兩部分。1927 年出土於甘肅定西秤鈎驛，今藏中國國家博物館。銅衡杆爲扁平長方體，長 64.74 厘米，寬 1.6 厘米，高 3.3 厘米。重量爲 2442 克，相當於新莽衡制十斤。其左端之懸鈕已殘損。中部刻新莽八十一字銘文，共二十

行，内容與新莽銅丈銘文相同。銅環權兩枚，一爲石權，一爲九斤權，乃一套銅環中之二枚。石銅權呈扁平環狀，其斷面爲

新莽銅環權

橢圓形。孔徑 9.6 厘米，外徑 28.05 厘米，重量爲 29950 克。以自銘一百二十斤折算，每斤當合 246.98 克。其上刻有新莽八十一字銘文與"律石權，重四鈞"六字。九斤銅權其形制與石銅權相同。孔徑 3.7 厘米，外徑 10.35 厘米，重量爲 2222.8 克。按自銘九斤折算，每斤當合 246.98 克。上刻"律九斤，始建國元年正月癸酉朔日製"。與上述兩權同時出土的還有二鈞權、三斤權、六斤權及銅衡鈎，當係一套衡器。

光和大司農銅權

東漢銅製衡器。因東漢光和年間由大司農監製，故稱。今藏中國國家博物館。器呈半球形，上有鼻鈕。高 7.6 厘米，底徑 10 厘米，重量爲 2996 克。按十二斤權折算，每斤當合 249.7 克。權身有一方穴，爲鑲嵌檢封之用。其旁刻有銘文十六行："大司農以戊寅詔書，秋分之日，同度量，均衡石，桷斗桶，正權概，特更爲諸州作銅秤；依黄鍾律曆、《九章算術》以均長短、輕重、大小，用齊七政，令海内都同。光和二年閏月廿三日，大司農曹祾，丞淳于宫，右庫曹掾朱音，史韓鴻造，青州樂安郡壽光金曹掾胡吉作。"其大意與光和大司農銅斛銘文基本相同。

成都市平鐵權

東漢鐵製衡器。因其自銘"成都市平"，故稱。1976 年出土於四川綿竹東漢墓，今藏四川

省博物院。器呈半球形，其上鼻鈕已殘。高 5
厘米，底徑 7 厘米，重量爲 725 克。按三斤權
折算，每斤當合 241.7 克。器表銹蝕嚴重，權
身鑄有陽文篆書"成都市平"四字。其中"市
平"二字已模糊不清。成都爲蜀郡郡治所在地。
市平，意謂符合市府所定之稱量標準。故知此
乃成都市中所用之標準衡器。

北魏鐵權

北魏鐵製衡器。今已發現兩件，形制略同。
呈半球形，上有鼻鈕。均藏河南博物院。一器
高 5.6 厘米，底徑 7.4 厘米，重量爲 1031 克。
北魏衡制爲新莽制之二倍。故按二斤權折算，
每斤當合 515.5 克。權表略有銹蝕。

隋鐵權

隋代鐵製衡器。1930 年出土於河北易縣燕
下都姥姥臺。今藏中國國家博物館。器呈半球
形，上有鼻鈕。高 4.8 厘米，底徑 4.5 厘米，重
量爲 693.1 克。隋代衡制約爲新莽衡制之三倍。
故此器當爲隋代一斤權。

嘉祐銅則

北宋銅製衡器。因其爲嘉祐年間所造，故
稱。1975 年出土於湖南湘潭烟塘。今藏湖南博
物院。器爲扁體，平底，上部有一圓形穿孔。
高 30 厘米，寬 16 厘米，厚 20 厘米，重量爲
64000 克。按其自銘
一百斤折算，每斤當
合 640 克。通體雕刻
纏枝牡丹紋飾。一面
刻"銅則重壹百斤，
黃字型大小"；另一
面刻"嘉祐元年丙申
造"。銅則，是指一種

嘉祐銅則

標準權衡器；黃字型大小，是指銅則之編號，
取自《千字文》第一句"天地玄黃"之第四字；
嘉祐，北宋仁宗趙禎年號，嘉祐元年即 1056
年。參閱《中國古代度量衡圖集》。

熙寧銅鉈

北宋銅製衡器。因其爲熙寧年間所造，故
稱。1972 年出土於浙江瑞安新江公社。今藏瑞
安市文化館。器呈球形，上有環鈕，下有底盤。
腹作五瓣瓜棱形，上下均飾有大小相間的花瓣。
高 33 厘米，底徑 21.5 厘米，重量爲 62500 克。
按自銘重一百斤折算，每斤當合 625 克。鉈凸
起部位刻有銘文十五行："池州永豐監，淮州帖
指揮淮州置衙牒，取到廣德軍建平錢庫省樣銅
砣壹副，前來本監依樣鑄造壹百斤銅鉈貳拾副，
今已鑄造訖。熙寧口口正月口日。鑄鎬匠寧照、
汪吉，稱子劉衡。沂州防禦推官知貴池縣事較
定蔣、西頭供奉官兵馬監作權監曹、太子右贊
善大夫監永豐監同較定呂、尚書屯田郎中通判
軍州事汪、尚書駕部員外郎知軍州事劉、江浙
等路提點鑄錢尚書度支郎中劉、江淮制置發運
副使張、江淮制置發運使羅。"宋代池州屬江南
東路，治所爲今安徽池州市貴池區。省樣，官
樣；熙寧，宋神宗趙頊年號；稱子，職稱，負
責稱量金銀；度支郎中，官名，宋代屬戶部第
二司，參掌計度軍國之用，量貢賦稅租之入以
爲出，當爲主管財政官吏。

金壹百兩銅砝碼

金代銅製衡器。因其自銘一百兩，故稱。
1978 年出土於北京復興門外，今藏北京市文物
局。高 5 厘米，直徑 11.5 厘米，重 3962.58 克。
按其自銘重一百兩折算，每兩當合 39.6 克，每
斤合 634 克。正面滿飾花紋，中間刻有銘文：

"大定十五口造典字型大小。"其中空處似爲一"年"字，業已磨損。再點刻"尚方署"三小字。背面長方格內刻銘文"壹百兩"。大定，金世宗完顏雍年號，大定十五年即1175年。尚方署，官署名，屬少府監，主造皇室所用金銀器及其他器物。據此銘，可知該砝碼乃測定重量之標準。

元斤半銅秤鉈

元代銅製衡器。以其自銘重一斤半，故稱。1957年出土於内蒙古烏蘭察布興和魏家村。今藏内蒙古博物院。器呈扁平六面體，下有底座，上有方鈕。高9.5厘米，底寬5.4厘米，重量爲878.4克。按自銘一斤半折算，每斤當合585.6克。鉈正面鑄有陰文："元貞元年，大都路造。"背面鑄："三十五斤秤。"其鉈四面分別鑄回鶻、蒙古文與波斯文"三十五斤秤""斤半鉈"。元貞，元成宗年號，元貞元年即1295年；大都路，元代行政區劃，治所在今北京大興區。

明三兩銅砝碼

明代銅製衡器。以自銘重三兩，故稱。今藏中國國家博物館。器呈長方體，長4.85厘米，寬2.8厘米，厚1厘米，重量爲109.3克。按自銘重三兩折算，每兩當合36.4克，每斤當爲582.9克。器正面刻有"三兩"二字。此砝碼乃一套十兩砝碼中之一枚，全套砝碼原裝於一銅盒內。今銅盒尚存，其蓋已失。盒四面及底部刻有銘文："長洲縣押、吳縣押，兩縣會同，當堂較準，拾兩抄頒。天啓三年捌月拾捌日給，匠陳爵造。"長洲縣、吳縣，明代均屬蘇州府，互爲毗鄰；天啓，明熹宗朱由校年號，天啓三年即1623年。據銘文可知，此套砝碼經過兩縣官府共同檢驗，當爲明代之標準衡器。

此種集裝式砝碼，起於明代。

萬曆戥子

明代衡器。因其爲萬曆年間所造，故稱。今藏中國國家博物館。器由杆、盤、鉈組成。戥杆牙質，長31.1厘米，上懸二毫。盤爲白銀鎦金，徑8.5厘米。鉈亦爲白銀鎦金，高4.7厘米，底長2.4厘米，重量爲94.6克。盤、鉈底部均刻有"萬曆年造"字樣。萬曆是明神宗朱翊鈞年號，其年爲1573—1620年。戥杆上有兩鈕，第一鈕開端五兩，最大稱量爲二十兩，分度值爲一錢；第二紐開端零，末端五兩，分度值爲二分。以第二紐校一兩之重爲36.5克，折算每斤當合584克。戥子起源於宋代，專用以稱量金銀珍品或藥物等，乃小型衡器。此器係現存較早之實物。

隆慶瓷鉈

明代瓷製衡器。因其爲隆慶年間所造，故稱。今藏中國國家博物館。器呈葫蘆狀，高9.3厘米，底徑9厘米，重量爲681克。器爲白地青花瓷，其上鼻鈕與底部皆有殘損。腰部橫書"隆慶二年製造"字樣。隆慶是明代穆宗朱載垕年號，隆慶二年即1568年。

清伍拾兩銅砝碼

清代銅製衡器。以其自銘重伍十兩，故稱。今藏中國國家博物館。器呈扁鼓形。高5厘米，面徑7.5厘米，重量爲1862克。按自銘重伍十兩折算，每兩當合37.2克，每斤重595.8克。正面刻有銘文："伍拾兩，康熙二十四年八月日造。"背面刻有藏文"伍拾"。康熙二十四年乃1685年。此器乃清廷頒發與西藏地方官府之標準砝碼。

清天平銅砝碼

　　清代一套較爲完整的衡器，爲宮廷所用。今藏故宮博物院。分天平與銅砝碼兩部分。天平由木箱座、鐵立杆、銅衡、盤組成。衡杆中部爲方形，兩臂爲圓錐體，錐端各置一扁平圓吊耳。經實測，天平感量（指敏感度）小於0.1克。全套砝碼本爲十六枚，已缺三枚。現存十三枚砝碼分別重爲6.9克、13.8克、17.5克、24.5克、27.9克、31.6克、34.9克、70克、105.2克、140.5克、175.3克、350.2克、876.7克。按現存砝碼折算，每兩當合34.5～35.9克，平均每兩當合35.05克，每斤當合560.8克，略小於當時之單位量值。

第十一章　中醫學説

第一節　醫史考

　　中華民族創造了光輝燦爛的古代文明，中醫藥學就是古代文化遺産中的一顆璀璨的明珠。在殷墟出土的逾十六萬片甲骨文中，有三百二十三片與疾病有關，記載有包括内、外、婦、兒科等二十多種疾病。《周禮》《禮記》等先秦古籍中均載有季節氣候與發病的關係，認爲氣候异常可以導致流行病的發生。《左傳》記述了秦國名醫醫和在給晋平公診病時，提出了"陰、陽、風、雨、晦、明"六氣致病學説，這是世界上最早的病因理論。另外，《左傳》還提出了近親結婚不利於優生優育的觀點。

　　成書於戰國時代的《黄帝内經》奠定了中國中醫藥學的理論基礎。它是中國現存最早的一部醫學典籍，分《素問》《靈樞》兩部分。它系統總結了中國古代的醫學理論和治療經驗，内容包括醫學和哲學兩個方面。醫學方面，該書對人體臟腑經絡、精神氣血、病因病理、診法治療、預防養生、針灸腧穴等方面都做了全面闡述。這些内容對後世中醫學的發展産生了重要影響，至今中醫學上許多帶根本性的觀點和理論原則，仍以該書爲依據。

　　戰國至秦漢，是中國醫學理論發展的黄金時代，也是名醫輩出的時代。戰國時的扁鵲、漢代的張仲景和華佗，他們三人被稱爲中醫的三大祖師。

扁鵲過去常被作爲高明醫生的代名詞。他本名叫秦越人，是戰國時期名聞列國的著名醫生。他最著名的事迹就是使虢太子起死回生和爲齊桓公望面診病的兩段經歷。他周游列國，在民間行醫，醫術十分全面，對内、外、婦、兒、五官各科無所不精。他一生致力於與巫術作鬥争，公開把"信巫不信醫"的人列入"六不治"之中。傳爲扁鵲所著的《難經》一書，提出了"獨取寸口"的診脉法，對後世影響很大。司馬遷對扁鵲十分敬佩，在《史記》中特意撰寫了《扁鵲傳》，使扁鵲成了第一位被列入正史的醫生。

張仲景生活在東漢末年，當時戰亂頻仍，疾病流行，民不聊生。他的家族二百多口人，十多年間因病去世的竟占三分之二，其中因患傷寒病死亡的就占了十分之七。正是這種刻骨銘心的悽慘經歷，促使張仲景立下了研究和征服傷寒病的宏願。成年後，他官拜長沙太守，但不久即辭官專心研究醫學。他一方面大量閲讀古典醫學文獻，從歷代醫家的經驗中汲取營養；一方面深入鄉村診病訪藥，廣泛搜集有效的治療方法。爲了揭開傷寒病的秘密，他不避風險，深入傳染病流行地區進行考察。最後，他將幾十年的研究體會和豐富經驗，綜合古代醫家的研究成果，終於在 3 世紀初寫出了一部不朽的經典醫學著作《傷寒雜病論》。《傷寒雜病論》經晋人王叔和的整理，分爲《傷寒論》和《金匱要略》兩部分。前者主要論述傷寒等急性傳染病，後者主要論述内科及某些婦科和外科病。該書創造性地提出了中醫診斷學的"六經辨證"（病分太陽、陽明、少陽、太陰、少陰、厥陰六類）和"八綱原理"（陰、陽、表、裏、虚、實、寒、熱），確立了中醫傳統的辨證論治的醫療原則，奠定了中國中醫治療學的基礎。《傷寒雜病論》中還收有三百多個藥方，是一部非常有價值的經方。《傷寒雜病論》是中國醫藥史上一部里程碑式的著作。

華佗是一位民間醫生，據説他曾經爲關羽刮骨療毒，又曾爲曹操治療頭痛病，因他不答應成爲曹操的私人醫生，被其一怒之下殺害。華佗最著名的醫術是使用麻沸散作爲麻醉劑進行外科手術。手術前，他讓病人和酒服用麻沸散，醉倒無知覺後開始進行胸腹腔外科手術；手術完畢縫合後塗上神奇的膏藥，四五天時間傷口即可癒合，一個月便可完全恢復正常。使用麻藥進行外科手術，這在醫學史上實在是一件了不起的成就，比起歐洲直到 19 世紀纔逐漸使用和完善麻醉術，整整早了一千六百多年！華佗被稱爲"外科之祖"是完全當之無愧的。華佗的另一個重大貢獻就是對體育健身療法的提倡和創新。他繼承了先秦以來的引導術的傳統，首創模仿虎、鹿、熊、猿、鳥五種動物的動作來達到鍛煉身體的目的，這就是著名的"五禽戲"。華佗的弟子吳普一直練五禽戲，直到九十多歲還耳聰目明，牙齒完好。作爲一代名醫，華佗不僅有高超的外科醫術，而且注重察聲觀色，懂脉象、會針灸、善處方，醫治了不少疑難雜症，他的名字一直被人認爲是優秀醫生的象徵。

秦漢以來，中國的名醫和醫書層出不窮，體現了中醫學發展的延綿不絶和繁榮景象。至遲在西漢已出現了針灸療法，今已有西漢墓出土的針灸用針傳世。魏晉間皇甫謐著有《針灸甲乙經》，對針灸學的發展做出了很大貢獻。他少年不好學習，二十歲後始發憤讀書。四十二歲時因病所困，始下學醫之決心。他鑒於醫經重複、錯誤之處甚多，且偏重理論闡述，不切臨床實用，歷時多年，綜合古代醫書，系統整理出了中國第一部針灸學專著《針灸甲乙經》。直到現在，在確定針灸腧穴和進行治療時，還大都以該書中的記載作爲主要參考依據。古代朝鮮、日本等國都把這部著作作爲學習針灸術的教科書。

孫思邈像
（漢劉向《列山傳》）

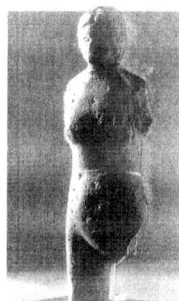

再即葛洪，他是晉代最著名的醫家和煉丹家。受道家思想影響，潛心研究煉丹術，在長期實踐中他掌握了很多化學知識，成爲近現代化學的先驅人物。他注重實踐，對醫學中的實際問題常躬親實驗，取得不少發明發現。在他的著作《肘後備急方》中，他首次記録了虜瘡，也就是烈性傳染病天花的發病情況、流行特點以及治療方法。他還記載了治療瘋狗咬傷的辦法：打死咬人的狂犬，取出其腦汁，敷到傷口上。這是一種原始的免疫方法，可以説是現代免疫學思想的萌芽。

河南南陽醫聖祠
出土東漢針灸陶人

中醫學整體的進步體現在理論與實踐水平均有很大的提高，唐代名醫孫思邈就在這兩方面都做出了重大貢獻。他自幼多病，立志學醫濟世救人。多次拒絶隋唐兩代帝王請他做官的邀請，隱居山中，認真研究古代醫學著作，總結當世經驗。青年時即開始行醫鄉里，并取得良好治療效果。在長期的實踐基礎上，孫思邈編成《備急千金要方》一書，全書分二百三十三門，收方五千三百首，可謂集唐代以前醫學之大成，被後世稱爲中國最早的一部臨床實用百科全書。後來，孫思邈又寫成《千金翼方》，以補《千金要方》的不足。孫

明代仿宋針灸銅人

思邈去世後，被人們尊稱爲藥王，并將他故鄉五臺山改稱爲藥王山，建廟塑像，以紀念他的高風亮節和卓越貢獻。

宋代是中國經濟、文化大發展的時期，也是中國科學技術發展的高峰時期。印刷術與造紙術的發明，對文化、科技傳播起到了無法估量的作用，也爲醫學的進步、發展開闢了廣闊的道路。宋代采用文官制度，一大批文人進入醫學領域。宋朝范仲淹有一句名言："不爲良相，願爲良醫。"文人懂醫成爲一時時尚，并在宋代出現"儒醫"之稱。宋代的臨床醫學也很發達，分科很細，現代醫學設立的科目，在宋代幾乎都可以找到相同的對應。

在河南南陽醫聖祠出土的一尊殘缺的東漢針灸陶人，一些重要穴位宛然可見。宋代在針灸領域最突出的成就是王惟一與他重新發明的針灸銅人。他在長期的醫學實踐中，發現針灸書籍的錯誤很多，遂在天聖元年（1023）編成一部圖文并茂的《針灸圖經》，并在此基礎上，又設計、主持鑄造了兩具立體銅人針灸經絡穴位模型。銅人的軀體、臟腑可分可合，體表刻有針灸穴名，穴孔與體內相通，可供教學和考試之用。考試時用蠟封住銅人體表，體內灌液體，若刺針準確，液體會從孔中流出。針灸銅人的設計和鑄造成功標志着針灸教學方法的巨大變革，是針灸發展史上的一個里程碑。至明代，因長期使用，字迹已模糊，英宗正統八年（1443），仿此銅人重鑄，今完整傳世。

宋代另一位醫學大家是被後人尊稱爲"兒科鼻祖"的錢乙。小兒科古稱"啞科"，有"寧治十男子，不治一婦人；寧治十婦人，不治一小兒"之説，可見兒科診治之難。錢乙正是在這一領域取得了輝煌的成就。他早年從事醫學實踐時，即特別注意兒科疾病的研究與治療。在長達四十多年的行醫實踐中，治癒患兒數以萬計。最後他把多年經驗凝聚到《小兒藥證直訣》一書中。該書全面論述了小兒的生理特點及臨床診治，提出"面上證"與"目內證"兩種兒科診斷新法。此書是中國現存最早、最有實用價值的一部兒科專著。

明代醫學的偉大成就，主要體現在藥物學著作的集大成上。明代著名博物學家和藥物學家李時珍經過幾十年的努力，終於寫成《本草綱目》這部劃時代的藥物學巨著。該書被譽爲"中國古代的百科全書"，對中國和世界的科學事業都產生了重要的影響。在中國，該書先後已被翻印八十多次，并東傳日本，對日本的藥物學、植物學發展起到了很大的促進作用。以後逐漸傳到歐洲，被譯成德、英、法、俄等多種文字，極大地推動了世界藥物學、礦物學、化學、動物學、植物學的發展。英國著名進化論者達爾文就曾受到該書的影響。由於醫學的發展，在明代就有一批醫學家認識到傷寒病與"温病"、瘟疫的不同，主張把它們區别對待。在此基礎上，清代形成了著名的"温病學派"。葉桂、薛雪、吴瑭、王士雄被稱爲"温病四大家"，他們以自己對温熱病學的研究成就而載入史册。温病學派的主要業績是填補了中國醫學理論的一個空白。他們在與各種傳染病鬥争的醫療實踐中，出色地將温病從原有的傷寒學説中脱胎出來，就温病的病因及診治規律進行積極的探索，取得了突破性的進展，建立了衛氣營血辨證、三焦辨證等新的辨證體系，并發展了舌診等一系列診斷方法，創設了大量有效的方劑。温病學派的形成，是中國醫學在封建社會末期取得的最重大進展和最輝煌的成就之一。

中國傳統醫學經過中國人民幾千年的總結提煉，已成爲世界醫學寶庫的重要組成部分。長期以來，它形成了自己獨特的理論體系與行之有效的治療手段，具有强大的生命力。它必將在新時期得到發揚光大，爲人類的生命健康繼續做出貢獻。

陰陽

中國古代哲學中用以概括對立統一的一對範疇，是對自然界相互關聯的某些事物或現象對立雙方的概括。陰陽説當起源商周時期。"陰陽"一詞首見於《易·繫辭上》。《易·繫辭上》："一陰一陽之謂道，繼之者善也……生生之謂易，成象之謂乾，效法之謂坤，極數知來之謂占，通變之謂事，陰陽不測之謂神。"陰陽對立統一的觀點，至遲於先秦時即被古代醫家引用於醫學領域，形成了特定的醫學含義，因而形成了具有中醫特點的陰陽學説。陰陽學説認爲人體内結構、功能及疾病之成因、診斷、用藥莫不有陰陽之分，成爲中醫理論體系重要的組成部分。

五行學説

中國古代哲學中概括宇宙萬物及其相互對應關係的學説。五行學説當起源於西周時期。"五行"一詞首見於《書·甘誓》。《書·甘誓》："王曰："嗟！六事之人，各有軍事，故曰六事。予誓告汝：有扈氏威侮五行，怠棄三正，五行之德，王者相承所取法。"它把宇宙萬物看成是統一結構的整體，以水、木、火、金、土五種物質爲五個基本範疇，以生剋迴圈的動態系統爲基本模式，闡述自然界一切事物的演化規律。中醫學説至遲於先秦時即引用五行學説，藉以説明人與自然界的統一性，説明人體的生理活動及病理演變，并用以指導醫療實踐。

精

維繫人體生長、發育、生殖的精微物質。

"精"説當源於西周。《易·繫辭下》:"天地絪緼,萬物化醇。男女構精,萬物化生。"精可分爲"先天之精"和"後天之精"。前者是指受禀於父母的生殖之精,後者是指來源於脾胃的水穀營養之精。精還包括血、津液等廣泛内容。精歸藏於腎,爲生命之源。精充則化氣生神,人體健康而少病;精氣衰少,則人體弱而多病。注意保精,在養生與防病中具有重要的作用。

望聞問切

中國傳統診法中四種基本診斷方法。望聞問切術當源於春秋時期。相傳戰國時扁鵲所著《難經·六十一難》中有此四詞之闡釋。此稱明代已行用。望聞問切最早四字并稱,則應出自明徐春甫《古今醫統大全》:"望、聞、問、切四字,誠爲醫之綱領。"望指的是醫生運用視覺對病人全身與局部的神色、形態等變化進行有目的的觀察,通過分析對比,推斷體内變化,獲取與病癥有關資料的診法。聞指的是醫生運用聽覺和嗅覺,通過對病人發出的聲音與體内排泄物發出的各種氣味的診察來推斷疾病的診法。問指的是醫生采用對話方式向病人及其知情者查詢患者疾病發生、發展、現在症狀、治療經過等情況的診法。切是指用手對患者體表進行把脉觸摸、按壓的診法。

中藥

中醫傳統療法中用以預防和治療疾病的藥物。中藥當源於夏商時期,古籍中早有"神農嘗百草"之説。"中藥"一詞首見於三國魏嵇康《養生論》一文,原指平和之藥物。《全三國文·養生論》:"豈惟蒸之使重而無使輕,害之使暗而無使明,薰之使黄而無使堅,芬之使香而無使延哉? 故神農曰'上藥養命,中藥養性'者,誠知性命之理,因輔養以通也。"今稱之"中藥"起於近現代,係與"西藥"相對而言。主要來源於天然藥及其加工藥,包括植物藥、動物藥、礦物藥及部分化學、生物藥等。隨着科學的發展,中藥現已發展成爲一專門的學問——中藥學,主要研究中藥的基本理論和各種中藥來源、采製、性能、功效及應用等,包括中藥藥理學、中成藥學、中藥栽培學、中藥炮製學、中藥製劑學、中藥化學等分支。

配伍

中藥學術語。根據病情需要和藥性特點,選擇兩種或兩種以上的藥物,酌定用量與劑型,配合在一起使用的方法,是傳統醫學的重要組成部分。配伍當源於先秦時期,《證類本草》卷一有精確的論述:"藥有陰陽配合,子母兄弟,根莖花實,草石骨肉。有單行者,有相須者,有相使者,有相畏者,有相惡者,有相反者,有相殺者。凡此七情和合視之,當用相須、相使者食;勿用相惡,相反者。若有毒宜制,可用相畏、相殺者。不爾勿合用也。"隨着對藥物特點的不斷瞭解,出現了多種藥物配合應用的方法。配伍既能照顧複雜病情,又可增强療效,減少毒副作用,因而被廣泛采用。藥物間相須、相使、相畏、相殺、相惡和相反都屬於配伍應用的範疇。藥物配伍後,有的還可以産生與原藥物不同的新功能,起到出奇制勝的效果。

炮

中藥製劑的一種。把生藥放在熱鐵鍋裏炒,使其焦黄爆裂,以增進其藥性。魏晉南北朝時已見行用。南朝宋雷敩已著有製藥學專書《雷公炮炙論》。宋洪邁《容齋隨筆·雷公炮炙論》:

"咳逆者，天雄炮過，以酒調一錢，匕服。"

熟藥

經過加工的藥材。宋洪邁《夷堅丙志·綦叔厚》："藥架甚華楚，上列白陶缶數十，陳熟藥其中。"《水滸傳》第一〇三回："王慶到營村西武功牌坊東側首，一個修合丸散、賣飲片，兼內外科，撮熟藥。"

禁忌

中醫學中爲確保安全有效的治療而規定在用藥期間須禁止與應注意的事項。其中包括配伍禁忌、證候禁忌、妊娠禁忌和飲食禁忌等。北齊顏之推《顏氏家訓·養生》："若其愛養神明，調護氣息，慎節起臥，均適寒暄，禁忌食飲，將餌藥物遂其所禀，不爲夭折者，吾無間然。"

經絡

人體氣血運行的通道。經脉與絡脉的總稱，起到溝通內外、貫穿上下、聯繫左右前後、網絡周身的作用。經絡將外在筋、脉、肌、皮、五官、七竅與内在的五臟六腑等連成統一的有機整體。凡人體内深層縱行的主幹脉爲經脉，淺層橫行較小的分支脉爲絡脉。《靈樞·脉度》："經脉爲裏，支而橫者爲絡之別者爲孫。"

腧穴

腧穴是人體穴位的總稱，是指臟腑、經絡之氣可輸注於體表的部位，也是針灸、推拿等療法的主要施術部位。《宋史·藝文志》："王維一《新鑄銅人腧穴針灸圖經》三卷。"其中腧穴爲五腧穴之一，是井、滎、腧、經、合五個特定穴位的一種；俞穴爲臟腑之氣輸注於背部的腧穴，稱背俞穴。

針灸

中國傳統醫學的重要組成部分。它最初祇是用針刺或以焚燒之艾絨溫灼病人穴位以達到防病治病的醫療手段，後來逐漸發展成爲一門學科。《後漢書·方術列傳》："精於方藥，處齊不過數種，心識分銖，不假稱量，針灸不過數處。"現在的針灸既可專指針灸療法，又可用來表示整個針灸學科。

火艾

中醫外科治療工具之一。以艾絨所製之艾炷熏烤、熨灼穴位或患病部位。當起源於新石器時代之砭石。《說文·火部》："灸，灼也。"王筠句讀："引申之以火艾灼病曰灸。"《莊子·盜跖》中已有"無病而自灸"之語。《宋書·袁粲傳》："〔國人〕共執國主，療其狂疾，火艾、針、藥，莫不畢具。"宋曾鞏《答所勸灸》詩："勿難火艾痛，要使功名垂。"

推拿

亦稱"按摩"。在人體經絡腧穴及一定部位上施以特定的操作手法活動肢體來防治疾病與強身保健的方法。據新石器時代出土的砭石之用途可大抵推論，推拿與針灸大約起源於這一時期。"推拿"一詞的出現則甚晚。《明史·藝文志三》有"周子蕃《小兒推拿秘訣》一卷"。"按摩"一詞則遠在先秦典籍《素問·血氣形志》中已見記載。《素問·血氣形志》："形數驚恐，經絡不通，病生於不仁，治之以按摩醪藥。是謂五形志也。"推拿是以中醫理論爲指導，依據辨證論治原則進行的。它不藉助内服藥物，對很多疾病有較好的療效，是一種簡便易行的治療方法。

【按摩】

即推拿。此稱先秦時期已行用。見該文。

氣功

調身、調息、調心相結合，内外兼練、動静相兼的自我身心鍛煉的功法。它是中國古代流傳下來用於醫療保健等各種功法的總稱。氣功至今已有四千多年的歷史，《吕氏春秋・古樂》載："昔陰康氏之始，陰多滯伏而湛積，水道壅塞，不行其原，民氣鬱閼而滯著，筋骨瑟縮不達，故作爲舞，以宣導之。"《莊子・刻意》："吹呴呼吸，吐故納新，熊經鳥伸，爲壽而已矣。此導引之士，養形之人，彭祖壽考者之所好也。"唐佚名《赤松子章曆》卷三："役氣功曹下治某胃中百病。"宋張君房《雲笈七籤諸家氣功法・延陵君修養大略》："此言無可救者，只謂氣功已晚，自我之事不及矣。"在長沙馬王堆漢墓中出土有帛書《却穀食氣篇》和帛畫"導引圖"。導引圖保存了四十四幅彩繪圖案，描繪人類模仿各種動物運動的圖像，説明我國早在公元前 2 世紀以前就開始用彩色圖譜的形式傳播氣功。

熨

中醫的一種外科熱敷療法。《韓非子・喻老》："疾在腠理，湯熨之所及也。"《史記・扁鵲倉公列傳》："有間，太子蘇，乃使子豹爲五分之熨，以八減之齊和煮之，以更熨兩脅下。"司馬貞索隱："言五分之熨者，謂熨之令温暖之氣入五分也。"《東觀漢記・鄧訓傳》："巡曰：'冀得火以熨背。'"

【熨帖】

即熨。中醫外科治療方法。《史記・扁鵲倉公列傳》"案扤毒熨"唐司馬貞索隱："毒熨，謂毒病之處以藥物熨帖也。"有藥熨、湯熨、酒熨、鐵熨、土熨等。藉藥性及温暖作用，直接作用於患處或有關部位，使氣血通暢，以達到治病或緩解病痛的作用。

食療

根據不同的病情，選用具有不同作用的食物，或以食物爲主并適當配伍其他藥物，經烹調加工製成各種飲食以治療疾病的醫療方法。唐段成式《酉陽雜俎・廣動植》："成式因就節下食有伽子數蒂，偶問工部員外郎張周封伽子故事，張云：'一名落蘇，事具《食療本草》。此誤作《食療本草》，元出《拾遺本草》。'"按，《食療本草》三卷，唐醫藥學家孟詵撰，又經張鼎增補改編而成。食療食品應采用蒸、炖、煮或煲湯的方法製作，以免破壞或改變其有效成分而影響療效。另外，在治病過程中還應注意飲食禁忌，即所謂"病中忌口"。所忌飲食一般是指温燥、生冷、油膩、葷腥之物及烟酒等。《金匱要略》："所食之味，有與病相宜，有與身爲害，若得宜則益體，害之成疾。"

第二節　醫書考

中華先民在長期的醫療實踐中，非常重視醫學技術的進步與經驗的積纍，從戰國到秦漢時期，産生了《黄帝内經》《難經》《傷寒雜病論》和《神農本草經》等四大醫學經典著作，標志着中國醫學理論體系的基本形成。今就傳世者闡釋如下，佚失者如《黄帝外經》《扁鵲内經》《外經》《白氏内經》《外經》幾十種未計入内。

《黄帝内經》是中國現存最早的一部中醫理論經典著作，由《素問》與《靈樞》兩部分組成，簡稱《内經》。該書内容豐富，範圍很廣，全面而突出地反映了當時醫學的成就，并以樸素的唯物主義觀點和較爲科學的邏輯思維闡述各類醫學問題，在書中第一次提出了"望、聞、問、切"四診相結合的診斷方法。醫學之外，涉及的學科有哲學、天文、曆法、物候、地理、氣象等領域，均有較高的成就。

《難經》舊題扁鵲撰，實際上作者不明。約成書於東漢以前，一説在秦漢之際。該書采用"問難"形式，設八十一問，以解疑釋難，故名《難經》。該書内容更爲貼近臨床診療，致力於突出解決與臨床診療密切相關的一些學術難點，彌補了《内經》的不足。

《神農本草經》是中國現存最早的一部藥物學經典著作，成書大約在兩漢期間。全書共分三卷，載藥三百六十五種，其中植物藥二百五十二種，動物藥六十七種，礦物藥四十六種。根據藥物的性能將其分爲上、中、下三品。上品爲營養滋補藥，中品爲滋補兼攻邪藥，下品爲專門攻邪藥。書中還提出許多重要的藥物學理論，注意藥物的采集時間、炮製和貯存方法，爲後世藥物學的發展奠定了基礎。

《傷寒雜病論》係東漢著名醫學家張仲景所著，是一部以論述傷寒熱病爲主的臨床醫學巨著，分《傷寒論》與《金匱要略》兩部分。《傷寒論》以辨六經脉證和治療爲主體内容，全書共收驗方一百一十三個。這些方劑精於選藥，講究配伍，主治明確，效驗如神，被後世尊爲"經方"，譽爲"衆方之祖"。這些方劑經過千百年的臨床驗證，爲中醫方劑治療提供了變化、發展的基礎。《傷寒論》雖以傷寒診治爲主，但書中所貫穿的辨證思想以及六經大法，對各科臨床均有指導意義。《金匱要略》主要闡述内傷雜病的辨證治療。全書共二十五篇，闡述内科等病症數十種，治療方劑二百六十二個。該書確立了辨證論治的理論原則，把理、法、方、藥有機結合起來，爲後世臨床醫學的發展奠定了基礎。

《脉經》是中國現存最早的一部系統論述脉學的專著，共十卷，晋代著名醫學家王叔和撰寫。他選録扁鵲、華佗、張仲景等人有關脉理學説，結合臨床實際，將脉象歸納爲浮、芤、洪、滑等二十四種，對每一種脉象的性狀及其主病都有明確的論述，提出了脉、證、治并重的理論，成爲後世脉學研究的經典理論。

《針灸甲乙經》是中國現存最早、内容較完整的針灸學著作。作者皇甫謐，西晋時人，今本十二卷一百二十八篇。該書主要討論有關針灸的醫學原理及治病之法。它對晋代以前的針灸療法進行了系統的歸納總結和整理，成爲後世針灸學研究的規範。

唐代的醫學比較興盛，主要表現在大部頭綜合性醫書的出現，而最具代表性的當然要首推孫思邈的《備急千金要方》一書。該書集唐代以前診治經驗之大成，對後世的影響極大。全書三十卷，分二百三十三門，收方五千三百首。孫思邈在書的第一卷首列《大醫精誠》《大醫習業》兩篇，專論醫德問題，主張醫生要品德高尚，不能貪圖錢財，對病人必須一視同仁，成爲中醫倫理學的基礎。其婦、兒科的論述，奠定了宋代婦、兒科獨立的基礎。《千金翼方》是《千金要方》的姐妹篇，其規模、體例與前書相近。書中加强了對藥物學的介紹，并增補了對《傷寒論》的論述。對野生藥材的馴化及藥物的采、種、炮製、保藏都有詳細的介紹。這些内容既是孫思邈對前人藥學知識的繼承，更多的是他多年實地采藥經驗的總結，在中藥學上有極高的價值，後人尊其爲"藥王"是當之無愧的。

宋元時期是中國醫學獲得大發展的時期。北宋官府還設立校正醫書局，專門整理出版古醫書。由國家頒行的三大方書《太平聖惠方》《太平惠民和劑局方》《聖濟總録》，都是影響很大的方書，成爲留傳至今的經典醫書。當時臨床醫學各分科與現在大體相似，且都取得了很高的成就。除此之外，宋朝還出版了世界上最早的法學著作《洗冤集録》。該書内容包括人體解剖、尸體檢查、現場勘察、死因鑒别以及當時可用於致死的毒物種類和急救方法等，成爲系統總結尸體外表檢驗經驗、集宋以前法學經驗之大成的經典著作。

明代的醫學成就主要體現在李時珍及其《本草綱目》之中。李時珍是中國古代最杰出的醫學家和博物學家之一。他是湖北蕲春人，生活在明末文化發達地區，受家庭醫學薰陶，結合長期醫學實踐經驗，寫出了一系列高水平的醫學著作。他鑒於前人《本草》錯誤很多，這些錯誤如不糾正會造成嚴重的後果，立志重新編纂一部高水平的藥物學著作。經過幾十年的艱辛準備，終於寫成了《本草綱目》這部不巧的藥物學巨著。此書采用綱目體例，分十六部六十類，共收藥物一千八百九十二種，附方萬餘，另配有插圖一千一百六十幅。該書不僅對藥物學做了詳細記載，還綜合了大量的科學資料，内容涉及植物學、動物學、礦物學、物理學、化學、農學、天文學等許多領域。《本草綱目》所列部類反映了中國古代對自然界萬物的分類思想，具有極高的思想史的價值。該書被譽爲"中國古代科學百科全書"，在世界上享有崇高的聲譽。

醫經類

黃帝内經

醫經類著作。以黃帝、岐伯等問答形式寫成，爲現存最早和最具影響的中醫典籍之一。書名冠以“黃帝”，係崇古托名。此書既非一時所成，亦非一人所作，成書時間亦有爭議，或以爲戰國時期已基本成稿，或以爲秦漢之際仍有增補，然《七略》中有“《黃帝内經》十八卷”的記載，故成書下限當不晚於西漢末期。其早期傳本分爲《素問》《九卷》（唐以後的傳本改稱《靈樞》）各九卷、八十一篇，後世亦多分別流傳。主要闡述中醫基礎理論，如陰陽、藏象、經絡、病因、診法、治則等，兼及針灸、方藥、運氣、養生等內容，建立了中醫理論體系的基本結構，奠定了中醫學發展的理論基礎，向爲後世所推崇。此外，亦涉及哲學、天文、曆法、地理、氣象、物候等，內容廣博。

素問

全稱《黃帝内經素問》。《黃帝内經》的組成部分之一。“素問”之名最早見於漢張仲景《傷寒論·序》。原爲卷八十一篇，至唐代中葉已散亂不全，亡佚第七卷，共九篇。唐代王冰整理編次時補充了第七卷中的七篇內容，即後世所謂“運氣七篇”。另《刺法論》和《本病論》兩篇，僅存篇目，王冰以後流傳的版本，或有載其內容者，後世稱“素問遺篇”，南朝宋代已視爲僞作。南朝齊梁間全元起注本爲最早的完整注本，已佚。今存唐代王冰《次注黃帝内經素問》、北宋校正醫書局林億等《重廣補注黃帝内經素問》，以及明清時期馬蒔、吳崑、張景岳、李中梓、張志聰、黃元御、張琦等注本。

【黃帝内經素問】

即素問。此稱唐代已行用。《宋史·藝文志》：“《黃帝内經素問》二十四卷（唐王冰注）。”

靈樞

亦稱“九卷”。《黃帝内經》的組成部分之一。原書九卷，八十一篇。因無書名，古人遂以“九卷”二字名之。早期傳本尚有“九墟”“九靈”“針經”等多種名稱。內容與《素問》互爲補充，各有闡發，在經略、針灸方面較《素問》更加豐富翔實。除隋唐楊上善《黃帝内經太素》、明代張景岳《類經》等《黃帝内經》的類編注釋本外，尚有《靈樞》的全文注釋本，如明代馬蒔《黃帝内經靈樞注證發微》、

《黃帝内經素問》序
（明趙府居敬堂刊本）

《黃帝素問靈樞集注》
（正統道藏本）

清代張志聰《黃帝內經靈樞集注》等。

【九卷】

即靈樞。此稱漢代已行用。見該文。

【靈樞經】

即靈樞。此稱宋代已行用。宋晁公武《郡齋讀書志·醫書類》：“《靈樞經》九卷。王冰謂此書即漢《志》《黃帝內經》十八卷之九也。或謂好事者於皇甫謐所集《內經倉公論》中抄出之，名爲古書也，未知孰是。”

【針經】

即靈樞。亦稱黃帝針經。此稱先秦時期已行用。《素問·八正神明論》：“岐伯曰：法往古者，先知針經也。驗於來今者，先知日之寒溫、月之虛盛，以候氣之浮沉，而調之於身，觀其立有驗也。”《隋書·經籍志》：“《黃帝針經》九卷。”

【黃帝針經】

即針經。此稱隋代已行用。見該文。

難經

亦稱《八十一難經》《黃帝八十一難經》。醫經類著作。該書以問難形式寫成，共設八十一問，故名。原題“盧國秦越人撰”，但多數學者認爲係東漢時期的托名之作。所述以中

《黃帝八十一難經纂圖句解》
（正統道藏本）

醫基礎理論爲主，包括診法、經脉、臟腑、病證、腧穴、針法等，內容簡要，辨析精微。其中診脉獨取寸口以及對三焦、經脉等理論的闡發，對後世中醫學發展影響較著，故被視爲中醫學經典著作之一。漢鄭玄《周禮注疏》：“然六府取此四者，案《黃帝八十一難經》，說胃爲水穀之府，小腸爲受盛之府，大腸爲行道之府，旁胱爲津滴之府。”有三國呂廣、唐代楊玄操等注本，已佚。存世的注本以宋代《王翰林集注八十一難經》爲最早，另有元代滑壽《難經本義》、明代熊宗立《勿聽子俗解八十一難經》、清代徐大椿《難經經釋》等通行注釋本。

【黃帝八十一難經】

即難經。此稱漢代已行用。見該文。

【八十一難經】

即難經。此稱宋代已行用。見該文。

傷寒金匱溫病類

傷寒論

傷寒類著作。爲東漢張仲景《傷寒雜病論》中的“傷寒”部分，經晉代王叔和編次後獨立成書；另一部分論述雜病，後世稱《金匱要略》。《傷寒論》十卷，二十二篇，凡三百九十七法，一百一十三方。主要以六經（太陽、陽明、少陽、太陰、少陰、厥陰）辨證爲綱，以條文形式，全面系統地論述了傷寒各階段辨證原則及立法用藥規律。此外，有平脉、辨脉、傷寒例、痓濕暍、霍亂、陰陽易、差後勞復等病證及汗、吐、下法應用與禁忌等內容。本書是我國第一部理論和實踐相結合，理、

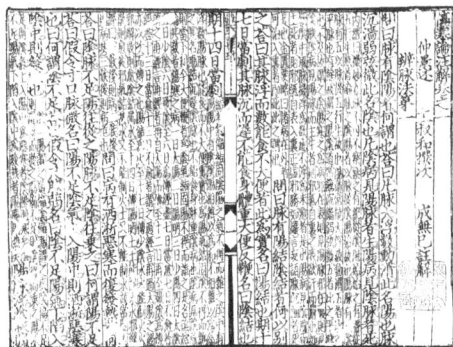

《傷寒論注解》
（元至正刻本）

法、方、藥有機地聯繫在一起的臨床醫學巨著，與《金匱要略》一起奠定了中醫學辨證論治的基礎。本書所創之六經辨證體系，發展補充了《内經》的辨證論治思想，法度嚴謹而靈活多變，方小精專而療效顯著，甚爲後世醫家推崇，稱爲“方書之祖”。歷代注本衆多，較著名者有金代成無己《注解傷寒論》、明代方有執《傷寒論條辨》、清代柯琴《傷寒來蘇集》等。

金匱要略方論

省稱《金匱要略》《金匱方論》。金匱類著作。爲東漢張仲景《傷寒雜病論》中的雜病部分。北宋仁宗時，校正醫書局根據當時所存蠹簡，經林億等整理校訂，將《傷寒雜病論》中的雜病部分重新編次，成爲《金匱要略方論》。

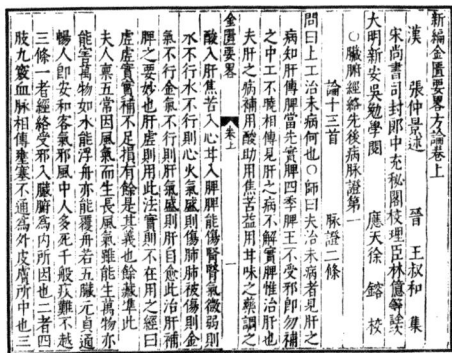

《新編金匱要略方論》
（四部叢刊初編本）

全書三卷，二十五篇，載方二百六十二首。内容以内科雜病爲主，外科、婦科次之，兼及急救、食禁等。所論病藏有痙濕暍、百合、瘧病、中風、歷節等六十餘種。每病論其病因、症候和病變部位、治療方藥、預防及護理等。本書繼承了《内經》的思想體系，并以之爲依據，總結了東漢以前豐富的診療經驗，提出并確立了辨證論治和方藥配伍的基本原則，與《傷寒論》一起奠定了中醫辨證論治準則，爲我國最早系統論述雜病的專著，被後人尊爲經典。主要注本有元代趙以德《金匱方論衍義》、清代徐彬《金匱要略論注》、尤怡《金匱要略心典》等。

【金匱要略】

即金匱要略方論。此稱宋代已行用。見該文。

【金匱方論】

即金匱要略方論。此稱元代已行用。見該文。

【金匱】

即金匱要略方論。此稱清代已行用。清李斗《揚州畫舫録》：“戴震，字東原，休寧人。爲漢儒之學，精於音均律算……嘗注《難經》《傷寒論》《金匱》諸書，亦未卒業。”

温疫論

温病類著作。明吳有性撰。成書於明崇禎十五年（1642）。全書二卷，上卷載論五十篇，下卷載論三十三篇。全面論述了温疫的病因、病機、證候及治療。吳氏認爲温疫的病因非風、非寒、非暑、非濕，乃天地間別有一種异氣所感，稱爲“戾氣”。戾氣有很强的傳染性，觸之皆病。此説突破了前人的六氣致病説，對温病病因和傳染途徑提出了新見解。在治療上主張以逐邪爲第

《溫熱論》

（光緒周氏醫學全書本）

一要義，提出宣達膜原、攻下逐邪等治法，所創新方有達原飲、三消飲、舉斑湯等二十餘首，一直爲後世推崇。本書內容豐富，條理清楚，論理細緻，爲我國第一部系統論述傳染病的專著，爲溫病學的發展奠定了基礎。

【瘟疫論】

同"溫疫論"。此體清代已行用。清李斗《揚州畫舫錄》："此仲景《傷寒》治法，與吳又可《瘟疫論》所以並行不悖者也。"

溫熱論

亦稱《溫證論治》《葉天士溫熱論》《葉香巖外感溫熱篇》。溫病類著作。清代葉天士口述，其子顧景文手錄成文。初未刊行，後分別收錄於《吳醫彙講》《醫門棒喝》《溫熱經緯》等書中，故稱謂不一。書僅一卷，專門論述溫病感受途徑、傳變規律、診斷要領及治療大法。書中提出"溫邪上受，首先犯肺"。順傳則按"衛氣營血"由淺入深，逆傳則侵犯心包。治療主張"在衛汗之可也，到氣方可清氣，入營猶可透熱轉氣，入血就恐耗血動血，直須涼血散血"。其理論即後世所謂"衛氣營血辨證"。爲辨治溫病的綱領性文獻。此外，在診斷上提出察舌、驗齒、觀察斑疹等方法，於臨床實踐頗有現實意義。

【溫證論治】

即溫熱論。此稱清代已行用。見該文。

【葉天士溫熱論】

即溫熱論。此稱清代已行用。見該文。

【葉香巖外感溫熱篇】

即溫熱論。此稱清代已行用。見該文。

臟象診法病源類

中藏經

亦稱《華氏中藏經》。臟象類著作。舊題"漢魏華佗撰"，歷代多認爲原係後人托名之作。或疑爲華佗之弟子吳普、樊阿等依據華氏遺意輯錄，又爲後人傳抄。書凡三卷，上、中二卷載醫論四十九篇，論述人法於天地、陰陽五行、脉法、臟腑虛實、生死逆順等。下卷載治療諸病方六十首。本書以臟腑脉證爲中心，把《內經》《難經》中的生理、病理內容進行了系統的

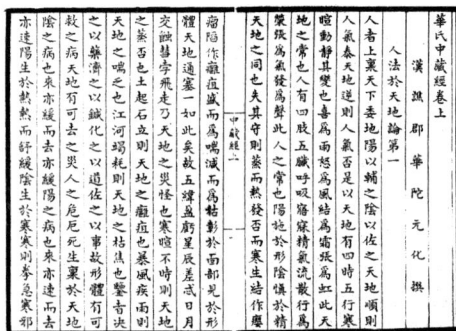

《華氏中藏經》

（宛委別藏本）

歸納、綜合，使臟腑辨證理論得以初步系統化，對後世臟腑學説的形成和發展具有重要意義。另外，本書已認識到天人統一的整體觀、陰陽五行學説與寒熱虛實辨證在中醫理論體系中的重要性，爲建立中醫理論的邏輯體系樹立了典範。《通志·藝文略》載《華氏中藏經》一卷。

【華氏中藏經】

即中藏經。此稱宋代已行用。見該文。

脉經

診法類著作。西晋王叔和撰。十卷，九十七篇。原有"手檢圖三十一部"，今佚。我國現存最早的脉學專著。本書輯集了《黃帝

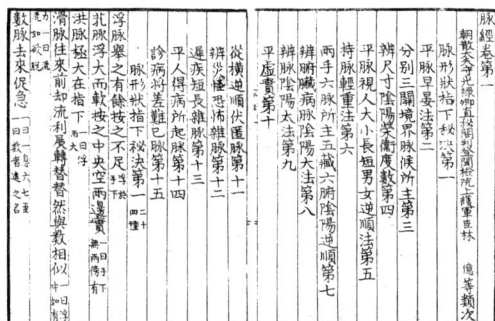

《脉經》
（宛委別藏本）

内經》以來，扁鵲、張仲景、華佗及歷代諸家的脉法論述，通過分析整理，將脉象歸納爲浮、芤、洪、滑、數、促、弦、緊、沉、伏、革、實、微、濇、細、軟、弱、虛、散、緩、遲、結、代、動二十四種，并對診脉方法、脉學理論及脉診的臨床意義做出了統一規範或明確闡釋，不僅使脉學更趨科學實用，并確立了中醫脉法規範及原則，爲後世脉學的發展奠定了基礎。

諸病源候論

亦稱《巢氏病源候論》。病源類著作。隋代巢元方撰。成書於隋大業六年（610），爲我國第一部論述疾病病因、病理與證候的專著。宋晁公武《郡齋讀書志·醫書類》："《巢氏病源候論》五卷。隋巢元方等撰。元方，大業中被命與諸醫共論衆病所起之源。皇朝舊制，監局用此書課試醫生。昭陵時，詔校本刻牘頒行，宋綬爲序。"書凡五十卷，列疾病七十一類，證候一千七百三十九種。所述證候包括内、外、婦、兒、五官、皮膚等科，内容主要爲該證候的名稱、概念、病因、病理與症狀等。證之末多附導引法，但不載治療方藥。本書不僅奠定了我國疾病分類學基礎，而且對許多疾病不乏精闢論述，對後世影響較大，《外臺秘要》《太平聖惠方》等醫著的病因、病理分析，多以此爲據。

【巢氏病源候論】

即諸病源候論。此稱宋代已行用。見該文。

醫林改錯

臟象類著作。清代王清任撰。成書於道光十年（1830）。二卷。卷上主要辨析古人論臟腑解剖和髒腑生理之非，列古臟腑圖十二幅於前，自己通過觀察尸體而繪製的"親見改正臟腑圖"十三幅於後。另論述其所創通竅活血湯、血府逐瘀湯、膈下逐瘀湯所治病證。卷下主要論述半身不遂證治，所創補陽還五湯至今爲臨床常用之方。本書在臟腑解剖及論述活血化瘀等方面頗具特色，尤其是大膽疑古、勇於創新的精神，向爲醫界稱道。

本草類

神農本草經

　　省稱《本草經》《本經》。本草類著作。書名冠以"神農"，顯係崇古托名。該書非一時一地一人之作，其基本定稿約爲戰國末期，增補定型約在東漢之前，爲現存最早的本草學專著。《史記·蘇秦列傳》："蘇秦曰：'臣聞饑人所以饑而不食烏喙者。'"南朝裴駰集解："《本草經》曰：'烏頭，一名烏喙。'"全書載藥三百六十五種，分爲上、中、下三品。每藥載藥名、性味、毒性、功能與主治、生長環境、產地、采治等。其中二百餘味藥物至今仍爲臨床常用。另有《序例》一篇，論述君臣佐使、七情合和、五味、四氣等藥學理論，爲後世藥物學發展奠定了基礎。該書早期多種傳本，唐宋時期逐漸亡佚，其佚文較完整地保存於歷代本草著作中，故宋元以來多有輯佚者。現存最早的輯本爲明代盧復輯佚本，流傳較廣的有清代孫星衍輯本、顧觀光輯本及日本森立之輯本。

【本草經】

　　即神農本草經。此稱南北朝時期已行用。見該文。

《神農本草經》
（問經堂叢書本）

【本經】

　　即神農本草經。此稱南北朝時已行用。見該文。

新修本草

　　後世習稱《唐本草》。本草類著作。唐代蘇敬等奉敕編纂，於顯慶四年（659）完成并由朝廷頒布天下，故被視爲我國，也是世界第一部國家藥典。《舊唐書·經籍志》："《新修本草》二十一卷。蘇敬撰。"《郡齋讀書志·醫書類》："按'本草'之名，始見《漢書·平帝紀》《樓護傳》。舊經止一卷，藥三百六十五種。陶隱居增《名醫別錄》亦三百六十五種，因注釋爲七卷。唐顯慶又增一百十四種，廣爲二十卷，謂之《唐本草》。"全書正經二十卷，目錄一卷；附編有藥圖二十五卷，圖經七卷，目錄一卷。本書在陶弘景《本草經集注》一書基礎上編纂而成，載藥八百五十種，分玉石、草、木、獸禽、蟲魚、果、菜、米穀及有名未用等九類，體例嚴謹，內容豐富。該書較系統地總結了唐以前的本草學成就，具有較高的學術水平與科學價值。或因後世本草興起而取代前者，《新修本草》至宋漸亡，除藥圖外，文字部分基本上被歷代本草或其他醫著保存下來。另近代又發現有該書古殘卷及其影本。

【唐本草】

　　即新修本草。此稱宋代已行用。見該文。

證類本草

　　全稱《大觀經史證類備急本草》。本草類著作。北宋唐慎微編撰。本書在北宋官修本草的基礎上兼收并錄經史百家藥學資料編寫而

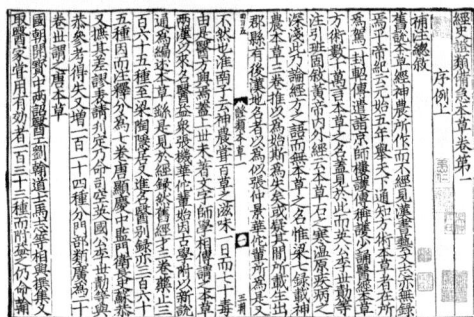

《經史證類備急本草》
（宋嘉定刻本）

《本草綱目》
（清順治刊本）

成，較好保存了《神農本草經》主要本草内容，不僅取材廣泛，收羅宏富，而且是以完整的原書形式流傳至今的最早的本草著作，具有重要的學術價值和文獻價值。書凡三十卷，載藥一千七百四十六種，在《嘉祐本草》十一類（即玉石、草、木、人、獸、禽、蟲魚、果、米穀、菜）的基礎上增加了圖經外草類和圖經外木蔓類，共十三類。除記載藥名及其性味、功效、主治、産地、炮製等内容外，還於每味藥後附録相關方劑，共三千餘首，開創了以方證藥的本草編寫體例。《宋史·藝文志》：“唐慎微《大觀經史證類備急本草》三十二卷。”

【大觀經史證類備急本草】

即證類本草。此稱宋代已行用。見該文。

本草綱目

本草類著作。明李時珍撰。因采用“物

以類從，目隨綱舉”與“標名爲綱，列事爲目”的編寫體例，故名。書凡五十二卷，載藥一千八百九十二種，繪圖一千一百餘幅，附方萬餘首。按藥物自然屬性分爲水、火、土、金石、草、穀、菜、果、木、服器、蟲、鱗、介、禽、獸、人等十六部六十類。每藥設釋名、集解、辨疑正誤、修治、氣味、主治、發明、附方諸項。本書以《證類本草》爲底本，廣泛彙集有關資料并結合自身經驗，歷時二十七年完成，堪稱明代以前本草學的集大成之作，也是我國古代最具影響的一部綜合性本草著作。本書不僅規模宏大，體例嚴謹，而且内容廣博，凡與本草相關的生物、化學、地理、地質、采礦等均有所涉，即所謂“雖名醫書，實該物理”，故有“古代中國科學百科全書”之譽。

醫方類

肘後備急方

省稱《肘後方》。亦稱《肘後救卒方》。醫方類著作。原四卷，傳世本八卷。晋葛洪撰。葛洪曾將各家驗方編爲《玉函經》一百卷，因

卷帙龐大，不便利用，葛氏又從中選擇可供急救的實用單方、驗方及灸法編成本書。“肘後”即隨身常備之義，以便於倉促救急。後經梁弘景增補爲一百○一篇，改名《補闕肘後

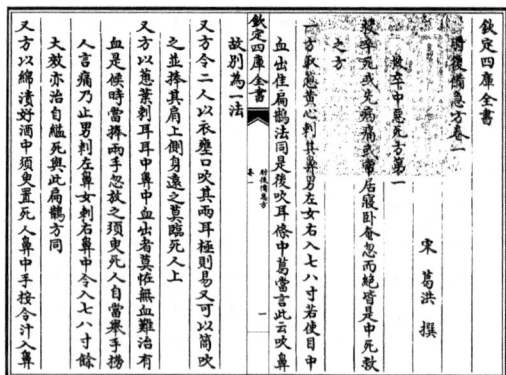

《肘後備急方》
（四庫全書本）

百一方》，簡稱《百一方》；後經金代楊用道再次增補，名爲《附廣肘後方》，即現存此書定本。書中主要記載治療各種急症及内、外、婦、兒、傷等各科疾病治療的方藥，所選之方具有簡、便、廉、驗的特點，有的至今仍爲臨床常用。

【肘後救卒方】

即肘後備急方。此稱唐代已行用。《舊唐書·經籍志下》：“《肘後救卒方》四卷。葛洪撰。”

【肘後方】

即肘後備急方。此稱隋代已行用。《隋書·經籍志》：“《肘後方》六卷。”

備急千金要方

省稱《千金》《千金方》《千金要方》。醫方類著作。唐孫思邈撰。成書於永徽三年（652）。孫氏以爲“人命至重，有貴千金，一方濟之，德逾於此”，故以“千金”爲名。《舊唐書·孫思邈傳》：“自注《老子》《莊子》，撰《千金方》三十卷，行於代。”《崇文總目》卷三：“《千金方》三十卷，孫思邈撰。陳詩庭云，今本作《千金要方》，九十三卷，合《千金翼方》爲一

《重刊孫真人備急千金要方》
（元刻本）

書，又廣其卷數。”《千金翼方》卷二六：“太一在關明下一寸（《千金》《甲乙經》皆云梁門下一寸）。”全書三十卷，二百三十二門，載方五千三百餘首。内容包括醫論、醫德、診法、本草、製藥、醫方、養生、食療、針灸、導引、按摩等，涉及内、外、婦、兒各科。雖名爲方書，實爲一部内容豐富的綜合性醫著。所收方劑療效卓著，理論闡述精當可取，而且書中重醫德、重婦兒、重針灸等重要思想，亦爲後世所推崇。後孫氏又編《千金翼方》，爲該書的姐妹篇。兩書集《内經》之後醫學之大成，對後世中醫學發展影響深遠，被贊爲“妙盡古今方書之要”。

【千金方】

即備急千金要方。此稱唐代已行用。見該文。

【千金要方】

即備急千金要方。此稱宋代已行用。見該文。

【千金】

即備急千金要方。此稱唐代已行用。見該文。

千金翼方

醫方類著作。唐孫思邈撰。爲《千金要方》之續編，意取二書互爲羽翼，故名。約成書於唐高宗永淳元年（682）。全書三十卷，分爲八十九門，載方、論、法近三千則。内容、編寫體例與《千金方》相類而又有特點，尤其在本草和《傷寒論》研究以及輯錄國外醫學資料方面，較《千金方》更爲全面，對保存和研究古代文獻、史料均有重要價值。本書與《千金方》較系統地反映了唐初以前的醫學成就，對後世醫學的發展具有重要影響。

外臺秘要方

省稱《外臺秘要》。醫方類著作。唐王燾撰。成書於天寶十一年（752）。書凡四十卷。一千一百〇四門，載方六千餘首。包括傷寒、温病、黃疸、瘧疾、痰飲等内科病證及外、婦、兒、骨、皮膚、五官等各科病證。每門先論病因病理，後列方劑。《新唐書·王珪傳》："燾，性至孝，爲徐州司馬。母有疾，彌年不廢帶，視絮湯劑。數從高醫游，遂窮其術，因以所學作書，號《外臺秘要》，討繹精明，世寶焉。歷給事中、鄴郡太守，治聞於時。"宋晁公武《郡齋讀書志·醫書類》："《外臺秘要方》四十卷，

《外臺秘要方》
（宋本）

唐王燾撰。燾在臺閣二十年，久知弘文館，得古方書數千百卷，因述諸病證候，删集方藥、符禁、針灸之法，凡一千一百四門。天寶中，出守房陵及大寧郡，故以'外臺'名其書。孫兆以燾謂'針能殺生人，不能起死人，取灸而不取針'，識其爲醫之蔽。予獨以其言爲然。"本書係采集唐以前六十餘家醫學著作類編而成，内容詳盡，次第分明，且詳注方、論出處及卷帙。不僅具有較高的臨床實用價值，而且可據此瞭解唐以前的醫學文獻，尤其是已亡佚的醫籍内容。誠如徐靈胎所謂："唐以前之方，賴此書以存，其功亦不可泯。"本書雖以載方爲主，但内容廣博，實爲綜合性醫著，爲研究唐中期以前醫方的重要醫學著作。

【外臺秘要】

"外臺秘要方"之省稱。此稱唐代已行用。見該文。

太平聖惠方

省稱《聖惠方》。醫方類著作。宋醫官王懷隱等廣集宋以前方書及民間驗方類編而成，爲我國第一部由政府組織編寫的大型綜合性方書。《宋史·王懷隱傳》："至是，詔翰林醫官院各具家傳經驗方以獻，又萬餘首，命懷隱與副使王祐、鄭奇、醫官陳昭遇參對編類。每部以隋太醫令巢元方《病源候論》冠其首，而方藥次之，成一百卷。太宗御製序，賜名曰《太平聖惠方》，仍令鏤板頒行天下，諸州各置醫博士掌之。懷隱後數年卒。"宋洪邁《容齋隨筆》卷八："時康祖病心痔二十年，用《聖惠方》治腰痛者鹿茸、附子服之，月餘而愈，《夷堅己志》書其事。"書凡一百卷，分一千六百七十門，載方一萬六千八百三十四首。内容先論爲

醫之道、診法、用藥法，繼爲按類分述各科病
藏的病因、病理以及方劑的適應證、藥物組
成、用量等，務使方隨證設，藥隨方施。本書
的分類方法和編寫體例與《千金要方》和《外
臺秘要》二書相同，即按臟腑病證分類，先論
後方。但從內容上看，顯然比上述二書更爲豐
富、詳細。本書保存了隋唐以前大量醫書的內
容與已失傳的方劑、療法，對臨床運用與古籍
校勘等均有一定參考價值。

【聖惠方】

“太平聖惠方”之省稱。此稱宋代已行用。
見該文。

太平惠民和劑局方

醫方類著作。宋陳師文等奉敕編輯。爲
我國第一部成藥處方配本。本書是在宋元豐
年間所編《太醫局方》的基礎上改編修訂而
成，共爲五卷，目錄一卷，分爲二十一門，載
二百九十七方。後於大觀、紹興、寶慶、淳祐
年間多次修訂、增補，書名與卷次也多次調整，
至紹興後始名《太平惠民和劑局方》。現存本十

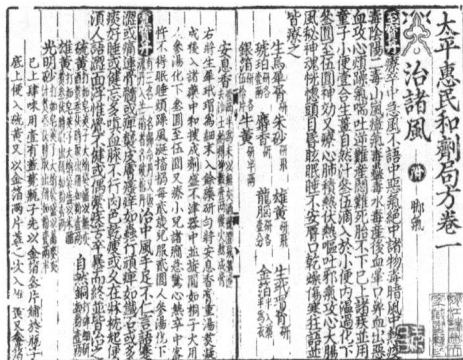

《太平惠民和劑局方》
（元至正高氏日新堂刻本）

卷，分諸風、傷寒、一切氣、痰飲、諸虛、痼
冷、積熱、瀉痢、眼目疾、咽喉、口齒、雜病、
瘡腫傷折、婦人諸疾、小兒諸疾十四門，載方
七百八十八首。其中四君子湯、八珍湯、二陳
湯、平胃散、八正散、藿香正氣散、逍遙散等
一批名方至今仍爲臨床常用。

【和劑局方】

“太平惠民和劑局方”之省稱。此稱宋代已
行用。《郡齋讀書志·醫書類》：“《和劑局方》十
卷。大觀中，詔通醫刊正藥局方書。閱歲書成，
校正七百八字，增損七十餘方。”

針灸類

黄帝甲乙經

亦稱《針灸甲乙經》，省稱《甲乙經》。針
灸類著作。西晉皇甫謐撰。原書十卷，以天干
編次，故以“甲乙”爲名。隋唐時托僞黃帝所
作。《隋書·經籍志》：“《黃帝甲乙經》十卷。”
唐孫思邈《千金翼方》卷二六：“太一在關明下
一寸（《千金》《甲乙經》皆云梁門下一寸）。”
本書係由《靈樞》《素問》《明堂孔穴針灸治要》
三部古醫經分類合編而成。其中《明堂孔穴針

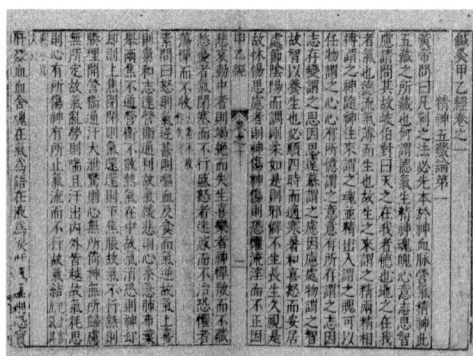

《針灸甲乙經》
（古今醫統正脉全書本）

灸治要》原書亡佚，其内容由此得以保存。至南北朝時本書析爲十二卷，一百二十八篇，主要論述臟腑、經絡、診法、腧穴、部位、針刺操作及臨床治療等，内容豐富，系統條理，爲現存最早的較爲完整的針灸學專著。本書全面系統總結了西晋以前針灸學成就，對晋以後針灸學的發展具有重要影響。

【甲乙經】

"黄帝甲乙經"之省稱。此稱唐代已行用。見該文。

【針灸甲乙經】

即黄帝甲乙經。此稱晋代已行用。見該文。

銅人腧穴針灸圖經

針灸類著作。北宋醫官王惟德等奉敕編。成書於天聖四年（1026）。書凡三卷。主要内容有十二經脉及起止穴圖、十二經脉循行、腧穴名稱及部位、刺灸法及主治症等。全書載腧穴三百五十四個（比《針灸甲乙經》增加五穴），并對經脉循行與腧穴位置加以考訂，統一了取穴法，是對宋以前針灸文獻的一次全面整理。該書不僅成爲當時針灸教育範本及針灸臨床取穴的依據，而且對宋代以後乃至今天的針灸學都産生了重要影響。

【銅人針灸圖】

"銅人腧穴針灸圖經"之省稱。此稱宋代已

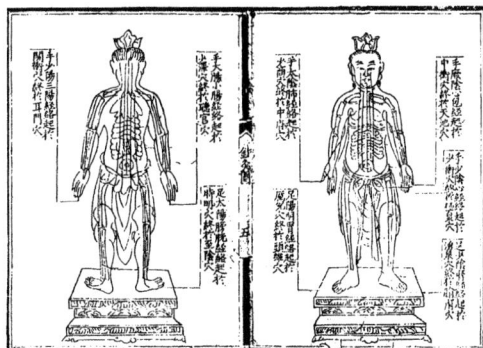

《銅人腧穴針灸圖經》
（明正統刻本）

行用。《郡齋讀書志·醫書類》："《銅人針灸圖》三卷。皇朝王惟德撰。仁宗嘗詔惟德考次針灸之法，鑄銅人爲式，分腑臟十二經，旁注俞穴所會，刻題其名，並爲圖法並主療之術，刻板傳於世。夏竦爲序。"

針灸大成

針灸類著作。明楊繼洲原著，靳賢補輯重編。本書爲靳賢在楊繼洲《玄機秘要》的基礎上補輯重編而成，初由趙文炳刊行。書凡十卷，内容主要有針灸理論、針灸歌賦、針刺法、子午流注、腧穴、針灸證治、名醫治法、楊氏醫案等。本書彙集了明代以前二十餘種針灸文獻，并結合楊氏針灸臨床經驗而成，爲集明以前針灸學術大成之作，流傳廣泛，對推動針灸學的發展及擴大針灸學的影響起到了十分重要的作用。

臨床類

劉涓子鬼遺方

外科類著作。晋劉涓子撰，經南齊龔慶宣整理而得以流傳。因托名"黄父鬼"所遺，故名。書凡五卷。主要内容有總論癰疽、瘡癬、療黯、發背、疥癬、小兒頭瘡等外科疾病證治，載常用方一百四十餘首。本書爲我國現存最早的外科學專著，書中提出内治以清熱解毒、活血化瘀、補氣生津爲原則，爲後世外科用消、托、補三法奠定了基礎。在外治方面，有針灸、外用藥及穿刺、切開、排膿、引流等手術療法，集中反映了兩晋、南北朝時期外科領域的主要成就，對中醫外科學的發展具有重要影響。

銀海精微

眼科類著作。原題唐孫思邈撰，一般認爲系後人假托之作。"銀海"乃道家對眼睛的稱謂，故名。書凡二卷。首列五輪八廓、五臟六腑等基礎理論，繼則分述常見眼疾八十餘種，并載

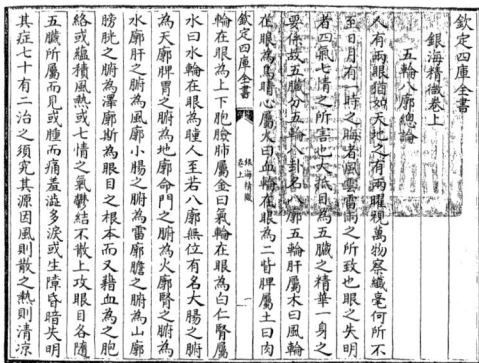

《銀海精微》
（四庫全書本）

有眼科疾病辨證施治、立法用藥及針刺外治等論十餘則，方六十一首。該書首創五輪八廓學說，體現了中醫的整體觀念和辨證論治的特點，爲歷代醫家所重。治法除内服方藥外，尚有洗、點、針、劀等外治，并記載金針撥内障法。本書是一部理、法、方、藥俱備的早期眼科專著，對後世有一定的影響。

仙授理傷續斷秘方

傷科類著作。唐藺道人撰。爲我國現存最早的骨傷科專著。一卷。主要論述四肢骨折、脱位、顱骨骨折、腹部損傷、内傷和創傷後遺症的診斷、治療及方藥，具體介紹了各種骨折的整復原則、方法和步驟，以及開放性骨折的處理原則。對傷科疾患的處理，既重視手法整

復，又重視内服、外敷等療法。其中關於骨折的"小夾板固定"法、關節脱位用"椅背重定法"等在傷科發展史上處於領先地位，標志着中醫傷科學早在隋唐時期即已達到相當高的水平，具有重要的研究和實用價值。

婦人大全良方

省稱"婦人良方"。婦產科著作。宋陳自明撰。成書於嘉熙元年（1237）。書凡二十四卷。分調經、衆疾、求嗣、胎教、妊娠、坐月、

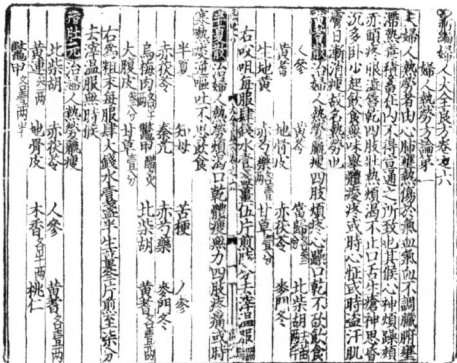

《婦人大全良方》
（元勤有書堂刻本）

產難、產後八門，載論二百六十餘則。每門下列病症，均先明生理、病理，後分述診法、治療、防護等，并於論後附方。本書融輯《内經》以降四十餘種醫籍中的婦科精要，附以家傳經驗，對婦科病證進行了全面論述，奠定了後世婦科學術體系。内容廣博，論理精詳，條目清晰，繁而不雜，所選之方迄今仍廣爲臨床所沿用，係中醫婦產科重要專著之一。明薛己對該書校注重訂，增入候胎、瘡瘍兩門，并附薛氏治驗及方劑，名爲《校注婦人良方》。《四庫全書總目提要·子部》："其訂定舊本附以己説者，爲陳自明《婦人良方》二十四卷，《外科精要》三卷，王綸《明醫雜著》六卷……"

【婦人良方】

"婦人大全良方"之省稱。此稱清代已行用。見該文。

小兒藥證直訣

兒科類著作。宋錢乙撰，弟子閻孝忠於宣和元年（1119）輯成此書。書凡三卷。上卷載脈證治法，論述小兒脈法、五臟病、驚風、瘡疹、傷風、吐瀉等八十一條；中卷載其臨床驗案二十三；下卷爲諸方，載小兒常用方藥。卷末附《閻氏小兒方論》、董汲《小兒斑疹備急方論》。本書不僅對小兒生理、病理有獨到見解，而且論治疾病以臟腑辨證爲宗旨，并將這一理論與兒科的臨床實踐相結合，爲中醫學臟腑辨證理論的發展做出了貢獻。又善於化裁古方，創製新方，諸如六味地黃丸、瀉白散、瀉黃散、瀉青丸、异功散等方，均爲後世醫家所推崇，故有"兒科鼻祖"之譽。

《小兒藥證直訣》
（光緒廣雅書局本）

內科摘要

內科類著作。明薛己著。成書於嘉靖八年（1529）。爲我國第一部以"內科"命名的醫著。書凡二卷。主要論述"元氣虧損內傷外感""飲食勞倦虧耗元氣""脾腎虧損頭眩痰氣""肝腎虧損咳嗽痰喘"等二十一類內科病癥的治法。其特點一是注重脾腎，崇尚溫補；二是每證均附醫案，全書載案二百零九例，以臨床驗證來說明理、法、方、藥的具體應用。本書强調辨證論治在內科雜病中的重要作用，確立了溫補學派的學術思想基礎，在內科發展史上有較大影響。

醫案類

名醫類案

醫案類著作。明江瓘編撰。成書於嘉靖元年（1522）。爲我國最早的醫案類書。書凡二十卷，輯錄上自秦越人、淳于意，下至元明諸家，以及經、史、子、集中所載醫案近三千，分爲二百零五門。所收醫案以內科爲主，兼及外、婦、兒、五官等科。每案均載患者姓名、年齡、體質、症狀、診斷與治療，對重要病案附有按語以闡發個人見解。此書所選，內容廣博，資料豐富，不但反映了所輯前賢的精湛醫術及其臨證經驗，而且也反映了他們的學術思想特點，

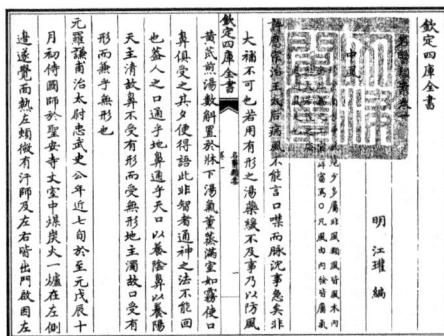

《名醫類案》
（四庫全書本）

爲研究疾病史和治療學提供了豐富資料。《四庫全書》評論本書:"可爲法式者固十之八九,亦醫家之法律也。"

續名醫類案

醫案類著作,清魏之琇編撰。三十六卷。本書爲續補《名醫類案》之闕漏而編,收錄清乾隆以前諸家醫案五千餘則,爲現存篇幅最大的古代醫案類書。編寫體例與《名醫類案》相似,分三百四十五門,卷一至二二爲內科雜病、時病及五官科諸病,卷二三至二五爲婦科,卷二六至二七爲痘疹,卷二八至三二爲兒科和外科。本書增輯明以後醫案較多,尤其收錄溫病醫案較多。每病常列數家醫案,以示變法多端,

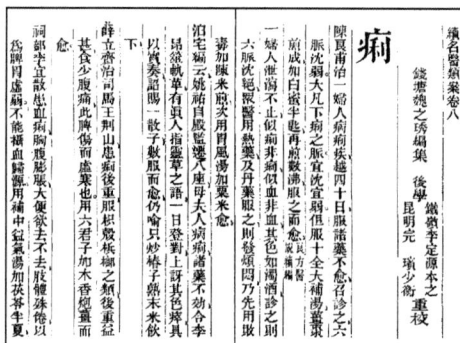

《續名醫類案》
(清信述堂刊本)

頗能啓發臨證思路。魏氏所加按語,亦精當切要。後又經清代醫家王孟英評按,參考價值更大。

綜合類

證治準繩

亦稱《六科證治準繩》《六科準繩》。中醫綜合類著作。明王肯堂撰。成書於萬曆三十年(1602)。屬醫學叢書,計有六種,即《雜病證治準繩》八卷,《雜病證治類方》八卷,《傷寒證治準繩》八卷,《瘍醫證治準繩》六卷,《幼科證治準繩》九卷,《女科證治準繩》五卷。全

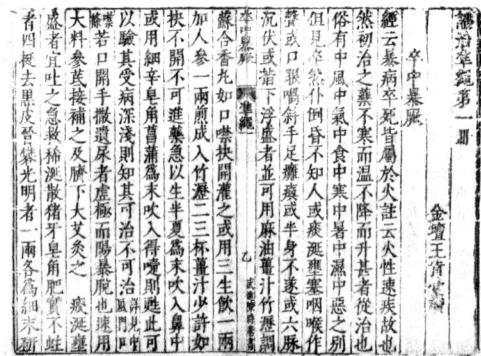

《證治準繩》
(清刻本)

書闡述臨床各科證治,所論病證先綜述歷代醫家治驗,然後闡述己見。采錄資料廣泛,列證詳明,辨析透徹,條理分明。"博而不雜,詳而有要",用藥少偏見,爲歷代醫家所宗。

【六科證治準繩】

即證治準繩。此稱明代已行用。見該文。

【六科準繩】

即證治準繩。此稱明代已行用。見該文。

景岳全書

綜合類著作。明張介賓撰。成書於明天啓四年(1624)。六十四卷。包括傳忠錄、脉神章、傷寒典、雜證謨、婦人規、小兒則、麻疹詮、痘疹詮、外科鈐、本草證、新方八陣、古方八陣、婦人方、小兒方、痘疹方、外科方等十六部分。本書在總結前人醫療成就的基礎上,結合個人臨床經驗,對中醫基礎理論及中醫臨

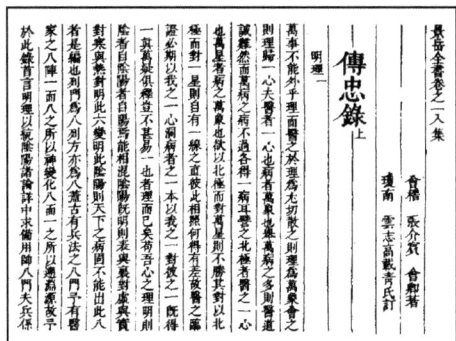

《景岳全書》
（清岳峙樓刊本）

床各科進行了較全面的論述，立論多有創見，治法自具特點，并創立大量新方，頗切臨床實用。本書是張氏代表之作，對後世影響頗深。

醫宗金鑑

綜合類著作。一部由清政府組織編纂的大型綜合性醫書。由吳廉等主編，刊於清乾隆七年（1742）。全書九十卷，分爲十五部分，即訂正傷寒論注、訂正金匱要略注、删補名醫方論、四診心法要訣、運氣要訣、傷寒心法要訣、雜病心法要訣、婦科心法要訣、幼科雜病心法要訣、痘疹心法要訣、種痘心法要旨、外科心法要訣、眼科心法要訣、刺灸心法要訣、正骨心法要旨。本書采集上自春秋戰國，下至明清的歷代名著之精義，"分門聚類，删其駁雜，采其精粹，發其餘蘊，補其未備"。内容豐富，條理清楚，論述扼要，選方精粹，且多爲七言韵語，易於記誦，是非常實用的大型醫學叢書，具有重要參考價值。

第十二章　家居休閑用具發明說

第一節　家居用具發明考

　　中國有着五千多年的歷史，是人類文明的發源地之一，其中許多發明創造爲人類文明的延續和發展做出重大貢獻。在近現代的重大科技發明中，時時可以在中國找到它們的源頭。從世界範圍來看，當其他四個文明古國古埃及、古希臘、古巴比倫和古印度或湮没在歷史的烟塵中，或出現斷代而無籍可考，唯獨中華文明進程不僅脉絡清晰，而且有着完整的文獻著録。原因是中國傳統文化本身，提倡在主導思想的規範下，不同信仰、不同群體、不同民族之間思想文化的交互滲透，相容并包，多樣統一，使得原本富於安土樂天情趣的中國文化异彩紛呈，傳承有序，綿延不絶。本卷考證的内容是家居器物，即在飲食起居方面的巧思構想和獨特發明，擷取了一些漢晋唐宋時期頗具代表性的器物，從透光鏡到水禽衔魚缸燈，從魚洗銅盆到被中香爐，盡皆與青銅有關。

　　歷經石器的磨製、土陶的窑燒，人類終於迎來青銅的冶鑄時代，這是世界科技史中一場重大革命。中國的青銅時代，特指從夏商至戰國，縱貫一千五百多年的文明史，堪稱青銅獨舞曼妙、絶倫無儔的時代。先民用青銅鑄造出了他們堅實的王國，用青銅鑄造出了他們精彩的人生。那些沉寂在歷史時光中的影像，他們的壯麗與自豪、光榮與夢想、苦難與哀怨，甚或是哲學的沉思，神巫的玄想，盡皆凝固其中。追撫青銅，就是追撫中華文明的第一道耀眼的里程碑，就是追撫舉世嘆服的中華青銅文化。青銅文化鑄就了一個神奇的時代，禮器、兵器姑且不言，即使家居用具亦莫不如是，這正是本文的重點所在。諸如古銅鏡、古銅燈、古香爐、古魚洗等，幾乎無一不是用青銅製作的，無一不閃爍着中華先民智慧的光芒。而這些器物，又幾乎無一不是手工製作的。

　　成書於戰國初期的《周禮·考工記》記載了先秦各種手工工藝及其發展狀況。如金屬鑄造、攻玉、製陶、製革、木工等。北魏賈思勰《齊民要術》、明代宋應星《天工開物》也有關於古代金屬礦井開采、冶煉的記録。古銅鏡在青銅器時代初期就已經出現。就目前考古發現來看，在我國以齊家文化的一面銅鏡爲最早。從齊家文化經商代、西周到春秋時期，銅鏡多形體小、製作粗陋、規格不一、鑄造量亦少，處於原始狀態。我國古銅鏡多爲圓板形，鏡背上都有一個鈕，是東方最具代表性的鏡型。而西方主要以有柄鏡爲主。我國尺寸可分爲大、中、小三種。小型銅鏡尺寸一般在 3 ~ 8 厘米，小巧輕薄，可以用繩子繫於腰間隨身携帶。中型銅鏡尺寸 10 ~ 14 厘米，比較厚重精美，一般置於鏡臺上或墻壁上，用完之後還用考究的鏡奩存放起來。東晋畫家顧愷之的《女史箴圖》中即有對鏡梳頭的描繪，畫中鏡臺爲落地式，支杆插入鏡鈕中，鏡臺中部有一托盤，另有鏡奩等物。大型銅鏡即爲穿衣鏡，不甚普及，多爲王公貴族使用。考古發掘出的最大銅鏡爲山東淄博出土的西漢銅鏡，長 115.1 厘米，寬 57.7 厘米，背部有五個鈕，兩短邊又各有兩鈕，應有較多支撑方可使用。

　　傳説銅鏡是黃帝發明的。1975 年在甘肅臨夏齊家坪發現了一面銅鏡，爲素鏡（無紋飾），1976 年又在青海貴南發現了一面七角星紋銅鏡，這兩面鏡子距今約四千年。商周時期的銅鏡也屢有出土，如殷墟婦好墓中出土過四件，鏡較小，背有葉脉紋，河南上村嶺西周虢國墓出土過三件，兩件爲素面，一件爲鳥獸紋銅鏡，但都祇有零星散件。銅鏡大量出現始於戰國時代，其中以楚國銅鏡鑄造業最爲發達。據考古發現統計，僅湖南長沙地區兩千多座楚墓就出土了銅鏡四百七十面，著名的有丹陽鏡、五山紋鏡、透雕蟠紋鏡等。銅鏡有多種分類法，而舊題宋徽宗敕撰《宣和博古圖》收録的銅鏡，祇以漢、唐鏡區分。漢唐銅鏡因製作精美，具有極高藝術價值而最受人們看重。其主題紋飾豐滿瑰麗，構圖奇巧且內容廣泛，具有强烈的藝術感染力。漢代開始出現銘文，紋飾除了以四方神爲主的奇禽異獸等動物世界外，還出現了以西王母爲主的神仙羽人的神仙世界，同時祈禱祝福性的銘文亦屢見不鮮。唐朝經濟文化發達輝煌，銅鏡的紋飾風格新穎、獨特，出現了人物鏡、花鳥鏡，還有經嵌珠玉、金銀平脫等特殊工藝加工的鏡體。銅鏡已成爲互相饋贈的禮品，尤其是揚州地區的産品更是精緻，曾指定作爲貢品。五代以後，社會經濟衰落，銅鏡祇注重實用，紋飾粗糙笨拙。趙宋統一中原以後，銅鏡工藝曾得到短期的繁榮。紋飾圖案當時主要是花卉，給人以清新的感覺。宋代末期，銅鏡不僅爲官方重視，還規定鑄鏡要得到官府許可，否則以犯法論罪。元明以後，鑄鏡已衰落，鏡子一般都很粗糙簡陋，唯湖州鏡居於上乘，但已不受人們青睞。清朝中期，隨着玻璃鏡子的普及，終於代替了銅鏡的使用。

著名的透光鏡約發明於西漢。其外形與一般古銅鏡無异，但當日光照射鏡面、鏡子背面圖案、文字可以映射到牆面上。這當然是一個奇迹，因爲一般的鏡子（不管是銅鏡還是玻璃鏡）對着陽光，鏡面反射到牆上的影子，祇能是一個明净的光圈，而唯獨透光鏡具有把鏡背上的圖案、銘文清晰地映射在牆上的功能。古人把這種具有幻術般效應的透光鏡視爲“神物”，西洋人和日本人稱它爲“魔鏡”。西漢“透光鏡”是我國兩千年前的獨特創造，它比日本透光鏡（魔鏡）要早一千六百年以上，而歐洲人在一百多年前纔開始出現透光鏡。據隋代王度所著第一人稱傳奇小説《古鏡記》所載，隋大業年間，王度有一枚銅鏡，鏡背有二十四個銘文和青龍、白虎、丹鳳、玄武等圖案，“承日照之，則背上文盡入影内，纖毫無失”。另外，清馮雲鵬《金石索》中録有唐代透光鏡一面，其鏡背鑄有“透光寶鏡，仙傳煉成”的銘文，後人注釋：“迎日照之，八卦太極，光映素壁。”上述記載説明唐代透光鏡的鑄造工藝得到了進一步的發展。

上海博物館藏有兩面透光鏡，其中一面是西漢時期的珍品，直徑爲11.5厘米，表面觀察，它與普通銅鏡一樣，無甚區別。當一束光綫照射鏡面而投影在牆壁上時，牆上的光亮圈内就出現了銅鏡背面的圖案和“見日之光，天下大明”八字銘文。除上海之外，在河南、江西等地也有發現。例如，1977年12月，在江西萍鄉福田的一座西漢古墓中，又出土了一面直徑爲7厘米、重55克、背面鑄有“見日之光，天下大明”八字銘文和四乳八曲連弧紋的樸厚典雅的透光鏡。

某些銅鏡具有透光現象，今人推測，在當時純屬偶然。由於古代的科學和技術條件的局限，不能穩定地掌握其規律而製造出透光鏡。對此，古人雖早有記載，但不明其原理，遂成千古奇謎。歷代一些學者曾對這個奇謎進行過一些探索和研究。宋沈括《夢溪筆談·器用》曰："世有透光鑑，鑑背有銘文，凡二十字。字極古，莫能讀。以鑑承日光，則背文及二十字皆透在屋壁上，了了分明。"明顧起元《説略》卷二三引作"透光鏡"。對日光照着銅鏡正面却能反射出背面花紋圖案和文字的現象，沈括認爲，透光效應的産生是由於鏡體厚薄不一而造成的："鑄時薄處先冷，唯背文上差厚，後冷而銅縮多，文雖在背，而鑑面隱然有迹，所以於光中現。"元代吾丘衍在《閑居録》中認爲透光之奧秘是鏡面鑲嵌了不同材質所致："假如鏡背鑄作盤龍，亦於鏡面竅刻作龍如背所狀，復以稍濁之銅填補鑄入，削平鏡面，加鉛其上，向日射影，光隨其銅之清濁分明暗也。"他認爲，透光鏡是用精銅鑄鏡，然後在鏡面相應部分用"稍濁之銅"鑲出同樣的圖文來，再削平，再以金屬鉛鋪蓋鏡面便可透光。明代學者何孟春、方以智、朗瑛等也持與此相似的觀點。宋代除沈括曾論述透光鏡之外，周密在《癸辛雜技》續集下和《雲烟過眼録》卷上也論述過。金朝麻九疇在《翰苑英華中州集》己集第六卷作有《賦伯玉透光鏡》的一首詩，亦兼有論述。元朝吾丘衍的《閑居録》、明朝方以智的《物理小識》卷八、郎瑛的《七修類稿》卷六、清朝鄭復光的《鏡鏡詅癡》卷五、徐康的《前塵夢影録》以及徐元潤的《銅仙傳》等，都有透光鏡的論述，并都談到當時均不能製造透光鏡，可見這項技術已經失傳。19世紀英國物理學家布魯斯特認爲，透光鏡的透光效應是由金屬密度不一而造成的。這種看法與元代吾丘衍的觀點不謀而合。

　　自20世紀70年代起，上海博物館與復旦大學、上海交通大學、上海儀錶鑄造廠、人民機器廠、有色鑄造廠等單位一些科技工作者對古代透光鏡進行深入研究，認爲古透光鏡在鑄造過程中，鏡背的花紋凹凸處凝固收縮，會産生鑄造殘餘應力，在磨鏡過程中會發生彈性變形，使銅鏡成爲具有曲率差异的全凸鏡面，鏡面産生與鏡背花紋、銘文相應而肉眼不易覺察的曲率，從而引起透光效應，鏡背花紋、銘文透過鏡面。另外，他們又試驗，先把鑄得的銅鏡抛光到一定程度，加熱後以清水或鹽水淬火處理，薄處冷却快，厚處冷却慢。由於淬火應力的作用，鏡面上就會産生許多凹凸不平和曲率差异，使鏡面厚薄處的冷却速度不同而産生不同内應力，同樣可得到透光效應。他們用上述兩種不同方法，都已仿製出透光鏡的樣品。上海交通大學盛宗毅教授等不僅提出了西漢古鏡的透光機理，而且模擬原始工藝，成功地複製出了與古鏡媲美的透光銅鏡。總而言之，造成西漢銅鏡透光的原因主要有以下三點：銅鏡本身的造型特點；鑄造殘餘應力是銅鏡透光的基本因素；研磨是銅鏡透光的重要環節。

　　"光燈吐輝，華幔長舒。"燈具是人類掌握火以後的一項重要的發明。從粗糙的石燈到青銅燈，從陶瓷燈再到電燈，燈具的歷史變遷打上了深刻的時代烙印，同時也是社會經濟和文化的縮影。燈和燈字究竟起源於何時？在考古發掘所見或傳世品中，戰國以前都未發現名爲燈的實物。在殷商甲骨文中亦未見燈、燭之類字樣。就現有文獻考察，西周時人們日常生活中出現的"燭"應是最早的照明用具。《儀禮·燕禮》云："宵則庶子執燭於阼階上，司宮執燭於西階上，甸人執火大燭於庭，閽人爲大燭於門外。"《禮記·曲禮上》亦云："燭不見跋。"《周禮·秋官·司烜氏》云："凡邦之大事，共墳燭，庭燎。"鄭玄注："墳，火也，樹於門外曰火燭，於門内庭燎，皆聽以照衆爲明。"從上述文獻來看，西周時"燭"應是一種由易燃材料製成的火把。没有點燃的火把通稱爲"樵"，故可以抱樵：用於執持的已被點燃的火把，稱之爲"燭"；放在地上的用來點燃的成堆細草和樹枝的叫作"燎"；燎置於門外的稱"火燭"，門内的則稱"庭燎"。至於貴族家居或民間所用之"燭"是什麽樣子，至今仍不得而知。

　　中國現存最早的燈具出於戰國。屈原《楚辭·招魂》中已有"蘭膏明燭，華鐙錯些"的記録，説明當時已經出現"鐙"這個稱謂了。在周代，"鐙""登"通用，亦作"豆"。《爾雅·釋器》："木豆謂之豆，竹豆謂之籩，瓦豆稱之登。"《禮記·祭統》："夫人薦豆執校，執醴授之執鐙。"古人以"鐙"稱燈，應是字義的假藉。戰國一些銅豆形燈自名"燭豆"，這一現象進一步證明了燈是由豆演變而來的。1976年河北平山中山王墓出土了一件銀首人形銅燈，是戰國時代燈具中的杰作，其結構和裝飾技巧均十分完美，是我國古燈中的珍品之一。此燈由銅質銀首人、銅質蟠螭杆和銅質燈盤組成，以一男子作爲該燈的結構主體部分，同時也是設計創意時重要的形象塑造中心。男子立於獸紋方座正中，兩臂側平伸，青銅身軀上有銀質人頭，濃眉、短鬚、扁臉、高顴、嘴角微翹，眼睛以黑寶石鑲嵌而成，炯炯有神；身着緊衣廣袖，下裳曳地，分叉處露出雙足，服飾上以捲雲紋爲飾，并添以黑、朱二色漆，更顯其華麗非凡。人俑左手握住一螭尾，螭則橫身翹首承托一燈盤，其又被卧於底盤中的另一蟠螭翹首攫噬；銅人右手也持蟠螭，此螭口銜錯銀龍紋燈柱，柱上繞以浮雕螭龍并有一攀援之猴，呈游龍逐猴狀，柱端頂一燈盤，爲此燈的最高點。整體造型高低錯落，外輪廓形成一個規整的直角三角形，人俑控制着蟠螭將分散的三燈連貫起來，真可謂匠心獨運。三個燈盤皆爲中空槽狀環形，每盤三捻，有捻處燈盤底與側壁均向外擴出，三盤九捻，數取"九"之極限，應爲有意安排。不難想象，當三盞九捻燈點燃之後，不僅給人帶來了光明，而且當火光映照銀首人俑、栩栩如生的小猴和游動的蟠螭時也給人帶來了優美的藝術享受。此燈不僅是目前所見裝飾華麗、形式複雜的戰國燈具，也是富有開創性的人俑燈具，是將實用性與裝飾性有機結合的典範代表。此燈所塑造的男子赤膊持螭龍，當有一定的神話寓意，或是寄托了古人的一些美好願望。此外，戰國時期銅燈的代表性作品還有踞坐人銅燈、十五連枝燈等，都達到了很高的藝術水平，充滿了生活情趣。

漢代出土的青銅燈繁多奇特，達到了一個新的高峰。其中較多的是人形和動物的釭燈，其中有的栩栩如生，達到了絕妙的境界。漢代將帶烟管的燈稱爲“釭燈”，又簡稱爲“釭”。南朝齊王融《咏幔》詩：“但願置樽酒，蘭釭當夜明。”南朝梁元帝《草名》詩：“金錢買含笑，銀釭影梳頭。”對於其中的“銀釭”，後人百思不得其解。《康熙字典·金部》甚至説釭不是燈，是詩人誤用。其實釭燈是漢代人新創製的一種燈型，是科學性和藝術性高度統一的佳作，真正體現了當時人們的環保意識。釭燈是一種帶烟管的燈具，烟管有單管、雙管兩種，能將烟氣導入燈腹内，有的燈腹還貯有水，燈烟溶在水中，可使室内保持清潔。這種帶管燈具，亦被稱爲“無烟燈”。此燈在南北朝時期仍然爲人們所熟知，經常在詩文中被提到，冠以“金釭”“蘭釭”之美名。到了唐代，這類名稱仍出現在詩人的筆下，而且從文獻所記載的與釭燈相類似的“息烟燈”看，唐代可能還曾使用，或者至少還瞭解這種類型的燈。堪稱“中華第一燈”的長信宮燈，屬於單管型，1968 年出土於河北滿城漢中山靖王劉勝之妻竇綰墓。此燈通體鎏金，作宮女踞坐持燈狀，中空。由頭部、身軀、右臂、燈座、燈盤和燈罩六部分組成，各部均可拆卸。宮女着廣袖内衣和長袍，左手持燈座，右臂高舉與燈頂部相通，形成烟道。燈罩由兩片弧形板合攏而成，可活動，以調節光照度和方嚮。燈盤有一方鋬柄，内尚存朽木。座似豆形。器身共刻有銘文九處六十五字，分别記載了該燈的容量、重量及所屬者。因燈上刻有“長信”字樣，故名“長信宮燈”。據考證，此燈原爲西漢陽信侯劉揭所有。劉揭於文帝時受封，景帝時被削爵，家産連同此燈被朝廷没收，歸皇太后居所長信宮使用。後來皇太后竇氏又將此物賜予本族裔親竇綰。此燈作爲宮廷和王府的專用品、禮品，可見在當時亦很珍貴。長久以來，長信宮燈一直被認爲是我國工藝美術品中的巓峰之作和民族工藝的重要代表而廣受贊譽。這不僅在於其獨一無二、稀有珍貴，更在於它精美絕倫的製作工藝和巧妙獨特的藝術構思。其一改

錯銀銅牛燈

以往青銅器皿的神秘厚重，整個造型及裝飾風格都顯得舒展自如、輕巧華麗，是一件既實用，又美觀的燈具珍品，其消烟除塵技術處理和造型工藝的完美結合尤其令人贊嘆。1985年，山西朔縣（今山西朔州市朔城區）照什八莊出土了一件彩繪雁魚銅燈，又稱"水禽銜魚釭燈"。該釭燈取水禽銜魚的形態，工藝高超，栩栩如生。燈長 34.5 厘米，高 53 厘米，整體作鴻雁回首銜魚佇立狀，由雁首頸銜魚、雁體、燈盤和燈罩四部分分鑄組合而成。這件彩繪雁魚銅燈巧妙合理的設計也讓人折服。雁頸修長，回首銜一魚。雁體肥碩，身兩側鑄出羽翼，短尾上翹，雙足并立。掌有蹼，背部開口。接一帶柄燈盤。燈罩爲兩片弧形屏板，其上部插入魚腹的開口，下部插入盤內的直壁圈沿中。同漢代所有的釭燈一樣，該燈燈盤、燈罩可任意轉動和開合，以調節光照和擋風，魚身、頤頸和雁體中空相通，可納烟塵，保持室內清潔，各部分可拆卸清洗，堪稱功能與形式的完美統一。漢代雁魚燈，除山西朔州的這件外，另外還有兩件：一件出土於陝西神木塔村，一件出土於山西襄汾。三件雁魚燈形制極爲相似，祇是燈身構飾繁簡有所差異，顯示了當時人們對水禽銜魚這一造型的喜愛。現珍藏在南京博物院的錯銀銅牛燈，1980 年江蘇揚州邗江甘泉東漢初廣陵王劉荆墓出土，該燈通高 46.2 厘米，牛身長 36.4 厘米，由燈座、燈盞、烟管三部分組裝可成。它的三部分均可拆卸，使用和擦洗相當方便。燈座是一俯首站立、雙角上聳、四足矮而敦實、尾捲曲向上、雄渾壯碩的黃牛。牛腹中空，背負圓形燈盤，燈盤一側設置扁平把手，便於轉動燈盤，盤上飾兩片可以靈活轉動的燈罩，其中的一片刻鏤空菱形斜方格形狀，起到散熱、擋風和調光的作用。燈罩上緊扣穹頂形罩蓋，蓋頂之上均勻彎曲的烟管與牛頭頂上方凸出的短管緊密套接。當燈火點燃時，所產生的烟塵由烟管導入燈座腹腔的清水中。該燈設計精美，製作時巧用銅、銀二種不同材質的色澤，堪稱完美搭配。銅牛燈通體光滑，工藝精湛，整體紋飾運用流雲紋、三角紋、螺旋紋圖案爲地，飾以龍、鳳、虎、鹿以及各種神禽异獸等圖案，綫條流暢，飄逸瀟灑，是漢代衆多青銅燈具中實用與藝術完美結合的上乘之作。

中國人在兩千多年前設計的青銅釭燈，造型精美獨特，并具備了環保意識。這種釭燈的發明在世界燈具史上處於領先地位。15 世紀義大利科學家達·芬奇發明鐵皮導烟燈罩，與我國相比晚了一千五百年。至 18 世紀，法國人肯開和瑞士人阿干德纔改用玻璃罩代替了鐵皮燈罩。

關於"香爐"的演變，最早可以追溯到春秋戰國時代，當時已有燃炭取暖及烹煮物品的容器，稱爲“銅爐”。“香”則爲室内熏香之用，燃香之器名爲“薰爐”。當時所燃之香大多是不濃的蕙香，薰爐的材質也多爲陶製的豆形爐，所以，當時所使用的爐尚不能稱爲香爐。西漢時期，東南亞和西域等地的香料纔開始輸入中國。這些香料貴重，多爲樹脂類香料，須置於其他燃料上薰燒，因而薰爐的形制也隨之發生了變化。爐身要做得深些，以便在爐下部放置炭火。爲防止炭火太旺，爐身下部的進氣孔縮成很窄的縫隙，同時將爐蓋增高，輪廓多呈圓錐形，其上再飾以山巒等雕飾，這就成了另一種薰爐，即中國香爐的始祖——博山爐。博山在魯中，全境盡山，幾無原，自古是中國古代陶瓷、窯業的重要産地。博山爐之稱，即寓爐蓋似群山聳立。博，衆也，又正合産地之名。博山爐下有底座。有的遍體飾雲氣花紋，有的鎏金或金銀錯。當爐腹内燃燒香料時，烟氣從鏤空的山形中散出，有如仙氣繚繞，給人以置身仙境的感覺。它是西漢時期常用的薰香器具，可用來薰衣、薰被，以除臭、避穢。博山爐初爲銅質素面，後隨工藝技術的發展，外表施以鎏金，或錯金、銀。博山爐流行於漢代，後世亦曾使用并仿製。

《西京雜記》卷一記載，漢成帝時，長安的著名工匠丁緩，就曾製作了極爲精巧的九層博山爐，鏤以奇禽异獸，“窮諸靈异，皆自然運動”。河北滿城中山靖王劉勝墓出土的國寶“錯金博山爐”，爐身通體用剛柔相濟的金絲和金片錯出舒展的雲氣。爐盤上部和爐蓋鑄出高低起伏的山巒，以象徵陸地和群山。爐蓋依山勢鏤孔，山巒間有神獸出没，虎豹奔走，機靈的小猴或是蹲於山峰高處，或是騎在獸背上玩耍，獵人則在山中巡獵，自然山景秀麗生動。爐座把上透雕三條欲騰出海面的蛟龍，以龍頭擎托爐盤。在爐座把上的山海之間飾有龍紋，寓意天、地、人三界的交融，製作工藝極爲精湛。漢宣帝時的博山爐上還刻有劉向作的銘文：“嘉此正氣，嶄巖若山；上貫太華，承以銅盤；中有蘭綺，朱火青烟。”南朝齊劉繪《咏博山香爐》詩曰：“上鏤秦王子，駕鶴乘紫烟。”唐李白《楊叛兒》詩云：“博山爐中沉香火，雙烟一氣凌紫霞。”記述的都是博山爐薰香時香烟繚繞的迷人意境。“洛陽名工鑄爲金博山，千斲復萬鏤，上刻秦女携手仙。承君清夜之歡娱，列置幃裏明燭前。外發龍鱗之丹彩，内含麝芬之紫烟。如今君心一朝异，對此長嘆終百年。”這是以氣骨勁健、詞采華美見稱的南朝宋詩人鮑照的作品，題爲《擬行路難》。詩中藉博山香爐引出閨中哀怨，負心人已去，空餘香烟縹緲的博山香爐。六朝時人常藉博山香爐的香與爐來隱喻男女之間的愛情，如謠歌《楊叛兒》中有“暫出白門前，楊柳可藏烏。歡作沈水香，儂作博山爐”，可見博山香爐是當時日常的用品，人們已將科技、雕塑、詩歌融爲一體。

　　魏晋時期，王室貴胄中銅博山香爐沿用不衰。晋張敞《東宮舊事》載，太子初拜，"有銅博山香爐一枚"；太子納妃，"有銀塗博山連盤三斗香爐一"（《太平御覽》卷七〇三）。但至今在晋墓的發掘中，還没有獲得過精美的銅博山香爐，因此還難以説明是否與漢代博山香爐的形制有區别。南朝依西晋遺風，博山香爐仍然流行，因此纔産生前述的那些咏博山香爐的詩賦和謡歌。南朝時一般使用的博山香爐的真貌，也可以從有關文物資料中找到它的形象。常州南郊戚家山發現的南朝晚期畫像磚墓中，有一塊侍女畫像磚。畫面是一位雙髻少女，長裙大履，衣帶飄飛，轉體舉手，姿態生動，在她的左手上托有一件博山香爐，下有承盤，爐柄上托半球狀爐身，上有重山形蓋，山頂立一振羽翹尾的朱雀，似乎南朝的博山香爐仍然沿襲漢代的舊制。博山爐盛行於兩漢與魏晋時期。這種爐蓋高聳如山的博山爐逐漸演變成香爐的一個固定類型。後世歷代都有仿製，并各有變化，留下了各式各樣的博山爐。雖然在博山爐之前已經有了熏爐，但都不像博山爐那樣特點明確，使用廣泛，影響久遠，所以人們也常將博山爐推爲香爐的鼻祖，并常把"博山""博山爐"用作香爐的代稱。

　　被中香爐，其最早記載爲西漢初司馬相如的《美人賦》："於是寢具既設，服玩珍奇，金鉔薰香，黼帳低垂。衽襦重陳，角枕横施。"其中"金鉔薰香"之"鉔"，是指一種金銀製成的薰香小球。古代貴族婦女，主要是使用固體香料。使用的方法是將香料製成散、丸、餅、條等形狀，或讓其自然散發香味，或燃燒香料以薰除穢氣。前者一般裝入香囊，藏於身上，讓人體蘊芬芳、香氣撩人，後者則多用香爐燃於室内讓香烟繚繞、香氣氤氲。比如宋李清照《醉花陰》詞："薄霧濃雲愁永晝，瑞腦銷金獸。佳節又重陽，玉枕紗櫥，半夜凉初透。東籬把酒黄昏後，有暗香盈袖。莫道不銷魂，簾卷西風，人比黄花瘦！"其"瑞腦銷金獸"就是燃香，"有暗香盈袖"則應是佩的香囊。西漢劉歆所撰《西京雜記》卷一記載説："長安巧工丁緩者，爲常滿燈……又作卧褥香鑪，一名被中香鑪。本出房風，其法後絶，至緩始更爲之。爲機環轉運四周，而爐體常平，可置之被褥，故以爲名。"其中的"機巧"之處究竟在哪裏呢？據物理學原理，要使一個具有一定重量的物體不傾斜翻倒，最佳的方法是采用支點懸掛。銀薰球就是采用了這種方法，將香盂懸挂在兩邊各有一個軸孔的内持平環中，當内持平環呈水平位置時，香盂因自身重量，可以前後輕微晃動而不會左右傾斜翻倒。但僅用一個持平環仍無法避免香盂向軸嚮方嚮傾斜翻倒。爲解決這一疑難，必須在軸嚮再做一個較大的持平環，將懸挂香盂的内持平環懸挂在外持平環上，并使兩環的軸孔正好垂直，軸心綫的夾角爲 90 度。這樣，内持平環能避免香盂前後方嚮傾斜；外持平環則能防止香盂（包括内持平環）左右傾斜。盂心隨重心作用，始終與地面保持平行，無論薰球怎麽轉動，盂内的香料都不會洒出，可置於被中或繫於袖中。至唐代，這種香球不僅用在被褥之中，還挂在屋内帷帳上。白居易《青氈帳》詩即有描繪："鐵檠移燈背，銀囊帶火懸。深藏曉蘭焰，暗貯宿香烟。"香球上繫有一根銀鏈，應當就是這種可以作爲挂飾而"帶火懸"的銀囊。婦女坐車出游，也常在車上懸挂香球。陸游《老學庵筆記》卷一記北宋"京師承平時，宗室戚里歲時入禁中。婦女上犢車，皆用二小鬟持香球在旁，而袖中又自持兩小香球。車馳過，香烟如雲，數里不絶，塵土皆香"。此或爲成語"寶馬香車"的來源。在酒宴上，人們還以抛擲香球爲樂。白居易《醉後贈人》詩："香球趁拍回環匼，花醆抛巡取次飛。自入春來未同醉，那能夜去獨先歸。"唐朱慶餘《冥音録》亦載："每宴飲，即飛球舞盞，爲佐酒長夜之歡。"白居易的好友元稹也作有《香球》詩："順俗唯團轉，居中莫動揺。愛君心不惻，猶訝火長燒。"這是以香球喻做人的道理：外面可以隨俗，内心不能動揺；愛心常在，如火長燒。此外，如晚唐五代温庭筠《更漏子》："垂翠帷，結同心，待郎熏繡衾。"又牛嶠《菩薩蠻》："熏爐蒙翠被，繡帳鴛鴦睡。"宋范成大《卜算子·雲壓小橋深》詞："半夜清香入夢來，從此熏爐冷。"這些名句都是因被中香爐而發。由此可見，香球是唐宋（尤其是貴族婦女和文人雅士）的常用之物，甚至僧道焚香也有所用，當時的産品當不少。692 年，有人向女皇武則天獻上木製暖爐，雖然其中裝有發熱的燃料，但怎樣轉動也不會翻倒，"木火通，鐵盞盛火，輾轉不翻"（宋張鷟《朝野僉載》卷六）。至明代，香球逐漸成爲一般小富人家的日用品，其身價迅速下跌。

目前考古發現的香球僅有三枚，皆爲唐代物。1963 年在陝西西安沙坡出土的唐代銀質被中香爐，球體外徑 50 毫米，製作精細、鏤刻雅致。1987 年，在陝西扶風法門寺塔基地宮内出土了一大批唐代宮廷稀世珍品，在出土的大批金銀器中，有兩件鎏金雙蜂團花紋鏤空銀薰球，其中一件直徑 128 毫米，是國内現存最大的一枚古代銀薰球。

唐代除了繼續博山爐製作外，還出現了多足香薰、薰球，及長柄手爐，質地多爲金屬器或鎏金銀器。這些紋飾與做工極精的爐具，讓唐代的藝術風采愈顯瑰麗。漢以來金屬博山爐的流行，使各式陶瓷質地的博山爐亦悄然面世，其中還有數量可觀的唐三彩陶爐和一些無蓋之薰爐。這些薰爐主要爲民間日用品，亦作隨葬品。盛行於唐代上流社會的金屬博山爐、多足薰爐和被中香爐，實爲唐人身份與地位的象徵。但以金屬質地爲主流的唐代香爐，不同於宋代瓷質香爐，它依舊屬"香熏"範疇。唐人"待郎熏綉衾"，不同於宋人"幽室焚香"，大抵與"晋人好熏衣"同。所以但凡宋以前的爐具，臺北"故宮博物院"在其編纂的《故宮歷代香具圖録》一書中，皆以"香熏"稱之，并在彩色圖版上標示得明明白白。時至北宋，理學興起，崇尚淳樸、自然、含蓄的審美觀，讓宋人對清淡質樸的瓷器懷有無與倫比的摯愛，又憑藉民族文化底蘊賦予爐體神聖意義，迎來了香爐新紀元。許之衡在《飲流齋説瓷》中曾感慨："瓷雖小道，而與國運世變亦隱隱相關焉。香爐文化出現在宋代，是因爲宋人把'知識和真理祇在内心'的文化新理念融入了瓷器，加上儒家文化的薰染，最終讓香爐成爲一種既能修身養性又能包容人們内心世界的獨特的文化產物。"

被中香爐利用的平衡環原理，還被用在其他器物上。乾隆《杭州西湖志》提到，裝上"聯鎖軸"，其中有紙燈籠，不管在街上怎樣踢，怎樣滚動，里面的燈火也不會熄滅，因此稱爲滚燈。幾個世紀以來，各種各樣的平衡裝置名目繁多，諸如香球、球燈、銀袋、滚球和香籃等，而它們作爲日月的象徵定期用於每年舞龍隊伍中，放在翻動的巨龍之前。下節設有專文，此不贅述。

被中香爐的發明，包含着發現一種被後世所稱的平衡環結構原理。英國著名科學家羅特・胡克等人，采用了平衡環的原理，製成了萬嚮接頭，又稱萬嚮支架、常平支架。在歐洲，最先提出類似設計的是文藝復興時期的大畫家、科學家達・芬奇，比中國晚了一千多年。但遺憾的是，這項杰出的創造，在中國僅應用於製造生活用具。16 世紀以後，該原理在歐洲被廣泛深入運用，產生了巨大的作用。1908 年，德國人安休茨利用平衡環結構原理製成了第一架可以用於航行的陀螺儀，隨後德國的海軍在最早的潜水艇上和裝甲軍艇上裝上了這種儀錶。近年來陀螺儀的應用越來越廣，除了用於航海、航空、航天、潜水艇與火箭導航外，還大量用於坦克與火炮的穩定、攻擊魚雷與導彈的定嚮等方面。

魚洗，古代盥洗用具，一般爲金屬。形似現在的臉盆，因盆底裝飾有魚紋，稱"魚洗"。盆底裝飾龍紋的，稱"龍洗"。鐵魚洗在周代就已經出現，漢時已成爲一種普通用器。能噴水的洗在漢代之前尚未發現。在已發現的漢洗或周洗中，皆無"兩弦"結構，與後世發現的噴水魚洗形制差异很大。宋王黼《博古圖》卷二一就曾描述過漢代的一個雙魚洗，并對古人之所以用魚裝飾做出解釋："中飾以二魚，筆畫不繁縟而簡古，真漢物也。且魚與水相須之物，於是洗皆旌以魚，又漢之姜詩嘗有雙鯉之祥，當時頗高其行，得非用爲雅製耶？"可見，漢洗上刻飾以魚，主要是起裝飾作用，與噴水功能無關。銅質魚洗大約出現在唐代，大小像一個洗臉盆，底是扁平的，盆沿左右各有一個把柄，稱爲雙耳（後稱“兩弦”）；盆底刻有四條鯉魚，魚與魚之間刻有四條河圖抛物綫。奇妙的是用手緩慢有節奏地摩擦盆邊兩耳，盆會像受擊撞一樣振動起來，盆内水波蕩漾。摩擦得法，可噴出水柱。因兩手搓雙耳時，産生兩個振源，振波在水中傳播，互相干涉，使能量叠加起來，所以能量較大的水點會跳出水面。

在宋代文獻王明清的《揮麈前録》卷三中，出現了可能與噴水魚洗有關的記録，提到後晋石重貴向遼朝進獻過一件寶物瓷盆：“畫雙鯉存焉，水滿則跳躍如生，覆之無它矣。”宋代何薳在其《春渚紀聞》卷九引述了《虜庭雜記》，也提到了該瓷盆：“魚盆則一木素盆也，方圓二尺，中有木紋，成二魚狀，鱗鬣畢具，長五寸許。若貯水用，則雙魚隱然涌起，頃之，遂成真魚；覆水，則宛然木紋之魚也。至今句容人鑄銅爲洗，名雙魚者，用其遺製也。”引文中的木盆應爲誤記，因爲木盆很難有因震動而噴水的現象，而傳世之實物也没有發現有木質的。在浙江杭州博物館内，收藏有一個青銅噴水震盆，此即“陰陽魚洗盆”。震盆有雙耳，大小如臉盆，盆底繪有四條魚，魚與魚間刻有四條清晰的“《易經》《河圖》”抛物綫。祇要在盆内加一半水，然後用手輕摩雙耳，盆中刹那間就會波浪翻滚，洶涌澎湃，涌出四股二尺許高的噴泉，并發出好似念《易經》中震卦六爻的音響。近人徐珂收集大量清代資料，編成《清稗類鈔》一書，其中有一條名爲“李子明藏古苗王銅鍋”，原文爲：“古州城外河街，有陳順昌者，以錢二千向苗人購一銅鍋，重十餘斤，貯冷水於中，摩其兩耳，即發聲如風琴、如蘆笙、如吹牛角，其聲嘹亮，可聞里餘。鍋中冷水即起細沫如沸水，濺跳甚高。水面四圍成八角形，中心不動。傳聞爲古代苗王遺物。鍋上下大小，遍體青緑，兩耳有魚形紋。後歸李子明。”該文大概是歷史上最明確、最全面記録噴水魚洗類器物的文字。

魚洗能够噴水，其道理何在？美國、日本的物理學家曾用各種現代科學儀器反復檢測查看噴水魚洗，試圖找出導熱、傳感、推動及噴射發音的構造原理，皆不得要領。面對中國古代科技創造的這一奇迹，現代科學祇好“望盆興嘆”，把它當作不解之謎。1986年10月，美國曾仿造一個青銅噴水震盆，外形雖酷似，而功能不濟。因爲它不會噴水，發音功能也很呆板，仿造是失敗的。英國科學家李約瑟曾在其《中國古代科技史》中，對魚洗的噴水效應做過

魚　洗

較詳細的介紹。但對此做了較爲透徹剖析的當屬北京大學和上海交通大學的研究工作者，他們對噴水魚洗從力學角度進行了物理分析，使其成爲演示室中物理内涵豐富的教具。

中華民族的先民爲我們創造出大量的家居用具。諸多器物，雖然已出土，但不知其爲何物，不知有何用。如 1976 年山西陽高許家窑舊石器時代文化遺址中曾出土大小石球一千五百餘個，分爲三種形體，三種類型。其後新石器時代亦時見出土。其物爲玩具？爲武器？或爲其他？不得而知。諸如此類，因難以定論，且科研價值不甚顯著，本考不予收列。有些器物科研價值較高，已見於名著記載，或雖非名著，雖未見傳世但有確指，并非傳説中物，本考酌收一二。如“夾鏡”“報時古鏡”之類器物，堪稱千古之謎，今特載録之以見一斑，并待索解。

透光鏡

亦稱“透光鑑”。中國古代銅鏡的一種。因其能夠透光而得名。當把銅鏡的正面對準太陽或其他光源時，能把鏡背上的圖案和文字影射於牆上。歐洲和日本人稱其爲“魔鏡”。

從考古發掘和文獻著録來看，中國早在夏商就發明了青銅鏡，透光鏡約發明於西漢時期。1977 年江西萍鄉西漢墓發掘一枚，徑 7 厘米，銘文有“見日之光，天下大明”字樣。此外在河南、江蘇等地亦有發現。上海博物館藏有兩面，其中一面即爲西漢珍品。19 世紀 40 年代梁上椿所著《巖窟藏鏡》中録有四枚。其中一枚爲重圈日光昭明鏡，徑 11 厘米，四葉座，葉間置以十二連珠紋，其外一周凸輪紋，主紋區内置兩周銘文，内圈銘

漢代銘文透光鏡

文爲“見日之光，長毋相望”，外圈銘文爲“内清質以昭明，光輝象夫日月，心忽揚而願忠，然壅塞而不泄”。中國關於透光鏡的最早記載，一般認爲是在隋唐間王度的《古鏡記》中。《記》云：“隋汾陰侯生，天下奇士也，王度常以師禮事之。臨終，贈度以古鏡，曰：‘持此則百邪遠人。’度受而寶之。鏡横鏡八寸，鼻作麒麟蹲伏之象。繞鼻列四方，龜、龍、鳳、虎依方陳布。四方外又設八卦，卦外置十二辰位而具畜焉。辰畜之外，又置二十四字。……‘承日照之，則背上文畫墨盡入影内，纖毫無失。’”

中國古代的透光鏡除了日常使用之外，還有避邪長壽，吉祥安順的寓意，較早的透光鏡還帶有奴隸制時代神秘主義色彩。清代梁師正《西清古鑑》卷三九録有延年益壽鏡兩枚，背銘有“涑冶銅華清而明，以之爲鏡宜文章，延年益壽去不祥”等字樣。《金索》卷六録有唐八卦透光鏡一枚，主紋爲八卦像，外區有“透光寶鏡，僞傳鍊成，八卦陽生，欺邪主正”字樣。

金代的麻九疇曾爲透光鏡作賦，驚呼其神妙與奇特："嗚呼怪銅盗此幻，透影在避與背肖，奫開燧燧光走庭，劃如剚犀乍脱鞘……壽如金石佳且好，此銘此篆兩奇峭。"從"壽如金石"銘推測，此鏡可能是漢代物品。在《巖窟藏鏡》《銅仙傳》《藤花亭鏡譜》《金索》《雲烟過眼録》《閑居録》及《西清古鑑》等文獻中，都曾提到從西漢至明代古銅鏡的透光效果。宋代科學家沈括在《夢溪筆談·器用》云："世有透光鑑，鑑背有銘文，凡二十字。字極古，莫能讀。以鑑承日光，則背文及二十字皆透在屋壁上，了了分明。人有原其理，以謂鑄時薄處先冷，唯背文上差厚，後冷而銅縮多。文雖在背，而鑑面隱然有迹，所以於光中現。予觀之，理誠如是。"在這裏，沈括注意到了銅鏡在澆鑄後的收縮及凝固過程中，鏡體的薄處先凝固，厚處後凝固，而後凝固部位的收縮率大於鏡體相對薄的部位；較厚的紋飾雖然在鏡背，但從鏡面與紋飾相對應的部位可以隱然看到有縮凹下去的痕迹，這是沈活認爲造成銅鏡透光的原因所在。西漢透光鏡製作工藝早已失傳，其透光機理到底如何？自唐至清，甚至今天，皆有人對銅鏡透光原理進行研究。西漢透光鏡是中國古代兩千年前的獨特創造，它比日本"魔鏡"早出現一千六百年，而歐洲的學者直到一百多年前纔接觸到透光鏡。國人已破解其製作原理，但迄今不能複製，遂成現代人無法勘破的千古難題。

【透光鑑】

即透光鏡。此稱宋代已行用。見該文。

夾鏡

亦稱"響鏡"。似有夾層之鏡。以手順而撫之，當其中心處則似樂器撥弦，聲如灼龜，微

妙細遠。宋沈括曾得此鏡，遍觀詳察，了無夾層迹象，歷訪鏡工，皆罔然不解。其鏡今未見傳世，其製作原理亦難索解。宋沈括《夢溪筆談·異事》："予於譙亳得一古鏡，以手循之，當其中心則摘然如灼龜之聲。人或曰：'此夾鏡也。'然夾不可鑄，須兩重合之。此鏡甚薄，略無焊迹，恐非可合也。就使焊之，則其聲當銛塞。今扣之，其聲泠然纖遠。既因抑按而響，剛銅當破，柔銅不能如此澄瑩洞徹。歷訪鏡工，皆罔然不測。"明高濂《養生八箋·燕閑清賞箋上》："又有一鏡，以手循之，中心錚錚有聲，名曰'響鏡'。"

【響鏡】

即夾鏡。此稱明代已行用。見該文。

報時古鏡

具有報時功能之古銅鏡。此鏡之背面嵌有博戲棋子大小之十二枚圓形指示標，每至一時，指示標則自動明亮，其光柔若月色。此鏡構造原理如何，不得而知。其物爲北宋范仲淹家中所用，後失傳。明徐應秋《玉芝堂談薈》卷二六："范文正公家古鏡，背具十二時，如博棋子。每至其時，則博棋中明如月。"

長信宮燈

漢代青銅製造，外形爲人舉物狀。因器體有銘文"長信"字樣，故名。1968年河北滿城西漢中山靖王之妻竇綰墓出土。此燈通體鎏金，鑄一宮女跪坐持燈，由頭部、身軀、右臂、燈座、燈盤及燈罩六部組成，各部均可拆卸。宮女梳髻戴巾，身穿長袍，左手持燈座，右臂高舉，袖口下垂成燈罩。燈盤有短柄可轉動，盤上弧形屏板可推動開合，以調節燈光强弱及方嚮，女體中空，蠟燭燃燒時烟灰可由右臂通達

體內，以保持室內清潔。此燈之結構、形態及工藝超群絕倫，被譽爲“中華第一燈”。

水禽銜魚釭燈

亦稱“無烟燈”。漢代青銅製造，外形爲水禽銜魚狀燈具。漢代將帶烟管的燈稱爲“釭”，美稱爲“金釭”“銀釭”或“蘭釭”。如，南朝宋謝莊《宋孝武宣貴妃誄》：“庭樹驚兮中帷響，金釭暖兮玉座寒。”南朝梁元帝《草名》詩：“金錢買含笑，銀釭影梳頭。”南朝齊王融《咏幔》詩：“但願置樽酒，蘭釭當夜明。”這一美稱，直至唐宋猶有沿用。如，北宋著名詞人晏幾道《鷓鴣天》詞曰：“從別後，憶相逢，幾回魂夢與君同。今宵賸把銀釭照，猶恐相逢是夢中。”釭燈是漢代人新創的一種燈型，是科學性和藝術性高度統一的佳作，真正體現了當時人們的環保意識。烟管能將烟氣導入貯水的燈腹內，可使室內減少烟炱而保持清潔。漢代的釭燈有做成人物形或動物形的，其中有的製作得栩栩如生，達到了絕妙的境界。漢代的銅燈樣式繁多，造型獨特，構思奇巧，其工藝成就令人贊嘆。水禽銜魚燈爲其杰出代表，1985 年，山西朔縣（今山西朔州市城區）出土通高 53 厘米、長 34.5 厘米、寬 17.8 厘米。全燈整體作鴻雁回首銜魚站立狀，造型寓動於静，妙趣橫生。由雁首、魚頭、雁身、燈身、燈罩四個部分組合而成。魚腹、雁肚、雁頸內部中空，且彼此相通。銅燈的四個部分可自由拆裝，便於擦洗。在魚鱗雁翅等部位鑄有精細的紋理，并用紅、綠、藍、白等色彩繪，鮮艷奪目，光彩照人。照明時，燃料燃燒形成的烟霧，先由魚形燈罩導入雁頸造型的烟管，進入盛有水的雁腹。同時，燈罩爲兩片弧形銅擋板，可左右轉動開合，這樣即能擋風，又能調節燈光亮度及照明方嚮。這一設計避免了烟霧對室內空氣的污染，因之又稱“無烟燈”。它與河北滿城西漢中山靖王劉勝之妻竇綰墓所出著名的長信宮燈有着异

水禽魚釭燈

曲同工之妙，將實用功能、優美的造型與科學的環保原理有機地結合在一起，是漢代人的全新發明，體現了漢代人的智慧與高雅生活情趣。水禽銜魚的圖案象徵着吉祥如意，在新石器時代的彩陶、商和西周的瓦當、西漢時期的陶盆和東漢石刻畫像中皆有類似圖案。河北滿城漢墓所出土的盆上畫着一隻銜魚的丹頂鶴；河南登封啓母闕及宜賓翠屏村石棺上刻着銜魚的水禽是鶴；在山東諸城前凉臺、濟寧南張的東漢畫像石中，還有避邪銜魚與飛仙魚的場面。燈具所仿造的水禽種類還有鶴、鸛、雁、鷺、鴨等。晋《東宮舊事》中提到的“銅鴨頭”“金塗連盤鴨燈”等造型都與雁魚銅燈相似。

【無烟燈】

即水禽銜魚釭燈。係今之通稱。此稱多行於近現代。見該文。

常滿燈

古油燈名。所用油不添常滿，故名。以液體油點燈，在先秦著作中目前尚未見記載，至漢代似突發性地展現出來。《西京雜記》卷一：“長安巧工丁緩者，爲常滿燈，七龍五鳳，雜以芙蓉蓮藕之奇。”《太平御覽》卷八七〇引《羊頭山記》云：“漢有常滿燈，不添常滿，光明不

絶也。”“常滿”應是指液態燃料。今人推斷，此燈用油當源自固體油。固體油懸於燈碗之上，液體油點燃後，其熱量使固體油不斷熔化，從而不斷注入燈碗中，故燈油常滿。

博山香爐

亦稱“博山鑪”“熏鑪”。漢晉時期焚香所用的器具。常見的爲青銅器和陶瓷器。爐體呈豆形，上有蓋，蓋高而尖，鏤空，呈山形，山形重叠，其間雕有飛禽走獸，象徵傳説中的海上仙山博山而得名。博山在今山東淄博博山區境内，是我國古代陶瓷、窯業的重要産地。博山爐之名即寓爐蓋似群山之外觀，又合産地之名。博山爐下有底座，有的遍體飾雲氣花紋，有的鎏金或金銀錯。當爐腹内燃燒香料時，烟氣從鏤空的山形中散出，有如仙氣繚繞，給人以置身仙境的感覺。南朝齊劉繪《咏博山香爐》詩曰：“上鏤秦王子，駕鶴乘紫烟。”唐李白《楊叛兒》詩云“博山爐沉香火，雙烟一氣凌紫霞”，記述的則是博山爐熏香時香烟繚繞的迷人意境。南朝宋詩人鮑照《擬行路難》曰：“洛陽名工鑄爲金博山，千斫復萬鏤，上刻秦女携手仙。承君清夜之歡娱，列置幃裏明燭前。外發龍鱗之丹綵，内含麝芬之紫烟。如今君心一朝異，對此長嘆終百年。”詩中藉博山香爐引出了閨中哀怨，可證六朝時人已藉博山香爐的香與爐來隱喻男女之間的愛情。也見之於民謡。如樂府謡歌《楊叛兒》：“暫出白門前，楊柳可藏烏。歡作沈水香，儂作博山爐。”

《西京雜記》卷一記載，漢代的制爐名匠丁緩，除能製作名貴的“常滿燈”和“卧褥香爐”外，“又作九層博山香爐，鏤爲奇禽怪獸，窮諸靈異，皆自然運動”。丁緩製作的博山香爐，今

天雖已不存，但是從近年來的考古發掘中獲得的漢代青銅博山香爐，也不乏精品，它們應可與丁緩的作品相媲美。在河北滿城中山靖王劉勝和他妻子竇綰二墓中出土了兩件香爐，體高分

博山香爐

别爲 26 厘米和 32.3 厘米。劉勝墓中放置的銅香爐，没有承托的圓盤，柄下有圈足，柄部鏤雕成三條騰出波濤的龍，以頭頂托爐身。爐身上部和爐蓋合成層層上叠的山峰，雖無九層至少也有六七層，峰巒間點綴有樹木，神獸、虎豹出没其間，還有肩負弓弩追逐野猪的猪手，特别是雕出一些體態靈活的猴子，或高踞在峰頂，或騎在獸背，更使作品增加了生趣。全爐紋飾均錯金，綫條勁健流暢，有粗有細，細的近於髮絲，工藝極爲精湛。若於爐内焚香，輕烟飄出，繚繞爐體，造成山景朦朧、群獸靈動的效果。竇綰墓中放置的一件，下面帶有承盤，爐蓋也作人獸出没其間的重重山巒。山巒下有一周由龍、虎、朱雀、駱駝及草木、雲氣等組成的花紋帶。爐柄的造型最具匠心，雕出一個裸身力士，僅腰束短褲，肌肉凸張，孔武有力，他屈膝騎在仰首伏地的神獸背上，左手按獸頸，右手上托奇峰坐立的爐體，造型穩重而不呆滯，確有力舉萬鈞的氣勢。這兩件銅博山香爐，不但適於在當時席地起居時置於席邊床前，也適於列置幃帳之中。

博山香爐還有一種具有較長的爐柄，體高爲一般香爐的兩倍以上，應是在宴會等場面中

使用的。1981 年出土於陝西興平茂陵附近一號無名冢中的一件香爐，爐身是上仰的半球形，上蓋作重峰疊嶂的山形。但爐柄極長，柄下底座鏤雕

熏　爐
（宋呂大臨《考古圖》）

二龍，蟠體仰頭張口，爐柄即自龍口中上伸，作五節的竹節狀，柄上端承爐身，柄上鑄出三條曲體昂首的長龍，龍頭托頂在爐身底側。龍體鎏金，爪銀色，鱗甲靈動，體態矯健。全器紋飾多鎏金銀，華美異常。爐體通高達 58 厘米，是出土同類器物中最高的實例。爐上有銘刻，知係宮內所造，原爲未央宮物，後歸陽信家，稱作“金黃塗竹節熏爐”，説明當時香爐和熏爐的名稱已通用。

上面所舉的實例，都是工藝精湛、祇有王室貴冑才能享用的奢侈品。至於一般官僚地主的用器，則形體較小，裝飾也較簡單，除了青銅鑄造的以外，也有陶製品，一般也是由承盤、爐柄、爐身和山形有孔的尖錐狀爐蓋所組成，也有的在山形蓋的頂峰飾一振羽翹尾的朱雀。但墓中隨葬的陶質博山香爐，有些屬於製工粗劣的明器。魏晉時期，王室貴冑中銅博山香爐沿用不衰。晉張敞《東宮舊事》載，太子初拜，“有銅博山香爐一枚”；太子納妃，“有銀塗博山連盤三斗香爐一”。《先秦漢魏晉南北朝詩·宋詩》卷一一：“暫出白門前，楊柳可藏烏。歡作沈水香，儂作博山爐。”又《梁詩》卷一一：“熏爐含好氣，庭樹吐華滋。”南朝的博山香爐仍然沿襲着漢代的舊制。北朝地域已不再生產。

【博山爐】

即博山香爐。此稱南北朝時期已行用。見該文。

【熏爐】

即博山香爐。此稱南北朝時期已行用。見該文。

被中香爐

亦稱“鍾”“卧褥香爐”“香球”。古代盛香料熏被褥用的球形小爐。常用於被中取暖，故名。它的球形外殼和位於中心的半球形爐體之間有兩層或三層同心圓環。爐體在徑向兩端各有短軸，支承在內環的兩個徑向孔內，能自由轉動。用同樣方式，內環支承在外環上，外環支承在球形外殼的內壁上。爐體、內環、外環和外殼內壁的支承軸綫依次互相垂直。爐體由於重力作用，不論球殼如何滾動，爐口總是保持水平狀態。被中香爐的最早記載見於西漢。《古文苑·司馬相如〈美人賦〉》：“金鍾熏香，黼帳低垂。”宋章樵注：“鍾音匣，香球，衽席間可旋轉者。”《西京雜記》卷一：“長安巧工丁緩者，爲常滿燈……又作卧褥香爐，一名被中香爐。本出房風，其法後絶，至緩始更爲之。爲機環轉動四周，而爐體常平，可置之被褥，故以爲名。”唐元稹《香球》詩：“順俗唯團轉，居中莫動搖。愛君心不惻，猶訝火長燒。”至唐代，貴族生活中已經普遍使用銀香球。唐代以

陝西西安法何家村宮
出土唐代銀香球

前的香球實物目前還沒有發現。1963年在陝西西安沙坡出土的唐代銀質被中香爐球體外徑約50毫米，製作精細，鏤刻雅緻。被中香爐不僅是一種藝術珍品，而且從結構學的觀點看，也是一項重要創造。1987年，在陝西扶風法門寺塔基地宫内出土了一大批唐代宫廷稀世珍品，中有兩件鎏金雙蜂團花紋鏤空銀薰球，其中一件直徑128毫米，是國内現存最大的一枚銀香球。被中香爐，實際上利用了平衡環結構原理，一千一百年以後，平衡環裝置傳到了歐洲。

香　球

（宋趙九成《續考古圖》）

【鉔】

即被中香爐。此稱漢代已行用。見該文。

【卧褥香爐】

即被中香爐。此稱漢代已行用。見該文。

【香球】

即被中香爐。此稱唐代已行用。見該文。

噴水魚洗

古代盥洗用具，形似現今的臉盆。盆内多刻雙魚或四魚，盆的上沿兩側有一對提耳。提耳的設置，便於提動，但它同時又有另外一個功用，即當手掌摩擦時，會發出嗡嗡響聲，就像弓弦拉動産生聲音一樣，因此人們又把它稱爲“兩弦”。當盛有水時，盆内還能噴射出水柱，在水面形成浪花，顯得十分神奇。與噴水魚洗有關的記載最早見於宋代文獻。如王明清所撰的《揮麈前録》卷三就曾提到後晋石重貴向遼朝進獻的兩件寶物，其中有瓷盆魚洗一枚：“韓似夫與先子言，頃使金國……又命取磁盆一枚示似夫，云：此亦石主所獻，中有畫雙鯉存焉，水滿則跳躍如生，覆之無它矣。二物誠絶代之珍也。盆蓋見之范蜀公記事矣。”宋代何薳在其《春渚紀聞》卷九引述《虜庭雜記》，也提到了石重貴向遼主進獻的魚盆：“魚盆則一木素盆也，方圓二尺，中有木紋，成二魚狀，鱗鬣畢具，長五寸許。若貯水用，則雙魚隱然涌起，頃之，遂成真魚；覆水，則宛然木紋之魚也。至今句容人鑄銅爲洗，名雙魚者，用其遺制也。”引文中之木盆，當爲誤記，因爲木盆很難有因震動而噴水的效果，而傳世的實物亦無木製者。這裏需要强調的是，引文中提到：“至今句容人鑄銅爲洗，名雙魚者，用其遺制也。”它明確道出了噴水銅洗的起源。何薳生活於北宋末年，那時江蘇句容一帶已有人能製造噴水的銅質魚洗，其源起正是後晋出帝的瓷魚盆。

銅製噴水魚洗在中國起源於唐宋間。它的最初稱爲盆，後來纔被叫銅洗或雙魚銅洗，再後來由刻畫雙魚發展成刻畫四條魚，這表明人們對魚洗振動的認識加深了。因爲噴水魚洗最基本的是能噴起四道水柱，四條魚配四道水柱，構思巧妙，富有藝術美形式。魚洗怎會噴水？因魚洗是個振動體，有自己的固有頻率。當雙手摩擦的頻率與其固有的頻率接近或相等時，器壁就産生共振，發聲。不過由於盆底是固定的，産生的波動衹能在器皿内部傳播，當入射波、反射波相互叠加就産生駐波。洗的周壁振動時，對洗内的水産生拍擊作用，迫使水發生相應的和諧振動。在洗的振動波腹處，水的振動也最强烈，甚至由於受到波腹的拍擊而噴起水柱，并在水面形成定嚮波浪。在洗的振動波節處，水不發生振動，浪花停止在波節綫上，水面氣泡和水珠也停在這些不振動的水面徑綫上。這樣，通過以手摩擦洗的提耳，就在洗内的水面上形成了有規則的波紋分布和水柱噴起。噴起的水柱可高達兩尺以上。

噴水魚洗，在我國少數民族也曾被發現過。近人徐珂收集大量清代資料，編成《清稗類鈔》一書，其中一條名爲"李子明藏古苗王銅鍋"，原文如下："古州城外河街，有陳順昌者，以錢二千向苗人購一銅鍋，重十餘斤。貯冷水於中，摩其兩耳，即發聲如風琴、如蘆笙、如吹牛角，其聲嘹亮，可聞里餘。鍋中冷水即起細沫如沸水，濺跳甚高。水面四圍成八角形，中心不動。傳聞爲古代苗王遺物。鍋上大下小，遍體青绿，兩耳有魚形紋。後歸李子明。"文中明確提到該銅鍋是得自於苗人。"傳聞爲古代苗王遺物"，表明苗族同胞對該器的珍重；"遍體青绿"，説明其傳世時間之久。今魚洗噴水的奧秘已經基本揭開，其複製品時有所見。

第二節　休閑用具發明考

中國的科學技術自商周、兩漢，直至明代中葉，一直處於世界領先地位。其間，前賢甚重天文、曆術、演算法、醫學之研究，近世則竭力張揚"四大發明"，旨在振奮民族精神，而關於國人數千載休閑生活中的科學技術，古今學者却少有關注。本考僅就早見古籍記載、今已失傳，或雖有傳世而國人熟視無睹之休閑發明，略予考論，權作探路之石。

兩漢是華夏步入大一統之後的第一個穩定興盛期，民族想象力、創造力得以充分的展現，爲後世留下大片版圖及有形與無形的文化遺産，同時也留下諸多千古之謎。淮南王劉安及其門客著有人類史中的第一部天地人百科元典《淮南子》，其中之《泰族訓》曰："人欲知高下而不能，教之用管準則説；欲知輕重而無以，予之權衡則喜；欲知遠近而不能，教之以金目則快射。"此文分別論及三種器具，一曰測高下之器具，二曰量輕重的器具，三曰可望遠的器具。前二者顯而易見，後者則頗難解。何謂"金目"？東漢高誘爲之作注曰："金目，深目，所以望遠近射準也。"高注"快射"謂"所以望遠近射準也"，甚是。"快"有舒適便捷意，"射"有謀求探尋意。金目其物既有舒適便捷地謀求探尋遠近之功能，無疑當是望遠鏡、老花鏡之類器具。20 世紀 80 年代，江蘇揚州邗江甘泉山東漢廣陵王劉荆墓中出土了一枚可矯正遠視或老花眼的凸透鏡。鏡片鑲嵌在用黄金精製而成的小巧圓環内。既可製成凸透鏡，可證漢代製作望遠鏡之先決條件及原理皆已具備。何以稱"金目"？祇是因鏡片鑲入金屬圈罷了。另一解釋即以"金"爲美稱，喻其難得也。如此實用、貴重之物，何以皇宮無存、民間絶踪？浩浩古籍，數以萬計，又何以唯見《泰族》一訓？劉安及其門客的另一著述《淮南萬畢術》中曾述及漢代另一種發明"懸鏡"。此物即人類初始之潛望鏡。將銅鏡高懸，通過下方水盆之反射，外界景象則歷歷可見。這一潛望原理至爲重要，製造與操作却十分簡易。惜亦僅《萬畢術》一書記載而已，且《萬畢術》七八種版本，亦未盡載。何以如此？中國自古即"重道輕器"，西周時已有"作淫聲、異服、奇技、奇器以疑衆，殺"（《禮記·王制》）之嚴法，此風歷代沿而不改，"奇技""奇器"遂被視爲左道旁門，必欲禁絶而後快。中國古代科技身處如此"生態環境"中，步履維艱、自生自滅，或終成千古之謎，當不爲奇！前節《家居用具發明考》中所載兩宋時之"報時古鏡"與"夾鏡"，亦屬此類命運。

　　另有一些休閑發明，人們對其形狀、用途，可謂瞭如指掌，有的迄今猶在使用中，國人已習以爲常，孰知其中却是大有玄機。如《西京雜記》卷一所載漢代長安巧工丁緩"又作七輪扇，連七輪，大皆徑丈相連續，一人運之，滿堂寒顫"。華夏自古爲人口大國，君臣朝會，百姓慶典，公衆齊聚，無所不在，時見"舉袂成幕，揮汗成雨"，所用納凉者，唯紗扇、羽扇、紙扇、蒲扇，單手搖動而已，所謂掌扇之類長扇，多作皇内外儀仗，駕行時障日而已，實用功效甚微。"七輪扇"則不然，一人運轉，即可"滿堂寒顫"，惜此物正史不載，偶見於雜著或詩文中。今據南朝梁劉孝威《行幸甘泉宮歌》、宋高承《事物紀原·什物器用》，僅知南朝梁及趙宋時帝王、皇室、貴戚曾使用，直至明代，富豪人家始見擁有（見明胡應麟《與祝鳴皋文學書》）。時至清代，本當普及，却又消沉，西學東漸後，終被電風扇取代。同樣發明於漢代的渾天儀，史不絶書，歷代相傳，七輪扇何以冷落如是？究其原因大約不外乎統治者仍視七輪扇爲"奇技奇器"之屬物，而"渾天儀"則爲皇家至重而義絶對壟斷的天文學之屬。

　　時至兩宋，中國的休閑玩樂已達於鼎盛期，爲歷朝所不及。今學者稱，兩宋尤其是南渡之後，其經濟之繁榮、市場之活躍，遠勝大唐。其間天子喜倡"與民同樂"，帝王中不乏藝術才子、游戲專家，上行下效，黎民百姓，如魚得水。中國著名的游戲名品，數百年前洋人稱爲"神燈"，國人稱爲"燈中三絶"的"走馬燈""孔明燈""滾球燈"，盡皆發明於兩宋。"走馬燈"點燃後，燈屏上即出現人馬追逐、物換景移的影像；"孔明燈"點燃後，即可升騰直達天際；"滾球燈"點燃後，即可將球上下左右滾舞抛擲，而燭火始終亮而不滅。"走馬燈"爲近代燃氣渦輪機之始祖；"孔明燈"爲近代氫氣球之濫觴；"滾球燈"

則由漢代"被中香爐"演化而來，爲近代陀螺儀中萬嚮支架的先驅。而"渦輪機""氫氣球""萬嚮支架"，却盡經洋人之手製造而成，百載之後反傳中國，華夏空有千載之原始發明權。在兩宋尚有另一休閑玩具"沙戲影燈"，據宋吳自牧《夢粱錄·夜市》、明田汝成《西湖游覽志餘·偏安佚豫》諸典籍記載，其形制、用途與"走馬燈"近似，時常連稱并舉，但功效似乎更在"走馬燈"之上，有似今世之影視娛樂，且以人物故事爲題材，惜其結構詳情已失傳。值得注意的是北宋已擅用火藥，發明了諸多當世一流器具。據宋曾公亮等《武經總要前集》之《火攻》《守城》諸篇記載，宋軍已擁有"毒藥烟球""霹靂火球"等殺傷力巨大的武器裝備。今知宋紹興三十一年（1162），宋金"采石之戰"中令全國驚恐的"霹靂砲"，即早期火箭。但帝王權貴們却似視而不見，無甚興趣，偏喜觀賞娛樂之"烟火"，其時雖"宮漏既深"，必"宣放烟火"，"樂聲四起，燭影縱橫"（宋周密《武林舊事·元夕》），始肯返駕安寢。故兩宋時火藥兵器雖號稱"天下獨一"，但却悄然無聞，黯然無光，而烟火之類玩賞具却大盛於世。每逢年節，坊巷叫賣，不絕於耳。烟火升起，皇家庶民，一片雀躍，樂而忘憂。

　　兩宋之後，雖有明永樂、弘治的兩朝興盛，清康熙、雍正、乾隆三代的勵精圖治，宮廷嬉戲花樣翻新，市井文化方興未艾，但娛樂器物，終未見重要發明。康熙年間，盛行稱爲"葫蘆器"之工藝：以天然葫蘆經人工造模於外，任其自生而定型。成器之後，新奇生動，了無痕迹，大勝雕塑。不過，葫蘆器并非始於康熙，實已有兩千餘年歷史，湖南長沙楚墓中即有此物。所以越兩千載，至康熙而復起，難以索解。道光之後，其物漸少，宮中僅見鼻烟壺之類小擺設。此時民間却十分活躍，以河北爲中心形成三大家：一爲三河劉某，俗稱"三河劉"；二爲天津府，晚起而最盛。此二者以製作蟈蟈類、蛐蛐類等貯蟲籠具爲主。最著名者當屬徐水，時稱"安肅模"（因徐水在清代及清代之前稱安肅）。安肅模題材廣泛，花樣繁多，如蝴蝶、金魚、花鳥、胖娃娃等，生活氣息甚爲濃郁，造型大膽開放，但工藝雕刻已不及宮廷之精細。又越百年，至20世紀80年代，復見北京的張金通與臺灣的襲一舫二人精通此道。限於成本及市場，前者僅製作四五種而已，後者却製作達百種之多。未料，至21世紀之後又漸消亡。國外諸多園藝家發現葫蘆器甚感驚奇，稱爲"栽培魔法"，足見葫蘆器應頗具保護與開發價值。

　　清末民初，曾流行一種罰酒所用酒杯，稱爲"公道老"。杯心立一瓷塑老人，注酒其中，稍一過量，杯中之酒頓然消失，點滴不存。此杯看似神奇，實則因杯中豎立之老人足下留空，巧用浮力原理而已。這一時期，又有一小小兒童玩具，稱"竹蜻蜓"，外形似T字，橫面竹片像螺旋槳，當中有一小孔，其中插一竹棍兒，兩手搓轉，竹蜻蜓則會旋轉飛上天空。此物看似簡單，却大有奥妙。17世紀中國蘇州巧匠曾據此製作一飛行物，此物上方爲一巨大螺旋槳，下方連有一把圈椅，憑藉脚踏板之曲軸帶動螺旋槳旋轉，竟然飛離地面，雖不高不遠，但無疑是初始的直升機。據此，被譽爲"航天之父"的英國人喬治·凱利改製了竹蜻蜓，製成原始之飛機。20世紀30年代德國人根據"中國螺旋"的形狀和原理，終於發明了直升機。國人何時發明竹蜻蜓，何時傳入歐洲，迄無定説。今知1463年在法國的一幅聖母聖子像中出現了竹蜻蜓形象。17世紀隨同西方傳教士的來華，竹蜻蜓開始被陸續帶回异國他邦，并被譽爲"中國螺旋"。

金目

當爲早期的望遠鏡、老花鏡之類器物。最早記載見於兩漢文獻。《淮南子·泰族訓》："人欲知高下而不能，教之用管準則説；欲知輕重而無以，予之權衡則喜；欲知遠近而不能，教之以金目則快射。"高誘注："金目，深目，所以望遠近射準也。"按，高誘注"快射"謂"所以望遠近射準也"，甚是。"快"有舒適便捷意，"射"有謀求探尋意，正合望遠鏡、老花鏡之類器物用。20世紀80年代，江蘇揚州邗江甘泉山東漢廣陵王劉荆墓中出土了一枚可矯正遠視或老花眼的凸透鏡。此鏡直徑2厘米，鏡心厚0.5厘米，鏡片鑲嵌在用黄金精製而成的圓環内。今按，"金目"若確指爲望遠鏡，尚未見實物佐證，但視爲世界最早的可用於望遠之物，當無异議。因中國自上古始，即有忌"奇技奇器"之流弊，故"金目"已湮没於歷史之長河中。

潛望鏡

古無正名。當爲人類初始之潛望鏡。西漢時已見行用，距今已有兩千餘年歷史。其法取大鏡高懸於上方，置水盆於鏡下，鏡面對準水面及需潛望之物，通過光之折射，潛望之物則反映於水面。於是，越過阻隔之屏障，可以望見所需之形象。葉德輝輯《淮南萬畢術》卷上："高懸大鏡，坐見四鄰（原注：《北堂書鈔》百三十六引文作《淮南子》，即此文）——取大鏡高懸，置水盆於其下，則見四鄰矣。（原注：

古代潛望鏡

宋本《意林》六,《太平御覽》七百十七引作《淮南子》注云:'取大鏡高懸,盆中水晃見四鄰。'即此文)"

七輪扇

亦稱"風輪""風車"。人力風扇。當爲皇家貴族專享之納凉器具。未有電風扇之前,人們取凉解熱一般是用手摇動某些輕薄之物,使之産生微風,扇子由此發明。古人製造扇子,或用羽毛,或用布絹,或用紙張,無論何種材質製作的扇子,來回摇動得到的微風祇在一兩人之間,扇凉效果有限。《西京雜記》卷一記載,漢朝時"長安巧匠丁緩……作七輪扇,連七輪,大皆徑丈,相連續,一人運之,滿堂寒顫"。由此可知,旋轉風扇的發明者是漢朝的長安巧匠丁緩。以輪葉撥風的大型扇凉器具,其取凉效果非同尋常,已可多人共用。惜文獻記載描述甚簡,今已無法確知這種古代大型風扇的全部構造、形狀。其撥風方式應該是輪形旋轉撥風,即在巨輪上安裝葉片,七輪連於軸,軸的一頭設有摇動手柄,摇動手柄,七巨輪作快速旋轉,空氣驟然被攪動起來,一室頓時凉快愜意。其後皇室、貴戚或富豪人家間或使用。如南朝梁劉孝威《行幸甘泉宮歌》:"輦迴百子閣,扇動七輪風。"宋高承《事物紀原·什物器用》:"今禁中泊宗室貴室亦多爲此物者,蓋起自漢丁緩云。"由上例可證,七輪扇多用於帝王或宗室貴室,下例則爲用於富豪人家。明胡應麟《與祝鳴皋文學書》:"平頭奴運七輪扇,凉颸滿庭,令人心骨俱冽。酒酣興發,龍陽君振袂起歌高氏《小梁州》詞。"約自南宋始,七輪扇亦稱"風輪""風車"。其形制已漸多樣,或七輪,或一輪,或改爲風箱式。參見本書《日用卷》附

錄"中國扇制、扇文化與'桃花扇'之争"。

【風輪】

即七輪扇。此稱明代已行用。見該文。

【風車】

即七輪扇。此稱明代已行用。見該文。

走馬燈

省稱"走馬"。亦稱"馬騎鐙""馬騎人物"。元宵節或夜市所挂花燈的一種。此燈是在一個或方或圓的紙燈籠中,插一鐵絲作立軸,軸上方裝一葉輪,其軸中央裝兩根交叉細鐵絲,在鐵絲每一端粘上人、馬之類的剪紙。當燈籠内燈燭點燃後,熱氣上升,形成氣流,從而推動葉輪旋轉,於是剪紙隨輪軸轉動,它們的影子投射到燈籠紙罩上,燈屏上即出現人馬追逐、物换景移的影像。可見,加熱空氣,造成氣流,并以氣流推動輪軸旋轉,按此原理製造的玩具即古代的走馬燈。至遲在北宋走馬燈已發明。宋金盈之《醉翁談録·京城風俗記·正月》記載北宋京都汴梁風物繁華之盛况曰:"上元,自月初開來華門爲鐙字……又有鐙球、鐙槊、絹鐙籠、日月鐙、詩牌絹鐙、鏡鐙、字鐙、馬騎鐙。"宋代吴自牧在其著《夢粱録·夜市》中記述了南宋京城臨安夜市中有買賣走馬燈者,其"春冬撲賣玉柵小球燈、奇巧玉珊屏風……走馬燈"。同代周密《武林舊事·燈品》在記述臨安燈品時曰:"燈品至多,蘇福爲冠,新安晚出,

古代走馬燈

精妙絶倫……若沙戲影燈、馬騎人物、旋轉如飛。”元代謝宗可《走馬燈》詩亦曰：“颷輪擁騎駕炎精，飛遶人間不夜城。風鬣追星行有影，霜蹄逐電去無聲。秦軍夜潰咸陽火，吳炬霄馳赤壁兵。更憶雕鞍年少夢，章臺踏碎月華明。”清富察敦崇《燕京歲時記・走騎燈》寫道：“走馬燈者，剪紙爲輪，以燭噓之，則車馳馬驟，團團不休。燭滅則頓止矣。其物雖微，頗能具成敗興衰之理。上下千古、二十四史中，無非一走馬燈也。”民國柴萼《梵天廬叢録・長安踏燈詞》：“長安之夕，燈火樓臺，萬家烟景，魚龍走馬，以及鰲山牌對，百戲具陳。”走馬燈雖爲玩具，但其與近代燃氣輪機的原理如出一轍，科技史家視其爲現代燃氣渦輪機的始祖。

【馬騎鐙】

　　即走馬燈。此稱宋代已行用。見該文。

【馬騎人物】

　　即走馬燈。此稱宋代已行用。見該文。

【走馬】

　　“走馬燈”之省稱。此稱多行用於近現代。見該文。

孔明燈

　　亦稱“天燈”“燈球”“鐙球”“球燈”。一種點燃後可以升上天空之燈具。相傳，當年諸葛孔明被司馬懿圍困於平陽，無法派兵出城求救。孔明算準風嚮，製成會飄浮的紙燈，繫上求救的信息而得脱險，於是後世稱這種燈爲孔明燈。另説此燈籠的外形像諸葛孔明戴的帽子，因而得名。孔明燈的原理，在漢代劉安等所著《淮南萬畢術》中已見記載：“取鷄子，去其汁，燃艾火内空卵中，疾風，因舉之飛。”意爲利用鷄蛋殼，中燃艾絨，利用熱空氣浮升的原理，蛋殼可飛上天空。據今試驗和計算，蛋殼雖很難飛起，但其原理却無疑是正確的。又傳五代時没有信號彈，福建有位稱莘七娘的女子，曾用一種松脂燈作爲戰爭的信號（按，清乾隆《福建通志》卷六七載莘七娘其事中無發明信號彈之説）。孔明燈的結構可分爲主體與支架二部分，主體大都以竹篾編成，次用棉紙糊成燈罩，開口向下；底部的支架則以竹削成，用以固定蠟燭。孔明燈可大可小，可圓可方。點燃後，燈内充滿熱空氣，即可冉冉升空。宋葉紹翁《四朝聞見録》卷一：“東坡宿齋扉，夜有叩門者，云放天燈人歸。”宋陸游《入蜀記》卷二：“夜有大燈球數百，自溢浦蔽江而下，至江面廣處分散漸遠，赫然如繁星麗天。土人云此乃一家放五百碗，以禳災祈福。”宋金盈之《醉翁談録・京城風俗記・正月》“燈球”作“鐙球”。宋范成天在《上元紀吴中節物排諧體三十二韻》：“擲燭騰空穩，推球衮地輕。”自注：“小球燈時擲空中，大衮燈。”此燈又可以繩拴飛，如放風箏，極高遠。如，元薩都剌《天燈》詩：“高挂長繩百尺餘，直飛紅焰上天衢……綵鳳抱成吞日卵，赤龍銜出照天珠。高高不受飛蛾撲，長使凡人仰面吁。”現代放此燈多作祈福之用，男女老少及戀人們親手寫下心願，隨燈一起放飛。

【天燈】

　　即孔明燈。此稱宋代已行用。見該文。

【燈球】

　　即孔明燈。此稱宋代已行用。見該文。

【鐙球】

　　即孔明燈。此稱宋代已行用。見該文。

【球燈】

　　即孔明燈。此稱宋代已行用。見該文。

滾球燈

亦稱"滾燈"。民間表演用燈具。此燈古老而神奇。有多種規格，用竹條編成。主要特點是內外兩層結構，裏面點有燭火，無論表演者怎樣將燈滾舞拋擲，其中燭火始終不滅。首見於宋代，原爲元宵節或夜市休閑玩耍器具之一。宋范成大《上元紀吳中節物排諧體三十二韻》："擲燭騰空穩，推球衮地輕。"自注："小球燈時拋空中，大衮（滾）球燈。"明田汝成《西湖游覽志餘·偏安佚豫》："以紙燈內置關捩，放地下，以足沿街蹴轉之。"至明代猶見用於皇宮之中。明呂毖《明宮史》卷四："滾燈則御用監燈作所備也。"今世表演所用并非傳統的滾燈，其內部是電子彩燈裝置。近年古代滾燈表演再度被重視，浙江"餘姚滾燈"已經成爲第一批國家級非物質文化遺產代表作項目之一。滾燈內部結構主要來自漢代"被中香爐"原理，是裝有兩個同心圓機環，機環內有軸，托着環內盛香料的小碗，小碗可始終保持向上的位置，使其相對穩定，保證了滾燈在滾動時燈火保持穩定向上的位置。類似裝置在歐洲到公元1500年纔由達·芬奇設計出來。此即近代陀螺儀中的萬嚮支架原理。

【滾燈】

即滾球燈。此稱明代已行用。見該文。

沙戲影燈

省稱"沙戲"。亦稱"沙戲人物"。元宵節或夜市所挂花燈的一種。始於宋代。形狀結構原理頗似走馬燈。據考，主要區別在於故事情節更具體、更生動，并非漫畫或寫意形式。宋周密《武林舊事·燈品》："燈品至多，蘇福爲冠，新安晚出，精妙絕倫……若沙戲影燈，馬騎人物，旋轉如飛。"宋吳自牧《夢粱錄·夜市》："春冬撲賣玉珊小球燈，奇巧玉珊屏風，捧球燈、快行胡女兒，沙戲，走馬燈。"明田汝成《西湖游覽志餘·偏安佚豫》："如影戲之法，羅帛燈尤多……若沙戲人物，旋轉如飛。"

【沙戲】

"沙戲影燈"之省稱。此稱宋代已行用。見該文。

【沙戲人物】

即沙戲影燈。此稱明代已行用。見該文。

烟火

亦稱"烟花""焰火"。特指節日騰空燃起的火花。初用柴草添加速燃化學物質。南朝梁宗懍《荊楚歲時記》："又魏時人問議郎董勛云：今正臘旦，門前作煙火，桃神、絞索、松柏，殺雞著門户，逐疫禮歟？"此處之烟火當指柴草之類。至隋唐時國人發明了初始的黑色火藥，將其最早用於休閑娛樂當始於宋。宋耐得翁《都城紀勝·瓦舍衆伎》："雜手藝，皆有巧名……燒煙火，放爆仗，火戲兒，水戲兒。"宋周密《武林舊事·元夕》："宮漏既深，始宣放煙火百餘架，於是樂聲四起，燭影縱橫，而駕始還矣。"宋吳自牧《夢粱錄·十二月》："其各坊巷叫賣蒼术、小棗不絕。又有市爆仗、成架煙火之類。"按，以上三例中，首例稱"燒煙火"，而非"放"烟花，後二例之一稱"放煙火"，計量單位皆稱"架"，另一例稱"成架煙火"。"放"，爲點燃，且知放烟花時需要設置固定支架，爲烟花升空時之後作力預留空間，并確保施放者之安全。可證至遲宋代已擅於利用火藥之反衝力，稍後據此原理製成初始之古代火箭。明謝肇淛《滇略·俗略》："至於花爆、煙火之屬，皆遠不逮他處。”明何景明《火梁行》：“高樓歌舞三千户，夾道煙花十二衢。”越數百載，烟火傳入日本，又越數百載，輾轉傳入西歐。其後日本的現代烟火、西歐的現代火箭陸續問世。《老殘游記》第二回：“這一出之後，忽又揚起，像放那東洋煙火，一個彈子上天，隨化作千百道五色火光，縱橫散亂。”

【烟花】

即烟火。此稱明代已行用。見該文。

【焰火】

即烟火。此稱多行用於近現代。見該文。

竹蜻蜓

亦稱“飛車”。兒童玩具。外形似T字，橫的竹片像螺旋槳，當中有一小孔，其中插一根筆直的竹棍兒。兩手搓轉竹棍，竹蜻蜓便會旋轉飛上天空，升力減弱，回落到地面。晋代葛洪所著《抱朴子·雜應》中有這樣的記述：“或用棗心木爲飛車，以牛革結環劍，以引其機。”“或存念作五蛇六龍三牛、交罡而乘之，上升四十里，名爲太清。”其中的“飛車”，學界認爲當是關於竹蜻蜓的最早記載，并認爲該玩具通過貿易傳入歐洲。1463年，在法國的一幅聖母聖子像中出現了竹蜻蜓的形象。17世紀中國蘇州巧匠徐正明，日夜思索如何巧用竹蜻蜓載人升空。經過十多年的鑽研，終於造出了一架初始的直升機。它有一個竹蜻蜓一樣的螺旋槳，駕駛座像一把圈椅，依靠脚踏板之曲軸帶動螺旋槳轉動，居然可升離地面，飛過一條小河溝而落下。竹蜻蜓在18世紀傳到歐洲，被譽爲“航天之父”的英國人喬治·凱利半生癡迷於“竹蜻蜓”飛升之道。他的第一項航空研究就是在1796年仿製和改造了“竹蜻蜓”，并

由此悟出螺旋槳的一些工作原理。他的研究推動了飛機研製的進程，并爲西方的設計師帶來了研製直升機的靈感。世界上第一架飛機的發明人——美國人萊特兄弟幼年時，其父爲他們買了竹蜻蜓，兄弟倆開始仿製不同尺寸的螺旋槳，從此一生與飛行結下不解之緣。竹蜻蜓這種簡單而神奇的玩具，曾令西方傳教士驚嘆不已，將其稱爲“中國螺旋”。20世紀30年代，德國人根據“中國螺旋”的形狀和原理，終於發明了直升機。

【飛車】

即竹蜻蜓。此稱晋代已行用。見該文。

葫蘆器

指以天然葫蘆經人工培育而成的器物。大規模培育盛於清康熙年間，其法於葫蘆生結之後，造所需器模包其外，小葫蘆隨之而長，瓶、盤、杯、碗無不具現。原器模之陰文山水、花鳥、題字盡成陽文，清朗活脱，宛如手繪、手寫，極其精巧美麗。祇是千百件中僅可成一二而已。道光期間，宮中用量日減，範製瓶、壺等大器多停，轉製鼻烟壺及小擺件而量亦不多。此時民間需求量反而增多，專業人家有河北三河劉某，爲名家之一，俗稱“三河劉”。天津雖起步較晚，而從藝者甚衆，號稱“天津模”。惜此二處僅限於範製貯蟲籠具之類，頗顯單一。唯河北徐水範圍廣泛，有蝴蝶、金魚、花鳥、胖娃娃等，時稱“安肅模”。按，安肅爲清代及清代之前的徐水舊名。20世紀80年代北京之張金通與臺灣的龔一舫皆擅長此道。由於市場與成本諸原因，前者祇範製了四五種；後者則達百餘種之多。清沈初《西清筆記》卷二：“葫蘆器，康熙間始爲之。瓶、

盤、杯、碗之屬，無所不有。陽文花鳥、山水、題字，俱極清朗，不假人力。其法於葫蘆生後，造器模包其外，漸長漸滿，遂成器形。然數千百中，僅成一二，完好者最難得。嘗見一方硯匣，工致平整，承蓋處，四面吻合。良工所製，獨邃其能。"趙汝珍《古玩指南續編》第二三章："葫蘆製器，以前頗爲時尚。其法係於葫蘆將熟之時，範模罩之。數十日之後，葫蘆之形式及花紋完全與模範相同。古玩陳列所曾有葫蘆大碗四事。據説明謂係造辦處所造者。碗均挂銀，裏底有陽文'康熙御寶'四楷書，精絶如寫，花紋亦美妙。其他各器甚多，惟保存不易。今日已不多見也。"（《古玩指南續編》，金城出版社 2010 年版，第 302 頁）

公道老

宴飲時用以罰酒的瓷杯。杯中有一直立老人，注酒適量時一切正常。稍一逾量，則杯中之酒則完全消失，點滴不存。細察瓷杯周圍及老人身體上下，并無异常之狀。啓動老人，始知其足下暗藏小孔，注酒適量，足壓孔上。老人亦爲瓷質，上輕下重，永不傾倒。注酒逾量，老人微升，酒由足下小孔中流入底層。此乃巧用浮力之作用也。其物清末民初猶常用，後漸少見。參閲趙汝珍《古玩指南續編》第二三章。

第十三章　航海航天説

第一節　航海説

海洋探索與海洋貿易考

中國號稱世界農耕文明大國，少有人注意這農耕文明大國背後的海洋文明的一面。中國除却廣袤的大地，更有漫長的海岸綫，擁有遼闊的海洋，中華民族的生息發展，難以離開水域與海洋，縱觀先民與海洋的關係史，中國實則也是海洋文化大國。

在舊石器晚期，距今三萬年前的北京周口店山頂洞人的遺址中，即發現了諸多魚骨。特別令人矚目的是另有三件穿孔海貝殼，這三件穿孔海貝，是經過細緻琢磨加工的，那當是項飾一類藝術品。若山頂洞下不是大海的話，那麼這些海貝則須山頂洞人遠走二百多公里到東海或渤海打撈纔可得。與山頂洞人同屬舊石器時代的河南許昌靈井遺址中，也發現過海洋軟體動物牡蠣殼，這裏距離大海已是千里之遥。至新石器時代，鄭州西山村仰韶文化遺址中發現了海螺，湖北洪湖烏林磯龍山文化遺址中發現了海貝，山東章丘龍山文化遺址中又發現了蚌器，等等。自夏朝晚期至西周，先民又以海貝作爲貨幣，流通了約兩千年之久。以上足證，在遠古時期先祖們已經甚重大海，已經開始探索大海，與大海結下不解之緣。

約八千年前，浙江餘姚市三七市鎮井頭山遺址出土了一枚古老的工藝航海木槳。有槳必有船，這就超越了原始的葫蘆漂浮與木筏撑渡，人們可以便捷航行了。至商周之際，又已經能够藉助風力，使用帆船，張帆遠渡，尤爲省時省力。及至漢代，又建成大型樓船，四平八穩，因而常常作爲主力戰艦。故而英國科學家李約瑟博士就曾明確指出：“中國人被稱爲不善於航海的民族，那是大錯特錯了，他們在航海技術上的發展隨處可見。”（陳養正等譯《李約瑟文集——李約瑟博士有關中國科技史的論文和講演集》（1944—1984）》，遼寧科學技術出版社，第258頁）

商周時代，由於國力的强盛，國外貿易終於萌生，至秦漢漸興，唐宋元清大盛，形成了貫通多國的貿易之路。因初始輸出商品以絲綢爲主，故德國地理學家費迪南·馮·李希霍芬命其爲“絲綢之路”。其後又以瓷器爲主，世人又稱之爲“瓷器之路”。返回商品多爲皮毛、玉石、珠寶或香料，故又稱之爲“皮毛之路”“玉石之路”“珠寶之路”及“香料之路”。絲綢之路在人類交往上具有非凡的歷史價值，成爲聯絡全世界諸多古老國家的橋梁，所到之處有波斯帝國、馬其頓帝國、羅馬帝國等，橫跨亞洲、非洲、歐洲三大洲，隨之而來的則是多國的文化交流、科學技術的相互融合。在絲綢之路中，國人得識佛教、祆教、天主教、伊斯蘭教等重大影響力的教派；國外新的穀蔬、木果品種，及數學、醫學、天文學、繪畫、雕塑、望遠鏡、照相機、留聲機等科技成果，也紛至沓來，不斷涌入。當然，我國輸出於國外者，除却絲綢、瓷器這些主要商品，農産品、農作物連同儒家文化、道教思想以及“四大發明”之類，也是憑藉絲綢之路得以遠播异國他邦的。我國的絲綢之路分爲兩種，最初是“陸上絲綢之路”，再就是“海上絲綢之路”，本章則以後者爲主。在當代，中國正在啓動與世界各國共建21世紀海上絲綢之路，數千載先民創下的海洋經濟體、海洋文化，得以繼承、發揚、壯大。在“友善、包容、互惠、共生、堅韌”的文化内涵下，必將促進我國與世界各國的和諧昌盛，其光輝的前景難以估量。

海上絲綢之路

古代中國與世界各國、地區進行經濟文化交流交往的海上通道。據考古發現，早在距今四五千年前的新石器時代，嶺南地區已開始使用原始的獨木小舟從事漁業活動，大小島嶼之間已有人際交往。約五千至三千年之前，廣東惠陽平原已形成以陶瓷為主要商品的貿易圈，并通過近百公里的東江擴展到沿海地區及海外島嶼。又通過對古陶器以銅鼓、銅鉞及古石器的分布地區的研究結果可知，早在先秦時期嶺南先民已來往於南中國海乃至南太平洋沿岸及周遭島嶼間。以上是就最古老的海上絲綢之路而言，指南海絲綢之路。另據《漢書·地理志》等古籍綜合記載，海上絲綢之路萌生於商周，繼起於春秋戰國，形成於秦漢，盛於唐宋，轉型於清，國內港口主要由廣州、泉州、寧波三個主港和其他支港組成，又因該路主要以南海為中心，以廣州為起點，故亦稱"廣州通海夷道"或"南海絲綢之路"。此後又開闢了東北部北沿海，至朝鮮、日本、東南亞諸國等多條重要航綫，稱為"東海絲綢之路"。隋唐宋元時期，隨着我國古代造船技術及航海技術的發達，海上絲綢之路進入貿易繁榮發展期。宋朝於沿海城邑設九大市舶司，廣州、泉州、寧波成為當時三大貿易港口。明成祖永樂年間，鄭和奉詔七下西洋，從東南沿海經南海繞道東南亞諸國，過馬六甲海峽，穿越印度洋，進入阿拉伯海至東非和紅海沿岸地區，促進了海上絲綢之路的進一步繁榮。明中葉至晚清，朝廷實行海禁，海上貿易遂由盛至衰。

南海絲綢之路

亦稱"廣州通海夷道""南海航綫"。以廣州、泉州為主要起點。兩漢以前，嶺南先民即以陶瓷為交易紐帶，開拓了南海沿岸直達太平洋沿岸以及周邊島嶼的貿易源地，成為當時全世界最長的遠洋航道。南海絲綢之路從中國經中南半島與南海諸國，穿越印度洋，駛入紅海，直達東非和歐洲，途經上百個國家和地區，成為中外貿易往來和文化交流重要通道，并推動了沿綫交往各國的共同繁榮發展。

【廣州通海夷道】

即南海絲綢之路。此稱唐代已行用。見該文。

【南海航綫】

即南海絲綢之路。此稱多行用於近現代。見該文。

東海絲綢之路

亦稱"東海航綫"。漢末三國之際，曹魏強盛一時，在南伐吳蜀的同時，又東嚮發展。《三國志·魏書·倭人傳》載："倭人在帶方東南大海之中，依小島為國……漢時有朝見者，今使譯所通三十國，從郡至倭，循海岸水行，歷韓國乍南乍東，到其北岸狗邪韓國七千餘里。"此當為東海航綫之始，直至南北朝，暢行不衰。此後西域遭遇連年戰爭，陸上絲綢之路受阻，因大唐之興盛，山東半島與江浙沿海的中朝日海上貿易逐漸成形，陸上絲綢之路漸停。時至南宋，偏安自保，一時間經濟活躍，寧波漸成中朝日海上貿易的主要港口。按，一說東海絲綢之路起始於春秋戰國時期，當誤。

【東海航綫】

即東海絲綢之路。此稱多行用於近現代。見該文。

古今舟船考

中國擁有一萬八千四百公里的漫長大陸海岸綫，島嶼岸綫長一萬四千四十七公里，海岸綫總長度已超三萬二千六百公里，橫跨二十二個緯度帶。若按向海洋擴展十公里與向陸地延伸十公里等深綫計算，海岸帶面積占全國總面積的 13%，擁有極爲豐富的海洋帶資源，故而偉大的中華文化不祇是著名的農耕文化，因其與大海生息相關，從而也形成了不可忽視的海洋文化。因具有得天獨厚的自然條件，使中國的造船術從上古開始就取得舉世矚目的輝煌成就，包括了各種不同用途、不同形體的船。本卷主要側重於航海用船。這些不同類型的航海用船的變化演進，較之其他領域而言，最能集中反映中國航海科技發展面貌。另，本節附錄中收録了諸多外國舟船，藉此可見中國航海之盛況；外國舟船若有所長，中國亦必得藉鑒。中國的舟船製造與運用，大致可劃分爲四大時期。

一、遠古至殷商時期。這是中國的舟船製造與運用的始發期。《物原・器原》載："伏羲始乘桴，軒轅作舟楫。"可知在原始時期桴具當是最早的水上航行工具。何謂"桴"？"桴"即筏子，是一種最原始的浮水工具。因地域不同就出現了木筏、竹筏、葫蘆筏乃至羊皮筏等。其時"桴"的製作非常簡單，將幾根樹木或幾個葫蘆捆綁在一起即成筏；羊皮筏的製作也并不複雜，祇將幾張羊皮縫合即可。舟楫的出現又將桴具推進了一大步。浙江杭州蕭山區西南約 4 公里處的跨湖橋遺址中，出土了距今約八千年的獨木舟，可認證《物原・器原》作載并非虛妄之詞。舟的製作雖稍複雜些，也祇是將大樹幹的一面削平，挖成槽而已，此時尚無附件可言。船附件之出現，當在殷商時代木板船問世之後。最初之木板船，僅於獨木舟或筏的四周加上木板以增大容量，舟筏本身則變成船之底部，這些木板即船最早、最簡單之附件。明徐應秋《玉之堂談薈・始創器物》引晉崔豹《古今注》曰："夏禹作伺風，即相竿也。""伺風"即帆船桅杆上的風標。既有風標，則必有風帆，可證夏禹爲風帆的發明者。明羅頎《物源・器原》載："夏禹作舵，加以蓬、碇、帆、檣。"這一記載尤爲明確，但仍缺少實證。據傳，殷人於三千年前曾東渡美洲，那是武王伐紂時的一次大逃亡。此説早在 1846 年英國學者梅德赫斯特在翻譯《書》時就已提出。時至 1975 年，考古界於美國加利福尼亞南海岸發現了古海船石錨，經鑒定，其石質與我國南部海岸及臺灣中東部的岩石相同；據其表層所積聚的錳礦推斷，應爲殷代末年之物。殷人既已抵達美洲，若無帆船相助，則絶無可能。另説古海船石錨乃是百多年前移居美洲的華工所爲，但百多年前的這些華工并非是自駕船而往，而是因爲西方殖民者爲開發美洲，被劫掠、欺騙或雇用而至，這些可憐的華工何須携帶這笨重的石錨？而殷人於三千年前東渡美洲，已爲當地留下諸多遺迹，如一些類似的甲骨文、八卦圖、龍的形象，以及今日的印第安人也甚尊崇的玉器，等等。但有的學者認爲這是不同民族文化的一種巧合。殷人東渡美洲的結論，尚未得到舉世公認，但至少可備一説。

二、西周至三國時期。這是中國的舟船製造與運用的第一高峰時期。因建國征戰的急需與絲綢之路的開拓，極大地促進了造船業的發展，船的品類及其附件亦日趨完善及繁雜。一船之内，有首、尾、舷、艙、甲板等部分。因諸侯争霸，已經出現了行速極快、形體高大的戰船。這一時期的舟船，不僅數量大增，而且種類繁多，時至西漢，帆船大盛，遠朝前代。這一時期又出現了形體巨大的樓船，成爲初始的戰船。晋常璩《華陽國志·蜀志》記載，先秦之時，秦國於周赧王七年（前308），在平息南方的戰争中，曾率巴蜀十萬之衆，浮江伐楚，出動可載萬斛的大船萬艘。時至漢代，樓船多達數層，高十餘丈，每層築女墻（矮墙）以禦敵矢石。同時還出現横隔艙結構，這從廣州出土的東漢陶船模及湖北荆州出土的船模上亦可確知。20世紀70年代初，廣州市内曾發現一處規模宏大的秦漢造船廠遺址。據測算，這一造船廠平行排列三個造船臺，船臺滑道長度皆在88米以上，可以連續生産，其技術水平以臻完善。秦漢在造船技術上的成就，對後世影響巨大而深遠，三國時吳越之地造船業尤爲發達，吳國的船高可達五層，容納三千之衆、戰馬八十餘匹，吳主孫權所乘之“飛雲”“蓋馬”，尤爲壯觀，如海上殿堂，《三國志·吳書》等多有記載，不再贅述。

三、唐宋時期。這是中國的舟船製造與運用的第二高峰時期。這一時期由於經濟的飛速發展與海上絲綢之路再度伸展，爲造船技術的興盛提供了强大的基礎與動力。隋煬帝秉承父業之盛世，所乘四層龍舟高四十五丈，長二十丈，上層設正、内殿和東、西朝堂，中兩層有房一百二十間，皆“飾以丹粉，裝以金碧珠翠，雕鏤奇麗”（唐杜寶《大業雜記》諸書記載）。江蘇揚州又出土唐代木船水密艙設置，乃世界上迄今所發現之最早者。唐崔融《諫税關市疏》：“天下諸津，舟航所聚，旁通巴蜀，前指閩越，其澤十藪，三江五湖，控引河洛，兼包淮海。弦舡舸巨艦，千軸萬艘，交易往來，昧旦永日。”可見隋唐航海的盛況。宋朝是中國古代史中經濟最爲活躍、最爲繁盛的時期之一，尤其是南宋定都臨安之後，造船事業發達。1974年泉州出土的宋朝海船，整個底部被封爲十三個水密隔艙，雙重底板，厚達 12 厘米，船舷板三重，厚 18 厘米，充分展示了其堅固性、適航性與安全性。同時還出現了設有水密艙壁技術，即在艙與艙之間以艙板隔開，形成一連串互不相連的封閉艙區。這一設置可以確保航行中若遭遇某一二船艙破損，其他船艙不會涌進水流，依然暢行無阻。

四、元明時期。這是中國的舟船製造與運用的第三高峰時期。當元朝興盛之際，急於稱霸世界，除却建設強大的騎兵，一度大力發展航海事業。僅在元朝初年，其水師戰艦數即多達一萬七千九百。明朝藉鑒了元朝的造船技術和經驗，造船事業進入一個前所未有的時期。在中國造船史上出現了“大船何所有？五、六、七、八、九”的諺語佳話，即五桅戰船、六桅坐船、七桅糧船、八桅馬船、九桅寶船。筆者因引此亦感興味無盡。明朝的船廠遍布全國，不衹是沿海地區，也有內陸地區，後者是爲之配套，製作零部件，也具有相當大的規模。其中江浙福建一帶尤爲發達。在明朝之前中國的航海業，始終處於世界領先地位。因航海業的高度發達，鄭和所乘沙船是寶船中的佼佼者，七次下西洋的壯舉，震驚了世界。

以上四大時期是中國舟船業前後相繼的四大里程碑，證明中國航海技術長期處於世界領先地位。直至清朝，因其夜郎自大，閉關鎖國，而踏步難進，終被西方所取代。

海船

亦作“海舡”。航海大船之總稱。其船體龐大、堅固、快速，適於風大浪高之海上航行。先秦已行用，始製於東南部沿海諸侯國，可用作戰艦。《左傳·哀公五年》載，春秋末年齊國內亂，吳將徐承曾率舟師由海道攻齊。又《國語·越語》載，越王勾踐與吳王夫差交戰，命范蠡等率師沿海溯灘，斷絕吳王由中原南返之路。後海船形制不斷改進擴大，功用益增。三國東吳時海船多達七帆，自南海乘風航行至大秦衹需一月，東吳大將衛溫曾乘海船橫渡臺灣海峽抵臺。隋煬帝曾從海路攻高麗，舟艫千里，巨艦雲飛，橫斷江海。宋代海船已用指南針領航，出使朝鮮之“神舟”，載重一萬五千噸以上。元明時，海船亦常用於糧運。鄭和乘海船（寶船）七下西洋，足迹不僅遍及南洋海島，且橫渡印度洋，抵達阿拉伯及非洲海岸，爲我國航運史上之空前壯舉。明代海船皆裝羅經盤

日本《華嚴緣起》中所繪的北宋海船
（辛元歐《圖説中外船史年表》）

以示航嚮，裝腰舵以防船身傾斜，用竹筒貯淡水以供日用，遇島嶼則汲水補充。三國吳康泰《吳時外國傳》："從加那調州乘大海船，張七帆，時風一月餘，乃入秦，大秦國也。"唐王建《送鄭權尚書南海》詩："市喧山賊破，金賤海船來。"《朱子語類·朱子三》："陳後之言：'泉州妖巫惑民！新立廟貌。海舡運土石，及遠來施財，遭風覆舟相繼而不悟。'"《永樂實録》卷二七："永樂二年，禁民下海。時福建瀕海居民，私載海舡，交通外國……"《清史稿·李廮祖傳》："時議禁海船，魚鹽米麥不能轉輸，請官爲編號，譏其出入，則商民皆便。"

【海舡】

同"海船"。此體宋代已行用。見該文。

【海舶】

即海船。此稱南北朝時期已行用。《梁書·王僧孺傳》："〔南海郡〕海舶每歲數至，外國賈人以通貨易。"唐白居易《送客春游嶺南二十韻》："牙檣迎海舶，銅鼓賽江神。"《新五代史·南漢世家第五》："〔劉〕鋹以海舶十餘，悉載珍寶、嬪御，將入海，宦官樂範竊其舟以逃歸。"《元史·高興傳》："獲海舶七千餘艘。"《明史·外國三·日本》："駐寧坡海舶至，則平其直，制馭之權在上。"《水滸後傳》第一三回："忽見一隻大海舶冲風而來，一聲響亮，把一根大桅吹折，風篷倒搶水面。"《清史稿·食貨志一》："創鐵路，改郵傳，設電局，通海舶。"

【海舟】

即海船。以福建爲上品，廣東次之，温、明船又次之。此稱唐代已行用。唐元結《閔荒》詩："意欲出明堂，便登浮海舟。"宋徐兢《宣和奉使高麗圖經》："楊應誠等以海舟發高麗，復五日至明州昌國縣。"《元史·河渠二》："萬户孫偉又言：'漕海舟疾且便。'"明宋應星《天工開物·舟車》："凡海舟，元朝與國初運米者曰遮洋淺船，次者曰鑽風船（自注：'即海鰍'）。所經道里止萬里長灘、黑水洋、沙門島等處，苦無大險……凡遮洋運船製，視漕船長一丈六尺，闊二尺五寸，器具皆同，唯舵必用鐵力木，艌灰用魚油和桐油。"《明史·兵志四》："海舟以

海　船
（清麟慶《鴻雪因緣圖記》）

金海船
（山西繁峙岩上寺壁畫）

舟山之烏漕爲首，福船耐風濤，且禦火。"《清史稿・譚廷襄傳》："大沽口外積沙，海舟不能直入，敵舟至，數以小汽船采測。"參閱宋呂頤浩《忠穆集・論舟楫之利》

【海航】

即海船。此稱唐代已行用。唐杜甫《壯游》詩："東下姑蘇臺，已具浮海航。到今又遺恨，不得窮扶桑。"趙彥材注："海航：船，大舟。"《續資治通鑑・宋紀一百三十三》："有興師十萬，駕海航二千艘，因而南面之説，遂至重煩朝廷憂顧。"明李昭祥《龍江造船志・文獻志・創制》："海航，《裴立德傳》：'太宗時爲匠，即洪州造浮海大航。'"

【海艘】

即海船。此稱元代已行用。元于欽《齊乘》卷一："成山曰神山……旁多椒島，海艘經此。失風多覆海道，極險處也。"明沈德符《野獲編・兵部・火藥》："粵中因獲通番海艘，没入其貨。"清黄本銓《梟林小史》："迨夫劉河塞，吳淞綫，迢迢申浦，商賈雲集，海艘大小以萬計。"清魏源《金山》詩："底事承平無水戰，濤聲猶懼海艘來。"

【海楫】

即海船。亦作"海檝"。檝，船槳，亦代指船，故稱。此稱宋代已行用。宋沈遼《德相惠新茶復次前韻奉謝》："南夷出重購，不憚浮海楫。"宋陳岩肖《庚溪詩話》卷下："彼蠻檣與海檝，得乘時伺至耳。"

【海檝】

同"海楫"。此體宋代已行用。見該文。

艎艉

亦稱"艎""艉"。航海大船。《廣雅・釋水》："艎艉，舟也。"《玉篇・舟部》："艎，海船也。"又："艉，船也。"唐徐堅《初學記・器物部・舟第十一》引《埤蒼》："海中大舡曰艎艉。"唐元結《説楚何荒王賦》："駭鯨之艎，飛龍之舫。"《廣韻・平唐》："艎，海中大船。"《正字通・舟部》："艉，海舟。"清毛奇齡《蠻司合》："所制艎艉或八櫓，或十櫓，不用榜人，諸蛋自操濯。"

【艎】

即艎艉。此稱南北朝時期已行用。見該文。

【艉】

即艎艉。此稱南北朝時期已行用。見該文。

輪船

省稱"輪"。亦稱"輪舶""輪舟"。以動力機械推進的船之總稱。興於西方，清代乾隆年間傳入中國。道光二十一年（1841），浙江嘉興縣丞龔振麟奉調寧波軍營監製軍械，乃按林則徐所供《車輪船圖》仿製輪船。清同治元年（1862），浙江巡撫左宗棠於杭州錢塘江畔建船廠試製。次年夏，由胡雪巖襄助，陳其元主其事，兩艘小輪試行西湖，雖"形模粗具……駛行不速"，然已開官方製造輪船之先河。《清史稿・交通志二》："自西人輪船之制興，有兵輪，有商輪。其始僅往來東西洋各國口岸而已。中國自開埠通商而後，與英吉利訂《江寧條約》，而外輪得行駛海上矣……同治十一年，直隸總督李鴻章建議設輪船招商局，論者謂妨河船生計。"《恨海》第九回："過了端午節，匆匆便附了輪船到天津。"太平天國黄畹《上逢天義劉大人稟》："英法公使巴學禮、水軍提督巴克，從輪舶前詣天京。"清鄭觀應《盛世危言・鐵路》："自河運改行海運以來，輪船往還，費省而效捷。"清馬建忠《適可齋記言·借債以開鐵道說》："津京鐵道一成，則南北往來先以輪舟，繼以輪車，士庶官商，人人稱便。"

【輪】

"輪船"之省稱。此稱清代已行用。見該文。

【輪舶】

即輪船。此稱清代已行用。見該文。

【輪舟】

即輪船。此稱清代已行用。見該文。

【火輪船】

省稱"水輪"。火者，言其燃燒燃料，以蒸汽機激水鼓輪，故名。乃與中國傳統以風力、人力作動力之"水輪船"相區別。此稱清代已行用。清郭嵩燾《倫敦致李伯相書》："火輪船創始乾隆，初未甚以爲利也。至嘉慶六年，始用以行海内。"《官場現形記》第四六回："兄弟苟其貪圖走的快，早由天津坐了火輪船到上海。"《花月痕》第五一回："由長江登火輪船，灣入粵東香山島。"清海關《通商各關華洋貿易總册》卷下載光緒二十五年："〔廣東〕本省忽興船廠七家，建造小火輪。"清袁昶《讀袁康沙歌歌以贈之》詩："南北風濤秋復春，海舶何年來火輪。"

【火輪】

"火輪船"之省稱。此稱清代已行用。見該文。

【汽船】

即輪船。亦稱"火船"。此稱清代已行用。清秋瑾《實踐女學校女子速成科略章啓事》："出幽密之閨房，乘快樂之汽船，吸自由之空氣，絡繹東渡，豫備修業。"徐珂《清稗類鈔·舟車類·汽船》："汽船，俗稱火船，一稱火輪船，以蒸氣爲原動力，用推進螺旋機，以行于水面。"又《舟車類·漢宜汽船》："漢口至宜昌，水程約華里一千五百餘里，江面較下游窄，而湍急過之，且多淺灘，航行視下游爲難，往來有汽船。"

【火船】

即汽船。此稱清代已行用。見該文。

沙船

亦稱"平底船""防沙平底""平底海船"。中國古代四大航海船型之一。據傳，秦代徐福於江蘇贛榆（一說於浙江慈溪）曾造有沙船，三國時孫權派衛温等乘沙船直達臺灣。沙船至唐代始定型，或謂始造於唐代之崇明島，清康熙《崇明縣志》："崇明縣乃唐武德間湧沙而成。"清乾隆《崇明縣志》："沙船以出崇明沙而得名，太倉、松江、通州、海門皆有。"今上海市市標上有白玉蘭、沙船、螺旋槳組成的三角圖案。鑒真東渡扶桑至奈良即乘沙船。宋代稱"防沙平底船""平底船"，元代仍稱"平底船"

沙船行駛圖
（清黃宗漢等《浙江海運漕糧全案》）

或“平底海船”，至明中葉嘉靖初始通稱爲“沙船”。元明之際應用較廣。清道光年間，海運漕糧，沙船的發展達到極盛時期。近代輪船興起後，沙船漸減。後唐同光二年（924），一沉没於今印度尼西亞爪哇島三寶壟附近之中國海外貿易船，即當時之大型沙船（束世澂《鄭和南征記》引坎派爾《印度尼西亞的過去和現在》）。其制：平頭，方艄，平底，舭部有梗水木，身長而扁，吃水淺，穩性好，阻力小，用途甚廣。利於在長江口以北黄海、渤海等有淺沙的海區航行。其因底平，遇有淺灘較少擱礙。小者雙桅，大者多至五桅。早期爲篾帆，明代已兼用布帆，清代則普遍應用布帆。明大號沙船容關斛一千五百石，長十丈，寬一丈八尺。設四桅，即除主桅、頭桅、尾桅外，頭桅前左側還有一小桅，名“頭稱”。船底以數塊厚板組成兩頭窄、中間寬之平板梭形龍骨，又稱“扁龍骨”，俗稱“中心底”。其船方頭方尾，多桅帆，置“出艄”以安裝升降舵，裝“虚艄”以操縱艄篷。附設擋水板（腰舵），以增大穩定性，且與船尾舵、風帆三者配合，便於逆水頂風時取“之”字型綫路前進，轉折迴旋，便捷迅速。《續資治通鑑長編‧宋神宗熙寧九年》：“安南宣撫司牒臣隨行餉軍，乞下湖南、廣東發平底船千隻。”《宋史‧兵志一》：“建炎初，李綱請于沿江、淮、河帥府置水兵二軍……其戰艦則有海鰍、水哨馬、雙車、得勝、十棹、大飛、旗捷、防沙平底、水飛馬之名。”《元史‧食貨志一》：“于是請于朝廷，命上海總管羅璧、朱清、張瑄等，造平底海船六十艘，運糧四萬六千餘石，從海道至京師。”清林則徐《復奏遵旨體察漕務情形通盤籌畫摺》：“如以涉險爲慮，則沙船往來關東，每歲以數千計，水綫風情皆所精熟。”參見明王圻等《三才圖會‧器用》。

【平底船】

即沙船。此稱宋代已行用。見該文。

【防沙平底】

即沙船。此稱宋代已行用。見該文。

【平底海船】

即沙船。此稱元代已行用。見該文。

福船

中國古代四大航海船型之一。多見於福建、浙江沿海一帶，以行駛於南洋和遠海著稱。底尖上闊，首尾高昂，尾封呈馬蹄形，船底圓平，行水不深，船架收斂不礙風力，即在洪濤中，可使鼓風，且兩邊竹舷可蔽矢彈，遍身板篷，不畏賊火。高大如樓，共四層，下層裝壓艙石以提高穩定性，二層住人，三層左右設木碇繫以棕纜，最上一層爲露臺，各層靠登梯上下。船體吃水約一丈一二尺深。該船型春秋戰國時期已行用，唐宋時不僅用以交通貿易，亦用以作戰。明代則爲著名戰船，爲戚繼光抗倭之主力船。鄭和七下西洋，亦用此船。宋吕頤浩《論舟輯之利》：“南方木性與水相宜，故海舟以福建爲上，廣東船次之，溫、明船又次之。”宋徐夢莘《三朝北盟會編》卷一七〇：“海舟以福建爲上。”明茅元儀《武備志‧軍資乘‧福船》：“福建船有六號，一號、二號俱名福船；三號哨船；四號冬船；五號鳥船；六號快船。”參閱《明史‧兵志四》。

廣船

亦稱“廣東船”。中國古代四大航海船型之一，始創於廣東沿海一帶，故名。形制略似福船而大，鐵栗木製，使用銅釘。鐵栗木，亦稱

廣 船

（明胡宗憲等《籌海圖編》）

"鐵力木"，爲廣東特產，"鐵力"者，質堅如鐵之謂也，以之造船，則船堅耐水，經久不壞。其船型首尖體長，下窄上寬，狀若兩翼。梁拱小，甲板脊弧不高，船體之橫嚮結構用緊密的肋骨與隔艙板構成，縱嚮强度以龍骨維持。吃水較深，利於破浪。視福船尤巨而堅，適航性能及續航能力頗强。源自春秋時期或更早，成熟於唐宋，定型於元明。清時爲南海地區所普遍采用。新會之橫江船、尖尾船，東莞之大頭船等皆屬此類。長期在對外經濟、文化交流中充當極其重要角色，清道光二十六年（1846），曾赴英訪問的"耆英號"爲其最著者。《明史·兵志四》："廣東船，鐵栗木爲之，視福船尤巨而堅。其利用者二，可發佛郎機，可擲火球。"明嘉靖二十四年（1545），戚繼光抗倭，水師有百餘艘橫江船參加平倭戰爭。故有"福船大勝小，廣船堅勝脆"之説法。1983年於廣州西漢南越王墓中出土之古越族儲物提筒，上刻海船船型紋，或即廣船之濫觴。

【廣東船】

即廣船。此稱明代已行用。見該文。

鳥船

亦稱"鳥嘴船"。中國古代四大航海船型之一。爲海上快速船。船頭小而體肥，船身長直。除設桅帆，兩舷另設櫓二，帆櫓并用，帆高櫓快，船行水上，有如飛鳥，故名。自明代起，浙、閩、粵沿海一帶的小型海船多采此船型，以求快速。明茅元儀《武備志·鳥船》："福建船有六號，一號、二號俱名福船；三號哨船；四號冬船；五號鳥船；六號快船。"明胡宗憲等《籌海圖編》卷九："又鳥嘴船十六艘，由象山從奉化西鳳登岸。"清黄宗漢《浙江海運全案》："〔鳥船〕頭小身肥，船身長直；除設桅、篷外，兩側有櫓二隻，有風揚帆，無風搖櫓，行駛靈活，而且篷長櫓快，船行水上，有如飛鳥。"按，關於鳥船另有兩説，或謂乃開浪船，屬五號福船；或謂即舟山群島之烏沙船。參閱朱惠勇《中國船文化·行業閑話》。

【鳥嘴船】

即鳥船。此稱明代已行用。見該文。

造舟

亦作"艁舟"。亦稱"浮梁""浮橋"。爲周代天子所乘之舟。以數船相并而成。《爾雅·釋水》："天子造舟，諸侯維舟，大夫方舟，士特舟，庶人乘泭。"郭璞注："造舟，比船爲橋。"造舟與"維舟""方舟"一樣，均將小船相接連貫而成，以增其載重量、穩定性及安全性，唯造舟所連之船更多，可見其等級差別，亦爲當時造船水平之反映。其時之造舟，更多地保留了"舟"的功能，常供天子巡幸游覽之用。因其不須立橋墩，利用船之浮力即可於上通行往來，頗顯便利，故後世多以之作橋，稱"浮橋"。《說文·舟部》："艁，古文造。"《方言》第九："艁舟，謂之浮梁。"郭璞注："今浮橋。"

【艁舟】

同"造舟"。此體漢代已行用。見該文。

【浮梁】

即造舟。此稱漢代已行用。見該文。

【浮橋】

即造舟。此稱晉代已行用。見該文。

維舟

周代諸侯所乘之舟。因維連四船，使不動搖，故稱。《爾雅·釋水》："天子造舟，諸侯維舟，大夫方舟，士特舟。"郭璞注："維，連四船也。"周時尚不能造大船。以乘船爲危事，爲求安全平穩，乃以硬物連貫數船，遂成"造舟""維舟""方舟"等。此法似受造筏之啟示。《說文·竹部》："筏，編木以渡也。"至於連舟之數量，因其關乎平穩安全及氣派場面，則有等級之別。其時定制天子乘造舟，郭璞注曰："比船爲橋"；諸侯乘"維舟"，郭璞注曰："維連四船"；大夫乘"方舟"，郭璞注曰："並兩船"。後隨造船技術之進步而出現真正之大船。此種連舟而成之船遂逐步消失。

方舟

亦稱"漭"。周代士大夫所乘之舟，相并兩船而成。《爾雅·釋水》："大夫方舟，士特舟，庶人乘泭。"郭璞注曰："並兩船"。《方言》第九："方舟謂之漭。"《後漢書·袁紹傳》："引兵渡河，方舟北濟。'"

【漭】

即方舟。此稱漢代已行用。見該文。

泭

亦稱"潭"。周庶人所乘之舟。將多木相連而成。《爾雅·釋水》："大夫方舟，士特舟，庶人乘泭。"郭璞注曰："併木以渡。"《方言》九："泭謂之潭。"《三國志·吳書·妃嬪傳》："蘆葦以爲泭，佐船渡軍。"

【潭】

即泭。此稱漢代已行用。見該文。

了鳥船

亦稱"鷦舼""鷦艚""須慮長""舼""艚"。《玉篇·舟部》："鷦舼，小船也。"又："艚，舟也。"《集韻·上葆》："鷦，鷦舼，船長貌。"《正字通·舟部》："船小而長者曰鷦舼。"了鳥船是四大航海船福船的雛形，其形首尾尖高似鳥，當中平闊狹長，形似水鳥，故稱。以棹划行，甚速。據考，先秦時期已見，由圓底、首部削尖的獨木舟演變而來，古越人多用之。《通雅·器物》引《越絕書》曰："越人呼船爲須慮長，即鷦舼也。"一本作"鷦艚"。漢袁康《越絕書·吳人内傳》亦有類似記載，後發展爲首尾高翹，呈圓弧形的長船。多行用於浙、閩等地，後用爲海舟之專稱。可用作戰船。如梁武帝末年，王僧辯率軍平侯景之叛，侯景水師以鷦舼千艘迎戰。《梁書·王僧辯傳》："及王師次于南州，賊師侯子鑒等師步騎萬餘人于岸上挑戰，又以鷦舼千艘載士，兩邊悉八十棹，棹手皆越人，去來趣襲，捷過風電。"宋樂史《太平寰宇記·江南東道十四·泉州》："其居止常在船上，兼結廬海畔，隨時移徙不常。厥所船頭尾尖高，當中平闊，冲波逆浪，都無畏懼，名曰了鳥船。"鷦舼，一作"鷦艚"。

【須慮長】

爲古越語對"了鳥船"早期形態之稱。此稱先秦已行用。見該文。

【鷁舡】

即了鳥船。此漢代已行用。見該文。

【鷁艒】

同"鷁舡"。此體漢代已行用。見該文。

【舡】

"鷁舡"之省稱。此稱南北朝已行用。見該文。

【艒】

同"舡"。"鷁艒"之之省稱。此體南北朝已行用。見該文。

連舫

亦稱"連舟""連艘""連航"。并數船而成的大船。因合數船爲一，故此類船較雙體船體積及載重量更大，更具穩定性及安全性。漢王粲《從軍詩》："連舫踰萬艘，帶甲千萬人。"《晋書·王濬傳》："武帝謀伐吴，詔濬修舟艦，乃作大船連舫，方百二十步，受二千餘人。以木爲城，起樓櫓，開四出門，上皆得馳馬來往。又畫鷁首怪獸于船首，以懼江神。"南朝梁庾肩吾《謝湘東賚米啓》："味重新城，香逾淥水。連舟入浦，似彥伯之南歸。"唐柳宗元《游南亭夜還叙志七十韻》："徘徊遂昏黑，遠火明連艘。"宋梅堯臣《花娘歌》："自兹稍稍有期約，五月連航并釣行。"

【連舟】

即連舫。此稱南北朝時期已行用。見該文

【連艘】

即連舫。此稱唐代已行用。見該文

【連航】

即連舫。此稱宋代已行用。見該文

銅船

爲避開潛水區域的磁石引力，而以銅代鐵製造之特殊船隻。傳爲越王所造。其後漢代馬援征交趾時，亦有建造銅船之舉。唐代已有大銅船，廣州每年有銅船赴安南（越南古稱）貿易。漢楊孚《異物志》："漲海崎頭，水淺而多磁石，橄外人乘大舶，皆以鐵錮之，至此，以磁石不得過。"漢東方朔《林邑記》："其水自〔嬴婁〕縣東至安定縣，北帶長江，江中有越王所鑄銅船，潮水退時，人有見之者。"晋劉欣期《交州記》："越人鑄銅爲船，在定安江，潮退時見。"唐劉恂《嶺表録異·海鰌魚》："每歲廣州常發銅船，過安南貿易。"《合浦縣志·金石·銅船條》："舊石康縣有銅船湖，漢馬援鑄銅船三隻，一橫于此，故名。舊有石刻，今佚。"1982年於廣東吴川縣鑒江舊芷寮港海口，發現有一沉於水中之船，長十二丈，底、面銅片包皮，方形銅釘，船面欄杆柱爲數十條圓形實心銅柱，疑似銅船，詳情待考。

油船

古代陸地已有油衣、油幄、油壁車等的製作，船之外表則以牛皮爲之，塗以桐油等，以防水、防腐，便於久存和遠行。秦漢三國時期，乃我國古代造船業發展高峰之一，船舶之造亦趨於精細，油船即其體現。《續後漢書·吴載記·朱桓》："諸葛虔、王雙等乘油船別襲荆州。"《三國志·吴書·吴主傳》"曹公攻濡須"裴松之注引《吴歷》曰："曹公出濡須，作油船，夜渡洲上。"《資治通鑑·魏文帝黄初四年》引此文，胡三省注："油船，蓋以牛皮爲之，外施油以扞水。"

神舟

宋代出國使臣乘坐之大型座船。由官方製造。其長寬高大、什物器用、人數等皆三倍於客舟。《宋史・外國三・高麗》："元豐元年，始遣安燾……造萬斛船兩鑑于明州，一曰凌波致遠安濟，次曰靈飛順濟，皆名神舟。自定海絕岸而東。既至，國人歡呼出迎。"其後，據宋徐兢《宣和奉使高麗圖經・客舟》，徐兢於宣和五年（1123）出使高麗時，又建造神舟兩艘，并由朝廷敕賜名號，分曰"鼎新利涉懷遠康濟神舟""循流安逸通濟神舟"，"若夫神舟之長寬高大，什物器用、人數，皆三倍于客舟也"。"船首兩頰柱中有車輪，上縮藤索，其大如椽，長五百尺，下垂釘石。石兩旁夾以二木鈎。船未入洋，近山抛泊則放釘著水底如維纜之屬，舟乃不行。若風濤緊急則增加游釘，其用如大釘加于小釘之兩旁。遇行則卷其輪而收之。後有正柂大小二等，隨水淺深更易。當廬之後從上插下二棹謂之三副柂，入洋則用之。又于舟腹兩旁縛大竹爲橐以拒浪。大檣高十丈，頭檣高八丈。風正則張布颿五十幅，稍偏則用利蓬。左右翼張，以便風勢。大檣之巔，更加小颿十幅，謂之野狐颿，風息時用之。然風有八面唯當頭不可行。其立竿以鳥羽候風所向，謂之五兩。"

客舟

特指宋代出國使臣隨行官員之座船。多從閩、浙沿海民間徵雇，交由明州（今浙江寧波）加以裝配，皆以全木巨枋攙叠而成，上平如衡，下側如刃，如神舟而略小。尖底，長十餘丈，闊二丈五尺，深三丈，可載二千斛粟，約一百二十噸。分四艙室，首艙設鍋竈與淡水櫃，

首桅與主桅間爲"兵甲宿棚"，其後艙"裝作四室"，後艙"高及丈餘，四壁施窗户，如房屋之制"，爲使臣及官屬住室。由六十人操駕。宋徐兢《宣和奉使高麗圖經・客舟》："每因朝廷遣使，先期委福建、兩浙監司，顧募客舟，復令明州裝飾，略如神舟，具體而微。"又："若夫神舟之長寬高大，什物器用、人數，皆三倍于客舟也。"

封舟

明清兩代朝廷使臣出使琉球時所乘之座船。體型瘦長，尖底，首尾皆有虛艄，建造考究。張五帆，受風面大，具抗沉、快速、穩定及操控性強等特點。今知，明萬曆三十三年（1605）於福建所造封舟，長十五丈，寬三點一六丈，三層，二十八艙，尾樓奉海神媽祖，以祈禱平安，甚爲典型。明陳侃《使琉球錄》卷上："〔封〕舟四纜大如缸，忽斷去。漂下港口三四十丈許，幾溺海者咫尺矣。"《清文獻通考・四夷考》："且臣國辟在海東，封舟開駕，恃西南風以行。"清徐葆光《中山傳信錄》："封舟

封舟圖
（清徐葆光《中山傳信錄》）

行海中第七日，有小黑魚點點浮水面。"《臺灣通史·王得禄傳》："嘉慶五年春三月，長庚爲福建水師提督，一意剿盗，而得禄與丘良功爲之輔。四月，護送封舟赴琉球。"

寶船

亦作"寶舡"。亦稱"大綜寶船""寶舟""下西洋舡""中國寶船"。明代鄭和下西洋時所乘之大船，因載有供貿易及饋贈之珍寶物品，故名。明代永樂、宣德年間，鄭和七下西洋，出洋共二萬七千五百五十人，其船隊由六十二艘寶船及二百多艘其他船隻組成，有長寧、清和、惠康、安濟、清遠等號及大八櫓、二八櫓等。一般之寶船長、寬各爲三十丈、十丈以上，最大者長四十四丈，寬十八丈，水密隔艙，有九檣十二帆，可容千餘人。據明羅懋登《三寶太監西洋記》，船上建有"頭門、儀門、丹墀、滴水、官廳、穿堂、後堂、庫司、側屋，另有書房，公廨之類"，皆是雕梁畫，儼然帥府一般，乃當時世界上最大之船舶。今南京下關三叉河中保村明寶船廠遺址曾出土鐵栗木巨型舵杆，長三丈三尺二寸一分，據杆上原有榫孔測算，其舵葉高度約爲一張八尺七寸五分。另有木軸，疑即"絞關木"，長六尺六寸三分，上有四孔供裝車關棒。明馬歡《瀛涯勝覽》卷首："寶舡六十三號，大者長四十四丈四尺，闊一十八丈；中者長三十七丈，闊一十五丈。"同書《蘇門答剌國并那孤兒黎代》："永樂十三年間，正使太監鄭和等統領大綜寶船到彼，發兵擒獲蘇幹剌，赴京明正其罪，所以王子悉感聖恩，常貢方物于朝廷。"又《瀛涯勝覽·舊港國》："舊港國者，即古名三佛齊國是也，番名浡林邦，屬爪哇國所轄……至永樂五年，我朝太監鄭和統領西洋大綜寶船至此。"明鞏珍《西洋番國志·自序》："宣宗章皇帝嗣登大寶，普齎天下。乃命正使太監鄭和、王景弘等兼督武臣，統率官兵數萬，乘駕寶舟百艘，前往海外，開詔宣讀，遍喻諸蕃。""其所乘之寶舟，體勢巍然，巨無與敵，蓬、帆、錨、舵非二三百人莫能舉動。趨事人眾，紛匝往來，豈暇停憩？"同書《滿剌加國》："中國下西洋舡以此爲外府，立擺栅墻垣，設四門更鼓樓。"又《西洋番國志》："名哲地者專收買寶石、珍珠、香貨，以待中國寶船及各處番舡。"明嚴從簡《殊域周咨録·拂菻》："〔永樂〕十三年，上命少監侯顯等統舟師齎詔敕賞賜國王、王妃、頭目。其王知我中國寶船到彼，遣部領齎衣服等禮人馬千數迎。"明祝允明《前聞紀》："永樂中，遣官軍下西洋者屢矣，當時使人有著《瀛涯勝覽》及《星槎勝覽》二書以記異聞矣。今得宣德中一事，漫記其概……船號：如清和、惠康、長寧、安濟、清遠之類，又有數序一二等號。船名：大八櫓、二八櫓之類。"清談遷《國榷》卷一三："〔寶船〕其大修四十四丈，博十八丈，次修三十七丈，博十五丈。"

【寶舡】

同"寶船"。此體明代已行用。見該文。

【大綜寶船】

即寶船。此稱明代已行用。見該文。

【寶舟】

即寶船。此稱明代已行用。見該文。

【下西洋舡】

即寶船。此稱明代已行用。見該文。

【中國寶船】

即寶船。此稱明代已行用。見該文。

清和

明代鄭和七下西洋之寶船船號之一種。見本考"寶船"文。

惠康

明代鄭和七下西洋之寶船船號之一種。見本考"寶船"文。

長寧

明代鄭和七下西洋之寶船船號之一種。見本考"寶船"文。

安濟

明代鄭和七下西洋之寶船船號之一種。見

本考"寶船"文。

清遠

明代鄭和七下西洋之寶船船號之一種。見本考"寶船"文。

大八櫓

明代鄭和七下西洋之寶船船名之一種。見本考"寶船"文。

二八櫓

明代鄭和七下西洋之寶船船名之一種。見本考"寶船"文。

明永樂《天妃經》卷首鄭和下西洋船隊圖樣資料

附錄：蕃舶

蕃舶

亦作"番舶"。亦稱"蕃船""番船"。舊稱海外入境的船舶，亦爲海外船舶之通稱。蕃，通"番"。唐韓愈《孔公墓志銘》："蕃舶之至泊步，有下碇之稅。"《宋史·瀛國公紀》："蒲壽庚提舉泉州舶司，擅番舶利者三十年。"又《食貨志二》："嘉定九年，三省言自來有市舶處，不許私發番船。"《宋會要輯稿·職官四四》："泉、廣各置舶司以通蕃商，比年蕃船抵岸，既有抽解，合許從便貨賣。"明宋濂《閱江樓記》："見波濤之浩蕩，風帆之下上，番舶接迹而來庭，

蠻琛聯肩而入貢。"明費信《星槎勝覽》卷二："中通過船……擄掠爲豪，遇有番船，則駕小船百隻，迎敵數日。"《廣州府志》序一："粵東瀕海岩疆，而廣郡首踞會城，大憲之所統莅，文武之所以分司，八旗駐防之所周衛，魚鹽商賈，輻輳殷闐，番舶彝船，風翔雲集，五方百藝，貨別隧分。"清屈大均《廣東新語·地語·澳門》："凡蕃船停泊，中以海澨之灣環者爲澳。澳者，舶口也。香山故有澳。名曰浪白，廣百餘里，諸蕃互市其中。"

【番舶】

同“蕃舶”。此體宋代已行用。見該文。

【番船】

即蕃舶。此稱宋代已行用。見該文。

【蕃船】

即蕃舶。此稱宋代已行用。見該文。

崑崙舶

亦稱“崑崙乘舶”。古代海舶名。或以爲《大唐西域求法高僧傳》所稱“王舶”，亦即崑崙舶，實則當指南海諸國，特別是室利佛逝國（今印尼蘇門答臘）或訶陵國（今印尼爪哇）國王所置從事海外貿易的船舶。《北齊書·魏收傳》：“遇崑崙舶至，得奇貨猠然褥表、美玉盈尺等數十件。”唐玄應等《一切經音義》卷三二：“破舶，司馬彪注《莊子》云：海中大船曰舶。《廣雅》：舶，海舟也。入水六十尺，驅使運載千餘人，除貨物。亦曰崑崙舶。運動此船，多骨論爲水匠。用椰子皮爲索連縛。葛覽糖灌塞，令水不入。不用釘鰈，恐鐵熱火生。累木枋而作之，板薄恐破。長數里，前後三節。張帆使風，亦非人力能動也。”《舊唐書·王方慶傳》：“廣州地際南海，每歲有崑崙乘舶，與以珍物中國交市。”〔日〕真人元開《唐大和上東征傳》：“江中有婆羅門、波斯、崑崙等舶，不知其數，並載香藥、珍寶，積載如山。其舶深六七丈，師子國、大石國、骨唐國、白蠻、赤蠻等往來居住，種類極多。”參閲《宋高僧傳·不空》。

【崑崙乘舶】

即崑崙舶。此稱唐代已行用。見該文。

【南海舶】

即崑崙舶。亦稱“南海蕃舶”“寶舶”。唐李肇《唐國史補》卷下：“南海舶，外國船也。每歲至安南、廣州。”唐文宗《太和八年疾愈德音》：“南海番舶本以慕化而來，固在接以仁恩，使其感悦……其嶺南、福建及揚州蕃客，宜委節度觀察使常加存問，除收舶腳進奉外，任其往來通航，自爲貿易。”唐劉禹錫《南海馬大夫遠示著述兼酬拙詩輒著微誠再有長句》：“連天浪静長鯨息，映日帆多寶舶來。”

【南海蕃舶】

即南海舶。此稱唐代已行用。見該文。

【寶舶】

即南海舶。此稱唐代已行用。見該文。

師子國船

古代特指斯里蘭卡往來中國進行貿易的航船。師子國，亦稱執師子國，今斯里蘭卡的古稱。唐李肇《唐國史補》卷下：“南海舶，外國船也。每歲至安南、廣州。師子國船最大，梯而上下，數丈，皆積寶貨。至則本道奏報，郡邑爲之喧闐。”宋王讜《唐語林·補遺》亦有相似記載。

西南夷舶

亦稱“西域舶。古代對航行於南海和印度洋的外國商船之通稱。唐代後期，此種船舶每年到中國進行貿易的達四千餘艘。《舊唐書·李勉傳》：“大曆四年，除廣州刺史，兼嶺南節度觀察使……前後西域舶泛海至者，歲才四五。勉性廉潔，舶來都不檢閲。故末年至者四千餘。”《新唐書·李勉傳》：“西南夷舶，歲至才四五，譏視奇謹，勉既廉潔，又不徵暴，明年至者，乃四千餘柂。”清魏敬中重纂《福建通志臺灣府·海防·疏議》：“康熙五十六年浙閩總督覺羅滿保疏言：淡水雞籠山爲臺灣北界，三面濱海，西南夷舶往琉球、日本者，皆望此山爲準的。"

【西域舶】

即西南夷舶。此稱唐代已行用。見該文。

波斯舶

古代特指波斯來往中國進行貿易的航船。唐代僧人義净於咸亨二年（671）赴室利佛逝（今印尼蘇門答臘）時，即乘此種船舶。時波斯雖已爲大食所滅，但其商船東來者仍多。波斯，即今伊朗，我國歷史上亦稱之爲安息，早在漢代兩國即已有友好往來，并通過絲綢之路進行經濟、文化交流。唐段成式《酉陽雜俎·廣動植一》："大理丞鄭復禮言，波斯舶上多養鴿。鴿能飛行數千里，輒放一隻至家，以爲平安信。"〔日〕真人元開《唐大和尚東征傳》："江中有婆羅門、波斯、崑崙等舶，不知其數，并載香藥、珍寶，積載如山。其舶深六七丈，師子國、大石國、骨唐國、白蠻、赤蠻等往來居住，種類極多。"又："〔海南萬安州豪族馮若芳〕每歲常劫取波斯舶二三艘，取物爲己貨，擄人爲奴婢。"

婆羅門舶

古代特指婆羅門往來中國貿易的航船。婆羅門，古印度別稱。〔日〕真人元開《唐大和尚東征傳》："江中有婆羅門、波斯、崑崙等舶，不知其數，并載香藥、珍寶，積載如山。"參閱馮承鈞《中國南洋交通史》上篇第二章。

航行器具考

本考是就我國傳統的航行器具而言，主要有以下諸方面，一曰導航器具，二曰掌航器具，三曰觀計器具，四曰推挽器具，五曰牽引器具，六曰止留器具；尚有其他器具。這些器具至關重要，爲行船、泊船的必備構件，每種屬具皆有一或多項功用，關聯緊密，缺一不可。有些器具已見於新石器時代，但各種屬具之基本齊備，當在漢代。今分就其要者分述如次。

一、導航器具。當舟船航行於茫茫大海中，難辨方嚮之時，在中國古代如同世界許多國家一樣，要求助於神靈庇佑。宋代之後，國人普遍信奉媽祖，船上設有神堂，稱爲"黄屋"。因媽祖爲神靈，并非器具，故將其列爲附錄。中國傳統的導航器具甚爲豐富，除却四大發明中的指南針，宋代又發明了航海羅盤，較司南更爲靈敏。其物是在一盤子的凹陷處灌水，盤邊標示方嚮，置磁針浮於水上即可自轉，静止時兩端分別指嚮南北，至明永樂年間鄭和下西洋時已普遍使用。另有一種不藉助水浮力放置指南磁針的航海羅盤，稱爲旱羅盤。其物於磁針中部開一小孔，下以一支軸尖端頂住小孔作支撑，使磁針平衡旋轉。據傳明代自歐洲通過日本傳入中國。類似者尚有指南魚，可作車、船上應用的指示和辨別方嚮的工具。其制或以薄鐵片製成魚形，經磁化後置水碗中；或將條形磁鐵置於木質魚腹内，使北極在魚首，南極在魚尾，再將木魚置於水碗之中。宋曾公亮等《武經總要前集》卷一五載其法甚詳，可資參閲。另有指南龜，是將條形磁鐵置於木質龜腹内，以支釘撑於木龜重心處，使其能自由旋轉。元陳元靚《事林廣記·神仙幻術》，亦可資參閲。 與羅盤、指南魚并行的還有牽星板、航海圖之類儀器。牽星板爲測量星體高度，利用三角原理計算船隻所處位置的工具，其功用如同近世的六分儀，非常科學，其物至遲明代已見。航海圖是用於航綫設計、定位導航，保證航行安全的畫圖。元代已有《海道指南圖》初稿，明永樂年間編撰《海道經》時，據元代的初稿正式繪製爲《海道指南圖》。明代爲我國航海圖測製的興盛時期，另有《山嶼島礁圖》及《海運圖》，最著者則爲明茅元儀《武備志》中之《鄭和航海圖》。此外又有"尾樓燈""舷燈"等，用以標明本舟船的所在方嚮。另有"洋更"，亦稱"水鏡""程圖""針路簿""更流簿""更路簿""水路簿"，俗稱"潮水簿"，古代水手記載航行方位、路綫和航程（更數）等之秘本。此外尚有汽笛，指輪船上從蒸氣孔中噴發出音響之發聲器，爲開行、停止及暗夜、濃霧、大雪時發聲警人之用。其構造爲一小管狀或喇叭形之物，連接氣鍋上部，以機關放蒸汽使鳴，其音頗巨。

　　二、掌航器具。初，船藉樂楫以掌航嚮，後出現"舵"。舵乃擴展槳面而成，設於船尾，便於控制航嚮，故稱"船尾舵"。出土的西漢木船模已見其形（見《湖北江陵鳳凰山西漢墓發掘報告》，載《文物》1974 年第 6 期），廣州東漢陶船模上亦有所見。古籍中"舵"字初作"舳"。《方言》第九："〔舟〕後曰舳……舳，制水也。"郭璞注："今江東呼拖曰舳。"錢繹箋疏："舟柁謂之舳，車輗謂之軸，機持經亦謂之軸，皆以節制爲義也。"或作"柁"。《釋名·釋船》："其尾曰柁。柁，拕也。在後見拕曳也。且弼正船使順流不使他戾也。"《太平御覽》卷七七一一又引作"柂"。可見"舵"在漢時尚無定字。至北南朝時，"舵"用已廣，字已定形。《玉篇·舟部》曰："舵，正船木也。"早期的舵仍殘留槳之痕迹。唐代開元年間鄭虔所繪山水畫中已見垂直軸綫之舵。宋以後出現平衡舵、開孔舵等。從天津静河元蒙口出土實物及《清明上河圖》所繪可知，當時的内河船已普遍使用平衡舵掌航。掌航器具除"舵"外，還有"梢"，形似槳、櫓而尺度較大，可置於船之首、尾，急流航道多用之。《晋書·夏統傳》："奮長梢而船直逝者三焉。"西漢長沙木船模上可見其形。

　　三、觀計器具。爲觀風與計程之用。觀風器具稱"倪"，亦稱"綄"，爲繫於船之高杆頂上，藉以觀測風嚮、風力之鳥羽。倪又通"綄"。其物重約五兩，因以代稱。漢劉安《淮南子·叙目》："若綄之候風也。"許慎注："綄，候風羽也，楚人謂之五兩。"又《齊俗訓》："辟若倪之見風也，無須臾之間定矣。"高誘注："倪，候風者也，世謂五兩。"計程器具初始之時，以水之滴漏計時，稱"更漏"。其物漢代已行用，認爲乃張衡所造。後世又發明了漏筒，即沙漏，亦稱"更漏筒"；亦指用以裝沙計算時間的筒子，如酒壺狀。中實細沙懸之，沙從筒眼滲出，復以一筒承之，上筒沙盡，下筒沙滿，更換是爲一更。每一日夜共十更，每更舟行可四十餘里。此稱至遲清代已行用。清施鴻保《閩雜記・更漏筒》："海道不可里記。行舟者以磁爲更漏，筒如酒壺狀，中實細沙懸之。沙從筒眼滲出，復以一筒承之，上筒沙盡，下筒沙滿，則上下更換，謂之一更。每一日夜，共十更每一更。該陸路四十二里有零，船行十更，可得陸路四百二十餘里也。"

四、推挽器具。可分爲人力推行具與風力推行具。人力推行具有"篙""槳"兩種。其中"篙"是出現最早之人力推行工具，與舟筏同步誕生。篙以手撐，由長竹竿或長木爲之。近代爲免篙頭損裂，常於其末端置鐵箍，或同時安裝鐵尖、鈎。篙之稱，秦以後始見文獻，又作"槀""棹"，《釋名・釋船》稱"交"。槳則以手划，出現略晚於篙，古稱"楫""檝""枻""橈""棹""櫂"等，實乃物同而名异。槳分長、短，或謂長者爲棹，短者爲楫。划槳有立、坐兩姿，"立則用長棹，坐則用短棹，水淺乃用篙"(《太平御覽》卷七六九引三國吳康泰《吳時外國傳》)。在出土實物中不乏其踪，如長沙西漢木船模上有十六支槳，皆長棹；廣州和湖北荆州西漢木船模中四木俑則各持一短槳，用坐姿。槳、篙之外又有"櫓"。櫓濫觴於槳而較槳長大，其把手、櫓板皆彎曲，入水端剖面爲弓形，另一端繫於船上，呈縱式。其操作非划而搖，故稱"搖櫓"。櫓始置舷側，後漸改置於船尾，既可推進，亦可用以調整、控制航嚮，實爲人力推行具中帶突破性之一大發明。櫓始見於何時尚無確證。《釋名・釋船》謂："在旁曰櫓。櫓，膂也，用膂力然後舟行也。"長沙西漢船模上有兩倍於槳之尾櫓；廣州西漢南越王墓亦見船尾櫓提筒紋飾。據此，推挽器具當出現於漢代。風力推行工具主要是帆。帆始出年代迄無定論，或謂甲骨文之"凡"即帆。然該"凡"字不具帆形，十三經中之"凡"字，亦無此解。先秦諸子百家著作中亦未見"帆"或其附件之記載，故難置信。戰國之銅鉞、銅鐓上曾見風帆船紋，或謂帆始於此時，當可作定論。1989年廣東珠海高欄島寶鏡灣出土之春秋戰國岩岩船圖，船之中、尾部各挂一帆，可爲明證。"帆"字之出，始見於東漢。《釋名・釋船》謂："隨風張幔曰帆。帆，汎也，使舟疾汎汎然也。"《說文》無"帆"而有"颿"。宋徐鉉注曰："舟船之颿本用此字，今別作帆。"可證東漢乃"帆"出現年代之下限。但早期之帆爲何質地，已不可考。今知漢代有布、席帆。初，帆面正對船頭，無法轉動以調整角度，祇能順風而行。東漢時則見可轉動之帆。《南州異物志》載："其四帆，不正前向，皆使斜移，相聚以取風吹。風後者激而相射，亦並得風力。若急，則隨宜增減之。斜張相取風氣，而無高危之慮，故行不避迅風激波，所以能疾。"帆之附件"桅""檣"當與帆同出。《釋名·釋船》曰："船前立柱曰桅。""桅"字不見於《説文》，初以"危"字代之，取其高聳義。桅之始多用以懸旗，戰國時期戰船形制有之。自風帆出，桅主要用於張帆。宋時，桅除懸挂主帆外，其頂又挂小帆，稱"野狐帆"。

五、牽引器具。牽引器具爲"繂"，初作"牽"，亦作"艃"。亦稱"筰""笮""紼""繂"。繂多以竹篾編織而成，力强而耐濕。多用於内陸地區，由繂夫牽行於江河岸邊。《説文·竹部》："筰，笮也。"王筠句讀："筰，竹索，西南夷尋之以渡水。"《釋名·釋船》："引舟者曰筰。作也，作起也，起舟使動行也。"另有"艃"字，《正字通·舟部》："或曰挽舟索謂之艃，本作牽，或作繂。因其爲挽舟具，故從念，從舟作艃。艃音牽，去聲。"《詩·小雅·采菽》："汛汛楊舟，紼纚維之。"毛傳："紼，繂也。"孔穎達疏："孫炎曰：'繂，大索也。'李巡曰：'繂竹爲索，所以維持舟者。'"《太平御覽》卷四六六引晋裴啓《語林》："劉道真遭亂，于河側字牽船，見一老嫗采穭，劉謂之曰：'女子何不調機利杼而采穭？'女答曰：'丈夫何不跨馬揚鞭而牽船？'"《新唐書·何易于傳》："刺史崔朴常乘春與賓屬汎舟出益昌，索民挽繂。"宋許綸《次韻德久舟行阻風》詩："昨日顛風鳥雀喧，牽夫寸步不能前。"牽，一本作"繂"。

六、止留器具。止留器具主要是"矴"，亦作"碇""椗"。分爲兩種，一種爲船上自帶而連有繩索，停船時抛入水中，以穩定船身的石塊，另一種是岸上繫船用的石墩。在浙江餘姚河姆渡遺址，有一裝於網兜内直徑一尺五寸的圓石，是我國發現最早的新石器時代晚期石碇。前文已述及發現於美國加利福尼亞南海岸發現的古海船石錨，或爲殷代末年之物。廣州東漢陶船模型的船首懸挂有兩爪木石結合碇。用爪力泊船，較單靠碇石重量泊船爲又一進步，又一發明。古代還有兩爪木頭錨，多用鐵栗木造，抓力强大，入土尤深。2005年江蘇金湖民間發現有重約一千斤，總長約二丈二尺三寸，爪長七尺五寸的巨型木錨，爲國内迄今所見最大、最完整之古木錨，其出現之確切年代未詳。金屬錨又稱"鐵錨"，省稱"貓"，因其狀似具鋭爪之貓，故稱。鐵錨出現較晚，有獨爪、兩爪及四爪者，又以四爪爲常見，因係中國所獨創，故又有"唐人錨"之稱。鐵錨至遲南北朝時已見，《玉篇》有"錨"字。五代衛賢所繪《閘口盤車圖》有四爪鐵錨,乃今所見最早之鐵錨形象。

以上所述,各種器具,其重要性及用途,清人任鶚在其所著《行舟要覽》中有極生動形象的描述;船體的其他部件及屬具,各司其用,各有其名。明李昭祥《龍江船廠志·器數》對此所載甚詳,任、李所著,皆可資參考。

導航器具

羅盤[2]

亦稱"鍼盤""針盤""羅經"。船上用以測定方嚮的儀器。由方位刻度的圓盤和中間裝置一根可以水平轉動的磁針構成,靜止時,大致指南、北方嚮。宋代海船已行用,且多爲水羅盤。明代自歐洲引入旱羅盤,至清時已普遍使用。宋吳自牧《夢粱錄·江海船艦》:"舶商之船,自入海門,便是海洋……風雨晦冥時,惟憑針盤而行,乃火長掌之,毫釐不敢差誤,蓋一舟人命所繫也。"清黃鈞宰《金壺浪墨·試行海運》:"大洋中以鍼盤定向,以更香計時。"清徐葆光《中山傳信錄》:"將臺下爲神堂,供天妃諸水神。下爲舵樓,樓前小艙布鍼盤,夥長、柁工及接封使臣主鍼者居之。"《小五義》第四二回:"此人姓彭叫彭啓,先在大海船上瞧羅盤,遇暴風刮到西洋國,去了十二年。"《臺灣府輿圖纂要·疆域》:"潮流,只分南北。舟人以羅盤按定子午橫流而渡,抵厦乾向、抵臺巽向。"清馮桂芬《致姚衡堂書》:"前宰風臺欲清丈而不得其法,近始知用羅經之法。"

【針盤】[2]

即羅盤。此稱宋代已行用。見該文。

【鍼盤】

即羅盤。此稱清代已行用。見該文。

【羅經】[2]

即羅盤。因刻有度數,故稱。此稱清代已行用。見該文。

水羅盤

亦稱"水針盤"。中國傳統的航海羅盤,配合指南針使用以測方嚮。在一盤子的凹陷處灌水,盤邊標示方嚮,置磁針浮於水上即可自轉,靜止時兩端分別指嚮南北,較司南更爲靈敏。宋代已行用,至明永樂年間鄭和下西洋時已普遍使用。明鞏珍《西洋番國志·自序》:"宣宗章皇帝嗣登大寶,普賚天下,乃命正使太監鄭和、王景弘等兼督武臣,統帥官兵數萬,乘駕寶舟百艘,前往海外,開詔頒賞,遍喻諸番……經濟大海,綿邈瀰茫,水天連接。回望迥然,絕無纖翳之隱蔽。惟觀日月升墜,以辨西東,星斗高低,度量遠近。皆斫木爲針盤,書刻干支之字,浮針于水,指向行舟。"明李豫亨《推篷寤語》:"近年吳、越、閩、廣屢遭倭變,倭船尾率用旱針盤,以辨海道。獲之仿其制,吳下人始多旱針盤。但其針用磁石煮制,氣過不靈,不著水針盤之細密也。"

【水針盤】[2]

即水羅盤。此稱明代已行用。見該文。

旱羅盤

亦稱"旱針盤"。一種不藉助水浮力放置指南磁針的航海羅盤。於磁針中部開一小孔，下面以一支軸（軸針）尖端頂住小孔作支撑，使

旱羅經盤圖
（清徐光葆《中山傳信録》）

磁針平衡旋轉。據傳自歐洲通過日本傳入中國。明李豫亨《推篷寤語》："近年吳、越、閩、廣屢遭倭變，倭船尾率用旱針盤，以辨海道。獲之仿其制，吳下人始多旱針盤。但其針用磁石煮制，氣過不靈，不著水針盤之細密也。"此類羅盤於清康熙五十八年（1719）又臻於完善，徐葆光出使琉球時首次使用，并於其《中山傳信録》中繪有圖樣。清道光年間後，中國海船逐漸以旱羅盤取代水羅盤。1985 年 5 月，江西臨川莫源李村出土南宋慶元四年（1198）朱濟南墓中有手捧羅盤的"張仙人"俑，其羅盤菱形針中央有一圓孔，顯見乃采用軸支撑結構，與宋代水浮針裝置之法有异，或據此認爲我國宋時便已使用旱羅盤。

【旱針盤】 [2]

即旱羅盤。此稱明代已行用。見該文。

指南魚 [2]

可於車、船上應用的指示和辨别方嚮的工具。其制：或以薄鐵片製成魚形，經磁化後置水碗中；或將條形磁鐵置於木質魚腹，使北極在魚首，南極在魚尾，再將木魚置於水碗之中。宋曾公亮等《武經總要前集》卷一五："若遇天景曀霾，夜色瞑黑，又不能辨方向，則當縱老馬前行，令識道路。或出指南車及指南魚以辨所向。指南車法，世不傳。魚法，用鐵葉剪裁，長二寸，闊五分，首尾銳如魚形，置炭中，火燒之，候通赤（以鐵鈐鈐魚首出火，以尾正對子位，蘸水盆中，没尾數分，則上以密器收之。用時置水椀于無風處，平放魚在水面，令浮其首），當南向午也。"元陳元靚《事林廣記·神仙幻術》："造指南魚，以木刻魚子，如拇指大，開腹竅，陷好磁石一塊子，却以臘填滿，用針一半僉，從魚子口中鈎入，令没水中，自然指南，以手撥之，又復如初。"

指南龜 [2]

船上應用的用以指示和辨别方嚮的工具。將條形磁鐵置於木質龜腹内，以支釘撑於木龜重心處，使其能自由旋轉。元陳元靚《事林廣記·神仙幻術》："造指南龜，以木刻龜子一個，一如前法製造，但于尾邊敲針入去；用小板子，上安以竹釘子，如箸尾大；龜腹下微陷一穴，安釘子上，撥轉常指北。須是針尾後。"

舷燈

船在夜間行駛時，左舷船首帶的紅燈或右舷船首帶的緑燈。清朱祖謀《清平樂·夜發香港》詞："舷燈漸滅，沙動荒荒月。"

尾樓燈

船在夜間行駛時，挂於船之尾樓上的紅燈。清林君昇《舟師繩墨·捕盗事宜》："若遇夜洋行駛，各船要首尾相接，雁行而進，藉力全在尾樓燈。如相離既遠，必放流行，庶可遥望跟

踪。"清佚名《安平縣雜記》:"鐵釘、茅鐵、桐油、山城板、網紗、櫓藤、尾樓燈、旗市、顏料、鑼、鼓、大小風篷、無底升、桄餅、槳各料產自漳泉。"

洋更

亦稱"水鏡""程圖""針路簿""更路簿""更流簿""水路簿""潮水簿"。古代水手記載航行方位、路綫和航程(更數)等之秘本,由夥長所專用。爲現代海圖、航海指南一類資料之濫觴。清黃叔璥《臺海使槎錄·赤嵌筆談·水程》:"舟子各洋皆有秘本……名曰洋更。"近人連橫《雅堂筆記》卷四:"帆船行海以更爲程……按《樵書》云:更者,以一日一夜爲十更,焚香爲度。然風潮有順逆,行駛有遲速,水程難辨,乃以木片于船首投海中,與人行齊至,則更數始准。若或先或後,皆不合。其法傳自王三保,舟人守之,謂之洋更。"陳希育《中國帆船與海外貿易·附錄·中國帆船船體結構名稱的考釋與圖解》:"洋更:又稱水鏡、程圖,或針路簿,係'舟子秘本'記載航行某地的方嚮、路綫和航程等。"曾昭璿等《我國古代有關南海幾種針路部的比較研究》:"針路簿是古代水手記載航行時應取的航行方位和更數。一般附有觀天知識,即氣象(如星、辰、日、月、風雨等)、水文(浪、潮、水深等),但主要是記航路。故又有'更路簿'之稱,或更稱

爲'更流簿',即併有水流情況之意,如一些針路簿中,有'流水錶',載十二個月水流情況,主要記潮水漲退。因航速和入港與潮流關係至大。或有'看天作惡風'(即颱風)的記述等。"(《南沙群島歷史地理研究專集》)《水運技術詞典·古代水運與木帆船分冊》:"水路簿又稱針路簿、更路簿。俗稱潮水簿。我國沿海船工、漁民在航海中,對某段航路的山嶼、口岸、水流、潮汐之記錄,借此識別航眠歷代船民、舵工心口相授,由本人抄錄成册,無一定格式,用做航路指南。但大多數祇限於記錄局部海區。"

【水鏡】

即洋更。此稱多行用於近現代。見該文。

【程圖】

即洋更。此稱多行用於近現代。見該文。

【針路簿】

即洋更。此稱多行用於近現代。見該文。

【更路簿】

即洋更。此稱多行用於近現代。見該文。

【更流簿】

即洋更。此稱多行用於近現代。見該文。

【水路簿】

即洋更。此稱多行用於近現代。見該文。

【潮水簿】

即洋更。此稱多行用於近現代。見該文。

掌航器具

舵

亦作"枤""柁""柂""杝""舿"。亦稱"梢尾舵""船尾舵"。置於船尾用以控制航嚮的器具。多以鐵栗木或鹽木爲材。源自商代之船尾舵槳。在舟楫活動早期,航嚮靠槳操縱,尾部的操縱槳因逐漸增大槳葉面積而演變成舵。至

漢代已普遍應用。1955年於廣州近郊出土之東漢陶船，船尾有舵，呈不規則四方形，面積較大，稍長於近代舵；舵杆以十字狀結構固定，自船尾斜伸入船後方，已是軸轉舵裝置。唐、宋時日臻完善和成熟。唐代有垂直軸綫的舵。宋以後出現平衡舵、開孔舵等。從《清明上河圖》所繪船舶及天津靜河元蒙口出土實物考察，當時内河船上已普遍使用更爲科學的平衡舵。明時，舵之製作更爲講究（見《天工開物·舟車》）。舵由舵葉、舵杆及舵柄組成。有的加設懸舵索及絞舵裝置，以據航道深淺調整舵葉入水深度，舵降則提高舵效，舵起則可得到保護。後世大型船舶還增設由滑車、繩索等組成之操舵裝置。關於舵之文獻記載始見於漢代。《淮南子·説林訓》：“心所説，毁舟爲杕。”高誘注：“杕，舟尾。”《釋名·釋船》：“船循也，循水而行也。又曰舟，言周流也……其尾曰柁，柁，拖也，後見拖曳也，且弼正船使順流不使他戾也。”柁，一作柂。《玉篇·木部》：“柂，正船木也，設于船尾，與舵同，一作柁。”《集韻·去哿》：“柂，正船木。或作柁、舵、舭、杕。”《後漢書·趙壹傳》：“奚異涉海之失柂？”李賢注：“柂可以正船也。”柂，《太平御覽》卷七七一引作“柁”。晋郭璞《江賦》：“凌波縱柂，電往杳溟。”柂，一本作“柁”。按，古書從“扌”從“木”常爲互譌，拖顯爲“柂”之譌。晋庚闡《揚都賦》：“其中則有龍坻華屋，晨鳧之舸。青雀飛艣，餘艎鼓柂。”唐劉禹錫《楚望賦》：“亦有輕舟，軒輊泛浮，柂綸往復，馴鷗相逐。”宋林桂龍《嘲丁大全》詩：“一舵中流欠把持，偏輕偏重失便宜。”宋張未《汴上觀迎送有感》詩：“船頭旗竿船尾柁，南游江海北長安。”《元史·阿尤傳》：“阿尤挺身登舟，手自持柂，突入敵陣。”元無名氏《馮玉蘭月夜泛江舟》第三折：“後面把舵的仔細，我在這裏攔頭。天色晚了也，把船攏岸罷。”元鄭元祐《漁莊》詩：“争如顧循讀書倦，駇逕浪花宵鼓柂。”明王世貞《癸酉冬餘遷嶺右阻大風江上》詩：“我自鼓柂吳淞邊，君亦西歸渡沅川。”明宋應星《天工開物·舟車》：“凡船制底爲地，枋爲宫墻，陰陽竹爲覆瓦……招爲先鋒，舵爲指揮主帥。”又：“凡舵尺寸與船腹切齊。若長一寸，則遇淺之時船腹已過，其梢尾舵使膠住，設風狂力勁，則方木爲難不可言。舵短一寸，則轉運力怯，回頭不捷。”明蕭崇業《使琉球録·造舟》：“桅用杉木，取其理直而輕；舵用鐵力木，取其堅勁；艙用松木，取其沉實，能久漬也。”《紅樓夢》第五回：“只有一個木筏，乃木居士掌舵。”清林君昇《舟師繩墨·舵工事宜》：“舵者，猶人之心也。繚斗碇，猶人之四肢也。”清乾隆《欽定福建省外海戰船則例》卷一：“船尾舵邊用木段硬筋二根，各長一丈四尺，圍大三尺二寸。”一船之中，除正舵外，還備有副舵若干，以防不測，遠海大船尤備之。明陳侃《使琉球録·使事紀略》：“舟之器具，舵用四副，用其一、置其三，防不虞也。”明夏子陽《使琉球録·造舟》：“舵備三：用其一，副其二。甲午以四，尤爲有備焉。”

【柁】

同“舵”。此體漢代已行用。見該文。

【柂】

同“舵”。此體漢代已行用。見該文。

【杕】

同“舵”。此體漢代已行用。見該文。

【杕】

同“舵”。此體漢代已行用。見該文。

【舺】

同“舵”。此體宋代已行用。見該文。

【梢尾舵】

即舵。此稱明代已行用。見該文。

【船尾舵】

即舵。此稱清代已行用。見該文。

【舳】

即舵。此稱漢代已行用。《方言》第九：“〔舟〕後曰舳……舳，制水也。”郭璞注：“今江東呼柂曰舳。”錢繹箋疏：“舟柂謂之舳，車軝謂之軸，機持經亦謂之軸，皆以節制爲義也。”戴震疏證作“柂”。按，拖，一本作“柂”。古書從“扌”從“木”常爲互訛，拖顯爲“柂”之訛。盧文弨《重校方言》作“柂”。漢桓寬《鹽鐵論·殊路》：“若無檝舳，濟江海而遭大風漂没于百仞之淵，東流崖之川，安得沮而止乎？”

【柵】

即舵。亦作“栜”。此稱漢代已行用。《集韻·去祭》：“柵，楫謂之柵，一曰柂也，或從曳。”《漢書·司馬相如傳》：“浮文鷁，揚旌柵。”顏師古注引漢張揖曰：“柵，柂也。”

【栜 】

同“柵”。此體宋代已行用。見該文。

【梢】

即舵。亦作“艄”。舟尾乃置舵處，故梢可作舵稱。《字彙·木部》：“梢，船舵尾。”唐柳宗元《游朝陽岩遂登西亭十二韻》：“所賴山水客，扁舟柱長梢。”蔣之翹輯注：“梢，船尾木也。”《太平廣記》卷四九九引唐尉遲樞《南楚新聞》：“生少小素涉于江湖，頗熟風水間事，遂與往來舟船執梢，以求衣食。”《初刻拍案驚奇》卷二二：“從此，只在來往船隻上，替他執艄度日。”

平衡舵
（宋張擇端《清明上河圖》局部）

【艄】

同“梢”。此體明代已行用。見該文。

【船柁】

即舵。亦稱“水關”。清徐葆光《中山傳信錄》：“船柁，西洋造法最堅穩，可無用副。且柁重萬斤，船中亦無處置之。”清麟慶《鴻雪姻緣圖記》：“海舶制度，頭艄皆方。其頭梁俗名利市頭，船後舵名水關。”

【水關】

即船舵。此稱清代已行用。見該文。

觀計器具

倪[2]

亦稱“綄”。繫於船之高竿頂上，藉以觀測風嚮、風力之鳥羽。原指間諜。《爾雅·釋言》：“間，倪也。”郭璞注：“《左傳》謂之諜，今之細作也。”船上候風之羽能諜知風信，故稱。《説文·人部》：“倪，諭也，一曰間見。”桂馥義證：“船上候風羽謂之倪，能諜知風信也。”倪又通“綄”。《淮南子·齊俗訓》：“辟若倪之見風也，無須臾之間定矣。”高誘注：“倪，候風者也，世謂五兩。”或謂“倪”乃“綄”字形近之誤。清陶澍《洞庭湖志》卷五：“《山海經》：‘洞庭，帝之二妃居之，出入必有飄風暴雨。故湖中風信不常，舟子候之以綄。’《淮南子》注：‘綄，候風羽也，楚人謂之五兩。’”

【綄】[2]

即倪[2]。此稱漢代已行用。見該文。

【五兩】[2]

即倪[2]。亦作“五緉”。亦稱“烏羽”。原爲楚方言，因其以雞毛五兩或八兩（疑爲十六進秤之半斤，亦爲十進制之五兩），結在高杆頂上以測知風嚮，故稱。按，五兩不祇用於船上，亦用於其他。晋郭璞《江賦》：“覘五兩之動静。”李善注：“兵書曰：‘凡候風法，以雞羽重八兩，建五丈旗，取羽繫其巓，立軍營中。’”唐王維《送宇文太守赴宣城》詩：“何處寄相思？南風吹五兩。”一本作“五緉”。宋徐兢《宣和奉使高麗圖經·客舟》卷三四：“然風有八面，惟其頭不可行。其立竿以鳥羽候風所向。”

【五緉】

同“五兩[2]”。此體唐代已行用。見該文。

【鳥羽】

即五兩[2]。此稱宋代已行用。見該文。

【相風】[2]

即倪[2]。晋潘岳《相風賦》：“立成器以相風，栖靈烏于帝庭。”《晋書·輿服志》：“次相風，中道。”吳翌鳳箋注引晋王嘉《拾遺記》：

“少昊母曰皇娥，游窮桑之浦。有神童稱爲帝子，與皇娥讙戲泛于海。以桂枝爲表，結芳茅爲族，刻玉爲鳩置于表端，言知四時之候，今之相風，蓋其遺象。”唐韓偓《苑中》詩：“上苑離宮處處迷，相風高與露盤齊。”

風烏

亦稱“相烏”“檣烏”。古代船上測定風嚮之烏形器具。北周庾信《馬射賦》：“華蓋平飛，風烏細轉。”又《奉和趙王西京路春旦》詩：“風烏疑近日，露掌定高雲。”又《周宗廟歌》之十二：“鼓移行漏，風轉相烏。”唐李嶠《舟》詩：“相烏風際轉，畫鷁浪前開。”唐王周《志峽船具》詩：“風烏愧魁酌，畫鷁空輝映。”唐杜甫《登舟將適漢陽》詩：“塞雁與時集，檣烏終歲飛。”唐李頎《送盧少府赴延陵》詩：“灘沙映村火，水霧斂檣烏。”宋張先《御街行·送蜀客》詞：“紛紛歸騎亭皋晚，風順檣烏轉。”宋蘇軾《和邵同年戲贈賈收秀才》之三：“生涯到處似檣烏，科第無心摘頷鬚。”宋張先《芳草渡》詞：“千騎擁，萬人隨，風烏弄影畫船移。”清吳偉業《八風詩·南風》：“玉尺披圖解愠篇，相烏高指越裳天。”

【相烏】

即風烏。此稱南北朝時期已行用。見該文。

【檣烏】

即風烏。此稱唐代已行用。見該文。

牽星板

測量星體高度，利用三角原理計算船隻所處位置的工具。用烏木做成十二片小正方形板，每片稱爲“指”。“指”，乃古代觀測星體高度的單位，一指約合 $1°34'$ 到 $1°36'$，指之下的單位曰“角”，一個“角”等於四分之一指。最大者長七寸餘,合今 24 厘米,稱十二指。每片邊長依次遞減 2 厘米,分別稱十一指、十指、九指、八指……最小者邊長僅 2 厘米,稱一指。以一條繩貫串於十二片小正方形板中心,觀察者一手持方板向直,另一手把住繩端置於眼前,見到方板上下邊緣,將下邊緣與水平綫取齊,上邊緣與被測的星體重合,然後根據所用之板屬於幾指,便測出星辰高度的指數。明李詡《戒齋老人漫筆》卷一:"蘇州馬懷德牽星板一副十二片,烏木爲之,自小漸大。大者長七寸餘,標爲一指二指以至十二指,俱有細刻,若分寸然。又有象牙一塊,長二尺,四角皆鐵,上打半指、半形、一角、三角等字,顛倒相向,蓋周鵾算尺也。"

航海圖

用於航綫設計、定位導航,保證航行安全的圖紙。元代已有《海道指南圖》的初稿。明永樂年間編撰《海道經》時,據元代的初稿正式繪製爲《海道指南圖》。明代爲我國航海圖測制的興盛時期,另有《山嶼島礁圖》及《海運圖》,最著者則爲茅元儀《武備志》中之《鄭和航海圖》。《鄭和航海圖》原稱《自寶船廠開船從龍江關出水直抵外國諸番圖》,乃據鄭和下西洋之經驗積纍整理而成。原圖爲一字展開式長卷,至《武備志》時改爲書本式。圖共四十幅,末附"過洋牽星圖"二。圖中記有地名五百三十多個,其中五分之三爲外域地名。

水漏

銅壺盛水,壺內置一刻有度數的劍狀物,水由壺底的小孔中漏出,察看度數以計時。《説文·水部》:"漏,以銅受水,刻節,晝夜百刻。"《詩·齊風·東方未明序》"挈壺氏"唐孔穎達疏:"壺,盛水器也。世主挈壺水以爲漏……刻,謂置箭壺內,刻以爲節而浮之水上,令水漏而刻下,已計晝夜昏明之度數也。"《新唐書·曆志三上》:"觀晷景之進退,知軌道之升降,軌與晷名殊而義合,其差則水漏之所從也。"

沙漏 [2]

船上用以計量航程之器具。漏,屬原始之計時器沙漏,乃裝細沙之漏,以沙滲出之多少而知時間,并進而推知船之航程。通常一晝夜爲十更,每更約可航行六十里。明佚名《順風相送》:"每一更二點半約有一站,每站者計六十里。"(《順風相送》,今牛津大學博物館藏手抄孤本)清徐葆光《中山傳信録》:"海中航行里數皆以更計,或云百里爲一更,更云六十里爲一更,或云分晝夜爲十更,今問海舶火長皆云六十里之説爲近……懸針盤上,沙過盡爲一漏,即倒轉懸之,計一晝一夜約二十四漏,每更船行六十里約二漏半。"明清時,亦有用燃點更香計時者。

【更漏】 [2]

即沙漏。亦稱"更漏筒""漏筒"。如酒壺狀,中實細沙懸之。沙從筒眼滲出,復以一筒承之,上筒沙盡,下筒沙滿,更換是爲一更。每一日夜共十更,每更舟行可四十餘里。唐許渾《韶州驛樓宴罷》詩:"主人不醉下樓去,月在南軒更漏長。"清施鴻保《閩雜記·更漏筒》:"海道不可里記。行舟者以磁爲更漏,筒如酒壺狀,中實細沙懸之。沙從筒眼滲出,復以一筒承之,上筒沙盡,下筒沙滿,則上下更換,謂之一更。每一日夜,共十更,每一更該陸路四十二里有零,船行十更,可得陸路四百二十餘里也。”亦指用以裝沙計算時間的筒子。清李元春《臺灣志略》卷一：“海洋行舟以磁爲漏筒，如酒壺狀，中實細沙懸之，沙從筒眼滲出，復以一筒承之，上筒沙盡，下筒沙滿，更換是爲一更。每一日夜共十更，每更舟行可四十餘里。”

【更漏筒】

即更漏。此稱清代已行用。見該文

【漏筒】

即漏筒。此稱清代已行用。見該文

推挽器具

篙

亦作“檔”“槁”“樺”。亦稱“刺船竹”“進船竿”“橈”“篙竿”“戳浪”。用作撑船之竿。爲最早出現之手撑推進工具，與舟、筏同步誕生。因其製作及使用簡便，并有勾、推、拉之作用，故在其他推進工具普遍發展後，仍不廢其用。後世所見之篙，長二丈許，多以竹竿或順直之杉木圓條製成，較輕而韌，不易折斷。常以鐵爲鏃（篙鑽），以防磨損。按篙鑽形狀及用途之不同，可分挽篙、獨鑽、叉篙、鈎篙和橈板篙等。一般船之船舷或船尾部都修有撑篙用的走廊，乃我國船舶結構之獨有特徵。《玉篇·竹部》：“篙，刺船竹也。”按，刺船，即推船前進。唐玄應等《一切經音義》卷一五：“所以刺船謂之檔。”又：“〔篙〕謂刺船竹，以鐵爲鏃。”《廣韻·平豪》：“篙，進船竿。”亦有以木杆爲之者，故“篙”又作“槁”或“檔”。《衆經音義》卷一五：“篙，《方言》作槁，音高，謂刺船竹也。”使用時以篙抵住河底使船前進，故常於較淺之河湖中使用。《淮南子·說林訓》：“以篙測江，篙終而水爲測，惑矣。”“以篙測江。”許慎注：“刺船竹長二丈，以鐵爲鏃者也。”又《淮南子·主術訓》：“夫七尺之橈而製船之左右者，以水爲資。”高誘注：“橈，刺船樺也。”漢袁康《越絕書·子胥答闔閭》：“篙工船師，可當君之輕足驃騎也。”《樂府詩集·古辭四八·襄陽樂》：“上水郎擔篙，下水搖雙櫓。”《文選·左思〈吳都賦〉》：“檔工機師，選自閩禺。”李善注：“《方言》云：刺船曰檔。”《雍熙樂府·寄生草·隱逸》：“一檔水漲溪橋路，一鈎香餌鴛鴦浦。”又：“朝穿腰，暮穿腰，檔如鐵一條。上灘檔在手，下隴檔在腰。”《南史·王敬則傳》：“敬則以舊將舉事，百姓擔篙荷鍤隨逐之十餘萬衆。”唐李白《下涇縣陵陽溪至澀難》詩：“漁子與舟人，撑折萬張篙。”唐白居易《開龍門八節石難》詩：“竹篙撑釣艇，金甲擁樓船。”宋蘇軾《西山戲題武昌王居士》詩：“篙竿繫舸菰茭隔，笳鼓過軍雞狗驚。”明田藝蘅《留青日札·船具》：“篙，竹竿。”《老殘游記》第一回：“篙工用篙子鈎住大船，三人便跳將上去。”《切口·蛋船行》：“戳浪：船篙也。”

【刺船竹】

即篙。此稱漢代已行用。見該文。

【檔】

同“篙”。此體漢代已行用。見該文。

【槁】

同“篙”。此體漢代已行用。見該文。

【進船竿】

即篙。此稱宋代已行用。見該文。

【橈】[1]

即篙。此稱漢代已行用。見該文。

【櫂】

同"篙"。此體漢代已行用。見該文。

【篙竿】

即篙。此稱宋代已行用。見該文。

【戳浪】

即篙。此稱清代已行用。見該文。

挽子

亦稱"挽篙""篙挽子"。挽、彎爲同音近義詞。底部有L形鐵件之篙。此篙既可撑行於泥沙底航道，亦可勾住鄰船或岸邊物體使船攏移。《大明會典·河渠五·船隻》："篙子十根，挽子一把。"《五美緣全傳》第五七回："那水手一個朵子氣下去，一把抓住，從水中冒起。衆水手看見，忙把挽子伸來，水手一把抓住，用力拖至船邊，一齊用力拉上船來。"《野叟曝言》第三三回："那船上水手正拿著挽篙料理來船，瞥見江中冒起甚物，隨手將篙一挽，却挽住了石氏腰間帶子，拖出水面。"吳遠起等《長島縣水產志》第四章："篙挽子：竹竿與鐵製錐、鈎組成。用以兩船靠近時作用于'拉緊'或'支撑'。"

【挽篙】

即挽子。此稱清代已行用。見該文

【篙挽子】

即挽篙。此稱多行用於近現代。見該文。

槳

亦作"簳""籇""艣""橑"。以手划推進船行的工具。多爲木製，由柄與葉組成。上端爲柄，圓柱形；下端爲葉，板狀，扁平而略寬。小船多於尾部設左、右對槳，并以槳代舵；較大之船於首部一舷增設單槳，或左、右舷錯開各增設一槳。槳於原始時代已行用，初爲一木棍或小支椏，於反復使用中始成之，稍遲出於篙。槳有長、短之分。或謂長者爲棹，短者爲楫。早期之槳爲兩手持握離開船舷划水的短槳，坐姿划槳，多用於獨木舟和竹木筏。大致有三類：一爲同木窄葉型。柄與葉爲同一木料削成，柄爲長圓柱體，葉窄而扁平，兩者直徑相

船工撑篙圖
（清徐揚《姑蘇繁華圖》局部）

差無幾，如 1958 年於浙江杭州水田畈出土之木
槳。二爲同木寬葉型。柄與葉亦由同一木料削
成，柄較葉短，葉明顯大於槳柄直徑，如 1958
年於浙江吳興錢山漾、1977 年於浙江餘姚河
姆渡出土之木槳。三爲异木結合型。柄與葉各
由不同材料砍削捆扎加固而成，水田畈出土的
木槳中有此類型。後世之划子、舢板一類小船
亦多設短槳。隨着大船之出現，船舷增高，長
槳亦因之而生，由坐划改爲站划，且采杠杆原
理，設槳椿、槳座於船舷，架槳其上。爲提高
船速，還增加槳和划手數量，如長沙二〇三號
墓木船模型長四尺六寸二分，有槳八對及一尾
舵槳。槳除通過划動使船行進外，在舵未出前，
還可代舵以控制船之方嚮。後世小船多於尾部
設左右對槳，并以槳代舵。槳之稱，中古文獻
始見《説文・竹部》："籮，剖竹未去節謂之籮。"
段玉裁注："謂未去中之相隔者。《方言》'所以
隱櫂謂之籮'。郭：'摇櫓小檝也。'按，籮蓋即
籮字，其始以剖竹未去節爲之，改其字作籮作
槳。後人又不以名檝而以名櫂矣。"《玉篇・木
部》："槳，檝屬。"《集韻・上養》："籮，……前
推曰籮，却曳曰櫂。或作槳、艖。"又《平陽》：
"檈，柯也。或書作槳。"《正字通・木部》："長
大曰櫓，短小曰槳；縱曰櫓，横曰槳。"南朝
梁劉孝威《采蓮曲》："金槳木蘭船，戲采江南
蓮。"《樂府詩集・清商曲辭四・黄竹子歌》："一
船使兩槳，得娘還故鄉。"唐杜甫《八哀詩・故
著作郎貶台州司户滎陽鄭公虔》："老蒙台州掾，
泛泛浙江槳。"宋蘇軾《前赤壁賦》："桂棹兮蘭
槳，擊空明兮溯流光。"明李昭祥《龍江船廠
志・舟檝志・器數》："划者曰槳，栗木爲把，又
名八尺，楠木爲扇，榆木爲椿，皮條爲束。"明

田藝蘅《留青日札・船具》："槳，横而後拽也。"

【篣】

　　同"槳"。此體漢代已行用。見該文。

【籮】

　　同"槳"。此體漢代已行用。見該文。

【艖】

　　同"槳"。此體宋代已行用。見該文。

【檈】

　　同"槳"。此體宋代已行用。見該文。

【榜】

　　即槳。亦稱"吳榜"。因係吳楚方言，故
稱。《楚辭・離騷》："乘舲船餘上沅兮，齊吳榜
以擊汰。"王逸注："吳榜，船櫂也。"晋鮑照
《采蓮歌》："弭榜搴蕙莸，停唱納薰若。"榜之
得名，從"旁"而來，或指單槳，即從一邊划
水之槳。另，"榜"多用於采蓮之時，而蓮舟多
用單槳，此可作旁證。一説爲大槳。吳，大也。

【吳榜】

　　即榜。此稱先秦時期已行用。見該文。

【楫櫂】

　　即槳。亦作"檝櫂""輯濯""檝棹""棹
楫"。短槳稱楫，長槳稱櫂，并稱則泛指槳。此
稱三國時期已行用。《漢書・元后傳》："檝櫂越
歌。"顔師古注："令執檝櫂人爲越歌也。"又
《百官表》："水衡都尉屬官有輯濯令丞。"顔師
古注："輯濯皆所以行船。"三國魏曹冏《六代
論》："譬猶芟刈股肱，獨任胸腹；浮舟江海，
捐棄楫櫂，觀者爲之寒心。"《南史・王元規傳》：
"元規唯有一小船，倉卒引其母妹併姑姪入船，
元規自執檝棹而去。"宋蘇舜欽《出京後舟中有
作》詩："扁舟理棹楫，已與峻流下。"

【檝櫂】

同“楫櫂”。此體漢代已行用。見該文。

【輯濯】

同“楫櫂”。此體漢代已行用。見該文。

【檝棹】

同“楫櫂”。此體南北朝時期已行用。見該文。

【棹楫】

同“楫櫂”。此體宋代已行用。見該文。

楫

亦作“檝”“輯”。亦稱“舟楫”。槳之初稱。早期之槳多爲短者，故亦特指短槳。1960年浙江吳興、杭州等地出土一批古楫，長約三尺，形似近代之短槳，經考證乃石器時代晚期遺物。舟係關東方言，楫也應爲關東方言。初，舟指獨木舟或小船，楫指短槳，後義漸廣，如舟爲船之通稱。楫亦爲槳之通稱。《説文·木部》：“楫，舟櫂也。”桂馥義證：“或作檝。”《釋名·釋船》：“楫，捷也，撥水使舟捷疾也。”按，楫與捷音近，而可使船疾捷，故稱。《玉篇·木部》：“楫，行舟具也。”唐慧琳等《一切經音義》卷一：“楫又作檝。”楫，作爲划船工具，先秦已行用。《易·繫辭》：“刳木爲舟，剡木爲楫。”《詩·衛風·竹竿》：“淇水悠悠，檜楫松舟。”毛傳：“楫，所以櫂舟也。”楫與舟應爲同時出現，故常并稱。《管子·兵法》：“不須舟檝。”《楚辭·九章·惜往日》：“乘汜泭以下流兮，無舟楫而自備。”《荀子·勸學》：“假舟檝者，非能水也。”漢李尤《舟楫銘》：“舟楫之利，譬猶輿馬。”

【檝】

同“楫”。此體先秦時期已行用。見該文。

【輯】

同“楫”。此體漢代已行用。見該文。

【舟楫】

即楫。此稱先秦時期已行用。見該文。

橈[2]

亦作“挠”。亦稱“橈楫”“樺楫”。橈始爲吳越方言，《方言》第九：“楫謂之橈。”初，橈多指短槳。《玉篇·舟部》：“橈，船小楫也。”《楚辭·九歌·湘君》：“薜荔柏兮蕙綢，蓀橈兮蘭旌。”王逸注：“橈，船小楫也。”《後漢書·吳漢傳》：“裝露橈船。”李賢注：“橈，短楫也。”《淮南子·主術訓》：“夫七尺之橈而製船之左右者，以水爲資。”高誘注：“橈，刺船樺也。”亦通指長短槳。《莊子·漁父》：“至于澤畔，方將杖挐而引其船。”今長江流域某些方言區仍見用之。《後漢書·岑彭傳》：“于是裝直進樓船、冒突、露橈數千艘。”李賢注：“露橈，謂露檝在外，人在船中。”《太平御覽》卷七六一九引三國吳康泰《吳時外國傳》：“扶南國伐木爲船……大者載百人，人有長短橈及篙。”唐李白《入清溪行山中》詩：“無事令人幽，停橈向餘景。”《太平廣記》卷三一十八引南朝宋劉義慶《幽明錄》：“爾夕，倫等夢見一翁一姥，鬖首蒼素，皆着布衣，手持橈楫，怒之。”《水滸傳》第一四回：“阮小五慌忙去橈道解了小船，跳在艙里，捉了樺楫，只一划，三支船厮并着。划了一歇，三支船到水亭下荷花蕩中。”參閱黃金貴《古代文化詞義集類辨考·交通》。

【挐】

同“橈”。此體先秦時期已行用。見該文。

【橈楫】

即橈。此稱南北朝時期已行用。見該文。

【樺楫】

即櫂。此稱明代已行用。見該文。

棹

亦作“櫂”“濯”“䄻”。亦稱“劋”。長槳。《爾雅》列雉十四種，翟者長毛之雉。《説文·羽部》：“翟，山雉也，尾長。”故“櫂（棹）”特指長槳。又《手部》：“擢，引也。”引即含長意。《漢書·劉屈氂傳》：“遂斬如侯，引騎入長安，又發輯濯士，以予大鴻臚商丘城。”顏師古注：“短曰輯，長曰濯。”短者坐而划，長者立而划。其實物先秦已行用。亦爲槳之泛稱。《方言》第九：“楫謂之橈，或謂之櫂。”錢繹箋疏：“是擢爲正字，櫂、棹并俗字。古文借濯爲櫂。”《釋名·釋船》：“在旁撥水曰櫂。櫂，濯也，濯于水中也，且言使舟櫂進也。又謂之劋，形似劋也。又謂之楫。楫，捷也，撥水使舟捷疾也。”《説文新附·木部》：“櫂，所以進船也。”《玉篇·木部》：“櫂，楫也。棹同。”《集韻·平錫》：“櫂，楚、宋謂橈曰櫂。”又《去效》：“櫂或作棹。”《五音集韻·去効》又作“䄻”。《楚辭·九歌·湘君》：“桂櫂兮蘭枻。”南朝宋謝靈運《登臨海嶠與從弟惠連》詩：“隱汀絕望舟，鶩棹逐驚流。”《樂府詩集·漢武帝〈秋風辭〉》：“泛樓船兮濟汾河，橫中流兮揚素波，蕭鼓鳴兮發櫂歌。”按，在《文選》中，“櫂歌”又作“棹歌”。又按，若用來表示“棹”等短槳時，則常在“棹”前冠以“短”字以作區別。唐戴叔倫《泛舟》詩：“孤尊秋露骨，短棹晚煙迷。”宋蘇軾《觀月》詩：“未成短棹還三峽，已約輕舟泛五湖。”

【櫂】

同“棹”。此體漢代已行用。見該文。

【劋】

即棹。此稱漢代已行用。見該文。

【濯】

同“棹”。此體漢代已行用。見該文。

【䄻】

同“棹”。此體宋代已行用。見該文。

櫓

亦作“樐”“艣”“艫”。撥水進船用具。長槳演進而成，較槳長大，其把手和櫓板皆爲彎形，入水一端剖面爲弓形，另一端繫於船上，呈縱式。傳説魯班見魚搖尾前進，乃削木爲櫓，故其產生或受魚游動之啟示。其物在長沙出土的西漢船模中已見，於雲南晉寧出土之西漢早期銅鼓上所繪船紋，有操尾櫓者。因櫓較長大，故常用於大船。櫓多以杉木、檜木、楸木爲料，由櫓板、球釘、櫓擔繩等構成，以手搖動櫓擔繩，使伸入水中之櫓板左右擺動，櫓板前後即產生壓力差，形成推力，使船前進。始時櫓置於船兩旁，且成對或多對使用。後出現了獨用的櫓，置於船尾，其形亦屬長大，使用時多站立，通過左右搖動使船前進。櫓因結構簡單，置於船尾，一器多用，不僅划水效率高，且可操縱船舶的轉動，調整方嚮，控制航嚮，故漢代以後，多槳船已漸爲搖櫓船所代替，今仍見用，乃中國對世界造船與航海技術之突出貢獻。宋元海船有設大小櫓二十把者，大櫓多至二十人操作。明代使臣出使琉球，明陳侃《使琉球錄·使事紀略》：“櫓用三十六枝，風微逆，或求以人力勝，備急用也。”後藉爲划船工具名，用“擺”的動作。《説文·木部》：“櫓，大盾也。樐，或从鹵。”《釋名·釋船》：“在旁曰櫓。櫓，膂也，用膂力然後舟行也。”《玉篇·舟部》：

"艣，所以進船也。"《廣韻·上姥》："艣，所以進船。"《龍龕手鑒·舟部》："艪，艣的俗字。"《正字通·木部》："長大曰櫓，短小曰槳。"《篇海類編·器用類·舟部》："艣，通作櫓。" 漢賈誼《過秦論》："追亡逐北，伏尸百萬，流血漂樐。"《三國志·吴書·吕蒙傳》："蒙至尋陽，盡伏其積兵䑽䑶中，使白衣摇櫓。"《南史·吕僧珍傳》："衆軍將發，須櫓甚多，僧珍每船付二張，争者乃息。" 唐王周《峽船具詩序》："櫓、槳、橈、棹使其撥進而無退，利涉川澤，爲船之陳力者，櫓幾槳類，其狀同而名異，在船有力悉不如櫓。" 宋陸游《舟中有賦》："一枝柔櫓聽咿啞，炊稻來依野老家。" 元揭奚斯《漁父》詩："夫前撒網如車輪，婦後摇櫓青衣裙。" 明李昭祥《龍江船廠志·舟楫志·器數》："摇者曰櫓，木爲梭、爲印，藤爲箍，鐵爲脚，鐶爲丁公，索爲棚。" 明宋應星《天工開物·舟車》："凡船制底爲地，枋爲宫墻，陰陽竹爲覆瓦……櫓爲車馬，篔纖爲履鞋，絆索爲鷹雕筋骨，招爲先鋒，舵爲指揮主帥，錨爲扎車營寨。""櫓用杉木、檜木、楸木。" 清周凱《厦門志·船政略》："大小櫓，用柯梨木，掛在船兩邊。" 唐劉采春《囉嗊曲》之六："潮來打斷纜，摇艪始知難。" 宋王安石《題朱郎中白都莊》詩："藜杖聽鳴艣，籃輿看種田。" 明朱元璋《西征記》："駕艣飛帆，暮泊蕪湖之西。" 明田藝蘅《留青日札·舟具》："艪，進船具。縱曰櫓，今之三櫓船，亦曰三尾。" 清沈復《浮生六記》卷四："一日，天將晚矣，忽動歸興。有辦差小快船，雙艣兩槳，于太湖飛棹疾馳，吴俗呼爲'出水轡頭'，轉瞬已至吴門橋。" 近代船舶使用之螺旋槳係由櫓演化而來，其每個葉片相當於一支櫓。

【樐】

同"櫓"。此體漢代已行用。見該文

【艣】

同"櫓"。此體南北朝時期已行用。見該文。

【艪】

同"櫓"。此體唐代已行用。見該文。

尾櫓

亦稱"艄櫓"。設於船尾部左或右側處之櫓。爲單櫓。屬於櫓之早期形態。其産生或受魚游動之啓示。魚尾擺動力大，櫓亦有"一櫓三槳"之説。此種櫓除助推進外，亦可助舵或代舵。因其於尾端操作，故船可行於狹窄航道。於雲南晋寧出土之西漢早期銅鼓上所繪船紋，有操尾櫓者。敦煌千佛洞三二三窟初唐壁畫有尾櫓圖。廣州西漢南越王墓提筒紋飾亦有其形象。

【艄櫓】

即尾櫓。此稱多行用於近現代。見該文。

腰櫓

置於舟船中部舷側的櫓。置於船尾的琵琶櫓尚不便操作，亦可改置於船之腰部。艄、腰櫓亦有并用者。東漢時旁櫓已行用。《釋名·釋船》："在旁曰櫓。櫓，膂也，用膂力然後舟行也。" 既稱在旁曰櫓，可見此時櫓已并非安裝於船尾的單櫓，而是發展爲多櫓，安裝於船的兩舷。

頭櫓

置於首甲板舷側的櫓。多於水流較急，舵效較差時，協同艄櫓、腰櫓掌握航嚮。參閲明鄭若曾等《籌海圖編》、明何如賓《兵録》。至清代中葉，有許多大船已完全利用風力，無槳櫓之具，但一些小船仍在使用，直至今日。

帆

亦作"颿""飌""颿"。亦稱"風帆"。帆源自獸皮，後演變爲以草席、棉布及竹篾、竹片編扎，又以竹條夾棉布者最佳，具帆面平直、不易破裂、自重量輕、上下容易等優點，以此挂於桅杆之上，藉風力而行船。按其所處位置及作用分，有主帆、頭帆、中桅帆、尾帆、野狐帆等；按是否用竹分，有軟帆、硬帆；按升帆後帆面與桅的相對位置分，有平衡帆、半平衡帆和不平衡帆等。其狀又大致可分爲扇形、長方形及上扇下矩形數類；按製作材質分，有竹篾編織之席帆、以蒲草編織之蒲帆、以布帛製成的錦帆和布帆、以蘆頭樑製樑帆等。《釋名·釋船》："隨風張幔曰帆。帆，汎也。使舟疾汎汎然也。"王先謙疏證補引畢沅曰："《説文》作'颿'。《一切經音義》兩引，一引作'船隨風張幔曰颿'。一引作'隨風張幔曰帆'。"《玉篇·風部》："颿，古文帆。"又《馬部》："颿，風吹船進也。亦作颿。"帆之用乃使船浮泛疾進，與"泛"之義音相近，故稱。中國船舶風帆之出現年代，迄今尚未有定論。或謂甲骨文之"凡"即"帆"，如此，則故至遲殷商時已見其用。或説戰國時已使用（見林華東《中國風帆探源》）。今已確知，漢時舟船可藉風帆，遠航至日本、朝鮮、東南亞及南亞諸國。帆之設由簡而繁，初僅單一，後世帆之數隨桅而增，多桅多帆乃宋、元、明、清海船之特徵，各帆交錯鼓風，可使船疾而穩。早期之帆僅可順風而駛，至遲漢時已能轉動以調整角度。東漢時已有平衡縱帆。宋時有轉軸桅，帆能起倒，船可通橋洞。明代沙船靠帆多可逆風航行。帆之裝置始或爲方形固定正裝式，局限性大，後漸爲兩邊不對稱斜裝式，帆索演進爲可隨風嚮改變張挂方嚮之結構，帆之升降隨之有所改進，大船桅頂多裝滑輪，頗便拉動。明清時揚州已有立帆式風輪，可自調帆面角度。清代又有風力、人力并用之挂帆獨輪車。内陸沿河多山巒、樹木而風較小，故桅高而帆長。海上風大雨暴，故桅多帆短而寬，以利安全。帆源自獸皮，演變爲以草席、棉布及竹片編扎，又以竹條夾棉布者最佳，具帆面平直、不易破裂、自重量輕、上下容易等優點。唐王灣《次北固山下》詩："潮平兩岸闊，風正一帆懸。"唐杜甫《魏將軍歌》："五年起家列霜戟，一日過海收風帆。"宋曾鞏《祭袁大監文》："東南之粟，風帆手筰。歲填太倉，萬艘尾錯。"宋姜夔《過桐廬》詩："橫看山色仰看雲，十幅風帆不藉人。"明田藝蘅《留青日札·船具》："帆，障風者。竹帆、蒲帆、錦帆。"清林則徐《中秋飲沙角炮臺眺月有作》詩："轉眸已失大小虎，須臾沙角風帆收。"

【颿】

同"帆"。此體漢代已行用。見該文。

【飌】

同"帆"。此體南北朝時期已行用。見該文。

【颿】

同"帆"。此體南北朝時期已行用。見該文。

【風帆】

即帆。此稱唐代已行用。見該文。

【幔】

即帆。此稱漢代已行用。見該文。

【帆席】

即帆。亦稱"檣帆""帆幔""帆幅""帆幬"。此稱晉代已行用。舊時船帆或以席爲之，故稱。《文選·木華〈海賦〉》：“維長綃，掛帆席。”李善注：“劉熙《釋名》曰：‘隨風張幔曰帆。’或以席爲之，故曰帆席也。”唐李商隱《訪秋》詩：“江臯當落日，帆席見歸風。”《舊唐書·李皋傳》：“〔李皋〕常運心巧思，爲戰艦，挾二輪蹈之，翔風鼓浪，疾若掛帆席，所造省易而久固。”宋洪邁《容齋三筆·縛雞行》引宋李德遠《東西船行》：“東船得風帆席高，千里瞬息輕鴻毛。”宋趙萬年《卻敵凱歌》：“裹以犀革如帆幔，木楯皮屋翼兩旁。”元楊仲弘《喜晴得揚字呈汪知府》詩：“鼓聲爭奮發，帆幔各飛揚。”宋董嗣杲《舟發》詩：“風花鼓雪霰，飛舞帆幅前。”清洪亮吉《七里瀧阻風》詩：“我行發新安，三日掛帆幅。”宋陳德武《白雪遺音·馬頭調·單刀赴會》：“獨坐船頭，掛起帆幰，江風陣陣吹。”宋梅堯臣《和韓欽聖學士襄陽聞喜亭》詩：“檣帆落處遠鄉思，砧處動時歸客情。”宋李處權《觀潮》詩之一：“一一檣帆如過鳥，時時烟雨要沉牛。”

【檣帆】

即帆。此稱宋代已行用。見該文。

【帆幔】

即帆。此稱宋代已行用。見該文。

【帆幅】

即帆。此稱宋代已行用。見該文

【帆幰】

即帆。此稱宋代已行用。見該文。

【帆葉】

即帆。以蒲席爲之。此稱唐代已行用。唐皎然《送簡栖上人之建州觀使君舅》詩：“甃花新雨净，帆葉好風輕。”明高啓《獨游山中憶周記室砥》詩：“如今故人亦遠去，帆葉暮落吳江

南。”《老殘游記》第一回：“三人便將帆葉抽滿，頃刻便與大船相近。”清屈大均《廣東新語·舟語》：“篷者，船之司命……以蒲席爲之，亦曰蓬也，或以木葉爲之，曰帆葉也。”

篷

亦稱“船篷”“風篷”“篷帆”“帆篷”“蚌帆”。原指張蓋於船上以遮蔽風雨之物。後亦藉指帆。因其以竹篾織成，帆亦可以篾爲之，其質相類，其形皆片狀，甚或可互用；更者“帆”與“翻”音近，近代則同音，爲船家所忌，故以“篷”稱“帆”，甚或不説“帆”而稱“篷”。此稱宋代已行用。《廣韻·平東》：“篷，織竹夾箬覆舟也。”宋陳造《書懷》詩：“少待尊鱸付張翰，一溪風月放船篷。”明宋應星《天工開物·舟車》：“凡風篷尺寸，其則一視全舟橫身，過則有患，不及則力軟。”《天工開物·舟車》：“若湖廣、江西省舟，則過湖冲江無端風浪，故錨、纜、篷、桅必極盡制度而後無患。”明鞏珍《西洋番國志》自序：“其所乘之寶舟，體勢巍然，巨無與敵。篷帆錨舵，非二三百人莫能舉動。”《三國演義》第四九回：“箭到處，射斷徐盛船上繩索，那篷墮落下來，其船便橫。”清屈大均《廣東新語·舟語》：“篷者，船之司命。其巨艦篷，每當逆風掛之，一橫一直而弛，名曰扣篷。諺所謂‘廣州大艬，使得兩頭風。輸一篷，贏一篷’也。橫行曰輸，直行曰贏。篷，颿也，以蒲席爲之，亦曰蓬也。或以木葉爲之，曰帆葉也。每艦有二篷，風正曰八字，八字風在後則正，在前則橫，故又有‘後八字風，揚篷當中；前八字風，勾篷西東’之語。”清周凱《廈門志·船政略》：“大小風篷，織篾箬以爲帆。”《海國春秋》第二二回：“信恒得令，見

係正西風，便把十隻空船多插旗幡，聯成一片，扯起帆篷，乘夜前駛。"風吹帆張，狀如巨蚌，故稱。清黃景仁《水調歌頭·岳陽樓》詞："龍鎖脫，蛇骨斷，蚌帆張。"

【船篷】

即篷。此稱宋代已行用。見該文。

【風篷】

即篷。此稱明代已行用。見該文。

【篷帆】

即篷。此稱明代已行用。見該文。

【帆篷】

即篷。此稱清代已行用。見該文。

【蚌帆】

即帆。此稱清代已行用。見該文。

【加突】

即篷。亦稱"桻"。宋代廣東一帶對帆的俗稱。宋朱彧《萍洲可談》卷二："帆席謂之'加突'，方言也。"廣東之土語。清屈大均《廣東新語·舟語》："廣州船帆，多以通草席縫之，名之曰桻。其方者曰平頭桻，順風使之。其有斜角如折疊扇形者，逆風可使，以爲勾篷。勾篷必用雙桻，前後相叠，一左一右，如鳥張翼，以受後八字之風，謂之鴛鴦桻。舟人有口號云："鴛鴦雙篷，使風西東。'"參見清同治《廣東通志·輿地略十》。

【桻】

即加突。此稱清代已行用。見該文。

蓆帆

亦作"帆蓆""風蓆""席篷"。竹篾編織之帆，中間夾以若干撐條，可摺疊。"凡船篷其質乃析篾成片織就，夾維竹條，逐塊折叠，以俟懸掛。"（明宋應星《天工開物·舟車》）簡樸價

廉而較常見行用。泉州出土之宋代海船有其實物樣品。《文選·木華〈海賦〉》："維長綃，掛帆蓆。"李善注："劉熙《釋名》曰：'隨風張幔曰帆。'或以蓆爲之，故曰帆蓆也。"唐劉威《宿漁家》詩："月明何處去，片片蓆帆斜。"李白《金陵江上遇蓬池隱者》詩："明晨掛帆蓆，離恨滿滄波。"宋袁説友《庖人舟以風殿后早飯不繼》詩："帆蓆攙前去，炊烟落後陳。"宋曾鞏《寄舍弟》詩："空間掛風蓆，扁舟與誰安。"明田藝蘅《留青日札·船具》："帆，障風者。竹帆、蒲帆、錦帆。"清徐葆光《中山傳信録》："蓆篷、布篷九道；船面橫大木三道，設軸轉繚以上下之。"

【帆蓆】

同"蓆帆"。此體漢代已行用。見該文。

【風蓆】

即蓆帆。此稱宋代已行用。見該文。

【竹帆】

即蓆帆。此稱明代已行用。見該文。

【席篷】

即蓆帆。此稱清代已行用。見該文。

【蒲帆】[1]

帆。此稱明代已行用。見該文。

【錦帆】

帆。此稱明代已行用。見該文。

盧頭木葉帆

用盧頭木葉織成的帆。三國吳萬震《南州異物志》："外徼人隨舟大小，或作四帆，前後逯載之。有盧頭木葉如牖形，長丈餘，織以爲帆。其四帆不正向前，皆使邪移，相聚以取風。風吹後者，激而相射，亦并得風力。若急，則隨宜減滅之也。邪張相取風氣，而無高危之慮，

故行不避迅風激波，安而能疾。”亦作“蘆頭木葉帆”。《太平御覽》卷九〇六引南朝宋沈懷文《南越志》：“南海江岸間有蘆頭木，葉如甘蔗，織以爲帆。以其疏暢懷風，故帆不似布。”

【蘆頭木葉帆】

同“盧頭木葉帆”。此體南朝時已行用。見該文。

布帆

亦作“布颿”，亦稱“布篷”。布製之帆。約始於東漢。較之蓆帆，布帆易於收下，然費用不菲，故多爲官船所用。晋時尚屬珍稀，宋代以前多用麻布，現代常用多幅粗棉布縱嚮編縫而成。《晋書·顧愷之傳》：“愷之嘗因假還，仲堪特以布帆借之。”《樂府詩集·清商曲辭三·懊儂歌八》：“長檣鐵鹿子，布帆阿那起。”唐李白《秋下荆門》詩：“霜落荆門江樹空，布帆無恙掛秋風。”宋柴隨亨《宿袁州楓林邸》詩：“維舟煙柳外，風健布帆輕。”元張雨《漁父詞·漫翁新制畫舫湖中，予爲名其舫》：“用布帆自李此物由來不可名。”明宋應星《天工開物·舟車》：“東浙西安船……初爲布帆者，原因錢塘有潮湧，急時易于收下。此亦未然，其費似侈于篾蓆，總不可曉。”明高攀龍《三時記》：“午後，餘五人共載而泛，張布颿信風所之，甚見氣象。”清徐葆光《中山傳信録》：“蓆篷、布篷九道；船面橫大木三道，設軸轉繚以上下之。”清張瑞璣《題吳山民江南歸棹圖》詩：“一片布帆雙槳雨，穩搖詩夢到江南。”

【布颿】

同“布帆”。此稱明代已行用。見該文。

【布篷】

即布帆。此稱清代已行用。見該文。

蒲帆 [2]

蒲草編織之帆。以麻繩繫結蒲蓆若干塊連成一定尺度，并設邊筋和帆竹加固即成。此種帆較未經染練之布帆耐腐，唯操縱不如布帆便利。蒲，又名香蒲，一種水生草本植物，葉狹長，可作蒲蓆、蒲扇、簑等，亦可編織船帆。因蒲草多生於閩、廣一帶，故蒲帆多在江南及東南地區使用。唐王建《題渭亭》詩：“雲開遠水傍秋天，沙岸蒲帆隔野煙。”宋趙蕃《過湖得便風舟甚駛》詩：“六幅蒲帆去如箭，江神有意特相憐。”元袁易《江城子·余與勉夫應酬，人事之餘，頗浮沉於詩酒》詞：“江雲漠漠水潺潺。掛蒲帆。”明宋應星《天工開物·舟車》：“風帆編蒲爲之，不掛獨竿桅，雙柱懸帆，不若中原隨轉。”明田藝蘅《留青日札·船具》：“帆，障風者。竹帆、蒲帆、錦帆。”清屈大均《廣東新語·舟語》：“篷，颿也，以蒲蓆爲之，

簹

亦稱“桦”“篷簹”“桦雙”“笨”。以篾蓆、蒲蓆或盧頭木葉編織成之船帆。《説文·木部》：“桦，桦雙也。”朱駿聲通訓定聲：“桦，桦雙，叠韻連語，即笨也。即今糧艘以篾蓆爲帆。”又《竹部》：“笨，桦雙也。”段玉裁注：“《廣雅·釋器》：‘篷簹謂之笨。’……以篾蓆爲帆曰桦雙，故字或皆從竹。今大船之帆多用篾蓆，是也。”《格致鏡原·舟車》引南朝宋沈懷遠《南越志》：“南海有盧頭木，葉如甘蔗，織以爲帆，名曰簹。”按，盧頭木一本作“蘆頭木”。《玉篇·竹部》：“簹，桦簹也。”《廣韻·平江》：“簹，帆也。”清屈大均《廣東新語·舟語》：“篷，颿也，以蒲蓆爲之，亦曰簹也。”

【筸艭】

即艭。此稱三國已行用。見該文。

【桻艭】

同“筸艭”。此體漢代已行用。見該文。

【桻】

即艭。此稱漢代已行用。見該文。

【笩】

即艭。此稱漢代已行用。見該文。

頭篷

亦稱“頭帆”“頭桅帆”“頭襆”“頭風篷”。頭桅所懸之帆。明宋應星《天工開物·舟車》：“糧船中桅篷合併十人力方克湊頂，頭篷則兩人帶之有餘。”清江日昇《臺灣外記》卷八：“一面金鼓旌旗，嚴肅隊伍，各起頭帆、浮椗備敵。”清梁鴻勳《北海雜録·漁具漁船》：“中桅帆上廣二丈七尺，下廣三丈八尺；頭桅帆上廣一丈八尺，下廣二丈五尺；尾桅帆上廣八尺，下廣一丈二尺。”《曾文正公全集·日記·遊覽》：“七月十五日，自五河開船，臨淮河僅十里小泊。忽于西正二刻大風暴……大風將頭篷、二篷繩索扯斷，有如刀截。”清徐葆光《中山傳信録》：“頭桅上布篷名頭襆，上尖下方，三角形，長三丈，下闊二丈八尺。”清乾隆《欽定福建省外海戰船則例》卷一四：“頭風篷一扇，長三丈四尺，寬一丈六尺。”

【頭帆】

即頭篷。此稱清代已行用。見該文。

【頭桅帆】

即頭篷。此稱清代已行用。見該文。

【頭襆】

頭桅上布篷，即頭篷。此稱清代已行用。見該文。

【頭風篷】

即頭篷。此稱清代已行用。見該文。

中桅篷

亦稱“中桅帆”“大篷”“大風篷”，今亦稱“主帆”。主桅懸挂的帆。處於船體重心的前方，駛風時起主要作用。其尺度大於他帆。明宋應星《天工開物·舟車》：“糧船中桅篷合併十人力方克湊頂，頭篷則兩人帶之有餘。”清梁鴻勳《北海雜録·漁具漁船》：“中桅帆上廣二丈七尺，下廣三丈八尺；頭桅帆上廣一丈八尺，下廣二丈五尺；尾桅帆上廣八尺，下廣一丈二尺。”清唐贊袞《寄懷莘之三兄》詩：“洋艘高峩峩，大篷戰翼翼。”清乾隆《欽定福建省外海戰船則例》卷一四：“大風篷一扇，長六丈八尺，寬三丈二尺。”

【中桅帆】

即中桅篷。此稱清代已行用。見該文。

【大篷】

即中桅篷。此稱清代已行用。見該文。

【大風篷】

即中桅篷。此稱清代已行用。

【主帆】

即中桅篷。此稱多行用於近現代。見該文。

後帆

亦稱“尾送“尾帆””“艄篷”。尾桅懸挂之帆。尺度小於頭帆。配合主、頭帆以增受風面積，使操舵省力。打戧時可減小曲折航行幅度，利於安全。唐張喬《滕王閣》詩：“早凉先燕去，返照後帆孤。”清李鑾宣《芥園歇山樓落成展重陽日往游得七古》詩：“前帆半陰後帆卸，聲聲欸乃煙中聰。”清林樹梅《歗雲文鈔》卷一〇：“舵樓右小桅掛篷，曰尾送。朔望歲時升媽祖神旗。"清徐葆光《中山傳信録》："尾送布篷長四丈，寬二丈七尺。共篷九道。"清周凱《廈門志・船政略》："乾隆十四年，以海洋憑虚禦風，全憑帆力，大篷旁加插花、桅頂上加頭巾頂，一體動公制用，造册交廠修換。"

【尾送】

即後帆。此稱清代已行用。見該文。

【尾帆】

即後帆。此稱至遲近現代已行用。見該文。

【艄篷】

即後帆。此稱至遲近現代已行用。見該文。

野狐帆

亦稱"頭巾頂""插花褲""插花""篷褲"。大帆之上加掛的小輔帆。數量不一，風弱時可提挈而行。宋徐兢《宣和奉使高麗圖經・客舟》："大檣之巓更加小颿十幅，謂之野狐帆，風息則用之。"清陳倫炯《海國聞見録》上卷："洋艘于篷頂桅上加一布帆，以提吊船身輕快，爲頭巾頂。""又于篷頭之旁，加一布帆以乘風力，船無欹側而加快，爲插花。"清李鼎元《使琉球記》："初使風時，各篷再加插花褲，大篷更加頭巾頂，皆以布爲之，插花附于篷側、頭巾附于桅梢。"清徐葆光《中山傳信録》："大桅頂蓬名頭巾頂，惟官舶始用之，商船不得用；長五丈四尺，寬五丈。""插花布篷，長四丈八尺，寬三丈四尺。插花下布篷，名插花褲，長六尺，寬一丈五尺。"光緒《大清會典事例》卷六二九："往販外洋商船，准用頭巾、插花，并添竪桅尖，其内洋商船及漁船，不許用頭巾、插花、桅尖。"

【頭巾頂】

即野狐帆。此稱清代已行用。見該文。見該文。

【頭巾】

"頭巾頂"之省稱。此稱清代已行用。見該文。

【插花褲】

省稱"插花"。即野狐帆。此稱清代已行用。見該文。

【插花】

"插花褲"之省稱。此稱清代已行用。見該文。

牽引器具

縴

亦作"牽""艌"。亦稱"笍""筰""篾纜"。牽引器具。縴多以竹篾編織而成，力强而耐濕。《説文・竹部》："筰，笍也。从竹，作聲。"王筠句讀："筰，竹索，西南夷尋之以渡水。"徐鍇繫傳引《史記・河渠書》之《漢武帝歌》："搴長笍兮沈美玉。"段玉裁注："謂用析竹皮爲繩索也。今之篾纜也。"《釋名・釋船》："引舟者曰筰。作也，作起也，起舟使動行也。"《正字通・舟部》："或曰挽舟索謂之艌，本作牽，或作縴。因其爲挽舟具，故從念，從舟作艌。艌音牽，去聲。"

【筰】

即縴。此稱漢代已行用。見該文。

【笍】

即縴。此稱漢代已行用。見該文。

【篾纜】

　　即縴。此稱清代已行用。見該文。

【艩】

　　同"縴"。此體明代已行用。見該文。

【牽】

　　同"縴"。此體明代已行用。見該文。

止留器具

錨

　　亦作"貓"。亦稱"金十貓""拖泥"。泊船器具。形似貓爪，故名。始爲大石或用簍筐滿裝石塊，繫於繩端入水以泊。後有木爪石錨，即於石塊兩旁繫上木爪，靠重量和抓力使船停泊。錨至遲於西漢中期至東漢時已行用。1955年廣州近郊出土的東漢墓有一陶製船模，船頭繫錨，船尾設舵。南朝時已有關於金屬錨的記載。明代錨之使用更爲普遍，帆船多用四爪鐵錨，其性能優良，至今仍見行用於舢板及小船。大船有常置數鐵錨者，如嘉靖十三年（1534）的封舟（明朝曾用以派往琉球册封琉球王，故稱），有四件重約五千斤之大鐵錨。大船錨常有多個，錨之最大者稱看家錨。拋錨、起錨，皆采用絞車作業。《天工開物・舟車》："風息開舟，則以雲車絞纜提錨使上。"《玉篇・金部》："錨，器也。"宋周密《癸辛雜識續集・海䖘》作"貓"。明焦竑《俗書勘誤》卷一一作"金十貓"。明宋應星《天工開物・舟車》："凡船制底爲地，枋爲宫墻，陰陽竹爲覆瓦……櫓爲車馬，簟纖爲履鞋，緋索爲鷹雕筋骨，招爲先鋒，舵爲指揮主帥，錨爲扎車營寨。"《警世通言・俞伯牙摔琴謝知音》："將船灣泊，水底拋錨，崖邊釘橛。"現代錨用鑄鋼或鍛鋼製造，形式多樣，有杆錨、無杆錨和大抓力錨等，有杆錨和無杆錨適用於淺海，大抓力錨適用於深海，多爲四爪或兼用兩爪者。另有拋於岸上之獨爪錨。舊時疍船行錨稱之爲"拖泥"。《切口・疍船行》："拖泥，錨也。"

【貓】[1]

　　同"錨"。此體宋代已行用。見該文。

【金十貓】

　　即錨。此稱宋代已行用。見該文。

【拖泥】

　　即錨。此稱清代已行用。見該文。

【碇】

　　亦作"矴""椗""碠"。停船時拋入水中，以穩定船身的石塊或繫船用的石墩。"石"爲製作材料，"定"乃固定之意。亦指木石結合之兩爪木爪石碇。實爲錨類。浙江餘姚河姆渡遺址中，有一直徑一尺五寸圓石，裝於專門編織之網兜内，乃新石器時代晚期之石碇，亦爲迄今發現最早之碇。漢代已用爪力錨泊船，如廣州東漢陶船模，其首部繫有一物，正視呈"十"字形，兩爪，已有後世多齒錨的特點。1975年，於福建泉州附近的晉江灘地上出土一宋元時期花崗岩碇石，長六尺九寸六分，中段厚、寬分别爲五寸一分和八寸一分，兩側鑿有凹槽，狀與《宣和奉命高麗圖經》所述相合。《三國志・吳書・董襲傳》："建安十三年，權討黄祖。

祖横兩蒙衝挾守洒口，以拼闉大絏繫石爲碇。”
宋劉筠《淮水暴漲舟中有作》詩：“客子方思舟
下碇，陰虹自喜海爲家。”宋李薰《從薛元法會
食保福意軒得徑字》詩：“義取靡容勒，風船猶
可矴。明夏子陽《使琉球錄·使事紀》：“二十
日，舟遂出港，下椗泊焉。”清林君昇《舟師
繩墨·碇手事宜》：“波濤浩渺，望戰艦如磐石，
知碇之爲功甚大。”清周凱《廈門志·船政略》：
“椗，用赤皮木，用以泊船。”《負曝閒談》第二
○回：“汽筒迭連響過了三遍，不多一刻，就起
椗開船。”

【矴】

同“碇”。此體宋代已行用。見該文。

【艇】

同“碇”。此體明代已行用。見該文。

【椗】

同“碇”。此體清代已行用。見該文。

【碇石】

即碇。亦作“矴石”，此稱唐代已行用。《新
唐書·楊瑒傳》：“事益于人，書名史氏足矣。若
碑頌者，徒遺後人作碇石耳。”《續資治通鑑·宋
高宗建炎四年》：“金以樓船併力攻彥先，彥先
所乘舟下碇石，急收不應。金人擊之，彥先與
其家皆死。”宋蘇軾《峻靈王廟碑》：“夜半大風，
浪駕其舟空中，碎之石峰下，夷皆溺死，儋之
父老，猶有及見敗舟山上者，今獨有矴石存焉
耳。”宋徐兢《宣和奉使高麗圖經·客舟》：“船
首兩頰柱中有車輪，上縮藤索，其大如椽，長
五百尺，下垂矴石，石兩旁夾以二木鉤。”《三
國演義》第四五回：“至操寨邊，瑜命下了矴
石，樓船上鼓樂齊奏。”

【矴石】

同“碇石”。此體宋代已行用。見該文。

【石碇】

即碇石。亦作“石矴”。亦稱“硾舟石”。
此稱唐代已行用。唐釋圓照《代宗朝贈司空
大辨正廣智三藏和上表制集·進造文殊閣狀》：
“七百六十四千文，買石碇諸雜石並雇車脚手功
糧食等用。”宋蘇軾《兩橋》詩引：“始作浮橋，
以四十舟爲二十舫，鐵鎖石矴，隨水漲落。”宋
姜夔《昔游》詩：“篙師請小泊，石矴沉泥沙。
《資治通鑑·漢紀四十八》稱“碇”爲“硾舟
石”。

【石矴】

同“石碇”。此體宋代已行用。見該文。

【硾舟石】

即碇。此稱宋代已行用。見該文。

石錨

有爪之矴。在美國加利福尼亞南海岸，先
後發現五隻古代海船遺留下來的石錨，經鑒定，
其石質與我國南部海岸及臺灣中東部的岩石一
樣。據其表層所積聚的錳礦推斷，應爲殷代末
年之物。

鐵貓

亦作“鐵錨”。亦稱“鐵貓兒”“錨”“貓”。
鐵製的錨。其狀似具銳爪之貓，故稱。大者數
百斤，以鐵索貫之，置於船之首尾。若中流遇
逆風，不可去，又不可泊岸，又或遇同行之前
舟阻擋，恐船順勢急去而有碰撞之禍，則拋錨
入水底泥中，或抓住物件而使船停住。泊岸
時亦拋錨水中以固船。宋周密《癸辛雜識續集
上·海蛆》：“舵梢之木曰鐵棱，或用烏婪木，出
欽州，凡一合直銀五百兩。其鐵貓大者重數百

斤，嘗有舟遇風下釘，而風怒甚，鐵貓四爪皆折，舟亦隨敗。"又《癸辛雜識續集上·栅沙武口》："俟彼船出口子，即以鐵貓兒罥定，復回棹拽其船以歸。"宋劉克莊《西江月·腰痛舊傳陳復齋名方歲久失之》詞："思邈方書去失，休文老病來攻。新年筋力太龍鐘，腰似鐵貓兒重。"《元典章新集·刑部·偷盜》："蔣阿三等偷盜不知名舡主鐵貓四個。"明宋應星《天工開物·舟車》："凡鐵錨所以沉水繫舟。"明焦竑《俗書刊誤·俗用雜字》："船上'鐵錨'或作'錨'，俗讀若茅，即今船首尾四角叉，用鐵索繫之，令沉水中，使船不動搖者。""船上拏泥鐵器曰錨。"明方以智《通雅·諺言》："船上鐵貓曰錨。"《初刻拍案驚奇》卷一："舟人把船撐入藏風避浪的小港内，釘了椿橛，下了鐵錨，纜好了。"清麟慶《鴻雪姻緣圖記》："惟有木碇，以夾喇泥木爲上，次曰烏鹽木。蓋南洋泥性過柔，鐵錨易走，故設此制。"清賀長齡《江蘇海運全案》卷一二："大檣之前有舟牙焉，所以起貓也。"

【鐵錨】

同"鐵貓"。此體明代已行用。見該文。

【鐵貓兒】

即錨。此稱宋代已行用。見該文。

【錨】

即鐵貓。此稱明代已行用。見該文。

【貓】[2]

即鐵貓。此稱清代已行用。見該文。

【鐵十字】

即鐵貓。此稱明代已行用。明田藝蘅《留青日札·船具》："鐵十字，即錨，所以矴船。"

獨爪錨

錨的一種。鐵製或木製。直錨爪，與錨杆呈銳角，使用時栽到河岸上。多爲木帆船臨時繫泊的輕便錨具。楊槱等《話説中國帆船·中國帆船的推進、轉嚮和繫泊裝置》："在明代，人們仍然常用木爪錨……此後，人們又發明了裝有橫擔的兩爪錨和犁式的獨爪錨。獨爪錨衹是用于岸邊繫泊，栽到岸上的一種簡便的錨。"

兩爪錨

錨之一種。鐵製或木製。直錨爪，與錨杆呈銳角，杆下端穿一橫擔。航海木帆船停泊時用以輔助固定船位。多爲漁船所用。見上文楊槱等《話説中國帆船·中國帆船的推進、轉向和繫泊裝置》所述。

四爪錨

亦稱"唐人錨"。錨之一種。鐵製。其形四爪彎曲，似貓爪，故稱。因乃中國所獨創，故又有"唐人錨"之稱。明代已行用。其用必有兩爪同時抓泥。鄭和下西洋寶船上之四爪錨，明鞏珍《西洋番國志》："非二三百人不能舉動。"明宋應星《天工開物·錘鍛》："凡舟行遇風難泊，則全身繫命于錨，戰船海船有重千鈞者。錘法先成四爪，以次逐節接身。其三百斤以内者用徑尺闊砧，安頓爐傍，當其兩端皆紅，掀去爐炭，鐵包木棍夾持上砧。若千斤内外者則架木爲棚，多人立其上共持鐵鏈。兩接錨身，其末皆帶巨鐵圈鏈套，提起掀轉，咸力錘合。合藥不用黄泥，先取陳久壁土篩細，一人頻撒介面之中，渾合方無微罅。蓋爐錘之中，此物其最巨者。"章巽《中國航海科技史》："四爪錨是中國獨創的繫泊工具。四爪錨必有兩爪同時抓泥，這是它的優點，因而被外國船舶所引用。"

這種錨，日本叫做'唐人錨'。"1978 年，廣州六榕路鐵局巷發現明代四爪錨，高一丈二分，反映了明代造船已具有很高的水平。（見《廣東省志·船舶工業志》）

【唐人錨】

即四爪錨。此稱明代已行用。見該文。

【千鈞錨】

即四爪錨。千鈞，言其極重也。由熟鐵鍛成。其造法乃先鍛成四爪，再以次逐節接身。

南京博物院、泉州海外交通史陳列館、廈門大學歷史文物陳列館等均藏有類似大鐵錨。明宋應星《天工開物·錘鍛》："凡舟行遇風難泊，則全身繫命于錨，戰船海船有重千鈞者。錘法先成四爪，以次逐節接身。"劉以林《中國科技史話·空前的冶金生產規模》："明代鑄造的萬鈞鐘……和鍛造的千鈞錨，不論從鑄、鍛技術和生產規模看，在當時世界上都是比較先進的。"

第二節　航天說

航天夢考

我華夏先民對於蒼茫無垠的太空，滿富幻想，十分嚮往，無限崇敬并百思不得其解，多認爲定有神物存在。早在戰國時期，屈原在楚辭《天問》中就曾連連發問："夜光何德死而又育？厥利維何而顧菟在腹？"詩人不解月亮有何德行，居於天地間生生不息？究竟爲何利益而育兔於懷中？（按，此處"顧菟"釋爲兔，另說"顧菟"謂"兔在月中顧望"，但詩人認爲月中有兔則毫無疑問。）西漢典籍《淮南子·覽冥訓》又載"羿請不死之藥于西王母，姮娥竊以奔月"，又說明月中有不死的神女居住其中，爲神人栖息之處，後世稱爲"月宮"或"廣寒宮"（見《錦繡萬花谷》前集卷一引舊題漢東方朔《海內十洲記》，宋朱勝非《紺珠集》卷五亦引此書）。其後，有關月中之情境古代典籍屢見描述，除却姮娥、顧菟之外，尚有專司砍伐的神匠吳剛及快速生長的參天桂樹。凡世間的人類、動物、植物，月中應有盡有。屈原在《天問》中又連連發問："圓則九重孰營度之？惟茲何功孰出作之？"在詩人心目中。天體有九重之多，是誰開始營造，度量得這般精妙？如此巨大的工程又由誰策劃而成？何謂"九重天"，漢揚雄《太玄經》中已有詳細記載，一曰中天、二曰羨天、三曰從天、四曰更天……九曰成天（與意大利但丁《神曲》所載暗合，祗是九種名稱有別而已）；道家另有三十六重天之説。雖兩説有別，但却一直認爲天有多重，并盡皆認爲天上設有壯麗的宮殿，稱爲"天宮"。《漢武帝内傳》首載"天宮"："七月七日，乃修除宮掖，設座大殿，以紫羅薦地，燔百和之香……宮監香果，爲天宮之饌。"《宋書·夷蠻傳·訶羅陁國》又載："元嘉七年，奉使表曰：'伏承聖主，信重三寶，興立塔寺，周滿國界……臺殿羅列，狀若衆山，莊嚴微妙，猶如天宮。'"我國文學史中時有歌咏天宮的名篇佳作，如北周庾信《秦州天水郡麥積崖佛龕銘》："法雲常住，慧日無窮，方域芥盡，不變天宮。"唐釋貫休《壽春進祝聖七首·千載降祥》詩："九天宮上聖，降世共紹回。萬匯須亭毓，群仙送下來。"宋蘇軾《次韻答元素》："蘧蘧未必都非夢，了了方知不落空。莫把存亡悲六客，已將地獄比天宮。"對於"天宮"，古代帝王與星象學研究至爲重視。《史記·天官書》稱之爲"中宮"，隋唐間的《步天歌》與《舊唐書·天文志下》稱之爲"紫微垣"。"紫微垣"爲星象學三垣之中垣，即天帝居住的内庭，除却天帝之外，皇后、太子、嬪妃皆居於此。歷代統治者常憑藉這些星象的變化判斷吉凶禍福，以采取應急補救之對策。

是的，先民對於蒼茫無垠的太空，滿富幻想，十分嚮往，悠悠數千載，始終未斷航天夢。《埤雅·釋鳥》載："墨子作木鳶，飛三日不集。列子所謂班輸之雲梯，墨翟之飛鳶是也。今人乘風放紙鳶，鳶轍引絲而上。""墨鳶"之説，實無可能，祇是先民的一種希冀而已；"班梯"之説，當非虛言，但先民僅能藉此登高罷了；而"乘風放紙鳶"，仰望高空，但見"鳶轍引絲而上"，這却是先民探天的最大樂趣之所在。紙鳶，即後世的紙製"風箏"，據考約有兩千年歷史。先民有無窮盡潜力。中華民族在發明火藥之後，至北宋時又發明了初始的火箭，即將筒裝火藥捆綁在箭竿上發射出去，以增加射程，增快速度，加大破壞力。南宋時與金、蒙古交戰頻繁。紹興三十一年（1161），南宋首次使用了現代意義的火箭武器"霹靂砲"，以此重創金軍。時至 13 世紀，蒙古軍先後三次向西方大舉進攻中就采用了南宋的火藥技術，其中就有多箭齊發的火箭裝置，令西方大爲震驚。在交戰中阿拉伯人首先學得中國火藥與火箭技術，進而傳入歐洲。現代航天最爲關鍵的第一步，就是火箭的發射，我中華民族無意間爲人類實現航天夢盡了一臂之力。西方世界并未忘却古老中國的上述貢獻。今日，在美國華盛頓宇航博物館正廳裏懸有一隻中國風箏，上書"人類最早的飛行器是中國的風箏和火箭"；英國大英博物館也收藏有中國的風箏，稱其爲"中國的第五大發明"。悠悠數千載，國人從未停止航天夢。民國十三年（1934），國難當頭之際，由清華大學王士倬教授（美國麻省理工學院航空工程專業留學歸國）率領航空工業專業師生自製了直流式與迴流式兩種風洞，達到世界領先水準。何謂“風洞”？是航空航天項目的一種管道狀實驗設施，以人工的方式產生并控制氣流，用來模擬飛行器或其周圍氣體流動情況，并可度量氣流對實體的作用效果，以及觀察所產生的一切物理現象。1960年11月王士倬教授的弟子錢學森，率領中國團隊成功發射了第一枚導彈。1970年4月，我國第一顆人造衛星發射成功。2003年10月，我國開始了第一次載人航天飛行，開啟了中國航天的新征程。

天宇

亦作“天寓”。猶言太空、宇宙。《漢書·東平思王宇傳》：“數歎息，呼天宇。”宋宋祁《夜分不寐》詩二首之一：“傾荷破月天寓，女子牆高烏夜啼。”《宋史·禮志七》：“及行事，風頓止，天宇澄霽。”明何喬新《秋懷》詩：“仰視天宇間，銀河隔雙星。”

【天寓】

同“天宇”。此體宋代已行用。見該文。

天庭

天上的宮廷。先民心目中認定爲神仙的居所。《漢書·揚雄傳上》：“選巫咸兮叫帝閽，開天庭兮延群神。”顏師古注：“服虔曰：‘令巫祝叫呼天門也。’師古曰：‘巫咸，古神巫之名。’”《宋書·樂志二》：“地郊饗神歌：溢九壤，格天庭，保萬壽，延億齡。”宋樂史《太平寰宇記·河南道六·土產》：“梁開平初，感夢於天庭，再立祠廟。

【天宮】

即天庭。《宋書·夷蠻傳·扶南國》：“臺殿羅列，狀若衆山，莊嚴微妙，猶如天宮。”唐岑參《與高適薛據同登慈恩寺塔》詩：“塔勢如涌出，孤高聳天宮。”元趙文《瓊花上天歌》：“天宮夜半按霓裳，玉女擎花紫皇笑。”

月宮

亦稱“廣寒宮”“蟾宮”。中國神話月中的宮殿，傳說中的嫦娥居於此。舊題漢東方朔《海內十洲記》：“曾隨師主履行，比至朱陵扶桑……月宮之間。”《錦綉萬花谷》前集卷一引舊題漢東方朔《海內十洲記》：“冬至後，月養魄於廣寒宮。”又引舊傳堯帝之女靈源夫人語：“高秋渾似水，萬里正圓明。玉兔步虛碧，冰輪躡太清。廣寒宮有路，桂子落無聲。”舊題韓東方朔《靈棋經》卷一〇：“鵬鶚當秋勢轉雄，乘風奮翼至蟾宮。”唐陸龜蒙《秋賦有期因寄襲美》詩：“廣寒宮樹枝多少，風送高低便可攀。”清尤侗《五君咏》五首之一：“却入廣寒宮，醉倒珊瑚樹。”

【廣寒宮】

即月宮。此稱漢代已行用。見該文。

【蟾宮】

即月宮。此稱漢代已行用。見該文。

今世航天考

航天，俗稱"太空飛行""航天飛行"或"宇宙飛行"；本考是指航天事業，是指人類離開久居的地球，深入大氣層以外的未知領域進行探索、研究，并進而開發利用，甚而移居此，嘗試另一種嶄新的生活。爲此，人類已經發明製造了人造衛星、太空船等，已取得輝煌成就，已登陸月球，終於發現月球真實面目，更有登陸火星的計劃與設想。爲尋求永久性長遠發展，又連連設立了衆多空間站。進入二十一世紀，我國的航天事業也步入了世界最先進的行列，并擁有了專屬於自家的嫦娥工程，中華民族悠悠數千載的航天夢已開始實現。

【人造卫星】

何謂"人造衛星"？指運動於地球大氣層之外、應用於科技領域的衛星。按用途分主要有探測衛星、氣象衛星、通信衛星、測控衛星等。早在 1936 年第二次世界大戰前夕，納粹德國就已秘密建起火箭實驗基地，并於 1942 年發射了以酒精與液態氧爲推進劑的 V-2 型火箭。納粹德國曾用以襲擊英倫三島，但雖有如此先進技術，因其反人類戰爭的性質，注定了失敗的結局，而與之直接交戰的蘇聯與美國，則首先掌握了這一現代化并前衛的火箭技術。第二次世界大戰之後，隨同這一火箭技術的迅猛發展，世人已經具備了發射人造衛星的條件。世界上第一顆人造衛星，就是由蘇聯於 1957 年 10 月發射上天的，緊隨其後的 1958 年 1 月，美國亦成功發射其第一顆人造衛星。在此後的幾十年裏，軍事衛星技術得到迅猛發展。在這些航天器中，亦有中國製造的民用衛星和科學試驗衛星。中國研製衛星始於 1965 年 8 月，1970 年 4 月第一顆衛星發射成功。之後，中國用"長征"系列運載火箭，先後發射了各類衛星數百顆。

【太空船】

何謂"太空船"？"太空船"又稱"載人飛船"等，是能保障航天員在太空執行航天任務，并能使其座艙沿彈道式或升力彈道式路徑返回地面着陸的航天器。通常分爲環繞地球軌道飛行的衛星式飛船、飛往月球的登月式飛船，以及飛往太陽系各大行星的行星際飛船，將來還可能會出現飛往恒星際空間的恒星際飛船。衛星式飛船和登月式飛船是太空船中較小的載人航天器，在運行軌道上一般祇能單獨飛行數天到十幾天。1961 年 4 月，蘇聯發射世界上第一艘載人飛船"東方"一號。此後，又相繼發射了"上升"號飛船和"聯盟"號飛船。1962 年 2 月，美國發射了"水星"號飛船，之後又研製并發射了"雙子星座"號船和"阿波羅"號登月載人飛船。中國進行載人航天研究的歷史可以追溯到 20 世紀 70 年代初。在中國第一顆人造地球衛星"東方紅"一號上天之後，當時的國防部五院院長錢學森就提出，中國要搞載人航天。國家當時將這個工程命名爲"714

工程"（即於 1971 年 4 月提出），并將飛船命名爲"曙光"一號。1992 年 9 月 21 日，中國太空船的研製工作再次啓動，代號爲"921 工程"。1999 年 11 月 20 日，長征系列新型運載火箭成功發射"神舟"一號無人試驗飛船，11 月 21 日飛船順利回收。隨後，中國分別於 2001 年 1 月、2002 年 3 月和 2002 年 12 月，又成功進行了三次"神舟"無人飛船飛行試驗。2003 年 10 月 15 日 9 時整，"神舟"五號載人飛船在中國酒泉衛星發射中心發射成功。飛船在太空中圍繞地球飛行 14 圈，經過 21 小時 23 分，安全飛行 60 萬千米後，於 16 日 6 時 23 分在内蒙古着陸場成功返回着陸。航天員楊利偉乘坐"神舟"五號載人飛船執行首次載人航天飛行任務。這是中國首次進行載人航天飛行，中國航天技術實現歷史性的跨越。

【嫦娥工程】

2004 年 3 月，中華民族悠悠數千載的航天夢迎來了光輝時刻，我國正式展開月球探測計劃，并命名爲"嫦娥工程"。此工程分爲三階段：一、無人月球探測；二、載人登月觀察；三、建立月球基地。國人如同嫦娥一樣，已得以飛入"月宫"。實際的月宫非常複雜，寸草不生，月表凸凹不平，充滿環形山，并伴有一定的輻射，僅依靠人類步行觀察絶難完成。2013 年 11 月，中國以"玉兔車"命名的首輛月球車誕生，此"玉兔"之名正是源起於傳説中與嫦娥共生共存的玉兔。此車與登月着陸器儀一起構成了"嫦娥"三號探測器，承擔了人類能承擔或不能承擔的一切艱巨任務。而探月工程，祇是航天工程的第一步，祇是步入自家的衛星月球，爲行程最近的一步而已，偉大的民族終將飛往所謂"九重天""三十六重天"等更爲神秘的天體。

索　引

索引凡例

一、本索引爲詞條索引，凡正文詞條欄目出現的主詞條均用"*"標示，副詞條則無特殊標識。

二、本索引諸詞條收錄順序以漢語拼音音序爲基礎，兼顧古音、方言等差异，然爲方便檢索，又與音序排列法則有异，原則如下：

首先，以詞條首字所對應的拼音字母爲序排列，詞條首字相同（讀音亦同）者爲同一單元；詞條首字不同但讀音相同的各個單元，一般按照各單元詞條首字的筆畫，由簡至繁依次排列。例如以huáng爲首字的詞條，則按首字筆畫依次分作"皇""黄"等不同單元；又如以diāo爲首字的詞條，則按首字筆畫依次分作"虭""蛁""貂"等不同單元。此外，爲方便查閱和比較，在對幾個同音且各祇有一個詞條的單元排序時，一般將兩個或幾個含義相同或相近的單元鄰近排列。如"埋頭蛇""貍蟲""薶頭蛇"都屬於mái爲首字的單元，且"埋頭蛇"與"薶頭蛇"含義相同，因此這三個單元的排列順序是"貍蟲""埋頭蛇""薶頭蛇"。

其次，同一單元内按各詞條第二字讀音之音序排列，第二字讀音相同者則按第三字讀音之音序排列，以此類推。例如以"皇"爲首字的單元各詞條的排列依次爲"皇戎、皇帝鹵簿金節……皇貴妃儀仗金節……皇史宬……皇太后儀駕卧瓜……皇庭"。

三、本索引中詞條右側的數字爲該詞條在正文位置的起始頁碼。

四、本索引所收詞條僅限於正文、附錄中明確按主、副詞條格式撰寫的詞條，而在其他行文中涉及的詞條不收錄。

五、多音字、古音字或方言字詞條按其讀音分屬相應的序列或單元，如"大常"古音爲tàicháng，因此歸入音序T序列；又如"葛上亭長"，"葛"是多音字，此處讀gé，因此歸入音序G序列之ge的二聲單元；互爲通假的詞條，字雖异然而讀音同者，如"解食""解倉"皆爲芍藥別稱，因"食"與"倉"通，故"解食"讀音與"解倉"同；等等。

六、某些詞條多次出現，在正文中以詞條右上標記數字爲標志，如"朝[1]""朝[2]""百足[1]""百足[2]"等，索引中亦按照其右上標記數字的順序排列。詞條相同但讀音不同的則按照其讀音分屬相應的音序序列和單元。如"蟒[1]"（měng）、"蟒[2]"（mǎng），"蟒[1]"歸入音序M序列之meng的三聲單元，"蟒[2]"則歸入音序M序列之mang的三聲單元。

七、某些特殊詞條，如數字詞條、外文字母詞條等，則收入《索引附錄》。

A

B

C

G

J

M

N

O

P

Q

R

S

W

X

Y

Z